KB021155

미드영어 공식패턴 3300

Chris Suh • Jessie Jeong

MENT⊚RS

미드가 무지무지 쉬워지는 멘토스 패턴사전

All New SMART 미드영어 공식패턴 3300

2022년 11월 21일 인쇄
2022년 11월 28일 발행(개정판 포함 13쇄)

지은이 Chris Suh · Jessie Jeong
발행인 Chris Suh
발행처 **MENT⊘RS**

경기도 성남시 분당구 분당로 53번길 12 313-1
TEL 031-604-0025   **FAX** 031-696-5221
mentors.co.kr
blog.naver.com/mentorsbook

등록일자 2022년 11월 11일
등록번호 제 2022-000130호
ISBN 979-11-980848-8-0
가 격 25,000원

영어에서의 패턴의 중요성

영어를 외국어로 배우는 사람들에게 패턴의 중요성은 아무리 강조해도 지나치지 않는다. 태어나기 전부터 영어듣기연습을 하는 네이티브를 뒤늦게 조금이라도 더 따라잡기 위해서는 그만한 지름길이 없기 때문이다. 대개의 언어가 그러하듯 영어 또한 제한된 철자로 수많은 단어를 만들어내고 이 단어들은 다시 숙어나 패턴 등의 구(phrases)를 만들어내고 다시 이 구들을 이용하여 문장(sentences)들이 만들어지는 것이다. 단어나 숙어를 달달 외워도 영어가 되지 않는 까닭에 한때 통문장을 통째로 외우는게 유행이었던 시절도 있었다. 물론 통문장을 외우는 것이 잘못된 것은 아니지만 어디 한두 문장도 아니고 그 많은 문장을 어떻게 달달 외우랴. 이보다 좀 더 슬기로운 방법은 영어에 자주 쓰이는 패턴을 외우는 것이다. 패턴이란 영어문장을 만드는 일종의 공식같은 것이다. 물론 영어가 공식대로 다 말해지는 것은 아니지만 네이티브 자신도 잘 느끼지 못하는 그러나 자주 쓰이는 패턴을 추출하여 학습하면 영어를 듣고 말하는데 큰 도움이 될 것이다.

축적된 미드노하우를 통한 멘토스 미드패턴

누누이 말했지만 미드만큼 좋은 영어소재는 없다. 미드영어에 나오는 어려운 숙어나 재미난 슬랭을 공부하는 것도 좋다. 미드를 이해하고 즐기기 위해서는 꼭 필요한 부분이기 때문이다. 하지만 미드를 보며 즐길 뿐만 아니라 이를 통해 영어를 듣고 말하는데 빨리 도움이 되기를 바란다면 미드영어패턴 익히기는 필수이다. 미드는 쉽지 않다. 하지만 영어를 즐겁게 공부하기 위해서는 멀리할 수 없는 것이다. 그래서 멘토스는 미드를 좀 더 쉽고 편하게 접근할 수 있도록 지금까지 〈미드영어 단숨에 따라잡기〉, 〈미드영어 상황별 공식 581〉, 〈미드영어표현사전〉, 그리고 〈미드명장면 152〉 등 다수의 미드관련서를 출간하였다. 이제 드디어 멘토스가 그동안의 축적된 미드노하우를 총동원하여 여러 미드에서 자주 나오는 패턴들을 집중적으로 모아서 여러분들에게 선을 보인다.

쉬지않고 나오는 다양한 미드들

30년 전에도 미드는 있었고 앞으로 30년 후에도 미드는 있을 것이다. 프로그램의 성공여부에 따라 부침이 있을 수 있고 소재의 빈곤으로 어려움을 겪을 수는 있으나 또한 새로운 모습으로 진화하고 변형되어 계속 우리를 찾아올 것이다. 선풍적인 인기를 끌고 있는 〈워킹데드〉가 바로 그런 예이다. 유행이 지났다고 생각하는 좀비들을 소재로 단순한 좀비영화를 뛰어넘는 훌륭한 인간드라마를 만들었기 때문이다. 또한 많은 언론에서 언급했듯이 영화계의 대스타 및 유명감독들이 앞다투어 미드의 세계로 진출하고 있어 수준 높은 미드를 접할 수 있는 기회가 더 많아졌다. 케빈 스페이시 주연의 〈하우스 오브 카드〉가 큰 인기를 끄는 이유가 바로 그런 이유에서이다. 미국에 가서 살지 않는 한 그 다음으로 가장 좋은 영어학습법은 미드나 영화를 통해서라는 것은 이제 누구나 다 알고 있을 것이다. 매번 시작만 하기를 반복하고 매번 한글자막만 보고 웃고 있는 슬픈 자화상을 그리지 말고 집중력을 발휘하여 기본을 다져놓으면 영어와 미드라는 두마리 토끼를 잡을 수 있을 것이다.

〈All New SMART 미드영어 공식패턴 3300〉

〈All New SMART 미드영어공식패턴 3300〉은 바로 이런 맥락에서 기획되고 구성되었다. 미드를 보다보면 자주 들리는 패턴들, 그리고 영어자막을 보다보면 눈에 자주 띄는 패턴들, 그리고 패턴인지도 모르고 지나갔던 그렇게 숨어있는 패턴들을 밭에서 고구마를 캐고 무를 뽑듯이 미드에서 강제선발하여 이 책에 차곡차곡 담았다. 미드를 처음 접하는 사람들도, 미드를 보다가 포기한 사람들도 혹은 미드를 계속 열심히 보는 사람들도 한번 정리하고 머리속에 저장해두면 미드를 보고 듣는데 훨씬 수월함을 느낄 수 있을 것이다. 해외유학파이자 전문 미드족인 Jessie Jeong이 함께 하여 이 책을 좀 더 전문적이고 미드족에게 실용적으로 도움이 되도록 하였다. 이 자리를 빌어 Jessie Jeong의 미드에 대한 열정과 탁월한 영어감각에 감사를 드린다. 아무쪼록 오랜기간 기획제작된 이 책이 미드를 즐기는 모든 분들에게 조금이나마 도움이 되기를 바란다.

미드영어 공식패턴 3300의
특징 및 구성

미드영어 공식패턴 3300의 **특징**

- ◉ 다양한 미드에서 자주 등장하는 미드영어패턴 3300여개를 집중적으로 모았다.
- ◉ 부담없이 볼 수 있도록 총 262개의 대표 엔트리를 난이도에 따라 Section 1, 2, 3에 정리하였다.
- ◉ 각 대표 엔트리 속에는 내용면이나 형태면에서 유사한 패턴을 5개 이상씩 넣어 함께 학습하도록 하였다.
- ◉ 또한 각 패턴에는 다시 변형이나 응용해서 쓸 수 있는 유사패턴을 추가로 넣었다.
- ◉ 모든 미드예문 및 대화는 생생한 네이티브의 현장감나는 속도로 즐길 수 있다.

미드영어 공식패턴 3300의 **구성**

① Section 1 미드기본패턴
기본다지기 시간으로 총 100개의 대표 엔트리 속에 기초적인 패턴들을 모아 정리하였다.

② Section 2 미드핵심패턴
본격적으로 미드에서 중용되는 표현들이 총 98개의 대표 엔트리로 정리되어 있다.

③ Section 3 미드확장패턴
진정한 미드족으로 거듭나기 위해 꼭 필요한 패턴들을 풍부한 예문들과 함께 정리하였다.

④ 패턴속의 패턴
넘버링되어 있는 각 일련번호 속에는 5개의 내용상 혹은 형태상 관련있는 표현들을 함께 익히도록 하였다. 또한 각 패턴 속에는 포인트라는 항목에서 패턴만을 한눈에 볼 수 있도록 보기 쉽게 정리하였다.

⑤ 미드예문과 다이알로그
각 패턴에는 이해하기 쉽도록 우리말 설명이 달려 있으며 미드에 접근하는데 친숙함을 주기 위해 미드냄새 팍팍 풍기는 예문과 다이알로그가 수록되어 있고 이는 다시 모두 네이티브의 생생한 드라마틱한 목소리로 녹음되어 있어 미드학습에 많은 도움이 되도록 꾸며졌다.

⑥ 형태가 비슷하거나 약간의 차이로 전혀 다른 의미로 쓰이거나 혹은 비슷한 형태로 의미가 조금씩 다른 경우 등 형태상 및 내용상 비슷한 표현들을 정리하였다.

미드영어 공식패턴 3300을 보는 방법

〈미드영어공식 3300〉에 수록된 미드패턴들은 기본적으로 대표엔트리별로 적어도 4개 내지는 많으면 10개이상 의 하위 엔트리 표현들을 수록하였다. 그럼 이 엔트리 표현을 기준으로 예문과 다이알로그가 어떻게 정리되어 있는지 한눈에 알아볼 수 있도록 정리해본다.

Section 01
001
I came here to ~
…하러 왔어

 001

자기가 온 이유를 말하는 것으로, 여기 왔다는 부분은 be[come] here to~ 그리고 온 이유는 to 이하에 say, tell, talk 혹은 pick, see 등의 동사를 이어서 쓰면 된다. "…하러 온게 아니다"라고 하려면 be[come] not here to~, 그리고 "…하러고 온게 아니었어"라고 하려면 didn't come here to라고 하면 된다. 또한 역으로 불쑥 찾아온 상대방에게 온 이유를 물어볼 때는 Are you here to~? 혹은 그냥 You're here to~?라고 한다.

Point
- **I came here to ~** …하러 왔다
- **We're actually here to~** 실은 우리는 …일로 왔어
- **We're not here to~** …하러 온 거 아냐

I'm here to pick up my prescription. It's Chris Suh.
처방전 받으러 왔어요. 크리스 서입니다.

Well, we're not here to talk about your clients.
네 고객에 대해 얘기하러 여기 온 아닌데.

We're actually here to talk about your car.
우린 사실 네 차에 대해서 얘기하러 왔어.

I'm here to complain about the noise.
시끄럽다고 항의하러 왔는데요.

We just came here to ask you some questions about your roommate.
룸메이트에 관한 질문 몇 가지 하러 왔습니다.

A: I came here to see Mr. Chuck.
B: He's not in right now, but he should be back any time.
A: 척 씨를 만나러 왔습니다.
B: 지금 안 계시지만 금새 돌아와요.

A: I'm here to take your sister out to dinner.
B: You're here to take her on a date?
A: 저녁식사하러 네 누이 데리러왔어.
B: 데이트하러 데리러 왔다구요?

I just came by to say sorry

이번에는 '잠깐 들리다' 라는 의미의 표현인 come by를 쓴 경우로 drop by나 stop by를 써도 된다.

Point
- I just came by to~ 그냥 …하러 들렀어
- I dropped by to~ …하려고 들렀어
- I just stopped by to~ 단지 …하려고 들렀어

I just came by to get a few things for my son.
아들에게 몇가지 물건들을 주려고 잠시 들렀어.

Hi, I just dropped by to say your wife's gay.
안녕, 네 아내가 동성애자라는 걸 말해주러 잠깐 들렀어.

Are you here to make a contribution to my campaign?
선거운동에 기부하러 오셨습니까?

A: Why are you always coming over to my apartment?
B: I just stopped by to see what you were doing.
A: 내 아파트에 왜 항상 들리는거야?
B: 너 뭐하나보려고 잠깐 들렀어.

4 Key Patterns of American Drama English

---

❶ 섹션표시
난이도별로 Section 1, 2, 3으로 나누어진 것을 표시하며 그 밑에는 각 섹션의 일련번호가 적혀져 있다.

❷ 001
각 섹션별로 되어 있는 일련번호.

❸ 대표엔트리
미드영어에 자주 나오는 대표엔트리패턴.

❹ 우리말 설명
패턴의 이해를 돕기 위해 간단하게 우리말로 설명을 달았다.

❺ 미드예문
미드와 가장 가까운 예문을 만들어 정확한 우리말과 함께 정리하였다.

❻ POINT
각 패턴의 사용법을 한눈에 알아볼 수 있도록 도식화하였으며 또한 이를 토대로 변형된 패턴까지도 함께 수록하였다.

❼ 다이알로그
패턴을 더욱 쉽게 이해할 수 있도록 패턴이 포함된 살아있는 대화를 수록하였다.

section 02
단골로 등장하는 미드패턴 공부해보기
미드핵심패턴

section 03
결코 놓쳐서는 안되는 미드패턴 공부해보기
미드확장패턴

Key Patterns
of American Drama English

알면서도 못써먹는
미드패턴 공부해보기

section
01 미드기본패턴

뭐든지 기본이 강해야 한다. 다 아는 표현이라고
생각하지 말고 다시 한번 체계적으로 정리해본다.

001

I came here to ~
…하러 왔어

001

자기가 온 이유를 말하는 것으로, 여기 왔다는 부분은 be[come] here to~ 그리고 온 이유는 to 이하에 say, tell, talk 혹은 pick, see 등의 동사를 이어서 쓰면 된다. "…하러 온게 아니다"라고 하려면 be[come] not here to~, 그리고 "…하려고 온게 아니었어"라고 하려면 didn't come here to라고 하면 된다. 또한 역으로 불쑥 찾아온 상대방에게 온 이유를 물어볼 때는 Are you here to~? 혹은 그냥 You're here to~?라고 한다.

Point

- **I came here to ~** …하러 왔다
- **We're actually here to~** 실은 우리는 …일로 왔어
- **We're not here to~** …하러 온 거 아냐

I'm here to pick up my prescription. It's Chris Suh.
처방전 받으러 왔어요. 크리스 서입니다.

Well, we're not here to talk about your clients.
네 고객에 대해 얘기하러 여기 온 게 아닌데.

We're actually here to talk about your car.
우린 사실 네 차에 대해서 얘기하러 왔어.

I'm here to complain about the noise.
시끄럽다고 항의하러 왔는데요.

We just came here to ask you some questions about your roommate.
룸메이트에 관한 질문 몇 가지 하러 왔습니다.

A: I came here to see Mr. Chuck.

B: He's not in right now, but he should be back any time.

A: 척 씨를 만나러 왔습니다.
B: 지금 안 계시지만 금세 돌아와요.

A: I'm here to take your sister out to dinner.

B: You're here to take her on a date?

A: 저녁식사하러 네 누이 데리러왔어.
B: 데이트하러 데리러 왔다구요?

002

I just came by to say sorry

이번에는 '잠깐 들리다' 라는 의미의 표현인 come by를 쓴 경우로 drop by나 stop by를 써도 된다.

Point

- **I just came by to~** 그냥 …하러 들렀어
- **I dropped by to~** …하려고 들렀어
- **I just stopped by to~** 단지 …하려고 들렀어

I just came by to get a few things for my son.
아들에게 몇가지 물건들을 주려고 잠시 들렀어.

Hi, I just dropped by to say your wife's gay.
안녕, 네 아내가 동성애자라는 걸 말해주러 잠깐 들렀어.

Are you here to make a contribution to my campaign?
선거운동에 기부하러 오셨습니까?

A: Why are you always coming over to my apartment?

B: I just stopped by to see what you were doing.

A: 내 아파트에 왜 항상 들리는거야?
B: 너 뭐하나보려고 잠깐 들렀어.

003 I didn't come here to hurt you

과거에 자기가 온 이유를 오해받을 수도 있는 상황에서 과거에 자기가 왔던 진짜 이유를 표현하는 경우이다.

Point
▸ **I didn't come here to~** 난 …하러 온 것이 아니었어
▸ **You didn't come here to~** 넌 …하러 온 게 아니었어

I didn't come here to compete with you.
너랑 경쟁하기 위해 여기 온 게 아니야

We didn't come here to hurt you.
네게 상처를 주려고 온 게 아니야

You didn't come here to tell me about Nicole, did you?
니콜에 대해 얘기하러 여기 온 거 아니지, 그지?

A: I mean, clearly, you didn't come here to shop.
B: No, I came to spend time with you.

A: 내 말은 넌 여기에 쇼핑하러 온게 분명 아니었어.
B: 맞아, 난 너랑 같이 시간을 보내려고 왔었어.

004 You guys just went there to get married?

이번에는 반대로 '오다'가 아니라 '가다'라고 말할 경우, be there to~, go there to~를 사용해 to이하에 거기에 간 이유를 말하면 된다. 중요한 점은 과거시제로 '갔다'라고 하려면 went there를 쓰면 된다.

Point
▸ **She was there to~** 걔는 …하러 그곳에 갔어
▸ **I went there to~** 난 …하러 거기에 갔어

You guys just went there to get married?
너희들은 그냥 거기 가서 결혼한거야?

Maybe he went there to intimidate her.
걔는 아마 그녀를 겁줘 거기에 간 것 같아.

She was there to check and see if I'm pregnant.
걔는 내가 임신했는지 확인하러 거기 갔어.

A: You shouldn't have gone to your ex-girlfriend's apartment.
B: I went there to apologize to her.

A: 전 여친 집에 가지 말았어야 했는데.
B: 사과하러 갔었지.

005 I'm calling to tell you some important news

전화하거나 이메일이나 혹은 편지를 쓸 때, 서두에 왜 전화했는지, 혹은 왜 이메일이나 편지를 쓰는지에 대한 이유를 밝히고 싶을 때 I'm calling to~나 I'm writing to~를 쓰면 된다.

Point
▸ **I'm calling to~** 전화한 이유는 …야
▸ **I called to~** …하려고 전화했어

I'm calling to check on the status of your case.
네가 맡고 있는 사건의 상황을 확인하려고 전화한거야.

I'm calling to confirm your appointment tomorrow.
내일 예약을 확인하려고 전화했어요.

He called to ask out Jill! That's gotta be embarrassing!
걔가 질에게 데이트신청하러 전화했어! 당황스러웠겠어!

A: I'm calling to talk to the manager.
B: I'm sorry, he doesn't want to talk to you.

A: 매니저에게 얘기하러 전화했습니다.
B: 죄송하지만 당신과 얘기하고 싶어하지 않습니다.

I'm thinking about ~

…할까 생각중이야

001

I'm thinking of[about] ~ing은 현재 지속되는 일이나 가깝게 예정된 나의 일을 말할 때 사용하는 표현으로 "…할까 생각중이야"라는 의미. 우리도 …을 계획하고 있어, …을 계획중이야라고 현재진행형을 많이 쓰듯 영어도 마찬가지라고 생각하면 된다. I'm planning to ~ing도 같은 의미로 "…할까 한다"라는 의미. 또한 I'm thinking of[about]+N의 형태로는 about[of] 이하의 대상을 생각하고 있다라는 의미로도 많이 쓰이니 주의를 해야 한다.

> **Point**
> - **I'm thinking about ~ing** …을 할까 생각중이야
> - **I'm thinking of ~ing** …을 할까 생각중이야

I'm thinking about getting a tattoo.
문신을 할까 생각중이야.

I'm thinking about quitting my job.
직장을 때려치울까 생각중이야.

I'm thinking about accepting a date with a veterinarian.
수의사의 데이트 신청을 받아들일까 생각중야.

I was thinking of buying a weekend home in Middleborough.
미들버로에 주말별장을 살까 생각중이었어.

I hear you went to Perkins College. **I'm thinking about** going there after I graduate.
퍼킨스 대학에 갔다며. 나도 졸업 후에 그 대학에 갈 생각중이야.

A: **I'm thinking about** becoming a policeman.

B: Come on, you aren't tough enough.

A: 경찰관이 될까 생각중이야.
B: 이봐, 넌 그렇게 터프하지도 않잖아.

A: Why are you still angry at me?

B: **I'm thinking of** all the bad things that you said.

A: 왜 아직도 나한테 화가 난거야?
B: 네가 말한 안좋은 얘기를 생각중야.

002

I've been thinking about you all day

뭔가 계속 생각을 하는 경우는 과거부터 지금까지 이어지는 현재완료의 진행형인 I've been thinking about~을 무척 즐겨쓴다.

> **Point**
> ▸ **I've been thinking about[that]~** …을 계속 생각하고 있어
> ▸ **I kept thinking about[that]~** …을 계속 생각하고 있어

I've been thinking about our current living situation.
우리가 현재 살고 있는 상황에 대해 계속 생각하고 있어.

I kept thinking the CPR was gonna save her.
난 심폐소생술이 걔를 살릴 수 있을거라 계속 생각했어.

Last night I didn't sleep very good. **I kept thinking about** the surgery.
어젯밤에 잠을 잘 못잤어. 계속 수술 생각을 하고 있었어.

A: **I kept thinking** my wife would come back to me.

B: Forget about it. She's going to divorce you.

A: 내 아내가 내게 다시 돌아오는 걸 계속 생각했어.
B: 잊어버려. 너랑 이혼할거야.

You're thinking of having a baby?

"너 아이낳을거야?" 직역하면 "너 …할 생각을 하고 있구나," 즉 상대방의 행동을 예측하고 미뤄 짐작하고 있을 때 확인사살하는 구문. 평소문형태지만 끝만 올려서 의문문을 만드는 경우가 많다.

Point
▸ **You're thinking of~** …할 모양이구만
▸ **You're not thinking of[about]~?** …할 생각은 아니겠지?
▸ **Are you thinking of[about]~?** …할 생각이야?

You're not seriously thinking of calling off your engagement, are you? 정말 약혼을 취소할 생각은 아니지 그지?

So, I understand you're thinking of having a baby?
그래, 아기를 낳을 생각인가 보죠?

Are you thinking about taking drugs?
약을 할 생각이야?

A: Honestly, Bob has been a terrible boyfriend.
B: You're thinking of breaking up with him, right?

A: 솔직히 말해서, 밥은 끔찍한 남친이야.
B: 걔랑 헤어질 생각 하고 있구나, 맞지?

 I'm thinking I should go visit him

"…을 생각하고 있어," 즉 "…할 것 같아"라는 미래의 예정을 말하는 구문.

Point
▸ **I'm thinking S+V** …할 것 같아
▸ **We're thinking S+V** …을 생각하고 있어 ▸ **Are you thinking S+V?** …라고 생각해?, …인 것 같아?

I'm thinking I should go visit him.
걔를 방문해야 될 것 같아.

I'm thinking I have to tell him.
걔에게 말해야 될 것 같아

We're thinking that something scared our perp off.
범인이 뭔가에 의해 겁을 먹었다고 생각하고 있어.

A: What happened to the man who stole the money?
B: I'm thinking that he fled to another country.

A: 돈을 훔치던 사람은 어떻게 됐어?
B: 다른 나라로 도망친 것 같은데.

 What are you thinking spying on that kid like that?

What do you think~가 상대방의 의견이 어떤지 궁금해서 물어보는 거라면, What're you thinking~은 네가 도대체 무슨 생각을 하고 있는지 정말 네 속을 알 수 없다라는 것으로 짜증이 좀 섞여있다.

Point
▸ **What are you thinking ~ing?** 무슨 생각으로 …하는거야?
▸ **What were you thinking ~ing[when]~ ?** 무슨 생각으로 …한거야?

What are you thinking spying on that kid like that?
이렇게 걔를 훔쳐봐서 뭘 어쩌겠다는 거야?

What were you thinking when you recruited Sheldon?
쉘든을 뽑다니 너 도대체 무슨 생각으로 그런거야?

What were you thinking setting Carlos up with that skank!
무슨 생각으로 카를로스를 저런 이상한 놈과 엮이게 한거야!

A: What are you thinking, stealing money?
B: What's the problem? The cops won't catch me.

A: 돈을 훔치다니, 너 제정신이야?
B: 뭐가 문제야? 경찰은 날 못잡을거야.

It takes~to
…하는데 …가 걸려

PATTERN 001

'…하는 데 시간이 얼마나 걸리는 지'를 말할 때 사용하면 된다. It takes＋시간＋to~ 형태로 쓰며 시간이 정확하지 않을 때는 시간 앞에 about[around]를 붙여 about＋시간으로 쓰면 된다. 물론 take 다음에는 시간명사 뿐만 아니라 일반명사도 위치해 "…하는데 …가 필요하다"라는 뜻으로 쓰이기도 한다. 시간이 걸리는 사람을 함께 쓰려면 It takes sb to~, It takes for sb to~로 쓸 수 있다.

Point

- **It takes＋시간＋to** …하는데 '시간'이 …걸리다
- **It takes about[around]＋시간＋to~** …하는데 대략 '시간'이 …걸리다
- **It takes time to~** …하는데 '시간'이 걸리다

It takes an hour from here to get there.
여기서 거기 가는데 한 시간 걸려

It takes about ten minutes to go there.
거기 가는데 약 10분 걸려.

It takes time to find the files you want.
네가 원하는 파일을 찾는데 시간이 걸려.

It takes time to find the right thing.
제대로 된 걸 찾는데는 시간이 걸려.

It takes time to gain a man's confidence.
한 사람의 신뢰를 얻는데는 시간이 걸려.

A: We need to get this job done by the end of the month.

B: But that will take at least 2 months to do.

A: 이 일은 월말까지 끝내야 돼.
B: 하지만 적어도 두 달은 걸리는데요

A: It takes around 1 hour for me to get home. I should be get going.

B: Stay a little longer to hang out with me.

A: 집에 오는데 한 시간 걸려. 가야 돼.
B: 더 남아서 나랑 놀자.

PATTERN 002

It took me all night to find him

시간이 걸리는 사람을 넣어주면 방법은 두가지. 하나는 sb를 take의 목적어로 바로 받든지 아니면 It takes 시간 for sb to의 형태로 의미상의 주어를 사용해야 한다.

Point

- ▶ **It takes sb＋시간＋to~** …가 …하는데 '시간'이 …걸린다
- ▶ **It takes 시간＋for sb＋to~** …가 … 하는데 '시간'이 걸린다

It took me a long time to plan it out
그거 짜는데 시간 많이 걸렸어.

It took me all night to find him.
나는 밤새도록 걔를 찾았어.

It took me 31 years to find one man that I wanna spend my life with. 평생을 같이 하고픈 한 남자를 찾는데 31년이 걸렸어.

A: What a nice ring! That's so sweet.

B: Glad you like it. It took me a long time to find it.

A: 와 반지 멋지다! 정말 고마워.
B: 맘에 들어하니 기뻐. 찾는데 시간 많이 걸렸어.

It takes balls to break the law

to 이하를 하기 위해서 필요로 하는 것은 꼭 시간만은 아니다. to 이하의 행동을 하는데 필요한 명사가 올 수 있다. 주로 '용기'를 뜻하는 courage나 balls 혹은 to 이하의 일을 처리할 '특정 직업의 사람'이 나올 수도 있다.

Point

▶ **It takes courage to~** …하려면 용기가 필요하다
▶ **It takes balls to~** …하려면 배짱이 필요하다

After all, **it takes balls to** break the law.
어쨌거나, 법을 어기려면 배짱이 필요해.

And the reason **it takes three of you to** tell me this?
내게 이걸 말하는데 너희들 3명이나 필요한 이유는?

It doesn't take a genius to figure out what the problem is.
문제가 뭔지 알아내는데 천재가 필요하지는 않아.

A: I think that Max wants to fight me.
B: It takes courage to fight such a big man.

A: 맥스가 나와 싸우려고 하나봐.
B: 그런 덩치 큰 놈하고 싸우려면 용기가 필요해.

 It doesn't take much for her **to** get upset

시간이나 노력 등이 많이 걸리지 않는 간단한 일임을 강조하는 표현. 단순히 시간이 오래 걸리지 않았다고 할 때는 It didn't take long for~라 하면 된다.

Point

▶ **It doesn't take much for sb to~** …가 …하는데 많은게 필요하지 않아
▶ **It didn't take long for sb to~** …가 …하는데 많은 시간이 걸리지 않았어

It doesn't take as much as you think to brainwash a person.
사람을 세뇌시키는데 네가 생각하는 것 만큼 많이 필요하지 않아.

It didn't take Susan long to realize this was not her night.
수잔은 오늘 밤은 자기가 주인공이 아님을 바로 깨달았어.

A: Wow, Jessica has been crying for hours.
B: It doesn't take much for her to get upset.

A: 야, 제시카가 몇시간째 울고 있어.
B: 걔는 까딱하면 화내잖아.

 How long does it take to finish it?

It takes 시간~의 문장을 의문문으로 바꾼 유명한 구문. How long does it take~까지는 그냥 아무 생각없이 달달 외워둔다. to 이하를 하는데 걸리는 시간을 물어본다.

Point

▶ **How long does it take (sb) to~?** (…가) …하는데 '시간'이 얼마나 걸려?
▶ **How long does it take for sb[sth] to~** …가 …하는데 '시간'이 얼마나 걸려?

How long does it take you to get naked?
옷 다 벗는데 시간이 얼마나 걸려?

How long does it take the FDA to approve a drug?
FDA가 한 가지 약을 승인하는데 시간이 얼마나 걸려?

How long does it take you to get to school?
학교까지 가는데 얼마나 걸려?

A: How long does it take to update software?
B: I can have your computer ready in about an hour.

A: 소프트웨어를 업데이트하는데 얼마나 시간이 걸려?
B: 한 시간 이내에 네 컴퓨터 작업을 마칠 수 있어.

I'm trying to~
…하려고 하고 있어

"…할게," "…하도록 할게"라는 의미로 뭔가 목표나 목적을 이루기 위해서 시도하거나 노력하는 것을 말한다. try to+V 혹은 try ~ing 형태로 쓰이는데 네이티브들도 별 의미구분없이 쓰고 있다. 의미구분에 목매달지말고 실제 써보는데 시간을 투자해보는게 더 남는 장사이다. try+N의 경우 '시도하다' 라는 뜻 외에 명사종류에 따라 '먹어보다' 라는 의미로도 쓰인다.

Point

- **I'm (just) trying to~** (단지) …하려고 하고 있어
- **Are you trying to~ ?** …하려고 하고 있어?
- **I will try to~** …하려고 할거야
- **I'll try not to~** …하지 않으려고 할거야

I'm trying not to get emotional.
감정적이지 않으려고 노력하고 있어.

I'm trying to remember why I left there.
내가 왜 거기를 떠났는지를 기억해내려고 하고 있어.

I'm just trying to trick my mom into not going with me.
엄마를 속여서 나랑 같이 안가게 하려 하고 있어.

What, are you trying to make sure she leaves me?
뭐, 걔가 날 확실히 떠나도록 하려는거야?

Well, I'll try to be more considerate in the future!
저기, 앞으로는 더 주의깊게 행동하려고 노력할거야!

A: What are you doing on the floor?
B: I'm trying to find my missing contact lens.

A: 바닥에서 뭐하고 있는거야?
B: 잃어버린 콘텍즈 렌즈 찾고 있어.

A: I'm trying to locate her now.
B: What, you think she's a target too?

A: 현재 걔의 위치를 찾으려 하고 있어.
B: 뭐, 걔도 목표물이라는 말이야?

I tried to be a good mom

결과에 상관없이 뭔가 시도하거나 노력했다는 말이지만, try란 동사를 썼다는 점에서 목표달성은 못했지만 할 만큼은 했다라는 뉘앙스가 들어가 있다. 노력[시도]했다는 I tried to~, 열심히 시도했다는 I tried hard to~, …하지 않으려고 노력했다는 I tried not to~라고 한다.

Point

▸ **I tried to** …하려고 노력했어   ▸ **I tried hard to~** …하려고 열심히 노력했어
▸ **I was just trying to ~** 난 그냥 …해보려고 했었어

I tried to help him get away with murder.
난 걔가 벌을 받지 않도록 도우려고 했어.

I tried to call you from the coffee shop, and there was no answer.
커피숍에서 너한테 전화걸었는데, 안받더라구.

Maybe she was just trying to jerk you around.
걘 널 애먹이려고 했던 거였을거야.

A: You made our baby start screaming!
B: Sorry! I tried not to wake her up.

A: 너 때문에 애기가 울기 시작하잖아!
B: 미안! 난 깨우지 않으려고 한거야.

Why don't you try to relax?

형태는 의문문이지만 내용은 권유하는 문장. Why don't you+V의 형태로 상대방에게 to 이하를 하라고 하는 권유문장.

> **Try to~** …하도록 해(Try not to~ …하지 않도록 해)
> **I want you to try to~** …을 하도록 해

Why don't you try to relax, okay? Maybe have a drink.
좀 쉬도록 해, 응? 술 한잔 마셔도 보고.

Try not to screw it up again.
다시 일을 그르치지 않도록 해.

You have to try and relieve the pressure.
넌 스트레스를 줄여보도록 해.

A: I think my girlfriend has been seeing other guys.

B: Why don't you try dating other women?

A: 내 여친이 다른 놈들 만나고 다니는 것 같아.

B: 너도 다른 여자애들과 데이트해.

Don't try to change the subject

이번에는 반대로 상대방에게 "…하려는 시도나 노력을 하지 마라"고 금지하는 구문들이다. 가장 대표적인 것은 Don't try to~이고 이를 더 강조하려면 Don't ever try to~라고 하면 된다.

> **Don't (ever) try to** (절대로) …하려고 하지마
> **Stop trying to~** 그만 …하려고 해

Don't try to apply reason to her actions.
걔 행동들에 어떤 이유를 달려고 하지마.

Stop it. Stop trying to fix everything, okay?
그만해. 모든 것을 고치려고 하지말라고, 알았어?

Stop trying to pretend, Susan. I know why you're upset.
아닌 척 좀 그만해, 수잔. 난 너 화난 이유를 알아.

A: Don't ever try to embarrass me in front of my friends!

B: I apologize, I made a big mistake.

A: 내 친구들 앞에서 절대로 날 당황하게 하려고 하지마!

B: 미안해, 내가 큰 실수를 했어.

Have you tried to get their attention?

현재완료를 써서 상대방이 과거부터 지금까지 '…를 시도해본 적이 있는지'를 물을 때 사용한다. 다른 시제로 경험을 물어보려면 과거+ever의 형태로 Did you ever try~라고 하면 된다.

> **Have you tried~ing[to]~ ?** …을 시도해본 적이 있어?
> **What are you trying to~ ?** 뭘 …하려는거야?

Well, have you tried calling him or contacting him?
저기, 걔한테 전화를 하거나 연락을 해본 적이 있어?

Have you tried to get their attention?
걔네들의 관심을 끌려고 해본 적이 있어?

Did you ever try to escape before?
전에 탈출을 시도해본 적이 있어?

A: I haven't been able to contact Jim today.

B: Have you tried to send him a text?

A: 오늘 짐하고 연락이 되질 않네.

B: 문자는 보내봤어?

I feel like ~ing
…하고 싶어

feel like 다음에 동사의 ~ing을 취하면 "…을 하고 싶어"라는 의미가 된다. 뭔가 먹고 싶거나 뭔가 하고 싶다고 말하는 것으로 반대로 "…을 하고 싶지 않다"라고 말하려면 부정형 I don't feel like ~ing을 쓴다. 반면 feel like 다음에 명사나 절이 오는 구문은 "…한 것 같아"라는 의미. I feel like it(하고 싶어), I don't feel like it(그러고 싶지 않아)은 예외.

> **Point**
> - **I feel like ~ing** …하고 싶어
> - **I don't feel like+~ing** …하고 싶지 않다
> - **Do you feel like ~ing?** …하고 싶어?
> - **I feel like it** 그러고 싶어
> - **I didn't feel like it** 그러고 싶지 않았어

I feel like having a cup of coffee.
커피한잔 마시고 싶어.

I fee like taking shower.
샤워하고 싶어.

Right now I just, **I feel like** gettin' back to my room.
지금 당장, 난 내 방으로 돌아가고 싶어.

I feel like screaming because I don't have anyone to talk to.
말할 상대가 아무도 없으니까 소리를 지르고 싶어.

I don't feel like cooking. Let's go out.
요리하기 싫어. 나가자.

A: **I feel like** going to the beach today.
B: You can't. You promised to help with my project.

A: 오늘 해변에 가고 싶어.
B: 안돼. 내 프로젝트 도와주기로 약속했잖아.

A: Why did you break off your wedding engagement?
B: **I don't feel like** being a husband right now.

A: 왜 혼사를 깬거야?
B: 지금은 남편이 되고 싶지 않아서.

Do you feel like getting a drink?

상대방에게 뭔가 하겠냐고 제안을 하거나 의견을 묻는 문장. 반면 Do you feel like S+V?는 S+V의 느낌, 기분이 드냐고 물어보는 문장이 된다.

> **Point**
> ▶ **Do you feel like ~ing?** …하고 싶어?

Well **do you feel like** doing it tonight?
그럼 오늘 밤엔 그거 하고 싶어?

Do you feel like talking about last night, sweetie?
자기야, 지난밤이야기 하고 싶어?

Do you feel like getting a drink?
술한잔 하고 싶어?

A: **Do you feel like** working on your homework?
B: No way! I'd rather play a computer game.

A: 너 숙제하고 싶니?
B: 아니! 차라리 컴퓨터 게임을 하겠어.

I felt like Chris was getting really out of control

I feel like 다음에 ~ing가 아니라 S+V 혹은 N가 오면 "…같은 느낌이 든다," 즉 "…인 것 같아"라는 의미의 표현이 된다. feel like ~ing와 잘 구분해야 한다.

Point

▶ **I feel like S+V** …하는 것 같아(I feel like +N …인 것 같아)

▶ **I don't feel like S+V** …하는 것 같지 않아(Do you feel like S+V? …하는 것 같아?)

This is so unfair. **I feel like** I'm being banished.
이건 너무 불공평해. 내가 밀려나는 것 같아.

I felt like Andrew was getting really out of control.
앤드류가 정말 통제불능이라고 느꼈어.

Do you feel like you're making progress?
너는 네가 발전하고 있는 것 같아?

A: Annie won't let you borrow her school books.

B: **I feel like** she wants me to fail the exam.

A: 애니는 자기 교과서를 안 빌려줄거야.
B: 걘 내가 시험에 떨어지기를 바라는 것 같아.

 You made me feel like an idiot

feel like+N/S+V는 "…한 느낌이야"라는 표현인데 앞에 강제사역동사 make를 써서 make sb feel like하게 되면 sb를 '…처럼 느끼게 하다'라는 뜻이 된다. "너 때문에 바보가 된 기분이야"는 You made me feel like an idiot라고 하면 된다.

Point

▶ **You make me feel like +N** 너 때문에 …같은 기분이야

▶ **You make me feel like S+V** 너 때문에 …같은 기분이야

You make me feel like some kind of shark.
너 때문에 내가 무슨 상어라도 된 것 같은 기분이야.

You made me feel like an idiot.
너 때문에 바보가 된 기분이야.

He made me feel like a princess.
걔 때문에 나는 공주가 된 기분이었어.

A: I think your clothes are really ugly.

B: **You make me feel like** I can't do anything well.

A: 네 옷 정말 흉한 것 같아.
B: 너 때문에 난 아무 것도 잘하는 게 없는 것처럼 느껴져.

 Makes me feel like I'm part of things

앞의 것과 유사하나 주어가 사물 혹은 it이 나오는 경우로 우리말로는 "그 때문에 내 기분이 …게 되었다"라고 이해하면 된다.

Point

▶ **It makes me feel like~** 그 때문에 …같은 기분이야

▶ **Does it make you feel like~** 그 때문에 …같은 기분이었어?

Makes me feel like I'm part of things.
그 때문에 내가 소속감을 느껴.

It makes me feel like I instantly want to create something.
그 때문에 내가 계속 뭔가 새로운 것을 만들고 싶어한다는 느낌이 들었어.

The drugs **made me feel like** I was living in slow motion.
약물들 때문에 난 슬로모션으로 사는 느낌이었어.

A: They caught the man who was robbing apartments.

B: **It makes me feel like** he should stay in jail a long time.

A: 아파트 털던 사람이 잡혔대.
B: 감방에 오래 있어야 될 것 같네.

I can't help feeling~
…라는 느낌을 지울 수가 없어

PATTERN 001

어쩔 수 없는 상황에서 자기도 자기 의지와는 상관없이 뭔가 하지 않을 수 없었던 상황을 표현하는 전형적인 구문. I can't help it이라고 간단히 해도 되고 I can't help but+V이나 I can't help ~ing의 형태로 자세히 말을 해줘도 된다. can't help oneself는 자신도 어쩔 수 없다는 말.

Point

- **I can't help feeling~** …라는 느낌을 지울 수가 없어
- **I can't help thinking~** …라고 생각을 하지 않을 수 없어
- **I can't[couldn't] help myself** 나도 어쩔 수가 없어[없었어]

I can't help feeling sorry for her.
걔에게 미안해 할 수밖에 없어.

I can't help feeling there's more we could have done to honor him.
그를 더 기릴 수 있었다는 생각을 지울 수가 없어.

I can't help thinking about all the times Edie and I sniped at each other. 에디와 내가 서로 연신 비난하던 때를 생각하지 않을 수 없어.

I can't help thinking that what I've done is something so terrible.
내가 한 행동이 좀 끔찍한 것이라는 생각을 떨칠 수 없어.

I couldn't help myself because she was acting so hot.
걔가 너무 섹시하게 행동해서 나도 어쩔 수가 없었어.

A: I can't help feeling that Tim hates me.

B: He does. He told me he doesn't want to see you.

A: 팀이 날 싫어한다는 느낌을 지울 수가 없어.

B: 걔 그래. 너 보고싶지 않다고 나한테 그러더라.

A: We have to work overtime again this weekend.

B: I can't help thinking I should get another job.

A: 우리 이번 주말에 또 야근을 해야 돼.

B: 다른 직장을 알아봐야겠다는 생각을 하지 않을 수 없구나.

PATTERN 002 I can't help but think about Chris

I can't help but+V의 형태로 여기서 but은 except의 의미. 따라서 but 뒤에 나오는 V를 제외하고는 다른 것을 할 수 없다, 즉 "난 V를 하지 않을 수 없다"라는 뜻이 된다.

Point

▶ **I can't help but~** …하지 않을 수 없어
▶ **I can't help but think~** …을 생각하지 않을 수 없어

I guess. Still, I can't help but feel a little guilty.
그렇기는 하지만 난 죄책감을 좀 느끼지 않을 수가 없어.

I can't help but think about Chris.
난 크리스 생각을 하지 않을 수가 없어.

I couldn't help but notice how quiet it is in here.
여기가 얼마나 조용한 곳인지 알아차리지 않을 수가 없었어.

A: Stop acting so sad about breaking up with your boyfriend.

B: I can't help but think about him all the time.

A: 남친과 헤어진거 그만 좀 슬퍼해라.

B: 계속 걔 생각을 하지 않을 수가 없어.

I have no choice but to deal with it

역시 "…하지 않을 수가 없다"는 말로, but 이하를 하는 것 외에는 선택의 여지가 없다라는 비교적 쉬운 표현으로 읽으면서 직독 직해가 가능한 경우.

Point

▶ **I have no choice but to~** …하지 않을 수 없어
▶ **You have no choice but to~** 넌 …하지 않을 수가 없어

I have no choice but to deal with it.
난 그것을 감내하는 수밖에 없어.

I had no choice but to bring him in today.
난 오늘 걔를 데리고 오는 수밖에 없었어.

The police officer had no choice but to use force.
그 경찰관은 무력을 쓸 수밖에 없었어.

A: What are you going to do about the trial verdict?
B: I have no choice but to go to prison.

A: 재판판결에 대해 어떻게 할거야?
B: 감방에 가는 수밖에 없어.

You leave me no choice but to change

동사를 have에서 leave 혹은 give로 바꿔놓은 경우지만 결국 같은 맥락의 표현. 주어로 인해 선택권의 여지가 남지 않았다고 할 때 사용하면 된다.

Point

▶ **You[This] leave me no choice but~** 내가 …할 여지를 남겨놓지 않았어
▶ **You gave me no choice but~** 넌 내게 …외에 달리 선택할 여지를 주지 않았어

I guess this leaves you no choice but to quit.
이것으로 넌 그만둘 수 밖에 없을 것 같아.

You leave me no choice but to change.
넌 내가 변할 수밖에 없도록 했어.

If you don't hand over your purse right now, you'll give me no choice but to call the police. 당장 지갑안주면, 어쩔 수 없이 경찰을 부를 수밖에 없어.

A: I refuse to do anything she tells me to do.
B: You leave me no choice but to fire you.

A: 걔가 시킨 일은 아무 것도 하지 않을 거야.
B: 넌 해고될 수밖에 없나.

I can't stop thinking about you

~ing 하는 것을 멈출 수가 없다는 것은 다시 말해 "…하지 않을 수 없다"라는 뜻의 표현이 된다.

Point

▶ **I can't stop ~ing** …하지 않을 수가 없어
▶ **I can't stop you from ~ing** 네가 …하는 것을 막을 수가 없어

I can't stop thinking about you.
너를 생각하지 않을 수가 없어.

I can't stop saying it because it happened.
실제 일어난 일이어서 그 말을 하지 않을 수가 없어.

She'd gone through a really bad breakup and couldn't stop crying. 걔는 끔찍한 이별을 겪어서 울음을 그칠 수가 없었어.

A: I'm so hungry. I can't stop eating.
B: Well, I think you're going to get really fat.

A: 너무 배고 고파서 먹는 걸 멈출 수가 없네.
B: 저기, 너 정말 뚱보될 것 같아.

I'm sure you can~
확실히 …할 수 있어

PATTERN 001

자신이 말하는 내용에 확신을 주는 표현인 I'm sure S+V. 여기서는 이것의 강조표현으로 I'm sure 다음에 자주 이어져 나오며 빈출 회화표현을 만드는 경우인 I'm not sure how to~, I'm not sure if~, 그리고 I'm not sure how adj~ 의 형태구문을 알아보기로 한다.

Point

- **I'm sure you know[can]~** 넌 확실히 …을 알고[할 수] 있어
- **I'm sure you can figure a way to~** 네가 …할 방법을 찾아낼 수 있다고 확신해
- **I'm sure there's~** 확실히 …가 있어

I'm sure you can handle this.
네가 이걸 잘 처리할거라 확신해.

I'm sure you can figure it out.
네가 알아낼 수 있을거라 확신해.

I'm sure she's going to be all right.
쟤는 괜찮아 질 거라고 확신해.

I'm sure there are plenty of people who'd willing shoot you.
기꺼이 너를 쏴죽이겠다는 사람들이 엄청 많은게 확실해.

I'm sure there are tons of boys who'd love to go out with you.
너랑 데이트하고 싶어하는 남자애가 엄청 많은게 확실해.

A: It's really hard to find a job these days.
B: I'm sure you can find somewhere to work.

A: 요즘 일자리 찾는게 정말 너무 어려워.
B: 어디 일할 곳 분명 찾을 수 있을거야.

A: No, I've never heard of James Swanson.
B: I introduced you. I'm sure you know him.

A: 아니, 난 제임스 스완슨이라는 이름 들어본 적이 없어.
B: 내가 소개했잖아. 걔를 알고 있을거야.

PATTERN 002 **I'm not even sure how to** do that

I'm sure의 반대인 I'm not sure~은 실제 I'm sure보다 훨씬 많이 쓰인다고 봐야 한다. 실제로 아는 것보다 모르는 것이 더 많고 또한 불확실한 것은 가능한 확실하지 않다고 말하는 자제심을 발휘해야 하기 때문이다.

Point

▶ **I'm not sure how[what, where~] to~** …하는지 잘 모르겠어
▶ **I'm not sure how to say this,** 이걸 어떻게 말해야 될지 모르겠지만,

Well, I'm not really sure what to do about this.
아, 난 정말 이것을 어떻게 해야 할 지 모르겠어.

I'm not really sure how to say what I wanna say here.
내가 여기서 말하고 싶은 것을 어떻게 말해야 할 지 정말 모르겠어.

I wasn't sure where to park, so I got here early.
어디에 주차할 지를 몰라서 여기 일찍 왔어.

A: I'm so sorry to hear that your dad died.
B: I'm not sure how to grieve for him.

A: 아버님이 돌아가셨다니 너무 안됐어.
B: 어떻게 아버님의 죽음을 애도해야 할 지 모르겠어.

003 I'm not sure what it's called

역시 모르는 것은 맞지만 I'm not sure 다음에 다양한 절이 오는 경우이다. I'm not sure 다음에 if, what, how, 혹은 whoever, whatever 등의 의문사절을 붙여서 다양한 문장을 만들어본다.

> ▶ I'm not sure if[what]~ …[무엇]인지 잘 모르겠어
> ▶ I'm sure whatever~ 무엇이 …을 하든 …을 확신해

I'm not even sure why she took the job.
걔가 왜 그 일자리를 받아들였는지 영 모르겠어.

I'm so sorry, I'm not sure what it's called.
미안하지만, 그걸 뭐라고 부르는지 잘 모르겠어.

Well I'm sure whatever you get her, she'll love.
네가 걔한데 무엇을 사주든 걔는 분명 좋아할거야.

A: Sabrina just got into town today.
B: I'm not sure if she'd still angry at me.

A: 사브리나가 오늘 시내에 들어왔어.
B: 아직도 나한테 화나 있는지 모르겠네.

004 I was never sure how much you l liked me

I'm not sure의 목적어 부분이 how adj로 이어진 경우로 단순히 확실히 모를 때도 쓸 수 있지만 how~ 이하에 나오는 동사의 정도를 강조할 때 주로 사용되는 구문이다.

> ▶ I'm not sure how long~ 얼마나 오래동안 …인지 모르겠어
> ▶ I'm not sure how much~ 얼마나 …하는지 모르겠어

I was never sure how much you liked me.
네가 날 얼마나 좋아하는지 전혀 몰랐어.

Without it, I'm not sure how long we'd last.
그게 없다면, 우리가 얼마나 지탱할런지 몰라.

I'm not sure how much help you're gonna be.
네가 앞으로 얼마나 많은 도움을 필요로 할지 모르겠어.

A: I'm not sure how much money I should give him.
B: He wants a lot, around a thousand dollars.

A: 내가 걔한테 얼마나 많은 돈을 줘야 할지 모르겠어.
B: 걔는 많이 원해, 약 천 달러 정도.

005 You're sure he wasn't in there?

원래는 Are you sure~라고 해야 되지만 You're sure~의 평서문 형태로 물어보는 패턴. 문맥에 따라서 내용상 의문문, 평서문, 감탄문이 될 수 있다.

> ▶ You're sure S+V? …라는 게 정말이야?
> ▶ Are you sure you S+V? …라는 게 확실해?

You're sure you don't wanna know where I was?
내가 어디 있었는지 알고 싶지 않은게 확실해?

You're not sure how the drugs you prescribe affect it.
넌 네가 조제한 약이 그거에 어떤 영향을 끼치는지 잘 모르는구나.

Are you sure it's legal for me to do this?
내가 이것을 하는게 합법적이라는게 확실해?

A: Benny left the house a few hours ago.
B: You're sure he is traveling downtown?

A: 베니는 몇시간 전에 집을 나섰어.
B: 시내를 돌아다니는게 확실해?

I need help with ~

…하는 것 좀 도와줘

001

help가 명사로 쓰인 경우로 도움이 필요로 하다고 할 때는 need help, 도움이 좀 필요하다고 할 때는 need some help, 그리고 상대방에게 도움이 좀 필요하냐라고 물어볼 때는 need any help를 쓰면 된다. 도움의 내용은 I need (some) help with~ 혹은 I need (some) help ~ing 형태로 말해주면 된다.

Point

- **I need help ~ing** …하는데 도움이 필요해
- **I need help with sth** …하는데 도움이 필요해

Why does a 14-year-old girl **need help** getting pregnant?
왜 14세 먹은 여자아이가 임신하는데 도움이 필요한거야?

We just **need help with** something.
우리는 단지 뭐 좀 하는데 도움이 필요해.

Okay. I could pretend to **need help with** my homework.
좋아. 내 숙제하는데 도움이 필요한 척 할 수 있어.

These girls **need help** finding the promised land of beauty and style. 이 여자애들은 아름다움과 멋의 약속된 땅을 찾는데 도움을 필요로 해.

Ralph! I **need help** getting dressed. Get in here! Now!
랄프야! 나 옷입는거 도와줘. 어서 들어와! 지금!

A: I **need help** borrowing money from the bank.

B: Come on, no bank is going to lend you money!

A: 은행에서 돈 빌리는데 도움이 필요해.
B: 이봐, 너한테 돈 빌려줄 은행은 아무데도 없을거야!

A: I **need help** feeding the baby.

B: Alright, I'm coming over right now.

A: 아기 우유먹이는데 도움이 필요해.
B: 그래, 내가 지금 갈게.

002 **I don't need any help from** you

아무런 도움이 필요없다고 강조할 때 사용하는 문장으로 I don't need any help~라고 하면 된다.

Point

▸ **I don't need help from~** …에게서 도움이 필요하지 않아
▸ **I don't need any help from~** …의 도움이 전혀 필요하지 않아

I **don't need any help from** you.
네 도움은 전혀 필요없어.

Are you sure you **don't need any help**?
너 정말 아무런 도움도 필요없는게 확실해?

I thought you **didn't need any help**.
난 네가 아무런 도움도 필요없는 줄 알았어.

A: Come on sweetheart, let me show you how to do it.

B: Get out of here! I **don't need any help from** you!

A: 그러지말고, 자기야, 내가 어떻게 하는지 보여줄게.
B: 나가! 너한테 아무런 도움도 필요없어!

003 Need help with your homicide?

상대방에게 도움이 필요한 지를 물어보는 것으로 역시 help 다음에는 ~ing 혹은 with+N의 형태로 도와줘야 할 내용을 말하면 된다. 혹시 도움이 필요하냐고 물어보려면 any를 붙여 Do you need any help~ 라 하면 된다.

Point

▸ **Do you need help ~ing[with~]?** …하는데 도움이 필요해?
▸ **Need some[any]~ ?** …에 도움이 필요해?

Need help with your homicide?
네 강력사건 좀 도와줄까?

Need any help hiding the valuables, Kyle?
카일, 귀중품 숨기는데 도움이 좀 필요해?

I have some extra time, do you need any help in the clinic?
내 시간이 좀 남는데, 클리닉에서 도움이 필요해?

A: Do you need help moving to your new apartment?
B: No, I hired a few guys to move all my stuff.

A: 새 아파트로 이사가는데 도움 필요해?
B: 아니, 모든 짐을 옮길 사람 몇명을 고용했어.

004 You need help getting Chris to sleep with you?

상대방이 도움이 필요하다는 사실관계를 말하거나 혹은 상대방이 도움을 필요로 할 때 등의 상황에서 사용할 수 있는 표현. 특히 if you need~ 의 형태를 잘 익혀둔다.

Point

▸ **You guys need help~ ?** 너희들 …하는데 도움이 필요하다고?
▸ **if you need any help~** 혹 도움이 필요하면

You need help getting Chris to sleep with you? Really?
크리스와 자는 거 도와달라고? 정말야?

Just let me know if you need help with anything.
뭐든지 도움이 필요하면 알려줘.

If you need any help dealing with mom and dad, I'm here for you.
엄마 아빠 상대하는데 도움이 필요하면, 내가 있는거 알지.

A: I don't understand this new computer.
B: You need help learning how to use it.

A: 이 새로운 컴퓨터는 이해가 안돼.
B: 사용법을 배우는데 도움이 필요하구나.

005 You're gonna need help getting home

이번에는 상대방이 앞으로 도움이 필요할 거라고 충고해줄 때 주로 사용하는 것으로 You're going to~는 You're gonna로 빨리 발음을 해 거의 /유거나/로 들리기도 한다.

Point

▸ **You're gonna need help~** …하는데 도움이 필요할거야

You're gonna need help finding your true love.
넌 진정한 사랑을 찾는데 도움이 필요할거야.

You're gonna need help getting home.
넌 집에 돌아오는데 도움이 필요할거야

I think you're gonna need a little help getting through it.
넌 그걸 끝내는데 도움이 좀 필요할거라 생각돼.

A: My heart was really broken this summer.
B: You're gonna need help finding your true love.

A: 이번 여름에 내 가슴이 정말 찢어지는 듯 아팠어.
B: 진정한 사랑을 찾는데 도움이 필요할 거야.

009

I agree with~

난 …에 동의해

PATTERN 001

기본단어 agree를 이용한 구문으로 agree with sb, agree to sth을 기본으로 알고 있으면 된다. 관용표현으로는 I couldn't agree more하면 "전적으로 동의해," if I agree는 "내가 동의한다면"이라는 뜻이다.

Point

- **I agree with sb when~** 난 …에 너와 동의해
- **I agree with what ~** 난 …에 동의해
- **I agree with you, but~** 네 말에 동의하지만,…
- **I agree (not) to+V** …하는데(하지 않는데) 동의해

If one of you would just **agree to** raise my kids, I wouldn't need a job.
너희 중 한명이 내 아이들을 양육하는데 동의한다면, 난 직업이 필요없을텐데.

I agree with Sam when she's calling her father a monster.
난 샘이 자기 아버지를 괴물이라고 부르는데 동의해.

I agree with you, but we need to control which information gets released. 네 말에 동의하지만 우리는 어떤 정보가 발표되는지 통제해야 돼.

I agree to be part of your project.
난 네 프로젝트에 참여하는데 동의해.

If **I agree to** get tested, would you do it too?
내가 테스트를 받는데 동의하면 너도 그렇게 할래?

A: Do you think Frank is correct?

B: Yes, **I agree with** him on this.

A: 프랭크가 맞다고 생각해?
B: 어, 이 점에 대해서 걔와 같은 생각야.

A: I see you signed a new work contract.

B: I had to **agree to** work here for two more years.

A: 너 새로운 근로계약서에 사인했지.
B: 2년이상 여기에서 일하는거에 동의해야했어.

PATTERN 002

I agree she should be more polite

agree는 to, with 등의 전치사와 쓰일 뿐만 아니라 S+V라는 절을 목적어로 받아 서로 의견이 일치했음을 표현할 수 있다.

Point

▸ **I agree S+V** …에 동의해
▸ **I thought we agreed~** 우린 …에 동의했다고 생각했는데

I agree it would be easy for us to blame him.
우리가 걔를 비난하는 것은 쉬운 일일거라 동의해.

I thought we agreed this is a vacation.
이게 휴가라는데 우리가 서로 동의한 걸로 생각했는데.

I thought we agreed you wouldn't fire anyone after you let Jill go?
질을 내보낸 후에 아무도 해고하지 않는다고 동의한걸로 생각했는데?

A: Oh, I think Beth has been acting very badly.

B: **I agree** she should be more polite.

A: 베스가 요즘 행동이 매우 거칠어졌어.
B: 걔는 좀 예의를 갖춰야 한다는 점에 동의해.

You just have to agree to a few conditions

상대방에게 동의를 권유할 때 사용하는 표현으로 좀 더 강한 어조로 하려면 You must agree~라고 하면 된다. 또한 사역형을 써서 get sb to agree하게 되면 'sb가 …에 동의하도록 하다' 라는 뜻이 된다.

Point

▶ **You have to agree~** …에 동의해야 돼(You must agree~ …에 꼭 동의해야 돼)

▶ **get sb to agree to~** sb가 …에 동의하도록 하다

You just have to agree to a few conditions.
넌 몇가지 조건에 동의해야 돼.

You must agree not to interfere with the integrity of the event.
넌 사건의 진실성에 지장을 주지 않겠다는 동의를 해야 돼.

I got Rosemary to agree to go home with me.
난 로스메리가 나와 함께 집에 가는데 찬성하게 했지.

A: You have to agree that Greg did a good job.

B: Yeah, I'm very impressed with the work he did.

A: 그렉이 일을 잘했다는 것에 넌 동의해야 돼.

B: 그래, 걔가 한 일이 무척 인상적이었어.

He won't agree to anymore tests

won't는 will not의 축약형으로 I won't agree~는 따라서 "난 …에 동의하지 않을거야"는 부정적인 문장이다. 강조하려면 never agree, 과거에 동의하지 않았다고 하려면 ~didn't agree라 하면 된다.

Point

▶ **I won't agree~** 난 동의하지 않을거야

▶ **He will never agree~** 걔는 절대로 동의하지 않을거야

And what? Mike didn't agree to it?
뭐라고? 마이크가 거기에 동의하지 않았다고?

And he won't agree to anymore tests.
그리고 걔는 더 이상의 테스트받는 데 동의하지 않을거야.

He'll never agree to anything I actually want him to do.
걔가 실제 해줬으면 하는 어떤 것도 걘 절대로 동의하지 않을거야.

A: Your ex-wife wants to keep your apartment.

B: No, I will never agree to let her have it.

A: 네 전처는 네 아파트를 갖고 싶어해.

B: 안돼, 난 절대로 그렇게 되도록 동의하지 않을거야.

Why would you agree to that?

상대방에게 동의하겠냐고 할 때는 Would you agree~, 왜 그렇게 동의하냐고 할 때는 Why would you agree~, 그리고 Can't we just agree~하게 되면 좀 짜증내면서 "그만 좀 동의(수긍)하면 안되겠냐고" 하는 표현이 된다.

Point

▶ **Would you agree~ ?** …에 동의해?(Why would you agree~? 왜 …에 동의해?)

▶ **Can't we just agree~ ?** 그만 좀 수긍하자

Why would you agree to that?
왜 그거에 동의하는거야?

Why did I agree to cook dinner for Stan on his birthday?
왜 내가 스탄의 생일날에 저녁을 만들어준다고 했을까?

Can't we just agree that you're incredibly annoying?
네가 엄청 짜증을 낸다는데 그만 좀 수긍하자.

A: I don't really want to go and exercise.

B: Would you agree that it would be good for your health?

A: 난 정말이지 가서 운동하기 싫어.

B: 그게 건강에 좋다는 것은 동의해?

OIO

I don't care about ~

…에 전혀 상관없어

001

무관심 혹은 이래도 저래도 상관없음을 나타낼 때 유용한 표현으로 I don't care about 다음에 관심없는 명사나 ~ing을 붙여 쓰면 된다. 단독으로 많이 쓰이는 I don't care는 좀 더 강하게 말하려면 I don't give a damn, I don't give a fuck about~ 이라고 해도 된다.

Point

- **I don't care about N** …에 전혀 상관없어
- **I don't care about ~ing** …하는데 전혀 상관없어
- **I don't give a fuck[damn, crap, shit]** 신경안써

We don't care about your night job.
우리는 네 밤일에 관심없어.

I don't care about making you feel better.
난 널 기분좋게 해주는거에 신경안써.

I don't care about the people you work with.
너와 함께 일하는 사람들한테 관심없어.

I don't give a damn about the medicine.
난 약에 대해서 개의치않아.

I don't give a crap about your wife and children.
네 아내와 아이들에게 신경도 안써.

A: I don't care about the salary I get.

B: Really? I thought money was important to you.

A: 난 내가 받는 급여에 신경안써.

B: 정말? 너한테는 돈이 중요하다고 생각했었는데.

A: Try not to insult anyone at the party.

B: I don't give a crap about what they think of me!

A: 파티에서 누구한테도 모욕을 주지 않도록 해.

B: 걔네들이 날 어떻게 생각하든 신경안써.

002
I don't care if Clair outs our affair

신경안쓰는 것을 좀 길게 말하려면 I don't care 다음에 what/how/if S+V를 이어 쓰면 된다. 강조하려면 I don't give a shit wh~의 형태로 쓴다. 또한 I couldn't care less about은 '부정+비교=최상급'의 공식문장. 무관심의 극치라고나 할 수 있을까…

Point

- **I don't care wh~** …에 신경안써
- **I couldn't care less about ~** …가 알게뭐람

I don't care what she told you.
걔가 너한테 뭐라고 했던 상관없어.

I don't care how much money I'll make.
내가 돈을 얼마나 벌지 신경안써.

She couldn't care less about what I do.
걔는 내가 뭘하든 신경도 안써.

A: Bobby says that you aren't very intelligent.

B: He's wrong, and I don't care what he thinks.

A: 바비가 그러는데 너 그렇게 똑똑하지 않다며.

B: 걘 틀렸고 걔가 뭘 생각하든 신경안써.

003 You don't care about the kids

주어가 You로만 바뀐 경우. 상대방이 about 이하나 wh~절을 신경안쓴다는 말로 상황에 따라서 비난하는 문장이 되는 경우가 많다. You don't care ~?하게 되면 "…을 신경안쓴단 말야?"라고 약간 놀라면서 던지는 말.

Point

▸ **You don't care about~** 너 …에 관심없잖아
▸ **You don't care wh~** 너 …에 관심없잖아

You don't care about the kids. You hate the kids.
넌 아이들에 관심없잖아. 넌 아이들 싫어하잖아.

You don't care about the victims, so you aren't here for justice.
넌 피해자들에게 관심없지. 그럼 넌 정의 때문에 여기 있는게 아니네.

I thought that you don't care what people think.
난 네가 사람들 생각 신경안쓰는 줄 알았어.

A: I haven't seen my parents in three years.

B: You don't care about how they are doing?

A: 3년 동안 부모님을 뵙지 못했어.
B: 넌 부모님이 어떻게 지내시는지 신경도 안쓰는거야?

---

004 All I care about is my wife and my family

care는 원래 좋아하거나 관심이 있어서 신경쓰다라는 의미이다. 마찬가지로 I care about, I care wh~ 의 형태로 구나 절이 올 수 있다. 응용해서 강조하려면 All I care about is~ 라고 할 수도 있다.

Point

▸ **I care about~** …에 관심을 갖고 있어(I care about sb ~ing sb가 …하는 거에 관심을 갖고 있어)
▸ **I care wh~** …에 관심을 갖고 있어(All I care about is~ 내가 관심을 갖는 것은 오직 …이야)

I care about House as much as you do.
네가 그러는 것 만큼 하우스에 대해 신경을 쓰고 있어.

You think I care what happens to me?
내가 나한테 일어나는 일에 신경을 쓴다고 생각해?

All I care about is my wife and my family.
내가 관심을 갖는 건 아내와 내 집안 뿐이야.

A: Why did you call Jill so many times?

B: I care about her and want to make sure she's OK.

A: 질에게 왜 그렇게 여러번 전화한거야?
B: 걔한테 관심이 있고 걔가 괜찮은지 확인하고 싶어서.

011

It doesn't matter wh~

…해도 난 상관없어

001

상대방이 나의 의견이나 의향을 물을 때 나는 상관없음을 말할 때 혹은 결정권을 상대방에게 일임할 때 쓰는 표현. to me를 생략하거나 혹은 주어 'It'을 빼고 Doesn't matter라고 쓰기도 한다

Point

- **It doesn't matter if~** …한다고 해도 난 상관없어
- **It doesn't matter because~** …때문에 난 상관없어
- **It doesn't matter wh~** …하는 거에 상관없어

Doesn't matter who they side with, I'm still in charge.
걔네들이 어느 편을 든 상관없어, 내가 여전히 책임자인걸.

It doesn't matter if this guy's a drug dealer or not.
이 친구가 마약상인지 아닌지는 상관없어.

But it doesn't matter because you're not dying.
하지만, 너는 죽지 않기 때문에 상관없어.

It doesn't matter how it happened.
어떻게 그렇게 되었는지 상관없어.

It doesn't matter if you don't believe it.
네가 믿지 않아도 상관없어.

A: The cops just arrested Adrian.
B: It doesn't matter if they arrested her. She's innocent.

A: 경찰이 애드리안을 체포했어.
B: 걔 체포해도 상관없어. 걘 무죄야.

A: People are saying you're going to be fired.
B: It doesn't matter because I'll find another job.

A: 네가 해고될 거라고들 하던대.
B: 다른 일자리를 찾으면 되기 때문에 상관없어.

002 It does matter what a good lawyer can make a jury believe

반대로 '관심이 있거나 상관있다,' 그래서 '중요하다'고 말하려면 It matters~ 라고 하면 되는데, 강조하기 위해서 조동사 do를 투입하여 It does matter wh~의 형태로 많이 쓰인다.

Point

▶ **It does matter wh~** …가 상관있어, …가 중요해
▶ **It does matter because** …때문에 중요해
▶ **It mattered a lot to~** …에게 무척 중요했어

It does matter what a good lawyer can make a jury believe.
능력있는 변호사가 배심원에게 무엇을 믿게 하느냐는 중요해.

It does matter because I never said anything.
난 아무런 말도 하지 않았기 때문에 상관이 있어.

Everything that ever mattered to me is gone.
내게 중요했던 모든 것이 다 사라졌어.

A: You were up all night working on that project.
B: It mattered a lot to my boss that it was completed.

A: 너 밤새고 그 프로젝트 일 했지.
B: 그 일이 완성되는게 사장에게는 무척 중요했어.

Does it matter what I answer?

Does it matter~?는 "…가 중요하느냐?," "…가 문제되느냐?"라는 뉘앙스로 약간은 반대의견을 낼 때 사용된다.

> **Point**
> ▶ **Does it matter that[wh~]?** …가 상관있어?
> ▶ **Do you think it matters wh~[if]~** …가 중요하다고 생각해?

Does it matter how big I am now?
내가 지금 얼마나 컸는지가 문제가 돼?

Does it matter that I may have loved him?
내가 걔를 사랑했을지도 모른다는게 문제가 되니?

Does it matter what I answer?
내가 어떤 대답을 내놓느냐가 문제가 돼?

A: Does it matter that I didn't turn in my homework?
B: Yes, the teacher may give you a bad grade.

A: 내가 숙제를 제출하지 않는게 문제 돼?
B: 어, 선생님이 나쁜 점수를 줄지 몰라.

 What does it matter whose DNA it is?

Does it matter~ 는 '그게 상관있느냐,' 여기에 What을 붙여서 What does it matter?하게 되면 '그게 뭐에 상관있느냐,' 즉 '그게 무슨상관이야?'라는 문장이 된다. What does it matter~ 다음에 that 절이나 wh 절을 붙여 중요하지 않다고 생각하는 걸 넣으면 된다.

> **Point**
> ▶ **What does it matter wh~?** …가 무슨 상관이야?
> ▶ **What does it matter that ~?** …가 무슨 상관이야?

What does it matter whose DNA it is?
그게 누구 DNA인지가 뭐가 그렇게 중요해?

This is so silly. What does it matter who says it first?
정말 한심하군. 누가 그걸 먼저 말하는게 뭐가 그렇게 중요해?

I mean, what the hell does it matter how old we are.
우리 사이에 나이가 무슨 상관이야.

A: You can't park your car in that space.
B: What does it matter where I put my car?

A: 그 공간에 차를 주차하면 안됩니다.
B: 내가 내차를 어디에 주차하든 무슨 상관이예요?

 What matters is what happened!

뭔가 중요하고 신경을 써야 되는 문제를 표현하고자 할 때 사용하면 좋은 문형들.

> **Point**
> ▶ **What matters is~** 중요한 것은 …이야(All that matters is~ 중요한 것은 …이야)
> ▶ **The only thing that matters is~** 중요한 유일한 것은 …이야

All that matters is that you look so handsome.
가장 중요한 것은 네가 너무 잘 생겼다는거야.

It doesn't matter what you believe! What matters is what happened! 네가 뭘 믿는지는 중요하지 않아. 중요한 것은 무슨 일이 일어났느냐는거야!

I realized the only thing that matters is that you, you make me happier than I ever thought I could be.
유일하게 중요한 것은 너야. 네가 상상못할 정도로 날 행복하게 해준다는 걸 깨달았어.

A: It was difficult to break up with my girlfriend.
B: What matters is you can find someone new.

A: 내 여친과 헤어지는게 너무 힘들었어.
B: 중요한 건 새로운 사람을 만날 수 있다는거야.

Let me know if[wh~]

…을 알려줘

001

Let me know+의문사(what, when, where, if~) S+V의 구문으로 '…을 내게 알려달라'고 상대방에게 부탁할 때 쓰는 표현. 의문사 S+V대신 '의문사+to do~'가 올 수도 있다. 앞에 Please를 붙여 Please let me know~ 라고 하거나 Could[Would] you let me know~라 부드럽게 물어보면 된다.

Point

■ **Let me know wh~[how]~** …을 알려줘

■ **Let me know if~** …인지 알려줘

Just let me know if you need a hand!
도움이 필요한지 알려줘!

Let me know how that works out for you.
그게 너한테 어떻게 잘 되고 있는지 알려줘.

So let me know if you want to go out to dinner again soon.
그래 곧 다시 저녁외식하고 싶으면 알려줘.

Let me know what you find out.
네가 알아낸 것을 내게 좀 알려줘.

Well just at least let me know what I can do to make it up to you.
너한테 보상하기 위해서 내가 뭘 할 수 있는지 알려주기라도 해.

A: I've got to organize all of these files.

B: Let me know if you need any help.

A: 나 이 파일들을 전부 다 정리해야 돼.

B: 도움이 필요하면 내게 알려줘.

A: We arrested two men for the bank robbery.

B: Let me know if they confess to the crime.

A: 은행강도건으로 두명을 체포했어.

B: 범죄를 자백하면 알려줘.

002 You let me know if there's anything you need

Let me know~를 더 정중하게 물어보려면 Would you let me know~, Why don't you let me know를 쓰면 되고 아니면 내게 알려달라는 말로 You 만 붙여서 You let me know~라 할 수도 있다.

Point

▸ **You let me know~** …을 알려줘

▸ **Would you let me know~ ?** …을 알려줄래?

You let me know if there's anything you need.
혹 네가 필요한 게 있으면 알려줘.

Well, why don't you let me know when she is available?
그럼, 걔가 언제 시간이 되는지 알려줘.

Will you let me know if you think of anyone else?
네가 다른 사람을 생각하고 있다면 내게 알려줘.

A: Would you let me know if anyone calls?

B: Sure, I can notify you if that happens.

A: 누가 전화하면 알려줄래?

B: 그래, 전화오면 알려줄게.

003 # I'll let you know when the surgery is over

이번에는 반대로 내가 아는 정보를 상대방에게 알려주겠다고 하는 말로 I'll let you know+의문사(what, when, if~) S+V의 구문. 순서를 바꿔 When[If] S+V, I'll let you know의 형태로도 많이 쓰인다.

Point

> ▶ **I will let you know wh~** …에 대해 알려줄게
> ▶ **I will let you know how~** 얼마나 …하는지 알려줄게

I'll let you know when the surgery is over.
수술이 끝나면 알려줄게.

I'll let you know if anything turns up.
무슨 일이 생기면 알려줄게.

I'll let you know if it's a boy or a girl.
아들인지 딸인지 내가 알려줄게.

A: If we hear anything, I will let you know right away.
B: Okay, I will be waiting for your call.

A: 무슨 얘기 들으면 바로 알려줄게.
B: 그래. 네 전화기다리고 있을게

---

 004 # I just wanted to let you know I'm getting married

역시 상대방에게 정보를 주러왔다고 할 때의 문장. 앞에 I just wanted가 붙어서 다른 뜻은 없고 그냥 알려주기 위함이라는 점을 부각한다. 현재시제로 I want to let you know that~, I'd like to let you know~이라고 써도 된다.

Point

> ▶ **I just wanted to let you know~** 난 그냥 …을 알려주려고 그랬던거야
> ▶ **I want to let you know that~** …을 알려주려고(I'd like to let you know ~ …을 알려주려고)

I just wanted to let you know I'm getting married.
나 결혼한다는거 알려주고 싶었어.

I just wanted to let you know that Nick left six messages for you.
닉이 너한테 6개 메시지를 남겼다는 것을 알려주려고.

I just wanted to let you know how much I care about you.
내가 너를 얼마나 생각하는지 알려주고 싶었어.

A: I just wanted to let you know your car was stolen.
B: Oh my God, how did that happen?

A: 네 차 도난당했다는 걸 알려주고 싶었어.
B: 맙소사, 어떻다가?

---

 005 # I'm calling to let you know I may be ten minutes late

let you know 앞에 come to(come by to, call to)를 같이 써서 자기가 여기에 오거나 들르거나 전화하는 이유에 대해 설명하기도 한다.

Point

> ▶ **I came by to let you know~** 네게 …을 알려주려고 들린거야(I came to let you know~ 네게 알려주려고 왔어)
> ▶ **I'm calling to let you know~** 네게 …을 알려주려고 전화하는거야

I just came to let you know they set a new date.
걔네들이 날짜를 새로 잡았다는 걸 알려주려고 왔어.

I'm just here to let you know that I'm not going to rest until you go away. 네가 가기 전까지 난 쉬지 않을거라는 걸 알려주려고 여기 왔어.

I'm calling to let you know I may be ten minutes late.
10분정도 늦을까봐 전화한거야.

A: Why did you come to my apartment?
B: I came to let you know I've fallen in love with you.

A: 왜 내 아파트에 온거야?
B: 너를 사랑한다는 걸 말해주러 왔어.

I heard them ~

걔네들이 …하는 것을 들었어

PATTERN 001

사역동사와 늘 함께 어울리는 동사로 지각동사가 있다. 주로 보고, 느끼고, 듣는 등 감각에 관련된 동사들로 see, hear, feel, listen to, 그리고 watch 등을 지각동사라 한다. 사역동사와 마찬가지로 목적어 다음에 동사원형, ~ing, pp 등이 모두 다 올 수 있으며 역시 마찬가지로 동사원형/~ing일 때는 목적어가 능동적으로 동사기능을 하는 것이고, pp일 경우에는 목적어가 수동적으로 동사의 행위를 받는 것을 의미한다.

Point
- **I heard sb ~V[~ing]** 난 …가 …하는 소리를 들었어
- **I heard sb say that S+V** 난 …가 …라고 말하는 것을 들었어
- **I don't want to hear sb~** 난 …가 하는 말을 듣고 싶지 않아

I heard you bitching on the phone to your bank.
네가 전화로 거래은행에 불평하는 소리를 들었어.

I heard you say that she was emotionally unstable.
네가 걔는 감정적으로 불안하다고 말하는 걸 들었어.

When I was walking up, I heard you two arguing.
내가 걸어서 다가갈 때, 난 너희 둘이 다투는 소리를 들었어.

I think I heard him say he wanted her to give him something back.
걔가 그녀에게 뭔가 돌려달라고 말하는 것을 들은 것 같아.

I don't want to hear you talk about this anymore.
난 네가 더이상 이거에 관해 얘기하는 걸 듣고 싶지 않아.

A: I heard you say that your family is rich.

B: Yeah, it's true. My Dad is a millionaire.

A: 네가 니네집 부자라고 말하는 걸 들었어.
B: 어, 맞아. 우리 아버지 백만장자야.

A: You know that Anne is a total bitch.

B: Stop! I don't want to hear you talk badly about her.

A: 너 앤이 정말 못된년이라는 거 알지.
B: 그만! 네가 걔에 대해 험담하는거 듣고 싶지 않아.

PATTERN 002

I didn't hear you saying "I love you"

반대로 과거에 "…가 …하는 소리를 듣지 못했다"고 할 때는 I didn't hear sb+V/~ing의 형태로 문장을 써주면 된다.

Point
- **I didn't hear you saying~** 난 네가 …라고 말하는 것을 들어본 적이 없어
- **I've never heard sb~** …가 …하는 소리를 들어본 적이 없어
- **You've never heard sb ~** 넌 …가 …하는 소리를 들어본 적이 없을거야

I didn't hear you saying "I love you."
네가 날 사랑한다고 말하는 걸 못들어봤어.

I have never heard you ask a patient that question.
난 네가 환자에게 그런 질문하는 걸 들어본 적이 없어.

I didn't hear any noise coming from Mike's place last night.
간밤에 마이크 집에서 무슨 소리 나는 것을 못들었어.

A: I've never heard Ron get angry.

B: No, generally he is a very calm person.

A: 난 론이 화내는 걸 못들어봤어.
B: 그래, 걘 전반적으로 매우 차분한 사람야.

Did you hear him threaten me?

상대방에게 "sb가 …하는 소리를 들었느냐"(Did you hear~), "못들어봤냐"(Didn't you hear~)라고 물어보는 문장.

Point

▸ **Did you hear sb~ ?** …가 …하는 소리를 들어봤어?

▸ **Didn't you hear sb~ ?** …가 …하는 소리를 못들어봤어?

Did you hear anyone saying angry words?
누가 화내는 걸 들어봤어?

Didn't you hear me calling you?
내가 너 부르는 소리 못들었어?

Did you hear him threaten me?
걔가 나 협박하는 것 못들었어?

A: Did you hear our neighbor died in a car accident?

B: No! When did the accident happen?

A: 이웃이 차사고로 죽었다는거 들었니?
B: 아니, 언제 사고 났는데?

 I saw them kissing in the restroom

적극적 의사는 아니지만 "sb가 …하는 것을 봤다"고 말할 때 쓰는 표현. sb 다음에는 동사원형을 써도 되고 아니면 좀 그래픽하게 표현하려면 ~ing형을 써도 된다.

Point

▸ **I saw sb~** 난 …가 …하는 것을 봤어

▸ **We didn't see sb~** 우리는 …가 …하는 것을 못봤어

▸ **Did you see sb~ ?** …가 …하는 것을 봤어?

I saw her inject that crap right into her arm.
난 걔가 주사기로 그 쓰레기 같은 걸 자기 팔에 놓는 걸 봤어.

I saw her coming out of your bedroom this morning.
난 걔가 오늘 아침 네 침실에서 나오는 것을 봤어.

Did you see him going into the restaurant?
걔가 식당으로 들어가는 걸 봤어?

A: How did you know Jack was cheating?

B: I saw him kissing another woman.

A: 잭이 바람피는 걸 어떻게 알았어?
B: 걔가 다른 여자와 키스하는 걸 봤어.

 I watched my partner die

watch 역시 지각동사의 한 멤버로 당연히 watch+sb+V/~ing의 구문을 유도한다. watch는 see보다는 보는 행위가 훨 적극적이고 진지한 동사로 '한동안 지켜보다'라고 생각하면 된다.

 Point

▸ **I watched sb~** 난 …가 …하는 것을 지켜 봤어

▸ **You watched sb~?** …가 …하는 것을 지켜 봤다고?

I watched my partner die. I couldn't do anything to save him.
파트너가 죽어가는 걸 봤어. 걔를 살리기 위해 난 아무것도 할 수 없었어.

You stood there and watched Matthew die?
넌 거기 서서 매튜가 죽는 걸 보고만 있었단말야?

I'm supposed to stand here and watch you not catch him?
난 여기 서서 네가 걔를 잡지 못하는 것을 봐야 되는거야?

A: I watched your son playing basketball.

B: Yes, he's a very talented athlete.

A: 네 아들이 농구경기하는 걸 봤어.
B: 그래, 걔는 능력있는 선수야.

Did you hear about~?

…을 들었어?

상대방에게 어떤 소식을 들어봤는지 물어보는 문장으로 새롭거나 놀라운 사실을 토픽의 소재로 삼을 때 꺼내는 좋은 문구.

Point

- **Did you hear sth~ ?** …을 들었어?
- **Did you hear about~ ?** …에 관한 소식을 들었어?
- **Did you hear from~ ?** …로부터 소식들었어?

Did you hear about the accident at the bio lab?
생물학실험실에서 발생한 사고에 대해 들어봤어?

So did you hear about the new guy?
그래, 너 새로 온 사람 알아?

Did you hear about the new law firm we got working for us?
우리 입장을 대변해서 일해줄 새로운 법률회사에 대해 들어봤어?

Did you hear the way she described the clothing?
걔가 의상을 묘사하는 것을 들어봤어?

Prentiss, did you hear from your European associates?
프렌티스, 네 유럽인 동료들로부터 소식들었어?

A: Did you hear about the political scandal?

B: No, but I want you to tell me all about it.

A: 그 정치적 스캔들에 대해서 들어봤어?
B: 아니, 무슨 얘기인지 자세히 얘기해줘.

A: Did you hear from that boy you dated?

B: No, he never even gave me a call.

A: 데이트했던 남자애로부터 소식있어?
B: 아니, 걔는 나한테 전화도 안해.

Did you hear what she said?

상대방에게 좀 더 구체적으로 확인하기 위해 물어보려면 단순한 명사보다는 S+V의 절이 유리하다. Did you hear 다음 S+V의 절이나, what 등의 의문사절을 붙여 쓰면 된다.

Point

▶ **Did you hear S+V?** …이야기 들었어?
▶ **Did you hear what/who~?** ……한 얘기 들었어?

Did you hear that Agent Gideon sent me flowers?
기디언 요원이 내게 꽃을 보낸 이야기 들었어?

Did you hear what happened this morning?
오늘 아침에 무슨 일이 있었는지 들었어?

Didn't you hear what I said? I'm not crazy.
내가 한 말 못들었어? 나 미치지 않았어.

A: Did you hear that a woman was murdered last night?

B: Yes. The police haven't arrested anyone yet.

A: 지난밤에 한 여인이 살해당했다는 이야기 들었어?
B: 어. 경찰은 아직 아무도 체포 못했대.

You heard about what I said

You heard me(내가 말했잖아)로 유명한 표현이 속한 패턴. You heard me처럼 명사가 올 수도 있고 You heard what I said처럼 절이 올 수도 있다. 의미는 상황에 따라서 내가 말했다라는 점을 다시 강조할 수도 있고 혹은 단순히 Did you hear~에서 Did를 생략한 의문문장으로 쓰이기도 한다.

> ▶ **You heard sb** sb가 말했잖아
> ▶ **You heard what~** …한 말 들었잖아

You heard what I said. No surgeries.
내가 한 말 들었지. 수술은 없어.

You heard me. I don't want you dating her.
내가 말했잖아. 너 걔랑 데이트하지마.

You heard about the strip club?
그 스트립클럽에 대해 들어봤지?

A: Do we have to finish this report?
B: Of course. You heard what the teacher said.

A: 우리 이 레포트 끝마쳐야 돼?
B: 물론이지. 선생님 하신 말 들었잖아.

Have you heard about Susan's secret boyfriend?

현재완료가 쓰인 경우로 앞의 Did you hear~와 유사하다고 보면 된다. Have you hear 다음에는 hear가 좋아하는 전치사 (of, about, from)나 절이나 의문사절을 붙여 쓰면 된다.

> ▶ **Have you heard about[from]~ ?** …에 관해[…로부터] 소식 들었어?
> ▶ **Have you heard that[what]~ ?** …라는 소식을 들었어?

Have you heard about Susan's secret boyfriend?
수잔의 비밀 남친 이야기 들어봤어?

Have you heard your sister has gotten engaged?
네 누이가 약혼했다는 소식 들었어?

Have you heard what he's been up to lately?
최근에 걔 어떻게 지내는지 얘기 들어봤어?

A: Have you heard that June is upset with you?
B: Oh God, why is she angry at me now?

A: 준이 너한테 화났다는 거 들었어?
B: 어이구, 지금은 뭐 때문에 내게 화나있대?

When did you hear the gunshot?

이제는 did you hear가 의문사들과 결합하여 언제, 어디서, 무엇을 들었는지 물어보는 문장을 만들어본다.

> ▶ **What did you hear~ ?** …가 무슨 말을 하는 걸 들었어?
> ▶ **When did you hear~ ?** 언제 …소리를 들었어?

Where did you hear about the coroner's findings?
검시관의 조사결과에 대해 어디서 들었어?

When did you hear the gunshot?
총소리는 언제 들었어?

What did you hear your husband say, Mrs. Kent?
켄트 부인, 남편이 무슨 말을 하는 것을 들었습니까?

A: Where did you hear about the new job?
B: It was advertised on the Internet.

A: 그 새로운 일자리는 어디서 들은거야?
B: 인터넷에 광고로 나와있어.

I heard about~

…에 관해서 들었어

이야기를 들어서 알고 있다는 말로 hear 다음에 바로 명사를 붙여도 되고 아니면 hear about 다음에 들은 이야기를 써도 된다. 특히 "…가 …한다는 이야기를 듣다"라고 할 때는 hear about sb ~ing의 형태로 쓴다.

> **Point**
> - **I heard about +N** …에 관해서 들었어
> - **I heard about sb ing** …가 …한다는 이야기를 들었어
> - **I heard about sb who~** …가 …한다는 이야기를 들었어
> - **I heard about what~** …에 관해 이야기를 들었어

I heard about the shooting on the news.
난 뉴스에서 총격사건에 대해서 들었어.

I heard about what happened to that lady.
저 부인에게 무슨 일이 있었는지 들었어.

I heard about what happened in court this morning.
오늘 아침 법정에서 있었던 일에 대해 들었어.

I heard about her on Monday when I came back to work.
월요일 다시 출근했을 때 걔에 대해서 들었어.

I heard about a girl today who was raped by her teacher.
자기 선생님에게 강간당한 한 소녀의 이야기를 들었어.

A: I heard about Paul stealing some money.
B: The police are trying to find him right now.

A: 폴이 돈 좀 훔쳤다는 이야기를 들었어.
B: 경찰이 지금 걔를 찾고 있어.

A: I heard about what people said about me.
B: Don't pay attention to that gossip.

A: 사람들이 나에 대해서 뭐라 하는지 들었어.
B: 그런 소문들에 신경쓰지마.

I heard he was dead

자기가 들은 이야기를 S+V 형태의 절로 길게 말할 수 있는 문장형태. 자기가 들은 이야기를 꺼내면서 대화를 시작하는 좋은 구문이기도 한다.

> **Point**
> ▸ **I heard S+V** …을 들었어
> ▸ **I've heard (that)~** …을 들었어

I heard that John was injured in a car accident.
존이 교통사고나서 다쳤다며

I heard she got arrested for beating her husband up.
걔가 남편을 때려서 체포됐다고 들었어

I heard you didn't do that anymore.
네가 더 이상 그러지 않는다고 들었는데

A: I heard that the economy would crash.
B: We'd better prepare for some difficult times.

A: 경제가 붕괴될거라고 해.
B: 어려운 시기를 위해 준비하는게 낫겠어.

003

I heard what happened

이번에도 절이 오기는 하지만 I heard 의문사+S+V의 형태로 다양한 문장을 만들고 표현할 수 있다.

▸ **I heard what~** …을 들었어

I heard what you said to the father.
네가 아버지에게 뭐라고 했는지 들었어.

I heard what happened to her yesterday.
어제 걔한테 무슨 일이 일어났는지 들었어

I heard what happened between you an Marissa.
너와 마리사 사이에 무슨 일이 있었는지 들었어.

A: Why do you look so unhappy?

B: I heard what the boys said about my dress.

A: 왜 그렇게 울적하게 보여?
B: 남자애들이 내 드레스보고 뭐라하는지 들었어.

 004

All I heard is that there is going to be a surprise

자기가 들은 이야기는 단지 …일 뿐이다라는 점을 강조하기 위한 표현법. "내가 들은거라고는 …가 전부이다"라는 뉘앙스. 참고로 From what I heard는 "내가 들은 바로는"이라는 뜻의 표현.

▸ **All I heard was~** 내가 들은 이야기는 …가 전부야

▸ **What I heard is~** 내가 들은 이야기는 …야

What I heard was classes will be cancelled.
내가 들은 이야기는 휴강한다는거였어.

All I heard is that there is going to be a surprise.
내가 들은 이야기는 깜짝 놀랄 만한 일이 있을거라는거야.

At first all I heard her was saying, "Cut it out! Cut it out!"
처음에 내가 들은 이야기는 "그만둬! 그만둬!"가 전부였어.

A: You have to tell me what Pam thinks.

B: All I heard was she doesn't want to date you.

A: 팸이 뭔 생각을 하는지 내게 말해야 돼.
B: 내가 들은 이야기는 너랑 데이트하기 싫다는게 전부야.

 005

I haven't heard from her in two days!

한번도 들어본 적이 없다, 못들어봤다라고 할 때 쓰는 표현으로 I never heard of~ 혹은 I didn't hear~의 형태를 애용하면 된다.

▸ **I never heard of sb ~ing** 난 …가 …라고 말하는 것을 들어본 적이 없어

▸ **I never heard from[of]~** …에게서[…의] 전혀 소식을 못들었어(I haven't heard from~ …에게서 전혀 소식을 못들었어)

I never heard of a teenager working for the health department.
십대가 보건부에서 일한다는 이야기는 들어본 적이 없어.

I've never heard that name before in my life.
그 이름은 내 평생 들어본 적이 없어.

What are you talking about? I haven't heard from you in a week.
무슨 말이야? 일주일 동안 너한테서 소식을 못들었는데.

A: I've never heard of Luxembourg.

B: Oh, it's a very small country near Belgium.

A: 난 룩셈부르크를 들어본 적이 없어.
B: 벨기에 옆에 있는 아주 작은 나라야.

Can you get me~?

…을 갖다줄래?

"…에게 …을 갖다(사) 주다"라는 의미의 get sb sth(get sth to sb)을 소스로 해서 Can I get you~, I'll get you~, Let me get you~의 형태로 "너에게 뭔가를 가져다주다," 반대로 Can you get me~, You got to get me~의 형태로는 "내게 뭔가를 가져다달라"는 의미로 쓰인다. 먼저 내게 달라고 하는 Can you get me~, Can I have~을 연습해본다.

> Point
>
> ■ **Can you get me~?** …좀 갖다줄래[사줄래]?
>
> ■ **Can I have~?** …을 줄래?

Mike, **can you get me** any diet-pills?
마이크, 살빼는 약 좀 갖다줄래?

Hey dad, **can you get me** a coke please?
아빠, 콜라 좀 사다 줄래요?

Can I have your hospital I.D. number please?
병원신분증 번호 좀 알려주세요?

Excuse me, **can I have** your attention please ?
실례합니다만 주목 좀 해주세요.

Hey, **can I have** your autograph, Mr. Hero Cop?
야, 사인 좀 해주라, 영웅경찰 씨.

A: **Can you get me** a book from the library?

B: Sure I can. What is its title?

A: 도서관에서 책 하나 대출 좀해줘.
B: 그래 그럴게. 책제목이 뭐야?

A: **Can I have** a kiss?

B: Jesus! I really shouldn't, somebody might see.

A: 키스해줄래?
B: 아이고! 나 정말 이러면 안되는데, 누가 볼 수도 있잖아.

You get me a date with your friend, will

You get me sth은 직역하면 "내게 …을 가져달라"는 것으로 You get me 다음에는 사물이나 사람이 올 수 있다.

> Point
>
> ▶ **You get me~** 내게 …을 가져다줘 (You got to get me~ 내게 …갖다줘야 돼)
>
> ▶ **Will you get me~?** 내게 …을 갖다줄래?

You get me someone else. Someone better than you.
다른 사람을 붙여줘. 당신보다 더 나은 사람 말야.

You get me a date with your friend, Will.
네 친구 윌과 데이트하게 해줘.

You gotta get me some work. I lost my health insurance.
내게 일거리 좀 줘야 돼. 난 건강보험도 상실했다구.

A: I think I lost your notebook computer.

B: Well, you've got to get me another one.

A: 네 노트북 컴퓨터를 잃어버린 것 같아.
B: 그럼, 다른 노트북 사다줘야 돼.

003 Get me some suction here

명령형으로 "…할, …할 수 있는 뭐 좀 갖다 달라"고 할 때 Get me something to/that~을 쓰며 또한 Get me some+N은 명사의 성격에 따라 '갖다 달라'(물질명사) 혹은 '해달라'(추상명사)라는 뜻이 된다.

▸ **Get me some+N~** …을 좀 갖다줘, …을 좀 해줘
▸ **Get me something to[that]~** …할 것을 갖다줘

Sara, get me something to cut this tape.
새라, 이 테이프를 자를 뭐 좀 갖다줘.

Just get me something I can use to force her to back off.
걔가 물러서도록 만들기 위해 내가 사용할 수 있는 뭔가를 갖다줘.

Get me some suction here. I can't see what I'm doing.
여기 석션 좀 해줘. 뭘 하는지 앞이 안보여.

A: Get me a ham sandwich and some beer.
B: Get it yourself. I'm not a waitress!

A: 햄 샌드위치와 맥주 좀 갖다줘.
B: 네가 갖다 먹어. 내가 웨이트리스냐고!

004 Can I get you something to drink?

반대로 상대방에게 뭔가 갖다 줄까라고 물어볼 때는 Can I get you~?라 하면 된다. 단순히 갖다줄 때도 있고 돈주고 사서 갖다줄(Can I buy you~?) 때도 다 쓰인다.

▸ **Can I get you ~?** …을 갖다 줄까?(Can I buy you~? …을 사다 줄까?)
▸ **Can I get you something to~?** …할 뭐 좀 줄까?

Can I get you some coffee?
커피 좀 줄까?

Can I get you something to eat or drink?
뭐 마실거나 먹을 거 좀 줄까?

Can I buy you dinner, or something, Shirley?
셜리, 내가 저녁이나 뭐 좀 사줄까?

A: Can I get you some coffee or tea?
B: Sure, I'd like a cup of green tea.

A: 커피나 차 좀 갖다 줄까?
B: 좋지, 녹차 한잔 줘.

005 I will get you that warrant

상대방에게 뭔가 가져다 주겠다는 적극적인 표현. I will get you sth, 혹은 Let me get you sth이라고 하면 된다.

▸ **I will get you ~** …을 갖다 줄게
▸ **Let me get you~** …을 갖다 줄게

Find me a witness, and I will get you that warrant.
증인을 찾아오면 그 영장 발부해줄게.

I will get you my resume by tomorrow.
내일까지 이력서를 보낼게.

At least let me get you an MRI.
적어도 MRI는 찍은 거 갖다줄게.

A: The phone you gave me is broken.
B: Sorry, I will get you a replacement.

A: 네가 준 핸드폰 망가졌어.
B: 미안, 다른 걸로 갖다 줄게.

Section 01

017

Can you tell me about ~?

…에 대해 말해줄래?

PATTERN 001

"…말해[알려]줄래?"라는 의미로 상대방에게 궁금한 점이나 정보를 물어볼 때 요긴하게 사용하는 표현. Can[Could] you tell[show] me 의문사+S+V? 혹은 간단히 의문사+to+V형태를 써서 Can[Could] you tell[show] me 의문사 to+V? 라 해도 된다.

Point

- ■ **Can you tell me N?** …를 말해줄래?
- ■ **Can you tell me about ~?** …에 대해 말해줄래?
- ■ **Can you tell me anything~?** …에 대해 뭐라도 좀 얘기해줄래?
- ■ **Please tell me S+V** …라고 말해줘(정보를 말해달라 혹은 자기가 바라는 이야기를 해달라고 할 때)

Can you tell me his name?
걔 이름을 말해줄래?

Please, can you tell me anything you might know about this place?
이 장소에 대해 네가 알고 있는 모든 것을 말해주겠니?

Can you tell me about it over the phone?
그것에 관해 전화로 말해줄래?

Please tell me you've changed your mind.
네가 마음을 바꿨다고 말해줘.

Please tell me the kids didn't see it.
아이들은 그걸 보지 못했다고 말해줘.

A: Can you tell me about
your family?

B: My parents are dead,
but I have one brother.

A: 네 가족에 대해 말해줄래?
B: 부모님은 돌아가셨고 형만 한 분 계셔.

A: You were really drunk
at the party.

B: Please tell me I didn't
do anything stupid.

A: 너 파티에서 엄청 취했더라.
B: 내가 한심한 짓 하지 않았다고 제발
말해줘.

PATTERN 002

Can you tell me how you feel?

"네 감정이 어떤지 말해줄래?"라는 문장으로 Can you tell me~ 문형에서 가장 많이 쓰이는 Can you tell me와 how의 만남을 살펴보자. how to+V, how S+V 그리고 how adj S+V 등의 형태를 이어쓰면 된다.

Point

- ▶ **Can you tell me how to[how S+V] ?** …하는 것을 말해줄래?
- ▶ **Can you tell me how to get to+장소?** …로 가는 방법을 알려줄래?

Can you tell me how long this has been happening to you?
이런 일이 일어난지 얼마나 된거야?

Can you tell me how he got along with his coworkers?
걔가 직장동료들과 어떻게 잘 지내는지 말해줄래?

Can you tell me how Mr. Hollister died?
홀리스터 씨가 어떻게 사망했는지 말해줄래요?

A: Can you tell me how
you got rich?

B: I worked hard for over
thirty years.

A: 어떻게 부자가 되었는지 말해 줄래요?
B: 30년 넘게 열심히 일했어요.

Can you tell me exactly what you saw?

이번에는 what 절이나 구 혹은 if 절이 이어지는 경우. 영어문장을 만들 때 단어 하나하나 조립해서 만들 수는 없다. 자주 등장하는 '패턴 덩어리'는 입에 착 달라붙도록 외워둬야 한다.

Point
- ▶ **Can you tell me what~ ?** …을 말해줄래?
- ▶ **Can you tell me if~ ?** …인지 말해줄래?

Can you tell me exactly what you saw?
네가 본 걸 나한테 정확하게 말해줄 수 있겠니?

Jessica, can you tell me what you told your mom?
제시카, 네가 네 엄마한테 뭐라고 했는지 말해줄래?

Can you tell me if you recognize any of these men?
이 사람들중에 누구 알아볼 수 있는지 말해줄래요?

A: I think you are in serious trouble.

B: Can you tell me what I should do about it?

A: 너 아주 어려운 문제에 빠진 것 같아.
B: 내가 어떻게 해야 되는지 말해 줄래야?

 Can you tell me where you got these?

언제, 어디서에 관련한 정보를 물어보려면 Can you tell me 다음에 where[when] to+V나 where[when] S+V절을 붙이면 된다.

Point
- ▶ **Can you tell me where~ ?** 어디서 …하는지 말해줄래?
- ▶ **Can you tell me when~ ?** 언제 …하는지 말해줄래?

Can you tell me where you got these?
어디서 이것들을 구했는지 말해줄테야?

Can you tell me where you've been the last two days?
지난 이틀간 네가 어디 있었는지 말해줄래?

Could you tell me where I can find Sam Jones?
내가 어디서 샘 존스를 찾을 수 있는지 말해줄래?

A: Can you tell me where I could meet a nice girl?

B: Some people find girls when they go to church.

A: 멋진 걸 어디서 만날 수 있는지 알려줄래?
B: 일부 사람들은 교회에서 여자애들을 만난대.

 Can you tell me why you're angry

누가 그랬는지 궁금할 때는 Can you tell me who~, 왜 그랬는지 궁금할 때는 Can you tell me why~를 쓰면 된다.

Point
- ▶ **Can you tell me why~ ?** 왜 …하는지 말해줄래?
- ▶ **Can you tell me who ~?** 누가 …한지 말해줄래?

Can you tell me why you want to talk to Thomas?
너는 왜 토마스에게 얘기하고 싶어하는지 말해줄래?

Can you tell me why you're angry?
네가 왜 화났는지 말해줄래?

Can you tell me who attacked you? 누가 너를 공격했는지 말해줄래?

A: Can you tell me why Marsha is not here?

B: She had an emergency in her family.

A: 왜 마샤가 여기 없는지 말해줄래?
B: 집안에 급한 일이 생겼어.

I want to say~

···라고 말하고 싶어

001

"···을 말하고 싶다"라는 표현을 써서 자기가 말하는 내용을 힘있게 강조하거나 그래서 상대방들의 관심을 끌어들이는 표현법. 특히 미안하거나 반갑거나 등의 인사를 하고 싶다고 할 때도 이 표현을 즐겨 쓴다. **I wanna say**라고 빨리 발음하며 한 단어로 익혀둘 것.

Point

- ■ **I want to say S+V** ···라고 말하고 싶어
- ■ **I want to say thank you[goodbye, sorry]~** 고맙다고[잘가라고, 미안하다고] 말하고 싶어
- ■ **I want to say something to sb~** ···에게 뭔가 이야기를 하고 싶어

If he calls, I want to say I won't talk to him.
걔가 전화하면, 걔랑 말하지 않겠다고 말하고 싶어.

First I want to say that it's not Sheldon's fault.
먼저, 난 그건 쉘든의 잘못이 아니라고 말하고 싶어.

I want to say that I told her she should drop the lawsuit.
난 걔한테 소송을 취하해야 한다고 말해주고 싶어.

I want to say sorry to her, but she's not home.
걔한테 미안하다고 말하고 싶었는데 집에 없더라고.

Before we start, I wanna say hi to one of my old friends, Rosario.
시작하기에 앞서, 난 내 옛친구들중 하나인 로사리오에게 인사하고 싶어.

A: I want to say you really helped me.
B: I'm your friend, so I like to help.

A: 네가 정말 나를 도와줬다고 말하고 싶어.
B: 친구잖아, 그래서 돕고 싶어.

A: I want to say something to your boss.
B: Hold on, I'll see if he's in his office.

A: 네 보스에게 얘기하고 싶은게 있어.
B: 잠깐, 사무실에 있나 보고.

I want to tell what I did

002

say가 tell로 바뀐 경우. tell 이하를 말하고 싶은 주어의 의지가 돋보이는 표현. **I want to tell you to+V[S+V, wh~]** 등, 다양한 tell의 목적어 형태를 만들어본다.

Point

- ▶ **I want to tell you to~** 네게 ···하라고 말하고 싶어
- ▶ **I want to tell you that[what~]~** 네게 ···을 말하고 싶어

I want to tell you to have a good honeymoon!
즐거운 신혼여행되라고 말하고 싶어!

I want to tell you that I agree with what you said.
네가 한 말에 동의한다고 말하고 싶어.

I want to tell you what I did.
내가 무슨 짓을 했는지 네게 말하고 싶어.

A: Your boss is always yelling at you.
B: I want to tell you he treats me poorly.

A: 네 사장은 늘상 네게 소리치더라.
B: 날 너무 함부로 대한다고 말하고 싶어.

003 I don't want to say anything that might upset you

반대로 "그렇게 말하고 싶지 않다"라는 것으로 I don't want to say~, I don't want to tell you~ 등의 형태이다. 뭔가 상대 방 심기를 건드리는 말을 하면서 서두에 쓸 때 요긴하게 쓸 수 있다.

Point
- ▶ **I don't want to say anything~** …한 것은 아무 말도 하기 싫어
- ▶ **I don't want to say S+V** …하다고 말하고 싶지 않아, 생각하고 싶지 않아
- ▶ **I don't want to tell you~** 네게 …을 말하고 싶지 않아

I don't want to say anything that might upset you.
너를 언짢게 할 어떤 말도 하고 싶지 않아.

I don't want to say anything more, that would be hurtful.
더 이상 얘기하고 싶지 않아, 마음이 아플거야.

I don't want to tell you how to do your job.
네 일을 어떻게 해야 하는지 네게 말하고 싶지 않아.

A: How did your blind date go?
B: I don't want to say she liked being with me.

A: 소개팅 어땠어?
B: 걔가 나랑 있는걸 좋아했다고 생각하지 않아.

004 I just wanted to say that I like your necklace

자기가 말하고 싶었던 것의 요점을 정리하는 방법. 자기의 횡설수설, 혹은 상대방의 오해 등을 방지하기 위해 자신의 말의 요지를 간략히 정리하는 것으로 just가 들어가면 그 찰진 맛이 딱 감아돈다.

- ▶ **I just wanted to say~** 단지 …을 말하고 싶었어 ▶ **I just wanted tell you~** 단지 …을 네게 말하고 싶었어

I wanted to say I love you too.
나도 역시 널 사랑한다고 말하고 싶었어.

I just wanted to say happy birthday.
난 단지 해피버스데이라고 말하고 싶었어.

I just wanted to tell you again how much I enjoyed the other night.
요전날 내가 얼마나 즐거웠는지 다시 한번 네게 말해주고 싶었어.

A: I just wanted to say thanks for the help.
B: You're welcome. I was glad to be of assistance.

A: 도와줘서 고맙다는 말을 하고 싶었어.
B: 무슨. 도움이 되서 내가 기뻤어.

005 You want to say I told you so?

상대방 말의 진의를 확인하기 위한 평서문 형태의 의문문. "…라고 말하고 싶다?," 즉 "넌 …라고 말하고 싶은 거지?"라고 되묻는 문장. 앞에 Do를 붙여도 된다.

- ▶ **You want to say~ ?** 네 말은 …라는 거지? ▶ **You want to tell~ ?** 네 말은 …라는 거지?

You want to say I told you so?
네 말은 내가 그렇게 말했다는거지?

Do you want to say it tastes like candy, huh?
네가 하고 싶은 말은 그게 캔디맛이 난다라는 거지, 어?

You said you had some information you wanted to tell me about your husband? 네 말은 네 남편에 대해서 내게 말해주고픈 정보가 있다는거야?

A: Is that Monica on the phone?
B: Yes. You want to say anything to her?

A: 모니카가 통화중이야?
B: 어. 걔한테 뭐 하고 싶은 말 있어?

I am sick of~
…가 진절머리 나

PATTERN **001**

sick하면 ill과 더불어 아프다고 할 때 쓰는 대표형용사. 그래서 아프다고 할 때는 **get sick**이나 **fall sick**을 쓰면 된다. 하지만 sick에는 다른 사람들의 말이나 행동이 아주 불쾌하여 기분이 상했을 때의 상태도 나타내는 단어로 쓰인다. 그래서 **make sb sick**는 'sb를 화나게 하다,' '기분나쁘게 하다' 라는 의미가 된다. **be sick of** 뿐만 아니라 **be tired of** 역시 같은 맥락.

> **Point**
>
> - **I'm sick of ~ing** …하는게 왕짜증나
> - **I get sick of +N** …가 정말 진절머리가나
> - **I get sick of how~** …하는게 왕짜증나

I'm so sick of your Dad, he's such a jerk!
네 아빠 정말 짜증난다, 정말 머저리야!

I'm getting sick of being your travel agent.
너의 여행사 노릇하기가 진절머리난다.

I'm so sick of hearing you fight.
너희들 싸우는 소리 듣는게 엄청 짜증 나.

I'm sick of covering for your creepy, unnatural relationship.
너희들의 기이하고도 비정상적인 관계를 덮어주는데 질렸어.

I'm sick of being controlled by both of you guys.
너희 둘 모두에게 통제당하는게 정말 짜증나.

A: Your friend is over an hour late.
B: I'm sick of waiting. Let's leave now.

A: 네 친구가 한 시간 넘게 늦고 있어.
B: 짜증나 못기다리겠다. 이제 가자.

A: Our paychecks are getting delayed again.
B: I'm really sick of how we don't get paid on time.

A: 우리 급여가 또 늦고 있어.
B: 어떻게 우리가 제때에 급여를 받지 못 하는지 정말 짜증나.

PATTERN **002**

I'm sick of him telling me what to do

이번에는 짜증나는 사람과 그 사람의 행동을 함께 한 문장에 말할 수 있는 패턴. **I'm sick of sb ~ing**라고 쓰면 되고 다음 엔트리처럼 sick 대신 tired를 써도 된다.

> **Point**
>
> ▶ **I'm sick of you ~ing** 네가 …하는게 정말 짜증나
> ▶ **I'm sick of people ~ing** 사람들이 …하는게 짜증나

I'm sick of him telling me what to do.
걔가 나보고 이래라 저래라 하는게 짜증나.

I'm just sick of you doin' whatever the hell you want.
원하는 건 뭐든지 하려는 네가 정말 짜증나.

I'm sick of people touching my stuff!
사람들이 내 물건들을 만지는게 정말 짜증나!

A: I'm sick of people using phones in the theater.
B: Me too. It ruins the movie for me.

A: 극장에서 핸드폰 사용하는 사람들이 왕짜증나.
B: 나도 그래. 영화를 망치잖아.

I'm getting tired of you talking about him

단순히 피곤하다(get tired; feel tired)라는 단어로만 알고 있었지만 be[get] tired of~하게 되면 be sick of처럼 화가 나거나 싫증이 나서 짜증내는 상황을 표현할 수도 있다.

Point

▶ **I'm getting tired of~ing** …하는데 짜증이 나
▶ **I'm tired of sb ~ing** …가 …하는게 짜증이 나

I'm getting tired of you talking about him.
난 네가 걔에 대해서 얘기하는게 짜증이 나.

I'm tired of you constantly hovering over me.
난 네가 내 주변을 계속 맴도는게 짜증나.

I'm tired of you manipulating my court to suit your needs.
내 법정을 주물럭거려서 목적을 달성하려는 네가 왕짜증나.

A: Are you going to lend your brother money?
B: No. I'm getting tired of giving him my salary.

A: 네 형에게 돈을 빌려줄거야?
B: 아니. 내 월급을 빌려주는데 지쳤어.

I am sick and tired of this weather

강해지려면 뭉쳐야지. 이번에는 짜증나는 정도를 아주아주 강조하기 위해 sick과 tired가 합친 경우.

Point

▶ **I'm sick and tired of~** …에 정말 짜증나
▶ **I'm sick and tired of sb ~ing** …가 …하는게 정말 짜증나

I'm sick and tired of being depressed about Richard.
난 리차드 때문에 속썩는데 질렸어.

I am sick and tired of everyone blaming this thing on me.
난 모두가 이게 내 잘못이라고 비난하는데에 정말 질렸어.

I'm sick and tired of hearing you complain.
너 불평하는데 아주 짜증나.

A: This summer has been really hot.
B: You're right. I'm sick and tired of this weather.

A: 이번 여름은 정말이지 더웠어.
B: 맞아. 이런 날씨는 정말이지 짜증나.

You were sick of it?

이번에는 상대방이 지겨워지고 짜증났는지 물어보는 문장. 앞에 Are를 붙여 완성된 문장을 만들어도 된다.

Point

▶ **You get sick of~?** …에 짜증나?
▶ **You get tired of~?** …에 진절머리나?

You said you were sick of it. Are you sick of me?
넌 진절머리 난다고까지 말했어. 나에게 진절머리 나?

You get tired of handing out condoms to the hookers?
매춘부에게 콘돔을 나눠주는데 지쳤어?

Are you tired of me already?
너 벌써 나한테 질린거야?

A: Everywhere I go men want to date me.
B: You get sick of men wanting to take you out?

A: 내가 어딜가나, 남자들은 나랑 데이트하려고 해.
B: 넌 너랑 데이트하려는 남자들이 지겨워?

020

I have no idea ~

…을 몰라

001

idea를 '아이디어'로 생각하면 안된다. have no idea는 숙어로 don't know와 같은 뜻으로 I have no idea what/who S+V 혹은 간단히 I have no idea what/who to do~ 하면 "무엇(누가)이 …인지 모른다"라는 표현이 된다.

Point

- **I have no idea wh~** …을 알지 못해
- **I have no idea if[whether]~** 인지 아닌지 몰라
- **I got no idea~** 난 …을 몰라

I have no idea **where** you're going with this.
이걸로 무슨 말을 하려는 것인지 모르겠어.

I have no idea **what** you're talking about.
네가 무슨 말을 하는 건지 모르겠어.

I have no idea **whether** it's a date or not.
그게 데이트인지 아닌지 잘 모르겠어.

I have no idea **why** you care so much.
네가 왜 그렇게 신경을 많이 쓰는지 모르겠어.

I have no idea **who** would wanna frame me.
누가 나를 누명 씌우려는 건지 모르겠어.

A: Linda just started screaming and hitting people.
B: I have no idea what made her act strangely.

A: 린다가 방금 소리를 지르며 사람들을 때리기 시작했어.
B: 뭐 때문에 저렇게 이상하게 행동을 하는지 모르겠어.

A: This bill is for fifty thousand dollars.
B: Yeah, and I've got no idea how I'll pay it.

A: 이 계산서는 5천 달러짜리네.
B: 어떻게 그걸 지불해야 할지 모르겠어.

002 **I had no idea** you had this much pride

have no idea의 과거형을 쓴 것으로 I had no idea 다음에 그냥 S+V절을 붙이든지 아니면 I had no idea wh~처럼 의문사절을 붙일 수 있다.

Point

▸ **I had no idea S+V** 난 …몰랐어
▸ **I had no idea what~** 난 …을 몰랐어

I had no idea you were from New York.
네가 뉴욕 출신이라는 걸 몰랐어

I had no idea you had this much pride.
네가 이렇게나 자부심을 갖고 있는지 몰랐어

I had no idea he was drinking again.
걔가 다시 술을 마시고 있다는 것을 몰랐어.

A: Pam injured her leg in a serious car accident.
B: I had no idea what caused her injury.

A: 팸은 심각한 자동차 사고로 다리에 부상을 입었어.
B: 난 걔가 뭣 때문에 다리를 다쳤는지 몰랐었어.

I have no clue what that means

clue는 뭔가 해결할 수 있는 '단서'를 말하는 단어로 그 단서가 없다는 말은 결국 모른다라는 뜻이 된다. Any clue~?라고 뭔가 단서가 있는지 물어볼 수도 있다.

> ▸ **I have no clue~** 전혀 …을 알지 못해(I don't have any clue~ 전혀 …을 몰라)
> ▸ **Any clue~ ?** …에 대해 전혀 몰라?

She had no clue her husband was a serial killer.
걔는 자기 남편이 연쇄살인범이라는 걸 전혀 알지 못했어.

I have no clue what that means.
그게 무슨 의미인지 전혀 모르겠어.

Any clue where she's going?
걔가 어디 가는지 전혀 몰라?

A: I don't have any clue
what we'll do tonight.

B: Why don't we just stay
home and relax?

A: 오늘밤 우리가 무엇을 할 지 전혀 모
르겠어.

B: 집에서 그냥 쉬자.

 I just never got the idea that they were really happy

앞서 배운 I got no idea도 있었지만, 여기서는 get the idea(understand, 생각하다)의 부정어로 I never got the idea~라는 구문이 되면 "…을 전혀 알지 못했다"라는 뜻이 된다.

> ▸ **get the idea S+V** 이해하다, 알다   ▸ **I just never got the idea that~** …을 전혀 몰랐어

I do not know where you got the idea that I am your wife.
내가 너의 아내라는 생각을 어떻게 하게 되었는지 모르겠어.

I don't know. I just never got the idea that they were really happy.
몰라. 걔네들이 정말 행복했는지 전혀 몰랐어.

I just never got the idea that he was gay.
걔가 게이라는 사실을 전혀 몰랐어.

A: They say the famous
actor died from a drug
overdose.

B: I just never got the idea
that he used drugs.

A: 유명한 배우가 약물과용으로 사망했대.

B: 걔가 약물을 복용하는 줄 전혀 몰랐어.

 Do you have any idea what you're asking?

상대방이 뭔가 알고 있는지 모르는지 궁금해서 물어보거나 혹은 "알기나 하냐," "넌 몰라"라는 뉘앙스를 풍기면서 던질 수 있는 표현. Do you have any idea+의문사(what/who…) S+V?의 형태로 쓰면 된다. 단순히 알고 있는 지 여부를 묻는 경우가 아닌 '너 모르지 않냐'라는 의미로 쓰이는 경우에는 의미상 결국 You have no idea+의문사 S+V와 일맥상통하는 표현이다.

> ▸ **Do you have any idea what~?** …를 알기나 해?(비난, 강조)
> ▸ **Did you have any idea S+V?** …을 조금이라도 알고 있었어?

Do you have any idea what I have sacrificed for you and this baby?
내가 당신과 이 아이를 위해 뭘 희생을 했는지 알기나 해?

Do you have any idea what you're asking?
네가 물어보는게 뭔지나 알아?

Mrs. Parker, did you have any idea that your husband was having an affair? 파커 부인, 남편께서 바람피는 걸 알고 계셨습니까?

A: Do you have any idea
what Cindy is in jail for?

B: I think she stole money
from her workplace.

A: 뭐 때문에 신디가 감방에 있는지 알아?

B: 직장에서 돈을 훔쳤던 것 같아.

021

I was wrong to~

…한 것은 나의 잘못였어

PATTERN
001

먼저 시제는 과거고 I was wrong은 "내가 틀렸다," "나의 잘못이었다"라는 말이 된다. 그럼 to 이하는 뭘까. 여기서는 자기 잘못을 인정하거나 자책하는 표현으로 "내가 to 이하를 한 것은 잘못이다"라는 문장이 된다.

Point

- **I was wrong to~** …한 것은 나의 잘못이었어
- **I was wrong to think~** …라고 생각한 것은 내가 잘못이었어
- **I was wrong to tell~** …라고 말한 건 내 잘못이었어
- **I know I was wrong to~** …한 것은 내 잘못이라는 것을 알고 있어

I was wrong to demand that you stay here.
네가 여기 있도록 요구한 것은 나의 잘못이었어.

I was wrong to think I could negotiate with terrorists.
테러리스트와 협상할 수 있을거라 생각한 것은 나의 잘못이었어.

I was wrong to tell you who you should be friends with.
네가 누구와 친구되어야 한다고 말한 것은 내 잘못이었어.

I was wrong to assume that you're lonely.
네가 외로울 거라는 나의 추측은 틀렸어.

Looks like **I was wrong to** dismiss apnea.
수면무호흡증을 묵살한 것은 내 잘못같구만.

A: Our teacher has always tried to help us.

B: I was wrong to think he was a bad teacher.

A: 우리 선생님은 항상 우리를 도우려고 하셨어.
B: 그분이 안 좋은 선생님이라고 생각했던 내가 틀렸어.

A: I know I was wrong to get drunk at the party.

B: You made a lot of people angry at you.

A: 파티에서 술취하는 것은 잘못이라는 걸 알아.
B: 너 때문에 많은 사람들이 열받았어.

PATTERN
002
 It's wrong to feel sorry for this little boy?

주어가 사람으로 쓰인 I was wrong to와는 달리 아주 익숙한 표현. to 이하를 한 것은 잘못된 것, 틀린 것이라는 말을 하는 문장이다.

Point

- **It's wrong to~** …하는 것은 잘못이야(Is it wrong to~ ? …하는 게 잘못이야?)
- **It was wrong for sb to~** …가 …한 것은 잘못이었어
- **It's not wrong to~** …하는 것은 틀리지 않아(It's wrong not to~ …하지 않는 것은 틀려)

So **it's wrong to** feel sorry for this little boy?
그럼 이 어린 소년에게 안된 마음을 갖는게 잘못된 일이야?

I think **it's wrong to** sleep with a man just to fulfill a certain fantasy.
어떤 환상을 만족하기 위해 남자와 자는 것은 잘못된 일인 것 같아.

I know **it was wrong for me to** take off like that.
내가 그런 식으로 나가버린 것 잘못된 일인 것 같아.

A: It was wrong for Tom to steal my stuff.

B: Let's try to get him to give it back.

A: 탐이 내 물건을 훔친 것은 잘못된거야.
B: 걔가 돌려주도록 하자.

It would be wrong for you to move in with me

It's wrong to~에서 be동사가 would be의 가정법으로 변화된 경우. 의미패턴은 동일하나 to 이하의 일이 아직 발생하지 않은 경우로, "…한다면 잘못된 일일 것이다"라는 뉘앙스이다.

> **It would be wrong to~** …한다면 그건 잘못된 것일거야
> **I think it would be wrong to~** …하는 것은 잘못된 일일거라 생각해

It would be wrong for you to move in with me.
네가 나와 동거하는 것은 잘못된 일일거야.

I mean, it would be wrong to waste vegetables.
내 말은, 채소들을 버리면 옳은 일이 아닐거야.

I made a deal, and it would be wrong to break it.
거래를 맺었는데, 그걸 깨는 것은 잘못된 것일거야.

A: Can I take the last piece of cake?

B: It would be wrong to eat it in front of the others.

A: 마지막 남은 케익조각 내가 먹어도 될까?
B: 다른 사람들 앞에서 먹으면 잘못된 것일거야.

What's wrong with trying to change?

What's wrong with you?로 잘 알려진 구문. What's wrong with~는 뒤에 명사, ~ing 등을 받아서 with이하가 뭐가 잘못되었는지 반문하는 문장이다. with 이하를 하는 게 뭐가 잘못이냐고 물어보는 문장.

> **What's wrong with (sb) ~ing?** (…가) …하는게 무슨 문제야?
> **I don't know what's wrong~** 난 무엇이 틀린건지 모르겠어

What's wrong with trying to change?
변화를 하려는 게 뭐가 잘못된거야?

What is wrong with raising a kid in the city?
도시에서 아이를 기르는게 뭐가 잘못된거야?

What's wrong with people having sex?
사람들이 섹스하는게 뭐가 잘못된거야?

A: I don't know what's wrong with my car.

B: It's time to take it to a mechanic.

A: 내 차가 뭐가 잘못되었는지 모르겠어.
B: 정비사에게 가져가봐.

What's wrong with it if it spices up their lovemaking?

What's wrong with 다음에는 ~ing만 나오는 것은 아니고 that절이나 의문사절 등이 이어 나올 수도 있다.

> **What's wrong with you that~?** 너 …하다니 뭐가 문제야?
> **What's wrong with what[if]~?** …하는 게 어때서 그래?, …한다면 그게 무슨 문제야?

What's wrong with us that we're at peace at a crime scene?
범죄현장에서 우리가 맘편히 있는게 뭐가 문제야?

Well what's wrong with it if it spices up their lovemaking?
그게 그들의 사랑놀이의 흥을 돋군다면 그게 뭐가 문제야?

What's wrong with what I'm wearing?
지금 입고 있는 게 뭐가 어때서?

A: My boyfriend started another fight with me.

B: What's wrong with you that you stay with him?

A: 남친이 내게 또 싸움을 걸었어.
B: 너 그러면서도 걔랑 같이 있는거야?

022
I don't have any~
…가 하나도 없어

I don't have~는 "…가 없어"라고 말을 할 때 사용하는 것으로 강조를 하려면 I don't have any~를 쓰면 된다. 또한 I have no idea처럼 I have no+명사의 형태도 부정의 한 방식이다.

Point

- **I don't have any+N** …가 하나도 없어
- **I don't have any other~** 다른 …가 하나도 없어

I don't have any feelings left.
내게 남아있는 감정이라고는 하나도 없어.

I don't have any personal issues.
난 어떤 개인적 문제도 없어.

I don't have any secrets. My life is boring.
난 비밀이 없어. 내 인생은 지루하거든.

I don't have any friend. I don't have any fun.
난 친구가 하나도 없어. 재미도 없고.

I don't have any money, my wife passed away 2 years ago.
돈이 하나도 없어, 아내도 2년전에 죽었어.

A: Do you want to go swimming Saturday?
B: I don't have any free time this weekend.

A: 토요일날 수영하러 갈래?
B: 이번 주에는 남는 시간이 하나도 없어.

A: You need to pay these bills.
B: I don't have any other money to use.

A: 이 청구서 돈을 내야 돼.
B: 난 쓸 돈이 전혀 없어.

I have no further questions, your honor

"…가 없다"는 I don't have 또는 I have no~로 해야 세련된 영어를 하게 된다. 우리말 식대로 There is not~으로 아직도 하고 있다면 잠시 책을 접고 벽을 머리를 박고 반성을 해본다.

Point

▸ **I have no+N** 내게 …가 없어(I got no~ 난 …가 없어)
▸ **I have no intention of~ ing** 난 …할 의도가 없어

I have no desire to relive that experience.
그 일은 다시 생각하고 싶지 않아.

I have no further questions, your honor.
질문 마치겠습니다, 재판장님.

I'm sorry, I got no sleep last night.
미안, 간밤에 잠을 못잤어.

A: I have no friends at my workplace.
B: Maybe you should try to be more kind.

A: 직장에서 난 친구가 없어.
B: 좀 더 친절하게 굴어봐.

003 **You got no** choice

상대방에게 뭔가 없는 상황이나 그런 처지를 각인시켜주거나 혹은 뒤에 ?를 붙여서 "…가 없나?"고 단순히 물어볼 수도 있다.

> **Point**
> ▸ **You got no~** 너 …가 없지(You had no~ 너 …가 없었지)
> ▸ **You don't have any~** 너 하나도 …가 없지

You don't have any friends left to screw over?
너 이젠 말아먹을 친구가 하나도 없다고?

You testified you had no specific knowledge of the incident itself.
넌 사건 자체에 대해 명확히 모르고 있다고 증언했어.

You got no choice. She'll subpoena you.
넌 선택권이 없어. 갠 널 소환할거야.

A: I have been ignoring Kristin all day.
B: You got no reason to treat her like that.

A: 난 하루종일 크리스틴을 무시했어.
B: 너 아무런 이유도 없이 걔를 그렇게 대하는거지.

---

004 **Do you have any** proof of that?

상대방에게 혹시 뭐가 있는지 알고 싶을 때 던지는 문장. 예로 Do you have any plans?하게 되면 "혹 무슨 약속이라도 있나?"라고 물어보는 문장이 된다.

> **Point**
> ▸ **Do you have any~ ?** 혹 …가 있어?
> ▸ **Did you have any~ ?** 혹 …가 있었어?(Did you get any~? 혹 …가 있었어?)

Do you have any proof of that?
혹 그에 대한 증거가 있어?

Do you have any direct evidence linking my client to this murder?
내 고객과 이 살인을 연결시키는 직접증거가 혹 있습니까?

Did you get any DNA off the cigarette butts?
담배꽁초에서 혹 DNA를 찾았어?

A: Do you have any beer at your house?
B: No, we drank it up last night.

A: 집에 혹 맥주 있어?
B: 아니, 지난 밤에 다 마셨어.

---

005 **You got any** weapons on you?

미드에서는 평서문을 그대로 뒤만 올려 의문문으로 사용하는 경우가 비일비재하다. You got any~ ?하게 되면 "뭐 좀 있나?"고 물어보는 문장.

> **Point**
> ▸ **You get any~ ?** 뭐 갖고 있어?(You got any~ 뭐 갖고 있어?)
> ▸ **Have you got any~ ?** 뭐 좀 갖고 있어?

You got any weapons on you?
몸에 뭐 무기될만한 거 지니고 있어?

Hey, Stu, **you got any** cash?
야, 스튜, 현금 가진 거 있어?

Have you got any leads?   뭐 단서가 될만한 거 있어?

A: You got any plans for this summer?
B: I think we will spend a week in Hawaii.

A: 이번여름에 무슨 계획있어?
B: 하와이에서 일주일간 보낼 생각이야.

I want to know ~

…을 알고 싶어

PATTERN 001

맞는지 틀리는지, 정체가 뭔지 등 정보를 정확히 알고 싶을 때 쓰는 표현. I want to know about~ 혹은 I want to know+ 의문사절의 형태를 쓰면 된다.

Point

■ **I want to know about N** …에 대해서 알고 싶어
■ **I want to know what~** …을 알고 싶어
■ **I want to know if~** 인지 알고 싶어

I want to know what's right.
난 무엇이 옳은지 알고 싶어.

I want to know everything about Sophie Ronson.
소피 론슨에 대해 모든 것을 알고 싶어.

I want to know what was in that bag.
저 가방에 무엇이 들어있는지 알고 싶어.

I want to know how he became a criminal.
걔가 어떻게 범죄자가 되었는지 알고 싶어.

I want to know if the killer washed blood down the drain.
살인범이 피를 씻어 하수구로 흘려보냈는지 알고 싶어.

A: April and Sam spent an hour in the storeroom.

B: I want to know what they were doing in there.

A: 에이프릴과 샘이 창고에서 한 시간을 보냈어.

B: 걔네들이 거기서 뭘했는지 알고 싶어.

A: I want to know if she likes me.

B: You need to go ask her yourself.

A: 걔가 날 좋아하는지 알고 싶어.

B: 직접 가서 물어봐.

PATTERN 002

I wanted to know who she worked for

want을 과거시제로 써서 과거에 내가 알고 싶었다는 사실을 언급할 때 사용한다. 마찬가지로 know다음에는 what, who, how 등의 의문사절이 이어지면 된다.

Point

▶ **I wanted to know how[who]~** …을 알고 싶었어

I wanted to know who she worked for.
난 걔가 어디서 일하는지 알고 싶었어.

I wanted to know how your investigation against Ben is going.
벤에 대한 조사가 어떻게 되어가는지 알고 싶었어.

I wanted to know what it felt like when your own father tried to kill you. 친아버지가 널 죽이려고 했을 때 어떤 기분이었는지 알고 싶었어.

A: Why are you reading these police reports?

B: I wanted to know how they caught the murderer.

A: 왜 이런 경찰보고서를 읽는거야?

B: 경찰들이 어떻게 살인범을 잡았는지 알고 싶었어.

I don't want to know **where** you were

반대로 '알고 싶지 않다'고 거부를 할 때는 I don't want to know 다음에 명사나 wh~S+V 혹은 이유를 나타내는 절인 because S+V를 붙여서 쓰면 된다.

Point
> ▶ I don't want to know N …을 알고 싶지 않아
> ▶ I don't want to know what~ …을 알고 싶지 않아

I don't want to know your story.
난 네 이야기를 알고 싶지 않아.

I don't want to know what happened to that other boy.
그 다른 소년에게 어떤 일이 일어났는지 알고 싶지 않아.

I don't wanna know where you were.
네가 어디 있었는지 알고 싶지 않아.

A: I just had lunch with your ex-wife.

B: I don't want to know what she said about me.

A: 네 전처와 점심했어.
B: 걔가 나에 대해 뭐라 했는지 알고 싶지 않아.

Do you want to know **what**'s wrong with me?

이번에는 역으로 상대방에게 know 이하를 알고 싶냐고 물어보는 문장. 미드에서는 앞의 의문문 조동사 Do을 빼고 그냥 끝만 올려서 의문문을 만들기도 한다.

Point
> ▶ Do you want to know~ ? …을 알고 싶어?   ▶ You want to know~ …을 알고 싶어?

You want to know the real reason?
진짜 이유를 알고 싶어?

You want to know what's wrong with me?
내가 뭐가 문제였는지 알고 싶어?

Do you want to know how she thanked me?
걔가 어떻게 내게 감사했는지 알고 싶어?

A: Do you want to know what is for dinner?

B: No, you can surprise me.

A: 저녁식사가 뭔지 알고 싶어?
B: 아니, 날 놀래켜봐.

What I want to know is what they wanted from you

내가 알고 싶은 것을 한마디로 요약할 때 필요한 문장. What I want to know is 다음에 what, how S+V의 절을 이어 써도 되고 아니면 그냥 What I want to know is, "의문문"의 아주 캐주얼한 문장을 써도 된다.

Point
> ▶ What I want to know is~ 내가 알고 싶은 것은 …이야
> ▶ What I want to know is whether~ 내가 알고 싶은 것은 …인지 여부야

What I want to know is what they wanted from you.
내가 알고 싶은 것은 걔네들이 너한테서 뭘 원했느냐는거야.

What I want to know is, did you or your partner touch anything in the house? 내가 알고 싶은 건, 너나 나의 파트너가 집의 어떤 거라도 만진게 있냐는거야?

What I want to know is whether you'd be okay with this.
내가 알고 싶은 건 네가 이게 괜찮은지 여부야.

A: You know, Mindy has been with many men.

B: What I want to know is whether she slept with my husband.

A: 저기, 민디가 만난 남자가 한둘이 아니래.
B: 내가 알고 싶은 건 걔가 내 남편과 잤나 안잤냐야.

024

I just want you to know~

···을 알아줘

001

I want you to+동사~는 내가 직접 뭔가를 하고 싶다고 말하는 것이 아니라 상대방이 뭔가 하기를 바라는, 즉 다시 말해서 '상대방에게 ···를 하라고 부탁하거나 희망할' 때 쓰는 표현. I'd like you to~보다 캐주얼한 표현으로 격의없는 사이에 쓰이며 "I want you to leave!"(그만 가란말야!)처럼 지시나 명령에 가까운 문장을 만들어내기도 한다.

Point

- I want you to know S+V ···는 알아줘
- I want you to know what~ ···을 알아줘

I just want you to know how sorry I am.
내가 얼마나 미안한지 좀 알아주길바래.

I just want you to know I am having sex with Chris.
난 크리스와 섹스하고 다니는 사이라는 걸 알아줘.

I want you to know, it wasn't me who turned you in.
널 고발한건 내가 아니었다는 걸 알아줘.

I want you to know you can call me. Any time, Tyler.
타일러, 넌 언제든지 내게 전화해도 돼.

I want you to know that everything you're feeling is totally normal.
네가 느끼는 모든게 완전히 정상이라는 것을 알고 있으라고.

A: My big party is scheduled for Saturday.
B: I want you to know I will help you.

A: 토요일에 성대한 파티를 열거야.
B: 내가 도와줄게, 알아둬.

A: This new computer is really complicated.
B: I want you to know how to use it.

A: 이 신형컴퓨터는 정말 복잡하네.
B: 사용법 좀 알아둬.

002 **I (just) wanted you to know that** there won't be a trial

I want you to know~가 되면 부탁이나 명령이 될 수 있지만 여기처럼 과거형태로 I wanted you to know~하게 되면 화자가 자기 마음이나 어떤 사실을 제대로 알아주기를 바라는 희망사항을 담고 있다.

Point

▶ I (just) wanted you to know~ ···라는 걸 알아주길 바랬어

I just wanted you to know I had nothing to do with this.
난 이것과 아무런 관련이 없었다는 걸 알아주길 바랬어.

I wanted you to know that he's running a little late tonight.
걔가 오늘 밤 좀 늦는다는 걸 알아두면 좋겠어.

I wanted you to know that there won't be a trial.
재판은 없을거라는 걸 알아주길 바랬어.

A: Why did you come to my office?
B: I wanted you to know you have been promoted.

A: 왜 내 사무실에 온거야?
B: 네가 승진했다는 걸 알리려고.

I didn't want you to know about it

이번에는 과거부정형으로 역시 화자의 희망사항을 담고 있다. "네가 know 이하를 모르길 바랬어"에 해당되는 문장이다.

▸ **I don't want you to know~** 난 네가 …를 아는걸 원치 않아
▸ **I didn't want you to know~** 난 네가 …을 모르길 바랬어

I'm sorry. I didn't want you to know about it.
미안. 난 네가 그거에 관해 모르길 원했어.

Ya know, she didn't want you to know your real father.
저말이야, 걘 네가 친부를 모르길 바랬어.

I knew you knew, but I didn't want you to know I knew you knew.
네가 알고 있다는 걸 알긴 하지만 네가 알고 있는 걸 내가 안다는 사실을 너는 모르길 바랬어.

A: Why didn't you tell me you were leaving?

B: I didn't want you to know I was kicked out.

A: 왜 떠난다는 걸 내게 말하지 않았던거야?
B: 내가 쫓겨나가는 걸 네가 모르길 바랬어.

I want her to know how much I love her

I want you to know에서 벗어나 you 대신 her나 him을 넣어보는 연습을 해본다. "난 걔가 …을 알기를 바래"는 I want her to know~, 반대로 "걔가 …을 몰랐으면 해"는 I don't want her to know~라 하면 된다.

▸ **I want her to know~** 걔가 …을 알기를 바래
▸ **I don't want her to know~** 난 걔가 …을 모르길 바래

I want her to know how much I love her.
내가 자기를 얼마나 사랑하는지 걔가 알아주기를 바래.

I don't want her to know that there's a killer out there.
밖에 살인범이 돌아다니고 있다는 걸 걔가 모르길 바래.

I want him to know that he failed. And then I'll kill him.
난 걔가 자신이 실패했다는 것을 알기를 바래. 그리고 나서 난 걜 죽일거야.

A: Should I tell your daughter you have cancer?

B: No, I don't want her to know I'm sick.

A: 네가 암이라고 딸에게 말해야 될까?
B: 아니, 내가 아프다는 걸 걔가 몰랐으면 해.

I want them to know you better

이번에는 사용빈도수는 좀 떨어지지만 배우는 김에 I want them to know~까지도 함께 알아둔다. 특히 them은 발음을 제대로 [뎀]으로 하지 않고 약하게 [듬]으로 하니 잘 캐치해내야 한다.

▸ **We want them to know~** 우리는 걔네들이 …을 알기 바래
▸ **She doesn't want them to know~** 그녀는 걔네들이 …을 모르기를 바래

We want them to know that we think Sarah's ruining the show.
우리는 새라가 쇼를 망치고 있다고 생각한다는 것을 걔네들이 알길 바래.

It's not that I didn't want them to know.
그건 걔네들이 모르기를 바랬기 때문이 아냐.

She doesn't want them to know about the abuse.
걔는 걔네들이 학대에 관해서 모르길 바래.

A: I see you told everyone to go home.

B: We want them to know that the office is closing.

A: 네가 다들 집에 가라고 했구만.
B: 사무실이 문닫는다는 걸 알리려고.

I think I know how to~

어떻게 …하는지 알 것 같아

I know how to~는 "…하는 법을 알고 있다"라는 것이고 여기 전체를 I think~라는 뚜껑으로 닫아버린 경우이다. I think~는 '내 생각에는'이라는 뜻으로 I know how to~하게 되면 상황에 따라 약간 자랑질하는 것처럼 들릴 수 있으니까 조신하게 I think I know how to~라고 하면 한결 부드러워진다. 여기서 배워야 할 가장 중요한 포인트는 how to +V의 활용법이다.

Point

■ **I know how to~** …하는 법을 알고 있어

■ **I do know how to~** 어떻게 …하는지 알아

■ **I think I know how to~** 어떻게 …하는지 알 것 같아

I think I know how to turn a man on.
난 남자를 어떻게 흥분시키는지 알 것 같아.

I know how to question a witness, Shirley.
셜리, 난 증인심문을 어떻게 하는지 알아.

I know how to kill a man with my thumb.
난 엄지로 사람을 어떻게 죽이는지 알아.

I know how to protect myself. I'm not a civilian.
내 자신을 어떻게 보호하는 알고 있어. 난 민간인이 아냐.

I think I know how to support a damn baby head.
망할 놈의 아기 머리는 어떻게 받쳐야 하는지 알 것 같아.

A: I will need help on our camping trip.

B: I know how to set up a tent.

A: 캠핑여행가는데 도움이 필요해.
B: 텐트를 어떻게 세우는지 알고 있어.

A: My sink leaked all over the kitchen floor.

B: I think I know how to fix the problem.

A: 싱크대가 새서 부엌바닥이 다 젖었어.
B: 그 문제는 내가 고칠 수 있을 것 같아.

I don't know how to fix it

"이거 어떻게 고쳐야 하는지 몰라." 이처럼 뭔가 하는 방법을 모른다고 솔직히 고백할 때 사용하면 되는 문장.

Point

▶ **I don't know how to~** 난 …하는 방법을 몰라

▶ **I didn't know how to~** 난 …하는 방법을 몰랐어

I just don't know how to say it to his face.
난 그걸 어떻게 면전에 대놓고 말하는 지를 몰라.

I don't know how to be romantic with a woman.
난 여자와 어떻게 로맨틱하게 보내는지 방법을 몰라.

I didn't know how to be your friend after what I did.
내가 그런 후에 어떻게 네 친구가 될 수 있는지를 몰랐어.

A: I don't know how to use this cell phone.

B: It can't be that difficult to learn.

A: 이 핸드폰 쓸 줄을 모르겠어.
B: 그렇게까지 배우기 어렵지는 않을텐데.

You know how to do this

003

"너는 이거 하는 방법을 알고 있잖아"라고 상대방에게 확인하는 표현법. 익히 알고 있는 상대방의 능력을 재확인하는 것으로 뒤에 부가의문문(don't you?)을 붙여 써도 된다.

▸ **You know how to~** …하는 방법을 알지

You know how to use a business card, don't you?
넌 명함을 어떻게 사용하는 줄 알지, 그지 않아?

You still know how to cook, don't you?
아직 요리 어떻게 하는지 알지, 그지 않아?

He loves you. You always know how to make him laugh.
걘 널 사랑해. 넌 어떻게 해야 걔가 웃는지를 항상 알고 있잖아.

A: My sister is refusing to come on the trip.
B: You know how to change her mind.

A: 내 누이가 여행가길 거부하는데.
B: 어떻게 해야 누이 마음을 바꿀 수 있는지 너는 알고 있잖아.

You don't know how to drive

004

반대로 부정문으로 You don't know how to~하게 되면 상대방의 무지함을 비난하거나 무시할 수도 있다.

▸ **You don't know how to~** 넌 …하는 것도 모르지

Karen, you don't know how to drive, do you?
캐런, 너 운전하는 법도 모르지, 그지?

You don't know how to deal with an issue.
넌 문제를 어떻게 다루어야 하는지도 몰라.

You don't know how to use them, do you?
넌 그것들을 어떻게 사용하는지도 몰라, 그지?

A: I've been trying to remove a computer virus.
B: You don't know how to fix a computer.

A: 난 컴퓨터 바이러스를 제거하려고 하고 있어.
B: 넌 컴퓨터 고칠 줄도 모르잖아.

Do you know how to use a gun?

005

상대방이 할 수 있는지 여부를 알기 위해 물어보는 문장. 상대방이 아니라 누구 아는 사람없냐고 할 때는 Does anybody know~?의 형태를 사용하면 된다.

▸ **Do you know how to + V?** …하는 방법을 아니?
▸ **Does anybody know how to~ ?** 누구 …하는 방법을 아는 사람있어?

Do you know how to make coffee?
커피 어떻게 만드는 줄 알아?

Do you know how to use the machine?
너 이 기계 어떻게 사용하는 줄 알아?

Does anybody know how to use a gun?
누구 총 쏘는 법 아는 사람 있어?

A: Do you know how to play poker?
B: Sure, it is my favorite card game.

A: 포커 어떻게 치는줄 알아?
B: 그럼, 내가 좋아하는 카드게임인데.

026

How did you ~?

어떻게 …한거야?

001

상대방이 어떻게 해서 그렇게 한 것인지 궁금해서 물어볼 때 사용하거나, 상대방이 한 일을 감탄하거나 질책할 때도 쓸 수 있는 문장이다. 따라서 How did you~ 다음에 get, find, manage to 등을 자주 같이 사용한다.

Point

- **How did you get~?** 어떻게 … 한거야?
- **How did you find~?** 어떻게 …찾은거야?
- **How did you manage to~ ?** 어떻게 …한거야?

How did you get in here anyway?
어쨌거나 여기는 어떻게 온거야?

How did you get them past customs?
그것들을 어떻게 통관시킨거야?

How did you find out about it?
어떻게 그거에 관해서 알아낸거야?

How did you lose your license?
어떻다 면허증을 잃어버린거야?

How did you get him to do this?
어떻게 걔한데 이걸 시킨거야?

A: How did you get your job?

B: I had to attend four different interviews.

A: 지금 직장은 어떻게 구한거야?
B: 면접을 네 번이나 봐야했어.

A: How did you find out your wife was unhappy?

B: She told me that our marriage was bad.

A: 네 아내가 슬프다는 걸 어떻게 알게 된거야?
B: 우리의 결혼생활이 좋지 않다고 말하더군.

002 ## How did I not see this coming?

"내가 어떻게 …하게 되었을까?" 하고 탄식하는 표현법. 자기도 모르게 어떤 현상이 일어났을 때 혹은 자신의 수준에 맞지 않은 일이 일어났을 때처럼 자신에게 일어난 일에 탄복하면서 할 수 있는 말이다. 꼭 대답을 요구하는 문장이 아닐 수도 있다.

Point

▶ **How did I~ ?** 어떻게 내가 …?(How did we~ ? 어떻게 우리가…?)
▶ **How did I not~?** 어떻게 내가 …하지 않았지?

How did I not see this comin'?
내가 어떻게 이렇게 될 줄 몰랐을까?

How did I ever get a girl as great as you?
어떻게 내가 당신같이 멋진 여자를 얻었을까?

How did I miss that? I'm so bummed!
어떻게 내가 그걸 놓쳤을까? 정말 실망이야!

A: Tim is being promoted to our new manager.

B: How did I not hear about this before?

A: 팀이 새 매니저로 승진할거래.
B: 나는 왜 이걸 처음 듣는거지?

How did she contact the police?

역시 어떻게 일이 벌어졌는지를 단순히 물어보거나 탄식하는 것으로 주어가 he나 she로 바뀐 점만 주의하면 된다.

▶ **How did he~ ?** 걔가 어떻게…?　　　▶ **How did she~ ?** 걔가 어떻게 …?

What, what happened? How did she die?
뭐, 어떻게 된거야? 걔가 어떻다 죽은거야?

How did she contact the police?
걔가 어떻게 경찰에 연락을 한거야?

How did she find out? I can't believe Peter told her.
걔가 어떻게 알게 된거야? 피터가 걔한테 말했다니 놀랍구만.

A: I just saw Nicole in the hallway.

B: Really? How did she get here?

A: 복도에서 니콜을 금방 봤어.
B: 정말? 어떻게 여기에 왔대?

How did it make you feel?

이번에는 사람이 아니라 it이란 대명사를 써서 데이트, 사건 등의 일이 어떻게 일어났는지, 어떻게 진행되었는지 그리고 어떤 기분이었는지(how did it feel~) 물어보는 문장.

▶ **How did it~?** 어떻게 …되었어?
▶ **How did it feel when~?** …할 때 기분이 어땠어?

How did it get used to kill your classmate?
어떻게 동급생을 죽이는데 익숙해진거야?

How did it make you feel?
그래서 기분이 어땠는데?

How did it feel when they took you away from him?
그들이 걔와 너를 갈라 놓았을 때 기분이 어땠어?

A: How did it feel when Ron embarrassed you?

B: It was terrible. I wanted to kill him.

A: 론 때문에 당황했을 때 기분이 어땠어?
B: 끔찍했어. 걜 죽이고 싶었어.

How did it go with Kate?

How's it going?, How did it go?에서 보듯 how와 go가 만나면 노골적으로 상황이 어떻게 되었냐고 대놓고 물어보는 패턴이 된다. How did the date go?처럼 it 대신 궁금한 상황명사를 써도 된다.

▶ **How did it go with ~ ?** …는 어떻게 되었어?　　　▶ **How did it go at~?** …에서는 어땠어?

How did it go? Tell me everything.
어떻게 됐어? 내게 다 말해봐.

Anyway, how did it go with Kate?
어쨌거나, 케이트와는 어떻게 됐어?

So? How did it go with Joshua last night?
그래서? 지난 밤에 조슈아하고는 어떻게 됐어?

A: How did it go with your math teacher?

B: She said I was in danger of failing the course.

A: 네 수학 선생님과는 어떻게 되었어?
B: 내가 지금 그 과목낙제할 위기라고 하셨어.

Section 01
027

I don't think I can~
나 …못할 것 같아

PATTERN 001

I don't think~는 I think와 마찬가지로 자기가 말하려는 내용을 부드럽게 해주는 역할을 한다. 다만 상대방과 반대되는 의견이나 자기가 말할 내용이 부정적일 경우에 사용하는데, 특이한 것은 영어에서는 I think 다음의 절을 부정으로 하기 보다는 주절, 즉 I think부분을 부정으로 사용하는 것을 더 선호한다는 것이다. 다시 말해 I think it's not a good idea보다는 I don't think it's a good idea라고 한다.

Point

- **I don't think I can~** 나 …못할 것 같아
- **I don't think I can ever~** 나 절대로 …을 못할 것 같아

This is weird. I don't think I can do this.
이상하네. 내가 이건 할 수 없을 것 같아.

I don't think I can live without you, OK?
너없이는 못살 것 같아, 알았어?

I don't think I can handle this. I got to call Grissom.
내가 이건 감당못하겠네. 그리썸에게 전화해야겠어.

I don't think I can be with you anymore. I want to break up.
더 이상 너와 함께 할 수 없을 것 같아. 헤어지자.

I don't think I can ever trust her again.
난 절대로 걔를 다시 믿지 못할 것 같아.

A: I don't think I can come over tonight.
B: But you promised you'd be here at nine.
A: 나 오늘밤에 올 수 없을 것 같아.
B: 하지만 9시에 온다고 약속했잖아.

A: Look, just forget your ex-girlfriend.
B: I don't think I can ever live without her.
A: 야, 헤어진 여친은 잊어버려.
B: 나 걔없이는 정말 못살겠어.

PATTERN 002

I don't think we should analyze this tonight

내가 뭔가 마땅히 해야 된다고(I should~) 생각하지 않는다, 즉 "나는 그럴 필요는 없다"라고 자기 입장을 분명히 천명하는 말이다.

Point

- **I don't think I should~** 난 …할 필요가 없다고 생각해
- **I don't think we should~** 우리가 …하지 않아야 한다고 생각해

I don't think we should analyze this tonight.
우리가 오늘밤 이걸 분석해야 한다고 생각하지 않아.

I don't think we should tell him anything that might not be true.
사실이 아닐지도 모르는 것을 모두 걔한테 말해야 한다고 생각하지 않아.

I don't think I should feel guilty because I want my father to pay for college. 아버지가 대학등록금 내주길 바란다고 해서 내가 죄책감을 느낄 필요는 없다고 생각해.

A: All day I've been worried about our test.
B: I don't think we should be stressed about it.
A: 온종일 테스트 걱정을 하고 있었어.
B: 테스트 때문에 스트레스 받을 필요는 없다고 생각해.

003 **I don't think you should** worry about that right now

이번에는 상대방이 "…해야 된다고 생각하지 않는다," 즉 "…해서는 안된다," "…하지 마라" 등으로 상대방에게 조언이나 충고를 던질 때 사용하면 된다.

Point

▸ **I don't think you should~** …하지마라, …해서는 안돼

I don't think you should worry about that right now.
지금은 그런 걸 걱정할 때가 아니야.

I don't think you should be alone on a holiday.
휴일에 혼자있어서는 안되지.

I don't think you should be embarrassed for needing a little help.
도움이 좀 필요하다고 해서 당황해할 필요는 없을 것 같아.

A: The electric cord to my lamp was cut.

B: I don't think you should touch it.

A: 스탠드 전기선이 끊어졌어.
B: 그 선 만지면 안돼.

---

004 **I don't think you're going to** let this get to the court

I don't think 다음에 be going to, will 혹은 현재진행형이 오는 경우. 상대방이 "…하리라고 생각하지 않는다," 즉 "넌 …하지 못할 거야," "넌 …하지 않아" 정도에 해당되는 패턴이다.

Point

▸ **I don't think you're ~ing** 네가 …한다고 생각하지 않아
▸ **I don't think you're going to[will]~** 네가 …할거라고 생각하지 않아

I don't think you're gonna let this get to the court.
네가 이걸 법정까지 끌고 갈거라 생각하지 않아

No, Taylor, **I don't think you're** making it up.
테일러, 아냐, 네가 지어낸 거라고 생각하지 않아.

I don't think you'll be able to tell the difference.
네가 그 차이를 구분할 수 있을거라 생각하지 않아.

A: Should I buy a suit at this shop?

B: I don't think you're going to find a better deal.

A: 이 가게에서 정장을 사야 될까?
B: 더 나은 조건으로 거래할 수 있는 가게를 못찾을 것 같아.

---

005 **I don't think that it**'s gonna be that bad

I don't think 다음에 사람이 아니라 상황을 나타내는 it, this, that 등이 오는 경우로 의미는 부드럽게 내용을 부정하는 경우이다.

Point

▸ **I don't think that[this, it]~** 그건 …가 아닌 것 같은데

I don't think it's gonna be that bad.
그게 그렇게 안좋을 것 같지는 않아.

I don't think it's necessary for me to wear a bikini.
내가 비키니를 꼭 입어야 되는 것은 아닌 것 같아.

I don't think this is part of the bachelor party.
총각파티에는 이런 부분이 없는 것 같은데.

A: I don't think it's going to rain today.

B: Let's take an umbrella with us anyhow.

A: 오늘 비가 올 것 같지는 않아.
B: 어찌됐건 우산 챙겨가자.

I want to talk to~

…와 얘기하고 싶어

상대방에게 얘기하자고 할 때 좀 직설적으로 말하는 문구이다. 친구 등 친밀한 사이에서 격의없이 말할 때 사용하는 표현이다. 발음은 [아워너톡]으로 한다.

Point

- **I want to talk to sb** …와 얘기하고 싶어(I'd like to talk~ 얘기하고 싶은데)
- **I want to talk about** …에 대해서 얘기하고 싶어
- **I want to talk to sb about~** …와 …에 대해서 얘기하고 싶어

I want to talk to you about something.
너와 하고 싶은 이야기가 있어.

I want to talk to that bastard, see what his problem is.
나 저자식과 얘기해야겠어, 쟤의 문제가 뭔지 보라고.

Come here. I want to talk to you for a sec.
이리와봐. 나 너랑 잠깐 얘기하고 싶어.

You wait right there! I want to talk to you!
저기 잠깐 기다려! 얘기 좀 하자!

Now, I'd like to talk to you about this tomorrow morning.
내일 아침 여기에 대해 너랑 얘기나누고 싶어.

A: I want to talk to Mr. Burns.
B: I'm sorry, but he's not here right now.

A: 번즈 씨와 얘기나누고 싶은데요.
B: 미안하지만 지금 안계시는데요.

A: I want to talk to someone about this problem.
B: Okay, how can I help you?

A: 이 문제에 대해 누구와 상의 좀 하고 싶은데요.
B: 그래요, 뭘 도와드릴까요?

 I don't want to talk about it anymore

반대로 얘기하고 싶지 않을 때는 I don't want to talk~이라고 하면 된다. "나 …하고 싶지 않아."

Point

- **I don't want to talk about~** …에 관해서 얘기하고 싶지 않아
- **I don't want to talk to you about ~** 너한테 …얘기하고 싶지 않아

I don't want to talk about my therapist. I'd like to talk about me.
내 상담사 이야기는 하고 싶지 않아. 내 이야기를 하고 싶어.

I don't want to talk about my money problems tonight.
오늘밤은 내 돈문제에 대해서 얘기나누고 싶지 않아.

I don't want to talk to you about my love life anymore.
내 연애사에 대해 더이상 너랑 이야기하고 싶지 않아.

A: How did your meeting with the boss go?
B: I don't want to talk about it at all.

A: 사장과의 회의는 어떻게 됐어?
B: 그 얘기는 한마디도 하고 싶지 않아.

003 **I can't talk about** this with you

뭔가 중요하거나 기밀사항이어서 말할 수 없는 경우, 혹은 전화상으로는 말할 수 없다고 할 때처럼 할 말은 있지만 말을 할 수는 없다고 할 때 쓰면 된다.

Point

▶ **I can't talk about~** …에 대해서 얘기못해

I can't talk about this with you.
너와 이 이야기를 할 수가 없어.

I can't talk about an ongoing investigation.
현재 조사가 진행중인 건에 대해서는 얘기할 수 없습니다.

I can't talk about it over the phone. We got to meet in person.
그건 전화로 얘기못해. 직접 만나야 돼.

A: Give me the details about your date tonight.
B: I can talk about it after I take a shower.

A: 오늘밤 데이트에 대해 자세히 말해봐.
B: 샤워 후에 말해줄게.

 004 **Do you want to talk about** this?

상대방에게 "…이야기를 하자"는 질문으로 쓰이기도 하지만 그 외에 이야기를 꺼내봐라라고 다그칠 때도 많이 애용된다. "…얘기해볼테야" 정도의 뉘앙스.

Point

▶ **Do you want to talk~?** …이야기 할까? (You want to talk~ …얘기 좀 해봐)
▶ **Do you want to talk about what happened~?** 무슨 일 있었는지 말해볼테야?

Do you want to talk about what happened?
무슨 일이 있었는지 말해볼테야?

You want to talk about good neighbor etiquette?
지켜야 될 이웃예절에 대해 이야기해볼테야?

You, um, you wanna talk about this later?
너, 어, 이거 나중에 얘기할테야?

A: Do you want to talk about this?
B: I don't think so.

A: 이 얘기를 하자는거야?
B: 그렇게 생각하지 않아.

 005 **Let's talk** reality for a second

Let's talk about~은 "…에 관해 이야기하자," Let's not talk~은 "…얘기는 하지 말자"라는 표현. 특히 about를 뺀 Let's talk+N의 형태가 자주 미드에서 보이는데 거북해하지 말자. 우리도 "현실에 대해 이야기해보자"라고도 하지만 "현실 이야기해보자"라고도 쓰는 것처럼 말이다.

Point

▶ **Let's talk (about)~** …에 대해 이야기해보자(Let's not talk~ …에 대해 이야기하지 말자)
▶ **Let's talk about what~** …에 대해 이야기하자

Let's talk about something besides my eating habit.
내 식습관말고 다른 이야기 하자.

Okay, **let's talk about** the party! I have so many ideas!
좋아, 파티 이야기하자고. 내게 좋은 생각이 많아!

Let's talk about what excites you about marriage.
뭐 때문에 네가 결혼에 흥미를 느끼게 해주는지 얘기해보자.

A: Let's talk about what happened during the robbery.
B: I saw two men with guns rush in.

A: 강도사건 중에 무슨 일이 일어났는지 얘기해보죠.
B: 두놈이 총들고 뛰어 들어오는 걸 봤어요.

I'm talking about ~
난 …얘기를 하는거야

talk about은 빈출 동사구인 만큼 이를 기본으로 많은 공식패턴들이 만들어진다. 먼저 진행형으로 쓰는 I'm talking about~은 "난 …얘기를 하는거야," "내 말은 …말하는거야"라는 뜻으로 자신이 말하는 대상이 뭔지 정확히 바로잡아주는 역할을 한다. 참고로 I'm talking to you!는 "내가 하는 말 좀 잘 들어봐!"가 된다.

> **Point**
> - **I'm talking about N(~ing)** …얘기 말하는거야
> - **I'm talking about sb ~ing** …가 …한다는 것을 말하는거야
> - **I'm talking about what[when,if]~** …에 대해서 말하는거야
> - **I'm not talking about~** …을 말하는게 아니야

I'm talking about me having a baby.
난 내가 아기갖는 것에 대해 이야기를 하는거야.

I'm talking about what you're doing right now.
난 지금 네가 하고 있는 거에 대해 말하는거야.

I'm talking about when I used to take my daughter to the park.
내가 딸을 데리고 공원에 가곤 했던 때를 이야기하는거야.

Oh, I'm not talking about that kind of abuse.
어, 난 그런 종류의 학대를 말하는게 아냐.

I was talking about who was doing the shooting.
난 누가 총질을 해댔는지 말하고 있었어.

A: I don't understand anything you've said.
B: I'm talking about a new kind of technology.

A: 네가 말하는 거 하나도 모르겠어.
B: 난 새로운 종류의 기술에 대해서 말하는거야.

A: Look, don't insult the people I'm related to.
B: I'm not talking about your family.

A: 이봐, 나와 관련된 사람들 모욕하지마.
B: 네 가족 이야기를 하는게 아냐.

I think we should talk about it

should는 약한 의무로 should talk about하게 되면 "…에 대해 말하는게 낫겠다"이고 이를 다시 I think로 감싸고 있으니 전체적으로는 "…에 대해 말해야 될 것 같아"가 된다.

> **Point**
> ▸ **We should talk about~** 우린 …에 대해 말해야 돼
> ▸ **We shouldn't talk about~** 우린 …에 대해 말하지 않는게 나아

You know, we should talk about this, though.
저 말이야, 그래도 우린 이것에 대해 말해야 돼.

I think we should talk about what happened on the terrace.
테라스에서 무슨 일이 있었는지 말해야 될 것 같아.

Maybe we should talk this over before it's too late.
우린 너무 늦기전에 이 문제를 논의해야 될 것 같아.

A: We should talk about the problems you've had.
B: They are too personal to discuss.

A: 우린 네 문제들에 관해 얘기를 나누는 게 좋겠어.
B: 얘기나누기에는 너무 사적인 문제야.

003 You should talk to Chris

talk to는 '…에게 이야기하다'이고 should talk to sb는 '…에게 이야기하는게 낫겠어'가 된다. 그래서 You should talk to sb하게 되면 '…에게 얘기해보는게 좋겠어'라는 뜻이 되고 얘기의 구체적 내용은 about~이하로 말해주면 된다.

▸ **You should talk to~** …에게 말해봐　　　▸ **You shouldn't talk to~** …에게 말하지마

I think **you should talk to** Ed about getting your job back.
너 복직하는 문제는 에드에게 말해야 될 것 같아.

Perhaps **you should talk to** the police, Mr. Shephard.
쉐퍼드 씨, 경찰에 얘기하는게 나을 듯 합니다.

I think **you should talk to** Ross about all this.
난 네가 로스에게 이 모든 것에 대해 말하는게 좋을 것 같아.

A: I've thought of becoming a doctor.

B: You should talk to someone who works in a hospital.

A: 난 의사가 될 생각이야.
B: 누구 병원에서 일하는 사람에게 얘기해봐.

004 Are you gonna talk to the judge?

be going to와 talk to의 만남. 앞으로 '곧 …에게 이야기할거다'라는 뜻으로 Are you going to talk to~?라고 해도 되지만 미드에서는 Are를 빼고, 걍 You're going to talk to~라고 해도 된다.

▸ **You're gonna talk to~** …에게 말할거지, 말할거야?
▸ **Are you going to talk to~ ?** …에게 말할거야?

So what, **you're gonna talk to** me instead? Talk to your shrink.
그래서 뭐, 대신 내게 얘기할거라고? 네 정신과 선생한테 말해.

So **you're gonna talk to** the police no matter what I say.
그래 넌 내가 무슨 얘기를 하던 상관없이 경찰에 얘기할거라고?

Are you going to talk to me or are you just going to sit there?
내게 말을 할거야 아니면 그냥 거기 앉아 있을거야?

A: Are you gonna talk to that pretty girl?

B: I want to, but I feel too nervous.

A: 저 예쁜 여자에게 말할거야?
B: 그러고 싶은데 너무 떨려.

005 Can we talk in private?

상대방에게 사적으로 얘기 좀 하자고 할 때 쓰는 표현인데, Can we talk?은 Can we have a talk?이라고 할 수도 있다. 특정 소재이야기를 하지 말자고 할 때는 Can we not talk about~?이라고 한다.

▸ **Can we talk about~?** …에 관해서 이야기 할까?
▸ **Can we not talk about~?** …에 관한 이야기는 하지 말자?

Can we talk when you get back?
네가 돌아오면 얘기나눌까?

Can we talk about this without your hands around my neck?
내 목에서 손 좀 떼시고 이거에 대해 얘기할까?

Can we not talk about my sister's sexuality?
내 누이의 성생활에 대해서 얘기 안하면 안될까?

A: Can we talk when you have some free time?

B: Sure, come by after our lunch hour.

A: 네가 시간이 좀 날 때 얘기나눌까?
B: 그래, 점심시간 후에 들러.

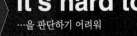
030 It's hard to tell that~
···을 판단하기 어려워

PATTERN 001

"···하기가 어렵다"라는 의미의 It's hard to~와 tell을 붙여서 만든 구문으로 It's hard to tell 다음에는 명사, S+V절, 의문사절 등이 자유롭게 올 수 있다. 여기서 tell은 특히 '판단하다,' '구분하다,' '가늠하다' 정도로 생각하면 된다.

Point

- **It's hard to tell S+V** ···을 판단하기 어려워
- **It's hard to tell because~** ···때문에 가늠하기 어려워
- **It's hard to tell what[when~] S+V** ···을 구분하기 어려워

It's hard to tell what's relevant and what's trash.
무엇이 관련이 있고 무엇이 쓰레기 같은 건지 가늠하기 어려워.

Sometimes it's hard to tell where an idea comes from.
아이디어가 어디서 나오는 건지 가늠하기 어려운 때가 종종 있어.

It was hard to tell the difference between them.
그것들 간의 차이를 구분하는 것은 어려웠어.

It's hard to tell exactly how it happens.
어떻게 그런 일이 일어났는지 정확히 판단하기 어려워.

It's hard to tell if the unsub is male or female.
미확인용의자가 남성인지 여성인지 판단하기 어려워.

A: Brad is acting strangely today.
B: It's hard to tell what is troubling him.

A: 브래드가 오늘 이상하게 행동하네.
B: 무엇때문에 걔가 힘들어하는지 가늠하기 어려워.

A: What caused the bridge to collapse?
B: It's hard to tell because everything was damaged.

A: 뭐 때문에 다리가 붕괴된거야?
B: 다 부서져서 판단하기가 어려워.

PATTERN 002 It's hard to say for sure

It's hard to 다음에 say가 오는 경우로 tell 동사보다는 사용범위가 제한적이어서 It's hard to say 다음에는 where, how 등의 의문사절과 결합한다. "It's hard to say"처럼 단독으로 쓰이는 경우도 많다.

Point

▸ **It's hard to say for sure** 확실히 말하기가 쉽지 않아
▸ **It is really hard to say how[where]~** ···을 정말 말하기 어려워

It's hard to say where it's from.
그게 어디서 난건지 말하기가 쉽지 않아.

Well it's hard to say for sure. EKG is normal.
저기 확실히 말하기 힘들지만 심전도는 정상야.

It's hard to say, but judging from the location, I would guess liver or spleen. 확실히는 말못하지만, 위치로 봐서 간이나 비장일 것 같아.

A: It's hard to say how you got sick.
B: I haven't been getting enough rest lately.

A: 네가 어떻게 병이 났는지 확실히 모르겠어.
B: 최근에 충분한 휴식을 갖지 못했어.

003 # It's hard to believe she's gone

이번에는 It's hard to~ 다음의 동사자리에 believe나 imagine을 넣고 다음에 S+V를 넣어 전혀 믿겨지지 않은 일을 접했을 때 놀라면서 사용할 수 있는 표현이다. It's hard to believe[imagine]~는 I find something hard to believe that S+ V라고 할 수도 있다.

Point

> **It's hard to believe that S+V** …라는 게 믿기지 않아
> **You know it's hard to believe~** 너도 알겠지만 …가 믿기지 않아

It's hard to believe he's gone.
걔가 떠났다는 게 믿기지 않아

It's hard to believe you wouldn't think about him from time to time.
네가 때때로 걔를 생각하지 않겠다는 것은 믿기 어려워.

It's hard to believe the husband would torture her like that.
남편이 걔를 저런 식으로 괴롭힌다는게 믿기지 않아.

A: It's hard to believe Harry was elected president.
B: I know. He just seems so dumb.

A: 해리가 사장으로 뽑히다니 믿기기 않아.
B: 알아. 걔 정말 멍청해보이는데.

 004 # You may find it hard to believe, we do have lives

find의 5형식 구문을 활용한 패턴으로 우리에게는 좀 낯설어 보이지만 실제로는 많이 쓰이는 구문. 여기서 it은 to believe 이하를 말한다.

Point

> **I find it hard to believe~** …을 믿는 것은 어려워
> **You may find this very hard to believe~** …가 정말 믿어지지 않을거야
> **What I find hard to believe is how~** 내가 믿어지지 않는 것은 어떻게……

I find it hard to believe he didn't know his brother was living in the barn. 자기 형이 헛간에서 지낸다는 것을 그가 몰랐다는 것이 믿겨지지 않아.

What I find hard to believe is how a kid as young as Chris is physically capable of rape.
내가 믿을 수 없는 것은 어떻게 크리스같은 어린 아이가 육체적으로 강간할 수 있느냐 하는거야.

Although you may find it hard to believe, we do have lives.
비록 너는 믿기 어렵겠지만, 우리 모두에게는 각자의 삶이 있다고.

A: We are late because we got lost.
B: I find it hard to believe you got lost traveling here.

A: 길을 잃어서 늦었어.
B: 여기 오다가 길을 잃다니 믿겨지지 않아.

031

I don't know anything about~

…에 대해 아무것도 몰라

001

I don't know any 다음에 사람명사가 오면 그런 사람 전혀 모른다라는 의미이고 I don't know anything about~하게 되면 "…에 대해서는 아는 바가 전혀 없다"라는 강한 부정이 된다.

Point

- **I don't know any of~** …의 아무것도 몰라
- **I don't know anything about~** …에 대해 전혀 몰라
- **I don't know anything about sb ~ing** sb가 …하는 거에 대해 전혀 몰라

I don't know any Gomez.
고메즈란 이름의 사람은 난 전혀 몰라.

That's not true man. I don't know any of these people.
야, 그건 사실아냐. 난 저 사람들 중 아무도 몰라.

I don't know anything about her until today.
오늘까지 난 걔에 대해서 아무것도 몰랐어.

I don't know anything about disciplining a child.
아이를 교육시키는거에 대해 난 아무것도 몰라.

I don't know anything about Tina's parents getting killed.
티나의 부모님이 살해당한 것에 대해 난 아무것도 몰라.

A: I don't know any Melissa Winters.

B: Oh, bad memory? She was the Assistant DA who prosecuted you for assault five years ago.

A: 멜리사 윈터즈라는 사람은 전혀 몰라요.

B: 기억력이 나쁘시다? 5년전에 널 폭행죄로 기소했던 지방검사보셔.

002 **I don't know anyone who would** want to hurt her

사람을 모르기는 한데 어떤 특정한 사람임을 한정하는 수식어구가 붙는 구문이다. 간단히 anybody나 anyone 다음에 with~를 붙이거나 혹은 관계대명사 who를 붙여 어떤 사람인지 부가설명을 할 수 있다.

Point

▸ **I don't know anyone who would~** …할 사람을 전혀 몰라
▸ **I don't know anybody with~** …한 사람을 전혀 몰라

I don't know anyone who would want to hurt her.
난 걔를 해치려는 사람을 전혀 몰라.

But they don't know anybody with a grudge against him.
하지만 그들은 걔에 원한을 갖고 있는 사람을 전혀 몰라.

He doesn't know anybody else in the city.
걔는 이 도시에 다른 아는 사람들이 없어.

A: Someone peed all over my bathroom.

B: No way! I don't know anyone who would do that.

A: 누가 내 화장실 곳곳에 오줌을 싸놨어.

B: 그럴 리가! 그런 짓을 할 사람을 전혀 모르겠는데.

You don't know anything about Chris

이번에도 반대로 상대방이 아무 것도 모른다는 사실을 평서문으로 정리하거나 혹은 문맥에 따라 상대방에 전혀 모르냐고 물어보는 구어적 구문이다.

Point

▶ **You don't know anything about~ , do you?** 넌 …에 대해 아무 것도 모른다, 이거지?

▶ **You don't know any of ~** …의 아무것도 몰라

You don't know anything about Chris, do you?
넌 크리스에 대해 아는 것이 하나도 없다고, 그지?

You don't know anything about the Island do ya, you just, made it all up. 넌 그 섬에 대해서 아는 것이 전혀없다는거지, 네가 단지 다 지어낸거라고.

How about alcohol or drug use? You don't know any of this, do you? 알콜과 약물복용은 어때? 아무것도 모른다, 이거야?

A: He never talked about you.

B: You don't know anything about me then, do you?

A: 걘 너에 대해서 말한 적이 없어.

B: 그럼 넌 나에 대해 아무것도 모른다 이거야?

I know something you don't know

내가 뭐 좀 아는 것이나 아는 사람이 있다고 말하는 표현법으로 I know something[someone] 다음에 S+V의 절로 수식해 주면서 문장을 길게 만들면 된다.

Point

▶ **I know someone who~** 난 …한 사람을 알고 있어　▶ **I know something ~** 난 …한 것을 알고 있어

I know something you don't know.
난 네가 모르는 것을 알고 있어.

I know someone who tried for 5 years and never saw results.
5년간 시도했지만 아무런 결과도 얻지 못한 사람을 알고 있어.

I know something that no one's ever been able to tell you.
어느 누구도 네게 말해줄 수 없던 것을 난 알고 있어.

A: Do you know anyone who has been arrested?

B: I know someone who is in jail for theft.

A: 누구 체포된 적이 있는 사람 아는 사람 있어?

B: 절도죄로 감옥에 있는 사람 알고 있어.

Do you know anything about her?

Do you know any+명사?가 되면 "아는 …가 좀 있어?," 특히 Do you know anything about+명사/~ing?가 되면 "…에 대해 뭐 좀 아는 거 있어?"라는 뜻이 된다.

Point

▶ **Do you know anything about +N[~ing]~?** …에 대해 아는 거 좀 있어?

▶ **Do you know anyone S+V?** …할 줄 아는 사람 있어?(Do you know any~? 아는 …사람 있어?)

Do you know any lesbians?
레즈비언 누구 아는 사람있어?

Do you know anything about fixing radiators?
라디에이터 수리하는거에 대해 좀 아는 거 있어?

Do you know anyone Stanford could go out with?
스탠포드가 데이트할 누구 아는 사람없어?

A: Do you know anything about playing a guitar?

B: Sure, I have played for many years.

A: 기타연주하는 거에 대해 뭐 좀 아는 거 있어?

B: 물론. 기타친지 몇년됐어.

This is my first~

내가 처음으로 해보는 …야

001

first love, first girlfriend 등 생전 처음 해본다는 것을 어필할 때 사용하면 된다. 다만 이미 해본적은 있지만 제한적으로 'my first+N in decades'라는 표현을 쓸 수도 있다.

Point

- **This[That, it] is my first +N** 내가 처음으로 해보는 …야
- **It's my first time ~ing** 내가 처음으로 …해보는거야
- **Sb is my first +N** …는 나의 첫 …야

This is my first day off in decades, and I'm going to savour it.
수십년만에 갖는 첫 휴무일야, 실컷 즐길거야.

Dan was **my first** love, and nothing can change that.
댄은 내 첫사랑야, 변하지 않는 사실이야.

That was **my first** experience being someone's fake girlfriend.
누군가의 가짜 여친 노릇해보는 건 처음이었어.

I'm a little bit nervous. **This is my first** national interview.
나 조금 떨려. 이번이 내 첫번째 전국인터뷰이거든

Yeah, it was **my first** date since the divorce.
어, 이혼 후 처음해보는 데이트였어.

A: I hear you just bought a new house.

B: Yes, **this is my first** house.

A: 새 집을 샀다며.

B: 어, 처음 산 집이야.

A: You look like you are nervous.

B: **It's my first time** riding a motorcycle.

A: 너 좀 초조해 보여.

B: 처음으로 오토바이 타는거든.

002 **Is this your first** date?

이번에는 역으로 상대방에게 이것이 네가 겪는 첫번째인지 물어볼 때는 "Is this your first+N?"이라고 하면 된다.

Point

▶ **Is this your first +명사 ~?** 이게 처음 겪는 …야?

Is this your first American Thanksgiving, Sam?
샘, 이게 미국에서 보내는 첫번 째 추수감사절야?

Lilly, **is this your first** arrest? How will you plead?
릴리, 처음 체포된거야? 어떻게 변호할거야?

I'm pretty sure I know the answer, **is this your first** date?
답이야 뭔지 확실하지만, 이게 네 첫번째 데이트야?

A: **Is this your first** visit to our dental office?

B: It is. I'm really afraid of dentists.

A: 우리 치과는 처음 오시는거예요?

B: 네. 치과는 정말 무서워요.

003 # Is this your first time you're seeing Hellen?

Is this your first time to+V[that S+V]~? 형태로 상대방에게 "…하는 것이 처음이냐"고 물어보는 표현이다. "…하는 것이 처음이야[아니야]"라고 하려면 It's (not) the first time to+V~[that S+V]~ 이라고 하면 된다. 또한 간단히 This is [not] my first time하면 "난 처음이야[아니야]"라는 뜻이 된다.

Point
▸ **This is my first time~** 이번이 내가 처음으로 …하는거야(This is the last time~ 이게 마지막으로 …하는거야)
▸ **Is this your first time~?** 이번에 네가 처음으로 …하는거야?

It's the first time she's made so many mistakes.
걔가 그렇게 많은 실수를 한 것은 이번이 처음이야.

And that was the last time she was ever seen alive.
걔가 살아 있는 것이 목격된 것은 그때가 마지막이었어.

This is the first time in my life that I've consistently spent the night with a man. 내가 한 남자와 지속적으로 밤을 같이 보내는 것은 이번이 처음이야.

A: This is my last time in jail.
B: Well, you'd better stay out of trouble.
A: 이게 이제 감방생활 마지막이야.
B: 어, 사고치지 말아야지.

 004 # When was the last time you talked to her?

상대방에게 '…을 마지막으로 한 게 언제인지,' '처음으로 …을 한 게 언제인지' 물어보는 문장패턴. 특히 미드에서 살인사건 발생 후 주변인물 조사할 때 많이 쓰이는 구문인 When was the last time you saw[talked]~?가 유명하다.

Point
▸ **When was the last time (that) ~?** 마지막으로 …한 게 언제였어?
▸ **When was the last time you saw[talked, spoke]~** 네가 마지막으로 …을 본게[말한게] 언제였어?

When was the last time you talked to him?
걔랑 얘기를 마지막으로 한게 언제야?

When was the last time you saw your husband?
네 남편을 마지막으로 본게 언제야?

When was the first time that you met Chris?
네가 처음으로 크리스를 본게 언제야?

A: When was the last time you talked to your daughter?
B: Saturday. She calls every Saturday.
A: 딸과 마지막으로 얘기를 나눈게 언제야?
B: 토요일. 딸이 매주 토요일마다 전화해.

 005 # The first time Sally came to LA, ~

my first, my last처럼 소유격을 쓰지 않고 '처음으로 …한 때,' '마지막으로 …한 때'를 말할 때는 The first[last] time S+V의 형태를 쓴다.

 Point
▸ **The first time S+V** 처음으로 …할 때　　▸ **The last time S+V** 마지막으로 …할 때

Last time we found Pam, she outsmarted us.
우리가 마지막으로 팸을 봤을 때, 걔가 우리보다 한 수 위였어.

The last time we spoke, you listened.
우리가 마지막으로 얘기할 때, 너는 경청했어.

The first time Sally came to LA, Tim and I made a pact out of respect to our friendship.
샐리가 처음으로 LA에 왔을 때, 팀과 나는 우리의 우정을 존중하는 마음에서 서로 약속했어.

A: When did you know you were gonna have to trick her?
B: The first time I talked to her.
A: 네가 걜 속이려한다는 걸 언제 알았어?
B: 걔랑 처음 얘기 했을 때.

Section 01
033

I promise to~

정말로 …할게

001

promise는 만남 등의 일정약속이 아니라 뭔가 자기가 하겠다고 '다짐을 하는 약속'을 말한다. 단독으로 I promise(약속할게, 정말야) 등이 자주 쓰인다. I promise 다음에 지키겠다는 내용은 to+V, S+V를 이어서 쓰면 된다.

> **Point**
> - **I promise to~** 정말로 …할게
> - **I promise not to~** 정말로 …하지 않을게
> - **I promise that S+V** …을 약속할게

I promise to put Marcia's killer away.
마르시아를 죽인 놈을 내가 꼭 처치할게.

I promise I won't tell anyone where I got the information.
내가 그 정보를 어디서 들었는지 아무한테도 말하지 않을게.

I promise that I'll handle this with discretion.
신중하게 이걸 처리하도록 할게.

So if I promise to behave, can we still hang out?
내가 조신하게 행동한다고 약속하면 우리 계속 같이 다니는거지?

I promise you're gonna love it.
정말이지 네가 좋아할거야.

A: Please help me find my missing bag.
B: I promise that I will try to find it.

A: 잃어버린 가방 찾는거 좀 도와줘.
B: 가방찾는데 애쓸거라고 약속할게.

A: Look, what I told you is a secret.
B: I promise not to tell anyone about it.

A: 야, 내가 말한 건 비밀야.
B: 아무한테도 그 얘기 하지 않을게.

002 I promised Tony I'd keep it a secret

과거에 약속했음을 표현하는 패턴. 역시 I promised 다음에는 to~나 that 절이 이어나온다.

> **Point**
> ▶ **I promised to~** …을 약속했어
> ▶ **I promised (sb) that I'd~** (…에게) …하기로 약속했어

I promised I would not tell anyone about him.
난 걔에 대해 누구한테도 말하지 않겠다고 약속했어.

I promised Tony I'd keep it a secret.
난 그걸 비밀로 하겠다고 토니에게 약속했어.

I promised her son we'd find her alive.
나는 그녀의 아들에게 엄마를 살아있는 채로 찾아주겠다고 약속했어.

A: Just don't understand why is it so important to you.
B: I promised my mother I would marry a Jew.

A: 그게 왜 그렇게 중요한지 이해못하겠어.
B: 엄마한테 유대인하고 결혼하겠다고 약속했거든.

You promise me you'll take it easy

상대방에게 다짐을 받을 때 사용하는 표현이다. 명령형으로 Promise me that~이라고 해도 되지만 평서문 형태로 You promise me S+V로 상대방의 약속을 받아내도 된다.

Point

▸ **You promise me S+V** …한다고 내게 약속해(You promise me that~? …을 내게 약속한거야?)

▸ **Can you promise me that~?** 내게 …한다고 약속할 수 있어?

You promise me you'll take it easy.
서두르지 않겠다고 약속해.

You promise me that you won't feel sad for too long?
너무 오랫동안 슬퍼하지 않을거라고 약속한거야?

Can you promise me that you won't tell her though?
그래도 걔한테 얘기하지 않는다고 약속할 수 있어?

A: I can take your son on the trip.
B: You promise me you will take care of him.

A: 네 아들을 여행에 데려갈게.
B: 걔를 잘 돌본다고 약속해.

I swear I didn't know she was a hooker

swear는 상스런 욕을 하다라는 뜻도 있지만 여기서처럼 '맹세코 …을 하겠다'는 다짐 혹은 자기의 말이 사실임을 맹세할 때 유용하게 쓸 수 있다.

Point

▸ **I swear (to God) S+V** …한다고 맹세해, 맹세하건대 …해

▸ **I swear on sb S+V** …을 걸고 정말이지 맹세해

▸ **I swear I didn't know~** 정말이지 …을 몰랐어

I swear I'll do a really good job. 정말이지 일을 잘할거라 맹세해.

I swear I didn't know she was a hooker.
정말이지 걔가 매춘부였는지 몰랐어.

I swear to God I didn't know you guys would be here!
맹세하건대, 너희들이 여기 올 줄은 몰랐어.

A: My car is smashed up in front.
B: I swear I didn't do anything to damage it.

A: 내 차 앞쪽이 박살났어.
B: 정말이지 난 아무 짓도 하지 않았어.

I want you to swear you're not gonna do anything to my dad

상대에게 맹세해달라고 부탁내지는 강요하는 I want you to swear S+V, 혹은 강제적으로 맹세하게 하는 He made me swear not to~, 그리고 법정에서 증인선서할 때 꼭 나오는 Do you swear~ 등을 기억해둔다.

Point

▸ **I want you to swear~** …을 맹세해줘(Do you swear~? …을 맹세합니까?)

▸ **He made me swear not to~** 걔는 내가 …하지 않는다고 맹세하게 했어

I want you to swear you're not gonna do anything to my dad.
내 아버지한테 아무 짓도 하지 않을거라고 맹세해줘.

She said the judge is gonna make me swear to tell the truth.
걔가 그러는데 판사가 법정증인선서를 하게 할거래.

Do you swear to tell the truth, the whole truth, and nothing but the truth, so help you God? 하느님 앞에 오직 진실 만을 말한 것을 선서합니까?

A: Do you swear you didn't steal the money?
B: Yes, I told you I didn't take it!

A: 네가 돈 훔치지 않았다고 맹세해?
B: 네, 내가 가져가지 않았다고 말했잖아요.

I need someone to ~
…해줄 누군가가 필요해

I need sb to~패턴에서 sb가 특정인물인 you, him, Jack 등이 아니라 아직 누군인지 모를 someone이 나오는 경우. to 이하를 해줄 누군가를 찾아야겠다는 주어의 의지가 보여지는 구문이다.

Point

- **I need someone to~** …해줄 누군가가 필요해
- **I need someone else to~** …해줄 다른 어떤 사람이 필요해

I need someone to help me right now.
지금 당장 날 도와줄 사람이 필요해.

I need someone to take over operations of my hotel.
내 호텔의 사업을 인수할 누군가가 필요해.

I need someone to protect me, a bodyguard.
날 보호해줄 누군가, 보디가드가 필요해.

I need someone to tell me what's going on.
난 일의 진행상황을 내게 말해줄 사람이 필요해.

I need someone else to explain to him what went wrong.
무엇이 잘못되었는지 걔한데 설명해줄 다른 어떤 사람이 필요해.

A: I need someone to run an errand.
B: I can help you do that.

A: 심부름해줄 누군가가 필요해.
B: 그거 내가 도와줄 수 있어.

A: Willy has said he'll clean your room.
B: No, I need someone else to do that.

A: 윌리는 자기가 네 방을 치우겠다고 했어.
B: 아니, 그걸 해줄 다른 어떤 사람이 필요해.

We need someone to identify the body

이번에는 내가 필요한 게 아니라, 우리(We), 즉 "일반적으로 …해줄 사람이 필요하다"고 할 때 We need someone to~라고 하면 된다.

Point

▶ **We need someone to~** …해줄 사람이 필요해
▶ **We need someone who~** …해줄 사람이 필요해

We need someone to identify the body.
누군가 시신을 확인해줄 사람이 필요해.

We need someone to give us the truth about last night.
누구 간밤에 있었던 일의 진실을 말해줄 사람이 필요해.

We need someone who is intelligent.
우리는 똑똑한 사람이 필요해.

A: We need someone to protect the gold.
B: You'd better hire a security guard.

A: 금을 보호할 사람이 필요해.
B: 경비원을 고용하는게 좋겠어.

003 I don't want anyone to know

반대로 누구도 to 이하 하기를 원치 않는다고 할 때는 I don't want anyone to[~ing] 혹은 I don't need someone to[~ing]라 하면 된다.

Point

▸ **I don't need someone to[~ing]** …을 해줄 사람이 필요하지 않아

▸ **I don't want anyone to[~ing]** 누구도 …하는 것을 바라지 않아

I don't want anyone to feel uncomfortable.
누구도 불편함을 느끼게 하고 싶지 않아.

I don't want anyone going to jail for a crime they didn't commit.
어느 누구도 자기가 짓지도 않은 죄로 감옥에 가는걸 원치 않아.

I'm a big girl. I don't need someone telling me what is best for me.
나 다 큰 여자야. 내게 무엇이 최선인지 말해줄 사람이 필요없어.

A: The party food is several hours late.
B: Oh no, I don't want anyone to be angry.

A: 파티음식이 몇시간 늦었어.
B: 맙소사, 화나는 사람이 없었으면 좋겠어.

---

 004 You need someone to blame

상대방의 처지를 언급하면서 "너는 …할 누가 필요하지"라고 언급할 때 혹은 의문문으로 "…해줄 누군가가 필요해?"라고 물어볼 때 사용하는 패턴.

Point

▸ **You want[need] someone to~** 넌 누가 …해주기를 바라지, 넌 …해줄 누가 필요하겠어

▸ **Do you want someone to~ ?** 누가 …하기를 바래?

You want someone to tell you it was just an accident.
넌 그게 단순한 사고였다고 네게 누가 말해주길 바라지.

You lost a witness so you need someone to blame.
넌 증인을 잃어버렸고 그러니 비난할 누군가가 필요하겠지.

Do you want someone to come to your rescue?
누가 널 구해주러 오기를 바래?

A: My parents are getting quite old.
B: You need someone to check in on them.

A: 부모님이 꽤 나이가 드셨어.
B: 부모님을 보살필 누군가가 필요하겠어.

---

 005 I need someone who knows the island

이번에는 someone이 필요한 건 맞는데 관계사절 who S+V가 someone을 수식해주는 경우. someone이 무슨 일을 해줘야 하는지 상세히 말할 수 있는 장점이 있는 공식이다.

Point

▸ **I need someone who~** 난 …해줄 사람이 필요해

▸ **You need someone who~** 넌 …한 사람이 필요해

You'll need someone who can give you something I can't.
넌 내가 해줄 수 없는 뭔가를 줄 수 있는 사람이 필요할거야.

I don't want someone who doesn't want me, Meredith.
메리디스, 나를 원치 않는 사람은 나도 원하지 않아.

I want a husband. I want someone who loves me, and a family.
남편이 필요해. 나와 가정을 사랑해줄 사람이 필요해.

A: This job will be very difficult to complete.
B: I need someone who is very intelligent.

A: 이 일은 끝내기가 매우 힘들거야.
B: 아주 똑똑한 사람이 필요해.

035

I know someone who~
난 …한 사람을 알고 있어

001

"…을 한 사람을 알고 있다"고 말하는 것으로 직설적으로 누구라고 얘기하지 않고 돌려 말하는 경우. 아직 말할 단계가 아니어서 단순히 "…한 사람을 알고 있다"고 할 때도 있고 또 어떤 때는 검사측과 협상하기 위해 간죽거리는 범죄자가 쓸 수도 있는 문장이다.

Point

- **I know someone who~** 난 …한 사람을 알고 있어
- **I want to know anyone who~** 난 …하는 사람이 누구있는지 알고 싶어

I know someone who might get through to her.
걔한테 연락이 닿는 사람을 알고 있어.

I know someone who would disagree.
동의하지 않을 사람을 알고 있어.

I know someone who likes you and thinks that you're cute.
널 좋아하고 네가 귀엽다고 생각하는 사람을 알고 있어.

We know someone who lived through that shipwreck.
그 조난사고에서 살아남은 사람을 알고 있어.

I want to know anyone who had a grudge against him.
걔에게 원한을 품고 있는 사람이 누구있는지 알고 싶어.

A: I know someone who wrote a novel.
B: Oh really? Did she get it published?

A: 소설을 쓴 사람을 알고 있어.
B: 어 정말? 소설은 출판된거야?

A: My friend can lift the front of a car by himself.
B: I want to know anyone who is capable of that.

A: 내 친구는 혼자 힘으로 차의 앞부분을 들어올릴 수 있어.
B: 그렇게 할 수 있는 사람이 누구인지 알고 싶어.

---

002 **I think I know someone who does that**

알고는 있지만 직설적으로 말하지 않고 알 것 같다고 좀 조심스럽게 말하는 방법.

▶ **I think I know someone who~** …한 사람을 알 것 같아

Wait, I think I know someone who does that.
잠깐, 내가 그렇게 하는 사람을 알 것 같아.

I think I know someone who'll talk to us.
우리에게 얘기해줄 사람을 내가 알 것 같아.

I think I know someone who'd be right for the job.
그 일에 딱 적합한 사람을 알 것 같아.

A: Bill needs to find someone to repair his toilet.
B: I think I know someone who can help him.

A: 빌은 자기 화장실을 수리해줄 사람을 구해야 돼.
B: 걔를 도와줄 사람을 알 것 같아.

Do you know anyone who might want to set fire to your home?

'…한 사람을 아는지' 물어보는 문장. 어떤 특정 분야의 사람을 찾을 때도 쓰지만 미드에서는 살인피해자 주변인물들에게 누가 피살자를 평소 해치고 싶어 한 사람이 있는지 등을 물을 때 많이 쓰는 구문이다.

Point

▸ **Do you know anyone who~?** 누구 …할 사람을 알고 있어?

▸ **if you know anyone who~** …하는 사람을 알고 있다면

Do you know anyone who might want to set fire to your home?
네 집에 불을 지르고 싶어할 수도 있는 사람 누구알고 있어?

Do you know anyone who would want to hurt you or your husband?
당신이나 당신 남편을 해치려는 사람 누구 알고 있어요?

Can you think of anyone who would want to hurt Betty?
베티를 해치고 싶어할 사람 누구 생각나는 사람있어?

A: Do you know anyone who has been to Africa?

B: Some of my friends did missionary work there.

A: 아프리카에 갔다온 사람 누구 알아?
B: 내 친구 몇몇이 거기서 선교일을 했었어.

I don't know anyone who'd want to hurt her

위의 질문에 대한 답으로 그럴 사람을 전혀 모른다고 할 때는 I don't know anyone who~라고 하면 된다.

Point

▸ **I don't know anyone who~** 난 …하는 사람을 전혀 몰라요

▸ **You don't know anyone who~** 넌 …하는 사람을 전혀 몰라

I don't know anyone who'd want to hurt her.
난 걔를 해치려는 사람은 전혀 몰라요.

You don't know anyone who is interested.
넌 관심을 갖고 있는 사람을 전혀 모르네.

I never would have hurt Chris. And, frankly, I don't know anyone who would. 난 절대로 크리스를 해치지 않죠. 그리고 솔직히 그럴 사람이 아무도 없을텐데요.

A: I must find a way to make ten thousand dollars this week.

B: I don't know anyone who can do that.

A: 이번주에 만달러 벌 방법을 찾아야 돼.
B: 그럴 수 있는 사람은 아무도 모르겠는데.

Section 01
036
I don't have time to~
난 …할 시간이 없어

PATTERN 001

바쁘든지 혹은 그럴 가치가 없든지 "…할 시간이 없다"고 할 때는 I don't have time to[for], 혹은 I got no time to[for]라고 하면 된다. 이를 토대로 자주 쓰이는 구문 몇개 정도는 외워두도록 한다.

Point

- **I don't have time for[to]~** …할 시간이 없어(I got no time to[for]~ …할 시간이 없어)
- **I didn't have time~** …할 시간이 없었어(I don't have time to think …을 생각할 시간이 없어)
- **I haven't got time to go tell you~** 가서 네게 …을 이야기할 시간이 없었어
- **We don't have much time before~** …하기 전까지 시간이 많지 않아

I don't have time to think about it.
그거 생각할 시간이 없어.

I don't have time to make different meals for everyone.
모든 사람에게 다른 음식을 만들어줄 시간이 없어.

Breakfast? I got no time to make breakfast.
아침? 아침 만들 시간이 없어.

I didn't have time to stop by Wilson's.
윌슨 집에 들릴 시간이 없었어.

We don't have much time before the police get here.
얼마 시간이 지나지 않아서 경찰들이 당도할거야.

A: I need you to get some important files.
B: I don't have time to do that.

A: 중요한 파일들을 네가 좀 가져와야겠어.
B: 나 그럴 시간 없어.

A: We don't have much time before the movie starts.
B: Let's hurry over to the theater.

A: 얼마 안있다가 영화시작할거야.
B: 극장으로 빨리 서둘러 가자.

PATTERN 002
I have time to plan you a party

반대로 "시간이 있다"고 할 때는 have time to[for]~를 쓰면 된다.

Point

▶ **I have time to[for]** …할 시간이 있어(We have time to[for] 우린 …할 시간이 있어)
▶ **I thought I'd have more time before ~** …하기 까지 시간이 더 많을 줄 알았어

Do you think I have time for this?
내가 이럴 시간이 있다고 생각해?

When would I have time to go out and get syphilis?
내가 나가서 매독에 걸릴 시간이 어디 있어?

I thought I'd have more time before the show.
쇼가 시작하기 전까지 시간이 더 있을 줄 알았어.

A: I have time to relax this morning.
B: Great, I hope it helps you feel better.

A: 오늘 아침에 좀 쉴 시간이 있어.
B: 잘됐네, 기분이 좀 좋아지길 바래.

You don't have time to be wrong

상대방에게 "…할 시간이 없다고 혹은 있다"고 말할 때 주어를 You로 해서 You don't have time to[for]~ 혹은 You have time to[for]~를 사용하면 된다.

Point
▸ **You don't have time to[for]~** 넌 …할 시간이 없어
▸ **You have time to[for]~** 넌 …할 시간이 있어

You don't have time to be wrong. 넌 틀릴 시간이 없어.

I'm surprised you have time to be here.
네가 여기 있을 시간이 있다니 놀랍네.

Hey, you have time to eat and hang out with me, don't you?
야, 너 나와 식사하고 놀 시간 되지, 그지 않아?

A: I'd like to take a tour of Manhattan.
B: You don't have time to do that.

A: 맨해튼을 한바퀴 돌고 싶은데.
B: 넌 그럴 시간이 없어.

I just need some time to work on that one

"…할 시간이 필요하다"고, 즉 시간이 필요하다고 표현하는 문장들. 그냥 need time이라고 해도 되고 need some time이라고 써도 된다.

Point
▸ **I just need time to ~** 단지 …할 시간이 필요해(I need some time to~ …할 시간이 좀 필요해)
▸ **You need time to~** 넌 …시간이 필요해

I need some time to work on that one.
저 일을 하는 데 시간이 좀 필요해.

I don't know what I'm going to do. I need time to think.
내가 무엇을 해야 할지 모르겠어. 생각할 시간이 필요해.

Julie, we know you need time to mourn.
줄리, 우리는 네가 애도할 시간이 필요하다는 걸 알고 있어.

A: Hurry up, we're going to be late.
B: I just need time to put on my make-up.

A: 서둘러, 우리 늦겠어.
B: 화장할 시간이 좀 필요해.

Do you have time to go over the Morris case?

상대방에게 "…할 시간이 있냐"고 물어보는 문장. 반대로 "내가 …할 시간이 있냐"고 물어볼 때는 Do I have time to~?라고 하면 된다. 참고로 have the time하게 되면 시간을 물어 볼 수도 있고 …할 구체적인 시간이 되는지를 물어보는 경우도 있으니 항상 문맥을 보고 판단해야 한다.

Point
▸ **Do you have time to[for]~?** …할 시간이 있어?(Do I have time to[for]~? 내가 …할 시간이 돼?)
▸ **When do you have time to[for]~?** 언제 …할 시간이 돼?

Do you have time to go over the Morris case?
모리스 사건 검토할 시간이 돼?

Do you have time to talk to them now?
이제 걔네들과 얘기할 시간이 돼?

When do you have time to take care of your baby?
넌 언제 네 아이를 돌볼 시간이 되는거야?

A: Do you have time to cook lunch?
B: No, I've got to get back to the office.

A: 점심 요리할 시간돼?
B: 아니, 사무실로 돌아가야 돼.

I think I will~
…을 할까봐

001

I think로 말할 내용을 둘러싸면 "내 생각엔 …인 것 같아"라는 의미로 자신없는 이야기를 하거나 혹은 자기의 생각을 부드럽게 말할 수 있다. 단도직입적으로 I will speak to my boss라고 하는 것보다는 I think I will speak to my boss하게 되면 훨씬 문장이 부드러워진다. 우리말로는 "…할까봐" 정도에 해당된다.

> **Point**
> ■ **I think I will~** …을 할까봐
> ■ **I think I would~** …을 할텐데

I think I will leave before this gets awkward.
모양새가 더 이상해지기전에 가봐야겠다.

I think I'll go get him now, man, before I lose that boy.
그 놈을 놓치기 전에 지금 가서 잡아야 할까봐.

I think I'll get another espresso.
에스프레소 한 잔 더 할까봐.

All right, but **I think I'll** be too tired to finish it.
좋아, 하지만 너무 피곤해서 난 그걸 마칠 수가 없을 것 같아.

I think I would be really good at it.
내가 정말 그걸 잘할텐데.

A: What are you going to do with the money?
B: **I think I will** invest it in the stock market.

A: 그 돈으로 뭘 할 생각이야?
B: 주식시장에 투자할까봐.

A: This morning I have an important job interview.
B: **I think you will** be hired for the job.

A: 오늘 아침에 중요한 면접이 있어.
B: 넌 그 자리에 취직될거야.

002

I think you'll find it's a suicide

상대방이 "…하게 될거라"고 생각한다는 문장. 역시 You'll~를 좀 덜 단정적으로 말하기 위해 I think로 감싸고 있는 경우.

> **Point**
> ▶ **I think you'll find S +V** 네가 …을 알게 될거라 생각해
> ▶ **I think you'll understand why~** 너는 왜 …한지 이해하게 될거라 생각해

I think you'll find it's a suicide.
그건 자살이라는 것을 네가 알게 될거라 생각해.

I think you'll find that everything's in order.
모든 게 다 제 자리에 놓여 있다는 걸 네가 알게 될거라고 생각해.

I think you'll understand why this is the right place for me.
이 곳이 왜 내게 적합한 곳인지 그 이유를 네가 이해하게 될거라고 생각해.

A: OK, show me what the workers are doing.
B: **I think you'll** find they are very busy.

A: 좋아, 근로자들이 뭘하고 있는지 보여 줘봐.
B: 그들이 바쁘다는 걸 알게 될거야.

003 I think I can help you get over him

"네가 걜 잊는 걸 도와줄 수 있을 것 같아?"로 이렇게 "내가 …할 수 있을 것 같아"는 I think I can~으로, 그리고 "네가 …할 수 있을 것 같아"라고 하려면 I think you can~로 쓰면 된다.

▶ **I think I can~** 내가 …할 수 있을 것 같아　　▶ **I think you can~** 네가 …할 수 있을 것 같아

I think I can do something with them to make them better.
그것들을 더 좋게 만들기 위해 그것들을 어떻게 좀 할 수 있을 것 같아.

All right, look! Look. I think I can explain this.
좋아, 봐봐. 내가 이거 설명할 수 있을 것 같아.

I think I can come up with something better than that.
내가 그것보다 더 좋은 것을 생각해낼 수 있을 것 같아.

A: Do you see the neighbor's apartment?
B: I think I can see them making love.

A: 이웃집 아파트를 봐?
B: 걔네들이 사랑을 나누는게 보이는 것 같아.

004 I think I should get going

should는 must나 have to보다는 강제성이나 의무성이 약한 것은 맞지만 그래도 의무는 의무. I think 없이 "내가 …해야겠다"라고 말하는 것보다는 I think~를 먼저 말하며 "…해야 할 것 같아"라고 말하면 듣는 사람이 더 편해진다.

▶ **I think I should~** …해야 될 것 같아
▶ **I think we should~** 우리는 …해야 될 것 같아

I think I should stay here with Alexis.
난 알렉시스와 여기 남아야 될 것 같아.

About that, I think I should probably talk to my lawyer.
그것에 관해서, 난 내 변호사와 얘기를 나누어야 될 것 같아.

But first, I think I should use the powder room.
하지만 먼저, 화장실 좀 써야 될 것 같아.

A: Shall we plan our wedding for this spring?
B: I think I should talk to your parents first.

A: 우리 결혼식을 올 봄으로 잡을까?
B: 먼저 네 부모님께 말씀드려야 될 것 같아.

005 I think you should tell them now

You should~라고 할 때는 상대방에게 충고내지는 경고를 하는 것으로 어떤 경우보다 I think로 좀 강도를 중화시켜줘야 한다.

▶ **I think you should~** 너 …해야 될 것 같아
▶ **I think you should go~** 너 가는게 나을 것 같아

I think you should go to the police.
너 경찰서에 가야 될 것 같아.

I think you should go for a walk, Richard.
리차드, 난 네가 산보를 해야 될 것 같아.

I think you should go and catch the rest of that movie.
넌 가서 그 영화의 나머지 부분을 마저 보는게 나을 것 같아.

A: I think you should try to be nicer.
B: Are you saying I'm an unkind person?

A: 넌 좀 더 착해지도록 노력해야 할 것 같아.
B: 내가 불친철한 사람이라는 말야?

I'm having a hard time ~
...로 힘든 시간을 보내고 있어

PATTERN 001

have a hard time은 '어려운 시기를 겪다' 라는 잘 알려진 표현. 하지만 이 표현을 잘 활용하려면 뒤에 어떤 형태로 문장을 연결시켜야 되는지를 잘 알아야 한다. 힘든 이유는 with~ 혹은 ~ing를 이어 쓰면 된다. 조금 힘들다고 하려면 kind of를 a hard time 앞에 삽입하면 된다.

Point

- **I have a hard time with sth**   ...로 힘든 시간을 보내고 있어
- **I have a hard time ~ing**   ...하는데 힘든 시간을 보내고 있어
- **I had a hard time ~ing**   ...하는데 힘든 시간을 보냈어

I have a hard time understanding, that's all.
난 이해하는데 애를 먹고 있어, 그 뿐이야.

I have a hard time keeping up with it.
난 그걸 따라가는데 힘든 시간을 보내고 있어.

I just can't understand why women have such a hard time loving you. 왜 여자들이 널 사랑하는게 그렇게 힘든지 이해를 못하겠어.

I'm having a hard time concentrating.
난 집중하는데 애를 먹고 있어.

I'm having kind of a hard time myself being just your friend.
난 네 친구가 되는데 스스로 좀 힘든 시간을 보내고 있어.

A: Why do you look so stressed out?

B: I'm having a hard time learning this subject.

A: 왜 그렇게 스트레스를 많이 받은 모습이야?

B: 이 과목을 배우는데 힘든 시간을 보내고 있어.

A: It is so crowded when I drive in New York.

B: I had a hard time parking myself.

A: 뉴욕에서 운전할 때 정말 혼잡해.

B: 나도 주차할 때 애를 많이 먹었어.

PATTERN 002

You're having a hard time with it?

상대방이 힘든 시간을 보내고 있다는 사실을 기술하거나 혹은 ...하는데 힘든 시간을 보내냐고 물어볼 때 쓴다. 역시 힘든 내용은 with나 ~ing 형태로 써주면 된다.

Point

▸ **You're having a hard time~**   너는 어려운 시기를 보내고 있어
▸ **You've had a hard time~**   너는 어려운 시기를 보냈어
▸ **You have a hard time~**   너는 어려운 시기를 보내고 있어

It's no wonder. You've had a hard time the last couple of days.
당연하지. 넌 지난 며칠간 힘든 시기를 보내고 있잖아.

You've never had a hard time spending my money before.
전에는 내 돈 쓰는걸 어려워 한 적 없잖아.

You've had a hard time passing this class.
넌 이 과목을 이수하는데 어려움을 겪었지.

A: You're having a hard time with your girlfriend.

B: I know. She is unhappy with me most of the time.

A: 너 여친하고 힘들어하고 있다고.

B: 알아. 걘 대체로 내게 만족하지 못해.

003 **I have a hard time** believing this woman even exists

I have a hard time believing하게 되면 "…을 믿는데 어려움을 겪고 있다"라는 의미가 된다. believe 다음에는 명사나 S+V를 넣으면 된다.

Point

▸ **I have a hard time believing S+V~** …믿는데 어려움을 겪고 있어

We're gonna have a hard time believing you, especially after you lied to me. 특히 네가 우리에게 거짓말한 후에는 너를 믿는데 어려움을 겪을거야.

I have a hard time believing this woman even exists.
이 여인이 존재는 하는 사람인지 믿는데 어려움을 겪고 있어.

You can see why I might have a hard time believing you, right?
왜 내가 너를 믿는데 어려움을 겪을 수도 있다는 것을 알겠지, 응?

A: The cops came and took Dan to prison.

B: I have a hard time believing that Dan is a criminal.

A: 경찰들이 와서 댄을 투옥시켰어.
B: 댄이 범죄자라는 것을 믿기가 너무 힘드네.

---

 004 Miranda's **going through a hard time** right time

have a hard time외에 a hard time과 잘 어울리는 동사구로는 go through가 있다. '경험하다'(experience)라는 뜻의 go through는 have보다는 훨씬 그래픽한 표현이다.

Point

▸ **S be going through a hard time** …는 어려움을 겪고 있어

I know you and Chuck are going through a hard time right now.
너와 척이 지금 어려움을 겪고 있다는 것을 알고 있어.

I guess your family's been going through a hard time too.
네 가족도 역시 힘든 시기를 보내고 있는 것 같아.

She got fired. She's going through a hard time.
걔는 잘렸어. 힘든 시기를 보내고 있어.

A: God, Sally looks horrible these days.

B: That's because she's going through a hard time.

A: 맙소사, 샐리가 요즘 정말 끔찍해보여.
B: 힘든 시기를 보내고 있어서 그래.

---

 005 **I have such difficulty** speaking to women

그외 '어려움을 겪다' 라는 표현으로 have difficulty ~ing가 있다. difficult가 아니라 difficulty인 점, 그리고 ~ing 앞에 in을 이제 거의 쓰지 않는다는 점을 기억해두면 된다.

Point

▸ **He's having difficulty~ing** 걔는 …하는데 어려움을 겪고 있어
▸ **Do you have any difficulties~ ing?** …하는데 뭐 어려움을 겪고 있어?

I sense you're both having difficulty verbalizing your sexual issues.
둘 다 자신들의 성적인 문제를 말로 표현하는데 어려움을 겪고 있는 것 같아.

He's having difficulty breathing and chest pains.
걔는 호흡하는데 힘들어하고 흉통을 호소하고 있습니다.

I have such difficulty speaking to women.
난 여자들과 말을 하는데 심한 어려움이 있어.

A: Do you have any difficulties using the Internet?

B: No, I find it pretty easy to surf the web.

A: 인터넷사용하는데 무슨 어려움이 있어?
B: 아니, 인터넷 서핑하는게 무척 쉬운 것 같은데.

I'm gonna show you how~
얼마나 …한지 보여줄게

PATTERN 001

show와 how to+V 혹은 show와 how S+V가 결합된 것으로 '…하는 법을 보여주다,' '알려주다' 라는 뜻이 된다. how to 다음에는 동사원형, how 다음에는 S+V의 형태로 알려주는 내용이 뭔지 말하면 된다.

Point
- **I'd be happy to show you how~** 기꺼이 네게 …하는 것을 알려줄게
- **I will show you how~** 어떻게 …하는지 보여줄게
- **Let me show how~** 어떻게 …하는지 보여줄게
- **I'm gonna show sb how+adj** 네게 얼마나 …한지 보여줄게

Roy said he could show me how to do it.
로이는 자기가 그걸 어떻게 하는지 내게 보여줄 수 있다고 했어.

Let me show you how a real magician does it.
진짜 마술가들이 어떻게 하는지 내가 보여줄게.

Let me show you how it's really done.
그거 정말 어떻게 하는지 내가 보여줄게.

You need me to show you how to use the washer?
내가 세탁기 사용법 알려줄까?

I'm gonna show her how tough I really am!
내가 실제로 얼마나 터프한 사람인지 걔에게 보여줄게!

A: This program doesn't make sense to me.
B: Let me show you how to use it.
A: 이 프로그램은 내게는 말도 안돼.
B: 내가 어떻게 사용하는지 알려줄게.

A: I heard you got cheap tickets to Europe.
B: Yes, I'd be happy to show you how to do it.
A: 유럽행 저가 탑승권을 구했다며.
B: 어, 어떻게 구하는건지 내가 기꺼이 알려줄게.

PATTERN 002

Can you show me how to do that?

상대방에게 방법이나 비법을 알려달라고 할 때 사용하는 패턴. Can you show me how to~ 까지는 한꺼번에 기계적으로 말할 때까지 암기한다.

Point
▸ **Can you show me how~ ?** 어떻게 …하는지 알려줄래?
▸ **Could you show me how to+V?** …하는 방법 좀 가르쳐주시겠어요?

Can you show me how to do that ?
그거 어떻게 하는 건지 알려줄래?

Why don't you show me how your inhaler works?
네 흡입기 어떻게 작동하는지 내게 알려주라.

Can you show me how you fixed it?
너 그걸 어떻게 고치는지 내게 알려줄래?

A: Can you show me how to meet women?
B: Sure, let's go out to some nightclubs.
A: 여자를 어떻게 만나는지 알려줄 테야?
B: 물론, 나이트클럽 몇군데 돌자.

Show me how it works

좀 더 직설적으로 "…하는 법을 알려달라"고 하는 명령형 문장. 강조하기 위해 원래 생략되던 You를 넣어서 You show me how~라고 해도 된다.

> ▶ **Show me how~** 어떻게 …하는지 알려줘
> ▶ **You show me how~** 어떻게 …하는지 알려줘

Show me how it's done.
그거 어떻게 되는 건지 알려줘.

You show me how it's done.
그게 어떻게 된건지 알려줘.

Show me how you kissed Ally.
네가 어떻게 앨리와 키스를 했는지 알려줘.

A: The prisoner escaped from this room.

B: OK, you show me how he did it.

A: 죄수가 이방에서 탈출했어.
B: 좋아, 걔가 어떻게 했는지 보여줘봐.

Can you show me where you saw him?

show sb 다음에는 how만 나오지 않는다. what, where, who 등 다른 의문사들이 나와서 다양한 문장들을 만든다.

> ▶ **Can you show me where[who]~?** 어디에[누가] …하는지 알려줄테야?
> ▶ **I'll show you what ~** 무엇을 …했는지 알려줄게

Can you show us where they parked?
걔네들이 어디에 주차했는지 우리에게 알려줄래?

Can you show me where you saw him?
너 그 사람 어디서 봤는지 내게 말해줄래?

Let me show you where you can get a drink.
네가 어디서 술한잔 할 수 있는지 알려줄게

A: Can you show me where the palace is?

B: It's right in the center of the city.

A: 궁전이 어디 있는지 알려줄래요?
B: 바로 시내 중심에 있어요.

040

It helps ~ing
…하는데 도움이 돼

PATTERN 001

help+O+V로 유명하지만 목적어없이 바로 help+V가 오는 경우가 있다. 이는 "…하는데 도움이 된다"라는 구문으로 주로 It helps+V이지만 It helps to+V 혹은 It helps ~ing 형태도 쓰인다. 주어로는 it처럼 주로 사물이 오게 되어 있다.

Point

- **It helps (to)+V** …하는데 도움이 돼
- **It'll help+V** …하는데 도움이 될거야
- **It'll help sb+V** …가 …하는데 도움이 될거야

Yeah, your voice, **it helps** calm her down.
그래, 네 목소리, 그게 걔를 진정시키는데 도움이 돼.

Yeah **it helps to** talk about what happened.
그래 그건 무슨 일이 일어났는지 얘기하는데 도움이 돼.

Perhaps **it'll help me** better understand her.
아마도, 그건 내가 걔를 더 잘 이해하는데 도움이 될거야.

It'll help us narrow down who's responsible.
그건 우리가 책임자를 좁혀가는데 도움이 될거야.

It'll help me prove that a very big company is intentionally poisoning little kids.
그건 내가 한 대기업이 고의적으로 아이들을 중독시키고 있다는 걸 증명하는데 도움이 될거야.

A: How am I going to find a job?
B: It helps to search the Internet.
A: 내가 어떻게 일자리를 찾을 수 있어?
B: 인터넷을 검색해보면 도움이 될거야.

A: Why are we giving this money to Gerry?
B: It will help him to pay his bills.
A: 왜 이 돈을 제리에게 주는거야?
B: 걔가 청구서 갚는데 도움이 될거야.

PATTERN 002

It also might help if your parents could be there

It helps의 변형구문 중 하나로 if 이하가 되면 도움이 된다(It helps~)라는 의미.

Point

▸ **It helps if~** …한다면 도움이 돼
▸ **They don't help if~** …하면 그것들은 도움이 안돼
▸ **It might help if~** …하면 도움이 될 수도 있어

It also might help if your parents could be there.
네 부모님이 거기에 계실 수만 있다면 도움이 될지도 몰라.

It helps if they think you're crazy.
걔네들이 네가 미쳤다고 생각한다면 도움이 될거야.

They don't help if they're not accurate.
그것들이 정확하지 않으면 도움이 되지 않아.

A: It's really difficult for me to study here.
B: It helps if you go to a quiet place, like a library.
A: 내가 여기서 공부하는게 정말 힘들다.
B: 도서관같이 조용한 곳에 가면 도움이 될거야.

It would help if you came up with some ideas

가정법 조동사 would를 써서 It would help if~하게 되면 if이하를 만약 하게 된다면 도움이 될 것이라는 의미로, 그 밑에는 현재 그러지 못하고 있다는 점을 내포하고 있다는 점이 특이하다. if 이하는 could 등의 과거조동사나 일반과거동사가 오게 된다.

Point

▸ **It would help if~** …하게 되면 도움이 될텐데
▸ **It would help sb if~** …하게 되면 …에게 도움이 될 것이야

It would help if you came up with some ideas.
네가 좀 좋은 아이디어를 생각해낸다면 도움이 될텐데.

It would help if there was something to testify about.
뭔가 증언할 게 있다면 도움이 될텐데.

It would help if the search dogs to pick up her scent.
수색견이 개의 냄새를 맡는다면 도움이 될텐데.

A: Can I get you something while I'm out?

B: It would help if you got me some food.

A: 나갔다 올건데 뭐 좀 사다줄까?
B: 먹을 것 좀 사다주면 도움이 될거야.

Would it help if I slept with her?

"내가 걔와 잔다면 도움이 될까?"라는 문장. 가정법의 문형을 의문문으로 바꾼 것으로 if 이하를 하게 되면 도움이 될까라고 물어보는 문장.

Point

▸ **Would it help if~ ?** …한다면 도움이 될까?
▸ **Would it help to~ ?** …하면 도움이 될까?

Would it help if I puked?
내가 토하면 도움이 될까?

Would it help if I talked to Heather?
내가 헤더와 얘기를 나누면 도움이 될까?

Would it help if I played with your breasts for awhile?
내가 잠시 네 가슴을 만지작거리면 도움이 될까?

A: Kathleen has been driving me crazy this week.

B: Would it help if I talked to her?

A: 캐서린 때문에 이번주에 나 미치는 줄 알았어.
B: 내가 걔한테 말해주면 도움이 될까?

Well if it helps, I could slide over

if it helps는 구문이라기 보다는 한 단어처럼 외워두고 써먹으면 아주 유용한 표현이다. 잘 연습하면서 여러 다양한 문장을 만들어본다.

Point

▸ **If it helps, S+V** 도움이 된다면 …할게

If it helps, I have some money you can borrow.
도움이 된다면 너한테 돈을 좀 빌려줄 수 있어.

If it helps, we're all good with your breasts.
도움이 된다면 말야, 우린 모두 네 가슴에 흡족해 하고 있어.

If it helps, I can invite Jackie to thanksgiving.
도움이 된다면 재키를 추수감사절에 초대할게.

A: My business has been losing money.

B: If it helps, I can give you some advice.

A: 내 사업이 요즘 적자야.
B: 도움이 된다면, 내가 좀 조언을 해줄 수 있어.

Let's say ~
…라고 치자

001

Let's say는 단독으로 자기 생각(I think~)이나 '…에 대한 나의 의견은 …이다'(my idea about this is~)라는 뜻이며 뒤에 절이 붙은 Let's say~는 "…라고 치자," "…라고 하자," "…라고 가정해보자"라는 뜻.

Point

- **Let's say +N** …라고 치자
- **Let's say S +V** …라고 치자, …라고 가정해보자

Let's say you're right.
네가 맞다고 치자.

All right, well, let's say she came home first.
그래, 그럼 , 걔가 집에 먼저왔다고 하자.

So let's say you find out who did it, and maybe it's me.
그럼 네가 범인을 찾아냈고 그게 나일지도 모른다고 가정해보자.

Well, let's say that your profile is correct.
그래, 네 프로파일이 맞다고 치자.

Let's say a little birdie told me.
떠도는 소문으로 들었다고 해둬.

A: Let's say the police arrest your father tonight.

B: Why would they do that? He's innocent!

A: 경찰이 오늘밤에 네 아버지를 체포했다고 해보자.

B: 왜 그러겠어? 아버지는 죄가 없다고!

002

Let's just say you owe me big time

Let's just say는 just만 더 들어간 경우로 기본적으로 Let's say~와 같은 의미이지만 just의 영향으로 "단지 …라고만 해두 자"라는 뜻.

Point

▸ **Let's just say that S +V** 단지 …라고만 해두자

Let's just say you owe me big time.
네가 나한테 크게 빚졌다고만 해두자.

Well, let's just say it was highly inappropriate.
음, 무척 부적절했었다고만 해두자.

Let's just say he's a married man, and she's not his wife.
걘 유부남이고 그녀는 걔 아내가 아니라고만 해두자.

A: Is Al still drinking at the bar?

B: Let's just say he decided to order more whiskey.

A: 앨이 아직도 바에서 술을 마시고 있어?

B: 위스키를 더 주문하기로 했다고만 해두자고.

Let me say I'm so sorry for your loss

Let me just say~는 내가 말을 하겠다는 것으로, 단독으로는 "말하자면," 뒤에 어구가 올 때는 "…라고 만 말할 수 있다," "…라고 만 말해둘게"라는 의미.

▶ **Let me say S+V** …라고 말할 수 있어   ▶ **Let me say how S+V** 얼마나 …했는데

Let me say how incredible you were last night.
지난밤에 너 정말 끝내줬다고.

First of all, let me say that I am so sorry for your loss.
먼저, 심가 조의를 표하겠습니다.

I got something to say, damn it, let me say it!
내가 할 말이 있다고, 젠장, 말 좀 하자고!

A: Did you enjoy your meal at the restaurant?

B: Let me say I won't be going back there again.

A: 식당에서 음식 맛있게 먹었어?
B: 나 거기엔 다시는 가지 않을거야.

Let me tell you this, she's real bitch

this는 앞으로 자기가 할 이야기. 전체적으로 상대방에게 뭔가 이야기를 꺼낼 때 사용하는 표현. 상대방의 허락을 실질적으로 구하는 어구라기 보다는 상대방의 호기심을 불러 일으키는 표현법이다.

▶ **Let me tell you this,** 이 얘기 들어봐, 내가 얘기해줄게   ▶ **Let me tell you~** 내가 …얘기해줄게
▶ **Let me tell you a story about~** 내가 …관한 이야기 하나 해줄게

And let me tell you, Julia, guys are turned on by that.
그리고, 줄리아, 내 말 들어봐, 남자애들이 그거에 혹했다니까.

Let me tell you this, you better start acclimating yourself!
내가 얘기해줄게, 넌 적응하도록 시작해야 돼.

Let me tell you a story about a patient.
한 환자에 대한 이야기를 얘기해줄게.

A: People say that you don't like your new boss.

B: Let me tell you this, she's a real bitch.

A: 네가 새로운 상사를 싫어한다며.
B: 내가 말해줄게, 걘 정말 못된 년이야.

Let me tell you something, I'm tired of waiting

역시 "내가 뭔가 말할 게 있다," 문맥에 따라서는 "내 생각은 이래"라는 의미로 쓰이는 문장도입구 중의 하나. 문장 자체의 의미보다는 대화를 이어주면서 상대방의 귀를 쫑긋하게 하는 기능어구이다.

▶ **Let me tell you something,** 내 생각은 이래, 내가 뭐 말할게 있어
▶ **Let me tell you something if~** …하면 내가 뭐 좀 말해줄게

Let me tell you something, there is a much better drug then LSD
내 말 들어봐, LSD보다 훨씬 더 좋은 약이 있어.

Let me tell you something. It's not important what people say about us. 내 생각은 이래. 사람들이 우리에 대해 말하는 것은 중요하지 않아.

Let me tell you something about Kate Beckett.
케이트 베켓에 관해 뭐 좀 얘기해줄게.

A: Let me tell you something, I'm tired of waiting.

B: Yeah, me too. Let's get out of here.

A: 나 얘기 좀 할게. 기다리는데 지쳤어.
B: 그래, 나도. 그만 가자.

042

I decided that[to]~

…하기로 결심했어

001

나의 결심이나 결정을 표현하는 방식. 내가 심사숙고해서 "…하기로 마음을 먹었다"라는 의미로 I('ve) decided to+V 혹은 I('ve) decided that S+V의 형태로 쓰면 된다. 결심은 과거의 길고짧음을 떠나 과거부터 고민하다 결심을 내리는 것으로 현재 완료인 I've decide~의 형태가 자주 쓰인다.

Point

- **I decided to~** …하기로 결심했어(I've decided to~ …하기로 결심했어)
- **I decided not to~** …하지 않기로 결심했어
- **I decided that S+V** …하기로 결정했어

So I decided to do a little research.
그래서 난 좀 더 조사를 하기로 결심했어.

I decided that I would tell him before I made any decisions.
내가 어떤 결정을 내리기 전에 걔에게 말하겠다고 결정했어.

He left his computer on, so I decided to check it out.
걘 컴퓨터를 켜놓고 가서 내가 확인을 해보기로 했어.

I decided not to go. Personal choice.
난 가지 않기로 했어. 개인적인 선택야.

After careful consideration, I've decided that I'm getting married.
신중히 고려한 끝에, 난 결혼하기로 결심했어.

A: Why haven't you come out with us recently?

B: I decided that I should stop drinking.

A: 왜 최근에 우리와 함께 나가지 않는거야?
B: 나 술 끊기로 결심했어.

A: Weren't you going to travel to Los Angeles?

B: I decided not to take that trip.

A: LA로 여행가지 않았어?
B: 그 여행은 하지 않기로 결정했어.

002 **We decided to** separate

결심이나 결정은 내가 할 수도 있지만 우리가 할 수도 있는 법. 그런 의미에서 We decided to~, We decided that S+V의 패턴을 익혀본다.

Point

▶ **We decided to** …하기로 결심했어
▶ **We decided that S+V** …하기로 결심했어

We decided that we didn't want to raise a kid in the city.
우리는 도시에서 아이를 기르길 원치 않는다고 결심했어.

We've decided to throw an impromptu baby shower for Penny today. 우리는 오늘 페니를 위해 즉흥적인 베이비샤워를 하기로 결정했어.

Anyhow, this year we decided to do a fashion show.
어쨌거나, 금년에 우리는 패션쇼를 하기로 결정했어.

A: We decided that we couldn't get married.

B: I'll bet your girlfriend's heart is broken.

A: 우리는 결혼은 할 수 없다고 결정했어.
B: 네 여친 마음이 찢어졌겠구만.

003 # I can't decide **which** route to take to Vegas

이것저것 생각하다보니 결정을 내릴 수 없을 때는 "I can't decide 의문사+S+V"의 형태를 쓰면 된다.

Point
> ▶ **I can't decide which~** 어느 것을 …해야할 지 결정못하겠어
> ▶ **I can't decide who~** 누가 …인지 결정을 못하겠어 ▶ **I can't decide if~** …인지 결정을 못하겠어

I just can't decide who she looks more alike, you or Rachel?
난 걔가 너와 레이첼 중 누구를 더 닮았는지 모르겠네.

I can't decide which route to take to Vegas.
어느 길로 가야 베거스로 가는지 결정을 못하겠어.

I can't decide which is more humiliating.
난 어떤 것이 더 치욕적인지 결정을 못내렸어.

A: I can't decide which program to watch.

B: Let's watch the soccer game on Channel Two.

A: 어떤 프로를 봐야 할지 결정을 못했어.
B: 채널 2에서 하는 축구경기 보자.

---

 004 # **You decided to** keep her

상대방보고 결정하라고 재촉하거나 일임하는 것으로 You decide 다음에 결정할 내용을 to~[의문사절]로 이어주면 된다. 과거형으로 You decided to[that]~이 되면 긍정문이면 단순 서술로 "네가 …하기로 결정한거야," 의문문이 되면 "…하기로 결정한거야?"라는 뜻이 된다.

 Point
> ▶ **You decide who~** 누가 …인지 결정해 ▶ **You decided to[that]~** 네가 …를 선택했어, 네가 …하기로 했어?

You decide who's going to stay and who's going to go.
누가 남을 것이고 누가 갈 것인지 네가 결정해.

You decided to go away for the weekend with your friends.
너 친구들과 주말여행하리고 했구나.

You decided to keep her. Thank you for telling me.
넌 걔를 데리고 있기로 결정했구나. 말해줘서 고마워.

A: You decided that you'd get plastic surgery?

B: Yeah, I want to look as good as possible.

A: 성형수술 받기로 결정한거야?
B: 어, 가능한 한 좋게 보이고 싶어.

---

 005 # Well, **when did you decide** this?

did you decide to로 이미 결정을 하였지만 뭘로, 언제, 왜 그런 결정을 내렸는지 물어볼 때는 "의문사+did you decide to~"의 형태로 써주면 된다.

Point
> ▶ **What did you decide to~?** 무엇을 …하기로 결정을 한거야?
> ▶ **When[Why] did you decide to~?** 언제[왜] …하기로 결정한거야?

When did you decide to kill Chris?
언제 크리스를 죽이기로 결심한거야?

At what point did you decide it was OK to treat people like this?
어느 시점에서 사람들을 그렇게 대해도 상관없다고 결정한거야?

Why did you decide to have the child?
왜 애를 갖기로 결정한거야?

A: What did you decide to tell your parents?

B: I know I can't tell them I skipped school.

A: 부모님께 뭐라고 말하기로 한거야?
B: 학교 빼먹었다고는 말할 수 없다는거 알아.

043

I just want to see if~

…인지 알고 싶어

PATTERN 001

패턴의 핵심은 'see if'이다. if이하가 사실인지 여부를 확인해본다는 의미로 I just want to see if~하면 if 이하의 내용이 맞는지 확인하고 싶다는 표현이 된다. 우리말로 하자면, "단지 …인지 알고 싶어서" 정도에 해당한다.

Point

- **I want to see if~** …인지 알고 싶어
- **I just wanted to see if ~** 단지 …인지 알고 싶었어

I want to see if anyone was with him.
누가 걔하고 같이 있었는지 알고 싶어.

I just want to see if they've changed the pictures.
걔네들이 그림들을 바꿨는지 알고 싶어.

I wanna see if you're still available to do the flowers.
네가 아직도 꽃꽂이를 할 시간이 되는지 알고 싶어.

I just wanted to see if you were okay.
난 단지 네가 괜찮은지 알고 싶었어.

I just wanted to see if everything was all right.
난 모든 게 다 괜찮은지 알고 싶었을 뿐이야.

A: Why are we driving by your ex-girlfriend's home?

B: I just want to see if she's found another guy.

A: 왜 차로 옛 여친 집에 들르는건데?
B: 걔가 다른 남자 만나는지 알고 싶어서.

A: Did you just knock on my door?

B: I just wanted to see if you were ready.

A: 내 문을 두드린거야?
B: 네가 준비되었는지 알고 싶어서 그랬어.

PATTERN 002

Let's see if we can find it

if 이하를 확인해보자라는 말로 Let's see대신에 Let me see를 써서 Let me see if~라 써도 된다. 물론 if 대신에 what이나 how 등이 와도 된다.

Point

▶ **Let's see if~** …인지 확인해보자
▶ **I will see if I can~** 내가 …할 수 있는지 확인해볼거야
▶ **I had to see if~** …인지 확인해야 됐어(I'm going go see if~ 가서 …인지 확인해볼거야)

We'll see if you can close the deal
네가 거래를 마무리 할 수 있는지 우리가 알아볼게.

I'm gonna go see if this guy knows what was in there.
이 친구가 그 안에 무엇이 들어있는지를 알고 있나 확인해볼거야.

Go see if she's had sex.
가서 걔가 섹스를 했는지 확인해봐.

A: The snow is falling quite heavily outside.

B: Let's see if they cancel classes tomorrow.

A: 밖에 눈이 꽤 많이 내려.
B: 내일 휴교하는지 알아보자.

I came back to check on him to see if he was okay

핵심문구 see if를 활용한 또다른 유명한 표현으로는 I'll check to see if[whether]가 있다. "…인지 아닌지 알아본다," "확인해본다"는 의미로 I'll check if 주어+동사라 해도 된다.

Point

▶ **I'll check to see if[whether]~** …인지 확인해볼거야(I'll check if[whether]~ …인지 확인해볼게)

▶ **Did you stop by to see if~?** …을 확인하려고 들린거야?

I came back to check on him to see if he was okay.
난 걔가 괜찮은지 확인하려고 걔를 살펴보러 돌아왔어.

You called us to see if Mike had murdered your son.
넌 마이크가 네 아들을 죽였는지 확인하려고 우리에게 전화했었어.

Did you stop by to see if there was anything that you could do?
네가 할 수 있는게 뭐 있는지 확인해보려고 들린거야?

A: Did you stop by to see if the report was ready?

B: Yes, we need to submit it to the committee.

A: 보고서가 준비되었는지 확인하려고 들렸어?

B: 어, 위원회에 제출해야 되잖아.

Could you check if she's still a virgin?

"쟤가 처녀인지 확인해주세요"라는 문장으로 "…인지 여부를 확인해달라"고 할 때는 Could you check if~를 쓰면 된다. "내가 확인 좀 할게"는 Let me check~이라 하면 된다.

Point

▶ **Could you check if~ ?** …인지 확인해줄래?

▶ **Let me check~** …인지 확인해볼게(See if you can~ 네가 할 수 있는지 봐봐)

You better check to see if she's really dead.
걔가 정말로 죽었는지 확인해보도록 해.

Could you just check to see if she's there?
걔가 거기 있는지 확인해줄래?

We should check to see if there are any mental hospitals in the area.
그 지역에 정신병원이 혹 있나 확인해봐야 돼.

A: I've been waiting for an important e-mail.

B: I'll check to see if it has arrived yet.

A: 난 중요한 이멜을 기다리고 있어.

B: 이미 왔는지 확인해볼게.

Let's wait and see what Chris says

see if 대신에 wait and see를 쓴 경우. 비슷하게 일이 어떻게 돌아가는지 지켜본다는 의미로 Let's wait and see 의문사 S+V는 "…을 지켜보자"라는 뜻이 된다.

Point

▶ **Let's wait and see~** …을 지켜보자

▶ **We're going to wait and see~** 우리는 …을 지켜볼거야(Why don't we just wait and see~ …을 지켜보자)

Let's wait and see what Chris says.
크리스가 무슨 말을 하는지 지켜보자고.

We're going to wait and see what the evidence tells us.
증거가 뭐라고 하는지 우리는 지켜볼거야.

Why don't we just wait and see what Chuck has to say?
척이 뭐라고 말하는지 지켜보자.

A: If Kelly doesn't leave, I'm going to quit.

B: Let's wait and see if she plans to stay.

A: 켈리가 나가지 않으면, 내가 그만둘거야.

B: 걔가 남을 생각인지 지켜보자.

044 I'm starting to think ~
…라는 생각이 들기 시작해

곰곰히 생각을 하다보면 문득 어떤 생각 하나가 머리 속에 들어오기 시작할 때가 있다. 이때 우리말로는 "…라는 생각이 들기 시작한다"라고 하는데 여기에 맞는 영어가 바로 start to think이다. 그래서 I'm starting to think S+V하게 되면 "…라는 생각이 들기 시작해"가 된다.

Point
- **I'm starting to think~** …라는 생각이 들기 시작해
- **We're starting to think~** 우리는 …라는 생각이 들기 시작해

I'm starting to think that I may never find our victim.
결코 피해자를 찾을 수 없을 수도 있다는 생각이 들기 시작해.

Yeah. I'm starting to think this was a mistake.
그래. 이건 실수였다는 생각이 들기 시작해.

I'm starting to think we're never going to see that pizza.
우리는 절대로 그 피자를 다시 못볼거라는 생각이 들기 시작해.

I'm starting to think I got ditched.
난 버림받았다는 생각이 들기 시작해.

John, I'm starting to think I might like you.
존, 내가 너를 좋아할 지도 모른다는 생각이 들기 시작해.

A: My blind date never showed up tonight.
B: I'm starting to think blind dates suck.

A: 소개팅 파트너가 오늘밤에 나오지 않았어.
B: 소개팅은 영 아니라는 생각이 들기 시작하네.

A: Have you been waiting for the concert to start?
B: Yes, and we're starting to think it's been delayed.

A: 콘서트가 시작하기를 기다리고 있어?
B: 어, 지연되고 있다는 생각이 들기 시작해.

I'm beginning to think she's right

starting을 같은 계열의 동사인 beginning을 쓴 차이뿐 같은 의미의 표현이다.

Point
- **I'm beginning to think~** …라는 생각이 들기 시작해
- **We're beginning to think~** …라는 생각이 들기 시작해

Kate, I am beginning to think that you are definitely a lesbian.
케이트, 난 네가 확실히 레즈비언이라는 생각이 들기 시작했어.

I'm beginning to think that you're never going to make me happy.
넌 절대로 나를 행복하게 해주지 못할거라는 생각이 들기 시작해.

You know sometimes I'm beginning to think you're a real screw up.
저 말이야, 때때로, 넌 정말 멍청이라는 생각이 들기 시작해.

A: Albert and Laura have been together a lot.
B: I'm beginning to think they are dating.

A: 알버트와 로라는 꽤 많이 함께 다니는데.
B: 걔네들 데이트하는 것 같다는 생각이 들어.

I was starting to think you wouldn't come

이번에는 과거시제에 약한 우리의 약점을 보강하기 위해 과거시제인 I was starting to think S+V, 및 I was beginning to think S+V를 연습해본다.

Point
- **I was starting to think~** …라는 생각이 들기 시작했어
- **I was beginning to think~** …라는 생각이 들기 시작했어

I was starting to think you wouldn't come.
네가 오지 않을거라는 생각이 들기 시작했어.

I was beginning to think you guys had forgotten all about me.
너희들이 나에 관해 모든 걸 잊었다는 생각이 들기 시작했어.

I was starting to think it was never gonna happen with you.
그건 너에게는 절대로 일어나지 않을거라는 생각이 들기 시작했어.

A: Frank just arrived with some wine and cheese.

B: Good. I was starting to think he wasn't coming.

A: 프랭크는 와인과 치즈를 좀 들고 방금 도착했어.

B: 좋아. 안 올거라는 생각이 들기 시작했는데.

He's gonna start to think you don't like him

이번에는 She, He, 또는 They 등 3인칭 사람들이 생각하기 시작할거라는 의미의 구문.

Point
- **She's gonna start to think~** 걔는 …을 생각하기 시작할거야
- **They're gonna start to think~** 걔네들은 …을 생각하기 시작할거야

He's gonna start to think you don't like him.
걔는 네가 자기를 싫어한다고 생각하기 시작할거야.

They're gonna start to think that I don't own it.
걔네들은 내가 그걸 갖고 있지 않다고 생각하기 시작할거야.

She's gonna start to think we're having an affair.
걔는 우리가 불륜을 저지르고 있다고 생각하기 시작할거야.

A: I wasn't able to finish my homework again.

B: The teacher is going to start to think you're lazy.

A: 난 또 숙제를 마칠 수가 없었어.

B: 선생님이 네가 게으르다는 생각이 들기 시작할거야.

We apologize for~
…에 대해 사과할게요

sorry보다 정중한 표현으로 우리말의 '사과하다'에 해당하는 단어로 생각하면 된다. 그다음에 꼭 알아두어야 할 것은 for 다음에는 사과하게 만든 행위, to 다음에는 사과하는 사람을 써주면 된다는 것이다.

Point

- **I[We] apologize for~** …에 대해 사과할게
- **I[We] apologize to sb for** …에게 …에 대해 사과할게
- **I came to apologize~** 사과하러 왔어
- **I'm going to apologize for~** …에 대해 사과할려구

I apologize for the inconvenience.
불편을 끼쳐드려 사과드립니다.

I was just coming over here to apologize for my behavior.
내 행동을 사과하려고 여기에 들렸던거야.

I really think that you should apologize to Tony.
네가 토니에게 사과해야 한다고 정말 생각해.

Psychopaths don't apologize for their behavior.
사이코패스는 자신들의 행위에 대해 잘못했다고 사과하지 않아.

I am not going to apologize for having a healthy sex life!
건강한 성생활을 하고 있다는 이유로 사과하지는 않을거야!

A: Look, you should have served my meal by now.
B: We apologize for the delay, but we're busy.

A: 이봐요, 지금쯤이면 내 식사 내왔어야 하는데요.
B: 늦어져서 사과드립니다만 너무 바빠서요.

A: Why did you come to my house tonight?
B: I came to apologize for my rude behavior.

A: 오늘밤 왜 우리집에 온거야?
B: 무례했던 내 행동을 사과하러 왔어.

I apologize if I've offended anyone

누구 기분상하게 했다면 사과한다라는 의미. 특히 자기가 잘못된 짓을 한 게 분명하지 않을 때, 즉 "…을 불편하게 했다면 사과한다"라는 조건부 사과문은 I apologize if~의 형태를 이용한다.

Point

- **I apologize if~** …하다면 죄송해요
- **I can't apologize if~** …하다면 사과할 수 없죠

I apologize if my being here upset you.
내가 여기 있는게 기분상하다면 사과할게요.

I apologize if we weren't paying full attention to your daughter.
네 딸에게 관심을 충분히 기울이지 않았다면 사과할게.

I can't apologize if I haven't done anything wrong.
내가 아무런 잘못도 한게 없는데 사과할 순 없지.

A: I apologize if I insulted your friends.
B: Don't worry, they weren't angry at you.

A: 네 친구들을 모욕했다면 사과할게.
B: 걱정마, 걔네들 너한테 화안났어.

I want to apologize for the mess

apologize에 want to를 붙여서 사과하고 싶다고 상대방에게 사죄를 요청하는 구문이다. 사과하게 만든 행동은 for ~ing, for 의문사 S+V를 이어쓰면 된다. 이 문장은 뭔가 망쳐놓고나서 사과하는 말.

Point
▸ **I just want to apologize for (what)~** …한 거에 대해 사과하고 싶어요
▸ **I wanna apologize for saying S+V** …라고 말한 거에 대해 사과드려요

I just wanted to apologize for scaring you this morning.
오늘 아침에 너를 놀래킨거에 대해 사과하고 싶었어.

I just want to apologize for how I acted earlier.
내가 좀 전에 행동했던 방식에 대해 사과하고 싶어.

I wanna apologize for saying that your method was stupid.
네 방식이 멍청하다고 말했던 거에 대해 사과하고 싶어.

A: I just wanted to apologize for the way I treated you.
B: You can apologize, but we are still divorcing.

A: 내가 널 대했던 태도에 대해 사과하고 싶었어.
B: 사과할 수는 있겠지만 우린 아직 이혼 절차를 밟고 있잖아.

 We just appreciate you all stopping by

반대로 상대에게 감사하다고 할 때는 thank도 있지만 좀 감사하는 맘을 많이 담아서 I appreciate라고 해본다. I appreciate it, 그리고 I appreciate you ~ing의 형태는 꼭 기억해둔다.

Point
▸ **I appreciate+N[it, that]** …을 감사드려요, 고마워
▸ **I appreciate you ~ing** …해줘서 감사해요(I appreciate what~ …에 감사해요)

I appreciate you driving Jack home.
차로 잭을 집에 데려다줘서 정말 고마워.

I really appreciate everything that you've been doing for me.
날 위해서 해준 모든 일들에 대해 정말 감사해요.

Listen, I really appreciate your coming over.
저기, 네가 와줘서 정말 고마워.

A: I appreciate you meeting these scientists.
B: We have important things to discuss.

A: 네가 이 과학자들을 만나줘서 정말 고마워.
B: 우리에겐 토의할 중요한 것들이 있어.

 We'll thank you for letting me know

가장 일반적인 감사단어인 thank를 이용한 표현들. 눈에 많이 익은 표현들이라고 그래서 다 안다고 생각하면 오산이다. 실제 사용하지 못하면 아는 것도 아는 것이 아니기 때문이다.

Point
▸ **I just want to thank you for ~** …에 대해 고마움을 표시하고 싶어
▸ **I just want to say thank you for** …에 대해 고맙다고 말하고 싶어

We'll thank you for letting me know.
내게 알려주면 우린 정말 감사할거야.

I wanted to thank you for all your job offers.
일자리 이렇게 제의해주셔서 감사드리고 싶었어요.

I just want to say thank you for not taking advantage.
이용하지 않아서 감사하다는 말을 하고 싶어요.

A: I just want to thank you for the birthday gift.
B: It was my pleasure to give it to you.

A: 생일 선물 감사하고 싶어.
B: 선물해줘서 내가 기뻤는데.

Any chance ~?

…할 가능성은?

PATTERN 001

간략하게 줄인 말이 많이 나오는 미드에서 자주 볼 수 있는 문장형태. 원래는 Is there~와 함께 사용하지만 바쁜 시대에 걸맞게 간략하게 Any chance~만 쓴 경우. Any chance~다음에는 of~나 S+V의 절이 이어진다.

Point

- **Any chance of~?** …할 가능성은?
- **Any chance S+V?** …할 가능성은?

Any chance of getting prints off the body?
시신에서 지문을 얻어낼 가능성은?

Any chance of finding any serration marks on the bone?
뼈에서 혹 톱니 모양의 자국을 발견할 가능성은?

Any chance you could help me run some tests?
내가 일부 실험을 하는데 네가 도와줄 가능성은?

Any chance he died of something else?
그 피살자가 다른 뭔가에 의해서 사망했을 가능성은?

Any chance she was tellin' the truth?
걔가 진실을 말했을 가능성은?

A: Any chance of getting a beer around here?
B: Sure, what kind would you like to have?

A: 이 근처에 맥주 한잔할 만한데가 있는 거야?
B: 물론 있지, 어떤 걸로 할테야?

A: Any chance you'll get back together with Anne?
B: No, I think our relationship is finished.

A: 네가 앤과 다시 합칠 가능성이 있어?
B: 아니, 우리 관계는 끝난 것 같아.

---

002 **Is there any chance** I could see it?

"…할 가능성이나 기회가 있다"고 할 때인 There's chance[possibility] S+V의 구문의 의문형. 즉 다시말해 기회가 있는지 물어보는 문장이다. 참고로 "…할 가능성이 크다"라고 할 때는 There's good chance S+V라고 하면 된다.

Point

- **There is a chance S+V** …할 가능성이 있어(Is there any chance 주어+동사? …할 가능성이 있어?)
- **There is a good chance that S+V** …할 가능성이 커
- **There's a possibility S+V** …할 가능성이 있어

Is there any chance that the unsub is the father?
그 미확인용의자가 아버지일 가능성은 있어?

There's a good chance we can work this out, Dan.
댄, 우리가 이걸 해결할 가능성이 높아.

There's a possibility I'm not going to be here this summer.
올 여름에 내가 여기 없을 수도 있어.

A: Is there any chance I could take a day off?
B: No, we need you to work this week.

A: 내가 하루 휴가내도 돼?
B: 아니, 이번주에 네가 일을 해줘야 돼.

No chance you're going to help me

역시 줄여쓴 표현으로 원래는 There's no chance~이다. 앞의 There's를 잘라내버리고 No chance로 시작하는 문장을 만들어냈다. There's no chance 다음에는 S+V, 혹은 for sb to~의 형태를 붙여서 쓰면 된다.

> **Point**
> ▶ **There's no chance for sb to~** …가 …할 가능성은 거의 없어
> ▶ **There's no chance S+V~** …할 리가 거의 없어

There's no chance that Wesley ever cheated on Danielle?
웨슬리가 다니엘을 두고 한번 바람을 피웠을 가능성은 없는거야?

There's no chance you'll kill us?
네가 우리를 죽일 가능성은 없는거야?

No chance they'll remember you.
걔네들이 너를 기억할 가능성은 없어.

A: Art is trying to get into Harvard University.

B: There's no chance he'll be successful.

A: 아트는 하바드 대학교에 들어가려고 노력하고 있어.
B: 걔가 성공할 가능성은 없어.

We'll never have a chance to find out

내게 기회가 있다 없다라고 말할 때는 I have a chance to~, I have no chance라 하면 된다. 기회가 없는 사람이 탄식하면서 할 수 있는 말은 I wish I have a chance to~(…할 수 있는 기회가 있다면 좋을텐데)이다.

> **Point**
> ▶ **I have a chance to~** …할 가능성이 있어(I have no chance ~ …할 가능성이 없어)
> ▶ **I didn't have a chance~** …할 가능성[기회]이 없었어

We'll never have a chance to find out.
우리는 알아낼 가능성이 절대 없을거야.

You have no chance of scoring with her.
네가 쟤랑 섹스할 가능성은 전혀 없어

We finally really have a chance to start over.
우리는 마침내 다시 시작할 기회를 갖게 되었어.

A: Did you get an autograph from Brad Pitt?

B: No, I didn't get a chance to ask him for one.

A: 브래드 피트한테 사인을 받았어?
B: 아니, 걔한테 부탁할 기회를 잡지 못했어.

Chances are that's our killer

"가능성이 …하다"고 말할 때 쓰는 표현으로 우리말과 비슷하게 Chances가 주어로 나온다. 주로 Chances are S+V의 형태이며 Chances of~ are~의 형태로 좀 더 구체적으로 사용하기도 한다.

>
> ▶ **Chances are~** 가능성은 …하다, 아마 …할거야   ▶ **Chances of A are ~** A의 가능성이 …해

Chances are, this case is over.
아마 사건이 종결되었을거야.

Chances are that's our killer.
아마 쟤가 우리가 찾는 킬러일거야.

Chances of it rupturing in surgery are high.
수술 중에 파열될 확률이 높아.

A: How did the prisoner get out of jail?

B: Chances are he escaped last night.

A: 어떻게 죄수가 탈옥을 한거야?
B: 아마도 지난밤에 탈주했을거야.

047

Do you think you can[could]~ ?

네가 …할 수 있을 것 같아?

PATTERN 001

상대방이 어떤 생각을 갖고 있는지, 어떻게 생각하고 있는지 등을 물어보는 표현. Do you think S+V?의 형태에서 S+V자리에 can, should 등이 오는 경우. "…할 수 있다고 생각하느냐"라는 가능성을 묻거나, "…을 해야 되는거냐"고 의무성을 물어볼 때 사용한다.

Point

- **Do you think (that) 주어+동사** …라고 생각해?, …인 것 같아?
- **Do you think you can[could] ~ ?** 네가 …할 수 있을 것 같아?
- **Do you think I can~ ?** 내가 …할 수 있을 것 같아?
- **Do you think I should ?** 내가 …해야 된다고 생각해?(Do you think you should ? 네가 …해야 된다고 생각해?)

Do you think you can handle this case?
네가 이 사건을 처리할 수 있을 것 같아?

Do you think you can do that for me?
네가 날 위해 그렇게 해줄 수 있을 것 같아?

Do you think you could describe this man?
넌 이 남자에 대해 자세히 설명할 수 있겠니?

Do you think I should leave him?
내가 걔를 떠나야 한다고 생각해?

Do you think I should tell her about Tahiti?
내가 걔한테 타히티에 대해서 말해야 된다고 생각해?

A: Do you think you can shut off the TV?
B: Why? Is it bothering you?

A: 너 TV 끌 수 있어?
B: 왜? 너한테 방해되니?

A: Do you think I can find an honest taxi driver?
B: Sure, I don't think a taxi driver will cheat you.

A: 내가 정직한 택시기사를 찾을 수 있을 것 같아?
B: 물론. 택시기사가 너를 속일 것 같지 않은데.

PATTERN 002

You think he was lying?

앞의 경우에서 Do를 빼고 평서문 형태로 물어보는 표현. 문맥에 따라 화자가 좀 놀란 상태에서 그런 건 아닐거야라는 뉘앙스가 깔려있다. 특히 자랑질하는 친구에게 You think you can~이라고 하면 상대방을 조롱하거나 비난하는 표현이 된다.

Point

▶ **You think~ ?** …하다고 생각해?   ▶ **You think you can~** 네가 …을 할 수 있다고, 해볼테면 해봐

You think I was having an affair with Mona?
내가 모나하고 부정을 저질렀다고 생각해?

You think you can change his thinking?
네가 걔의 생각을 바꿀 수 있다고 생각해?

You think you can arrest me?
넌 네가 나를 체포할 수 있다고 생각해?

A: I want you to clean up this place before noon.
B: You think you can tell me what to do?

A: 정오까지 여기 말끔히 청소해놔라.
B: 네가 나보고 이래라저래라 할 수 있다고 생각해?

Do you think it was fair?

이번에는 Do you think 다음의 절에 it's나 there's가 와서 문장을 만드는 경우이다. 특히 Do you think it's okay to~,나 Do you think it's possible that~ 등의 활용성 높은 패턴들을 잘 외워두어야 한다.

Point

▶ **Do you think it's okay to~ ?** …하는게 괜찮을 것 같아?

▶ **Do you think it's weird because~?** …때문에 이상할 것 같아?

Do you think it's okay just to go out and shoot them?
밖으로 나가서 걔네들을 쏴버려도 괜찮을 것 같아?

Do you think it's possible she could have followed you here?
걔가 너를 여기까지 쫓아왔을 가능성이 있다고 생각하니?

Do you think it's safe for me to go out there?
내가 밖에 나가도 안전할까?

A: Do you think it's weird because my parents are separated?

B: No, many kids have parents who live apart.

A: 우리 부모님이 별거해서 이상할 것 같아?

B: 아니, 부모님이 별거하시는 아이들이 많은데.

Did you think I was cheating?

Don't you think~는 부정의문문임에 틀림없으나, 말투에서 느껴지듯이 자기 생각을 강조해서 전달하거나 혹은 억양에 따라 질책과 책망의 뉘앙스까지도 표현할 수 있는 문장이다. 반면 Did you think~는 Do you think~의 단순 과거형.

Point

▶ **Don't you think~ ?** …한 것 같지 않아?　　▶ **Did you think~ ?** …라 생각했어?

Did you think you were dying?
네가 죽어간다고 생각했어?

Honestly, did you think I was gonna sleep with you?
솔직히 말해서, 내가 너와 잘거라 생각했어?

Don't you think your conversation is a little inappropriate?
네 대화는 좀 부적절하다고 생각하지 않아?

A: There is still a lot of work to be done.

B: Did you think I was going to help you?

A: 아직도 할 일이 엄청 많아.

B: 내가 도와줄거라 생각했어?

Don't think that I don't know that!

부정명령형으로 "think 이하라 생각하지마라"라는 의미. Don't think 다음에는 S+V 뿐만 아니라, of/about ~ing가 이어져 나온다. 강조하려면 Don't even think~라 한다.

Point

▶ **Don't think S+V[of~ing, about~ing]** …라 생각하지마

▶ **Don't even think S+V[of, about]** …라 생각조차마

Don't think you're gonna get rid of me that easy.
날 그렇게 쉽게 제거할 수 있다고 생각하지말라고.

Don't even think of touching me.
날 건드릴 생각조차 하지마.

Don't even think of finishing that sentence! 그 문장을 끝낼 생각조차 하지마!

A: It's midnight and I'm ready to go to a club.

B: Don't you think we should rest?

A: 자정이네. 이제 클럽 갈 준비됐어.

B: 우리 좀 쉬어야 된다고 생각하지 않아?

I know it's hard, but ~

어렵다는거 알아, 하지만…

PATTERN 001

상대방을 위로하거나 좋지 않은 소식을 전할 때 바로 직설적으로 말하기보다는, 먼저 상대방을 이해한다는 말로 포장을 하는 것이 한결 더 말하는 내용을 와닿게 전달할 수 있다. 이때 쓸 수 있는 표현중의 하나가 바로 I know it's hard~이다.

Point

- **I know it's hard~** 어렵다는거 알아, 하지만
- **I know it's hard to believe~** 믿기지 않겠지만 말야(I know it's hard to hear~ 듣기 힘들겠지만)
- **I know it's hard for you because~** …때문에 네가 힘들다는거 알아
- **I know it's difficult but~** 힘들겠지만,

I know it's hard to hear, but the marriage counseling might not work out. 받아들이기 힘들겠지만, 결혼 생활에 대한 상담이 진행이 잘 안될 수 있어.

I know it's hard but your fiance is going into surgery.
힘들겠지만 약혼자가 수술을 한다잖아요.

I know it's hard for you because you lost your husband.
남편을 잃게 되서 네가 힘들다는거 알아.

I know it's difficult, but things around here are gonna change.
힘들겠지만 여기 상황이 바뀔거야.

I know it's tough, but we're going to need you to identify the body.
힘들겠지만, 네가 시신의 신원을 확인해줘야겠어.

A: I know it's hard to believe, but I saw a UFO.
B: I'm sorry, but that sounds ridiculous.
A: 믿기 힘들겠지만 나 UFO를 봤어.
B: 미안하지만 말도 안되는 이야기같아.

A: This information is hard to understand.
B: I know it's hard for you because you didn't study.
A: 이 정보는 이해하기가 어려워.
B: 네가 학습을 하지 않았기 때문에 너한테 힘들다는거 알아.

PATTERN 002 **I know it's crazy, but** it's true

I know it's hard 외에도 같은 맥락으로 하려는 이야기를 더 잘 전달하기 위해서 한 발 물러서는 방법은 무척 다양하다. I know it's weird, but~, I know it's crazy, but~ 등을 활용해서 많은 영어문장을 만들어보자.

Point

▶ **I know it's crazy, but** 미친짓 같지만,
▶ **I know it's not fair,** 불공평하지만,
▶ **I know it's kind of weird~** 좀 이상하지만,

I know it's not perfect, but it's life. Life is messy sometimes.
완벽하지 않다는 건 알지만 그게 인생이야. 때론 인생은 엉망이야.

I know it's kind of weird, but she was a big part of my life there.
좀 이상하지만, 거기서 걔는 내 인생의 많은 부분을 차지했었어.

I know it's crazy but someone's gotta tell her how he feels.
미친짓같지만 누군가 걔한테 그의 감정을 말해줘야 돼.

A: My brother is given everything he wants.
B: I know it's not fair, but parents favor sons.
A: 내 형은 자기 원하는 모든 것을 얻었어.
B: 불공평하지만, 부모님은 아들을 선호하셔.

I know it sounds awful, but I'm happy

이번에는 sound라는 동사를 써서 "내가 하는 말이 좀 …하게 들리겠지만"이라고 하는 표현법.

Point

▶ **I know it sounds crazy, but** 미친소리같이 들리겠지만,

▶ **I know it sounds weird, but** 이상한 소리처럼 들리겠지만,

I know it sounds crazy. But I know that he is still in love with me.
미친소리처럼 들린다는거 알아, 하지만 걔가 아직도 날 사랑하고 있다는 걸 알고 있거든.

I know it sounds really weird, but we're just so bad at relationships.
정말 이상하게 들리겠지만, 우리는 단지 관계를 맺는데 아주 서툴렀을 뿐이야.

I know it sounds crazy, but I think it might work.
미친소리같지만 난 그게 작동할 수도 있다고 생각해.

A: You got married 5 days after meeting your wife?

B: I know it sounds crazy but we fell in love.

A: 네 아내를 만난지 5일만에 결혼했다고?
B: 미친소리 같지만 우리 사랑에 빠졌거든.

I know it's a lot to ask, but I can't think of anything else

어딘지 모르게 좀 낯설지만, It's a lot to ask는 실제 많이 쓰이는 표현이다. 요구하는게(to ask) 많다(a lot)로 전체적으로는 "좀 무리한 부탁이긴 하지만"이라는 뜻이 된다.

Point

▶ **I know it's a lot to ask, but~** 좀 무리한 부탁이긴 하지만,

▶ **I know it's a long shot, but~** 좀 가능성이 희박하긴 하지만,

I know it's a lot to ask, but this is a once in a lifetime opportunity.
좀 무리한 부탁이긴 하지만 이건 일생일대의 기회야.

I know it's a lot to ask, but I can't think of anything else.
좀 무리한 부탁이긴 하지만 다른 것을 생각할 수가 없어.

I know it's a long shot, but we can figure out what these numbers signify. 가능성은 희박하지만, 우리는 이 번호들이 뭘 의미하는지 알아낼 수 있어.

A: I know it's a lot to ask, but can you give me a job?

B: I'm not sure if you are qualified to work here.

A: 좀 무리한 부탁이지만 일자리 좀 하나 줄테야?
B: 네가 여기서 일할 자격이 있는지 잘 모르겠어.

I know it may not seem this way, but I really love you

"그렇게 보이지는 않겠지만"이라는 의미. 역시 자신이 말하려는 내용이 일반적인 상식과는 좀 다르다는 생각이 들 때 먼저 꺼내서 상대방의 호기심과 이해를 동시에 구할 수 있는 문장이다.

Point

▶ **I know it may not seem this way, but~** 그렇게 보이지는 않겠지만,

▶ **I know it may not seem like~ but~** …처럼 보이지는 않겠지만,

I know it may not seem like a lot of money to some of you, but it's a lot to me. 너희들 중 몇명에게는 큰 돈으로 안느껴질 수도 있지만 내겐 정말 큰 돈이야.

I know it may seem farfetched, but copycat killers are not entirely uncommon. 설득력이 없어보일 수 있지만 모방범죄자들이 그렇게 드물지 않아.

I know it may not seem this way, but I really love you.
그렇게 보이지 않을 수도 있지만, 난 정말 널 사랑해.

A: My wife is a mess and I feel so unhappy.

B: I know it may not seem this way, but things will get better.

A: 내 아내 상태가 엉망이어서 힘들어.
B: 그렇게 안보이겠지만 좋아질거야.

I forgot to~
…하는 것을 잊었어

PATTERN 001

원가 내가 해야 될 것을 잊었을 때 하는 표현. forget that(how~) S+V는 '…을 잊다,' 그리고 앞으로 해야 할 일을 잊어버렸을 때는 I forget to+V라면 된다. 반대로 과거에 한 것을 잊었다고 할 때는 I forgot about that(내가 그걸 잊었어)처럼 forget (about)+N[~ing]을 쓰면 된다. forget something은 원가를 잊고 두고 오거나 생각이 안난다라는 의미.

Point
- **I forget to tell you~** 네게 …말을 한다는 걸 잊었어(I forget to mention~ …을 말한다는게 깜박했네)
- **I forget that~** 깜박잊고 …얘기 못했어
- **I forgot what[how~]** …을 깜박 잊었어
- **I think I forgot~** 내가 …을 깜박 잊은 것 같아

I forgot to tell you that your mother phoned and left a message.
네 엄마가 전화하셨고 메시지 남기셨다는 것을 깜박 잊고 얘기 못했어.

I forgot that you care about what people think.
네가 사람들이 생각하는 것에 대해 신경을 쓴다는 것을 잊었어.

I forgot what you told me.
네가 나한테 해준 말을 깜박 잊었어.

I forgot to ask you what you taught in Uganda.
네가 우간다에서 무엇을 가르쳤는지 물어본다는 걸 잊었어.

Sometimes **I forget how** powerful you can be.
때때로, 네가 얼마나 능력이 있는지 깜박해.

A: I forgot to tell you that Tara is in the hospital.
B: Oh no, I hope it's not a serious problem.

A: 타라가 병원에 있다고 말해준다는 걸 깜박 잊었어.
B: 이런, 심각한 게 아니었으면 좋겠네.

A: Why didn't you tell me you talked to Holly?
B: I forgot that she had called me.

A: 너 홀리랑 이야기 나눴다는 걸 왜 나한테 안한거야?
B: 걔가 전화했다는 것을 잊어버렸어.

PATTERN 002

I almost forgot what that was like

almost forgot은 forgot 직전에 생각을 해냈다는 말. '거의 잊을 뻔했다'에 해당되는 표현이다. 반대로 '완전히 깜박했다'고 할 때는 totally[completely] forgot이라고 하면 된다.

Point
- **I almost forgot~** 깜박 잊을 뻔했어
- **We totally forgot to[that,about]~** 우린 …을 완전히 깜박했어
- **I've totally forgotten about~** 완전히 잊어버렸어

I almost forgot what that was like.
그게 어땠었는지 깜박 잊을 뻔했어.

I almost forgot how handsome you are.
네가 얼마나 잘 생겼는지 깜박 잊을 뻔했어.

Yeah! **I totally forgot** I'm supposed to be there.
그래! 내가 거기 가 있어야 된다는 것을 완전히 잊어버렸네.

A: I almost forgot what I was going to say.
B: You have too much on your mind these days.

A: 내가 하려던 말을 거의 깜박 할 뻔했네.
B: 너 요즘 생각이 너무 많더라.

PATTERN 003 You forgot to call your parole officer

You~ 문장은 대개 두가지이다. 네가 그랬다는 것을 확인해주는 문장이거나 혹은 앞에 Do가 빠진 의문문으로 보면 된다. 위 문장은 "넌 보호감찰관에게 잊고서 전화하지 않았어"라는 말이 된다.

Point

▶ **You forgot about[to, that, what]~** 넌 …을 잊었어
▶ **You forgot about[to, that, what]~?** 넌 …을 잊었단 말이야?

You forgot what you're thinking.
생각하고 있는 것을 잊었구나.

Excuse me, miss? You forgot to give me my receipt.
아가씨, 실례지만, 영수증 주는 것을 잊어버리셨는데요.

Forgot? You forgot that you had that dress?
잊었다고? 너한테 그 옷이 있다는 것을 잊었었구나?

A: You forgot to call your mom and dad.

B: I hope they haven't gone to bed yet.

A: 너 부모님께 전화하는거 잊었지.
B: 아직 잠자리에 안드셨기를 바래야지.

PATTERN 004 Hey, don't forget to read me my rights

상대방에게 "…을 잊지 말고 반드시 하라"고 주의 환기시켜줄 때에 쓰는 표현으로 Don't forget to+V(…하는 것을 명심해)라 하면 된다. 비슷한 표현으로는 Be sure to+V(반드시 …해)가 있다.

Point

▶ **Don't forget to~** 잊지말고 …해(Never forget~ 절대로 …을 잊지마)
▶ **Don't forget that[what]~** 잊지말고 …하도록 해

Hey, don't forget to read me my rights.
이봐, 내 권리 읽어주는거 잊지마쇼.

But don't forget for one second that she is a monster.
하지만 한순간이라도 걔가 괴물이라는 사실을 잊지마.

Never forget your first time, do you?
절대로 처음을 잊지 말라고, 알았어?

A: I'm going to fly to Paris tonight.

B: Don't forget to visit the Eiffel Tower.

A: 오늘밤에 비행기로 프랑스에 갈거야.
B: 잊지 말고 에펠탑에 들러.

PATTERN 005 You'll never forget me, do you hear me?

그밖에 forget를 활용한 구문 몇가지 익혀두도록 한다.

Point

▶ **I'll never forget N[what]~** 난 절대로 잊지 못할거야(You will never forget~ 너 절대로 …을 잊지마)
▶ **Did you forget to+V[that~], N?** …하는 것을 잊었니?(Did I forget to~ ? 내가 …하는 것을 잊었나?)

I'll never forget what happened outside that window that night.
그날 밤 창문밖에서 일어난 일을 절대로 못잊을거야.

Did you forget how to count to three?
셋까지 세는지 잊어버린거야?

Oh did I forget to introduce myself?
오, 내 소개를 잊었나요?

A: Our honeymoon will take place in June.

B: You will never forget that experience.

A: 신혼여행을 6월에 가게 될거야.
B: 넌 절대로 그 경험을 잊지 못할거야.

I remember ~ing
…한 것을 기억해

PATTERN 001

앞으로 할 일을 기억하는 remember to+V와 달리 remember ~ing는 과거에 일어났었던 일을 기억한다고 할 때 쓰는 표현이다. 그래서 remember sb ~ing하게 되면 sb가 "…한 것을 기억하다"라는 뜻이 된다.

Point

- ■ **I remember ~ing** …한 것을 기억해
- ■ **I remember you~ing** 네가 …한 것을 기억해
- ■ **I remember that[when, what]~** …한 것을 기억해

I remember waking up and realizing we were in bed naked with each other. 일어나보니 우리 둘다 벌거벗은채로 침대 위에 있는 것을 알아차렸던 것을 난 기억해.

I remember you throwing things at people when you got angry.
난 네가 화가나면 사람들에게 물건들을 집어던졌던 것을 기억해.

I remember him talking about some strip clubs.
난 걔가 무슨 스트립클럽에 대해 이야기했던게 기억나.

I remember when they caught him.
난 걔네들이 그를 잡았던 때가 기억나.

I remember what you said the other day.
네가 요전날에 해준 말이 기억나.

A: No one has seen Denise lately.

B: **I remember** seeing her downtown last week.

A: 최근에 데니스를 본 사람이 없어.
B: 지난주 시내에서 봤는데.

A: Dan got into a fight at the bar.

B: **I remember** him getting really angry.

A: 댄이 바에서 싸움에 휘말렸어.
B: 걔 정말 화났던데.

PATTERN 002

I don't remember what he did to me

뭔가 기억하지 못한다고 할 때는 I don't remember ~ing라 하면 되며, I don't remember how/if~ 등으로 연결하여 자신이 기억못하는 부분을 상세히 말할 수 있다.

Point

- ▶ **I don't remember ~ing** …한 것을 기억못해(I don't remember sb ~ing …가 …한 것을 기억못해)
- ▶ **I don't remember how~** 어떻게 …하는지를 기억못해(I can't remember if~ 인지 기억이 안나)

But **I don't remember** killing her. I swear to God.
하지만 저는 그 여자를 살해한 기억이 없어요. 맹세해요.

I don't remember you and Leonard being that close.
너와 레너드가 그렇게 친했다는 기억이 없네.

I don't remember how we ended up in bed together.
난 어떻게 우리가 함께 침대에 있게 되었는지 기억을 못해.

A: Tell me what your friends were talking about.

B: Sorry, **I don't remember what** they said.

A: 네 친구들이 뭐라고 했는지 말해봐.
B: 미안, 걔네들이 한 말이 기억나지 않아.

I can't remember the last time we kissed

기억이란 단어는 시간명사와 연결되어 있다. 그래서 remember the last time~은 "…한 마지막 때를 기억하다," remember when은 "…한 때를 기억하다"라는 뜻이 된다.

Point

▸ **I remember the last[first] time S + V** …한 마지막 때[처음]을 기억해
▸ **I can't remember the last time~** …한게 언제가 마지막인지 기억이 나질 않아

I remember last time the director wanted to see me.
감독이 나를 보자고 했던 마지막 때를 기억해.

I can't remember the last time I had so much fun.
마지막으로 내가 그렇게 즐거웠던 적이 언제였는지 기억이 안나.

I can't remember when I had such a good night's sleep.
내가 언제 그렇게 숙면을 했는지 기억이 나질 않아.

A: I can't remember the last time I went to a movie.

B: We can go see one tonight.

A: 내가 마지막으로 영화관에 갔었던 때가 기억이 나질 않아.
B: 오늘밤에 가서 하나보자.

You remember what that feels like?

상대방에게 기억이 나냐고 물어보는 것으로 정통적인 Do you remember~?를 써도 되고 간편하게 You remember~ ? 형태를 애용해도 된다. 단 Did you remember to~?는 "…하는거 잊지 않았지?"라는 말.

Point

▸ **You remember N[what,when]~?** …가 기억나?
▸ **Do you remember ~ing[when]~?** …가 기억나?

You remember when we were twenty-two?
너 우리가 스물 두살일 때 기억나?

Do you remember calling the police?
경찰을 불렀던 게 기억나?

Gaby, did you remember to get change?
개비, 옷갈아입는거 잊지 않았겠지?

A: You remember what your dad told you?

B: Yes, he told me to always work hard.

A: 네 아빠가 네게 했던 말 기억하지?
B: 응, 항상 열심히 공부하라고 하셨어.

I want you to remember that I forgave you

상대방에게 부탁하는 표현으로 상대방이 기억해주기를 바란다는 바람의 표현이다. I want you to remember~ 까지는 달달 외우고 그 다음에 전달하는 내용을 S + V의 형태로 넣어주면 된다.

Point

▸ **Remember to~** 잊지말고 …해라(Remember that[when]~ 잊지말고 …해)
▸ **You have to remember that~** …을 꼭 기억해야 돼(I want you to remember that~ …을 잊지 말아줘)

Remember to thank me in your acceptance speech.
네 수락연설에서 내게 감사한다는 말 잊지마.

You have to remember it is just the story.
그건 단지 이야기에 지나지 않는다는 것을 기억해야 돼.

I want you to remember that I forgave you.
내가 널 용서했다는 걸 잊지 말아줘.

A: Rachel is always telling me to do things.

B: I want you to remember that she is smarter than you.

A: 레이첼은 늘상 이래라 저래라 일을 시켜.
B: 걔가 너보다 똑똑하다는 걸 잊지 말아.

I can afford~

…할 여유가 돼

001

뭔가 구입할 경제적 여력이 되고 안되고를 말할 때는 afford를 써서 I can[can't] afford+명사 혹은 I can[can't] afford to+V라고 하면 된다. "그럴 형편이 안돼"는 I can't afford it[that], "그걸 살 여력이 없어"라고 하려면 I can't afford to buy it이라고 하면 된다.

Point

- ■ **I can[could] afford to+V** …할 형편이 돼, 여유가 돼
- ■ **I can afford+N** …할 여유가 돼
- ■ **I can afford sb** …을 고용할 여유가 돼
- ■ **I can afford sb ~ing** …가 …할 여유가 돼

The only reason you're not behind bars right now is because your wife could afford your bail.
네가 감방에 있지 않은 유일한 이유는 네 아내가 네 보석금을 낼 여유가 있어서야.

We can finally afford to hire another executive.
우린 마침내 임원 한명을 더 충원할 여유가 생겼어.

Every place I can afford comes with a roommate who is a freak.
내 형편상 구하는 집마다 꼭 괴짜 룸메이트가 따라오네.

I guess I could afford to lose a few pounds.
난 몇 파운드 정도는 더 뺄 수 있을 것 같아.

There's no way I could afford a place on my own, so we live together. 내가 혼자서 집을 마련할 여력이 안되어서 우린 같이 살아.

A: This is a very expensive suit.

B: I can afford to buy the best suits available.

A: 이거 굉장히 비싼 정장이야.
B: 난 살 수 있는 최고의 정장을 살 여력이 돼.

A: The computer consultant was here for hours.

B: I can afford him working for us.

A: 컴퓨터 컨설턴트가 몇시간째 여기 있네.
B: 걔에게 우리 일을 맡길 정도의 여유는 돼.

002

Can you really afford to be picky?

상대방에게 여유가 되냐고 물어보는 것은 마찬가지로 Can you afford 다음에는 N, to+V가 이어져 나온다. 법원말단관리가 벤츠를 타고 다니는 것을 봤을 때는 How can you afford~?라고 하면 된다.

Point

▶ **Can you afford~ ?** …할 여유가 돼?
▶ **How can you afford~?** 어떻게 …할 여유가 되는거야?

Mrs. Bennett, can you afford the burial now?
베넷 부인, 이제 장례치룰 여력은 돼요?

Given the state of your career, can you really afford to be picky?
네 경력을 고려해볼 때, 네가 정말 까다롭게 할 여력이 있는거야?

How can you afford a brand-new Mercedes on a court officer's salary? 법정경비봉급으로 어떻게 신형 벤츠차를 살 여유가 있는거야?

A: This is the new car I'm going to buy.

B: Can you afford to make monthly payments on it?

A: 이게 내가 살려고 하는 새차야.
B: 그거 할부금 넣을 여력은 돼?

003 **I can't afford to** make the same mistake twice

반대로 그럴 여유가 없다고 할 때는 I can't afford+N, 혹은 I can't afford to+V라고 하면 된다.

> [Point]
> ▸ **I can't afford +N[to+V]** …할 여유가 없어
> ▸ **I couldn't afford +N[to+V]** …할 여유가 없었어

I can't afford to make the same mistake twice.
난 똑같은 실수를 두번이나 할 여유가 없어.

I couldn't even afford proper funeral for my wife.
난 아내의 장례식을 제대로 치룰 여유도 없었어.

Now she's gonna die because I can't even afford to save her life.
내가 걔목숨을 살릴 여유가 없으니 걔는 곧 죽을거야.

A: Sell the house. Are you crazy?

B: Carlos, we can't afford to live here anymore.

A: 집을 팔자고. 미쳤어?

B: 카를로스, 우린 더이상 여기서 살 여력이 안돼.

---

 004 **You can't afford to** forget why

치매 지름신이 잘못 내려 앉은 사람이 주제파악 못하고 명품사려고 할 때 You can't afford~라고 하면 된다. 금지하는 문장으로 "더 …할 여력이 안되잖아"라는 뜻.

> [Point]
> ▸ **You can't afford +N[to+V]** 넌 …할 여력이 안돼
> ▸ **You couldn't afford +N[to+V]** 넌 …할 여유가 없었어

You can't afford the time to visit them.
너는 걔네들을 방문할 시간적 여유가 없어.

You can't afford the money to buy that shirt.
너는 저 셔츠를 살 돈이 부족해.

You can't afford for the dishes to break.
너는 접시를 깨먹을 여유가 없어.

A: You can't afford to retire right now.

B: It's true. I have to work ten more years.

A: 너 지금 당장 퇴직할 여유가 없어.

B: 맞아, 10년은 더 일을 해야 돼.

---

 005 I'm sorry. **You can't afford** the tuition?

afford 다음에 명사가 올 때 대개 돈 주고 사는 물리적인 물건 뿐만 아니라 변호사나 과외비 등 추상적 비용의 명사가 올 수도 있다.

> [Point]
> ▸ **You can afford** …할 여유가 돼   ▸ **You can't afford** …할 여유가 안돼

I'm sorry. You can't afford the tuition?
미안. 수업료를 감당할 여유가 안된다고?

If you can't afford an attorney, one will be appointed to you by the court. 변호사 선임할 여유가 없으면 법정에서 변호사가 지정될거야.

You don't have so many friends that you can afford to start insulting them. 넌 친구들 욕을 시작할 여유가 있을 만큼 친구가 많지 않잖아.

A: How much is the membership to the country club?

B: You can't afford the fee to join.

A: 컨트리클럽 가입하는데 회비가 얼마야?

B: 넌 가입비 감당이 안돼.

052

I have something to ~

…할게 있어

구체적으로는 말하지 않지만 뭔가 할 게 있다고 할 때는 I have something to+V, 혹은 I have something S+V의 구문을 애용한다. 주의할 점은 '…와 연관이 있다'라는 숙어 have something to do with~와 착각하지 말아야 한다는 점이다.

Point

■ **I have something to+V** 내게 …할 것이 있어

■ **I have something S+V** 내가 …할 것이 있어

■ **have something to do with** …와 관련이 있어

I have something I have to do.
내가 해야 될 일이 좀 있어.

I'm sorry, but everyone seems to have something to do today.
미안하지만 오늘은 다들 해야 할 게 있는 것 같아.

Then I have something you should see.
그럼 나한테 네가 봐야 될게 있어.

Donna has something she wants to ask you.
도나가 너에게 물어보고 싶은게 있대.

I wish I had something to contribute to your garage sale.
너의 창고세일에 도움이 될게 있으면 좋을텐데.

A: Thank you for coming to the wedding.

B: I have something to give the bride and groom.

A: 결혼식에 와줘서 고마워.
B: 신혼부부에게 줄 게 있어.

A: Sam has called your office seven times.

B: I think I might have something she wants.

A: 샘은 네 사무실에 7번이나 전화했어.
B: 걔가 원하는 걸 내가 갖고 있을지도 몰라.

I don't have anything to cover up

반대로 to+V 이하할 게 아무것도 없다고 할 때는 I don't have anything to+V라 하면 된다.

Point

▶ **I don't have anything to~** …할 아무것도 없어

▶ **I don't have anyone to~** …할 아무도 없어

I don't have anything to cover up. I like Chris.
난 숨길게 하나도 없어. 난 크리스를 좋아해.

We're colleagues. And I don't have anything to apologize for.
우린 동료야. 그러니 난 사과해야할 게 없어.

I don't have anyone else to talk to about it. I had an affair.
난 그거에 대해 얘기를 할 사람이 아무도 없어. 난 바람을 폈거든.

A: A policeman has asked to talk to you.

B: I don't have anything to say to him.

A: 경관이 너에게 얘기하자고 그랬어.
B: 난 그 사람한테 할 말이 하나도 없어.

You have something to hide

상대방에게 뭔가가 있다고 할 때는 You have something to +V라고 하면 되는데 그냥 단순히 물어보려면 뒤만 올리면 된다.

Point
> **You have something to~** 넌 …하는 뭔가가 있어(**You've got something to~** 넌 …하는 뭔가가 있어)
> **You said you have something to~** …할 뭔가가 있다고 말했잖아

It makes me think that **you have something to hide.**
너 뭔가 숨기는게 있는 것 같아.

Jackie, **you have something** you wanna ask me?
재키, 너 나한테 물어보고 싶은거 있어?

I believe **you have something** you want to say to Bonnie.
난 네가 보니에게 할 말이 있다고 생각해.

A: You have something people like.

B: Yes, many people say I have a charming personality.

A: 넌 사람들이 좋아하는 뭔가가 있어.
B: 응, 많은 사람들은 내 성격이 매력적이라고들 해.

I have nothing to apologize to him for

I don't have anything과 같은 의미로, I have nothing to~하게 되면 "난 …할 게 하나도 없다, 전혀없다라"는 뜻이 된다. 응용표현 I have nothing left but to~는 "내게 …외에는 남겨진 것이라고는 하나도 없다"라는 뜻.

Point
> **I have nothing to~** 난 …할게 아무것도 없어(**You have nothing to~** 넌 …할게 아무것도 없어)
> **I have nothing left but to~** …외에는 내게 남겨진게 하나도 없어

I have nothing left but to send you to reformatory school.
너를 소년원 학교에 보내는 일 외에 내가 할 일은 없어.

You have nothing to be nervous about, it's gonna be great.
초조해할 필요없어, 정말 잘 될거야.

I told you you have nothing to worry about.
넌 걱정할 게 하나도 없다고 내가 말했잖아.

A: Why didn't you bring a bag with you?

B: I have nothing to take with me.

A: 넌 왜 가방을 안갖고 왔어?
B: 가져올게 하나도 없어서.

Do you have something you'd like to say?

상대방에게 "…할 게 뭐 있냐"고 물어볼 때는 Do you have anything S+V/to~의 문구를 쓰면 된다. anything 대신에 something을 쓰기도 한다.

Point
> **Do you have something S+V?** …할 게 뭐 있어?
> **Do you have anything~ ?** …할 게 뭐 있어?

Edie, **do you have something** you'd like to say?
에디, 너 혹시 나한테 하고 싶은 말 있어?

Do you have something that you wanna tell me?
너 내게 말하고 싶은게 뭐 있어?

Do you have anything to add to the FBI statement?
FBI 진술서에 더 첨가할 게 있어?

A: Do you have something we can eat?

B: Sure, just give me a minute to cook it.

A: 혹시 우리가 먹을 수 있는게 있을까?
B: 물론, 조금만 기다려, 내 요리할테니.

There's something ~
뭔가가 있어…

001

뭔가 구체적으로 말하지 않고 "뭔가 …것이 있다"고 말을 흘릴 때 이 표현을 쓰는데, There's something 다음에 something 의 성격을 규정짓는 형용사나 to+V가 이어져 나온다.

> **Point**
>
> ■ **There's something(+adj)+부사구** …에 뭔가가 있어
> ■ **There's something wrong with sb[sth]** …에 뭔가 잘못된 것이 있어
> ■ **There's something to+V~** …한 것이 있어
> ■ **There's something adj about~** …에게는 …한 것이 있어

There's something weird in this young man's stomach.
이 젊은이의 위에 뭔가 이상한게 있어.

There's something wrong with the garage door.
차고문에 뭔가 문제가 있어.

There's something special about you.
너한테는 뭔가 특별한 것이 있어.

There's something extra sexy about a woman who breaks the law to have sex.
섹스하기 위해 법을 위반하는 여자에게는 정말 섹시한 뭔가가 있어.

There's something to sign from Bass Industries.
배스 인더스트리에서 온 택배에 사인할 게 있어.

A: There's something wrong with **my office mate**.
B: I know. He has been acting crazy.

A: 내 직장동료에게 문제가 좀 있어.
B: 알아. 걔 요즘 이상하게 행동해.

A: There's something to cut the cake in the kitchen.
B: OK, I'll get it and slice the cake up.

A: 부엌에 케이크 자를만한 게 있어.
B: 알았어, 내가 가져와서 자를게.

002

There's something I need to speak

이번에는 S+V의 절이 something을 수식하는 경우. 의미는 같아 "…할 뭔가가 있다"가 되며, something 대신에 something else을 쓰면 뭔가 다른 것이라고 해주면 된다.

> **Point**
>
> ▶ **There's something S+V~** …한게 좀 있어(There's something else S+V …한 좀 다른 것이 있어)
> ▶ **There's something I've~** 내가 …하고 싶은게 좀 있어

There's something I need to speak.
내가 말해야 되는 게 좀 있어.

There is something you could do for me.
네가 나를 위해서 할 수 있는게 있어.

There's something else I want to show you.
내가 너에게 보여주고 싶은 다른 뭔가가 있어.

A: There's something else we need.
B: What is it? Did we forget something?

A: 우린 다른 것이 필요해.
B: 그게 뭔데? 우리가 뭐 잊어버린 게 있어?

I think there's something we should discuss

앞서 말했듯이 There's something~의 전달 내용을 좀 더 완화시키는 역할을 하는 I think를 쓴 경우로, "…한 것이 있는 것 같아"라는 의미.

Point
▸ **I think there's something S+V** …한 것이 있는 것 같아
▸ **I think there's something adj** …한 게 있는 것 같아

I think there's something wrong with the machine.
기계가 뭔가 문제가 있는 것 같아.

I think there's something really wrong with him.
걔한테 뭔가 심각한 문제가 있는 것 같아.

I think there's something he wants to ask you.
걔가 너한테 물어보고 싶은게 있는 것 같아.

A: I think there's something you forgot.
B: Oh yeah, I didn't bring my coat.

A: 네가 뭔가 잊어버린게 있는 것 같아.
B: 맞다, 코트를 가져오지 않았네

 There're so many things I love about her

There 다음에 꼭 something만 오는 것은 아니다. 여기서는 그 외에 올 수 있는 a lot of, so many things 등을 넣어보면서 문장을 만드는 연습을 해본다.

Point
▸ **There's a lot of ~ S+V** …한 많은 것이 있어
▸ **There're so many things S+V** …한 많은 것들이 있어

There's a lot of things we don't do.
우리가 하지 않은 많은 일들이 많아.

There's a lot of people who want to see what's in that file, Mike.
마이크, 저 파일안에 있는 것을 보고 싶어하는 사람들이 많아.

There're so many things I want to teach my son.
난 아들에게 가르쳐주고 싶은게 많아.

A: Isn't it nice being in Australia?
B: There are so many things to do here.

A: 호주에 있으니 좋지 않아?
B: 여기서는 할 일이 정말 많아.

 There's someone you want to see naked?

이번에는 사람명사인 someone이 오는 경우. 어떤 someone인지는 뒤의 수식어구절에 나와 있다. "내가 …하고 싶은 사람이 있다"라는 뜻이다.

▸ **There's someone (that) I~** 내가 …하는 사람이 있어

There's someone you want to see naked?
넌 나체가 된 모습을 보고 싶어하는 사람이 있어?

There's someone I want you to say hi to.
네가 인사나누었으면 하는 사람이 있어.

There's someone I'd like to introduce you to.
너에게 소개시켜주고 싶은 사람이 있어.

A: I heard that Tom had his heart broken.
B: There's someone he really misses.

A: 탐의 상심이 크다며.
B: 걔가 정말 그리워하는 사람이 있어.

There's nothing~

아무런 …도 없어

뭐라도 좀 있어 보이는 There's something에서 이제는 아무 것도 없다는 There's nothing~ 구문이다. 먼저 there's nothing 다음에 ~ing나 adj가 붙는 경우를 먼저 보기로 한다.

> **Point**
> - **There's nothing ~ing** …하는 것은 아무것도 없어
> - **There's nothing weird with~** …에 아무런 이상한 점도 없어
> - **There's nothing weird about us ~ing** 우리가 …하는 것에 아무런 이상한 점도 없어

There is nothing going on here.
여기는 아무 일도 없어.

There's nothing going on between me and Clara.
나와 클라라 사이에는 아무 일도 없어.

There's nothing illegal or criminal on that tape.
그 테입에는 불법적이거나 범죄적인게 전혀 없어.

There's nothing innocent about a drug dealer.
마약상에게는 결백한 면은 없어.

There's nothing tackier than a drunken bride.
술에 취한 신부보다 더 보기 흉한 건 없어.

A: Is anyone having a party on Friday?

B: No, there's nothing happening then.

A: 누구 금요일에 파티하는 사람있어?

B: 아니. 그때 아무런 일 없어.

A: Maybe Jenna and Ernie are just friends.

B: There's nothing innocent about their relationship.

A: 제나와 어니는 아마 그냥 친구인가봐.

B: 걔네들 관계는 섹스하는 사이야.

There is nothing you can do

There's nothing 다음에 절이 이어지는 경우로 주로 'S+V'에서 할 수 있다, 없다고 말해주는 can, can't의 조동사가 출연하는 경우가 많다.

> **Point**
> ▶ **There's nothing you can do about~** …에 대해 네가 할 수 있는 일이라곤 아무 것도 없어

There is nothing you can do.
네가 할 수 있는 일은 아무 것도 없어.

There's nothing I can do to help you find him.
네가 걔를 찾는걸 도와주는데 내가 할 수 있는게 없어.

Baby, there's nothing else you could have done.
자기야, 네가 달리 할 수 있었던 일은 없어.

A: Well, I'm sorry. I don't know what to say to that.

B: Well, there's nothing you can say. You've made your choice.

A: 저기 미안해. 내가 그거에 대해 뭐라고 해야 될지 모르겠어.

B: 네가 할 수 있는 말은 아무것도 없어. 네가 한 결정이야.

003 I'm dying. **There's nothing that**'s gonna change that

이번에는 좀 특이한 경우로 There's nothing that~에서 that이 접속사가 아니라 관계대명사 주격으로 쓰여서 There's nothing that+V 형태로 쓰이는데 따라서 이때 V의 실질적 주어는 nothing이다. 우리말은 "아무것도 …하지 않는다"정도로 하면 된다.

▶ **There's nothing that +V** 아무것도 …하지 않아

There is nothing in the record that even remotely substantiates that. 그것을 조금이라도 입증할 만한 근거가 기록에 전혀 없어.

I'm dying. There's nothing that's gonna change that.
난 죽어가. 그걸 바꿀 수 있는 것은 아무 것도 없어.

There's nothing that links the boyfriend to Tracy's crime scene.
남친과 트레이시의 범죄현장을 연결시키는게 전혀 없어.

A: There's nothing that would make me leave my students.

B: Even if I were able to get you the acting job of your dreams?

A: 그 어떤 것도 내가 학생들을 떠나게 하지 못할거야.

B: 내가 네가 꿈꾸던 배우직을 마련해줄 수 있다고 해도?

---

 004 **There's nothing to** be ashamed of here

There's something to~처럼 There's nothing 또한 뒤에 to+V를 받아 쓴다. 역시 의미는 동일하여 "…할 것은 아무것도 없다"라는 문장.

▶ **There's nothing to +V** …할 것은 아무것도 없어

There's nothing to be ashamed of here.
부끄러워할 필요가 전혀 없어.

There's nothing to stop him from killing her.
아무 것도 걔가 그녀를 죽이는 걸 막을 수 없어.

There is nothing in the law to support Mr. Bombay's request.
법에는 봄베이 씨의 요청을 지지할 수 있는게 없어.

A: You should call your boyfriend and apologize.

B: There's nothing to apologize for.

A: 넌 남친에게 전화해서 사과해야 해.

B: 난 사과할 이유가 전혀 없어.

Is there anything ~?

…하는게 뭐 있어?

001

There is~의 의문형으로 특히 Is there 다음에 anything[anyone] 및 something이 나오는 경우. anything[anyone] 이나 something[someone] 다음에는 형용사가 오기도(Is there something wrong?) 하며 혹은 뒤에 S+V의 형태가 오기도 한다.

Point
- **Is there anything adj~?** …하는게 뭐 있어?
- **Is there anything S+V?** …하는게 뭐 있어?
- **Is there anything to~ ?** …할게 뭐 있어?

Is there anything distinct, unusual about this particular bomb?
이 특이한 폭탄에 뭐 뚜렷하고 이상한 점 있어?

Is there anything particular you'd like to ask me?
너 혹시 나에게 물어보고 싶은게 있어?

Is there anything you want to add to your statement?
네 진술에 더하고 싶은 게 있어?

Is there anything you'd like to say to my son?
내 아들에게 얘기하고 싶은게 있어?

Is there anything to think about?
생각해야 될게 있는거야?

A: Is there anything else Mr. Solis wants done?

B: I don't know. He's not here. He had a meeting with his lawyer.

A: 솔리스 씨가 끝내길 원하는게 더 있나요?
B: 몰라. 여기 없어. 변호사와 미팅중였어.

A: Isn't there anything to watch on TV?

B: Most of these shows seem pretty stupid.

A: TV서 뭐 볼만한게 없을까?
B: 대부분의 프로그램이 참 한심해보여.

002

Is there anything I can do to make you feel better?

Is there anything S+V의 구문 중에서 가장 많이 쓰이는 것은 단연 Is there anything I can do to~?이며 또한 S+V 에서 should가 들어가는 문장들이 주로 쓰인다.

Point
- **Is there anything I can do to~?** 내가 …할 수 있는 게 뭐 있나?
- **Is there anything that I[we] should~?** 내가[우리가] …해야 하는 것이 뭐 있어?

Is there anything I can do to make you feel better?
네 기분이 좀 좋아지라고 내가 할 수 있는게 뭐 있을까?

Is there anything I can do to make it up to you?
너한테 그걸 보상하기 위해서 내가 할 수 있는게 있을까?

Is there anything I should know about you before we get involved? 우리가 연관되기 전에 너에 대해서 내가 알아야 되는게 뭐 있어?

A: Is there anything I can do to help you?

B: No, I just want to be alone right now.

A: 널 돕기 위해 내가 할 수 있는 일이 있을까?
B: 됐어. 지금은 그냥 혼자 있고 싶을 뿐.

Is there anything else that I can do?

anything else는 '다른 어떤 것' 이라는 의미로 Is there anything else ~?하게 되면 "…해야 하는 다른 것은 없나?"가 된 다. 아래 예문에서도 보다시피 anything else를 꾸며주는 절에서는 can이나 should가 많이 나온다.

Point

▶ **Is there anything else~?** …해야 하는 다른 것은 없어?

Is there anything else that I can do?
내가 더 할 수 있는 일은 없어?

Is there anything else I should know to look out for her?
내가 걔를 보살피는데 또 알아야 될 건 없어?

Is there anything else that you can remember?
또 기억하는건 없어?

A: Take a suitcase, your passport and your ticket.

B: Is there anything else I need to bring?

A: 가방챙겨, 여권과 티켓도.
B: 내가 가져가야 될 다른 것은 없나?

Is there anyone who can confirm that?

이번에는 사람명사인 anyone이 와서 "…한 사람이 있는지" 물어보는 문장.

Point

▶ **Is there anyone~?** …한 사람이 있어?
▶ **Is there anyone else~?** …한 다른 누구 있어?

Is there anyone who can confirm that?
그걸 확인해줄 수 있는 사람이 있어?

Is there anyone in your life you would consider a threat?
살면서 위협이 될 수도 있을거라고 생각한 사람 있어?

Is there anyone else who'd know what he was talking about?
걔가 무슨 얘기를 하고 있는지 알고 있을 만한 사람 또 없나?

A: My boss just had a heart attack!

B: Is there anyone who can help him?

A: 사장님이 방금 심장마비가 왔어!
B: 도와줄 사람이 아무도 없어?

Is there something else I need to know?

Is there 다음에 anything만 오는 게 아니라 something이나 someone이 오는 경우도 많이 있다. 실제 문장을 보면서 연 습을 해본다.

Point

▶ **Is there something~?** 뭐 …있어?
▶ **Is there something else~?** …할 다른 뭐가 있어?(Is there someone else~? …할 다른 누구 있어?)

Is there something going on between them?
걔네들 사이에 뭔가 있어?

Is there something you want to tell me, Charlie?
찰리, 나한테 하고 싶은 말 있어?

Is there something else I need to know?
또 내가 알아야 될게 있어?

A: My God, Leena looks beautiful tonight.

B: Is there someone she wants to impress?

A: 맙소사, 리나가 오늘밤 정말 예쁜 것 같아.
B: 잘 보이고 싶은 사람 있어?

I have every right to~
난 충분히 …할 수가 있어

every를 '모든' 이라는 의미로만 생각한다면 접근하기가 조금은 어색한 표현이다. have every right에서 every의 의미는 강조용법으로 '충분한,' '당연한' 이라는 뜻이다. every right, every reason 등으로 잘 알려진 경우이다.

Point

■ **I have every right to~** 난 충분히 …할 수가 있어

I turned her down, she has every right to be angry.
내가 걔를 거절했으니까 걔가 충분히 화를 낼 만하지.

She's going to have every right to fire me.
걔는 충분히 나를 해고하고도 남을거야.

If Chris got HIV through unprotected sex, he has every right to be pissed!
크리스가 날섹스를 통해 HIV에 감염되었다면 충분히 열받을만하네!

I have every right to defend myself.
난 내 자신을 변호할 당연할 권리가 있어.

I have every right to be afraid. He's raped me three times.
내가 겁내는 건 당연해. 걔가 날 세번이나 강간했는데.

A: Your opinions are making everyone angry.
B: I have every right to say what I feel.
A: 네 의견 때문에 다들 화를 내는데.
B: 난 내가 느끼는 것을 말할 권리가 있지.

A: Someone said you stole a notebook computer.
B: I had every right to take that computer.
A: 누가 그러는데 네가 노트북컴퓨터를 훔쳤다며.
B: 난 그 컴퓨터를 가져갈 권리가 있어.

You have every right to hate me

You have every right to~는 상대방이 to 이하를 하는 게 충분한 이유가 있고 그래서 당연하다고 상대방의 말이나 행동을 인정하는 표현법이다. 참고로 be right to+V는 '…하는 것이 맞다, 옳다' 라는 의미.

Point

▶ **You have every right to~** 넌 당연히 …할 만해, …해도 무리가 아냐
▶ **be right to +V** …하는 것이 맞다, 옳다

You have every right to be upset about your shoes.
네가 신발 때문에 언짢은 것은 당연해.

Andrew, you have every right to be angry with me.
앤드류, 네가 나한테 화가 나는 것은 당연해.

It's okay. You were right to tell me this.
괜찮아. 네가 나한테 그것을 말하는 것은 옳았어.

A: I was badly injured in a car accident.
B: You have every right to sue the other driver.
A: 차사고로 심하게 다쳤어.
B: 넌 상대편 운전자에게 소송걸 권리가 있어.

I deserve to die for what I've done

deserve는 '…할 자격이 되다' 라는 칭찬어로, 뒤에는 명사나 to+V가 따른다. 특히 강조를 해서 그럴 걸 받은 자격이 되고도 남는다고 할 때는 deserve more than~을 쓰면 된다.

Point

▶ **I deserve to~**　난 …할 자격이 돼(I deserve +N 난 …할 자격이 돼)

▶ **I deserve more than~**　난 …할 자격이 되고도 남아

I deserve to die for what I've done.
내가 했던 일 때문에 난 죽어도 싸.

I deserve to be happy, Alma. So do you.
알마, 난 행복할 자격이 있어. 너도 그렇고.

I deserve more than just being the girl that you call when you need something. 난 네가 필요할 때만 부르는 여자 그 이상의 가치가 있어.

A: You are too picky when looking for a guy.
B: I deserve to find a good husband.

A: 넌 남자 고를 때 너무 까다롭더라.
B: 난 좋은 남편을 찾을 자격이 있어.

You deserve to be happy

You deserve +N[to+V]의 형태로 상대방을 칭찬해주는데 적극 활용하면 되는 구문이다. You deserve it이나 You more than deserve it 등 정도는 외워두어야 한다.

Point

▶ **You deserve +N**　넌 …할 자격이 돼, …할 만하다

▶ **You deserve to+V**　넌 …할 자격이 돼, …할 만하다

Everybody on the day shift says that you deserved that promotion.
낮근무자들 모두가 네가 승진할 자격이 된다고 그러더라.

I'm just saying you deserve something good to happen.
내 말은 너에게 뭔가 좋은 일이 생길 만하다라는거야.

And you deserve to be fully appreciated.
그리고 너는 충분히 평가받을 자격이 돼.

A: Why are you telling me this now?
B: Because you deserve to know the truth.

A: 왜 이제와서 내게 이 얘기를 하는거야?
B: 넌 진실을 알아야 할 자격이 있으니까.

I'm perfectly qualified to be a coroner

'자격' 할 때 빠지면 섭섭한 단어가 바로 qualified이다. be qualified to~의 형태로 '…할 자격이 있다,' 그 이상을 말하고 싶을 때는 역시 more than을 추가하여 be more than qualified to~라고 해주면 된다.

Point

▶ **I'm qualified to~**　난 …할 자격이 있어, …의 적임자이다

▶ **I'm not qualified to~**　난 …할 자격이 없어

I mean, I'm perfectly qualified to be a coroner.
내 말은 난 검시관이 되기에 자격이 완벽해.

I'm more than qualified to be chief resident.
난 수석 레지던트가 되고도 남을 자격이 돼.

You're the most qualified to figure out if this man's telling the truth.
넌 이 남자가 사실을 말하는지 알아낼 최고의 적임자야.

A: Can you operate on people at the hospital?
B: Yes, I'm qualified to do surgery.

A: 병원에서 수술을 할 수 있어요?
B: 네, 수술할 자격이 돼요.

You have every reason to ~

네가 …하는 것은 당연해

001

앞의 every right와 마찬가지 용법. have every reason to~하게 되면 '…하는 것도 당연하다,' '…해도 할 말이 없다' 라는 뜻이 된다.

Point

- **You have every reason to~** 네가 …해도 할 말이 없어
- **I have every reason to~** 내가 …하는 것도 당연해
- **They have every reason to believe ~** 걔네들은 …을 믿을만한 근거가 충분해

Hilary, you have every reason to be angry with me.
힐러리, 네가 내게 화를 내는 것은 당연해.

But we have every reason to believe he's still alive.
하지만 우리는 걔가 아직 생존해있다고 믿을만한 근거가 충분해.

They had every reason to believe this woman was in imminent danger.
걔네들은 이 여자가 급박한 위험에 처했다는 것을 믿을만한 근거가 충분해.

You have every reason to be upset. We did lie.
네가 화를 낼 만도 해. 우리가 거짓말을 했어.

Jack had every reason to hate Emily and want her dead.
잭이 에밀리를 싫어하고 걔가 죽기를 바라는 것은 당연해.

A: Heather and Bill never invite me to their parties.
B: You have every reason to be angry.

A: 헤더와 빌이 자기들 파티에 절대로 나를 초대하지 않아.
B: 네가 화를 내는 것도 당연하네.

A: I have every reason to quit this job.
B: You're right. Working here really sucks.

A: 이 일을 그만두는 충분한 이유가 있어
B: 네 말이 맞아. 여기서 일하는 것은 정말 밥맛이야.

002 **I have no reason to kill anybody**

have every reason to의 반대로 '…할 이유가 없다'고 할 때는 have no reason to~를 쓴다. 위 문장은 "난 누굴 죽일 이유가 전혀 없다"라는 말.

Point

▸ **I have no reason to** …할 이유가 전혀 없어
▸ **I got no reason to** …할 이유가 전혀 없어

Then we have no reason to talk to him.
그럼 우리는 걔와 이야기를 나눌 이유가 전혀 없어.

I got no reason to lie about that.
난 그것에 대해 거짓말할 이유가 전혀 없어.

If Little Joey's dead, then I got no reason to live!
만약에 리틀 조이가 죽었다면, 내가 살아갈 이유가 전혀 없어!

A: The suspect says he didn't steal anything.
B: I have no reason to believe him.

A: 그 용의자는 아무것도 훔치지 않았다고 해.
B: 걔를 믿을 이유가 전혀 없지.

You have no reason to trust me

003

인칭을 바꿔서, You have no reason to~하게 되면 '넌 …할 이유가 전혀 없다.'

> **Point**
> ▸ **You have[got] no reason to~** 넌 …할 필요[이유]가 없어
> ▸ **I know you have no reason to~** 난 네가 …할 필요[이유]가 없는 걸 알아

You have no reason to trust me.
넌 나를 믿을 필요가 없어.

I know you have no reason to trust or believe me.
난 네가 날 믿거나 신뢰할 이유가 없다는 걸 알아.

You have no reason to be sorry. This begins and ends with Chuck.
넌 미안해 할 필요가 없어. 이건 오로지 척하고의 문제야.

A: Cathy is always asking me to do work on her house.
B: You got no reason to help her.

A: 캐시는 나보고 자기 집 수리해달라고 계속 부탁해.
B: 네가 걔를 도와줄 이유가 없잖아.

I don't see any reason why they need to know

004

왜 그러는지 이유를 모르겠다고 답답해할 때의 표현법. I don't see any reason 다음에 주로 why 절을 넣으면 된다.

> **Point**
> ▸ **I don't see any reason for[to]~** 왜 …하는지 이유를 모르겠어
> ▸ **I don't see any reason why~** 왜 …그러는지 이유를 모르겠어

I don't see any reason why that can't work out.
난 왜 그게 해결이 안되는지 이유를 모르겠어.

I don't see any reason why I would do that to myself again.
난 왜 내가 내 자신에게 그렇게 또 해야하는지 이유를 모르겠어.

I don't see any reason why they need to know.
난 왜 걔네들이 알아야 하는지 이유를 모르겠어.

A: It seems like Perry and Nell can't get along.
B: I don't see any reason for these problems.

A: 페리와 넬은 서로 잘지내지 못하는 것 같아.
B: 걔네들 왜 그러는지 이유를 모르겠어.

Do you have any reason to think that I would lie?

005

상대에게 '…할 무슨 이유' 가 있는지 물어보는 문장. "…할 이유가 전혀 없다"고 할 때는 I've never had any reason to~라 한다.

> **Point**
> ▸ **Do you have any reason to~ ?** …할 무슨 이유가 있어?
> ▸ **Do you have any reason to believe~?** …을 믿을만한 무슨 근거가 있어?

Dr. Cuddy, do you have any reason to think that I would lie?
커디 선생님, 내가 거짓말을 한다고 생각할 무슨 근거가 있나요?

Do you have reason to believe that your husband and Sister Mary are having sex? 네 남편과 메리 수녀님이 섹스를 한다고 믿을만한 근거가 있어?

I never had any reason to doubt it.
난 그걸 의심할 이유가 전혀 없었어.

A: Lisa told me that I should lose weight.
B: Do you have any reason to think she's wrong?

A: 리사는 내가 살을 빼야된다고 말했어.
B: 걔가 틀렸다고 생각할 무슨 이유가 있어?

058

I happen to~

어쩌다 …됐어

happen to sb[sth]하게 되면 "…에게 무슨 일이 일어나다"가 되지만 happen to+V가 되면 "뭔가 우연히 하게 되다"(to do something by chance)라는 뜻이 된다. 우리말로는 예상치 못하게 "우연히 …하게 되다"라는 말.

Point

- **I happen to +V** 우연히[어쩌다가] …해
- **I happened to +V** 우연히[마침] …했어

I happen to have a prescription from my doctor.
내가 마침 의사한테서 받은 처방전이 있어.

I happened to have lunch with Shelly last week.
난 지난주에 마침 쉘리와 점심을 먹었어.

She's somebody I happen to care about.
걔는 내가 우연히 좋아하게 된 사람이야.

I happen to have a very acute sense of smell.
난 마침 후각이 매우 예민해.

I happened to bump into Dan last week.
지난주에 우연히 댄과 마주쳤어.

A: I love the new BMW models.

B: I happen to own one of the seven series.

A: 난 BMW 신형 모델들이 맘에 들어.
B: 내가 마침 7시리즈 한 대를 갖고 있어.

A: Did you see the World Cup championship?

B: I happened to be at that match.

A: 월드컵 봤어?
B: 마침 그 경기를 보고 있었어.

I **happen to** believe in both God and evolution

happen to+V의 형태 중에서 가장 많이 쓰이는 동사중 하나는 know로 happen to know하게 되면 '어쩌다 알게 되다' 라는 의미가 된다.

Point

▸ **I happen to know~** 어쩌다 …을 알게 되었어
▸ **I happen to believe~** 어쩌다 …을 믿게 되었어

I happen to know that Will has really high expectations for this birthday. 윌이 이번 생일에 아주 큰 기대를 하고 있다는 걸 우연히 알게 되었어.

I happen to believe in both God and evolution.
난 어쩌다 신과 진화론 둘 다를 믿게 됐어.

I happen to know sometimes grief can trigger the libido.
난 때론 슬픔이 리비도를 자극할 수도 있다는 것을 알게 됐어.

A: How did you find where my apartment is?

B: I happened to know many people in this building.

A: 내 아파트가 어디 있는지 어떻게 찾은 거야?
B: 마침 이 아파트에 아는 사람이 많았거든.

You just so happen to encounter him

상대방에게 우연인지 예정된 건지 등의 상황을 파악할 때 You happen to~의 형식을 쓴다. 다시말해 You가 어쩌다 우연히 한 행동인지 아니면 사전 계획하에 움직인 것인지 캐물을 때 사용한다. 수사미드에서 많이 나올 수 밖에 없다.

Point

▶ **You happen to~?** 너 우연히 …한거라고?
▶ **You don't happen to~?** 너 우연히 …한게 아니지?

You didn't happen to hear from Charlie, did you?
넌 어쩌다 찰리로부터 이야기를 들은게 아니지, 그지?

You don't happen to know where she is?
너 우연히 걔가 어디 있는지 알게 된거 아니니?

You just so happen to encounter her, at which point you kill her?
우연히 걔를 만나서 죽이게 됐다고?

A: You happen to look like one of my best friends.

B: Cool, I'm sure we are going to be friends too.

A: 너 마침 내 절친 중의 한명과 닮았어.
B: 좋지, 서로 친구가 될 수 있을거야.

Do you happen to know about Jane?

가능성은 없어 보이지만 상대방에게 "혹시 …아냐"고 물어볼 때 많이 쓰는 표현으로 특히 Do you happen to know[notice, see]~가 주로 쓰인다.

Point

▶ **Did you happen to see~?** 혹 …을 봤어?
▶ **Did you happen to know/notice~ ?** 혹 …을 알아?

Do you happen to know about Jane?
혹 제인에 대해 알고 있어?

Do you happen to know where he was last night?
걔가 지난밤에 어디 있었는지 혹 알아?

Did you happen to notice what he was drinking?
걔가 무엇을 마시는지 혹 알아봤어?

A: Do you happen to like drinking whiskey?

B: No, that stuff is too strong for me.

A: 혹 위스키 마시는거 좋아해?
B: 아니, 내게는 너무 세.

What happens if we don't solve this?

happen to+V하면 "우연히 …하다," happen to sb하게 되면 "…에게 어떤 일이 일어나다"라는 뜻이 된다. 그래서 What happens when[if]~하게 되면 "…하면 ~은 어떻게 됩니까?"라는 의미가 된다. 어떤 상황이 벌어진다면 to 뒤에 오는 사람이나 일에 대하여 어떤 일이 발생할 것인가를 묻는 표현.

Point

▶ **What happens to sb when[if]~?** …하면 …은 어떻게 되는거야?
▶ **What happens with~?** …은 어떻게 되는거야?

What happens to them if they are found guilty of the crime?
만일 걔들이 그 범죄를 지은 것이 밝혀지면 어떻게 되는거야?

What happens to our pensions if we work for another company?
우리가 다른 회사에서 일하면 우리 연금은 어떻게 되는 거지?

What happens to him if he doesn't pass the admissions test?
걔가 입학 시험에서 떨어지면 어떻게 되는거야?

A: What happens if the economy gets bad?

B: We'll probably all lose our jobs.

A: 경제가 나빠지면 어떻게 되는거야?
B: 우리 모두 일자리를 잃을지도 몰라.

Section 01

059

What do you mean ~?
…가 무슨 말이야?

PATTERN
001

"…가 무슨 말이야?"란 뜻으로 상대방이 말한 내용을 다시 한번 확인할 때 혹은 상대방 말의 진의를 파악하고자 할 때 쓰는 표현으로 다소 놀라운 상태에서 내뱉는 말. 그래서 실제 회화에서는 보통 **What do you mean?**이라고 간단히 말하거나 **What do you mean** 다음에 '주어+동사'의 문장형태, 혹은 아래 예문인 **What do you mean, comforted her?**처럼 납득이 안가는 어구만 받아서 쓰기도 한다.

Point

■ **What do you mean "phrases"?** "…라니" 그게 무슨 말이야?

What do you mean forget the game?
게임을 잊었다니 그게 무슨 말이야?

What do you mean, we're lucky?
우리가 운이 있다니, 그게 무슨 말이야?

What do you mean, "none"?
아무도 아니라니, 그게 무슨 말이야?

What do you mean a trap?
함정이라니 그게 무슨 말이야?

What do you mean too late?
너무 늦었다니 그게 무슨 말이야?

A: Look, forget the game.
   We lost it.
B: What do you mean
   forget the game? We
   should've won!

A: 이봐, 게임은 잊어버려. 우리가 졌어.
B: 게임을 잊다니 그게 무슨 말이야. 우리
   이겼어야 했는데!

A: Be careful, because I
   think this may be a trap.
B: What do you mean a
   trap?

A: 조심해, 내 생각에 이건 함정일 수도
   있을 것 같아.
B: 함정이라는 그게 무슨 말이야?

PATTERN
002

What do you mean you got fired?

상대방의 말을 그대로 따오는 것이 아니라, **What do you mean S+V?**의 완벽한 문장 형태로 상대방의 진의를 파악하거나 따지는 문장. 또한 **What do you mean by ~ing?**의 형태도 많이 쓰이는데, **by** 이하에는 궁금해하는 단어를 붙여 쓰거나 아니면 **What do you mean by that?**처럼 굳어진 문장으로 쓰인다.

Point

▶ **What do you mean S+V?** …라니 그게 무슨 말이야?
▶ **What do you mean by ~ing?** …라니 그게 무슨 말이야?
▶ **What do you mean by "most"?** '대부분' 이라니 그게 무슨 말이야?

What do you mean you got fired? What happened?
잘렸다니 그게 무슨 말이야? 무슨 일이야?

What do you mean I only have a week to live?
내가 살 날이 일주일 남았다니 그게 무슨 말이야?

What do you mean you don't remember me?
네가 나를 기억못한다니 그게 무슨 말이야?

A: Some people saw Eve
   steal the money.
B: What do you mean she
   stole the money?

A: 이브가 돈 훔치는 것을 일부 사람들이
   봤대.
B: 걔가 돈을 훔치다니 그게 무슨 말이야?

I mean, I was a coward

I mean,은 상대방이 내가 한 말을 못 알아들었을 때 혹은 내가 이건 다시 설명을 해주어야겠다고 생각이 들 때 필요한 표현이다. 일단 I mean이라고 한 다음에 좀 더 명확히 말을 하면 된다. I mean (that) S+V의 구문을 써도 되지만 이보다는 의문문이나 구(phrase)도 넣을 수 있는 훨씬 자유로운 I mean, ~을 활용해본다

> **Point**
> ▶ **I mean,** 내 말은, (I mean, if 내 말은, 만약)
> ▶ **I mean that S+V** 내 말은 …라는거야

I mean, we're gonna have to order in Thai food or something.
내 말은 우리가 태국음식이나 뭐 그런 걸 주문해야 한다는거야.

I mean you seem very kind, very intelligent.
내말은 네가 매우 친절하고 똑똑한 것 같다는거야.

I mean you can tell me about this horrible thing.
내 말은 네가 이 끔찍한 이야기를 내게 해줄 수 있다는 말이지.

A: Please tell me what you saw at the car crash.
B: It was terrible. I mean the car smashed into the wall.

A: 자동차 사고에 뭘 봤는지 말해주세요.
B: 끔찍했어요. 내 말은 자동차가 벽으로 돌진했어요.

You mean I'm too close to her

반대로 You mean~하게 되면 내가 상대방의 말을 이해못했거나 헷갈릴 경우 상대방이 한 말을 확인하고자 할 때 쓰는 표현. 다시 설명하는 I mean 다음에는 문장이 오는 경우가 많은 반면 이해못하는 부분만 확인하는 경향이 강한 You mean~의 경우에는 '구'의 형태가 상대적으로 많이 온다.

> **Point**
> ▶ **You mean ~?** …란 말이야?(상대방의 확인을 적극적으로 요구)
> ▶ **You mean,** …란 말이구나(상대방의 말을 확인차원에서 자기가 정리하는 느낌)

You mean, the illness is affecting his personality?
네 말은, 병이 걔의 성격까지 영향을 주고 있다고?

You mean, you want me to keep a secret.
네 말은, 내가 비밀을 지키라는거지.

You mean he never once looked at you?
네 말은 걔가 너를 한번도 쳐다본 적이 없다는거야?

A: Jill wants to change her career.
B: You mean she wants to get another type of job?

A: 질은 자기 캐리어를 바꿔보고 싶어해.
B: 네 말은 걔가 다른 종류의 직업을 가져보고 싶어 한다고?

Do you mean I get the job?

정식으로 상대방이 한 말을 확인하는 표현법. Do you mean 다음 상대방이 한 말을 S+V의 형태로 넣어주면 된다. 아니면 약식으로 핵심어만 골라내 Do you mean "N"?이라고 해도 된다.

> **Point**
> ▶ **Do you mean (that) S+V?** …란 말이야? ▶ **Do you mean N?** …란 말이야?

Do you mean I get the job?
내가 취직되었단 말이야?

Do you mean you won't be coming over for dinner?
저녁먹으러 오지 않을거란 말이야?

Do you mean that you won't be working at all?
일을 아예 안하겠다는 말야?

A: Your dad is in the building looking for you.
B: Do you mean he is here right now?

A: 네 아빠가 빌딩내에서 널 찾고 계셔.
B: 아버지가 지금 여기 계시단말야?

I didn't mean to ~

…하려던게 아니었어

"…하려던 게 아니었어"라는 뜻. 상대방이 오해할 수도 있는 부분을 구체적으로 말하면서 오해를 푸는 문장. I didn't mean to~ 다음에 '오해할 수도 있는 부분'을 말하거나 간단히 "I didn't mean that"이라고 간단히 말할 수 있다.

Point
- **I don't[didn't] mean sth** 그럴 뜻이 아니야[아니었어]
- **I don't mean to~** (사과하면서)…할 생각은 없어, …는 아냐
- **I didn't mean to~** …하려던 게 아니었어
- **I didn't mean for~ to~** …가 …되도록 하려던 게 아니었어

I don't mean to cut you off.
말을 끊으려고 했던 건 아니야.

I'm sorry. I don't mean to startle you.
미안하지만 널 놀래키려는 건 아냐.

Look, I don't mean to be a hard-ass.
이봐, 내가 냉혹하게 굴려는 건 아냐

I didn't mean to kill him.
걔를 죽일 생각은 아니었어.

I didn't mean for it to happen like that.
그게 그런 식으로 되도록 하려던게 아니었어.

A: I'm sick of you talking badly about my husband.
B: Sorry, I didn't mean to make you angry.

A: 네가 내 남편 씹는거 진절머리나.
B: 미안, 널 화나게 하려는 것은 아니었어.

A: I didn't mean to break that plate.
B: Well, now we are going to have to pay for it.

A: 저 접시를 깨려는 것은 아니었는데.
B: 음, 이제 우리 접시값을 물어줘야 될 것 같은데.

He knows that you didn't mean to scare her

상대방의 진의를 이해한다는 맥락의 표현. ~know you didn't mean to~가 핵심부분이다. "네가 원래 그럴 의도가 아니었다는 것을 안다"가 이 표현의 요점이다.

Point
▶ **You didn't mean to~** 넌 …하려던 의도가 아니었잖아
▶ **I know you didn't mean to~** 넌 …하려던 의도가 아니었다는 걸 알아
▶ **He knows you didn't mean to~** 걔는 네가 …하려던 의도가 아니란 걸 알고 있어

I know that you didn't mean to hurt anyone.
난 네가 누군가를 해칠 의도가 아니었다는 걸 알아.

No. He knows that you didn't mean to scare her.
아니. 걔는 네가 그녀를 겁주려는 의도가 아니었다는 걸 알아.

I'm sure you didn't mean for that to sound like a threat.
난 네가 그게 협박처럼 들리게끔 하려는 의도가 아니었다는 걸 확신해.

A: The taxi I was in got stuck in rush hour traffic.
B: I know you didn't mean to be late.

A: 내가 탄 택시가 러시아워 교통혼잡에 갇혔어.
B: 네가 늦으려고 그런게 아니라는 걸 알아.

I meant to leave that stuff at your apartment

mean to+동사는 '…할 생각이야,' '…할 작정이다'라는 의미로 주로. say, tell 등이 함께 잘 어울리는 동사. 특히 과거형인 meant to+동사 형태가 많이 쓰인다.

Point

▶ **I mean to+V** …할 생각이야, …할 작정이야
▶ **I mean(t) to say[tell]~** …라고 말할 작정이야[이었어]

I meant to tell you, um, Ross is coming.
내가 말하려고 했는데, 로스가 오고 있어.

I meant to leave that stuff at your apartment.
난 그 물건을 네 아파트에 남겨놓을 생각이었어.

I meant to hurt you, but I hurt myself because I love her.
네게 상처를 줄 작정이었는데 내가 걜 사랑하기 때문에 내가 상처를 받았어.

A: Why are you dressed so nicely tonight?

B: I mean to ask my girlfriend to marry me.

A: 오늘밤에 왜 그렇게 멋지게 옷을 입었어?
B: 여친에게 청혼할 작정이야.

 You mean to leave your family and friends behind?

상대방이 한 말에 대해 진의를 파악해서 정리하거나(평서문) 혹은 제대로 파악하기 위해(의문문) 던지는 문장.

Point

▶ **You mean to tell me~** …라는 말이지(?), …라는 말 진심이지
▶ **I don't think you mean to~** 네 …는 진심이 아니지(Do you mean to say~? 정말 …라는 말이야?)

You mean to tell me you've been hearing this your entire life.
넌 평생 이 말을 들어왔다고 말하는거지.

I don't think you mean to lodge an official complaint of sexual harassment. 성희롱으로 공식고소를 한다는거 진심이 아니지.

Do you mean to say you'll dismiss my case if I don't drop my trousers? 정말 내가 바지를 내리지 않으면 내 사건을 기각하겠다는 말이야?

A: I'm moving overseas and I'll never return.

B: You mean to leave your family and friends behind?

A: 해외이주해서 다시는 돌아오지 않을거야.
B: 가족과 친구들을 남겨놓는단 말이야?

 The box **was meant to** be his coffin

mean을 수동형으로 써서 be meant to+동사[for+명사]하게 되면 "…하기로 되어 있다"라는 의미. 특히 남녀간이 천생연분이다라고 할 때의 It was meant to be, They were meant to be가 잘 알려져 있다.

Point

▶ **I was meant to** …하기로 되어 있어
▶ **be meant to+동사[for+명사]** …하기로 되어 있다

We're gonna do this play the way it was meant to be done.
우린 이 연극을 원래 하기로 했던 방식대로 할거야.

I mean, if it's meant to be, does it matter how or where I ask you?
내 말은, 원래 그렇게 하기로 했다면, 내가 어떻게 어디서 물어보던 상관있을까?

Ever since I was a child, I knew this is what I was meant to be.
어렸을 때부터, 난 이게 바로 내가 되고 싶어 하던 것이란 걸 알았어.

A: You are very good at helping patients feel better.

B: People say I was meant to be a doctor.

A: 환자들 기분좋게 하는데 능력이 있어.
B: 사람들은 내가 의사가 될 운명이었다고 그래.

It means~
그건 …을 뜻하는거야

PATTERN 001

"그것은 …라는 뜻이다," "그것은 …을 의미하는 것이다"라는 의미로 앞 대화의 내용을 한마디로 정리 확인하는 문장이다. it 대신에 this, that을 써도 된다.

Point

- **It means S+V** 그건 …을 뜻하는거야
- **This means S+V** 이건 …을 뜻하는거야
- **That means S+V** 저건 …을 뜻하는거야

It means it was organized, meticulously planned.
그건 그게 체계적이고 꼼꼼하게 계획된 것이었다는 걸 뜻하는거야.

It means you probably couldn't handle the answer.
그건 네가 답을 감당할 수 없을 수도 있다는 것을 뜻해.

It means you can tell she's a lesbian from a hundred feet away.
그건 네가 걔는 멀리서보아도 레즈비언이라는 것을 알 수 있다는거야.

This means that you fired a gun within the last three to six hours.
이건 네가 3~6시간 전에 총을 쐈다는 것을 뜻해.

That means you have access to medical supplies.
저건 네가 의약품에 접근할 수 있다는 것을 뜻해.

A: That guy is always wearing a hat.
B: **It means** he is going bald.

A: 저 남자는 언제나 모자를 쓰고 있어.
B: 그건 걔가 대머리라는 얘기지.

A: Karen took her purse and coat with her.
B: **It means** she isn't coming back.

A: 캐런은 지갑과 코트를 가지고 갔어.
B: 그건 다시 돌아오지 않는다는 얘기지.

PATTERN 002

It doesn't mean God doesn't exist

"그건 신이 존재하지 않는다는 것을 말하는 것은 아니야"라는 의미. It means의 부정형으로 역시 it 대신에 that을 써서 That doesn't mean~이라고 해도 된다.

Point

▸ **It doesn't mean S+V** 그건 …을 뜻하지 않아
▸ **That doesn't mean S+V** 저건 …을 뜻하지 않아

I am gonna do my job. **It doesn't mean** I have to do it happily.
난 내 할 일을 할거야. 그렇다고 내가 그걸 즐겁게 한다는 뜻은 아냐.

Do you understand what bisexual means? **It doesn't mean** you have sex with two people at once.
바이섹슈얼이 뭔지 알겠어? 동시에 두명하고 섹스하는 것을 뜻하는게 아냐.

Well, she gave birth. **That doesn't mean that** she had a kid.
음, 걘 출산을 했어. 그렇다고 아이가 있다는 뜻은 아니야.

A: It's starting to get dark outside.
B: **It doesn't mean** we are finished yet.

A: 밖이 어두워지기 시작하네.
B: 그렇다고 우리 일이 끝났다는 것을 뜻하지 않아.

Does this mean you found the real killer?

"이건 진짜 살해범을 찾았다는 말인가?" 이번에는 의문문인 Does this mean~? 혹은 Does that mean~?의 형태로 사용해서 문장을 만들어보자.

> Point
> ▸ **Does this mean S+V?** 이 얘기는 …라는 것인가?
> ▸ **Does that mean S+V?** 저건 …라는 뜻이야?

Does this mean your murder case will not be going to trial?
이게 네 살인사건이 재판을 받지 않을거라는 것을 뜻하는거야?

Does this mean you are done mocking my acting career?
이 얘기는 네가 내 연기경력을 그만 놀리겠다는거야?

Does that mean you'd relocate here permanently?
저건 네가 영구히 여기로 재배치 받을거라는 뜻이야?

A: My cell phone fell into a toilet.

B: Does this mean you want a new one?

A: 핸드폰을 화장실에 빠트렸어.

B: 이 얘기는 핸드폰을 새로 사고 싶다는 의미야?

I guess that means I saved your life

"그게 의미하는 건 내가 네 목숨을 살려준 것 같은데"라는 말. 자신이 말하는 내용을 좀 부드럽게 하기 위해 I guess~를 앞에 붙인 경우.

> Point
> ▸ **I guess that means S+V** 그것이 의미하는 것은 …인 것같아

She came back, so I guess that means you're going home.
걔가 돌아왔어, 그렇다면 그건 네가 집에 가야한다는 걸 뜻하는거 같은데.

I guess this means I'm not going to hell.
그건 내가 지옥에 가지 않는다는 걸 뜻하겠지.

So I guess this means we're babysitting the kids, huh?
그럼 그건 우리가 아이들을 돌봐야 한다는 뜻 같은데, 그렇지?

A: The party is on the same night as my church meeting.

B: I guess that means you can't attend.

A: 파티가 내가 다니는 교회모임과 같은 날 저녁에 있어.

B: 그 얘기는 네가 못온다는 뜻인 것 같네.

I think that means she likes you

"그 얘기는 걔가 널 좋아한다는 것 같은데"라는 문장으로 I guess 대신에 거의 같은 의미인 I think~를 쓴 경우이다.

> Point
> ▸ **I think it means S+V** 그 얘기는 …하는 것 같은데

I think it means that we shouldn't go.
그 말은 우리가 가면 안된다는 걸 뜻하는거 같은데.

I think it means he freaked out and left!
그 말은 걔가 놀라서 가버렸다는 것 같은데!

I think it means we should stop drinking.
그 말은 우리가 술을 그만 마셔야 된다는 것 같은데.

A: Why did Cindy send a postcard from Rome?

B: I think it means she went to Italy.

A: 신디는 왜 로마에서 엽서를 보냈어?

B: 그 얘기는 걔가 이태리로 갔다는 것을 말하는 것 같아.

Do you mind if [~ing]~

…해도 될까?

001

Would(Do) you mind~ing?하면 "…하기를 꺼려하느냐?"라는 것으로 의역하면 "…해도 될까?," "…하면 안될까?"로 상대의 허락을 구하거나 혹은 제안하는 표현. 물론 would를 쓰면 do보다 정중해진다. 문제는 대답인데 mind가 '…하기를 꺼려하다' 라는 부정단어이기 때문에 답변 또한 부정의문문의 답변에 준한다. 그래서 Yes하면 그렇다(Yes I mind), 즉 꺼려한다는 의미로 부정의 답이 되고, No을 하게 되면 아니 꺼리지 않는다(No, I don't mind)라는 의미로 긍정의 답이 된다. 또한 ~ing 대신에 if 절이 와서 Would(Do) you mind if S+V?라는 구문도 쓰인다는 것을 함께 알아둔다.

Point

- ■ **Do[Would] you mind ~ing?** …해도 될까?, …해줄래?
- ■ **Do[Would] you mind not ~ing?** …하지 않아도 될까?, …하지 말아 줄래?
- ■ **Do[Would] you mind if~ ?** …해도 될까?, …해줄래?

Do you mind turning off the lights on your way out?
나가는 길에 불 좀 꺼줄래?

Do you mind if I stay here tonight?
오늘 밤 내가 여기 머물러도 될까?

Do you mind if I turn on the music, mom?
엄마, 내가 음악 꺼도 돼요?

Would you mind not telling people about this?
이거 사람들한테 얘기하지 말아 줄래?

Would you mind if I spoke with Charlie alone for a minute?
내가 잠시 찰리하고만 얘기해도 될까?

A: Do you mind driving me to work?

B: I'm sorry, but I don't have time to do that.

A: 차로 직장까지 데려다줄래?
B: 미안, 내가 그럴 시간이 안돼.

A: Do you mind if my friend comes to your party?

B: Sure, you can bring a few extra guests.

A: 내 친구가 네 파티에 와도 될까?
B: 물론, 몇명 더 데려와도 돼.

002

Mind if I ask who is?

줄여서 말하는 언어의 속성상, Would you나 Do you를 싹둑 생략하고 Mind if~라 쓰는 경우. 좀 허전하면 You mind if~ 처럼 You를 넣어도 된다.

Point

- ▶ **Mind if I use~?** 내가 …사용해도 될까?
- ▶ **Mind if I ask~?** 내가 …을 물어봐도 될까?

Hey Kyle. Mind if I use your phone there?
야, 카일. 내가 저기 네 전화기 좀 써도 될까?

I'm Dr. House. Mind if I take a look in your purse?
닥터 하우스입니다. 당신 지갑을 봐도 될까요?

Mind if I step in there for a sec?
잠시 내가 들어가도 될까요?

A: Mind if I smoke a cigar in here?

B: No, I would like you to go outside to smoke.

A: 여기서 시가 한대 피우면 안될까요?
B: 네. 피시려면 밖에 나가서 피워주세요.

I don't mind if you hang out with her

상대방의 부탁 등에 흔쾌히 대답하는 방식으로 "나는 상관이 없으니 괜찮다"라는 의미. I don't mind 다음에 명사, ~ing 혹은 if 절을 연결하면 된다.

Point
- ▸ **I don't mind sth[if~]** …상관없어, …해도 괜찮아
- ▸ **I don't mind (sb) ~ing** (…가) …해도 상관없어

I don't mind going to jail.
난 감방에 가도 상관없어.

I don't mind if you hang out with her.
네가 개랑 어울려 다녀도 상관안해.

I don't mind taking care of her.
걔를 돌봐야해도 괜찮아.

A: You don't mind me touching your belly, do you?

B: No, I don't mind you touching my belly.

A: 내가 네 배를 만져봐도 괜찮지?
B: 어. 만져봐도 괜찮아.

So you don't mind if I tell Sheldon?

You don't mind~?는 상대방에게 …을 해도 상관없냐고 물어보는 방식으로 "너 …해도 괜찮겠어?"라는 의미이다. 한편 I hope you don't mind~는 "…을 해도 네가 괜찮기를 바래"라는 양해의 표현.

Point
- ▸ **You don't mind if~?** …해도 괜찮겠어?
- ▸ **I hope you don't mind~** …해도 네게 상관없기를 바래

You don't mind if I walk your date home, do you?
내가 네 데이트 상대를 집까지 데려다줘도 괜찮지?

I hope you don't mind that we continued on without you?
우리가 너 없이 계속해도 괜찮겠지?

So **you don't mind if** I tell Sheldon?
그럼 내가 쉘든에게 말해도 괜찮겠어?

A: My younger sister said she's going to go out with you.

B: You don't mind if I date your sister?

A: 내 여동생이 너와 데이트를 하겠다네.
B: 내가 네 누이와 사귀어도 괜찮겠어?

I wouldn't mind another shot

 wouldn't mind를 잘 분석해봐야 한다. I would mind는 '나라면 꺼릴텐데,' 반대로 I wouldn't mind는 '나라면 꺼리지 않을텐데,' 즉 '좋을텐데' 라는 의미로 따라서 I wouldn't mind~하게 되면 "…하면 좋겠다," "…하고 싶다"라는 말이 된다.

Point
- ▸ **I wouldn't mind+N[~ing]** …하면 좋겠어, 하고 싶어
- ▸ **Never mind+N[~ing, S+V]** …을 신경쓰지마, 맘에 두지마

I wouldn't mind another shot.
기회를 한번 더 갖고 싶다.

I wouldn't mind sharing a few things with her myself.
걔랑 몇몇 것들을 함께 하면 좋겠어.

Never mind what I want. What do you want?
내가 원하는 건 신경쓰지마. 넌 뭘 원해?

A: I'm really hungry. How about you?

B: I wouldn't mind going to a restaurant.

A: 나 정말 배고파. 넌 어때?
B: 나도 식당에 가면 좋겠어.

It occurred to ~
…가 생각나

001

occur는 그냥 단순히 사건이나 어떤 일이 일어나다라는 의미. 가주어 It을 활용해서 It occurred to sb that~이라고 하게 되면 that 이하의 내용이 sb의 머리 속에 일어나다, 즉 "…가 생각났다"라는 뜻이 된다.

Point

- ■ **It occurs to me that~** …가 생각나
- ■ **It occurred to me that~** …가 생각났어
- ■ **Sth occurred** …가 발생했어

It occurs to me you could solve all your problems by obtaining more money. 너는 돈을 좀 더 모으면 문제를 해결할 수 있을 것 같다는 생각이 났어.

It occurred to Susan this could be the most humiliating moment of her life.
수잔은 이게 자기 생에서 가장 수치스러운 순간이 될 수 있을거라는 생각이 들었어.

It occurred to me I've made sacrifices over the past six years.
내가 지난 6년간 희생을 해왔다는 생각이 들었어.

It occurred to her that sometimes a little betrayal is good for the soul.
걔는 때때로, 자그마한 배신은 영혼에 좋다는 생각이 들었어.

So, the hives occurred right after you kissed George.
그래, 발진은 네가 조지에게 키스한 바로 직후에 일어났어.

A: What made you come back to the office?

B: It occurred to me that I had forgotten my cell phone.

A: 왜 사무실로 돌아온거야?
B: 핸드폰을 놓고 온게 생각이 났어.

A: Why didn't Patty marry Randy?

B: It occurred to her that he would be a bad husband.

A: 패티는 왜 랜디와 결혼하지 않았어?
B: 걔가 나쁜 남편이 될거라는 생각이 들었대.

002

It never occurred to me that you couldn't figure out what's wrong

반대로 부정어 never를 내세워 It never occurred to me that~이라고 하면 that 이하의 내용이 전혀 생각나지 않았다라는 말이 된다.

Point

- ▶ **It never occurs to me that~** …가 전혀 생각나지 않았어
- ▶ **I bet it never occurred to sb that~** 정말이지 전혀 …가 생각나지 않았어
- ▶ **It didn't occur to sb to+V** …할 생각이 전혀 나지 않았어

It never occurred to me that you couldn't figure out what's wrong.
네가 무엇이 틀렸는지 알아낼 수 없을거라는 게 전혀 생각나지 않았어.

So, it probably never occurred to you that you wouldn't be successful. 그래, 아마도 너는 네가 성공할 수 없을거라 생각이 전혀 나지 않았겠구만.

It didn't occur to you to bring it up at the crime scene?
넌 범죄현장에서 그 얘기를 꺼낼 생각이 전혀 나지 않은거야?

A: It never occurred to me that I'd become rich.

B: Well, I think most people envy you.

A: 내가 부자가 될 수도 있다는 생각이 전혀 들지 않았어.
B: 저기, 대부분의 사람들이 너를 부러워 할 것 같아.

Did it ever occur to you to get him tested?

상대방에게 "…할, …라는 생각이 났냐?"고 물어보는 문장. 단순히 사실관계를 물어보거나 다른 좋은 제안할게 있냐고 물어볼 때도 쓰지만, 생각을 못하고 있는 상대방을 비난하거나 조롱할 때도 많이 쓰인다.

Point
- ▶ **Did it ever occur to you that[to]~?** …라는 생각이 들기나 한거야?
- ▶ **Did it occur to you that[to]~?** …라는 생각이 났어?

Sheldon, **did it ever occur to you that** I might have other plans?
쉘든, 내가 다른 계획이 있을 수도 있다는 생각은 해봤어?

Did it ever occur to you to get him tested?
넌 걔를 시험해볼 생각을 하기나 한거야?

Well, **did it occur to you** I might want to sit next to the boys?
저기, 내가 남자애들 옆에 앉고 싶어할지 모른다는 생각을 해보기는 했어?

A: Ted always seemed like a wonderful boyfriend.

B: Did it ever occur to you that he dated many women?

A: 테드는 항상 멋진 남친 같았어.
B: 걔가 여러 여자와 사귀어봤을거라는 생각은 해봤어?

It dawned on me that she didn't have my phone number

dawn은 명사로는 '새벽,' 동사로는 새벽이 밝아오듯 '…가 이해되거나 분명해지다' 라는 뜻으로 쓰인다. 그래서 It dawns on me that~ 이라고 하면 "…라는 생각이 든다"라는 의미의 문장이 된다.

Point
- ▶ **It dawns on sb ~** …에게 …라는 생각이 들었어
- ▶ **It hit me that~** …라는 생각이 들었어, 문득 떠올랐어

It dawned on me that she didn't have my phone number.
걔가 내 전화번호를 안갖고 있다는 생각이 문득 들었어.

Sam was still having sex when **it dawned on me** Ben and I hadn't.
벤과 나는 섹스를 하지 않았다는 생각이 들었을 때 샘은 아직도 섹스를 하고 있었어.

It dawned on Lynette Claire might be doing her job, a little too well.
리넷은 클레어가 자기 일을 잘하고 있을 수도, 어쩌면 너무 잘할 수도 있다는 생각이 들었어.

A: How did you find the person who committed the murder?

B: It dawned on me that the murderer was hiding in the closet.

A: 살인범을 어떻게 찾은거야?
B: 살인범이 옷장에 숨어있다는 생각이 문득 들었어.

It struck me that I haven't seen Gary lately

'때리다' 라는 strike가 정신줄을 놓고 있는 자신의 뒷통수를 쳤다(struck)라고 생각해보면 "뭔가 갑자기 생각이 든다," "떠오르다" 라는 의미로 쓰인다는 것을 쉽게 짐작할 수 있다. 한편 strike sb as~하게 되면 "…라는 인상을 주다"라는 의미.

Point
- ▶ **It struck (sb) that~** …가 갑자기 생각났어

It struck him that he should retire.
걔는 문득 은퇴해야겠다는 생각이 났어.

It struck me that this would cause a scandal.
이 일이 스캔들을 야기할거라는 생각이 문득 들었어.

It struck Leslie that she'd forgotten my birthday.
레슬리는 내 생일을 깜박했다는 생각이 갑자기 생각났어.

A: It struck me that I haven't seen Gary lately.

B: I heard he went back to Australia.

A: 최근에 게리를 보지 못했다는 생각이 갑자기 났어.
B: 걔가 호주로 돌아간다고 들었어.

064

The point is ~

중요한 점은 …라는거야

001

뭔가 요점이나 핵심을 상대방에게 말하고자 할 때 사용하는 표현으로 The point is that S+V의 형태를 사용하면 된다. "중요한 점은 …이라는거야"라는 뜻.

Point

- **The point is that[to] ~** 요점은 …라는 것이야
- **The whole point is to~** 가장 중요한 점은 …라는 것이야
- **My point is that[to]~** 내 요점은 …라는 것이야

The point is I've dated Serena for over a year.
요점은 내가 일년넘게 세레나와 사귀고 있다는거야.

The whole point is to keep my heart beating.
가장 중요한 점은 내 심장을 계속 뛰게 하는거야.

My point is that we can't just investigate the crimes that we want to.
요점은 우리가 원하는 범죄를 조사만 할 수 없다는거야.

Yeah, my point is it's a waste of time.
그래, 내 요점은 시간낭비라는거야.

My point is that I didn't do anything wrong.
내 요점은 난 아무런 나쁜 짓도 하지 않았다는거야.

A: You are never going to be as rich as Bill Gates.

B: The point is that I am trying my hardest.

A: 넌 절대로 빌 게이츠만큼 부자가 될 수 없을거야.

B: 요점은 내가 최선을 다하고 있다는거야.

A: Why didn't anyone tell Rick about the party?

B: The point is to surprise him on his birthday.

A: 왜 아무도 릭에게 파티얘기를 하지 않은거야?

B: 요점은 생일날 걜 깜짝 놀라게 해주는거야.

002 **The thing is** it's all my fault

The thing is~ 또한 "중요한 것은 …야," "문제의 핵심은 …야"라는 뜻. thing 앞에 good, main, 그리고 important 등 다양한 형용사를 넣어가면서 변형을 해볼 수도 있다.

Point

▸ **The thing is ~** 핵심은 …이야(The good thing is~ 좋은 점은 …이야)
▸ **The main thing is to~** 핵심은 …하는 것이야(The important thing is~ 중요한 점은 …이야)

Well, the thing is they're two real lesbians.
저기, 핵심은 걔네 둘 다 진짜 레즈비언이라는거야.

The thing is y'know, that you're married to Chris.
중요한 점은 너는 크리스와 결혼했다는거야.

The important thing is you're okay.
중요한 점은 네가 무사하다는거야.

A: I think Tracey is in love with you.

B: The thing is I don't feel the same way.

A: 트레이시가 너를 사랑하는 것 같아.

B: 중요한 점은 나는 그런 느낌이 없거든.

The problem is dealing with the pain

진짜 풀어야 될 문제가 무엇인지 설명하는 것으로 The problem is 다음에 명사나 ~ing의 형태로 써주면 된다.

▶ **The problem is N** 문제는 …이야
▶ **The problem is ~ing** 문제는 …하는 것이야

The problem is space. I need more space.
문제는 공간이야. 난 더 넓은 공간이 필요해.

The problem is not your thighs. The problem is your head.
문제는 네 허벅지가 아냐. 문제는 네 머리야.

The problem is dealing with the pain.
문제는 고통을 해결하는 것이야.

A: If you invest now, you'll make a fortune.

B: The problem is we don't have any money.

A: 지금 투자하면 돈을 많이 벌거야.
B: 문제는 우리에게 지금 돈이 없다는거야.

The problem is you don't trust me!

"문제는 네가 나를 믿지 않는다는거야"에서 보듯 역시 문제가 무엇인지 말해주는 표현으로 이번에는 The problem is~ 다음에 S+V의 형태를 이어주는 스타일이다.

▶ **The (real) problem is that[what]~** (진짜) 문제는 …이야[…하는 것이야]
▶ **I think the problem is (that) ~** 내 생각에 문제는 …이야

The problem is you will still be the same rat bastard tomorrow.
문제는 넌 내일도 여전히 같은 저질새끼일거라는 거야.

The problem is Eric didn't reveal his victim's name.
문제는 에릭이 자기 희생자의 이름을 밝히지 않았다는거야.

Well, the problem is what happened in the locker room.
저기, 문제는 라커룸에서 무슨 일이 일어났냐는거야.

A: What is your problem?

B: My problem is that it's a bad idea to mix business and pleasure.

A: 네 문제가 뭐야?
B: 내 문제는 공과 사를 섞는 것은 나쁜 생각이라는거야.

Your problem is you're not objective

상대방의 문제점을 지적해주는 표현으로 충고나 조언이 될 수도 있으나 문맥에 따라서는 싸움의 시발점이 될 수도 있는 문장.

▶ **Your problem is ~** 네 문제는 …이야

Ted, your problem is you're always trying to force people into doing stuff. 테드, 네 문제는 넌 항상 사람들을 강제적으로 일을 시킨다는거야.

Your problem is you're not objective.
네 문제는 네가 객관적이지 않다는거야.

Your problem is you've got your head up your ass.
네 문제는 네가 어리석은 짓을 했다는거야.

A: Sometimes I just feel very lonely.

B: Your problem is you are too shy to talk to people.

A: 어쩔땐 난 정말 외로워.
B: 네 문제는 네가 너무 수줍어서 사람들과 얘기를 못한다는거야.

I told you that~

…라고 말했잖아

001

말귀를 못알아듣는 상대방에게 혹은 말을 잘 안듣는 상대방에게 쓸 수 있는 표현으로 "내가 …라고 말했잖아"(그런데 왜 말을 안듣어?)라는 뉘앙스의 표현. I told you that S+V, 혹은 I told you to+V라 하면 된다. 부정으로 쓰려면 I told you not to+V로 "…하지 말라고 했잖아," 그리고 점잖게 말하려면 I thought I told you~(…라고 말한 것 같은데) 혹은 동사를 달리하여 I asked you to+V~라고 하면 된다.

Point

- **I told you that~** …라고 말했잖아
- **I told you I couldn't~** 난 …할 수 없다고 말했잖아
- **I thought I told you S+V** …라고 말한 것 같은데

I told you I'm not wasting my time with that crap.
난 그런 쓰레기 같은 거에 내 시간을 낭비할 수 없다고 말했잖아.

I told you before, my wife is the victim here.
전에도 말했듯이, 여기서 내 아내는 피해자란 말야.

I told you it's none of your concern.
네가 상관할 일이 아니라고 말했을텐데.

I told you we shouldn't spend all our money on it.
거기에 우리의 돈을 올인해서는 안된다고 말했을텐데.

I thought I told you I never want to see you again.
다신 보고 싶지 않다고 말했을 텐데.

A: Has anyone seen where Mom went?
B: I told you that she went out shopping.

A: 엄마가 어디에 갔는지 본 사람있어?
B: 쇼핑하러 나가셨다고 했잖아요.

A: I told you I couldn't drive you to work.
B: I guess I will have to take the subway.

A: 차로 직장까지 널 데려다줄 수 없다고 말했잖아.
B: 그렇다면 난 지하철을 타고 가야겠네.

002 I told you not to worry about it

I told you to~의 부정형으로 우리말로는 "…하지 말라고 했잖아"가 된다. 특이한 것은 문법시간에는 I told you not to~로만 배웠으나 실제로는 I told you to not~이라고 써도 된다는 점이다.

Point

▶ **I told you to~** …하라고 했잖아
▶ **I told you not to~** …하지 말라고 했잖아(I told you to not~ …하지 말라고 했잖아)

I told you to stay away from my son.
내 아들에게서 떨어지라고 말했을텐데.

Hey I told you to stop coming in on Saturdays.
야, 토요일에는 오지 말라고 말했잖아.

I told you never to say that name to me.
그 이름을 다시는 내게 말하지 말라고 했잖아.

A: The dog in your front yard bit me!
B: I told you not to go near him!

A: 네 앞마당에 있는 개가 날 물었어!
B: 개 근처에 가지 말라고 했잖아!

I thought I told you to go home

I told you to~를 I thought로 감싸서 좀 부드럽고 완곡하게 질책하는 표현법. 우리말로는 "내가 …하라고 말한 것 같은데" 정도로 생각하면 된다.

> ▶ **I thought I told you to~** 내가 …하라고 말한 것 같은데

I thought I told her to get rid of this boat.
저 배를 치워버리라고 걔한테 말한 것 같은데.

I thought I told you to get lost.
너보고 그만 가라고 말한 것 같은데.

I thought I told you to wait in the car?
너보고 차에서 기다리라고 말한 것 같은데?

A: I thought I told you to bring the money you borrowed.
B: I'm sorry, I can't pay you back right now.

A: 네가 빌려간 돈을 가져오라고 말한 것 같은데.
B: 미안, 지금 당장은 돈을 갚을 수가 없어서.

I said we screwed up, didn't I?

"내가 망쳤다고 말했잖아, 그러지 않았어?"라는 문장. tell 대신에 say를 쓴 경우로, I said S+V의 형태로 쓰면 된다.

> ▶ **I said S+V** 내가 …라고 했잖아(I said, 내가 말했잖아,)
> ▶ **I thought I said~** 내가 …라고 말한 것 같은데

I said it's a bad decision and you know it.
내가 그건 나쁜 결정이라고 말했고 너도 알잖아.

I said you can't use the phone.
너는 그 전화기를 쓰면 안된다고 말했잖아.

I said I had to hear the details face-to-face.
난 직접 만나서 세부사항을 들어야 했다고 말했잖아.

A: What did you do when the teacher yelled at you?
B: I said I was sorry that I behaved badly.

A: 선생님이 네게 소리를 질렀을때 넌 어떻게 했니?
B: 잘못행동해서 죄송하다고 말씀드렸어.

I asked you to move in with me

tell sb to do는 동급사이에서 말하거나 지시하는 표현인데 반하여 ask sb to do는 부탁하는 성격의 표현으로, I asked sb to do~하게 되면 "내가 …하자고 부탁했었잖아," "…하자고 했잖아"에 해당되는 표현이 된다.

> ▶ **I asked sb to ~** …하자고 부탁했잖아, …하자고 했잖아

I asked you to move in with me.
내가 너한테 나랑 동거하자고 그랬잖아.

I asked you to marry me, and you said yes.
난 나와 결혼하자고 했고 너는 승낙했어.

Where the hell are Joey and Molly? I asked you to watch them.
조이와 몰리가 도대체 어디 있는거야? 너한테 지켜보라고 했잖아.

A: I asked Jen to have dinner with me.
B: Does this mean you two are going on a date?

A: 젠한테 나랑 저녁먹자고 했어.
B: 너희 둘이 데이트한다는 뜻이야?

066

You said ~

너 …라고 했잖아

 001

앞의 경우와 반대로 상대방이 한 말을 재확인하거나 상황에 따라 따질 경우 "…라고 했잖아"라고 할 때의 표현이다. 먼저 "You said 주어+동사" 먼저 살펴보기로 한다. 이는 "…라고 말하지 않았나?" "…라고 했잖아?"라는 뜻으로 I thought S+V를 응용하여 I thought(think) you said 주어+동사라고 하게 되면 "난 또 네가 …라고 말한 줄 알았지"라는 뜻이 된다.

Point

- **You said S+V** …라고 했잖아
- **You said you wanted~** 네가 …을 원한다고 말했잖아
- **I thought you said~** 난 네가 …라고 말한 줄 알았지

You said you have something you wanted me to hear.
나한테 말해주고 싶은 뭔가 있다고 했잖아.

You said you were taking a business class?
경영 학교를 다닌다 그랬나?

You said that you passed out when somebody choked you from behind. 누가 뒤에서 목을 졸랐을 때 기절했다고 했었지.

I thought you said you talked to her a few days ago.
난 네가 며칠 전에 개랑 얘기한 줄 알았어.

You said it was urgent. Is Daniel okay?
급한 일이라고 했잖아. 대니얼은 무사해?

A: I'm sorry, you aren't allowed to take that book.

B: But you said I could study it at my house.

A: 미안하지만, 그 책은 가져 갈 수 없어.
B: 하지만 네가 책을 집으로 가져가서 공부할 수 있다고 했잖아.

A: You said you wanted to go to the park today.

B: I know, but we don't have enough time.

A: 네가 오늘 공원에 가고 싶다고 했잖아.
B: 알아, 하지만 시간이 충분하지 않아.

 002

You said to do whatever feels natural

역시 같은 맥락의 표현. "네가 …라고 말했잖아"라고 할 때 You said S+V 형태 외에도 자주 쓰이는 형태로는 You said to+V가 있다. You told me to~와 유사하지만 say의 성격상 me는 쓰면 안된다.

Point

▶ **You said to+V** …라고 말했잖아
▶ **You said to sb that~** …에게 …라고 말했잖아

You said to do whatever feels natural.
뭐든 자연스럽게 느껴지는 것을 하라고 했잖아.

You said to meet you at the subway.
지하철에서 만나자고 말했잖아.

You said to your therapist you thought maybe "he" wanted you to kill her. 네가 상담사에게 그가 네가 그녀를 죽이기를 원할지도 모른다고 했잖아.

A: How did you choose this birthday gift?

B: You said to buy something that was made of silver.

A: 이 생일선물은 어떻게 고른거야?
B: 은으로 만든걸 사라고 했잖아.

You told me it was safe

You told me (that) 주어+동사 혹은 You told me to~는 "네가 …라고 했잖아"라는 의미로 상대방이 예전에 한 말을 다시 되새김할 때 사용하는 표현. 미드에서 많이 사용되는 과거형 문장 중의 하나.

Point

▶ **You told me to~** 네가 …하라고 했잖아

▶ **You told me that ~** 네가 …라고 말했잖아(You told me you were gonna~ 넌 …할거라고 말했잖아)

You told me to trust you.
너를 믿으라고 했잖아.

You told me it was safe.
넌 그건 안전하다고 했잖아.

You told me that you didn't have any ties to the group.
넌 그 단체와 아무런 관계가 없다고 했잖아.

A: You told me that some girls would be here.

B: I'm sorry, they decided not to come.

A: 몇몇 여자애들이 여기 올거라고 했잖아.
B: 미안, 오지 않기로 했나봐.

You asked me to come up here

앞서 언급했듯이 tell sb to가 아니라 ask sb to를 쓰면 "네가 내게 …해달라고 했잖아"가 된다. ask와 tell의 차이점을 잘 인식하고 구분해서 써야 한다.

▶ **You asked me to~** …하라고 했잖아

You asked me to be here, and I wasn't sure if I could.
넌 나보고 여기 오라고 했었는데 내가 그럴 수 있을지 확실하지 않았어.

You asked me to check the blood and urine from the diaper.
네가 기저귀에서 피와 소변을 확인하라고 했어.

You asked me to think about where our relationship was going.
넌 우리 관계가 어떻게 되어가고 있는지 생각해보라고 했어.

A: You asked me to remind you about the meeting.

B: Thank you. I'd forgotten all about it.

A: 회의에 대해 상기시켜달라고 제게 말씀하셨는데요.
B: 고마워요. 완전히 다 까먹고 있었네요.

He said he hardly knew her

이번에는 다른 사람의 말을 전달하는 방법으로 He(She) said 주어+동사라고 하면 "걔가…라고 말했어"라는 뜻이 된다. tell를 써서 He(She) told me that~ 혹은 He(She) told me to+V라 해도 된다.

Point

▶ **She said S+V** 걔가 …라고 말했어(She said to+V 걔가 …하라고 말했어)

▶ **He told me that S+V** 걔가 내게 …하라고 말했어(Who said S+V? 누가 …라고 했어?)

He said he hardly knew her.
걔는 그녀를 거의 모른다고 했어.

She said she was going to the country for the weekend.
걔는 주말에 시골에 갈거라고 말했어.

He told me to give this to you.
걔가 내게 이걸 너한테 주라고 했어.

A: What were you and Tim talking about?

B: He said the students are going to demonstrate.

A: 팀이랑 무슨 얘기했어?
B: 걔가 학생들이 시위를 할거라고 했어.

I never said that~

…라고 절대 말한 적이 없어

앞서 배운 표현들인 You told me~, You said that~, You asked me to~ 등의 문장을 써가며 상대방이 내게 확인하려고 하거나 따지고 들 때 일단 "그런 적이 없다"고 하려면 I never said~를 활용하면 된다.

> **Point**
> - **I never said S+V** …라고 절대 말한 적이 없어
> - **I never said sth to sb** 난 절대로 …에게 …을 말하지 않았어

I never said that I was her doctor.
내가 걔의 담당의사라고 말한 적은 없어.

I never said it was a sleep disorder.
그게 불면증이라고 말한 적은 없어.

I never said I was with the government.
내가 정부에서 일한다고 말한 적은 없어.

I never said that to the shrink.
난 그걸 정신과 의사에게 말한 적이 없어.

So I never said a word about it to anybody.
그래서 난 그것에 대해 어느 누구에게도 말한마디 하지 않았어.

A: Gail slept with several guys on the team.
B: I never said she was a virgin.

A: 게일은 팀소속의 여러 명과 잤어.
B: 난 걔가 처녀라고 말한 적 없어.

A: Kate said you didn't like her new dress.
B: I never said the dress was ugly to her.

A: 케이트는 네가 자기 새 드레스를 보고 별로라고 했다던데.
B: 그 드레스가 보기 흉하다고 말한 적은 없는데.

I didn't say he was all right

"난 걔가 괜찮다고 말하지 않았어"란 의미로 I didn't say S+V 역시 "자기가 that 이하라고 말한 적이 없음"을 강조하는 문장이다.

> **Point**
> ▶ **I didn't say S+V** …라고 말하지 않았어, …라고 말한 적 없어

I didn't say we were brothers.
우리가 형제라고 말한 적 없어.

I didn't say you were wrong.
네가 틀렸다고 말한 적 없어.

I didn't say it was a good plan.
그게 좋은 계획이라고 말한 적 없어.

A: I thought you told me to go outside.
B: I didn't say you should leave right now.

A: 난 네가 나보고 나가 있으라고 한 줄 알았어.
B: 지금 당장 나가야 된다고 말하진 않았는데.

003 | **I didn't tell you because** it was part of my past

이번에는 tell을 써서 …라고 말한 적이 없음을 토로해보자. 특히 I didn't tell you 다음에는 I didn't say~와는 달리 about, (not) to, S+V, because 등 다양한 형태가 올 수 있다는 것을 기억해둔다.

Point
> ▸ **I didn't tell you about[to]~** …에 대해서[하라고] 네게 말하지 않았어
> ▸ **I didn't tell you S+V[because S+V]** …라고[때문에] 네게 말하지 않았어

I'm really sorry I didn't tell you about this before.
미리 얘기를 안해서 정말 미안해.

I didn't tell you because it was part of my past.
내 과거의 일부이기 때문에 말하지 않았어.

I didn't tell you because I didn't want you to get your hopes up.
네가 희망을 갖는 걸 원치 않았기 때문에 말하지 않았어.

A: You should have let me know that you were leaving.
B: I didn't tell you because it would have upset you.

A: 네가 떠난다는 걸 미리 말해줬어야지.
B: 네 기분을 상하게 할 수도 있을 것 같아서 말안했어.

---

 004 | **I never told anyone** the truth about Declan

말한 적이 없음을 강조하기 위해 never를 쓴 경우이다. I never told sb that S+V의 형태가 가장 많이 쓰인다. 물론 tell의 강점을 살려 I never told you about[to]~ 이라고 해도 된다.

Point
> ▸ **I never told you about[to]~** …에 관해[하라고] 네게 결코 말하지 않았어
> ▸ **I never told anyone (sth) about~** 누구에게도 …에 관해 결코 말하지 않았어

I never told anyone the truth about Declan.
난 데클랜에 관해 누구에게도 진실을 말하지 않았어.

I never told him we were staying at the Fountain View.
우리가 파운튼 뷰에서 머문다고 걔한테 절대로 말하지 않았어.

I never told anyone that Wilson wets his bed.
윌슨이 자다 오줌을 지렸다고 누구한테도 말하지 않았어.

A: I never told you about the time I kissed Richard.
B: You kissed Richard? I don't believe it!

A: 리차드와 키스했다고 너한테 말한 적 없는 것 같은데.
B: 리차드랑 키스했다고? 말도 안돼!

---

 005 | **I haven't told him** I like him

tell의 현재완료형을 써서 그런 말을 한 적이 전혀 없었음을 어필하는 표현법. 물론 say를 써서 I haven't said~라고 해도 된다.

Point
> ▸ **I haven't told sb sth** …에게 …을 말한 적이 없어, 말하지 않았어
> ▸ **I haven't told S+V** …라고 말한 적이 없어(I haven't said~ …을 말한 적이 없어)

I haven't told him I like him.
난 걔한테 걔를 좋아한다고 말한 적이 없어.

I haven't told you the most amazing part yet.
난 아직 네게 가장 멋진 부분을 말하지 않았어.

I haven't told Will I'm working here.
윌에게 내가 여기서 일한다는 것을 말한 적이 없어.

A: I haven't told the employees they will be fired.
B: They're going to hate you when they hear the news.

A: 근로자들에게 해고될거라 말안했어.
B: 그 소식을 들으면 널 싫어하게 될거야.

You never told me ~

넌 절대로 …에 관해 말한 적이 없어

PATTERN
001

이번에는 반대로 상대방이 I told you~, I said~라고 하면서 자기가 말했었다고 고집필 때 항변하는 구문이다. "네가 절대로 그런 말을 한 적이 없다"라고 할 때의 요긴한 표현들을 살펴보자.

Point

- **You never told me sth** 넌 절대로 …을 말한 적이 없어
- **You never told me about~** 넌 절대로 …에 관해서 말한 적이 없어
- **You never told me how[what]~** 넌 절대로 …하다고 말한 적이 없어

You never told me your first name.
넌 네 이름을 말해준 적이 없어.

Well, **you never told me how** old you were.
저기, 넌 네가 몇살인지 말해준 적이 절대로 없어.

You know, **you never told me what** happened between you and Penny. 저기, 너와 페니 사이에 무슨 일이 있었는지 절대로 말해준 적이 없어.

You never told me what you think when you think about having kids. 넌 아이들을 갖고 싶다는 생각을 할 때 내게 네 생각을 말한 적이 없어.

You know, **you never told me what** you thought of my article.
저기, 내 기사에 대해 어떻게 생각하는지 내게 말해준 적이 없어.

A: You never told me what you got for your birthday.

B: My parents mostly gave me clothing.

A: 넌 생일선물로 뭘 받았는지 말해준 적이 없어.

B: 우리 부모님은 주로 옷을 사주셨어.

A: You never told me about your trip to the fortune teller.

B: She said I'm going to meet my future husband soon.

A: 넌 점쟁이를 만나고 온 이야기를 내게 말해준 적이 없어.

B: 곧 내 미래의 남편을 만날거라고 그랬어.

PATTERN
002

You didn't tell me how bad it was

같은 의미의 다른 표현방식. You didn't tell me 다음에 about~, anything about~ S+V, 혹은 의문사절 등 다양한 형태를 이어써보면서 문장만드는 실력을 늘려보자.

Point

▶ **You didn't tell me (anything) about~** …에 대해서 넌 내게 (아무것도) 말하지 않았어
▶ **You didn't tell me S+V[how~]** 넌 …하다고 내게 말하지 않았어(You haven't told me~ 넌 …을 말한 적이 없어)

You didn't tell me how bad it was.
넌 그게 얼마나 나쁜 건지 나한테 말해주지 않았어.

You didn't tell me you went to the hospital.
넌 병문안 간다고 나한테 말해주지 않았어.

You didn't tell me about him because you didn't trust me?
넌 나를 믿지 않았기 때문에 걔에 대해서 말하지 않은거야?

A: You didn't tell me this store sells diamond rings.

B: Oh yeah, they sell all kinds of jewelry.

A: 이 가게에서 다이아 반지를 판다는 이야기를 나한테 안해줬어.

B: 아 맞다. 모든 종류의 귀금속을 파는데.

You didn't say Katherine was coming

You didn't tell~에서 tell 대신에 say를 쓴 경우. 뒤에는 역시 sth, S+V, anything 등이 오는 경우로 상대적으로 문장만드는 법이 You didnt' tell me~의 경우보다는 단순하다.

> ▶ **You didn't say sth~** 넌 …을 말하지 않았어(You didn't say S+V~ 넌 …하다고 말하지 않았어)
> ▶ **You didn't say anything about~** 넌 …에 대해서 내게 아무것도 말하지 않았어

You didn't say Katherine was coming.
넌 캐서린이 온다고 말 안했어.

You didn't say where we were going.
넌 우리가 어디 가는지 말안했어.

You didn't say anything about the way you look.
넌 네 모습이 어떤지에 대해 아무 말도 안했어.

A: You didn't say you needed to borrow money.

B: I was embarrassed to ask any of my friends for it.

A: 넌 돈을 빌려야 된다고 말하지 않았어.
B: 쑥스러워서 내 친구들 중 아무한테도 부탁하지 못했어.

She didn't tell you she was married

주어가 제 3인칭인 경우. 주어만 바뀌었을 뿐 형식은 동일하다. 세상에는 'I'와 'You'만 있는 것이 아니라 She와 He도 있기 때문에 그들이 무슨 말을 했는지 안했는지 등을 전달하는 것도 중요하기 때문에 열심히 외워둔다.

> ▶ **He didn't tell~** 걔는 …라고 말하지 않았어
> ▶ **She didn't say anything about~** 걔는 …에 관해서 아무런 이야기도 하지 않았어

She didn't tell you she was married.
걘 자기가 결혼했다는 걸 말하지 않았어.

She didn't tell you where she was going.
걘 자기가 어디가는지 네게 말하지 않았어.

But he didn't say anything about your mother's case.
하지만 걘 네 어머니의 사건에 대해 아무 이야기도 하지 않았어.

A: What caused Jane and Sam to divorce?

B: She didn't tell him she was seeing another man.

A: 제인이랑 샘은 왜 이혼한거야?
B: 제인이 다른 남자를 만나고 있다는 걸 걔한테 말하지 않았어.

I was told ~
…라고 들었어

tell이 수동태로 쓰인 경우로 I was told S+V하게 되면 "…라는 말을 들어왔다," "그렇게 들었다," 그래서 의역하자면 "내가 듣기로는 …이다"라는 뜻으로 쓰인다.

Point

■ **I was told S+V** 내가 듣기로는, …라고 들었어

I was told we were doing this together.
난 우리가 이걸 같이 하는거라고 들었어.

I was told you want to talk to me about the rapist we're looking for.
네가 우리가 찾고 있는 강간범에 대해 나와 상의하고 싶어한다고 들었어.

I was told it was a suicide. I had to examine the body.
자살이라고 들었지만 난 시신을 부검해야됐어.

I was told I could find Jessica here.
여기서 제시카를 찾을 수 있다고 들었는데.

I'm in the business community and **I wasn't told** about it.
내가 업계에 있지만 그것에 관해서는 들어본 적이 없어.

A: I was told this restaurant serves delicious food.

B: It's true. The sushi here is the best in the area.

A: 이 식당에 맛있는 음식이 많다고 들었어.

B: 사실이야. 여기 스시는 이 지역에서 최고야.

A: What are you and your friends waiting for?

B: I was told a city bus arrives here every 20 minutes.

A: 너와 네 친구는 뭘 기다리는거야?

B: 시내버스가 20분에 한번씩 온다고 들었어.

I was told to drop a class

tell sb to+V를 수동태로 쓴 경우로 "…라는 지시를 받았다," "…하라는 얘기를 들었다"라는 의미가 된다.

Point

▶ **I was told to~** …하라는 얘기를 들었어

I was told to pick up some medicine.
난 약을 좀 가져오라는 얘기를 들었어.

I was told to page you and only if something like this came up.
오직 이런 일이 생길 때면 네게 호출하라더군.

I was told to pass it along to you.
너에게 전달하라는 얘기를 들었어.

A: Why did you put these keys on my desk?

B: I was told to leave them with you.

A: 넌 왜 열쇠들을 내 책상에서 올려놓은 거야?

B: 네게 열쇠를 남겨놓으라는 얘기를 들었거든.

003 I've been told that we've met

I was told that~의 현재완료형으로 과거부터 지금까지 계속 듣고 있다는 점을 강조하는 표현법. "…라는 얘기를 계속 듣고 있다" 정도로 이해하면 된다.

> **Point**
> ▶ **I've been told that~** …라는 얘기를 계속 듣고 있어, 들어왔어

I've been told that I've got to get rid of one of you guys by the end of the week. 이번주말까지 너희들 중 한명을 해고해야 한다는 지시를 받았어.

I've been told we've met. I've no memory of it.
우리가 만났었다는 얘기를 들었는데 난 기억이 안나.

I've been told you have news about Chris Suh.
네가 크리스 서에 대한 소식을 갖고 있다고 들었어.

A: I've been told that a famous person is coming here.
B: Really? Who do you think is going to come?

A: 한 유명인사가 여기 온다고 들었어.
B: 정말? 누가 올 것 같아?

004 You were told to stay away!

주어가 'I'가 아니고 You나 She, He의 경우로 "너는, 걘 …하라는 얘기를 들었다," "…하라는 지시를 받았다" 등의 문장을 만들 수 있다.

> **Point**
> ▶ **You were told to[S+V]~** 넌 …하라는 얘기를 들었어
> ▶ **He was told S+V** 걘 …라는 얘기를 들었어

You were told to stay away!
가까이 오지 말라고 했잖아!

What would you do if you were told you were gonna die?
네가 죽을거라는 얘기를 듣게 되면 넌 어떻게 할래?

She was told to call and make a new appointment.
걘 전화해서 예약을 다시 하라는 얘기를 들었어.

A: I'm sorry I broke the computer. I just made a mistake.
B: You were told not to use the computer at all.

A: 미안 컴퓨터를 고장내서. 실수였어.
B: 절대 컴퓨터를 사용하지 말라고 했잖아.

005 I've been asked to do that

tell보다는 예의바른 ask를 쓴 경우로 be asked to~하게 되면 "…하라는 요청이나 부탁을 받았다"라는 표현이 된다.

> **Point**
> ▶ **I was asked to~** …하라는 얘기를 들었어
> ▶ **I have been asked to ~** …해달라는 얘기를 들어왔어

I was asked to give this to you.
이걸 너한테 주라는 부탁을 받았어.

You know, I was asked to resign from the scouts.
저 말이야, 나보고 스카우트를 그만두라는 말을 들었어.

I've been asked to officially ID her body.
난 걔 시신을 공식적으로 신원확인을 하라는 얘기를 들었어.

A: I've been asked to give a lecture to the new students.
B: Have you prepared anything to say to them?

A: 새학생들에게 강의요청을 받았어.
B: 걔네들에게 할 말 준비는 됐어?

How can you~?

어떻게 …할 수가 있어?

001

How can(could) you+V?는 상대방의 어처구니 없고 이해할 수 없는 행동에 놀라면서 하는 말로 "어떻게 …할 수가 있냐?" 라는 뜻. 반대로 "어떻게 …하지 않을 수 있냐?"라고 물어보려면 How can you not+V?로 하면 된다.

Point

- **How can you~?** 어떻게 …할 수가 있어?
- **How can you not~** 어떻게 …하지 않을 수 있어?

You can't know that. **How can you** possibly know that?
넌 알 수가 없지. 어떻게 네가 그걸 알 수가 있어?

How can you do this with our son in the house?
어떻게 네가 집에서 내아들과 이럴 수 있는거야?

How can you attribute all of those to the same offender?
어떻게 그 모든 것을 동일한 범죄자가 했다고 할 수 있어?

How can you not understand? I told you a thousand times.
어떻게 이해를 못할 수 있어? 내가 수없이 말했잖아.

Leonard, come on, **how can you not** go? He's your best friend.
레너드, 그러지마, 네가 어떻게 안갈 수가 있어? 네 절친이잖아.

A: I told Pam that she looks fat and ugly.
B: **How can you** be so cruel to her?

A: 팸에게 살찌고 못생겼다고 말했어.
B: 걔한테 어떻게 그렇게 잔인할 수 있어?

A: **How can you not** attend your high school reunion?
B: I'm not interested in seeing those people again.

A: 고교 동창회에 어떻게 안갈 수 있어?
B: 그 친구들을 다시 보고 싶지 않아.

How could you not tell us?

How can~?보다 좀 부드럽게 쓴 표현으로 How could you~?, How could you not~?하게 되면 마찬가지로 "어떻게 … 할 수 있어?," "어떻게 …하지 않을 수 있어?"라는 문장이 된다.

Point

▸ **How could you~?** 어떻게 …할 수 있어?
▸ **How could you not~?** 어떻게 …하지 않을 수 있어?

How could you let this happen?
어떻게 이렇게 되도록 놔둘 수 있어?

How could you do this to us?
어떻게 우리한테 이럴 수 있어?

How could you bring children into that house?
어떻게 저 집에 아이들을 데려갈 수 있어?

A: The crowd just watched the man lying on the sidewalk.
B: **How could you not** go and help him?

A: 사람들이 저 남자가 보도에 누워있는 걸 그냥 쳐다보고 있었어.
B: 어떻게 가서 도와주지 않을 수가 있어?

How can you say it doesn't matter?

상대방의 어처구니 없고 말도 안되는 이야기를 할 때 사용하면 딱인 표현. 말도 안되는 이야기를 그냥 that으로 받고 How can you say that?(어떻게 그렇게 말할 수 있나?)이라고 많이 쓴다.

Point

> ▸ **How can you say~?** 어떻게 …말을 할 수 있는거야?
> ▸ **How could you say~?** 어떻게 …말을 할 수 있는거야?

How could you say such a thing?
네가 어떻게 그런 말을 할 수 있니?

How could you say I'm not a girl?
어떻게 내가 여자가 아니라고 할 수 있어?

How can you say it doesn't matter?
어떻게 그게 문제가 안된다고 할 수 있어?

A: How can you say that I am a bad cook?

B: It's because this food you made tastes terrible.

A: 어떻게 내가 형편없는 요리사라고 할 수 있어?

B: 네가 만든 이 음식맛이 끔찍하기 때문이야.

How could you think I did it?

대화 중 상대방의 어처구니 없는 것은 말(say) 뿐만이 아니다. 상대방의 어처구니 없는 생각(think)에 놀랄 때 쓰면 된다.

Point

> ▸ **How could you think~?** 어떻게 …라고 생각할 수 있어?
> ▸ **How can you think ~?** 어떻게 …라고 생각할 수 있어?

Dad, how can you think this is a good idea?
아빠, 어떻게 이게 좋은 생각이라고 할 수 있어?

How could you think I would do such a thing?
어떻게 내가 그런 짓을 할거라 생각할 수 있어?

How could you think I killed them, my own children.
어떻게 내가 그들을, 내 자식들을 죽였다고 생각할 수 있어?

A: I'm sorry that I called you a cheater and a liar.

B: How could you think I would do those things?

A: 내가 널 사기꾼에다 거짓말쟁이라고 한거 미안해.

B: 어떻게 내가 그런 일을 할 수 있다고 생각하는거야?

How can you even be so sure he's here?

상대방의 이해할 수 없는 생각(think) 중, 이번에는 상대방이 뭔가 확신하고 있을 때, 그걸 어떻게 확신할 수 있냐고 되묻는 표현법이다.

Point

> ▸ **How can you be so sure S+V ?** 어떻게 …을 확신할 수가 있어?
> ▸ **How can you be certain S+V?** 어떻게 …을 확신할 수가 있어?

How can you be sure it won't blow up?
어떻게 그게 폭발하지 않을거라 확신할 수 있어?

How can you even be so sure he's here?
어떻게 걔가 여기 있다고 그렇게 확신할 수 있어?

How can you be sure that this is the same person?
어떻게 이게 같은 사람이라고 확신할 수 있어?

A: You're not going to die.

B: How can you be so sure?

A: 넌 죽지 않을거야.

B: 그걸 어떻게 확신해?

How can I~?

내가 어떻게 …할 수 있을까?

001

How can I~는 How can you~?와는 달리 "내가 어떻게 …할 수 있는가?"라는 의미로 How can I help you?로 타인에게 어떻게 도와줄지 단순히 물어볼 때, 혹은 자신이 어떻게 일을 풀어나가야 될지 고민하거나 혹은 내가 왜?라는 뉘앙스로 부정적인 반응을 보일 때도 쓰일 수 있다.

> **Point**
> - **How can I help you, Officers?** 경찰관님들, 뭐 도와드릴까요?
> - **How can I (ever)~?** 내가 어떻게 …할 수 있을까?
> - **How can I not~?** 내가 어떻게 …하지 않을 수 있을까?

How can I ever trust you again?
내가 어떻게 너를 다시 믿을 수 있겠어?

I wake up and think, "How can I put away a rapist?"
난 일어나 생각했어, "어떻게 강간범을 잡아넣을 수 있을까?"

Hi. How can I make you happy today?
안녕. 오늘 어떻게 널 기쁘게 해줄 수 있을까?

I'm trying not to butt in, but how can I not worry?
간섭하려는 것은 아니지만 내가 어떻게 걱정하지 않을 수 있어?

But how can I allow a strange boy to live in this house?
하지만 내가 어떻게 낯선 사내아이를 이집에서 살라고 할 수 있겠어?

A: You really embarrassed yourself in front of the class.

B: How can I ever go back to school now?

A: 넌 반아이들 앞에서 정말 쪽팔렸어.

B: 이제 내가 어떻게 학교에 다시 갈 수 있을까?

A: So you are going to your home town to see your family?

B: Yes. How can I not visit them during the holidays?

A: 그럼 넌 가족을 보러 고향에 가는거야?

B: 어. 연휴에 어떻게 만나러가지 않을 수 있겠어?

002

How could I lose that bracelet?

can이 could로 바뀐 경우로 문장을 좀 더 부드럽게 하지만 거의 같은 의미로 생각해도 무관하다.

Point

▶ **How could I~ ?** 어떻게 내가 …할 수 있어?　　▶ **How could I not~?** 어떻게 내가 …하지 않을 수 있어?

How could I do this? How could I lose that bracelet?
내가 어떻게 이럴 수 있을까? 어떻게 팔찌를 잃어버릴 수 있어?

How could I not stop by after all those pitiful messages you left?
그렇게 애처로운 메시지들을 남겼는데 어떻게 내가 안들릴 수 있겠어?

How could I have doubted your medical opinion?
내가 어떻게 너의 의학적 의견을 의심할 수 있겠어?

A: How could I not remember the meeting this morning?

B: Don't worry about it. It wasn't important.

A: 내가 오늘 아침 회의를 어떻게 잊어버릴 수가 있지?

B: 걱정하지마. 중요한 회의도 아니었는데.

How can I be sure she's still alive?

How can I~ 다음에 be+adj 혹은 be+N이 오는 경우로 "내가 어떻게 …할 수 있겠어?" 혹은 "내가 어떻게 …가 될 수 있겠어?"라고 놀라거나 의문 또는 반문할 때 사용하면 되는 문장.

Point
- **How can I be+adj?** 어떻게 내가 …할 수 있겠어?
- **How can I be+N?** 어떻게 내가 …가 될 수 있겠어?

But how can I be sure you're not deceiving me.
하지만 내가 어떻게 나를 속이지 않는다고 확신할 수 있겠어?

How can I be the father of her baby?
내가 어떻게 걔 아이의 아버지일 수 있겠어?

How could I be surprised, really? Excuse me.
놀랄 일도 아니겠지, 그지? 난 이만 갈게.

A: How can I be sure my wife really loves me?

B: She stays with you and takes care of you, right?

A: 내 아내가 정말 나를 사랑하는지 어떻게 확신할 수 있을까?

B: 너랑 함께 지내고 너를 챙겨주잖아, 맞지?

How can it be a victim?

직역하자면 "그것(it)이 어떻게 N이 될 수 있을까?"라는 말. 좀 더 우리말답게 해보자면 "그게 어찌 …일 수 있어?"가 된다.

Point
- **How can it be+N~?** 그게 어찌 …가 될 수 있어?
- **How can it be S+V?** 어찌 …가 될 수 있어?

The fetus is not a person under the law. How can it be a victim?
태아는 현행법상 사람이 아냐. 그게 어떻게 피해자가 될 수 있어?

I mean, how can it be a sin if God made me this way?
내 말은, 신이 나를 이렇게 만드셨다면 그게 어찌 죄가 될 수 있어?

How can it be nothing? You cut out a piece of my brain.
그게 어찌 아무것도 아냐? 넌 내 뇌의 일부를 빼냈잖아.

A: How can it be school costs so much money?

B: Education is getting more expensive every year.

A: 학교가 어떻게 그렇게 많은 돈이 들 수가 있지?

B: 교육비가 매년 더 상승하고 있어.

072

Did I say ~?
내가 …라고 했어?

001

단순히 과거에 자신이 한 말의 사실여부를 물을 수도 있고, 상황에 따라서는 상대방을 혼내는 장면에서 사용할 수도 있다.

Point

- **Did I say~ ?** 내가 …라고 했어?
- **Did I say S+V?** 내가 …라고 했어?
- **Did I say something to+V[that~]?** 내가 …한 뭔가를 말했어?

Did I say something I shouldn't have?
내가 하면 안되는 말을 한거야?

Did I say something to offend you?
내가 너 기분상할 말을 한거야?

Did I say anything that wasn't true?
내가 사실이 아닌 말을 한거야?

Did I say you could talk, Chris?
크리스, 네가 말해도 괜찮다고 내가 한 적 있니?

Did I say you could touch me?
네가 날 만져도 된다고 내가 했어?

A: I understand your interview with the manager went well.
B: Wait, did I say he offered me a job?

A: 매니저와의 면접이 잘되었다며.
B: 잠깐, 부장이 내게 일자리를 제공했다고 말했어?

A: Did I say anything that upset your sister?
B: No, she is just in a bad mood this evening.

A: 네 누이를 기분나쁘게 할만한 얘기를 했니?
B: 아니, 오늘 저녁에 그냥 기분이 안좋을 뿐야.

---

002 Did I tell you about his hair?

say가 tell로 바뀐 것으로 "내가 …라는 이야기를 했냐?"고 물어보고 확인하는 문장이다. 기억이 안나 확인할 수도 있지만 상대방에게 자기가 한 말을 한번 더 되새길 때도 쓰인다.

Point

▸ **Did I tell you about~?** …에 관해서 내가 말했어?
▸ **Did I tell you how~ ?** 얼마나 …한지 내가 말했어?
▸ **Did I tell you S+V ?** …라고 내가 말했어?

Did I tell you about his hair?
내가 걔 머리에 대해서 말했나?

Did I tell you how glad I am you're back.
네가 돌아와서 내가 얼마나 기쁜지 말했나?

Did I tell you that Sam and Jack have another date tonight.
샘하고 잭이 오늘밤 또 데이트한다고 내가 말했어?

A: Did I tell you how I arrived in South Africa?
B: No, but I would really like to hear the story.

A: 내가 남아프리카에 어떻게 도착했는지 말했나?
B: 아니, 하지만 그 얘기 정말 듣고 싶어.

Didn't I tell you it was great?

내가 말을 했는데도 왜 기억도 못하고 말을 듣지도 않냐라는 불만이 팽배한 표현. Didn't I tell you to+V나 S+V를 연결해서 말할 수 있다. 물론 단순히 과거사실을 확인할 때도 쓰인다.

Point

▸ **Didn't I tell you to~ ?** …하라고 내가 말하지 않았어?

▸ **Didn't I tell you S+V?** 내가 …라고 말하지 않았어?

Dani! Didn't I tell you to always lock the door!
대니! 내가 항상 문잠그라고 말하지 않았어!

Didn't I tell you not to bite your nails!
내가 손톱 물어뜯지 말라고 하지 않았어!

Sweetie, didn't I tell you I was gonna paint that chair?
자기야, 내가 저 의자 칠할거라고 말하지 않았어?

A: Terry said she really enjoyed her blind date with Paul.

B: Didn't I tell you they would like each other?

A: 테리는 폴과의 소개팅이 정말 좋았다고 그래.

B: 걔네들 서로 좋아할거라고 내가 말하지 않았어?

Has anyone ever told you you're an idiot?

직역하면 "누가 너한테 …라고 말해준 적이 없느냐?"라는 강조표현. 예쁜 여자애보고 "누가 너보고 공주라고 한 적 없어?"라고 말할 때 쓸 수 있는 표현으로 "누가…라고 한 적 없어?," "혹 …라는 말 들어봤어?," "너 정말 …하다"라는 뜻이 된다.

Point

▸ **Has anyone ever told you~ ?** 혹시 …란 들어봤어?, 너 정말 …하다

Has anyone ever told you you're a very wise man?
너 혹시 매우 현명하다는 말 들어봤어?

Has anyone ever told you how incredibly beautiful you are?
혹시 너 눈부시게 아름답다는 말 들어봤어?

Has anyone ever told you're very attractive, Natalie?
나탈리, 혹시 너 매우 매력적이란 말 들어봤어?

A: Has anyone ever told you you look beautiful?

B: Oh my, that is a very nice thing to say.

A: 혹시 너 아름답다는 말 들어봤어?

B: 이런, 그렇게 말해줘서 정말 고마워.

073

She did us the favor of~

걘 우리에게 …하는 호의를 베풀었어

잘 알려진 표현. do sb a favor는 'sb에게 호의를 베풀다'라는 뜻으로 do sb a favor of~ing하면 "…하는 호의를 베풀다," do sb a favor for~하면 "…에게 호의를 베풀다"라는 의미가 된다. 한편 ask for a favor of sb하게 되면 역시 "…에게 부탁을 하다"라는 뜻이 된다.

Point

- **do sb favor and V ~** 호의를 베풀어 …하다
- **S did sb a favor of ~ing** …에게 …하는 호의를 베풀다
- **I'd like to ask for a favor of sb** …에게 부탁을 하고 싶어

Mr. Gardner **did us the favor of** leaving his calling card at the scene.
가드너 씨는 현장에서 명함을 우리에게 남겨주는 호의를 베풀었어.

That guy still thinks he **did a favor for** the Bransons.
저 사람은 아직도 자기가 브랜슨네에게 호의를 베풀었다고 생각해.

How many times **did** you **do this favor for** the cousin?
넌 네 사촌에게 몇번이나 이런 호의를 베풀었어?

I'm going to **do you the biggest favor** one doctor can do for another.
한 의사가 다른 의사에게 베풀 수 있는 최고의 호의를 네게 베풀려고.

We'd like to **ask a favor of** you Mr. Smith. A private viewing of the painting. 우리는 스미스 씨에게 부탁을 하고 싶어요. 그림을 개인적으로 보고 싶어요.

A: Mom is out in the kitchen cleaning up things.
B: **Do** her **a favor and** go help her do that.
A: 엄마는 부엌에서 청소하고 계셔.
B: 가서 엄마를 도와 청소 좀 해.

A: I need to **ask a favor of** you people working today.
B: Go ahead, tell us what you need.
A: 일하시는 여러분들에게 오늘 부탁을 좀 해야 되겠네요.
B: 어서 말해요, 뭐가 필요한지.

Do me a favor and keep it to yourself

Could you do me a favor?라고 한 다음 부탁할 내용을 말해도 되지만 Could you do me a favor and+동사~?처럼 바로 이어서 부탁내용을 말할 수도 있다. 우리말로는 "부탁인데 …좀 해주라" 정도에 해당된다. Could you를 빼고 간단히 Do me a favor~라고 해도 된다.

Point

▶ **Do me a favor and+V** 부탁인데 …해주라   ▶ **Do me a favor and don't~** 부탁인데 …하지 말아주라

Do me a favor please, and leave Serena alone.
제발 부탁인데 세레나 좀 가만히 놔둬.

Do me a favor and keep it to yourself.
부탁인데 너만 알고 있어라.

Could you **do us a favor and not** tell them about this?
부탁인데 걔네들에게 얘기하지 말아줄래?

A: I'm tired of hearing you. **Do me a favor and** shut up!
B: Geez, why are you so angry at me?
A: 네 얘기 듣기 지친다. 부탁인데 입 좀 다물래!
B: 이런, 왜 내게 그렇게 화를 내는거야?

Do yourself a favor and stay away from my nephew

스스로에게 호의를 베풀라는 것은 '스스로를 챙기라' 는 말. 다시 말해 스스로를 나쁜 일이나 사람으로부터 보호하라는 말씀.

Point
- **Do yourself a favor** 네 자신을 생각해야지
- **Do yourself a favor and~** 네 스스로를 위해 …해라

Do yourself a favor and buy some new clothes.
네 스스로를 위해서 새옷 좀 사라.

Do yourself a favor and stay away from my nephew.
너 스스로 알아서 내 조카로부터 좀 떨어져라.

Why don't you do yourself a favor and tell us who's selling this stuff.
너 스스로를 위해 우리에게 누가 이것을 팔았는지 말해주는게 어때.

A: Do yourself a favor and buy lots of these stocks.

B: Is it really going to make us all into millionaires?

A: 스스로를 위해 이 주식들을 많이 사.
B: 진짜 우리 모두를 백만장자로 만들어 줄거야?

Fresh air **will do you good**

익숙한 표현이지만 실제 사용하려면 어딘지 모르게 낯설게 느껴진다. do sb good [harm]은 '…에게 도움이 되다,' '…에게 해가 되다' 라는 뜻이 된다.

Point
- **~ will do you good** …가 네게 도움이 될거야
- **~ will do you harm** …가 네게 해가 될거야

Fresh air will do you good.
신선한 공기가 도움될거야.

A little fruit might do you good.
과일을 조금만 먹어도 도움이 될거야.

I might do you harm, Thomas. Do you not think I will?
토마스, 내가 너를 해치게 될 수도 있어. 내가 그럴거란 생각 안들어?

A: I haven't had a good night's sleep in months.

B: You need to take a vacation. It would do you good.

A: 몇달동안 숙면을 해본 적이 없어.
B: 너 휴가 좀 가야겠다. 네게 도움이 될거야.

This man asked for a chance to fight

ask for는 '요구하다,' '…을 부탁하다' 라는 의미로 쓰이는 기본 동사구이다. 노골적으로 ask for help하게 되면 '도움을 청하다' 가 된다.

Point
- **I asked for~** 난 …을 요구했어
- **ask for help** 도움을 요청하다

This man asked for a chance to fight.
이 사람은 싸울 기회를 달라고 요청했어.

No, what you asked for was an independent life.
아니, 네가 요구한 것은 독립적인 삶이었어.

At that party I asked for both of your phone numbers.
파티에서 난 너희 둘 모두에게 전화번호를 달라고 했어.

A: This is not the scarf I asked for.

B: Well, it looks fine. Can you just wear it?

A: 내가 달라고 한 스카프가 아닌데.
B: 괜찮아 보이는데. 그냥 한법 둘러봐.

I never thought ~!

…라고 전혀 생각못했어!

뭔가 예상하지 못한 일이나 놀랄만한 일이 벌어졌을 때 그런 감정을 목소리에 담아 I never thought~라 하면 된다. 예상치와 다르기 때문에, 현실과 다르기 때문에 S+V에서 동사는 과거동사 혹은 would+V를 쓰게 된다.

> **Point**
> - **I never thought S+V(과거동사)** …라고 전혀 생각못했어
> - **I never thought S+would+V** …하리라곤 전혀 생각 못했어

I never thought she was a virgin anyway.
난 어찌됐건 걔가 처녀라고는 전혀 생각못했어.

I never thought my life would turn out like this.
내 인생이 이렇게 되리라고는 전혀 생각못했어.

Look, I never thought any of us were capable of doing this.
이봐, 난 우리들중 누구도 이걸 해낼 수 있으리라고는 생각못했어.

I never thought that that could be true.
난 그게 사실일 거라는 생각을 전혀 못했어.

I never thought it was possible to love someone too much.
사람을 그렇게 지독하게 사랑할 수 있을거라고 전혀 생각못했어.

A: I never thought Laurie would consider dating me.

B: She's beautiful. You're a very lucky guy.

A: 로리가 나와 사귈 생각을 하리라고는 전혀 생각못했어.

B: 걔 예쁘잖아. 넌 운좋은 놈이야.

A: People say that your brother was arrested for murder.

B: I never thought he would harm anyone.

A: 네 형이 살인죄로 체포됐다며.

B: 형이 누굴 해치리라고는 전혀 생각못했어.

Never thought the date would end here

주어 'I'를 생략한 경우이지만 의미는 마찬가지. Never thought 다음에는 과거동사의 절이나 would+V의 동사구가 이어지게 되어 있다.

> **Point**
> ▶ **Never thought ~** …을 생각해본 적이 없어, 꿈에도 생각못했어
> ▶ **Never thought I'd[you'd]** 내[네]가 …하리라고 전혀 생각못했어

Never thought the date would end here.
데이트가 여기서 끝날 줄은 전혀 생각못해봤어.

Never thought I'd see the day you were taking orders from Cameron.
네가 카메론의 지시를 받는 걸 볼 날이 오리라고는 전혀 생각못해봤어.

Never thought I'd be so happy to hear that.
그런 말을 듣고 기뻐하리라고는 꿈에도 몰랐어.

A: This is the biggest apartment I've ever seen.

B: I never thought I'd own a place like this.

A: 이렇게 큰 아파트는 난생 처음 봐.

B: 내가 이런 집을 소유하게 되리라고는 꿈에도 생각못했어.

I haven't thought about what you said

현재완료형으로 I haven't thought about~은 "…에 대해 생각해본 적이 없다"라는 의미가 된다.

▶ **I haven't thought about~** …에 대해서 생각해본 적이 없어

▶ **I haven't thought of A as B** A를 B라고 생각해본 적이 없어

I haven't thought about that boy in probably 10 years.
저 소년에 대해 생각을 안해본지 10년은 된 것 같아.

I haven't thought about what you said.
네가 말한 것에 대해 생각해보지 않았어.

The truth is **I haven't thought of you as** just a friend for some time now. 사실 지금까지 얼마동안은 난 널 친구로 생각해 본 적이 없어.

A: What are you going to do about the broken window?

B: I haven't thought about how to fix it yet.

A: 창문깨진거 어떻게 할거야?

B: 아직 어떻게 수리해야 될지 생각 안해봤어.

Have you thought about what you want?

상대방에게 어떤 생각을 해 본 적이 있는지 경험을 물어보는 구문. Have you thought S+V? 혹은 Have you thought about[of]+N[~ing]?이라고 하면 된다.

▶ **Have you ever thought about~?** …에 대해서 생각해본 적 있어?, …에 대해 생각해봤어?

▶ **Have you thought about what~** …에 대해 생각해본 적 있어?, …에 대해 생각해봤어?

Have you thought about what you want?
네가 원하는게 뭔지 생각해봤어?

So **have you thought about what** you're going to say?
네가 무슨 말을 할건지에 대해 생각해봤어?

Have you thought about how this is going to end?
이게 어떻게 끝날지 생각해본 적 있어?

A: Have you thought about what you want to study?

B: My parents want me to become a doctor.

A: 네가 무슨 공부를 할건지 생각해본 적 있어?

B: 부모님은 내가 의사가 되기를 바라셔.

Did you ever think this day would come?

'과거동사+ever'의 결합은 항상 경험을 물어보는 표현이 된다. 결국 앞의 Have you ever thought~와 같은 의미로 "…을 생각해본 적이 있느냐?"고 묻는 문장.

▶ **Did you ever think~ ?** …을 생각해본 적이 있어?

▶ **Did you ever think that maybe I did not~** 내가 …하지 않았을 수도 있다는 생각을 해본 적 있어?

Did you ever think this day would come?
이런 날이 오리라는 걸 생각해본 적 있어?

Did you ever think why he's interested in you sexually?
왜 걔가 성적으로 너에게 관심을 갖는지 생각해봤어?

Did you ever think that maybe she made this up?
걔가 이걸 꾸몄을지도 모른다는 생각 해봤어?

A: Did you ever think you would live in Honolulu?

B: No, but I'm so happy I'm able to live here.

A: 호놀룰루에 살거라는 생각 해본 적 있어?

B: 아니, 하지만 난 여기에 살 수 있어서 매우 행복해.

I'm not going to do anything to ~

난 …할 아무것도 하지 않을거야

PATTERN
001

I'm not going to do anything to~하게 되면 to 이하를 위해서는 아무 것도 하지 않겠다 혹은 to 이하를 할 어떤 일도 하지 않겠다라는 단호한 문장이 된다. 즉 to 이하를 함으로써 생길 수도 있는 위험이나 곤경을 피하겠다는 말이다.

Point

■ **I'm not going to do anything to~** …위해서는[…할] 아무것도 하지 않을거야

■ **I can't do anything to~** …위해서는 아무것도 할 수가 없어

I'm not going to do anything to help you! You're the enemy!
난 너를 돕는 일을 절대 안할거야! 너는 적이잖아!

She's not gonna do anything to mess things up with you guys.
걔는 너희들과 일을 그르치게 할 어떤 것도 하지 않을거야.

Well, we can't do anything to make him live.
글쎄, 걔를 살리는데 우리가 할 수 있는게 없어.

I can't do anything to help you.
난 너를 더이상 도와줄 수 없어.

His partner was shot. He couldn't do anything to save him.
걔 파트너가 총에 맞았어. 그는 걔를 살리기 위해 아무런 것도 할 수가 없었어.

A: Please don't touch the items on my desk.

B: I'm not going to do anything to mess them up.

A: 내 책상위의 물건들에 손대지마.

B: 어지럽게 할 어떤 일도 하지 않을게.

A: They say Jack's wife died in the accident.

B: It's true. He couldn't do anything to help her.

A: 잭의 부인이 사고로 죽었대.

B: 맞아. 부인을 위해 할 수 있는게 아무 것도 없었어.

PATTERN
002
I didn't actually do anything to her

과거형으로 to+V 하기 위해서 혹은 to 이하의 대상에 아무 짓도 하지 않았다고 결백을 주장할 때 사용하는 표현.

Point

▶ **I didn't do anything to~** …하는 어떤 일도 하지 않았어

▶ **I never did anything to~** 난 절대로 …하는 아무 짓도 안했어

I didn't actually do anything to her.
실은 나 걔한테 아무 짓도 안했어.

I didn't do anything. I didn't do anything to stop her.
난 어떤 일도 하지 않았어. 난 걔를 멈추게 할 어떤 일도 하지 않았어.

I didn't do anything to undermine our client's case.
고객 사건을 손상시킬 짓은 전혀 하지 않았어.

A: My cell phone stopped working after you used it.

B: I didn't do anything to break it!

A: 네가 쓰고나서 핸드폰이 고장났어.

B: 난 그걸 고장낼만한 걸 한 적이 없는데!

I would never do anything to hurt you

to 이하를 할 어떤 일도 하지 않을거라는 주어의 강한 다짐이 돋보이는 표현.

Point
- ▶ **I would never do anything to~** …하는 어떤 일도 하지 않을거야
- ▶ **You would never do anything to~** 넌 …하는 어떤 일도 하면 안돼

Dean, you're my boyfriend. **I would never do anything to** hurt you.
딘, 넌 내 남친이야. 널 해칠 그 어떤 일도 하지 않을거야.

I would never do anything to put him at risk.
걔를 위험에 빠트리는 그 어떤 일도 하지 않을거야.

I would never do anything to jeopardize my friendship with Will.
윌과의 우정을 위험에 빠트리는 그 어떤 일도 하지 않을거야.

A: I would never do anything that hurt you.

B: Yes, I know and I believe you are a good person.

A: 네가 다칠 그 어떤 것도 하지 않을거야.
B: 그래, 알고 있어. 네가 좋은 사람이라는 걸 믿어.

We're not gonna do anything crazy

"…한 어떤 짓도 하지 않을거다"라는 의미로 anything의 성격을 뒤의 형용사가 보충해주고 있다. be going to do anything 다음에는 형용사 역할을 할 수 있는 형용사, that S+V, 혹은 to sb 등이 올 수 있다는 것을 알아두자.

Point
- ▶ **I didn't do anything adj** 난 어떤 …일도 하지 않았어
- ▶ **I didn't do anything to sb** 난 …에게 어떤 짓도 하지 않았어

You **didn't do anything** wrong. It's not your fault.
넌 어떤 잘못도 하지 않았어. 네 잘못이 아냐.

You don't have to **do anything** special for me.
날 위해서 특별한 걸 할 필요는 없어.

First of all, Jack **didn't do anything to** you.
무엇보다도, 잭은 네게 아무 짓도 하지 않았어.

A: I didn't even do anything wrong.

B: What! You didn't do anything wrong?

A: 난 아무런 잘못도 하지 않았어.
B: 뭐라고! 아무런 잘못도 하지 않았다고?

I never wanted to ~

난 절대로 …을 원하지 않았어

PATTERN 001

"난 절대로 …을 원하지 않았다"라는 의미로 자신의 의지내지는 진심을 토로하는 표현. wanted의 목적어로는 명사(사물, 사람), to+V 등이 오며 I never wanted sth pp(sth이 …되기를 원치 않는다)의 용법도 함께 알아둔다.

Point

- **I never wanted sth[s]** 난 절대로 …을 원하지 않았어
- **I never wanted to +V** 난 절대로 …하기를 원하지 않았어
- **I never wanted+sth+pp** 난 절대로 …가 …되기를 원하지 않았어

I'm so sorry. I never wanted to put you through this.
정말 미안해. 난 절대로 네가 이걸 겪는 걸 원하지 않았어.

I never wanted to do it again.
난 절대로 그걸 다시 하고 싶지 않았어.

I never wanted to be like my mother.
난 절대로 내 엄마처럼 되는 걸 원치 않았어.

Well, I never wanted to punish you, just protect you.
글쎄, 난 단지 널 보호하기 위해서지 절대로 널 벌주는 것을 원치 않았어.

I never wanted it done in the first place.
난 절대로 그 일이 먼저 끝나기를 바라지 않았어.

A: I never wanted to join the military.
B: I know, but you don't have any choice.

A: 난 절대로 군대에 들어가고 싶지 않았어.
B: 알아, 하지만 넌 아무런 선택권이 없잖아.

A: I never wanted to hurt him.
B: I know.

A: 난 절대로 걔를 해치고 싶지 않았어.
B: 알아.

PATTERN 002

I never wanted her to go there

이번에는 말하는 자기가 원하는 것이 아니라 상대방(you)이 to 이하하는 것을 원치 않았다고 말하는 표현법. you 대신에 her나 him 등을 넣어서도 활용해보자.

Point

- **I never wanted you to~** 난 절대로 네가 …하기를 원치 않았어
- **I never wanted her to~** 난 절대로 걔가 …하는 것을 원치 않았어

I never wanted her to go there.
난 절대로 걔가 그곳에 가는 걸 원치 않았어.

I never wanted you to be burdened with this.
난 결코 네가 이 부담을 지게 되는 걸 원치 않았어.

I'm sorry, I never wanted you to do that.
미안해, 난 절대 네가 그렇게 하기를 원치 않았어.

A: I never wanted you to leave your wife.
B: But I'm in love with you and want us to be together.

A: 난 결코 네가 아내를 떠나는 것을 원치 않았어.
B: 하지만 너를 사랑하고 우리가 함께 있기를 바래.

I told you I never wanted to see you again!

I never wanted to~를 I told you로 감싸고 있는 것으로 좀 감정이 격앙된 상태에서 말하는 표현이다. "내가 절대 원하지 않는다고 말했잖아"라는 뉘앙스.

Point
- ▸ **I told you I never wanted to~** 난 절대로 …을 원치 않는다고 말했잖아
- ▸ **I thought I told you I never wanted to~** 절대로 …을 원치 않는다고 말했을텐데

I told you I never wanted to see you again!
절대로 널 다시 보고 싶지 않다고 말했잖아!

I told you I never wanted to dump Chris.
난 결코 크리스를 차버리고 싶지 않았다고 했잖아.

I thought I told you I never wanted to see your faces again.
내가 니네들 얼굴을 다시는 보고 싶지 않다고 말했을텐데.

A: I told you I never wanted to see my English teacher again.
B: Come on, we're required to study English.

A: 내 영어선생을 절대로 다시 보고 싶지 않다고 했잖아.
B: 그러지마, 우린 영어공부를 해야 한다고.

You never wanted to take that other job

상대방이 절대 원하지 않았음을 상기시켜주는 문장. forgetful한 나머지 상대방이 억지를 부릴 때 단호하게 엄히 말할 수 있는 구문이다. You told me you never wanted~, I thought you told me you never wanted~ 등으로 응용해서 쓸 수도 있다.

Point
- ▸ **You never wanted to~** 넌 절대 …을 원하지 않았어
- ▸ **You told me you never wanted~** 넌 절대 …을 원하지 않는다고 했어

You never wanted children?
넌 아이들을 원한 적이 없었다고?

You told me you never wanted to get married again, ever.
네가 다시는 결혼을 하지 않을거라고 말했잖아.

I thought you never wanted to see me again.
난 네가 다시 날 보고 싶어하지 않는다고 생각했어.

A: When you were young, you never wanted to get married.
B: I guess I changed my mind when I met my girlfriend.

A: 너 어렸을 땐 절대 결혼 안할거라 했었지.
B: 여친을 만나고 내 마음이 바뀐 것 같아.

He never wanted anyone else to touch it

never wanted sb to의 구문을 토대로 주어와 sb를 다양하게 바꿔가면서 문장을 연습해본다.

Point
- ▸ **A never wanted B to~** A는 절대로 B가 …하기를 원치 않았어

He never wanted anyone else to touch it.
걘 절대로 다른 사람이 그걸 만지는 것을 원치 않았어.

She never wanted him to leave her.
그녀는 절대로 걔가 자기를 떠나기를 원치 않았어.

I never wanted you to get so drunk.
난 절대로 네가 그렇게 취하기를 바라지 않았어.

A: Bob was embarrassed about getting drunk.
B: He never wanted us to see him acting foolishly.

A: 밥은 술취한 모습을 부끄러워 하더라고.
B: 걘 자기의 허술한 모습을 우리에게 보이고 싶어하지 않았어.

I just wanted to make sure ~
난 …을 확실히 하고 싶어

PATTERN 001

make sure은 '…을 확인하다,' '확실히 하다'라는 의미로 회화에서 아주 많이 사용되는 숙어이다. 특히 I want to make sure~은 "…을 확실히 하고 싶다," 그리고 I want you to make sure~은 "네가 …을 확실히 해라"라는 뜻이 된다.

Point

- **I want to make sure S +V** …을 확실히 하고 싶어
- **I just wanted to make sure S +V** 난 단지 …을 확실히 하고 싶었을 뿐이야
- **I just have to make sure S +V** 난 …을 확실히 해야 돼
- **I will make sure S +V** …을 확실히 할거야

I want to make sure we get a reservation.
우리가 예약이 되었는지 확실히 하고 싶어.

I want to make sure we have all the information we should.
우리가 필요한 모든 정보를 갖고 있는지 확실히 하고 싶어.

I wanna make sure they're being nice to our friend Chris.
난 걔네들이 우리 친구 크리스를 잘 대해주는지 확실히 하고 싶어.

I just wanted to make sure she was okay.
난 걔가 무사한지 확실히 하고 싶을 뿐이야.

We have to make sure your heart is strong enough to support you through surgery.
우린 당신의 심장이 수술중 당신을 지탱해줄 만큼 강한지 확실히 해야 합니다.

A: Why are you calling me so late at night?

B: I just wanted to make sure that you were alright.

A: 왜 밤늦은 시간에 전화한거야?
B: 네가 괜찮은지 단지 확인하고 싶었을 따름이야.

A: All of the children are going to get candy today.

B: We have to make sure they share with each other.

A: 아이들은 오늘 모두 사탕을 받게 될거야.
B: 걔네가 서로 나누어 가지는지 확인해봐야 돼.

PATTERN 002 Let me make sure I'm getting this right

Let me make sure that S +V의 형태는 뭔가 불확실한 부분은 재차 확인하여 분명히 하고 싶을 때 긴요하게 써먹을 수 있다.

Point

▸ **Let me make sure S +V** …을 확인해볼게

Let me make sure I'm not doing anything Sunday.
일요일에 할 일이 없는지 확인해볼게

Let me make sure I'm getting this right.
내가 이걸 제대로 하고 있는지 확인해볼게.

Let me make sure that I don't have any meetings.
회의가 없는지 한번 확인해볼게.

A: Let me make sure the apartment is locked up.

B: Why? Are burglars breaking into places in the neighborhood?

A: 아파트 문이 잠겨있는지 확인해볼게.
B: 왜? 이웃 집들에 절도범들이 들어왔었대?

Make sure you bag that stuff

이와는 반대로 상대방에게 "…을 확실히 하라," "…을 꼭 확인해라"고 할 때는 (Please) Make sure that S+V라 하면 된다.

▸ **Make sure S+V** …을 확실히 해

Make sure you share with your brothers.
너의 형제들과 함께 나눠가지도록 해.

Make sure you guys show her a good time.
너희들이 걔랑 즐거운 시간을 확실히 보내도록 해.

Make sure you bag that stuff.
반드시 저걸 가방에 담도록 해.

A: We caught the man who robbed the bank.
B: Make sure he is taken to jail as soon as possible.

A: 은행털이범을 잡았어.
B: 가능한 빨리 감옥에 넣도록 해.

You just make sure that you are in touch with me

역시 상대방에게 확실히 하도록 지시하거나 부탁할 때 쓰는 표현으로 Make sure S+V에 You가 붙은 걸로 생각하면 된다. I want you to make sure~도 같은 맥락의 구문.

▸ **You make sure~** 너 …을 확실히 해
▸ **I want you to make sure~** 네가 …을 확실히 해

You're in charge, OK? You make sure nobody leaves!
네가 책임자야 알았어? 아무도 나가지 않도록 해.

So, you just make sure that you are in touch with me.
그럼, 넌 나와 확실하게 연락이 유지되도록 해야 해.

You make sure Monica does not find out, okay?
모니카가 알아내지 못하도록 해, 알았지?

A: My family is coming to visit me next week.
B: You make sure everyone has a good time.

A: 우리 가족이 다음주에 나를 보러 와.
B: 다들 즐건 시간을 갖도록 해.

Can you make sure he leaves the building?

make sure하라고 하는 문장인데 명령조보다는 좀 부드럽게 의문문으로 부탁을 하는 경우. Can you~?보다는 그래도 Could you~?가 좀 더 부드럽다.

▸ **Can you make sure S+V?** …을 확실히 해줄래?
▸ **Could you make sure S+V?** …을 확실히 해줄래?

Can you make sure he leaves the building?
걔가 빌딩을 확실히 나가도록 해줄래?

Can you make sure there's no parsley on anything?
어디에도 파슬리가 없도록 꼭 좀 해줄래요?

Could you make sure they clean their plates?
걔네들이 자기들 그릇은 치우도록 꼭 좀 해줘요.

A: Can you make sure the doors are all locked?
B: I'll go and check on them right now.

A: 모든 문을 다 확실히 잠그도록 할래?
B: 지금 바로 가서 확인할게.

Why don't you say~ ?

…라고 말해봐

PATTERN 001

Why don't you+동사?는 무늬는 의문문이지만 실제로는 상대방에게 뭔가 제안을 하는 문장으로 '이유(why)'와는 거리가 있다. 앞서 배운 I want you to+동사원형~과 의미가 비슷하다고나 할까. 또한 변형된 Why don't I~ ?는 Let me~와, Why don't we~ ?는 Let's~와 각각 같은 뜻의 표현이다.

Point

■ **Why don't you say~?** …라고 말해봐, …라고 말하는게 어때

■ **Why don't you tell us~?** …인지 우리에게 말해봐

■ **Why don't you~ if~?** …한다면 …해버려

■ **Why don't you go+V?** 가서 …해

Why don't you turn off the light, so they can't see us?
걔네들이 우리를 보지 못하게 불을 꺼.

Well, why don't you just quit if it bugs you that much?
음, 그렇게 힘들다면 그냥 그만 둬.

Why don't you come in the living room and meet our friends?
거실로 들어와서 우리 친구들을 만나봐.

Why don't you go talk to my mom?
가서 우리 엄마에게 얘기하도록 해.

Why don't you just tell her that we got back together.
걔한테 우리가 다시 합쳤다고 말해.

A: I can't believe that Jenny has not shown up again.

B: Why don't you stop inviting her if she does this?

A: 제니가 또 오지 않았다니 믿기지 않네.

B: 걔가 이러는데 이제 그만 초대해.

A: Oh God, I'm about ready to fall asleep now.

B: Why don't you go get us some coffee to drink?

A: 맙소사, 이제 막 잠이 들려고 하네.

B: 가서 마실 커피 좀 사가지고 와.

PATTERN 002 Why don't we all go out to dinner together?

Why don't you~가 상대방에 대한 제안을 하는 반면, Why don't we~?는 우리들 자신에게 제안, 즉 "…해보자"라는 말로 Let's~와 같은 뜻이다.

Point

▶ **Why don't we+동사~?** …하자(Let's~)

▶ **Why don't we see if~?** 인지 보자고

Why don't we all go out to dinner together?
우리 모두 나가서 저녁을 함께 하자.

Well, why don't we just go by ourselves, then?
그럼, 그냥 우리들끼리만 가자.

Why don't we see if we can use him?
우리가 걔를 활용할 수 있는지 보자고.

A: The train ride to Miami will take nineteen hours.

B: Why don't we buy tickets on an airline instead?

A: 마이애미까지 기차로 19시간 걸릴거야.

B: 대신에 항공티켓을 사자.

Why don't I take you there right now?

이번에는 'we'가 아니라 'I'를 써서 Why don't I~로 하게 되면, 이는 내가 제안하는 것으로 Let me+동사와 같은 의미이다. "내가 …할게요"로 생각하면 된다.

Point

▸ **Why don't I~?** 내가 …할게(Let me+V)

Why don't I take you there right now?
내가 지금 그곳으로 널 데려다줄게.

Why don't I do that for you?
내가 너를 위해서 그렇게 할게.

Why don't I give you some time to think about it?
네가 생각할 시간을 좀 더 줄게.

A: My headache has gotten worse since we lay down.

B: Why don't I get you a glass of water and some aspirin?

A: 누운 이후로 내 두통이 더 심해졌어.
B: 물이랑 아스피린 좀 갖다줄래.

How about talking to me instead of ignoring me?

상대방의 의향을 물어보거나 뭔가 새로운 제안을 할 때 특히 약속시간 및 장소를 정할 때 아주 유용한 표현. How about 다음에는 명사, 동사의 ~ing가 이어지는 경우를 살펴본다.

Point

▸ **How about+N?** …어때?
▸ **How about ~ing?** …하는거 어때?

So how about a little help?
그래 좀 도와줄까?

And how about talking to me instead of ignoring me?
그리고 날 무시하는 대신에 내게 말하면 어때?

How about trying to get them some juice, hmm?
걔네들에게 주스 좀 갖다주는게 어때, 어?

A: Do you have any ideas about what to do this vacation?

B: How about driving out to a beach with me?

A: 이번 휴가에 뭘할지 뭐 생각해봤어?
B: 나와 함께 해변으로 드라이브가는게 어때?

How about you spend the night in lockup?

How about이 편한 이유는 ~ing 뿐만 아니라 How about we go to the movies tonight?(오늘 저녁 영화 어때?)처럼 How about 다음에는 S+V의 절이 그대로 올 수도 있다는 점이다.

Point

▸ **How about S+V?** …가 어때?
▸ **How about if~ ?** …하면 어때?

Well, then how about you spend the night in lockup?
그럼, 유치장에서 하룻밤 보내면 어때?

How about you drink a cup and I'll lick your tongue?
네가 한 잔 마시고 내가 네 혀를 핥으면 어때?

How about if I just get naked and you shut up?
내가 옷을 다 벗고 너는 입다물고 있으면 어떨까?

A: You're lazy. How about you do some work?

B: No, I think I'd rather play games on my computer.

A: 넌 게을러. 일 좀 하는게 어때?
B: 싫어. 난 차라리 컴퓨터 게임을 할래.

Why did you~?

왜 …그랬어?

001

상대방의 과거행동에 대한 이유를 물어보는 가장 평범한 방법으로 "왜 그랬냐?"고 물어보려면 Why did you+V?, 반대로 "왜 …하지 않았냐?"고 물어보려면 Why did you not+V?라고 하면 된다.

Point

- **Why did you+V?** 왜 그랬어?
- **Why did you not+V?** 왜 …하지 않았어?

Molly, **why did you** abandon your baby?
몰리, 왜 네 아이를 유기한거야?

Then **why did you** stop taking your medication?
그럼 왜 약복용을 그만둔거야?

Why did you rat me out to the DA?
넌 왜 나를 검사에게 꼰지른거야?

Why did you invite her here? She's ruining everything.
왜 쟤를 여기에 초대했어? 쟤가 다 망치고 있잖아.

Why did you not go to Chicago?
왜 시카고로 가지 않은거야?

A: Why did you throw away all of my stuff?
B: You left our apartment and I thought you weren't coming back.

A: 왜 내 물건들을 다 버린거야?
B: 집을 나가서 돌아오지 않을거라 생각했어.

A: Why did you not say hello to my friends?
B: Because I really don't like any of them.

A: 왜 내 친구들에게 인사를 하지 않은거야?
B: 정말 마음에 드는 얘가 하나도 없어서.

---

002 ## Why didn't you tell me you loved me?

상대방이 과거에 하지 않은 행동에 대한 이유를 물어보는 것으로 "왜 …하지 않았냐?"고 물을 때는 Why didn't you+동사?를 쓰면 된다. you 대신에 we, I를 바꿔 넣어가면서 문장을 만들어보자.

Point

▸ **Why didn't you tell sb S+V?** 왜 …에게 …을 말하지 않았어?

Why didn't you just say that you didn't read the book?
넌 그 책을 읽지 못했다고 왜 그냥 말하지 않았어?

I'm not sure yet, **why didn't you** just tell me about all this?
잘 모르겠지만, 이 모든 것에 대해 왜 내게 말하지 않았어?

Why didn't you tell me you loved me?
왜 내게 날 사랑한다고 말하지 않았어?

A: Why didn't you tell me I had broken the law?
B: I thought you knew but didn't care.

A: 왜 내가 법을 위반했다고 내게 말하지 않았어?
B: 난 네가 알고 있지만 신경안쓰는 줄 알았어.

Why do you need a lawyer?

이유를 묻는 현재형 구문으로 Why do you +V라 하면 된다. Why do you need[think, keep, want~] ~?등 동사자리에 다른 동사를 넣어가면서 여러 문장을 연습해본다.

Point

▸ **Why do you +V~?** 왜 …해?　　▸ **Why do you think S+V** 왜 …라고 생각해?

Now they love each other. **Why do you want to** mess with that?
이제 걔네들 서로 사랑해. 왜 훼방을 놓고 싶은거야?

Why do you think he's back?
왜 걔가 돌아왔다고 생각해?

Why do you keep on asking about Tony and I?
내 토니와 나에 대해서 계속 물어보는거야?

A: Why do you go to the cemetery every weekend?
B: One of my best friends is buried there.

A: 매 주말에 묘지에는 왜 가는거야?
B: 내 절친 중 한명이 거기에 묻혀있어.

 ## How come you know all this?

How come은 한마디로 Why에 해당되는 표현. 다만 why의 경우는 뒤에 S+V를 도치시켜야 하지만 How come은 시제에 상관없이 바로 S+V를 도치없이 그대로 갖다 붙이기만 하면 완벽한 영어문장이 되기 때문에 영어를 배우는 우리에게는 상당히 user-friendly한 구문이다.

Point

▸ **How come S+V?** 왜 …그런거야?
▸ **How come you didn't tell me S+V?** 왜 너는 내게 …을 말하지 않은거야?

Hey Beckett, **how come** you don't wear a uniform like that?
베켓, 왜 저런 유니폼을 입지 않은거야?

How come you didn't call me this morning?
왜 오늘 아침에 내게 전화를 하지 않은거야?

How come you didn't tell me that you and father were getting a divorce? 엄마하고 아빠가 이혼할거라는 걸 왜 내게 말하지 않은거야?

A: How come you and Leo are enemies?
B: He once hit me when I was arguing with him.

A: 왜 너와 리오는 적이 된거야?
B: 걔랑 말다툼을 하는데 한번은 걔가 날 때렸어.

 ## So why is it you people still think I'm guilty?

Why is it that~ 역시 How come~과 같은 의미로 뒤에 S+V의 정치문장을 넣어야 되는 조건도 동일하다. 단독으로도 쓰이며(Why is it that?) 혹은 Why is it +N/adj 형태로도 쓰이는 점이 좀 상이하다.

Point

▸ **Why is it +N/adj?** 왜 …한거야?
▸ **Why is it that S+V?** 왜 …야?(How is it that S+V? 왜 …인거야?)

Why is it that everyone else winds up getting hurt?
왜 다른 사람들 모두가 결국 상처를 받게 되는거야?

So **why is it** you people still think I'm guilty?
왜 너희들은 아직도 내가 유죄라고 생각하는거야?

Why is it so hard for you to keep one little secret?
넌 어떻게 비밀하나 지키기가 그렇게 어려운거야?

A: Why is that cooking pot in the living room?
B: I had no space to put it anywhere else.

A: 거실에 있는 요리냄비는 뭐야?
B: 다른 곳에 둘 자리가 없어서.

I expect to~

난 …하기를 기대해

expect가 능동태로 쓰이는 경우를 본다. 먼저 I expect N하면 "…을 기대하다," expect sb back하면 "…가 돌아오기를 예상하다," expect to+V하게 되면 "…하기를 기대하다," 그리고 expect sb to+V하면 "…가 …하기를 기대하다"라는 의미가 된다. 또한 I expect은 S+V절을 목적어로 받아 쓰이기도 한다.

Point

- **I expect N** …을 기대해
- **I expect to+V** …하기를 기대해
- **I expect sb to+V~** …가 …하기를 기대해
- **I expect that S+V** …을 기대해, 예상해

I'll pay you six and I expect a conjugal visit tomorrow by noon.
내가 여섯 장 줄테니 내일 정오까지 내 아내의 수감자 부부방문을 기대할게.

Emily, I expect to return in twenty minutes.
에밀리, 난 20분 내로 돌아갈 생각야.

I expect you to keep things smooth until the wedding.
난 네가 결혼식까지 일을 순조롭게 하기를 기대해.

I expect you to do your job.
난 네가 네 맡은 일을 하기를 기대해.

I expect he'll throw a couple of character witnesses on the stand.
난 그가 두어명의 성격증인을 증언대에 세울 거라고 예상하고 있어.

A: How do you think people feel about Angelina Jolie?

B: I expect that people are very jealous of her.

A: 사람들이 안젤리나 졸리에 대해서 어떻게 느낄거라 생각해?

B: 그녀를 무척 부러워할거라 생각해.

A: What are you going to tell the new employees?

B: I expect them to follow all of the company rules.

A: 신입사원들에게 뭐라고 말할거야?

B: 난 신입사원들이 모든 사규를 따르기를 기대해.

I don't expect you to understand

그렇게 예상이나 기대를 하지 않는다고 말할 때는 I don't expect~를 시작으로 하고, 이어지는 뒤에는 N, to+V, that S+V 등을 붙여 쓰면 된다.

Point

▶ **I don't expect+N[to+V]** …을 예상[기대]하지 않아
▶ **I don't expect that S+V** …을 예상[기대]하지 않아

It's OK, I don't expect a real answer. 괜찮아. 진짜 답을 기대하지 않아.

I don't expect you to understand. You don't have kids.
네가 이해하기를 기대하지 않아. 아이도 없잖아.

I don't expect that it would fix everything.
그게 모든 것을 고칠 수 있다고 생각하지 않아.

A: I don't expect you to understand.

B: What's that supposed to mean?

A: 네가 이해하기를 기대하지 않아.

B: 그게 무슨 뜻이야?

I didn't expect you to believe me

기대를 하지 않았다는 과거사실을 말하는 표현으로 I didn't expect to~, 또는 I didn't expect you to~ 등으로 응용해서 써 볼 수 있다.

Point

▶ **I didn't expect (you) to~** 난 (네가) …하는 것을 예상하지 못했어
▶ **I never expected sb to~** …가 …하다니 전혀 뜻밖이네

It's alright; I didn't expect you to believe me.
괜찮아. 난 네가 날 믿어주길 기대도 안했어.

I didn't expect Chris to beg me to stay.
난 크리스가 나에게 머물러 달라고 사정할 줄 몰랐어.

I never expected this to happen in America today.
오늘날 미국에서 이런 일이 일어나다니 전혀 뜻밖이네.

A: I didn't expect you to hit my car.
B: I'm very sorry about that. It was a complete accident.

A: 네가 내 차를 치리라고는 생각못했어.
B: 정말 미안해. 그건 정말 완전 사고였어.

You don't expect her to live, do you?

상대방이 기대하거나 예상하지 않는다고 말할 때 혹은 그런지 물어볼 때 사용하는 표현법.

Point

▶ **You don't expect (sb) to ~** 너는 (…가) …하기를 바라지 않지?
▶ **You never expected to~?** 넌 절대로 …을 기대하지 않았지?

I hope you don't expect a hug.
안아주길 바라는 건 아니지?

You never expected to live, did you?
살거라고 전혀 기대하지 않았지, 그지?

I just hope you don't expect too much from this relationship.
네가 이 관계에서 너무 많은 것을 기대하지 않기를 바래.

A: Go get some fast food. Reggie is coming.
B: You don't expect him to bring some snacks?

A: 패스트푸드 좀 가서 사와. 레지가 오고 있어.
B: 넌 걔가 스낵을 좀 가져올거라 바라지 않지?

Little did I expect that my demise would come this early

뭔가 놀라운 일을 표현할 때 사용하는 어법으로 우리말로는 "내가 가장 예상하지 못했던 일은 …이다[였다]"에 해당한다.

Point

▶ **The last thing I ever expected is[was]~** 내가 가장 예상못했던 것은 …야[였어]
▶ **Little did I expect+N[to~, that]~** …은 전혀 예상하지 못했어

The last thing I ever expected was it'd be used in a murder.
내가 가장 예상못했던 것은 그게 살인에 사용될 수도 있다는거였어.

Little did I expect that my demise would come this early.
나의 죽음이 이렇게 일찍 오리라고는 전혀 예상하지 못했어.

Little did I expect my wife to treat me so badly.
내 아내가 나를 그렇게 못되게 대하리라고는 전혀 예상못했어.

A: It was shocking that your husband had an affair.
B: The last thing I ever expected was to find him cheating.

A: 네 남편이 바람을 피다니 쇼킹하다.
B: 남편이 바람 피우리라고는 정말 예상 못했어.

What do you expect me to ~?
내가 …하기를 기대하는거야?

PATTERN 001

직역해보자면 내가 무엇을 하기를 바라느냐, 즉 "나더러 뭘 어떻게 하라는거냐"에 해당된다. me가 없으면 상대방이 뭘 기대하는지 물어보는 표현이 되고, me가 들어가면 내가 뭘하기를 상대방이 기대하는지 물어보는 문장이 된다.

Point

■ **What do you expect to~?** 뭘 …를 기대하는거야?

■ **What do you expect me to~?** 내가 …하기를 기대하는거야?

■ **When[What time] do you expect sb back from~?** …가 …에서 언제 돌아올거라 생각해?

So, what do you expect to happen right now, Carlos?
그래, 카를로스 지금 어떤 장면이 연출될 것 같아?

What do you expect me to do?
내가 뭘하기를 기대하는거야?, 나더러 어쩌라는거야?

What do you expect them to grow up to be?
걔네들이 커서 뭐가 되기를 기대해?

Your best friend, your lover are dead. What do you expect me to think?
네 절친이자 연인이 죽었는데 내가 어떤 생각을 하겠어?

What time do you expect him back from the science-fiction convention? 걔가 공상과학컨벤션에서 언제 돌아와?

A: What do you expect to see on your trip to Egypt?

B: We're going to the Nile, and then we'll see the pyramids.

A: 이집트 여행에서 뭘 볼거라 기대해?
B: 나일강에 가고 그런 다음 피라미드도 볼거야.

A: This company is failing because of bad management.

B: It's true, but what do you expect me to do about it?

A: 이 회사는 형편없는 경영진 때문에 실패할거야.
B: 맞아, 하지만 그 부분에서 내가 뭘 어쩔 수가 있나?

PATTERN 002

What did you expect me to say, Tim?

이번에는 현재형인 What do you expect~보다 많이는 과거형을 알아본다. 참고로 단독으로 쓰이는 What did you expect?는 "뭘 바란거야?," What do you expect?는 "그게 당연한거 아냐?"라는 의미.

Point

▶ **What did you expect to~?** 넌 …하기를 바랬던거야?

▶ **What did you expect me to~?** 내가 …하기를 바랬던거야?

You're my boss. I mean, what did you expect me to do?
사장님이시잖아요. 내 말은 제가 어떻게 할 수 있겠어요?

What did you expect me to say, Tim?
팀, 나한테 무슨 말 듣기를 바랬던거야?

What did you expect him to do - not go to college?
걔가 어떻게 하기를 바랬던거야? 대학에 가지 않는걸?

A: What did you expect to find in Seoul?

B: I figured it would be a busy city with a lot of people.

A: 내가 서울에서 뭘 찾기를 바랬던거야?
B: 많은 사람들로 혼잡한 도시일거라 상상했어.

How do you expect to raise creative kids?

What이 How로 바뀌어서 How do you expect to~하게 되면 "어떻게 …를 하겠다는거야?"라는 질문이 된다.

Point
> ▸ **How do you expect to~?** 어떻게 …을 하겠다는거야?
> ▸ **How do you expect to~ if~?** …한다면 어떻게 …을 하겠다는거야?

How do you expect to raise creative kids?
네가 어떻게 창의적인 아이들을 기르겠다는거야?

How do you expect to have a baby by yourself?
어떻게 혼자서 아이를 낳겠다는거야?

How do you expect to earn anyone's trust, if you don't keep your word? 네 약속도 지키지 못하면서 어떻게 다른 사람의 신뢰를 얻겠다는거야?

A: I don't think I can finish my college courses.

B: How do you expect to get a job that pays well?

A: 대학교를 마칠 수가 없을 것 같아.

B: 그럼 어떻게 급여가 좋은 일자리를 구하겠다는거야?

How do you expect me to forgive that?

"나보고 어떻게 to 이하를 기대하라는거냐?"라는 핀잔성 문장. 나의 사정을 잘 몰라주거나 말하는 사람에게 답답함을 느낄 때 던질 수 있는 표현이다.

Point
> ▸ **How do you expect me to~?** 어떻게 나보고 …을 하라는거야?
> ▸ **How do you expect sb to~ if~** …하다면 sb보고 어떻게 …하라고 하는거야?

How do you expect me to forgive that?
어떻게 나보고 그걸 용서하라는거야?

How do you expect me to answer that?
어떻게 나보고 그에 대한 대답을 하라는거야?

How do you expect them to trust us if we don't trust them?
우리가 걔네들을 믿지 않으면서 어떻게 걔네들이 우리를 믿기를 바래?

A: You need to clean up, wash clothes, and do your homework.

B: How do you expect me to do all of that?

A: 넌 청소하고, 빨래하고 그리고 숙제도 해야 돼.

B: 어떻게 나보고 그걸 다하라는거야?

I used to say~
난 …라고 말하곤 했어

PATTERN 001

would가 과거의 불규칙적인 습관을 말하는 반면 used to는 교회를 규칙적으로 다니듯 과거의 규칙적인 습관을 말하는 것으로 I used to~하게 되면 과거에 "…하곤 했었다"가 된다. would나 used to 모두 과거의 사실을 언급하는 것으로 현재는 그렇지 않다는 것을 암시하고 있다는 점에 유의한다.

Point
- **I used to say~** 난 …라고 말하곤 했어
- **I used to tell~** 난 …라고 말하곤 했어
- **I used to think~** 난 …라고 생각하곤 했어

Chris **used to say** you can't kill two birds with one stone.
크리스는 일석이조는 불가능하다고 말하곤 했어.

My ex-wife **used to say** that having sex with me was kind of like being vaccinated.
내 전처는 나와 섹스하는 것은 백신접종을 맞는 것 같다고 말하곤 했어.

My father **used to say** to me, "Never accept 'no' for an answer."
아버지는 내게 "상대방이 거절해도 끝까지 들이대라"라고 말하곤 하셨어.

He **used to tell** me how beautiful I looked to him.
갠 내가 자기에게 얼마나 아름답게 보이는지 말해주곤 했어.

When I was a kid, I **used to** hang out in the park at night.
내가 어렸을 때, 난 밤에 공원에서 놀곤했어.

A: Chris used to say we can't trust anyone.

B: He was right. Some people are very sneaky.

A: 크리스는 아무도 믿어서는 안된다고 말하곤 했어.

B: 걔말이 맞아. 어떤 사람들은 정말 교활해.

A: I used to exercise every morning.

B: That must be why you are in such good condition.

A: 난 매일 아침마다 운동을 하곤 했어.

B: 네가 건강한 이유가 바로 그래서이겠구나.

PATTERN 002

You used to be a doctor, right?

I used to~의 의문형은 Did you used to~가 된다. 여기서 보통 잘 들리지도 않는 Did를 빼고 말하곤하는데 그렇게 되면 You used to~가 된다. "너 예전에 …하곤 했었지?"라는 말.

Point
- **You used to~** 예전에 …하곤 했었지
- **(Did) You used to~ ?** 예전에 …하곤 했었지?

So **you used to** work for Frankie Flynn?
그럼 넌 프랭키 플린 밑에서 일했었지?

You used to tell me the story all the time.
넌 항상 그 얘기를 내게 들려주곤 했었어.

What kind of guys **did you used to** go out with?
넌 어떤 아이들하고 어울려 돌아다녔었지?

A: You used to watch TV for hours every day.

B: I know, but I don't have any time for that now.

A: 넌 매일 몇시간씩 TV를 보곤 했었어.

B: 알아, 하지만 이제는 그럴 시간이 없어.

003 **I didn't used to** have sex with him, you idiot!

I used to~의 부정형은 I didn't used to~이다. 과거에 "…하곤 하지 않았다"라는 말. 강조하려면 I never used to~를, 상대방이 전혀 그러곤 하지 않았다라고 하려면 You never used to~라고 해야 한다.

> ▸ **I didn't used to~** 난 …하곤 하지 않았어(I never used to~ 난 절대로 …하곤 하지 않았어)
> ▸ **You never used to~** 넌 절대로 그러지 않았어

I didn't used to have sex with him, you idiot!
난 걔하고 섹스를 하곤 하지 않았어, 이 멍충아!

I want you to know I didn't used to be like this.
내가 과거에는 이러지 않았다는 걸 알아줘.

I never used to understand that hippie-jargon.
난 절대로 저 히피용어를 이해 못했었어.

A: I didn't used to have so much stress in my life.

B: As you get older, you get more and more responsibilities.

A: 난 평생 그렇게 많은 스트레스를 받지 않았어.

B: 나이가 들어감에 따라 점점 더 많은 책임감을 갖게 될거야.

 004 **This used to be** a great place to live

used to 다음에 be 동사가 오면 (과거에) "…이었다, 있었다"라는 상태를 뜻하게 된다. 가장 유명한 표현은 뭐니뭐니해도 There used to be~일 것이다.

 Point

> ▸ **there used to be~** (예전에) …가 있었어
> ▸ **sth used to be~** (예전에) …였어

This used to be a great place to live.
여기는 예전에 참 살기 좋은 곳이었어.

Her name used to be Sandra, but Victor changed it.
걔 이름은 샌드라였는데 빅터가 바꿨어.

This is used to be the most exciting city in the world.
이곳은 세계에서 가장 활기찬 도시였어.

A: There used to be a crazy old lady who lived here.

B: I know. I think she moved away years ago.

A: 예전에 노망난 할머니가 여기 사셨었어.

B: 알아. 오래전에 이사가셨을거야.

 005 **I'm not like I used to be** at all

used to be를 활용한 표현들로 과거의 방식과 같거나 다른 것들을 비교해서 말할 때 사용하는 표현이다.

> ▸ **the way ~ used to be** 과거에 그랬던 방식
> ▸ **like ~ used to be** 과거에 그랬던 것과 같은

I'm not like I used to be at all.
난 과거의 그랬던 내가 아냐.

She wants things the way they used to be.
걔는 상황이 예전의 모습처럼 되기를 바래.

I want this room arranged the way it used to be.
이 방을 예전 모습으로 정리하도록 해.

A: I don't think anyone here recognizes you.

B: That's OK. It's not like I used to be famous.

A: 여기 누구도 너를 알아보는 사람이 없을거야.

B: 상관없어. 내가 예전에는 유명하지 않았던 것 같아.

I'm used to~
난 …에 익숙해졌어

앞서 배운 used to의 변형으로 보면 안된다. 여기서 나오는 be[get] used to는 used to와 전혀 다른 표현으로 '…에 적응하다' 라는 뜻이다. 구분포인트는 used to는 그 자체가 조동사로 앞에 be나 get이 붙지 않는다는 점이다. get used to+명사 /~ing는 새로운 장소, 직업, 생활 방식 등에 '적응하다'(be accustomed to), ' …에 익숙해지다' 라는 의미.

Point

- **I'm[I get] used to +N[~ing]** …에 익숙해졌어
- **I'm[I get] used to sb ~ing** …가 …하는데 익숙해졌어
- **used to +동사** …하곤 했다
- **be used to +동사** …하는데 이용되다

I got used to being in charge, sue me.
나 기소당하는데 익숙해졌어, 고소해.

As a lawyer, I'm used to working on tricky corporate mergers.
변호사로서, 난 까다로운 기업합병건들을 처리하는데 익숙해졌어.

I'm used to it, don't worry about it.
난 적응했으니, 걱정하지마.

I was just getting used to the fact I had a daughter.
내가 딸이 있다는 사실에 적응해가고 있었어.

You finally getting used to them doing it on a daily basis?
너 마침내 걔네들이 그걸 매일 하는거에 적응한거야?

A: I got used to spending my days with Tracey.

B: It's too bad she had to return to Toronto.

A: 난 트레이시와 함께 시간을 보내는데 익숙해졌어.

B: 걔 토론토로 돌아가야 해서 안됐네.

A: How is your new schedule at work?

B: I'm getting used to waking up early every day.

A: 새로운 근무 일정이 어때?

B: 난 매일 일찍 일어나는데 익숙해지고 있어.

Never get used to this part

익숙해졌으면 I'm[I get] used to ~N[~ing], 아직 익숙해지지 않으면 I'm not[I never get] used to~라고 하면 된다.

Point

▸ **I'm not used to ~ing** 난 …에 익숙해지지 않아
▸ **I'm not used to sb ~ing** 난 …가 …하는데 익숙해지지 않아
▸ **I never get used to ~ing** 난 절대로 …하는데 익숙해지지 않아

Never get used to this part.
이 부분은 절대로 익숙해지지가 않아.

I'm just not used to being treated like such a girl
난 그런 여자로 취급당하는데 익숙해지질 않네.

I'm not used to you having a little kid.
너한테 아이가 있다는게 적응이 안되네.

A: Why are you so nervous?

B: I told you. I'm not used to being around guns.

A: 왜 그렇게 초조해?

B: 말했잖아. 나 총 옆에 있는게 적응이 안돼.

003 You're gonna have to get used to it

새로운 사회나 새로운 환경에 와서 적응하는 사람에게 충고하면서 할 수 있는 말로 "익숙해져야 할거야"에 해당되는 표현이다.

> ▸ **You need to get used to~** 넌 …에 익숙해져야 해
> ▸ **I'm going to have to get used to~** 난 …에 익숙해져야 될거야

You're gonna have to get used to it.
너는 그거에 적응해야 할거야.

I guess that's just one more thing I'm gonna have to get used to.
그건 내가 적응해야 할 또 하나의 일일거야.

I mean, I need a chance to get used to this.
내말은, 난 이거에 익숙해질 기회가 필요해.

A: I'm sick, but I hate staying in the hospital all day.

B: You're gonna have to get used to being here.

A: 몸이 아프지만 온종일 병원에 있는 거 정말 싫어.

B: 여기 있는거에 익숙해져야 할거야.

---

004 I'm accustomed to a certain lifestyle

be[get] used to~를 설명할 때 빠지지 않고 함께 출연하는 같은 의미의 숙어. be 또는 get accustomed라고 한다는 점 그리고 to 다음에는 명사나 ~ing가 오는 점 모두 다 똑같다.

> ▸ **be[get] accustomed to** …에 익숙해지다

I'm accustomed to a certain lifestyle.
난 일정한 라이프스타일에 익숙해져있어.

I'm not accustomed to making inquiries like this.
난 이와같이 조사하는 것에 익숙하지가 않아.

We are so accustomed to disguise ourselves to others.
우리는 타인에게 우리를 위장하는데 아주 익숙해져있어.

A: This winter was the coldest we've had in a while.

B: We are all accustomed to wearing heavy coats.

A: 이번 겨울은 최근 몇년내 가장 추웠던 것 같아.

B: 우리 모두 두터운 코트를 입는데 익숙해졌어.

There must be~
…있는게 틀림없어

어떤 일이 일어날 것 같거나 혹은 어떤 일이 사실일지도 모른다고 추측하면서 말할 때 사용한다. 우리말로는 "…임에 틀림없다"가 되며 There is~가 There must be로 변한 것으로 생각하면 된다.

Point

- **There must be something S+V** …한 …가 있는게 틀림없어
- **There must be A ~ing** 틀림없이 A가 …하고 있을거야

There must be some kind of mistake.
뭔가 착오가 있는게 틀림없어.

There must be something you know about him.
네가 걔에 대해서 뭔가 알고 있는게 틀림없어.

There must be something we can do about that.
우리가 그거에 대해 할 수 있는 일이 분명히 있어.

There must be other victims out there, somewhere.
밖, 어딘가에 다른 희생자들이 있는게 틀림없어.

Surely there must be something you're not telling us.
네가 우리에게 말하지 않는게 분명히 있어.

A: There must be fifty churches in this neighborhood.
B: The residents here are very religious people.

A: 이 동네에 교회가 50개 정도 있을 거야.
B: 여기 주민들은 매우 종교적이구나.

A: It's so sad to see people starving in poor countries.
B: There must be something we can do to help them.

A: 가난한 나라에서 굶어죽는 사람들을 보면 너무 슬퍼.
B: 우리가 그들을 돕기 위해 할 수 있는 일이 분명히 있을거야.

There should be thirteen bodies

There should be 역시 어떤 일이 일어나거나 이떤 사실이 맞을 거라는 추측을 나타내는 표현이다.

Point

▸ **There should be +N** …가 있을 것이다(There should be N ~ing …를 하는 …가 있을거야)
▸ **There should be N S+V** …하는 …가 있을거야

This is why there should be more women in the workforce.
이것이 노동인구에서 여성이 더 많이 있는 이유이다.

And there should be one I'm especially interested in.
그리고 내가 특별히 관심을 갖고 있는게 하나 있을거야.

I suppose there should be a law requiring me to try to quit.
나를 그만두게 만드는 법령이 있을거야.

A: People are always smoking in the hallways.
B: There should be a rule against that.

A: 사람들이 늘상 복도에서 담배를 펴.
B: 그걸 금지하는 규칙이 있어야 돼.

There's got to be a first time for everything

there has got to be가 축약된 것으로 has got to는 has to와 같은 의미. 즉 There must be~와 뜻이 유사하다고 보면 된다.

> **Point**

> ▸ **There's got to be~** …가 틀림없이 있을거야
> ▸ **There's got to be a way[some way] to~** …할 방법이 틀림없이 있을거야

There's got to be a first time for everything.
모든 일에는 다 처음이 있는게야.

There's got to be some way to prove that it's him.
걔라는 것을 증명하는 방법이 틀림없이 있을거야.

Now, there's got to be a way to circumvent that.
이제, 그걸 피하는 방법이 틀림없이 있을거야.

A: There's got to be a way to earn money quickly.

B: If you find out how, let me know.

A: 돈을 더 빨리 모으는 방법이 틀림없이 있을거야.

B: 방법을 알아내면, 알려줘.

There seems to be some disagreement

seem to be는 '…하는 듯하다,' There seems to be~하게 되면 '…이 있는 것 같다,' There seems to have been~은 '…있었던 것 같다'에 해당된다.

> **Point**

> ▸ **There seems to be~** …가 있는 것 같아
> ▸ **There seems to have been~** …이 있었던 것 같아

There seems to be some disagreement.
좀 불화가 있는 것 같아.

There seems to be a lot lately that you can't explain.
최근 설명할 수 없는 일들이 많이 있는 것 같아.

There seems to have been a grave misunderstanding.
심각한 오해가 있었던 것 같아.

A: There seems to be a new student in class.

B: I know, and she is really beautiful!

A: 반에 신입생이 있는 것 같아.

B: 알아, 걔 정말 이뻐!

I have a feeling~

…라는 생각이 들어

PATTERN 001

have a feeling 혹은 have the feeling이라고 하면 "…라는 느낌이 든다"라는 주관적인 생각을 나타내는 표현법. 단 have feelings for하게 되면 "…에게 마음이 있다"라는 다른 표현이 된다는 점을 주의한다.

Point

- **I have a[the] feeling (that) S+V** …라는 생각이 들어, …인 것 같아
- **I get the feeling S+V** …인 것 같아
- **I have (strong) feelings for somebody** …를 마음에 두고 있어

I got the feeling that Jason didn't approve of it.
제이슨은 그걸 인정하지 않으려 했던 것 같아.

I got the feeling that she was covering something up.
걔가 뭔가 숨기고 있다는 느낌이 들었어.

I got the feeling he had money problems.
걘 돈문제가 있는 것 같아.

I had the feeling that Tom was kinda disappointed.
탐은 좀 실망한 것 같았어.

I have a feeling we're going to be very close tonight.
오늘밤 우리가 아주 가까워질 것 같은 느낌이 들어.

A: Why did you leave the meeting so quickly?
B: I got the feeling the boss was going to yell at me.

A: 왜 그렇게 빨리 회의장을 나갔어?
B: 사장이 내게 소리를 지를 것 같아서.

A: I have a feeling Dana is going to leave me.
B: Come on man, she is still in love with you.

A: 데이나가 날 떠날 것같은 느낌이야.
B: 그러지마, 이 사람아, 걘 널 아직도 사랑해.

PATTERN 002 Why do I get the feeling you're actually enjoying this?

get the feeling은 "…라는 느낌이 들다," "…인 것 같다"라는 말로 Why do I get the feeling that S+V?라고 쓰면 왜 "난 …이런 생각이 들까?"라는 문장이 된다.

Point

▶ **Why do I get the feeling S+V~?** 왜 …라는 느낌이 들까?
▶ **Did[Do] you ever get the feeling S+V~** …라는 느낌이 들어본 적 있어?

Why do I get the feeling you guys think I'm lying?
너희들은 내가 거짓말하고 있다고 생각하고 있는 것 같은데?

Why do I get the feeling you're actually enjoying this?
넌 이 상황을 한참 즐기는 것 같은데?

Do you ever get the feeling that a case isn't going to end well?
소송이 잘 끝나지 않을 것 같은 느낌이 들어본 적 있어?

A: Why do I get the feeling a ghost is close by?
B: Well, this old house is rumored to be haunted.

A: 유령이 바로 옆에 있는 느낌이 왜 들까?
B: 저기, 이 고가는 귀신이 나온다는 소문이 돌아.

I've got a gut feeling it's the same perv

feeling 대신에 '예감'이라는 단어인 hunch를 써서 have a hunch라고 해도 된다. gut feeling은 본능적으로 느끼는 어떤 '직감'을 말하는 것으로 have a gut feeling S+V는 "…하다는 직감이 든다"라는 말이다.

Point

▸ **I have a hunch~** …라는 예감이 들어(I've got a hunch about~ …에 대한 예감이 들어)
▸ **I have a gut feeling that S+V** …라는 직감이 들어(My gut feeling is ~ 내 직감은 …이야)

I have a hunch that the CDC's not gonna approve of us moving the patient. 질병관리본부가 우리의 환자이송을 허락하지 않을 것 같아.

I've got a gut feeling it's the same perv.
동일범이라는 직감이 들어.

But my gut feeling is, this is the tip of the iceberg.
하지만 내 직감은 이건 빙산의 일각에 불과해.

A: Who do you think stole my gold necklace?
B: I've got a hunch about the person who did it.
A: 누가 내 금목걸이를 훔쳤다고 생각해?
B: 누가 그랬는지 예감이 들어.

I'm starting to feel a little insecure

우리도 얘기할 때 뭔가 새로운 사실을 알기 시작하는 초기에 "…라는 느낌이 들기 시작한다"라는 말을 쓰는데 여기에 해당하는 영어가 바로 start to feel이다.

Point

▸ **I'm starting to feel~** …라는 느낌이 들기 시작해
▸ **I felt S+V** …라는 생각이 들었어

I'm starting to feel a little insecure.
불안한 느낌이 들기 시작했어.

Guys, I'm actually starting to feel a little bad about this.
애들아, 내가 이것 때문에 기분이 나빠지기 시작해.

I felt I had a responsibility to have an honest conversation with you.
너와 솔직하게 대화해야 할 책임이 내게 있다고 생각해.

A: You really look terrible this afternoon.
B: I started feeling sick right after eating lunch.
A: 너 오늘 오후에 정말이지 안좋아 보여.
B: 점심먹고 나서부터 토할 것 같은 느낌이야.

I sense you're trying to tell me something

sense 또한 오감을 통해 느끼는 현상. 그래서 I sense~는 "…라는 느낌이야," I sensed that S+V는 "…라는 느낌이 들었어," 그리고 Something tells me~는 숙어로 "어쩐지 …같은 느낌이 든다," "…같다는 생각이 든다"라는 표현이다.

Point

▸ **I sense S+V** …라는 느낌이야(I sensed S+V …라는 느낌이 들었어)
▸ **Something tells me that S+V** …라는 느낌이 들어

I sense you're trying to tell me something.
네가 내게 뭔가 말하려고 한다는 느낌이 들어.

I sense that he wants us to become friends.
걔는 우리가 친구가 되기를 바란다는 느낌이 들어.

Something tells me that's not lemonade.
저건 레모네이드가 아니라는 느낌이 들어.

A: Your manager said many nice things about you.
B: I sense she likes the way I work.
A: 네 부장이 너 칭찬 많이 하시더라.
B: 내 일하는 방식이 마음에 드는 것 같아.

It's clear to me that~
내게 …는 분명해

PATTERN 001

It~ that의 가주어 진주어를 쓴 고전적인 구문으로 It's clear to me that~ 전체를 통채로 외워두면 좋다. "…이하는 분명하다, 확실하다"라는 아주 많이 나오는 표현이기 때문이다.

Point

■ **It's clear to me that~** 내게 …는 분명해

■ **It's clear to us that~** 우리에게 …는 확실해

It's clear to me now that you are my fate.
넌 나의 운명이라는건 내게는 확실해.

It's clear to us that he's chosen to target this community as a whole.
그가 이 마을 전체를 타켓으로 삼은게 우리에게 확실해.

It is clear to me that this is a death penalty case.
이 사건이 사형선고감이라는게 내게 분명해.

It's clear to me you're the one who should be apologizing for the way you ruined my party. 네가 내 파티망친거에 대해 사과해야 할 사람이라는건 확실해.

It was clear to Chris that Martin wouldn't take his side.
마틴이 자기 편을 들지 않을거라는 걸 크리스는 분명히 알아.

A: I'm tired, but I can't seem to sleep at night.

B: It's clear to me that you need to take some time off.

A: 피곤하지만 밤에 잠을 이룰 수가 없어.

B: 내가보니 너 좀 쉬어야겠어.

A: I'm sorry, I don't have the money to pay you.

B: It's clear to us that you are trying to cheat us.

A: 미안하지만 너한테 줄 돈이 없어.

B: 너 우리에게 사기치려는게 분명해.

PATTERN 002 I'm certain that it was entirely my fault

be certain은 be sure와 같은 의미로 "…을 확신하다"라는 의미로, be sure that S+V처럼 be certain that S+V의 절을 이끌며 "…을 확신하다"라는 뜻으로 쓰인다.

Point

▶ **I am certain that~** …가 분명해

▶ **I feel certain~** …가 확실한 것 같아

I'm certain this has been a very difficult period for you.
지금이 네게는 무척 힘든 시기라는걸 확신해.

Yes, I am certain they are dead.
맞아, 난 걔네들이 죽었다고 확신해.

Can't discharge your friend until I'm certain she doesn't have any internal injuries. 장기 손상이 없다는 확신이 들때까지 네 친구 퇴원시킬 수 없어.

A: I'm certain that this gift is for me.

B: No, Jeff gave that gift to me for my birthday.

A: 이 선물은 내꺼인게 분명해.

B: 아냐, 제프가 내 생일선물로 준거야.

003

We can't be certain who was involved

You can과 be certain를 합쳐서 만든 패턴으로 You can be certain~하게 되면 "…을 확신해도 된다," 반대로 You can't be certain~하게 되면 "…을 확신하면 안된다"라고 주의를 줄 때 쓰는 표현이 된다.

> ▸ **You can be certain** S+V …을 확신해도 돼
> ▸ **You can't be certain** S+V …을 확신해서는 안돼

You can't be certain that he has told the crew anything.
너 그가 작업반에게 뭔가 얘기했다고 확신하면 안돼.

Again, we can't be certain who was involved.
다시 말하지만, 우리는 누가 개입되었는지 확신할 수가 없어.

You can be certain we won't make that mistake.
우리는 다신 같은 실수를 하지 않을거라고 네가 확신해도 돼.

A: I lost my keys somewhere in your apartment.

B: You can be certain we will find them.

A: 네 아파트 어딘가에서 열쇠들을 잃어버렸어.

B: 분명 우리는 열쇠를 찾을 수 있을거야.

004

It's obvious you don't want me here

obvious는 '분명한' (clear)이라는 뜻으로 유명한 형용사. 그래서 It's obvious that S+V하게 되면 "…은 명백하다, 분명하다, 뻔하다"라는 표현의 문장이 된다.

> ▸ **It's obvious** S+V …는 분명해
> ▸ **It's obvious to me that** S+V 내게 …는 뻔하다

Bob, it's so obvious to me that's what you want.
밥, 네가 무엇을 원하는지는 내게 뻔해.

I'm not stupid, Sarah. It's obvious you don't want me here.
새라, 난 멍청하지 않아. 네가 날 원하지 않는게 분명해.

I thought it was obvious that when you love someone, you wouldn't have an affair.
누군가 사랑한다면 부정을 저지르면 안된다라는 건 분명하다고 생각했어.

A: I just saw your boss wandering around and shouting.

B: It's obvious he has become a little crazy.

A: 네 상사가 왔다갔다 하면서 소리치는 걸 봤어.

B: 좀 미친게 분명해.

I warned you that~
난 네게 …을 경고했어

warn sb that S+V는 "…에게 …을 경고하다' 라는 표현. 특히 …에게 경고한다고 해서 to를 넣어 warn to sb~라고 쓰지 않아야 한다. 또한 warn sb to+V의 형태로 써도 "…에게 …하라고 경고하다"라는 의미.

Point
- **I warned sb that S+V** 난 …에게 …을 경고했어
- **I warned you to+V** 난 네게 …하라고 경고했어
- **I warned you not to+V** 난 네게 …하지 말라고 경고했어
- **I warned you about~** 난 네게 …에 대해 경고했어

I warned him that he could end up in prison.
난 걔에게 감방에 들어갈 수도 있다고 경고했어.

I warned him that I would take action.
난 걔한테 내가 조치를 취할거라고 경고했어.

I warned you to stop saying that.
난 네게 그만 그렇게 말하라고 경고했어.

I warned you not to make a mockery of these proceedings.
이런 절차를 우습게 보지 말라고 네게 경고했어.

I warned you guys about parking there.
거기 주차하는 것에 대해 너희들에게 경고했잖아.

A: My ex-girlfriend stole money and some things from my home.

B: I warned you that she would do bad things.

A: 전 여친이 돈하고 집에 있는 물건을 훔쳤어.
B: 걔가 나쁜 짓 할거라고 경고했잖아.

A: I warned you to buy insurance for your business.

B: I know. A fire destroyed everything I had.

A: 사업을 위해 보험에 가입하라고 경고했잖아.
B: 알아. 난 화재로 내가 가진 걸 모두 잃었어.

Bob warned me you can be a pain in the ass

반대로 상대방이 내게 한 경고내지는 충고를 되새기며 말을 할 때는 You warned me that S+V라고 쓰면 된다.

Point
- **You warned me that~** 넌 내게 …라고 경고했었지
- **Sb warned sb that S+V** …는 …에게 …라고 경고했어

You warned me she could become a problem.
걔가 문제거리가 될 수도 있다고 내게 경고했었지.

Bob warned me you can be a pain in the ass.
밥은 네가 골칫덩어리가 될 수 있다고 경고했어.

Chris warned me you might do that.
크리스는 네가 그렇게 할 지도 모른다고 내게 경고했어.

A: I heard you broke your leg skiing yesterday.

B: You warned me that I should go slower.

A: 어제 스키타다 다리가 부러졌다며.
B: 네가 나보고 천천히 타라고 경고했는데.

You warned me not to care for him

warn sb to+V의 표현을 활용하여 You warned me to~하게 되면 "넌 내게 …하라고 경고했었지"라는 뜻이 된다.

▶ **You warned me to+V~** 너는 …하라고 내게 충고했었지
▶ **You warned me not to+V~** 너는 내게 …하지 말라고 충고했었지

Well. You warned me not to care for him.
넌 내게 그 사람을 좋아하지 말라고 경고했었지.

He warned me to tell Tony to back off.
내가 토니에게 물러서라는 말을 해줘야 된다고 그는 내게 충고했었어.

You warned me to stay away from him.
넌 나보고 걔를 멀리하라고 경고했지.

A: You warned me to avoid getting in trouble with the cops.
B: Did you do something that got you arrested?

A: 경찰과의 분쟁에 휘말리지 말라고 네가 경고했었는데.
B: 뭐 체포될 만한 짓을 한거야?

You warned your boyfriend about your ex-husband, didn't you?

warn sb to+V만 쓰는 것이 아니라 warn sb about[of] sth 형태 또한 아주 많이 쓰인다.

▶ **You warned sb about~** 넌 …에 대해 경고했어(I have to warn sb about~ …에게 …에 대해 경고해야겠어)
▶ **Didn't I warn you about~?** 네게 …에 대해 내가 경고하지 않았니?

You warned your boyfriend about your ex-husband, didn't you?
너 남친에게 전남편에 대해 경고했지, 그렇지 않아?

Everybody warned me about Chris and I fell for him anyway.
다들 크리스에 대해 경고를 했는데 그래도 난 걔한테 빠졌어.

Wait, I want to warn you about something.
잠깐, 내가 뭐 좀 경고 좀 하려고.

A: I failed the course because I was always late.
B: Didn't I warn you about being lazy in school?

A: 내가 늘상 지각해서 과목낙제했어.
B: 학교에서 지각하는거에 대해 내가 경고하지 않았니?

I have to warn you. This might hurt a little bit

상대방에게 충고내지 경고하면서 사용하는 표현들. 경고하면서 쓸 수 있는 표현도 있고 혹은 미리 경고했는데 말을 안들어 불행한 사태가 발생했을 때 은근 자랑질하면서 던질 수 있는 표현들도 있다.

▶ **I have to warn you** 내 말해두지만(I've warned you 난 경고했어)
▶ **I'm warning you** 미리 말해두지만

I have to warn you, there's a serious risk of paralysis, or death.
내 말해두지만, 마비 혹은 사망의 심각한 위험성이 있어요.

I have to warn you. This might hurt a little bit.
내 말해두지만, 이게 좀 아플거예요.

I'm warning you, if it gets physical, I will show no mercy.
미리 말해두지만, 폭력으로 번지면 인정사정 안봐줄거야.

A: I have done a lot of illegal things.
B: I have to warn you, I'm a policeman.

A: 난 불법적인 일들을 많이 했어요.
B: 내 경고하는데요, 나 경찰관이거든요.

It's my job to ~
…하는 것은 나의 일이야

프로의 세계에서 **my job**이 최우선이다. 따라서 It's my job to~하게 되면 "…하는 것의 나의 일이다," "…하는 것은 나의 의무이다"라는 의미까지 갖게 된다.

Point

■ **It's my job to~** …하는 것은 나의 일이야

■ **My job is to~** 내 일은 …하는 것이야

It's my job to teach you and you are not half the man I know you can be.
너를 가르치는게 나의 의무이고 넌 너의 가능성의 반에도 아직 못미쳐.

It's my job to prosecute this case, regardless of my views.
내 견해와는 상관없이 이 사건을 기소하는게 내 일이야.

It's my job to make sure that we remain objective and professional.
객관성과 전문성을 확실히 유지시키는 것이 내 일이야.

My job is to determine whether or not they have any material value.
내 일은 그것들이 물질적으로 가치가 있는지의 여부를 결정하는거야.

My job is to diagnose mental illness and relieve the symptoms.
내 일은 정신적 질환을 진단하고 증상을 경감시키는거야.

A: Why have you been standing out here so long?

B: **It's my job to** provide security for the building.

A: 너는 왜 그렇게 오래 여기 밖에 서 있는거야?

B: 건물을 경비하는게 내 일이야.

A: **My job is to** fix problems at different hospitals.

B: You must save the lives of many patients.

A: 여러 병원에서의 문제점들을 고치는게 내 일이야.

B: 많은 환자들의 생명을 살리겠구나.

It's not my job to judge

반대로 It's not my job to~하게 되면 "…하는 것은 내 일이 아니다," 다시 말해서 내가 할 일이 아니다라고 단호하게 선을 그을 때 사용한다.

Point

▶ **It's not my job to~** …하는 것은 내가 할 일이 아니야

It's not my job to judge. I'm just here to get the truth.
비난하는 것은 나의 일이 아냐. 난 진실을 찾으러 이곳에 왔어.

No **it's not my job to** talk her into anything.
아니, 걔를 설득해서 뭔가 하게 하는 건 내 일이 아냐.

It's not my job to keep track of them.
그것들을 기록하는 것이 내 일은 아냐.

A: You should clean up these conference rooms.

B: **It's not my job to** pick up the messes people make.

A: 이 회의실들을 깨끗이 치우도록 해.

B: 사람들이 어질러 놓은 것을 치우는 것은 내 일이 아냐.

It is your job to support me

이번에는 상대방에게 상대방이 해야하는 일, 즉 상대방의 의무를 말해줄 때 사용하는 표현으로 It's your job to~, Your job is to~이라고 하면 된다.

Point

▶ **It's your job to~** …하는 것은 너의 일이야

▶ **Your job is to~** 네가 해야 할 일은 …이야

It's your job to threaten to shoot me, not to actually shoot me.
네 일은 날 쏘겠다고 협박하는거지 진짜 쏘는 것은 아냐.

It is your job to support me. Now just shut up and fork over some cash. 네 일은 나를 지원해주는거야. 그러니 그만 입닥치고 돈이나 좀 내놔.

Your job is to study hard, get good grades, get a scholarship.
네 일은 공부열심히 하고 좋은 점수받고 장학금을 받는 것이야.

A: If the victim won't talk…

B: It's your job to make them talk.

A: 피해자가 말을 하지 않으려고 하면요…
B: 말을 하도록 하는게 네 일이야.

It's not your job to take care of me

역시 너의 일이 아니라고 선을 그어서 표시할 때는 It's not your job to~이라고 하면 된다.

 ▶ **It's not your job to~** …하는 것은 네가 할 일이 아냐

It's not your job to be her friend. Do you understand?
걔친구가 되는게 네가 할 일이 아냐. 알겠어?

It's not your job to take care of me.
나를 돌보는 것은 네가 할 일이 아냐.

It's not your job to protect your people. It's to protect the integrity of this lab. 네 사람들만 보호하는게 네 일이 아냐. 연구실 전체를 보호해야 되는거야.

A: Julie has to do better when writing reports.

B: It's not your job to correct her writing style.

A: 줄리는 레포트를 쓸 때 좀 더 잘해야 돼.
B: 걔 문제를 수정해주는게 네 일이 아냐.

I hope that ~
…이기를 바래

자기의 희망사항을 말하는 표현. I hope to+동사~ 또는 I hope S+V의 형태로 "…하기를 바래"라는 뜻이다. to 이하나 S+V에 자신의 희망사항을 말하면 된다. 먼저 that 절을 이어받는 I hope that S+V의 형태를 알아본다.

Point

- **I hope S+V** …이기를 바래
- **I hoped S+V** …이기를 바랬어
- **I hope to God S+V** 정말이지 …이기를 바래
- **I'd hope that S would~** …가 …이기를 바랄게

I hope you're getting a sense of what I'm trying to do.
내가 하려는 것을 네가 알고 있기를 바래.

I hope you know what you're doing.
네가 알아서 하기를 바래.

Good Luck, I hope I'm wrong about you.
행운을 빌어, 너에 대한 나의 생각이 틀리기를 바래.

I hope you didn't bring me here just to kick my ass.
네가 날 단지 혼내기 위해서 여기 데려온게 아니길 바래.

I hope to God you used a condom!
정말이지 네가 콘돔을 썼기를 바래!

A: Mr. Donahue is considering giving us the day off.
B: I hope he will decide to let us go.

A: 도나휴 씨는 우리에게 하루 휴가를 줄까 생각중이야.
B: 휴가주는 걸로 결정했으면 좋겠다.

A: They say a big storm is going to hit our city.
B: I hope to God they are wrong about that.

A: 대형 폭풍이 우리 도시를 강타할거야.
B: 정말이지 그들이 틀리기를 바래.

I hope to never see it again

이번에는 I hope to+V로 "…하기를 바라다"라는 의미. to 이하에 자신의 희망사항을 말하면 된다. 반면 유사한 wish to는 좀 formal한 표현으로 다소 공식적인 냄새가 나는 경우에 쓴다.

Point

▶ **I hope to~** …하기를 바래(I hope not to~ …하지 않기를 바래)
▶ **I hope to never~** 절대로 …하지 않기를 바래

I hope to never see it again.
절대로 다시는 그걸 보지 않기를 바래.

There are two things I hoped to experience in my lifetime.
평생살면서 경험해보고 싶었던게 두가지가 있어.

I wish to speak to her alone. Can you arrange this?
걔와 단독으로 얘기나누고 싶은데 일정잡아줄 수 있어요?

A: Why have you come to the meeting for single people?
B: I hope to find a really nice guy to date.

A: 싱글모임에 왜 나온거야?
B: 데이트할 멋진 남자를 찾으려고.

003 I'm hoping Addison shows up

단순히 희망하거나 바라는 것이 아니라 "내가 꼭 좀 했으면 좋겠다"라는 뉘앙스로 I'm hoping (that) 주어+동사 혹은 I'm hoping to+동사 형태를 써본다.

Point
> ▶ **I'm hoping to~** …하면 좋겠어, …하고 싶어
> ▶ **I'm hoping that S+V** …였으면 좋겠어

I'm hoping Addison shows up.
애디슨이 오면 좋겠어.

I'm hoping you're talking about your husband.
네가 네 남편이야기를 하면 좋겠어.

I'm hoping to hear somebody's voice.
다른 사람의 목소리를 듣고 싶어.

A: I'm hoping Rick lends me his new car.

B: Really? Do you need to drive somewhere?

A: 릭이 새차를 빌려주면 좋겠어.
B: 그래? 차로 어디 가야 돼?

---

004 There is no hope of her ever getting better

희망이 있다, 없다는 There's (no) hope라 하고 희망의 내용은 of~이하에 말해주면 된다. 조건절이나 부정문에서는 There is (not) any of~의 형태로 쓰면 된다. 함께 손을 모아 희망을 하고 할 때는 Let's hope, 내 희망을 말할 때는 My hope is~이라고 한다.

Point
> ▶ **There is hope of~** …의 희망이 있어(There is no hope of~ …의 희망이 없어)
> ▶ **There isn't any hope~** 희망이 전혀 없어(Is there any hope S+V ? …할 희망이 조금이라도 있어?)

There is no hope of her ever getting better.
걔가 더 나아질 가능성은 없어.

Is there any hope she can recover?
걔가 회복될 희망이 좀 있어?

Let's hope this experience teaches our cop a lesson.
이번 경험이 우리 경찰에게 교훈이 되기를 바라자.

A: Mike has been in the hospital since the accident.

B: There is hope he will be able to leave soon.

A: 마이크는 사고이후 계속 병원에 있어.
B: 걔가 곧 퇴원할 희망은 있어.

---

005 I'd like to think I'm gonna dance again

희망사항을 표현하는 것으로 될지 안될지 모르겠지만 "…면 좋겠다"라는 뉘앙스. think 대신 believe를 쓰기도 한다.

Point
> ▶ **I'd like to think S+V** (비록 사실이 아닐지라도) …이길 바래

I'd like to think I'm gonna dance again.
다시 춤추러가면 좋겠어.

I'd like to think that I have learned from my mistakes.
내가 실수들을 통해 배웠기를 바래.

I'd like to think I've been fairly useful to her.
내가 걔한테 꽤 도움이 됐기를 바래.

A: I'd like to think you'd set me up with someone like Chris.

B: Well, I think he's a little out of your league.

A: 크리스같은 사람 소개시켜주면 좋겠어.
B: 글쎄, 걔는 너한테 과분한 것 같은데.

I'm really looking forward~
···을 몹시 기다리고 있어

잘 알려진 look forward to을 이용한 표현으로 I'm looking forward to하면 "···하기를 몹시 기대하다, 바라다"라는 뜻. 중요한 건 뒤에는 명사나 동사의 ~ing형이 와야 한다는 점이다.

Point

■ **I'm looking forward to+N[~ing]** ···을 몹시 기다리고 있어
■ **I'm looking forward sb to ~ing** ···가 ···하기를 몹시 기다리고 있어

I'm looking forward to staying out of trouble for a while.
응, 한동안은 사고는 안 칠 생각이야.

We're very much looking forward to tonight's event.
오늘 저녁 이벤트를 무척 기다리고 있어.

I'm sure your daughter's looking forward to having you.
네 딸이 네가 오기를 엄청 기다리고 있을게 확실해.

I'm really looking forward to you and me having sexual intercourse.
너와 내가 성교하기를 몹시 기다리고 있어.

I've been looking forward to you getting out of the house for a long time.
난 오래전부터 네가 집을 나가주기를 기다리고 있었어.

A: Your uncle and aunt will arrive in an hour.
B: I'm really looking forward to talking with them.
A: 삼촌과 숙모가 한시간내에 도착할거야.
B: 난 그들과 함께 얘기나누고 싶어.

A: I'm really looking forward to Scarlett Johansson making another movie.
B: Yeah, she is one of my favorite actresses.
A: 스칼렛 요한슨이 영화하나 더 찍기를 바래.
B: 맞아, 걘 내가 가장 좋아하는 여배우 중 한명야.

 I'll look forward to hearing from you

looking forward to~ 처럼 진행형으로 쓰이는 경우가 워낙 유명해서 현재형인 look forward to로 쓰면 좀 어색하게 보일 수도 있다.

Point

▶ **I look forward to~** ···을 기대해

I'll look forward to hearing from you.
연락주기를 기대할게.

And I look forward to kicking your ass.
널 혼내주기를 기대하고 있어.

I look forward to hearing about it tonight.
오늘밤 그 얘길 듣는 것이 몹시 기대되네.

A: The hiking trip will be starting at 6 am tomorrow.
B: I look forward to walking out in nature.
A: 하이킹은 내일 오전 6시에 시작할 거야.
B: 어서 빨리 자연 속을 걷고 싶어.

I'm just waiting for the perfect time

wait for sb[sth]의 진행형으로, "…을 기다리다," 그리고 wait to+V하게 되면 "…하는 것을 기다리다"라는 뜻이 된다.

Point
- ▸ **I'm waiting for~** …을 기다리고 있어
- ▸ **I'm waiting to+V** …하는 것을 기다리고 있어

I'm just waiting for the perfect time.
난 단지 완벽한 때를 기다리고 있어.

That guy has been waiting for his coffee for ten minutes!
저 사람은 자기 커피 나오기를 10분간 기다리고 있어!

He's waiting to take you home.
걘 너를 집에 데려다주려고 기다리고 있어.

A: Hey. Can we help you?
B: No thanks. I'm just waiting for Mr. Sutton.

A: 저기, 뭐 도와드릴까요?
B: 괜찮아요. 서튼 씨를 기다리는 중이예요.

He's just waiting for Julie to feel better

단순히 기다리는게 아니라 wait for sb to+V의 형태로 "sb가 …하기를 기다린다"라는 표현을 만드는 경우.

Point
- ▸ **I'm waiting for sb to** …가 …하기를 기다리고 있어

I've been waiting for you to be interested in something other than partying. 네가 파티 말고 다른 것에 관심가져 주길 기다리고 있어.

They are waiting for Eric and Red to come home.
걔네들은 에릭과 레드가 집에 오기를 기다리고 있어.

He's just waiting for Julie to feel better.
걘 줄리의 기분이 나아지기를 기다리고 있어.

A: Why haven't you finished your homework?
B: I'm waiting for Ann to send me some files.

A: 왜 숙제를 끝내지 못한거야?
B: 앤이 파일들을 내게 보내주길 기다리고 있어.

His kid's awaiting trial for double homicide

await는 formal한 영단어로 wait for+N와 달리 전치사 없이 바로 명사를 받아 await+N란 형태로 쓴다. 시간상 예정된 앞으로의 일이나 일의 단계적인 진행상 다음에 있을 단계를 기다리다라는 의미이다. 미드에서 "재판을 기다리다"라는 의미로 await trial표현을 많이 볼 수 있다.

Point
- ▸ **I'm awaiting trial on~** …에 대한 재판을 기다리고 있어
- ▸ **I'm awaiting+N** …을 기다리고 있어

His kid's awaiting trial for double homicide.
그의 아이는 두명이상을 죽인 살인에 대한 재판이 열리기를 기다리고 있어.

You're awaiting trial on drug trafficking.
넌 마약밀매건에 대한 재판을 기다리고 있는중야.

I will eagerly be awaiting your call.
난 네 전화를 간절히 기다릴거야.

A: What's going to happen to Randy?
B: He'll be remanded to a juvenile detention center, awaiting trial.

A: 랜디는 어떻게 되나요?
B: 걘 소년원에 재수감되고 재판을 기다리게 될겁니다.

091

I'm asking you to~

네게 …해달라고 부탁하는거야.

PATTERN
001

ask somebody to+V는 "…에게 ~을 해달라고 부탁하다"란 뜻으로 상대방에게 "…를 좀 부탁드려도 될까요?"라고 말하려면
I'm asking you to~라고 하면 된다.

Point

- **I'm asking sb to+V** …에게 …해달라고 부탁하는거야
- **I'm not asking you to+V** 네게 …해달라는 게 아냐
- **I'm going to ask you to+V~** 네게 …해달라고 할거야
- **I have to ask you to+V** 네게 …해달라고 할거야

I'm asking you to save a man's life.
한 사람의 생명을 구해달라고 부탁하는거야.

I'm asking you not to do this.
네게 그렇게 하지 말아달라고 부탁하는거야.

I'm not asking you to dance, I'm asking you to do your job.
너보고 춤추라는게 아니고 네 일을 하라고 하고 있는거야.

I'm afraid I'm going to have to ask you to leave now.
지금 그만 나가달라고 부탁해야겠네요.

I'm going to have to ask you to lie to Jin for another 20 minutes.
앞으로 20분간 진에게 거짓말을 해달라고 부탁해야겠어.

A: The party is getting started around seven.

B: I'm asking everyone to bring their favorite foods.

A: 파티는 7시경에 시작했어.
B: 모두에게 각자 좋아하는 음식을 가져 오라고 했어.

A: Do you want me to go on a date with your brother?

B: I'm not asking you to fall in love with him.

A: 내가 네 오빠랑 데이트하기를 바래?
B: 네가 그와 사랑에 빠지라고 부탁하는 건 아냐.

PATTERN
002

I need to ask you about your sex life

'물어보다' (ask sb something), '질문하다' (ask sb a question)와 달리 "…에게 뭔가에 대해서 물어보다"라고 할 때는
ask sb about~의 구문을 쓴다.

Point

▸ **I need to ask you about+N** …에 대해 물어볼게 있어
▸ **Don't ask me about+N** …에 대해 내게 묻지마

We wanted to ask you about a gift for Rory.
로리에게 줄 선물에 관해 물어보고 싶었어.

We're here to ask you about the incident you reported to the police last month. 지난달 선생님께서 경찰에 보고한 사건에 대해 물어볼게 있어 왔습니다.

I need to ask you about your sex life.
네 성생활에 대해 물어볼게 있어.

A: I need to ask you about how to invest money.

B: Sure. What kind of advice do you need?

A: 돈을 어떻게 투자하는지에 대해 물어 볼게 있어.
B: 그래. 어떤 종류의 조언을 필요로 하는데?

Can I ask what's wrong with her?

물어보는 게 좀 길 경우에는 ask (somebody)＋의문사절로 하면 된다. 우선 wh~로 시작하는 what, when, where, who, why의 경우를 본다.

Point
▸ **Can I ask (you) wh~ S＋V?** …을 물어봐도 돼?
▸ **I asked wh~** 난 …을 물어봤어(You asked wh~ 넌 …을 물어봤어)

May I ask what exactly is she charged with?
걔가 정확히 무슨 죄로 기소되었는지 물어봐도 돼?

Can I ask what's wrong with her?
걔 문제가 뭔지 물어봐도 돼?

Dr. Dutton, uh, can I ask you what happened here?
더튼 박사님, 여기 무슨 일인지 물어봐도 돼요?

A: Can I ask why you invited me to the meeting?
B: I need you to tell everyone about the campaign.

A: 왜 나를 회의에 초대했는지 물어봐도 돼?
B: 네가 선거운동에 대해 모두에게 말해 주길 바래.

I'm asking if you want this to be over

이번에는 ask (sb) 다음에 if절이나 how절 또는 how to＋동사가 오는 경우이다. 특히 ask me if의 형태가 많이 쓰인다.

Point
▸ **I'm asking if S＋V** …인지 물어보는거야
▸ **I'm asking (sb) how S＋V** (…에게) 어떻게 …인지 물어보는거야

I'm asking if you want this to be over.
네가 이게 끝나기를 바라는건지 물어보는거야.

I was going to ask if you're okay, but I can see that you're better than ever. 네가 괜찮은지 물어보려고 했는데, 그 어느 때보다 좋아보이는구만.

Please don't ask if I'm gonna get back together with Chris.
내가 크리스와 다시 합칠거냐고 제발이지 물어보지마.

A: I don't understand what you are trying to say.
B: I'm asking if you would consider becoming my wife.

A: 네가 무슨 말을 하려는건지 모르겠어.
B: 나랑 결혼할 생각이 있는지 물어보는 거야.

I didn't ask for you to save me

"너에게 부탁한 적이 없다"라고 부정하는 문장. I didn't ask you~ 까지는 기계적으로 외우고 그 다음에 다양한 to ＋V를 넣어보면서 여러 문장을 만들어본다.

Point
▸ **I didn't ask for sb to~** 난 …에게 …달라고 한 적 없어
▸ **I wouldn't ask for it if~** …라면 부탁하지 않았을거야

I didn't ask for you to save me.
너한테 날 구해달라고 부탁하지 않았어.

I need your help. I wouldn't ask if it weren't important.
네 도움이 필요해. 중요하지 않은거였다면 부탁하지도 않았을거야.

I didn't ask for you to help me.
난 너에게 도와달라고 한 적 없어.

A: I'm not sure I can manage the tasks you gave me.
B: I didn't ask you to do anything difficult.

A: 주신 업무를 해낼 수 있을지 모르겠어.
B: 난 어려운 업무를 하라고 한 적이 없는데.

092

I'm gonna wait until~

…할 때까지 기다릴거야

wait until은 "…까지 기다리다"라는 의미로 미드에서 참 많이 보이는 어구이다. 이제부터 이를 활용한 다양한 빈출패턴을 알아보도록 한다.

Point

- **I'm gonna wait until~** …할 때까지 기다릴거야
- **I will wait until~** …할 때까지 기다릴거야
- **I decided to wait until~** …할 때까지 기다리기로 했어

Are we sure we want to wait until Friday?
우리가 정말 금요일까지 기다릴 셈이야?

I tried to wait until I was 25 like you did!
네가 그랬던 것처럼 난 스물다섯살까지 기다리려고 했어.

I wanted to wait until it was official.
그게 공식화될 때까지 기다리려고 했어.

We'll just wait until Peter gets home.
우리는 피터가 집에 올 때까지 기다릴거야.

We'll have to wait until Abby is done with her analysis.
애비의 분석이 끝날 때까지 기다려야 될거야.

A: Have you considered getting married?
B: I'm gonna wait until I turn 30.

A: 결혼할 생각해봤어?
B: 30세까지는 기다릴거야.

A: You can bring dessert out now.
B: I'm gonna wait until dinner is finished.

A: 이제 디저트 내오지.
B: 저녁식사 끝날 때까지 기다릴거야.

We can wait until your HIV test comes back

We can wait until~은 "…할 때까지 기다릴 수 있다," "기다릴 수 있나?"고 물어볼 때는 Can you wait~?라 한다.

Point

▶ **We can wait until~** …할 때까지 기다릴 수 있어
▶ **Can you wait until~ ?** …할 때까지 기다릴 수 있어?

Sandy we're eating, can we at least wait until after dinner?
샌디야 우리 식사중이야, 적어도 저녁식사 끝날 때까지 기다릴 수 있어?

Couldn't you at least wait until he was out of the house?
적어도 걔가 집에서 나올 때까지 기다릴 순 없는거야?

We can wait until your HIV test comes back.
네 HIV 테스트가 나올 때까지 기다릴 수 있어.

A: My dad is still installing an air conditioner.
B: We can wait until he is finished.

A: 아빠는 아직도 에어컨을 설치하고 계셔.
B: 아빠가 끝낼 때까지 기다릴 수 있어.

Well, **let's wait until** he gets here

wait until~이 Let's와 만나서 "함께 …할 때까지 기다리자"라는 패턴을 만들고, 한편 Wait until~ 이라고 하면 "…할 때까지 기다려라"는 의미의 명령문으로 쓰인다.

Point
▸ **Let's wait until~** …할 때까지 기다리자
▸ **Just wait until~** …할 때까지 기다려

Just wait until they come back.
걔네들이 돌아올 때까지 그냥 기다리자.

Wait until you see our gal.
우리 여자애 올 때까지 기다려.

Well, **let's wait until** he gets here.
걔가 여기 올 때까지 기다리자.

A: Are you ready to light the campfire?

B: Let's wait until it gets dark.

A: 캠파이어에 불을 지필 준비됐어?
B: 어두워질 때까지 기다리자고.

Are you gonna wait until she moves in?

Are you going to wait until~은 "…할 때까지 기다릴"건지 상대방의 의사를 묻는 문장.

▸ **Are you going to wait until~ ?** …할 때까지 기다릴거야?

Are you all gonna wait until somebody else is attacked?
누가 공격을 당할 때까지 너희 모두 기다릴거야?

Are you gonna wait until she moves in?
걔가 이사올 때까지 기다릴거야?

Are you gonna tell him the truth now, or **are you gonna wait until** after he kills me?
걔한테 지금 사실을 말할거야 아니면 걔가 날 죽일 때까지 기다릴거야?

A: I decided to move back to my hometown.

B: Are you gonna wait until the summer ends?

A: 난 고향으로 돌아가기로 결정했어.
B: 여름이 끝날 때까지는 기다릴거야?

Can this possibly wait until tonight?

"이거 오늘 저녁까지 기다릴 수 있어?"라는 문장으로 주어로 it, that, this가 쓰이는 경우이다.

Point
▸ **Can this wait until~?** 이거 …때까지 기다릴 수 있어?
▸ **Can't this wait until~?** 이거 …때까지 기다릴 수 없어?

Can't this wait until morning?
내일 아침까지 기다릴 수 없어?

It's nothing that **can't wait until** tomorrow.
내일까지 미룰 수 없는 일은 없어.

Liver biopsy **can wait until** after Thanksgiving.
간 생체조직검사는 추수감사절 이후에 해도 돼.

A: We have a new batch of work to do.

B: Can this wait until I finish my nap?

A: 일단의 새로운 일을 할게 있어.
B: 낮잠 다 잘 때까지 기다릴 수 있어?

I suggest ~
…라고 생각해

001

suggest는 특이하게도 목적어로 to+V(~ing는 가능)를 받지 못하며 또한 suggest sth이 올 수 있지만 suggest sb라고는 쓸 수 없다. 유명숙어로는 have a suggestion(제안이 있다), make a suggestion(제안하다), take a suggestion(제안하다), offer a suggestion(제안을 내다) 등이 있다.

Point

- **I suggest sth to sb** …에게 …을 제안하다
- **I suggest S+V** …라고 생각해
- **I suggest you tell sb what[if]~** 네가 …에게 …을 말하도록 해
- **My suggestion is that~** 내 제안은 …이야
- **May I offer a suggestion to+V** …하자는 제안을 내놔도 될까요?

We suggest going public with the information as soon as possible.
우리는 가능한 한 빨리 이 정보를 발표할 것을 제안합니다.

I suggest you get back there and meet your client.
이제 그곳으로 돌아가서 의뢰인을 만나보도록 해.

I suggest you cancel the rest of your schedule.
남은 일정은 취소하도록 하지.

I suggest you tell us what happened that night.
그날 밤 무슨 일이 있었는지 우리에게 말해봐.

My suggestion would be to go to rehab and get the help you need.
내 생각을 말하자면 재활원에 가서 네가 필요로 하는 도움을 받는거야.

A: Where is the best place to have a dinner party?
B: I suggest you find a place on the Internet.
A: 저녁 파티하기 가장 좋은 장소가 어디야?
B: 인터넷으로 장소를 찾아봐.

A: My son keeps getting into trouble at school.
B: My suggestion is that he receive a punishment.
A: 내 아들이 학교에서 계속 사고를 쳐.
B: 걔가 처벌을 받는게 어떨까.

002 I'm not suggesting you give him your underwear

뭔가 제안하거나 제의할 때는 I'm suggesting S+V를 그리고 자신의 제안이나 의도가 오해되고 있을 때는 I'm not suggesting S+V를 쓰면 된다.

Point

▸ **I'm suggesting S+V** …을 제안하는거야, …라는거야
▸ **I'm not suggesting S+V** …을 하자는 말은 아니야

I am strongly suggesting that you stay away from her.
넌 반드시 걔를 멀리하도록 해.

I'm suggesting it's a zero-sum game. Your loss is my win.
그건 제로섬게임이라는거야. 네가 진만큼 내가 이기는거지.

I'm not suggesting you give him your underwear.
걔한데 너의 속옷을 주라는 말이 아냐.

A: Do you think I should find another workplace?
B: No, I'm not suggesting you quit your job.
A: 내가 다른 일터를 찾아봐야 될까?
B: 아니, 내 말은 회사를 그만두라는 말이 아냐.

003 Are you suggesting Dana is a spy?

Are you suggesting S+V?라고 하면 상대방의 말하는 내용을 정확히 판단하기 위해 상대방이 말하는게 "…을 암시하는 것이냐," "…을 뜻하는 것이냐"라고 물어보는 문장이 된다.

> Point
> ▶ **Are you suggesting S+V?** …라는 이야기야?
> ▶ **You're not suggesting S+V** …라고 말하는 것은 아니지

Are you suggesting Dana is a spy?
데이나가 스파이라는 말이야?

Are you suggesting that Perry Williams was responsible for that?
페리 윌리암스가 그에 대한 책임이 있다고 말하는거야?

Are you suggesting that Angie sent these e-mails herself?
앤지가 이 이메일들을 보냈다고 말하는거야?

A: There is no way Brett should have passed.
B: Are you suggesting he cheated on the exam?

A: 브렛이 시험에 통과했을리가 없어.
B: 걔가 부정행위를 저질렀다고 말하는 거야?

---

004 I would suggest taking a notebook along

I would suggest~ 는 제안하고 싶다는 말로 would를 삽입하여 자신의 제안을 부드럽게 전달하고 있다.

> Point
> ▶ **I'd suggest ~ing** …할 것을 제안하고 싶어, …하도록 하자
> ▶ **I'd suggest S+V** …을 제안하고 싶어, …하도록 하자

I would suggest taking a notebook along.
노트북을 가지고 가자.

I'd suggest sending Morgan.
모건을 보내도록 하자.

I would suggest you start telling the truth.
진실에 대한 진술을 시작하시지요.

A: Do you think I should join a health club?
B: I would suggest exercising at home first.

A: 내가 헬스클럽에 가입해야 된다고 생각해?
B: 먼저 집에서 운동을 해보록 해.

---

005 Evidence suggests she was murdered by another marine

주어가 evidence나 result 등의 사물명사가 오는 경우로 이때의 suggest는 '내포하다,' '암시하다' 라는 뜻을 갖는다.

> Point
> ▶ **Evidence[result] suggests~** 증거[결과]는 …을 암시하고 있어

Evidence suggests she was murdered by another marine.
증거는 걔가 다른 해병에 의해 살해되었다는 것을 암시하고 있어.

If it is an infection, his symptoms suggest it's moved to his brain.
그게 감염되는 거라면 그의 증상들은 그게 뇌로 전이 되었다는 것을 암시하고 있어.

Haven't been able to find anything in federal or state databases that suggest similar crimes.
연방정부나 주정부 어느 데이타베이스에서도 유사한 범죄들을 암시하는 그 어떤 것도 발견할 수 없었어.

A: I am not getting enough sleep these days.
B: Evidence suggests lack of sleep can shorten your life.

A: 요즘에 잠을 충분히 못자.
B: 임상에 의하면 수면부족은 수명을 단축시킬 수 있다고 그래.

I know how much you ~
얼마나 …한지 알고 있어

001

How much는 셀 수 없는 양을 말하는 것으로 다음에 오는 명사는 주로 How much time, How much money 정도이고 대개는 How much가 명사없이 단독으로 사용되는 경우가 더 많다. 가격을 물어보는 "How much is+물건?"과 "How much do+주어+cost[owe, pay]~?"의 문형만 익숙해져도 웬만한 How much 문장을 만들 수가 있다.

Point

- **How much is~ ?** …가 얼마야?
- **How much do S cost~ ?** …의 가격이 얼마야?
- **How much+N?** 얼마나 많은…?
- **I (don't) know how much~** 얼마나 …한지 알고 있어[몰랐어]

How much longer are you gonna do that?
얼마나 더 오래 그걸 할거야?

I know how much you hate it when I'm happy.
내가 행복할 때를 네가 얼마나 싫어하는지 알고 있어.

I'm so sorry. I know how much you wanted this.
미안해. 난 네가 이걸 얼마나 원했는지 알고 있는데.

I don't know how much help she's going to be.
걔가 얼마나 도움이 될지 모르겠어.

I mean, do you even realize how much that hurt me?
내 말은, 그게 나를 얼마나 아프게하는지 알기나 하냐고?

A: Thank you for making me eggs and bacon.

B: I know how much you love eating breakfast.

A: 계란과 베이컨을 만들어줘서 고마워.

B: 네가 아침 먹는 것을 얼마나 좋아하는지 내가 알지.

A: Let's take a walk after we finish lunch.

B: Just tell me how much time it will take.

A: 점심 마친 후 우리 산보하자.

B: 시간이 얼마나 걸릴지 좀 알려줘.

002

How many paintings have you sold, Alfred?

"How many+명사"는 위 문장처럼 뒤에 주어+동사가 도치되는 경우도 있고 또한 How many people came to the party?처럼 "How many+명사" 자체가 주어로 쓰여 뒤에 바로 본동사가 오는 경우도 있다. 물론 How many have you got?처럼 How many가 뒤에 명사없이 단독으로 쓰일 수도 있다.

Point

▶ **How many+N~?** 얼마나 많은 …가?(How many of~? …중 얼마나 많은 게…?)
▶ **You know how many~** 얼마나 많은 …가 인지 알아
▶ **You just tell me how many~** …가 얼마나 많은지 말해봐

How many paintings have you sold, Alfred?
알프레드, 그림을 몇개나 팔았어?

How many people has he killed?
걔는 사람을 몇명이나 죽였대?

How many of these can you make a day?
너 이런거 하루에 몇개나 만들 수 있어?

A: How many days will we be traveling in China?

B: We are going to be there for over a month.

A: 중국에서 며칠이나 여행할 수 있어?

B: 한달 넘게 중국에 머물거야.

How many times do we have to go through this?

여기서 복수로 쓰인 times는 횟수를 말하는 것으로 How many times~ 는 '얼마나 많은 횟수'를 뜻한다. 뭔가 지겹도록 여러 번 겪었을 때 쓸 수 있는 표현이다.

> ▸ **How many times~ ?** 얼마나 많이 …?
> ▸ **Do you know how many times~ ?** 얼마나 많이 …하는지 넌 아니?

How many times do we have to go through this?
얼마나 많이 우리가 이걸 겪어야 하는거야?

Do you know how many times I woke up to her screams.
걔의 비명소리를 듣고 내가 얼마나 여러번 잠에서 깼는지 너 아냐?

I'm sorry, how many times do I have to apologize?
미안해, 내가 얼마나 많이 사과를 해야 되는거야?

A: My brother stole more money from my parents.

B: How many times has he committed theft?

A: 내 형이 부모님에게서 더 많은 돈을 훔쳤어.

B: 몇번이나 절도를 한거야?

---

004 How soon can you be here?

How soon can~ ?은 "얼마나 빨리 …할 수 있나요?"라는 의미. How often과 더불어 일상생활 영어회화에서 자주 쓰이는 구문이다.

> ▸ **How soon~ ?** 얼마나 빨리…?(How soon after~? …후 얼마나 빨리?)
> ▸ **How quick~ ?** 얼마나 빨리…?

How soon can we get that out of the body?
얼마나 빨리 그걸 시신에서 꺼낼 수 있어?

How soon after did you split up?
그런 다음 얼마나 있다 헤어진거야?

How quick can you get out of town?
얼마나 빨리 시내에서 빠져나올 수 있어?

A: How soon can you get over to my apartment?

B: It will be a few hours until I'm free.

A: 내 집에 얼마나 빨리 올 수 있어?

B: 내가 바쁜일 끝내려면 몇시간 걸릴거야.

---

005 How often do you see her?

How soon~?은 "얼마나 빨리 …해요?"라는 의미인 반면 How often~?은 "얼마나 자주…해요?"라고 물어보는 것.

> ▸ **How often do you ~?** 얼마나 자주 …해?

How often does that happen?
얼마나 자주 이런 일이 생겨?

How often do you engage in intercourse?
얼마나 자주 성교를 해?

How often did you run into him?
얼마나 자주 걔하고 마주치는거야?

A: How often are you having sex?

B: Often enough.

A: 얼마나 자주 섹스를 해?

B: 수시로 해.

I think we should ~
우리가 …하는게 나을 것 같아

001

이미 한번 언급했지만 I think S+V에서 I think의 기능은 문장전체를 부드럽게 해주는 윤활제같은 역할을 한다. 그래서 특히 뒤에 should, have to, had better 등과 같은 의무 조동사가 쓰일 때는 그 어느 경우보다 I think~를 써주는 게 좋다.

Point

- **I think we should~** 우리가 …하는게 나을 것 같아
- **I think we have to~** 우리가 …해야 될 것 같아

I think we should wait here.
우리가 여기서 기다리는게 나을 것 같아.

I think we should know where he got it.
우리는 걔가 그걸 어디서 구했는지 알아야 될 것 같아.

I think we should call a lawyer.
우리는 변호사를 불러야 될 것 같아.

I think we should focus on taking care of your daughter.
우리는 네 딸을 돌보는데 집중해야 될 것 같아.

I think we have to leave all that in the past.
우리 모든 걸 과거에 파묻어야 한다고 생각해.

A: The neighbors have been making a lot of noise.

B: I think we should go over there and tell them to shut up.

A: 이웃들이 엄청 시끄럽게 해.

B: 우리가 가서 조용히 해달라고 해야 될 거 같아.

A: It seems like we fight all the time these days.

B: I think we have to consider breaking up.

A: 우리는 요즘 매일 싸우는 것 같아.

B: 헤어지는 걸 고려해봐야 될 것 같아.

002

I think I should talk to a lawyer

내가 스스로 뭔가를 해야겠다고 말하는 I should, I have to의 경우로 I think가 선두에 서서 문장을 부드럽게 해주고 있다.

Point

▶ **I think I should~** …하는게 나을 것 같아
▶ **I think I have to~** …해야 될 것 같아

I think I have to break up with Rachel.
레이첼하고 헤어져야 할 것 같아.

I think I have to kill a woman tomorrow.
내일 한 여자를 죽여야 될 것 같아.

I think I should be totally honest.
내가 하나의 숨김도 없이 솔직해져야 될 것 같아.

A: The roads are jammed with cars tonight.

B: I think I should use the subway to get home.

A: 오늘 저녁 차들로 도로들이 꽉 막혀.

B: 전철로 집에 가는게 나을 것 같아.

003 # I think I better discuss it with you in person

(had) better의 경우도 마찬가지. 뜻은 '…하는게 낫다'지만 그 이면에서는 그렇게 하는게 좋다라는 은근히 무거운 압력이 느껴지는 표현이다. 그래서 I'd better하면 "나 …해야 돼"가 되지만, I think I'd better하게 되면 "나 …해야 될 것 같아"가 된다.

> **Point**

> ▶ **I think I'd better~** 나 …해야 될 것 같아

I think I better discuss it with you in person.
직접 너와 만나서 얘기를 나누어야 될 것 같아.

You know, I think I'd better be getting to work.
저 말야, 일하기 시작해야 될 것 같아.

You know what, I think I'd better go. I've got a deadline.
있잖아, 나 가야 될 것 같아. 마감해야 할게 있어서.

A: You've gotten quite fat over the last year.
B: I think I better go on a diet soon.

A: 지난 일년간 살 많이 쪘네.
B: 곧 다이어트 시작해야 될 것 같아.

---

 004 # I think you should come with me

주어가 일인칭에서 이인칭 you로 바뀌었을 뿐, 내용은 똑같다. 그냥 You have to~라고 하는 것보다는 I think you have to~가 훨씬 부드럽고 거부감을 주지 않는다.

> **Point**

> ▶ **I think you should~** 네가 …하는게 좋을 것 같아
> ▶ **I think you have to~** 네가 …하는게 나을 것 같아

I think you should come with me.
넌 나와 함께 가는게 좋을 것 같아.

I think you should show them you're a human being.
넌 걔네들에게 너도 인간이라는 것을 보여주는게 나을 것 같아.

I think you should be honest with yourself about why you're doing this. 넌 왜 이것을 하는지 스스로에게 솔직해야 될 것 같아.

A: Any idea what is causing me to sneeze?
B: I think you should take some allergy medicine.

A: 내가 왜 재채기를 하는지 혹시 알아?
B: 앨러지 약을 좀 먹는게 나을 것 같아.

---

 005 # I think he should hear it from me

마지막으로 주어가 3인칭 she나 he가 쓰인 경우일 뿐 내용은 마찬가지이다.

> **Point**

> ▶ **I think she should~** 걔가 …하는게 좋을 것 같아
> ▶ **I think he should ~** 걔가 …하는게 좋을 것 같아

I think he should hear it from me.
걔가 나로부터 직접 얘기를 듣는게 좋을 것 같아.

You know, I think she should call me Marilyn.
저기, 난 걔가 날 매릴린으로 부르는게 좋을 것 같아.

I think Mona should speak to him.
모나가 걔한테 얘기하는게 나을 것 같아.

A: Robert and Jill broke up over a year ago.
B: I think he should try to find someone new to date.

A: 로버트와 질은 헤어진 지 벌써 일년이 넘었어.
B: 걔가 데이트할 새로운 여자를 찾아보는게 좋을 것 같아.

What did I tell you about~ ?

…에 대해 내가 뭐라고 했지?

직역하면 "내가 about 이하에 대해서 뭐라고 했지?"라는 말. 이미 다 설명하고 이해시킨 내용을 사람들이 인지하지 못하고 실수를 범할 때 예전에 자기가 했던 말을 주지시키면서 따끔하게 충고하는 문장이다.

Point

- **What did I tell you about+N ?** …에 대해서 내가 뭐라고 했지?
- **What did I tell you about not~ ?** …하지 않는거에 대해서 내가 뭐라고 했지?
- **What did I tell you about ~ing ?** …하는 거에 대해 내가 뭐라고 했지?

What did I tell you about parading around half-naked in front of my friends?
내 친구들 앞에서 반라로 걸어다니는거에 대해서 내가 뭐라고 했지?

What did I tell you about talking to your friends while you're working?
네가 일하는 동안 친구들과 얘기하는거에 대해 내가 뭐라고 했지?

What did I tell you about being rude to customers?
고객을 무례하게 대하는 것에 대해 내가 뭐라고 했지?

What did I tell you about terrorizing my men?
내 사람들을 공포에 떨게 하는거에 대해 내가 뭐라고 했어?

What did I tell you about naming them after musical groups?
음악그룹의 이름을 따서 이름짓는거에 대해 내가 뭐라고 했지?

A: The cops told me I had to leave the park.
B: What did I tell you about hanging around the park at night?

A: 경찰이 나한테 공원에서 나가라고 말했어.
B: 밤에 공원에서 어슬렁거리는거에 대해 내가 뭐라고 했어?

A: Kate has been saying bad things about me.
B: What did I tell you about trusting her?

A: 케이트는 날 계속 험담하고 있어.
B: 걔를 신뢰하는거에 대해 내가 뭐라고 했어?

What have I told you about ganging up on people?

직역하면 "내가 about 이하를 하는 것에 대해 내가 뭐라고 했나?"라는 뜻으로 앞의 What did I tell you about과 같은 의미이다. 말을 했는데도 말을 듣지 않는다는 불쾌감이 깔려있다.

Point

▸ **What have I told you about+N[~ing]?** …에 대해서 내가 뭐라고 했어?

What have I told you about ganging up on people?
사람들을 괴롭히는거에 대해서 내가 뭐라고 했어?

Preston, what have I told you about playing outside after dark?
프레스톤, 날이 저문 후에 밖에서 노는거에 대해 내가 뭐라고 했어?

What have I told you about talking to the police without an attorney, Peter? 피터, 변호사없이 경찰하고 얘기하는거에 대해서 내가 뭐라고 했어?

A: My father is very disappointed in me.
B: What have I told you about lying to him?

A: 아버지가 나에게 매우 실망하셨어.
B: 아버지에게 거짓말하는거에 대해 내가 뭐라고 했어?

PATTERN 003 I've told you a million times not to mess with my chair

앞의 두 경우처럼 점잖게 꼬아서 말하는 것이 아니라 직설적으로 I've told you~ 다음에 '여러번 말했다' 라는 의미의 과장표현인 a million times를 넣어서 전면공격하는 경우이다.

 Point

▶ **I've told you a million times not to~** …하지 말라고 수없이 말했잖아
▶ **I've told you over and over how~** …가 어떤지 수차례 말했잖아

I've told you guys a million times, the book is not about you.
내가 수없이 말했잖아, 그 책은 너희들에 관한 것이 아니야.

I've told you a million times not to mess with my chair.
내 의자갖고 장난하지 말라고 내가 수없이 말했잖아.

I've told you over and over how weak you are how you're nothing without me. 네가 나없이는 얼마나 약하고 아무것도 아닌 건지 내가 수없이 말했잖아.

A: The clothes I bought at the shop are ruined.

B: I've told you over and over how that shop is a rip off.

A: 그 가게에서 산 옷이 망가졌어.
B: 그 가게가 얼마나 바가지를 씌우는지 내가 수없이 말했잖아.

 PATTERN 004 How many times do I have to say I'm sorry?

말을 해도해도 안듣는 사람들한테 좀 지쳐 팔을 걷어부치면서 "내가 도대체 몇번이나 말을 해야 되겠니?"라고 짜증내면서 하는 말.

Point

▶ **How many times do I have to tell[say]~?** 내가 얼마나 여러번 …라고 말해야겠니?
▶ **How many times do I have to hear~?** 내가 얼마나 여러번 …을 들어야겠니?

In the first place, how many times do I have to say it?
우선, 내가 그걸 얼마나 여러번 말해야겠니?

For God sake, Gaby, How many times do I have to say I'm sorry?
맙소사, 개비, 내가 미안하다고 얼마나 여러번 말했야겠니?

How many times do I have to tell you, there's no such thing as monsters. 괴물같은 것은 없다고 내가 얼마나 여러번 말했야겠니?

A: The kids keep turning up the volume on the TV.

B: How many times do I have to tell them to stop?

A: 아이들이 TV소리를 계속 키우네.
B: 내가 얼마나 여러번 걔네들한테 그만 하라고 말해야되나?

 PATTERN 005 How many times have I asked you not to do that?

How many times~ 뒤에 이어지는 시제가 현재완료로 과거부터 지금까지 계속 얘기해왔다는 것을 나타낸다.

Point

▶ **How many times have I told you not to~?** 내가 얼마나 많이 …하지 말라고 해야겠어?
▶ **How many times have I asked you not to~?** 내가 얼마나 많이 …하지 말라고 부탁해야겠니?

How many times have I asked you not to do that?
내가 그렇게 하지 말라고 얼마나 많이 말해야겠니?

How many times have I told you guys not to make out on my bed?
내 침대에서 그 짓하지 말라고 너희들한테 얼마나 많이 말해야겠니?

How many times have I told you not to butt into other people's business? 다른 사람들의 일에 간섭하지 말라고 얼마나 많이 말해야겠니?

A: A thief broke into my house and stole my pay.

B: How many times have I told you to hide your money?

A: 도둑이 침입해서 내 월급을 훔쳐갔어.
B: 돈을 숨겨두라고 내가 얼마나 여러번 말해야겠니?

I thought ~

…한 줄 알았는데

I thought S+V는 I thought last night was great에서 보듯 단순한 과거문장의 의미일 수도 있다. 하지만 I thought you're great in bed라고 하면 너 침대에서 잘할 줄 알았는데 영~꽝이네라는 실망감을 나타낼때 쓰는 표현이 된다. 이처럼 I thought~ 는 예상과 다른 현실과 부딪혔을때의 허탈감, 실망감을 적절히 표현할 수 있는 우수문장이다.

> **Point**
> ■ **I thought S+V** …하다고 생각해, …한 줄 알았는데
> ■ **I can't believe I thought~** …라고 생각했다니 믿겨지지가 않아

I thought that's what his name was.
그게 걔의 이름이라고 생각했어.

What's going on? I thought you were going out.
무슨 일이야? 너희 나간 줄 알았는데.

I thought cops and feds hated each other.
난 경찰과 FBI가 서로 싫어하는 줄 알았어.

I thought we agreed to keep a secret.
비밀로 하는데 우리가 동의한 줄 알았는데.

I can't believe I thought he was such a great lover.
걔가 그렇게 멋진 연인인줄로만 생각했다니 믿겨지지가 않아.

A: How can I contact the girl that I met?
B: I thought she gave you her telephone number.

A: 내가 만난 여자에게 어떻게 연락하지?
B: 난 걔가 너에게 전번 준 줄 알았는데.

A: I can't believe I thought Reverend Smith was a good man.
B: Many people trusted him and were disappointed.

A: 스미스 목사가 좋은 사람이라고 생각하다니 기가막혀.
B: 많은 사람들이 그 사람을 믿었다가 실망했잖아.

I thought you might like some lunch

you가 might like할거라 thought했다는 말. "네가 점심 좋아할 줄 알았어"라는 문장. 그냥 I thought you might want to[like]~ 통채로 외워두면 미드볼 때 눈과 귀가 호강할 수 있다.

> **Point**
> ▶ **I thought you might want to~** …하고 싶어할 줄 알았어
> ▶ **I thought you might like~** 네가 …을 좋아할 줄 알았어

I thought you might be interested.
난 네가 관심있어할 줄 알았어.

I thought you might want to know how Chris died.
난 네가 어떻게 크리스가 죽었는지 알고 싶어할 줄 알았어.

I thought you might like a little something new to wear when you take Rachel out tonight. 네가 오늘밤 레이첼과 데이트때 뭔가 입을 새로운 걸 좋아할 줄 알았어.

A: I thought you might want to earn some money.
B: Do you have a short term job for me?

A: 난 네가 돈을 좀 벌고 싶어하는 줄 알았어.
B: 내가 일할 단기직 일이 있어?

I thought maybe you could fix it

"아마(maybe) 네가 …할거라 생각했다"라는 구문. I thought maybe you~ 까지가 필수 암기부분.

▶ **I thought maybe S +V~** 아마 …할거라 생각했어

I thought maybe our deal was over.
아마 우리 거래가 끝났을거라 난 생각했어.

I thought maybe you wanted to know me.
아마 네가 날 알고 싶어한다고 생각했어.

I thought maybe you could give me some advice.
난 네가 나한테 조언을 해줄 수 있을거라 생각했어.

A: Why did you bring me to a hospital?
B: I thought maybe you needed to see a doctor.

A: 왜 나를 병원으로 데려온거야?
B: 넌 진찰을 받아야 한다고 생각해.

I thought I'd come check it out

I thought와 I would의 결합. "…할거라 생각했어"라는 말로 여기서 would는 과거 속에서의 미래를 뜻한다.

▶ **I thought I'd ~** 내가 …할거라 생각했어
▶ **I thought I'd stop[drop] by and~** 난 잠깐 들러서 …할거라 생각했어

I thought maybe I'd come back to town to see it.
아마 내가 그걸 보기 위해 다시 마을로 돌아올거라 생각했어.

I thought I'd come check it out.
난 와서 확인할거라 생각했어.

I thought I'd drop by and check to see if you're okay.
난 잠깐 들러서 네가 괜찮은지 확인할거라 생각했어.

A: Why are we going to a tailor's shop?
B: I thought I'd buy a new suit for myself.

A: 우리가 왜 맞춤 양복집에 가는거야?
B: 난 내가 입을 새 정장을 살 생각이었어.

I thought you'd never ask

이번에는 I thought와 you would의 결합. "난 네가 …할거라 생각했어"라는 말.

▶ **I thought you'd~** 난 네가 …할거라 생각했어

I thought you'd change your mind.
난 너의 마음이 바뀔 줄 알았어.

I thought you'd be long gone by now.
난 네가 이미 떠난 줄 알았는데

I thought you'd never ask.
난 네가 절대로 물어보지 않을거라 생각했어.

A: I really enjoyed watching that TV show.
B: I thought you'd like the love story in it.

A: 난 정말 저 TV 프로 재미있게 봤어.
B: 난 네가 그 안에 나오는 사랑이야기를 좋아할거라 생각했어.

Don't tell~
…라고 말하지마

001

Don't tell me!는 상대방의 말도 안되는 소리에 하는 말로 "설마," "말도 안돼!"라는 뜻이다. 그 내용까지 함께 말하려면 Don't tell me that~이라고 하면 된다. "…라고 말하지마," "설마 …라는 얘기는 아니겠지"라는 의미. me자리에 다른 사람이 와서 Don't tell sb that S+V하게 되면 "…에게 …라고 말하지마"라는 단순한 뜻으로만 쓰인다.

> **Point**
> - ■ **Don't tell sb that[about~]** …에 관해 말하지마
> - ■ **Don't tell me that ~** …라고 말하지마, 설마 …라는 얘기는 아니겠지?

What are you doing? **Don't tell him** he can stay!
뭐하는거야? 걔한테 머물러도 된다고 말하지마!

Don't tell her that she's lucky.
걔한테 운이 좋다는 말을 하지마.

Don't tell me this is the last place you'd expect to see me?
설마 이 곳에서 나를 볼거라 예상못한 것은 아니겠지?

Don't tell me you're not coming?
너 설마 안온다는 말은 아니겠지?

Please **don't tell me that** you're in trouble again already.
제발 너 또 사고쳤다는 말은 하지마.

A: **Don't tell me** they are building a park here.

B: Yes, it is a place where children will be able to play.

A: 설마 여기에 공원을 짓는다는 건 아니겠지.

B: 맞아, 아이들이 놀 수 있는 곳이야.

A: You need to vote for Representative Wade.

B: **Don't tell me about** politics, I don't want to hear it.

A: 웨이드 하원의원에게 투표를 해.

B: 정치얘기는 꺼내지마, 듣고 싶지 않아.

002

Don't tell me to take it easy!

명령과 지시의 냄새가 풍기는 tell sb to do의 부정형으로 Don't tell me to~는 "내게 …하라고 하지마," Don't tell me not to~하면 "내게 …하지 마라고 하지마"가 된다.

> **Point**
> - ▶ **Don't tell me to~** …하라고 내게 말하지마
> - ▶ **Don't tell me not to~** …하지 말라고 내게 말하지마

Don't tell me to breathe deep, I am not in labor!
깊게 숨을 쉬라고 말하지마. 내가 출산중이냐고!

Don't tell me to relax, damn it!
젠장헐, 나보고 긴장을 풀라고 하지마!

Don't tell me to calm down!
나보고 침착하라고 말하지마!

A: You waste hours playing those stupid games!

B: **Don't tell me to** give up computer games!

A: 그런 한심한 게임을 하면서 시간을 낭비하고 있구만!

B: 컴퓨터 게임을 그만두라고 내게 말하지마!

Don't tell me what to do

이번에는 Don't tell me~ 다음에 의문사구나 의문사절이 나오는 문장.

> **Point**
> ▸ **Don't tell sb what to~** …라고 …에게 내게 말하지마
> ▸ **Don't tell sb what[how] S+V** …에게 …을 말하지마

Don't tell me how to run my courtroom.
나보고 내 법정을 어떻게 끌고가라고 말하지마.

Don't tell me what I can and cannot spend my own money on.
내돈을 어디엔 쓰고 어디엔 쓰지 말아야 할지 말하지마.

Don't tell me what I want and don't want.
나에게 뭘 원하고 뭘 원하지 말라고 말하지마.

A: If you eat a lot of meat, you may get cancer.
B: Don't tell me what I can eat for my meals.

A: 육식을 많이 하면 암에 걸릴 수도 있어.
B: 내 식사에 뭘 먹을 지에 대해서 말하지마.

You don't tell me what to do

앞의 Don't tell me~란 명령문에 You만 붙여서 You don't tell me~라고 써보자.

> **Point**
> ▸ **You don't tell me~** …라고 내게 말하지마

You don't tell me what to do. You lost that privilege.
내게 이래라 저래라 하지마. 넌 그 특권을 잃었어.

You don't tell me how it is. I tell you how it is.
그게 어떤지 내게 말하지마. 내가 말해줄게.

You don't tell me what to do! I tell you what to do!
나한테 이래라 저래라 하지마! 내가 이래라저래라 할거야!

A: You better pick up the garbage you dropped.
B: You don't tell me what to do.

A: 네가 흘린 쓰레기 주어라.
B: 나한테 이래라저래라 하지마.

If you don't tell us, we're not coming

또한 If you don't tell sb~하면 "…이야기를 하지 않으면"이라는 준협박성 문구.

> **Point**
> ▸ **If you don't tell sb~** …에게 …을 말하지 않으면

If you don't tell us, we're not coming.
우리에게 말하지 않으면 우리 안간다.

If you don't tell us where he is and those women die, that's on you.
그가 어디 있는지와 저 여인들이 어디에서 죽었는지 말하지 않으면, 그건 네 책임이야.

If you don't tell me where this girl is, I'm going to tear this place apart, you understand?
이 여자애가 어디 있는지 말하지 않으면 여기를 엉망으로 만들어 놓을거야, 알겠어?

A: You can't leave your vehicles in this area.
B: If not, tell us where to park our cars!

A: 이 구역에 차량을 둘 수 없습니다.
B: 그럼 차를 어디에 주차해야 하는지 말해줘요!

God knows ~
···은 아무도 몰라

God know~ 다음에 의문사절이 오느냐 아니면 단순히 S+V의 절이 오느냐를 구분해야 한다. 뜻이 달라지기 때문이다. 먼저 의문사절이 올 때 "···한지는 신만이 안다"는 이야기는 결국 "아무도 모른다"는 이야기. 도저히 알 수 없는 상황을 강조해서 말할 때 쓰는 것으로 Nobody knows?, Who knows?, Heaven[Lord] knows! 등으로 쓰인다.

> **Point**
>
> - **God[Lord] knows what S+V** ···은 아무도 몰라
> - **God[Lord] knows how[where~] S+V** ···은 아무도 몰라

God knows where Adam is and you're wasting your time with me.
아담이 어디 있는지는 아무도 몰라 그리고 넌 지금 네 시간을 낭비하고 있는거야.

God knows how many others he's abused!
걔가 얼마나 많은 사람들을 학대했는지 아무도 몰라!

God knows how Olivia put up with you for so long.
그렇게 오랫동안 올리비아가 어떻게 너를 참아냈는지 아무도 몰라.

God only knows what kind of trouble they'll get into.
걔네들이 어떤 어려움에 처할지는 아무도 몰라.

God knows how many women died because of it.
얼마나 많은 여자들이 그 때문에 죽었는지 아무도 몰라.

A: Brooke spent months trying to get me fired.
B: God knows what Brooke will do next.

A: 브룩은 몇달동안 나를 해고하려고 했어.
B: 브룩이 다음에 무슨 짓을 할 지 아무도 몰라.

A: Sean's airplane crashed while he was flying over the ocean.
B: God only knows if he is still alive.

A: 숀이 탄 비행기가 바다를 날다가 추락했어.
B: 걔가 아직 살아있는지 여부는 아무도 몰라.

God knows I owe you so much

단, God knows 다음에 that 절이 이어지면 이때는 아무도 모른다가 아니라 신이 that 이하를 알고 계신다, 즉, "거짓이 아니라 정말이다"라는 의미로 달라진다.

> **Point**
>
> ▶ **God[Lord] knows that S+V** 정말이지 ···해

God knows I owe you so much.
정말이지 너한테 신세 많이 졌어.

Lord knows I've tried to get in touch with her.
정말이지 난 걔와 연락하려고 했어.

She's not perfect, Lord knows, but she loves you.
걘 완벽하지는 않지만, 정말이지 걘 널 사랑해.

A: My sister has lived in poverty for twenty years.
B: God knows that she has had a difficult life.

A: 내 누이는 20년간 가난하게 살았어.
B: 정말이지 힘들게 사셨구나.

Who knows what really happened?

God knows~ 와 같은 맥락으로 Who knows 다음에 의문사절이 이어져오면 "누가 알겠느냐," "아무도 모른다"라는 이야기.

Point

▸ **Who knows?** 누가 알겠어?

▸ **Who knows wh~ S+V?** 누가 …을 알겠어?

Who knows what really happened?
정말 무슨 일이 있었는지 누가 알겠어?

Who knows how badly she compromised our security?
걔가 얼마나 우리 보안을 위태롭게 했는지는 아무도 몰라.

Who knows what other kind of evidence she's planted?
걔가 다른 어떤 종류의 증거를 심어놨는지 누가 알겠어?

A: I couldn't understand anything Riz was saying.

B: Who knows what that old man said.

A: 난 리즈가 말하는 것을 하나도 이해 못하겠어.

B: 저 노인양반이 무슨 말을 했는지 누가 알겠어.

 Nobody knows what they're doing

이제 신(God)을 의지않고 "아무도 …을 모른다"라고 말하는 표현법을 알아보자. 글자 그대로 해석이 되는 Nobody knows~을 먼저 연습해본다.

Point

▸ **Nobody knows+N** 아무도 …을 몰라

▸ **Nobody knows wh~** 아무도 …을 몰라

Nobody knows what they're doing.
걔네들이 무엇을 하는지 아무도 몰라.

Nobody knows where he goes or what he does.
걔가 어디 가는지 무엇을 하는지 아무도 알 길이 없어.

Nobody knows how to fight this war.
이 전쟁을 어떻게 싸워야 하는지 아무도 몰라.

A: Renee may cancel her wedding.

B: Nobody knows what she is going to do.

A: 르네는 자기 결혼식을 취소할지 몰라.

B: 걔가 어떻게 할지는 아무도 몰라.

 No one knows their blood type

No one knows~ 라고 써도 역시 "아무도 모른다," "알 길이 없다"라는 뜻.

Point

▸ **No one knows~** 아무도 …을 몰라

▸ **No one knows this[that] better than~** …보다 이걸 더 잘 아는 사람은 없어

No one knows your past. You can start a new life.
아무도 네 과거를 몰라. 넌 새로운 삶을 시작해도 돼.

No one knows that Nate and I broke up.
내가 네이트와 헤어진 걸 아무도 몰라.

No one knows that better than you.
너보다 이걸 더 잘 아는 사람은 없어.

A: No one knows you're here?

B: No, absolutely not.

A: 네가 여기 있는거 아무도 몰라?

B: 어, 전혀 몰라.

You have no idea~

넌 …을 몰라

PATTERN 001

I have no idea＝I don't know이듯 You have no idea 역시 = You don't know가 된다. 하지만 단순히 상대방이 알지 못함을 말할 수도 있지만 상황에 따라 "넌 …을 알 길이 없어"라는 뉘앙스로 약간의 섭섭함이 베어져 있는 표현이 되기도 한다.

Point

- **You have no idea+N~** 넌 …을 몰라
- **You have no idea wh~ S+V** 넌 …을 몰라

You have no idea how much I miss you.
내가 얼마나 너를 보고 싶어하는지 모르는구나.

You have no idea who I'm talking about.
넌 내가 누구에 대해 얘기하는지도 모르는구나.

You have no idea the years I've spent dealing with my daughter's illness.
내가 딸의 병과 씨름하며 보낸 세월들을 너는 모를거야.

You have no idea who I am, do you?
너희들 내가 누군지 모르는구나, 그지?

I can't believe **you have no idea what** she's going to do.
걔가 뭘 할건지 네가 모르다니 믿기지 않아.

A: I would like to be a television actor.

B: You have no idea of the hours those people work.

A: TV배우가 되고 싶어.
B: 그 배우들이 얼마나 많은 시간 일하는지 넌 모를거야.

A: Brad has millions of dollars in the bank.

B: You have no idea how he made his money

A: 브래드는 은행에 엄청 많은 돈을 갖고 있어.
B: 걔가 어떻게 돈을 버는지 넌 모를거야.

PATTERN 002 **You do not have the slightest idea what** I am thinking.

상대방을 개무시하는 표현으로 You don't have the idea에서 slightest를 삽입하여 조금도 모른다, 즉 "넌 …을 전혀 모른다"라고 하는 문장이다.

Point

▶ **You don't have the slightest idea about~** 넌 …에 대해서 전혀 몰라
▶ **You don't have the slightest idea what[how]~** 넌 …한지 전혀 몰라

You don't have the slightest idea about a loving relationship.
넌 연애관계에 대해서 전혀 몰라.

You do not have the slightest idea what I am thinking.
넌 내가 뭘 생각하는지 전혀 몰라.

Do you have the slightest idea how offensive that word is?
그 말이 얼마나 불쾌한 것인지 조금도 모르겠니?

A: How is your training for the Marine Corps?

B: You don't have the slightest idea how hard it is.

A: 해병대 훈련 어때?
B: 그게 얼마나 힘든지 넌 전혀 몰라.

You don't know the half of what she's done

이번에는 상대방이 '절반'(the half of~)도 모른다는 말로, of 이하의 내용이 상당히 어렵고 충격적임을 나타낸다. 즉 상황이 상대방이 생각하는 것보다 더 심하다라는 뜻으로 몰라도 한참 모른다라는 의미가 된다.

> **Point**
> ▶ **You don't know the half of~** 넌 …의 절반도 몰라, 넌 …을 잘 몰라
> ▶ **You don't know the first thing about~** …에 대해 넌 아무것도 몰라

You don't know the half of what she's done.
넌 걔가 무슨 짓을 했는지 넌 몰라도 한참 몰라.

You don't know the first thing about your own daughter?
넌 네 딸에 대해서 아무 것도 모른다고?

You don't know the first thing about having a business!
넌 사업하는거에 대해 아무 것도 몰라!

A: So you had a love affair with an Italian guy?

B: You don't know the half of how great it was.

A: 걔가 이태리 남자하고 연애를 했다고?
B: 얼마나 멋졌는지 넌 상상도 못할거야.

You don't know what he'll do

단순히 상대방이 "…을 모른다"고 서술하는 문장이지만 문맥에 따라 상대방의 무심함을 혹은 무지함을 탓할 수도 있다.

> **Point**
> ▶ **You don't know what~** …을 넌 몰라
> ▶ **You don't know what a relief it is to hear~** …을 들으니 얼마나 안심이 되는지 넌 몰라

You don't know what he'll do.
넌 걔가 무엇을 할지 몰라.

You don't know what your kids are gonna want.
네 아이들이 뭘 원할지 모르고 있어.

You don't know what a relief it is to hear that.
그걸 들으니 얼마나 안심이 되는지 넌 몰라.

A: You have wasted hours of my time today.

B: Shut up! You don't know what you're talking about!

A: 넌 오늘 내 시간을 많이 낭비했어.
B: 닥쳐! 자기가 무슨 말을 하는 지도 모르면서!

You don't know how much that means to me

You don't know~ 다음에 what 이외의 how, why, where 등이 연결되어 나올 수 있다. 특히 how much가 연결되어서 나올 때, 즉, You don't know how much~가 되면 "얼마나 …한지 모른다"라는 강조표현이 된다.

> **Point**
> ▶ **You don't know how to~** 넌 …하는 방법을 몰라(You don't know how adj~ 넌 얼마나 …한지 몰라)
> ▶ **You don't know how[why, where]~** 얼마나[왜, 어디서] …하는지 넌 몰라

You don't know how much that means to me.
그게 나한테 얼마나 의미가 있는건지 넌 몰라.

I'm secretive and you don't know where I get it from.
내가 하도 비밀스러워서 넌 내가 그걸 어디서 얻었는지 몰라.

You don't know how lucky you are, you know?
넌 네가 얼마나 운이 좋은지 모를거야, 알아?

A: This is the most beautiful painting I've ever seen.

B: You don't know how much time it took to finish.

A: 이렇게 아름다운 그림은 처음 봐.
B: 그 그림을 마치는데 얼마나 시간이 걸렸는지 너는 모를거야.

Key Patterns
of American Drama English

단골로 등장하는
미드패턴 공부해보기

section
02 미드핵심패턴

미드에 수시로 비중있게 계속 등장하는 단골패턴들을
집중 정리하였다.

001

I can tell you~

…라 할 수 있지

001

곧이 그대로 해석하면 "난 네게 …라고 말할 수 있어," 즉 자기가 갖고 있는 정보를 가볍게 말하는 표현법으로 우리말로는 "…라 할 수 있지," "…하기는 해" 정도에 해당한다.

Point

- **I can tell wh~** …을 알 수 있어
- **I can tell that S+V** …라 할 수 있어
- **I can tell sb that S+V** …에게 …라 말할 수 있어

I can tell by your tone that you don't believe me.
네 말하는 톤으로 네가 나를 믿지 않는다는 것을 알 수 있어.'

I can tell people you're good in bed.
사람들에게 네가 침대에서 탁월하다고 말할 수 있어.

I can tell you we found a unique sample at the crime scene.
범죄현장에서 특이한 샘플을 하나 발견했다고 할 수 있어.

I can tell you there were no policemen coming to our homes.
우리 집으로 오는 경찰은 없었다고 말할 수 있어.

I can tell you with certainty who wrote that one.
그걸 누가 썼는지 확실하게 말해줄 수 있어.

A: Do you know if Rachel quit her part-time job?

B: I can tell you she never came back.

A: 레이첼이 파트타임일을 그만뒀는지 알아?
B: 걘 다시는 돌아오지 않았다고 말해줄 수 있어.

A: I can tell that Dan has never been on a date.

B: People say that he is very shy around girls.

A: 댄이 데이트 한번 못해본 것 같아.
B: 여자들 옆에서 너무 수줍어한다고 하던대.

---

002 # I can't tell you what's right for you

반대로 I can't tell you~ 하게 되면 가볍게 말하는 내용을 부정하는 것으로 "…라고 말할 수 없다"라는 뜻이 된다.

Point

- **I can't tell you about~** …에 대해 네게 말할 수 없어
- **I can't tell you anything until~** …때까지 네게 아무것도 말할 수 없어
- **I can't tell sb that[wh~] S+V** …에게 …을 말할 수 없어

I can't tell you anything until I get all the details.
내가 자세한 내용을 확보하기 전까지는 아무말도 할 수 없어.

I can't tell you about the second wife.
두번째 부인에 대해서 말할 수가 없어.

I can't tell Cuddy that it was medically necessary.
그게 의학적으로 필요했다고 커디에게 말할 수 없어.

A: We don't have time to go over to Liza's house.

B: I can't tell her that we are not coming!

A: 리자네 집으로 갈 시간이 없어.
B: 우리가 안갈거라고 걔한테 말할 수 없어!

I could tell that she needed help

I can tell~의 과거형으로 "…을 말할 수 있었어," 혹은 무늬만 과거형인 부드러운 현재시제로 "…을 알아차릴 수 있어," "알겠어"라는 표현이 된다.

▶ **I could tell~** …라 말할 수 있었어, …을 알 수 있었어 ▶ **I couldn't tell~** …라 말할 수 없었어

I could tell that she needed help.
걔가 도움이 필요하다는 것을 알 수 있었어.

I could tell she was upset when I didn't ask her to stay.
내가 더 있으라고 하지 않았을 때 걔가 화난 걸 알 수 있었어.

I couldn't tell you where I really was.
내가 정말 사는 곳이 어디인지 네게 말할 수 없었어.

A: My aunt was promoted at her office.
B: I could tell she was excited about something.

A: 숙모는 직장에서 승진하셨어.
B: 어떤 일 때문에 숙모가 들떠 있다는 것을 알 수 있었어.

 You can tell us what you're feeling

상대방에게 말을 하도록 유인하는 표현. 글자 그대로 "넌 내게 …을 말할 수 있다," 즉 "말해도 된다"라는 의미.

▶ **You can tell me wh~** 내게 …을 말해도 돼
▶ **You can't tell sb S+V** …에게 …라고 말하지마

You can tell us what you're feeling.
네 느낌이 어떤지 우리한테 말해도 돼.

I hope **you can tell me what** the hell is going on.
도대체 일이 어떻게 돌아가는지 내게 말해주길 바래.

You can't tell me what to do. You're not my mother.
나보고 이래라저래라 하지마. 네가 내 엄마냐.

A: I hope we can have fun on our day off.
B: You can tell me what you want to do.

A: 우리 쉬는 날 즐겁게 놀기를 바래.
B: 뭐하고 싶은지 내게 말해봐.

 You could tell her you're dating someone else

You can tell의 과거형 You could tell~ 역시 단순히 과거형으로 "…을 말할 수 있었다," "말해도 되었다"도 되지만 can보다 부드러운 어감으로 "…을 말해야지"라는 뜻으로도 쓰인다는 점에 주의한다. would, could, might 등의 조동사 아이들은 하도 위장을 잘해서 문맥을 보고 잘 파악해야 한다.

▶ **You could tell ~** …라고 말할 수 있어(You couldn't tell~ …라고 말하면 안돼)
▶ **if you could just tell me what~, then** 단지 …을 내게 말해만 주면 ~

You could tell her you're dating someone else.
넌 걔한테 다른 사람하고 데이트하고 있다고 말해봐.

You couldn't tell me? You tell me everything.
내게 말 못했다구? 넌 내게 뭐든 말하잖아.

If you could just tell me what he told you, then I could fix the problem! 걔가 너에게 무슨 말을 했는지 내게 말해줄 수 있다면 내가 문제를 고칠 수 있을거야!

A: You could tell Ellen didn't understand Facebook.
B: Yes, she was really confused about how to log in.

A: 엘렌이 페이스북을 이해하지 못한 것을 알 수 있을거야.
B: 맞아, 걘 정말 어떻게 로그인하는지 혼란스러워 하더라고.

002 I'll tell you ~

너에게 …을 말해줄게

001

별 특별히 심오한 뜻은 없으나 자주 쓰이는 구문. 자기가 뭔가 말하겠다고 할 때 꺼내는 표현.

Point

- **I will tell sb that[what~] S+V** …에게 …을 말해줄게
- **I'm going to tell~** …을 말할게
- **I wanna tell~** …을 말하고 싶어
- **I won't tell~** 난 …을 말하지 않을거야

I'll call her. I'll tell her it's over.
난 걔한테 전화해서 다 끝났다고 말해줄거야.

I'm going to tell Grandma that she's going to butt out of my life.
할머니에게 이제 내 인생에서 빠지게 될거라고 말할거야.

I'm going to tell them it's an emergency.
난 걔네들에게 응급상황이라고 말할거야.

I wanna tell the judge what he did to my parents.
난 판사에게 그가 우리 부모님에게 무슨 짓을 했는지 말해주고 싶어.

I won't tell you where I got it, Doyle.
도일, 난 그걸 어디서 구했는지 말하지 않을거야.

A: We don't understand why we were arrested.
B: I'll tell you idiots what you did wrong.

A: 왜 우리가 체포되었는지 모르겠어.
B: 너희 멍청한 놈들에게 너희들이 뭘 잘 못했는지 말해줄게.

A: No one knows why Trixie stopped coming to school.
B: I'm going to tell people she dropped out.

A: 왜 트릭시가 학교를 그만두었는지 아무도 몰라.
B: 사람들에게 걔 중퇴했다고 말할거야.

002

We're going to tell the parents what really happened

이번에는 우리(We)가 나서서 얘기를 하겠다고 말하는 구문. 앞서 언급했듯이 (be) going to를 gonna로 표기하는 것은 그렇지만 발음은 gonna를 기준으로 발음을 해보도록 한다.

Point

- **We're going to tell~ to~** 우리는 …에게 …하라고 말할거야
- **We're going to tell sb wh~** 우리는 …에게 …을 말할거야
- **We're not going to tell~** 우리는 …을 말하지 않을거야

We're going to tell the media to go ahead with the story?
우리는 언론에 그 이야기를 추진하라고 말할거야?

We're going to tell the parents what really happened.
우리는 부모님께 무슨 일이 일어났는지 말할거야.

We're not going to tell your wife. We're not cops.
우리는 네 부인에게 말하지 않을거야. 우린 경찰이 아냐.

A: The demonstrators have been outside for hours.
B: We're going to tell them to give up.

A: 시위대들이 몇시간째 도로밖에 있어.
B: 우리는 걔네들에게 포기하라고 할거야.

003 **You're going to tell me what** I want to know

주어가 You로 바뀌니 좀 이상하다. 이런 문장은 상대방이 말을 안하려하거나 혹은 말을 하기 좀 힘든 상황에서 입을 벌려 말을 하게끔 할 때 사용하는 문장이다. 특히 수사 미드의 취조실에서 많이 들을 수 있다.

> ▸ **You're going to tell~** 넌 …을 말하게 될거야
> ▸ **You're not going to tell~?** …을 말하지 않겠다고?

You're going to tell me what I want to know.
넌 내가 알고 싶어하는 것을 말하게 될거야.

So you're not going to tell me what it hurts?
아픈 곳을 말씀 안 하실 작정인가요?

You're not going to tell me unless I tell you?
내가 너한테 말하지 않으면 너도 말하지 않을거라고?

A: What should I do to help with this project?

B: You're going to tell the staff to get to work.

A: 이 프로젝트를 돕는데 난 무엇을 해야 돼?
B: 직원들보고 일하라고 말해줘.

004 **You wanna tell me what** happened?

You're going to tell~보다 강도가 조금 더 센 표현. 물론 문맥에 따라서는 "…에 대해서 말해볼테야?"라는 뉘앙스도 갖지만 취조실이나 뿔난 형사가 "…을 말해봐"라고 짜증날 때도 쓰는 표현이다.

> ▸ **You want to tell sb~ (?)** …에 대해 말해볼테야?, …을 말해봐

You wanna tell me what happened?
무슨 일이 있었는지 말해볼테야?

Do you wanna tell me what that is?
그게 무엇인지 내게 말해줄테야?

You wanna tell me what's going on here?
여기 무슨 일인지 말해볼테야?

A: I plan to tell Mr. Swanson to change the plans.

B: You want to tell your boss what to do?

A: 스완슨 씨에게 말해서 계획을 바꾸라고 할 생각이야.
B: 사장에게 이래라저래라하려구?

005 **You tell me which** is the most unusual

"네가 …을 말해봐." 상대방에게 뭔가 털어놓으라고 할 때 혹은 상대방이 더 잘 알고 있으니 네가 말해보라는 의미 등으로 쓰인다.

> ▸ **You tell me~** 네가 …을 말해봐
> ▸ **Will you please tell her that ~?** 걔한테 …라고 말해줄테야?

You tell me that he bit you, and I gotta report it.
걔가 널 물었다고 말해, 내가 보고할게.

You tell me which is the most unusual.
어떤 것이 가장 이상한지 말해봐.

Tell me! You tell me who it is, Libby.
말해봐! 리비, 그게 누구인지 말해봐.

A: I've been eating pizza for years and I'm still slim.

B: You tell me that pizza is healthy to eat? No!

A: 난 오랫동안 피자먹는데 아직도 날씬해.
B: 피자가 먹어도 건강에 좋다고 말하는 거야? 말도 안돼!

The best way is to~

가장 좋은 방법은 …이야

PATTERN 001

"가장 좋은 방법은 …이다"라는 단순한 패턴. 다만, The best way is to+V~라고 쓸 수도 있고, The best way to+V is to~라고 쓸 수도 있다는 것을 기억해둔다.

Point

- **The best way is to+V** 가장 좋은 방법은 …하는 것이야
- **The best way to+V1 is to+V2** V1하는 가장 제일 좋은 방법은 V2하는거야

The best way is to just tell the truth.
가장 좋은 방법은 사실을 말하는거야.

The best way to punish a guy is to beat him to death.
그 남자를 혼내주는 가장 좋은 방법은 죽도록 패는거야.

The best way to stop all this is to find that killer.
이 모든 것을 멈추게 하는 가장 좋은 방법은 그 킬러를 찾는거야.

Sometimes the best way to do that is to forget that it ever happened.
때때로 그러기 위해 가장 좋은 방법은 일어난 일 자체를 잊어버리는거야.

The best way for me to get close to Bill is to act like a straight guy.
내가 빌과 가까워지는 가장 좋은 방법은 게이가 아닌 것처럼 행동하는거야.

A: How am I going to stop the toothache I'm having?
B: The best way is to go see a dentist.
A: 지금 앓고 있는 치통을 내가 어떻게 멈추게 하지?
B: 가장 좋은 방법은 치과에 가는거야.

A: I just can't seem to concentrate on the work I'm doing.
B: The best way to stop worrying is to take a break.
A: 지금 하는 일에 집중을 못할 것 같아.
B: 걱정을 멈추게 하는 가장 좋은 방법은 휴식을 취하는거야.

PATTERN 002 **The best way to release is by** going swimming

'…하는 가장 좋은 방법'의 답을 이젠 to+V가 아니라 by~ing 이하로 말하는 경우.

Point

▶ **The best way to ~ is by~ing** …하는 가장 좋은 방법은 …하는거야

The best way you can protect these kids is by nailing the son of a bitch.
이 애들을 보호할 수 있는 최상의 방법은 그 자식을 체포하는거야.

And the best way to do that is by exposing her lies.
그렇게 하기 위한 가장 좋은 방법은 걔의 거짓말을 폭로하는거야.

The best way to relax is by going swimming.
긴장을 푸는 가장 좋은 방법은 수영하러 가는거야.

A: My ex decided to dump me during the holiday break.
B: The best way to hurt him is by finding a more handsome boyfriend.
A: 전 남친이 휴가기간에 나를 버리기로 결정했나봐.
B: 걔를 아프게 하는 가장 좋은 방법은 더 잘생긴 남친을 찾는거야.

003 ## Is this the best way to get to Boston?

어떤 방법이 최선인지 상대방에게 물어보는 문장. 정말 최선의 방법을 물어보거나 혹은 상대방이 하려는 방법이 정말 최선인지 재고를 해보라고 충고할 때 쓸 수 있다.

> **Point**
> ▶ **Is this the best way to~?** …가 최선의 방법이야?

Is this the best way to use one of your three magic wishes?
네 마법의 소원 세가지 중 하나를 쓰는 것이 최선의 방법이야?

Are you sure that's the best way to do it?
그걸 하는게 최선의 방법이라고 확신해?

Is this the best way to get to Boston?
이게 보스톤에 가는 가장 좋은 길이야?

A: Is this the best way to
   get in shape?
B: Yeah, just keep
   exercising a few times a
   week.

A: 이게 몸매를 유지하는 최선의 방법야?
B: 어, 일주일에 몇번씩 운동을 계속하라고.

 004 ## It's the best way to understand the anatomy

그게 최선의 방법이면 It's the best way to~, 최선의 방법이 아니면 It's not the best way to~라고 쓴다.

> **Point**
> ▶ **It's the best way to~** …하는 것이 최선이야
> ▶ **It's not the best way to~** …하는 것이 최선이 아니야

It's the best way to understand the anatomy.
그건 해부를 이해하는 가장 좋은 방법이야.

I feel strongly that **this is not the best way to** handle it.
이게 그걸 처리하는 최선의 방법이 아닌 것 같다는 강한 느낌이 들어.

Look, Mia, maybe **the shelter wasn't the best way to** go.
미아야, 쉼터가 네가 갈 수 있는 최선의 선택은 아니었던 것 같아.

A: I watched TV until I fell
   asleep.
B: It's not the best way to
   spend an evening.

A: 잠들 때까지 TV를 봤어.
B: 저녁을 보내는 가장 좋은 방법은 아니지.

 005 ## What's the best way to get him to do something?

이번에는 어떤 것이 최선의 방법인지 몰라서 물어보는 단순한 문장.

> **Point**
> ▶ **What's the best way to~?** 무엇이 …하는 최선의 방법이야?

So **what's the best way to** get him to do something?
그럼 걔가 뭔가 하게끔하는 최선의 방법은 뭐야?

What's the best way to describe Jack?
잭을 묘사하는 최선의 방법은 뭐야?

What's the best way to rip a woman from the side of her dying
husband? 죽어가는 남편 곁에서 여자를 떼어내는 가장 좋은 방법은 뭐야?

A: What's the best way to
   exercise?
B: A lot of people like to
   do aerobics.

A: 운동을 하는 가장 좋은 방법은 뭐야?
B: 많은 사람들이 에어로빅을 좋아해.

I'd appreciate it if ~

Section 02

004

…한다면 고맙겠어

001

appreciate의 여러 뜻 중 일상생활에서 가장 많이 쓰이는 것은 '감사하다'일 것이다. 이 감사하는 단어와 가정법 would를 사용하여 I'd appreciate it if you~로 쓰면 "…해주면 감사하겠다," 즉 조건부 감사표현으로 역으로 말하면 '감사'라기 보다는 '부탁'에 가까운 표현이 된다.

Point

- **I'd appreciate it if you would~** …한다면 고맙겠어
- **I'd appreciate it if you + 과거동사~** …한다면 고맙겠어

I'd appreciate it if you'd gather your men.
네가 네 사람들을 좀 모아주면 정말 고맙겠어.

We'd appreciate it if you came with us voluntarily.
네가 자발적으로 우리와 함께 오면 우린 정말 고맙겠어.

But I'd appreciate it if you took a look.
하지만 네가 한번 봐주면 정말 고맙겠어.

I'd appreciate it if we could keep it quiet until we had that meeting.
우리가 그 회의를 할 때까지 그걸 비밀로 해주면 정말 고맙겠어.

I'd appreciate it if you didn't mention this to Julie.
네가 이걸 줄리에게 말하지 않으면 정말 고맙겠어.

A: People say your brother is visiting from out of town.
B: I'd appreciate it if you'd take him to lunch.
A: 마을 밖에 사는 네 형이 찾아온다고 하더라고.
B: 네가 모시고 나가 점심을 사드렸으면 정말 고맙겠어.

A: I know you don't know many people at the party.
B: I'd appreciate it if you'd stay near me while we're here.
A: 너 파티에 온 사람들 많이 모르지.
B: 여기있는 동안 내 옆에 있어주면 고맙겠어.

002

We'd appreciate your contribution

역시 부탁의 표현으로 이번에는 간단히 조건절이 아니라 명사로 대체한 경우. "…을 해주면 감사하겠습니다"에 해당된다.

Point

▶ **I'd appreciate + N** …해주면 고맙겠어

We'd appreciate your contribution.
기부해주시면 감사하겠습니다.

And I'd appreciate a serious answer.
대답을 진지하게 해주면 고맙겠습니다.

I'd appreciate a quick result on this one.
이 건에 대한 빠른 결과를 주면 정말 고맙겠어.

A: I hear you are donating food to the homeless people.
B: We'd appreciate meals and other food items.
A: 네가 노숙자에데 음식을 나눠주고 있다며.
B: 식사와 다른 식료품을 주면 고맙겠어.

I was wondering if you could tutor Jess

이 또한 가정법표현으로 뭔가 궁금하다는 느낌보다는 "…해줄 수 있을지 모르겠어," 즉 "해주면 좋겠다, 감사하겠다"는 공손한 부탁의 문장이다.

Point

> **I was wondering if you could[과거동사] ~** …좀 해주시겠어요?
> **I wonder[wondered] if you could[과거동사] ~** …좀 해주시겠어요?

I was wondering if you could tutor Jess.
네가 제스를 개인지도를 해줄 수 있는지 모르겠어?

I was wondering if we could have lunch.
우리 함께 점심을 할까요?

I was wondering if you wanted to do something with me tonight, just the two of us. 네가 우리 단둘이서 오늘밤 나와 뭐 하고 싶은게 있는지 모르겠네.

A: Then why are you here?

B: I was wondering if you could do me a favor.

A: 그럼 여긴 무슨 일로 오셨습니까?

B: 부탁 좀 하나 해도 될까요.

If you help us, I can put in a good word with the judge

도움을 청하는 구로, If you help me(나를 도와준다면), If you help us(우리를 도와준다면) 우리는 그 대가로 "…해주겠다"라는 부탁의 표현이 된다.

Point

> **If you helps us, we can~** 네가 우리를 도와주면, 우리는 …할 수 있어

If you help us, I can put in a good word with the judge.
네가 우리를 도와주면, 난 판사에게 좋게 말해줄 수 있어.

If you help me, I promise I'll never ask for anything ever, ever, ever again. 네가 날 도와주면, 앞으로 절대로 어떤 것도 부탁하지 않을 걸 약속할게.

If you help me finish off this bottle, I'll tell you what happened between me and Edie.
내가 이 술 다 마시는 걸 도와준다면, 나와 에디 사이에 무슨 일이 있었는지 말해줄게.

A: My boss offered to advise us on this project.

B: If he helps us, we can make a big profit.

A: 사장은 이 프로젝트에 대해 우리에게 조언을 하셨어.

B: 사장이 우리를 도와준다면, 우리는 큰 수익을 낼 수 있을거야.

005 Neither one of ~

어느 누구도 …가 아니야

001

부정주어로 "너희들(you) 중 어느 누구도 …가 아니다"라는 표현. 반대로 '…중 하나'일 때는 Either one of you~라고 하면 된다. one of 다음에는 you, them 등의 복수(대)명사가 오게 된다.

Point

- **Neither one of~** …중 어느 누구도 …가 아니야
- **Either one of~** …중 하나는 …이야
- **Have either one of you~?** 너희들 중 하나는…?

Neither one of them is exactly trustworthy.
걔네들 중 어느 누구도 신뢰할 수가 없어.

Neither one of them has to testify against each other in a court.
걔네들 중 어느 누구도 법정에서 서로에게 반대증언을 하지 않아도 돼.

Either one of you recognize him?
너희 둘 중 하나는 걔를 알아보겠어?

Either one of them could have killed her.
걔네들 중 하나는 그녀를 죽였을 수도 있어.

Have either one of you noticed anyone following you?
너희둘 중 하나는 너희를 미행하는 누군가를 알아챘어?

A: Can't you drive over and see me tonight?

B: Neither one of my cars is working properly.

A: 오늘 밤에 차로 와서 날 볼 수 있어?
B: 내차 중 어느 것도 제대로 굴러가는게 없어.

A: Which flavor of ice cream did you prefer?

B: Neither one of them tasted good.

A: 어떤 아이스크림 맛을 좋아해?
B: 그 어떤 것도 맛있지 않아.

---

002 Not all of us can be strong

부분부정. 전체(all)를 부정(not)한 것으로 우리말로 하자면 "전부가 다 그런 것은 아니다"라는 뜻이 된다.

Point

▸ **Not all of~** 모두가 …하는 것은 아냐
▸ **Not all +N~** 모든 …가 …하는 것은 아냐

Not all of us can be strong.
우리 모두가 강해질 수 있는 것은 아냐.

Not all of us have embraced the technical revolution.
우리 모두가 기술혁명을 받아들인 건 아냐.

Not all marriages end so well.
모든 결혼이 다 좋게 끝나는 것은 아냐.

A: Tell them to use the Internet in the office.

B: Not all of the computers have Internet connections.

A: 사무실 인터넷을 사용하라고 걔네들에게 말해.
B: 모든 컴퓨터가 인터넷이 되는 건 아냐.

Nobody likes to be called a whore in public

이번에는 완전부정으로 "아무도 …을 좋아하는 사람은 없다"라는 의미의 표현.

Point

▶ **Nobody likes to~** 아무도 …하기를 좋아하는 사람은 없어

▶ **Nobody likes to admit that S+V** 아무도 …을 인정하는 걸 좋아하는 사람은 없어

Nobody likes to be called a whore in public.
아무도 사람들 앞에서 창녀라고 불리는 것을 좋아하지 않아.

Nobody likes to admit that they can't handle the pressure.
스트레스를 감당할 수 없다는 것을 인정하는 걸 좋아할 사람은 아무도 없어.

Nobody likes to lose a game.
게임에서 지는걸 좋아하는 사람이 없잖아.

A: Paul won't admit that he screwed up the project.

B: Nobody likes to be wrong about things.

A: 폴은 그 프로젝트를 망쳤다는 걸 인정하지 않을거야.

B: 일을 그르치는 것을 좋아하는 사람은 아무도 없어.

Nobody wants to marry a gigolo!

앞의 구문과 동일하나 like to 대신에 want to가 온 경우로 의미도 동일하다. "아무도 …을 원치 않는다"이다.

Point

▶ **Nobody wants~** 아무도 …원치 않아

▶ **Nobody wants to~** 아무도 …하기를 원치 않아

Nobody wants to do it? All right, I'll do it myself.
아무도 그걸 하지 않으려 한다고? 좋아, 그럼 내가 하지.

Nobody wants to marry a gigolo!
아무도 창남과 결혼하기를 원치 않아!

Nobody wants to hear about that stuff.
아무도 그 이야기를 듣고 싶어하지 않아.

A: Hasn't anyone told Biff that he's going to be fired?

B: Nobody wants to tell him the bad news.

A: 비프에게 잘릴거라 말해준 사람없어?

B: 아무도 걔한테 안좋은 소식을 전해주길 원치 않죠.

No one can hurt you

역시 부정주어문으로 "아무도 …할 수 없다"라는 뜻.

Point

▶ **No one can~** 아무도 …할 수가 없어

You're safe now. No one can hurt you.
넌 이제 안전해. 아무도 널 해칠 수가 없어.

Keep screaming. No one can hear you.
계속 비명을 질러대봐. 아무도 널 들을 수가 없다고.

I checked. No one can see us doing it from the parking lot.
내가 확인했어. 아무도 주차장에서 우리가 섹스하는걸 볼 수가 없어.

A: You are so lucky to be dating Virginia.

B: No one can be as wonderful as she is.

A: 버지니아와 데이트를 하다니 너 참 운이 좋아.

B: 누구도 걔처럼 멋지지 못할거야.

006

I prefer ~

...을 더 좋아해

PATTERN 001

원가 더 좋아한다고 말할 때 필요한 동사가 바로 prefer이다. 이 단어는 prefer+N[~ing, to~]의 형태로 단독으로 "더 좋아한다"고 말할 수도 있고 혹은 비교대상과 함께 prefer A (to B)의 형태로 "A를 (B보다) 더 좋아하다," 혹은 prefer to+V (rather than+V) 형태로 "(…하기 보다) …하는 것을 더 좋아하다"라는 의미로 쓰인다.

Point

- **I prefer+N[~ing]** …을[…하는 것을] 더 좋아해
- **I prefer sb to~** …가 …하는 것을 더 좋아해
- **I prefer sb ~ing** …가 …하는 것을 더 좋아해

I prefer the woman to want to have sex with me.
나랑 섹스하기를 원하는 여자가 더 좋더라.

I prefer something stronger to kill the germs.
세균을 죽일 뭔가 강한 것이 더 좋아.

Actually, I prefer picking up my meat at a grocery store.
실은, 난 식료품점에서 고기사는 걸 더 좋아해.

I prefer Jessica doing the closing.
난 제시카가 마무리하는 걸 더 좋아해.

That's why I prefer lying. It makes things easier.
그래서 난 거짓말하는 걸 좋아해. 일이 더 쉬워지거든.

A: So you're a good pedophile.

B: I prefer the term "Pedosexual."

A: 그럼 넌 착한 소아성애자구만.

B: "페도섹슈얼"이란 말이 더 좋지.

A: You just love when a girl talks to you.

B: Actually, I prefer them when they're not talking.

A: 여자가 네게 말하는 거 좋아하잖아.

B: 사실, 말을 안 할 때가 더 좋더라.

PATTERN 002 I prefer not to talk about it

이번에는 좋아하는 내용을 N, ~ing가 아닌 to+V로 표현해보는 시간. 반대로 더 좋아하지 않는다고 할 때는 I prefer not to~라고 한다.

Point

- **I prefer to+V** …하는 것을 더 좋아해
- **I prefer not to+V~** …하지 않는 것을 더 좋아해
- **I prefer to think of ~ (as)** …을 …하다고 생각하는 편이야

I prefer not to talk about it.
난 그것에 관해 얘기하지 않는 것을 더 좋아해.

Actually I prefer not to discuss my first marriage, if you don't mind.
실은 괜찮다면 내 첫결혼에 대해서는 얘기안했으면 해.

I prefer to think of it as the family business.
난 그것을 가업으로 생각하는 편이야.

A: I prefer to be alone. Please leave.

B: Why?

A: 난 혼자있는게 더 좋아. 나가줘.

B: 왜?

I **prefer** mystery **to** horror

이제는 덜 좋아하는 대상까지 한 문장에 넣어서 만들어보자. 기본적으로 prefer A to B를 기억해야 하며, 이때 A나 B는 명사나 동사의 ~ing형이 온다. 하지만 동사행위를 서로 비교할 때는 prefer to+V rather than V의 형태를 쓴다는 것을 꼭 기억해두어야 한다.

Point
- ▶ **I prefer N[~ing] to N[~ing]** 난 …보다 …하기를 더 좋아해
- ▶ **I prefer to+V rather than V** …하기보다 …하는게 나아

Sorry, but I prefer mystery to horror.
미안 하지만 난 공포물보다 미스터리물을 더 좋아해.

I prefer indoor sports to outdoor sports.
실외운동보다는 실내운동을 좋아해

Do you prefer to work alone or with others?
혼자 일하는 걸 좋아해 아니면 다른 사람들하고 일하는 걸 좋아해?

A: Are you happy that you landed a new job?
B: I prefer working to being unemployed.

A: 새로운 일자리를 구해서 좋아?
B: 실업자보다는 일하는게 더 좋지.

 ## I'd **prefer** you weren't gay

이번에는 prefer 앞에 would가 붙은 경우로 이때는 "…하면 좋겠다," "…하고 싶다"라는 희망사항을 표현한다.

Point
- ▶ **I'd prefer N[to+V, ~ing]** …하면 좋겠어
- ▶ **I'd prefer S+V** …였으면 좋겠어(I'd prefer A to B B보다는 A이면 좋겠어)

Actually, I would prefer to discuss this outside.
사실은 이 얘기는 나가서 했으면 좋겠어.

I would prefer to speak to her directly.
걔한테 직접적으로 말하면 좋겠어.

I'd prefer we stop meeting like this, Mr. Owens.
이런 식으로는 그만 만나고 싶네요, 오웬 씨.

A: Can the secretary mail the papers to you?
B: I'd prefer she bring them to my office.

A: 비서에게 시켜 당신에게 서류를 우편으로 보내드리게 할까요?
B: 내 사무실로 갖다 주는게 더 좋은데.

 ## I'd **prefer** if you didn't

if 절 이하가 실현된다면 좋겠다라는 희망을 잔뜩 담은 표현으로 prefer 다음에는 it을 넣어도 되고 안넣어도 된다.

Point
- ▶ **I would prefer it if~** …하면 좋겠어
- ▶ **I would prefer if~** …하면 좋겠어

I would prefer it if you weren't in it.
네가 거기에 들어있지 않다면 좋겠어.

I would prefer it if he weren't interrupted.
걔가 방해가 되지 않았으면 좋겠어.

I'd prefer if you didn't.
난 네가 안그랬으면 좋겠어.

A: Did you like the salary you were offered?
B: I'd prefer it if the salary were ten percent higher.

A: 제안받은 급여가 마음에 들었어?
B: 10% 더 높았으면 좋겠어.

I can't believe~
~ …하다니 이게 말이 돼

PATTERN 001

"…라는 게 말이 돼"라는 의미로 절의 내용을 부정하는 것이 아니라 절의 내용에 놀라며 하는 말이다. 놀라운 소식을 접했을 때 쓰면 말하는 사람의 놀람과 충격이 훨씬 잘 전달된다. 비슷한 표현인 I don't believe~ 는 놀람도 있지만 소식에 대한 '불신'이 더 많이 깔려 있다.

Point

- **I can't believe I[we]~** …하다니 이게 말이 돼, …가 안믿겨져
- **I can't believe you~** 네가 …하다니 말도 안돼
- **I can't believe you didn't know~** 네가 …모르다니 말도 안돼

I can't believe I didn't hear him crying!
걔 우는 소리를 못듣다니 믿기지 않아!

I can't believe you just said that.
네가 그런 말을 하다니 정말 놀라워.

I can't believe you haven't told me this.
네가 이걸 내게 말하지 않았다니 믿을 수가 없구만.

I can't believe he hasn't kissed you yet.
걔가 아직도 네게 키스를 안했다니 말도 안돼.

I can't believe you didn't know it's twins!
쌍둥이라는 것을 네가 몰랐다니 놀랍구만!

A: Today we're supposed to travel to New York.

B: Oh no, I can't believe I forgot about that.

A: 오늘 우리는 뉴욕으로 여행가기로 되어 있어.

B: 이런, 내가 그걸 잊고 있다니 말도 안돼.

A: I can't believe you didn't know how to change a tire.

B: No one ever taught me how to do that.

A: 타이어를 교체할 줄 몰랐다니 믿겨지지 않아.

B: 어떻게 바꾸는지 아무도 가르쳐주지 않았어.

PATTERN 002 **I can't believe this** is happening

역시 같은 맥락으로 다만 I can't believe~ 다음에 it, that, this의 비인칭 대명사가 온다는 점만 다르다.

Point

▶ **I can't believe that[it]~** …하다니 믿을 수가 없어

I can't believe this is happening.
이런 일이 생기다니.

I can't believe it's raining again!
비가 또 내리다니 믿을 수가 없구만!

I can't believe that little bitch called the cops.
저 조그만 년이 경찰을 불렀다니 기가 막혀.

A: I can't believe it is snowing outside.

B: I know. This is weird weather for May.

A: 밖에 눈이 내리다니 믿기지 않아.

B: 알아. 5월 날씨치고는 이상하지.

003

I can't believe what you did

이번에는 I can't believe~ 다음에 의문사절을 이어 쓰면서 그 안에 믿기지 않는 놀라운 소식을 전달하는 방법.

Point
▸ **I can't believe what~** …을 믿을 수가 없어
▸ **I can't believe how~** 얼마나 …한지 믿을 수가 없어

I can't believe what you did.
네가 한 짓이 믿겨지지가 않아.

I can't believe what I'm hearing.
내가 지금 듣고 있는 이야기를 믿을 수가 없어.

I can't believe how fast you're growing up.
네가 얼마나 빨리 성장하는지 놀라워.

A: This Internet story says aliens are living on the earth.
B: I can't believe what people write on the Internet.

A: 이 인터넷 이야기에 따르면 외계인이 지구상에 살고 있대.
B: 인터넷에 올리는 글을 난 믿을 수 없어.

 004

Can you believe Susan got pregnant?

이제는 의문형으로 "…라는 게 믿겨져?"라는 말로 놀라운 사실이나 말도 안 되는 것을 알았을 때 그 놀라움을 강조하는 방법.

Point
▸ **Can you believe+N[S+V]?** …가 믿겨져?
▸ **Can you believe how~?** 얼마나 …한지 믿겨져?

Can you believe Susan got pregnant?
수잔이 임신했다는게 믿겨져?

Can you believe how nice they are?
걔네들이 얼마나 친절한지 믿겨져?

Can you believe they still think that none of us know?
걔네들은 아직까지도 우리들 모두가 모르고 있다고 생각하고 있다는게 믿겨져?

A: Can you believe Rindy is dating Dale?
B: No I can't. He seems like such a jerk.

A: 린디가 데일과 데이트하는게 믿겨져?
B: 아니 안돼. 걘 정말 머저리같던데.

 005

I don't believe you know what this feels like

I can't believe가 충격[놀람]에 초점이 맞춰져 있다면 I don't believe는 들은 소식이 과연 정말일까라는 회의[불신]이 깔려 있다.

Point
▸ **I don't believe in~** …을 믿지 않아
▸ **I don't believe S+V** …을 믿지 않아

I don't believe in dream analysis.
난 꿈해몽을 믿지 않아.

I don't believe you know what this feels like.
이게 어떤 느낌인지 네가 알고 있다고 생각하지 않아.

I don't believe he e-mailed sex offenders by accident.
걔가 우연히 성범죄자들에게 이메일을 보냈다는게 믿기지 않아.

A: Mary is always laughing and smiling.
B: That's true, but I don't believe she is really happy.

A: 메리는 항상 웃고 미소를 지어.
B: 정말야, 하지만 걔가 정말 행복하다고는 생각하지 않아.

You'll see that~

…을 알게 될거야

시간이 지나면 곧 알게 된다, 두고 보면 알아라는 뉘앙스. "곧 …을 알게 될거야"라는 의미. You'll see 다음에 명사가 오거나 S+V를 이어쓰면 된다.

> **Point**
>
> ■ **You'll see +N** …을 알게 될거야, …을 보게 될거야
> ■ **You'll see S+V** …을 알게 될거야

You'll see plenty of dancing after dinner.
저녁식사 후 많은 춤들을 보게 될거야.

You'll see that this goes on and on and on.
이것이 계속 된다는 것을 알게 될거야.

You'll see that it's just the two of us.
단지 우리 둘만이라는 것을 알게 될거야.

You'll see that Tamy was perfectly aware that she was being filmed.
태미는 자기가 촬영되고 있다는 것을 잘 알고 있었다는 걸 알게 될거야.

You'll see that I'm getting a lot more mature.
넌 내가 더욱 많이 성숙해지는 것을 알게 될거야.

A: Albert never pays attention in our classes.
B: **You'll see that** he is very intelligent.

A: 알버트는 수업시간에 절대 주의를 기울이지 않아.
B: 걔가 정말 똑똑하다는 것을 알게 될거야.

A: The tour group wants to visit some famous places.
B: I trust **you'll see that** they go somewhere interesting.

A: 단체여행객들은 유명한 곳을 방문하길 원해.
B: 걔네들은 흥미로운 곳에 간다는 것을 분명 알게 될거야.

You will see what I'm talking about

이번에는 what, when, where, how 등의 의문사와 S+V이 뒤에 와서 곧 알게 될 일을 말하는 경우.

> **Point**
>
> ▶ **You'll see what~** …을 알게 될거야
> ▶ **You'll see how~** 어떻게 …지 알게 될거야

You'll see what I'm talking about when you get married.
넌 결혼하게 되면 내 말이 무슨 뜻인지 알게 될거야.

Try them, **you will see what** I'm talking about.
그것들을 써보면, 내 말이 무슨 말인지 알게 될거야.

You'll see what the salary is going to be.
급여가 어떻게 될지 알게 될거야.

A: Why are we touring a beer brewery?
B: It's a good experience. **You'll see how** beer is made.

A: 왜 맥주양조장을 둘러보는거야?
B: 좋은 경험이잖아. 맥주가 어떻게 만들어지는지 알게 될거야.

You can see he's got the wallet

"…를 볼 수 있다," 즉 "…가 보일게다," "…을 알 수 있을거다" 등의 의미로 많이 쓰이는 구문. 앞에 I think나 I hope 등을 붙여 쓰기도 한다.

Point

▸ **You can see what[how~]** …을 알 수 있을거야   ▸ **I hope you can see~** …을 알 수 있기를 바래

You can see my training bra through my shirt!
내 셔츠 사이로 트레이닝 브라를 볼 수 있잖아!

You can see he's got the wallet.
걔가 지갑을 가지고 있는걸 알 수 있을거야.

You can see where he'd have trouble.
걔한테 무슨 문제가 있는지 알 수 있을거야.

A: The vacation cabin is on top of a mountain.
B: You can see why we need a Jeep to get there.

A: 휴가용 오두막집이 산정상에 있어.
B: 왜 우리가 거기까지 가는데 지프차가 필요한지 알 수 있을거야.

You'll know what to do

You will see~에서 동사가 know으로 바뀌었을 뿐 의미는 똑같아서 "너는 …을 알게 될 것이다"가 된다.

Point

▸ **You will know when~** …넌 언제 …할 지 알게 될거야, …하면 알게 될거야
▸ **You're going to know S+V** 넌 …을 알게 될거야

You'll know what to do.
너는 어떻게 해야 되는지 알게 될거야.

You'll know when you're ready to come back.
넌 언제 돌아올 준비가 되는지 알게 될거야.

You're gonna know you screwed up.
넌 네가 일을 망쳤다는 것을 알게 될거야.

A: How will I know when I meet the right woman?
B: Oh, you'll know when you fall in love.

A: 내가 언제 이상형의 여자를 만나게 될지 어떻게 알까?
B: 네가 사랑에 빠지면 알게 될거야.

You got to know that I loved my little girl

You got to know는 You've got to know의 축약형으로 달리 표현하자면 You have to know~와 같은 말이다. 즉 상대 방에게 "…한 사실을 알아야 한다"는 말이다. 상대방이 오해하거나 모르고 있을 경우에 해주면 좋은 표현.

Point

▸ **You got to know that[what]~** 넌 …을 알아야 돼, 넌 …정도는 알고 있어야지
▸ **You get to know ~** 넌 …을 알게 될거야

You got to know that I loved my little girl.
넌 내가 저 어린 소녀를 사랑한다는 것을 알아야 돼.

You gotta know there is nothing between me and Chris.
나와 크리스는 아무런 사이가 아니라는 걸 네가 알아야 돼.

I figure that you gotta know where the bodies are buried around here. 여기 주변 어디에 시신을 묻었는지 네가 알고 있는 것 같은데.

A: How did you pay such low prices for this stuff?
B: You got to know where to look for bargains.

A: 이런 물건을 어떻게 그렇게 싸게 산거야?
B: 싼 물건을 어디서 찾아야 하는지 넌 알아야 돼.

Why not~?

…하는게 어때?

PATTERN
001

Why not?은 단독으로 전혀 상반되는 두가지 의미로 쓰인다. 먼저 글자 그대로 "왜 안되는거야?"라는 의미가 있고 또 다른 한편에서는 상대방의 제안에 대한 대답으로 "좋아," "안될 이유가 뭐 있겠어?," "그러지 뭐" 등의 뜻으로도 쓰인다. 그리고 여기처럼 Why not+V?의 형태는 "…해라"는 제안표현이 된다.

Point

- **Why not +V?** …해, …하는게 어때?
- **Why not just +V?** 그냥 …해, 그냥 …하지 그래

Why wait all this time? **Why not tell me then?**
왜 마냥 기다리고 있는거야? 그냥 내게 말해봐.

I mean, for god sake, **why not just divorce me?**
내 말은, 빌어먹을, 그냥 나랑 이혼하지 그래?

Why not bring her to a hospital?
걔를 병원에 데려가는게 어때?

Why not just go to the police or hire a bodyguard?
경찰을 부르거나 경호원을 고용하지 그래?

Why not give her something that might actually help her?
걔한데 실질적으로 도움이 될만한 것을 줘보지 그래?

A: **Why not just use a gun?**

B: Guns are loud.

A: 그냥 총을 사용하지 그래?
B: 총은 시끄러워.

A: Oh God, I feel so sick and tired this morning.

B: **Why not just stay in bed today?**

A: 맙소사, 오늘아침 난 몸이 안좋아.
B: 오늘은 그냥 침대에 누워있는게 어때?

PATTERN
002

I don't see why I can't go, Mom

"왜 …을 할 수 없는지 모르겠다," "알 수 없다"라고 말하는 문장. 따라서 I don't see why 다음의 절에서는 can('t)나 could(n't) 등의 조동사가 오는 경우가 많다.

Point

▶ **I don't see why I can't~** 왜 내가 …할 수 없는지 모르겠어

▶ **I don't see why I should~** 왜 내가 …해야 하는지 모르겠어

I don't see why I can't help with my daddy's endoscopy.
내가 왜 아버지의 내시경을 도울 수 없는지 모르겠어.

I don't see why I can't go, Mom.
엄마, 내가 왜 갈 수 없는지 모르겠어.

I don't see why they couldn't make it work.
걔네들이 왜 그걸 돌아가게 할 수 없었는지 모르겠어.

A: I don't see why your dad wants you to be a dentist.

B: He says I can make a lot of money doing that job.

A: 왜 아빠는 네가 치과의사가 되기를 원하는지 모르겠어.
B: 치과의사하면서 돈을 많이 벌 수 있다고 그러시네.

003 **I don't see why** you **have to** be so hateful

I don't see why 다음에는 can('t)만 오는 것이 아니라 왜 해야 하는지, 즉 의무에 대한 회의를 가질 수 있어 have to, should 등의 조동사가 오기도 한다.

Point
▸ **I don't see why S have to ~** 왜 …가 …해야 하는지 모르겠어

I don't see why you have to be so hateful.
난 네가 왜 그렇게 증오에 사로잡혀있어야 하는지 모르겠어.

I don't see why we have to be so nice to her.
난 왜 우리가 걔한테 친절해야 하는지 모르겠어.

I don't see why you had to drag me down here for this.
그거 때문에 왜 네가 이리로 날 끌고 왔는지 모르겠어.

A: Those kids stole items from the store.
B: I don't see why they have to break the law.

A: 저 아이들이 가게에서 물건들을 훔쳤어.
B: 걔네들이 왜 범법행위를 해야 하는지 모르겠네.

---

 004 **I don't know why** you **can't** just tell me

상대방의 행동이나 말, 혹은 어떤 현상에 대한 이유를 모르겠다고 답답해하면서 할 수 있는 문장.

Point
▸ **I don't know why ~ can't** 왜 …할 수 없는지 모르겠어
▸ **I don't know why ~ would** 왜 …하려는건지 모르겠어

I don't know why you can't just tell me.
네가 왜 그냥 내게 말할 수 없는지 모르겠어.

I don't know why someone would wanna hurt me.
왜 누군가가 나를 해치려는지 모르겠어.

I don't know why you won't tell me where the party is.
왜 네가 어디에서 파티가 열리는지 내게 말을 안하는지 모르겠어.

A: I don't know why Kim can't go on the trip.
B: She tells me she doesn't have enough money.

A: 킴이 왜 여행을 갈 수 없는지 모르겠어.
B: 나한테 말하는데 돈이 충분하지 않아서래.

---

 005 **I don't know why** he's blaming me

이번에는 현재 벌어지고 있거나 과거에 이미 일어난 일에 대해서 이해를 못하겠다고 하는 문장으로 I don't know why ~ 다음 에는 현재나 과거동사가 오게 된다.

 Point
▸ **I don't know why+과거[현재]동사** 왜 …인지[였는지] 모르겠어

I don't know why you didn't take the whole day off.
네가 왜 하루 전체를 휴가내지 않았는지 모르겠어.

I don't know why he's blaming me. I didn't do anything.
왜 걔가 날 비난하는지 모르겠어. 아무 짓도 안했는데.

I don't know why everybody loves Chris so much.
왜 다들 크리스를 그렇게 좋아하는지 모르겠어.

A: I don't know why you yelled at me in front of my friends.
B: You made me really angry last night.

A: 왜 네가 친구들 앞에서 그렇게 소리를 질러댔는지 모르겠어.
B: 지난밤에 나를 정말 열받게 했잖아.

Section 02
010

I I have a problem with ~

…하는데 어려움을 겪고 있어

001

have (got) a problem은 '문제가 있다,' '어려움이 있다' 라는 표현으로 어떤 사람이나 기관에 문제가 있을 때는 have problem with sb[sth], "…하는데 어려움이 있다"는 have problem with ~ing, "…라는 문제가 있다"고 할 때는 have a problem S+V라고 쓰면 된다.

Point

- **I have a problem ~ing[with]** …하는데 어려움을 겪고 있어, …에 문제가 있어
- **I have a problem with sb ~ing** …가 …하는데 어려움이 있어, …가 …하는데 불만있어
- **I have a problem (that) S+V** …하는 어려움이 있어
- **I heard you're having a problem with~** …와 문제가 있다고 들었어
- **if you're having a problem with~** …와 문제가 있다면

I have a problem with my boyfriend.
난 남친과 문제가 있어.

I have a problem with the State executing a man with diminished capacity. 한정치산자를 사형시키려는 주에 불만이 있습니다.

Well, I have a problem with you seeing other girls.
저기, 난 네가 다른 여자들을 만나는데 불만이 있어.

I heard you're having a problem with one of the boys in your class.
네 반에 남자애들 중 한 명과 문제가 생겼다며.

I have a problem with my only brother getting serious with a white woman.
하나밖에 없는 오빠가 백인여자와 심각해지려고 하는데 문제가 있어.

A: I have a problem with the new computer system

B: You'd better talk to the people in tech support.

A: 새로운 컴퓨터 시스템에 문제가 있어.
B: 기술지원부 사람들에게 말해봐.

A: Are you feeling unhappy about something?

B: I have a problem with Bob staying here.

A: 뭐 못마땅한게 있어?
B: 밥이 여기 머무는게 불만이야.

---

002 **I have no problem** working for him

반대로 I have no problem하면 "문제가 없다," "신경안쓴다"는 말로, 뒤에는 N, (sb) ~ing, with how 등 다양하게 이어진다. 또한 조건절 if절과 어울려 "…한다면 난 상관없어"라는 의미의 표현이 된다.

Point

▶ **I have no problem~** 아무 문제 없어(I have no problem if~ …해도 난 상관없어)
▶ **You have no problem~ ?** …에 아무런 문제 없어?

I have no problem working for him.
그 사람회사에서 일하는데 아무런 문제 없어.

I have no problem if you want a friend to stay over.
네 친구가 하룻밤 자기를 원한다고 해도 난 상관없어.

You have no problem ordering porn on a Saturday afternoon?
토요일 오후에 포르노를 신청해서 보는게 아무렇지도 않아?

A: My car was stolen two nights ago.

B: I have no problem taking you to work.

A: 이틀전에 차를 도둑맞았어.
B: 회사까지 널 데려다줘도 난 상관없어.

You don't have any problem getting laid

아무 문제가 없다고 할 때는 I don't have any problem~이라고 하며 You didn't have any problem~이라고 하면 "너는 …하는데 아무런 문제가 없었다거나 혹은 없었냐"고 물어보는 말이 된다.

> **Point**
> ▸ **I don't[didn't] have any problem~** …에 전혀 문제가 없[었]어
> ▸ **You didn't have any problem~?** 넌 …하는데 아무 문제가 없었지?

I'm sure a guy like you don't have any problem getting laid.
너 같은 사람은 섹스하는데 아무런 문제가 없을거라 확신해.

You didn't have any problem sleeping with me when you were married!
유부남이면서 나랑 자는데 아무렇지도 않았다는거네!

You didn't have any problem with your son exploiting drunk college girls? 네 아들이 술취한 여대생들을 이용하는게 아무렇지도 않다는거야?

A: I was able to get into the house where the crime happened.

B: You didn't have any problem sneaking by the cops?

A: 범죄가 일어난 집에 들어갈 수 있었어.
B: 경찰몰래 들어가는데 문제 없었어?

Do you have a problem with full frontal nudity?

상대방의 애로사항을 물어보는 친절한 표현으로, with 이하나, ~ing하는데 무슨 문제가 생긴 적이 있었냐고 묻는 문장이다.

> **Point**
> ▸ **Do you have a problem with[~ing]?** …하는데 문제 있어?
> ▸ **Have you had any problems with[~ing]** …하는데 어려움 겪은 적 있어?

Do you have a problem with full frontal nudity?
완전 누드로 하는데 뭐 문제있어?

Do you have a problem with Justin staying with me?
저스틴이 나랑 머무는데 뭐 문제있어?

Have you had any problems with credit card fraud or identity theft?
신용카드 사기나 신분도용으로 어려움을 겪은 적 있어?

A: Have you had any problems finding an apartment?

B: Yeah, they are all too expensive for me.

A: 아파트 구하는데 어려움을 겪은 적 있어?
B: 어, 다들 내게는 너무 비싸서.

Is there a problem with a husband and wife having sex?

'문제가 있다'면 there is a problem, '문제가 없으면' there is no problem, 그리고 '문제가 있냐'고 물어보려면 Is there a problem~?이라고 하면 된다.

> **Point**
> ▸ **There is a problem~** …에 문제가 있어(There is no problem~ …에 문제가 없어)
> ▸ **Is there a problem~ ?** …하는데 문제가 있어?

There is a problem in this room that nobody's talking about!
이 방안에 아무도 얘기를 하지 않는 문제가 있어!

Is there a problem with me or with you?
문제가 나한테 있는거야 아니면 너한테 있는거야?

Is there a problem with a husband and wife having sex?
부부가 섹스하는데 뭐 문제있어?

A: Is there a problem with choosing breakfast?

B: Yeah, there is nothing on this menu I want.

A: 아침을 고르는데 문제 있어?
B: 어, 메뉴에는 내가 원하는게 하나도 없어.

011

How long before ~?

얼마나 지나야 …할거야?

PATTERN 001

…을 하는데 걸리는 시간을 물어보는 대표표현인 How long does it take to+동사~?는 앞서 언급이 되었고 여기서는 How long since~?(…이래로 얼마나 됐어?) How long before~?(얼마나 시간이 지나야 …할 수 있어?), How long until~?(… 때까지 얼마나 기다려야 해?) 등의 응용표현을 익혀두기로 한다.

Point

- **How long since+N ?** …한지 얼마나 됐어?
- **How long since S+V ?** …한지 얼마나 됐어?
- **How long until+N[S+V]?** …할 때까지 얼마나 걸려?
- **How long before S+V?** 얼마나 지나야 …할거야?

How long since you've seen a girl naked?
여자 나체를 본 지 얼마나 됐어?

How long since you arrested him?
네가 걔를 체포한지 얼마나 됐어?

How long do we have to be married, Lynette? How long until you actually trust me?
리넷, 우리가 결혼한지 얼마나 됐지? 네가 날 믿는데 시간이 얼마나 걸려?

How long before this takes effect?
이게 효과가 나오는데 얼마나 걸리지?

How long before you have to leave?
얼마나 있다가 떠날거야?

A: Forgive me, Father, for I have sinned.

B: How long since your last confession?

A: 신부님, 용서해주세요, 제가 죄를 지었습니다.

B: 마지막으로 고해성사한지 얼마나 지났습니까?

A: Betty hasn't stopped by in a long time.

B: How long since you last saw her?

A: 베티는 오랫동안 들르지 않았어.

B: 걔를 마지막으로 본지 얼마나 됐어?

PATTERN 002

How long are you going to wait, Jack?

How long과 be going to의 만남으로 "얼마동안 …할 것인지" 상대방에게 물어보는 문장.

Point

▸ **How long are you gonna~?** 얼마동안 …할거야?

How long are you going to wait, Jack?
잭, 얼마동안 기다릴거야?

How long are you going to have him working here?
얼마동안 걔를 여기서 일을 시킬거야?

How long are you gonna stay mad at me?
얼마동안 내게 화를 낼거야?

A: How long are you going to stay in India?

B: My trip to Mumbai will last for a week.

A: · 넌 인도에 얼마동안 머물거야?

B: 뭄바이 여행은 일주일 걸릴거야.

How long is he going to stay here?

How long과 be going to의 만남은 동일하나 인칭이 you가 아니라 he, she 등을 써서, "걔가 얼마동안 …할거니?"라고 묻는 표현법.

Point

▶ **How long is he[she] gonna~?**   걔가 얼마동안 …할거야?

How long is he going to stay here?
걔는 여기 얼마나 머물거야?

How long is she going to have to be like that?
걔가 얼마동안 저렇게 있어야만 되는거야?

Her mother died a year ago. **How long is she gonna** milk it?
걔 어머니가 일년전에 돌아가셨어. 걔는 언제까지 그걸 써먹을건가?

A: I just saw Edie drive off. How long is she going to be gone?
B: I don't know, she just went to show a house.

A: 에디가 차타고 나가는거 봤어. 얼마동안 나가 있는대?
B: 몰라, 걘 집을 보여주러 나갔어.

How long do you think you will be doing that?

do you think가 삽입된 경우로 "네 생각에 …하는데 얼마나 시간이 걸릴까?"라고 물어보는 문장이다. do you think를 괄호로 삽입한 후에 생각하면 이해하기 쉽다.

Point

▶ **How long do you think S+V?**   …하는데 시간이 얼마나 걸려?, 얼마동안 …할 것 같아?
▶ **How long do you think until~ ?**   …때까지 시간이 얼마나 걸려?

How long do you think the victim was in the shark's stomach?
희생자가 상어의 배안에 얼마동안이나 있었던 것 같아?

Tony, **how long do you think** you're going to be here?
토니, 여기 오는데 얼마 걸릴 것 같아?

How long do you think till your dad will be back?
아빠는 언제쯤 올 것 같아?

A: How long do you think it would take?
B: To get a warrant?

A: 그거 하는데 시간이 얼마나 걸릴 것 같아?
B: 영장받는데?

How long have you been married?

How long이 기간을 나타낸다는 점에 착안하여 그 기간동안 이루어진 일을 물어보는 How long have you+pp~?의 구문, 즉 How long과 현재완료의 결합을 잘 기억해두면 된다.

Point

▶ **How long have you+pp[been ~ing]?** …한 지 얼마나 됐어?
▶ **How long has it been since~?** …이래로 얼마나 됐어?

How long have you been seeing my daughter?
내 딸과 사귄지 얼마나 되었어?

How long have you been sleeping with an intern.
인턴과 자고 다닌 지 얼마나 되었나?

How long has it been since you've had sex?
네가 섹스를 한지 얼마나 지났어?

A: How long have you known this man, Paul?
B: Years. Only through work.

A: 폴, 이 친구를 안지 얼마나 됐어?
B: 몇년됐는데 사업상 아는 사이야.

012

It means a lot ~

…는 의미가 커

001

mean은 sb에게 "…의 가치가 있다"라는 뜻이 있어서, mean a lot하면 "큰 의미가 있다," mean much하면 "많은 의미가 있다," 그리고 mean a great deal하면 역시 "많은 의미가 있다"라는 뜻이 된다. 그 중 mean a lot이 많이 쓰이는데 이를 활용한 구문 몇개 학습해보기로 한다.

Point

- **It means a lot that[if]~** …는 의미가 커
- **It means a lot to sb that[if]~** …는 …에게 의미가 아주 커
- **It means a lot to me that~** …는 내게 의미가 아주 커

But it really means a lot to me that you like her.
하지만 네가 걔를 좋아하는건 내게 의미가 아주 커.

It really means a lot to me that all of you came.
너희들 모두 와준건 내게 정말 의미가 커.

It means a lot to me that you realize how special I am.
내가 얼마나 특별한지 네가 알아 준다는 것이 내게는 의미가 있어.

It really means a lot to me that you guys are okay with this.
너희들이 이걸 괜찮아 한다는 건 내게 큰 의미를 가져.

Thank you. It means a lot to me that you're here.
고마워. 네가 여기 있어주는건 내게는 큰 의미야.

A: The postal worker delivered your mail this morning.

B: It means a lot to me that these letters arrived.

A: 우편배달부가 오늘 아침 네 우편물을 배달했어.

B: 이 편지들이 도착한 것은 내게는 아주 의미깊은 일이야.

A: I really enjoyed the party at your house.

B: It means a lot that you helped me clean up.

A: 네 집에서 열린 파티가 정말 좋았어.

B: 네가 치우는 걸 도와준건 내게 의미가 커.

002 It means a lot to her to feel included

이번에는 it이 절을 받지 않고 to+V를 받아서 "to 이하를 하는 것은 정말 의미가 큰 일이다"라고 말할 때 사용하는 구문이다.

Point

- **It means a lot to +V** …하는게 큰 의미가 있어
- **It means a lot to sb to +V** …가 …하는 것은 큰 의미가 있어

It would just mean a lot to me to hear you say how you feel.
네 기분이 어떤지 너에게서 듣는다면 의미가 남다를거야.

It means a lot to her to feel included.
소속감을 느끼는 것은 걔에게 큰 의미가 있어.

Your friendship means a lot to me as well, what else?
너의 우정 또한 내게 큰 의미이지, 뭐 다른 것은?

A: I lost ten pounds and have been exercising.

B: It means a lot to see you looking so healthy.

A: 10파운드가 빠졌고 계속 운동을 하고 있어.

B: 네가 그렇게 건강한 모습을 보는 것은 내게 의미가 커.

003 | I care because **you mean a lot to** me

지금까지와 달리 사람이 주어로 온 경우. sb가 아주 큰 의미가 있는, 아주 소중한 사람이라는 것을 말할 때 사용하면 된다.

▸ **sb means a lot** …는 의미가 커
▸ **sb means everything to sb** …는 …에게 엄청 소중한 사람이야

I care because you mean a lot to me.
너는 내게 아주 소중한 사람이기 때문에 내가 신경을 쓰는거야.

What do you expect, man? You mean a lot to Lane and me.
당연한거 아냐? 넌 레인하고 내게 아주 소중한 사람이야.

I love Kate, Rick. She means the world to me.
릭, 난 케이트를 사랑해. 걔는 세상에서 가장 소중해.

A: It seems like Mr. Smith is very popular.
B: Our teacher means a lot to his students.

A: 스미스 씨는 아주 인기가 있는 것 같아.
B: 우리 선생님은 학생들에게 아주 소중한 분이야.

004 | **It would mean a lot to** her

가정법표현. 아직 현실에서 이루어진 행동들이 아니다. "if 이하를 한다면 참 그건 …에게 아주 큰 의미가 될텐데"라는 뜻.

▸ **It would mean a lot to sb if~** …한다면 아주 큰 의미일텐데

I think it would mean a lot to her if you guys were there.
너희들이 거기 있다면 걔한테는 아주 큰 의미일텐데.

It would mean a lot to me if you gave her a chance.
네가 걔한테 기회를 준다면 내게는 아주 큰 의미일텐데.

It would mean a lot to me if you'd let me help you out with Jack.
내가 잭과 함께 너를 돕는다면 내게는 아주 큰 의미일텐데.

A: I didn't call home this week.
B: It would mean a lot to your mom if you call her.

A: 이번주에 집에 전화를 못했어.
B: 네가 전화를 하면 어머니에게는 의미가 아주 클텐데.

005 | **It means a great deal to** my happiness

그밖에, mean a great deal하면 "의미가 엄청 크다," mean nothing to sb하면 "…에게 아무런 의미도 없다" 등의 표현들도 함께 알아둔다.

▸ **It means a great deal to~** …에 큰 의미가 돼
▸ **~means nothing to sb** …에 아무런 의미가 없어

I'm sure it means a great deal more to you than it does to me.
나에게보다는 너에게 더 큰 의미가 될거라 확신해.

It means a great deal to my happiness.
이건 나의 행복에 큰 의미를 가져.

Your promise means nothing to me.
네 약속은 내게 아무런 의미도 없어.

A: I have visited her in the hospital every day.
B: It means a great deal to the entire family.

A: 난 매일 걔 병문안을 갔어.
B: 가족들 모두에게 큰 의미일거야.

You act like~

넌 …처럼 행동해

001

act like sb의 형태로 sb는 아니지만 마치 sb처럼 행동한다는 표현. 주로 You're acting like~의 형태로 많이 눈에 띈다.

Point

- **You act like N[S+V]** 넌 …처럼 행동해
- **You're acting like~** 너 마치 …같아
- **I think you're acting like~** 난 네가 …처럼 행동하는 것 같아
- **I don't know why you're acting like~** 네가 왜 …처럼 행동하는지 모르겠어

You're acting like a homeless person.
넌 노숙자처럼 행동하네.

It happened right here and **you guys act like** I'm making this up.
바로 여기서 벌어진 일인데 너희들은 내가 지어낸 것처럼 행동하네.

He says **you act like** you've been traumatized.
걔는 네가 마치 정신적 외상을 입은 것처럼 행동한다고 그래.

I have never seen **you act like** this.
네가 이렇게 행동하는 것을 본 적이 없어.

You're acting like she's a cold-blooded killer.
넌 걔가 냉혹한 살인자인 것 처럼 행동해.

A: I don't want to help
Rose do her homework.

B: You're acting like a
spoiled child.

A: 난 로즈가 숙제하는걸 도와주기 싫어.

B: 너 버릇없는 아이처럼 행동하는구나.

A: My grandfather is going
to leave me millions of
dollars.

B: You act like he is already
dead.

A: 할아버지가 많은 돈을 유산으로 남겨
주실거야.

B: 넌 할아버지가 이미 돌아가신 것처럼
행동하네.

002 I'm acting like a straight guy

이번에는 내가 사실과 다르게, 평소의 자기가 아닌 제 3자인 것처럼 행동하는 것을 말한다.

Point

▶ **I'm acting like~** 난 마치 …처럼 행동하고 있어(I act like~ 난 …처럼 행동해)
▶ **Do I act like~?** 내가 …처럼 행동하는 것 같아?

I'm acting like a straight guy, and it's making me sick.
내가 이성애자처럼 행동을 하는데 구역질이 나.

When I see you with your wife, **I act like** we're not sleeping together.
너의 아내와 함께 너를 만날 때 난 우리가 자는 사이가 아닌 것처럼 행동해.

Do I act like I'm the only one in the room?
내가 방에 혼자 있는 것처럼 행동했어?

A: I'm acting like girls
aren't interesting to me.

B: Everyone knows that
you like girls.

A: 난 여자한테는 관심이 없는 것처럼 행
동해.

B: 너 여자 좋아하는거 다들 알아.

Act like you've healed

이번에는 명령형으로 "마치 …인 것처럼 행동하라"는 표현. Act like 다음에는 기준이 되는 사람명사가 오거나 S+V의 형태로 흉내내는 상황을 묘사한다.

Point

▶ **Act like S+V** …처럼 행동해

Act like a processor, people will think you're a processor.
프로세서처럼 행동해, 사람들이 널 프로세서로 생각하게.

Act like you didn't see him.
넌 걔를 못본 것처럼 행동해.

Act like Paul is your best friend.
폴이 네 절친인 것처럼 행동해.

A: How can I impress my new boss?
B: Act like he is the most important man in the world.

A: 어떻게 새로운 상사에게 눈도장을 받을 수 있을까?
B: 그가 세상에서 가장 중요한 사람인 것처럼 대해.

Please don't act like a selfish fucking bitch!

자기가 아닌 다른 사람처럼 위장하면서 다니면 얼마나 눈에 가시일까…. 이를 보다 못한 옆친구가 할 수 있는 말은 Don't act like+N[S+V]이다.

Point

▶ **Don't act like N[that S+V]** …처럼 행동하지마
▶ **You don't act like+N[S+V]** 넌 …처럼 행동하지 않네

Please don't act like a selfish fucking bitch!
이기적인 못된 년처럼 행동하지마!

Come on, Andy. You don't act like an adult.
그러지마, 앤디. 넌 애처럼 행동하고 있어.

Don't try and act like you care.
네가 신경쓰는 것처럼 행동하려 하지마.

A: It doesn't matter if I fail or if I succeed.
B: Please don't act like you don't care.

A: 내가 실패하든 성공하든 상관안해.
B: 신경안쓰는 척 하지마.

He acted like he didn't know her

이번에는 시제를 바꾸어서 You나 She, He가 과거에 어떻게 행동했다는 사실을 전달하는 문장형태를 알아본다.

Point

▶ **She acted like+N[that S+V]** 걘 …처럼 행동했어
▶ **You acted like+N[S+V]** 넌 …처럼 행동했어

Chris acted like he didn't know her.
크리스는 마치 걔를 모르는 것처럼 행동했어.

He acted like any serial killer. He staged the crime scene.
걘 여느 연쇄살인범처럼 행동했어. 범죄현장을 조작했어.

You went to his house, you shot him, and then you left, and you came back later with your pals and acted like nothing happened.
넌 걔의 집에 가서 걜 총쏘고 나간 다음에 나중에 친구들과 마치 아무 일도 없었다는 듯이 돌아왔어.

A: Acted like she was 21.
B: How did she do that?

A: 걘 자기가 마치 스물한살인 것처럼 행동했어.
B: 어떻게 그렇게 했대?

It's a shame~
…은 안된 일이야

001

상대방이 당한 불행을 향해 "참 안된 일이야," "안타깝네"하고 위로하고 동정할 때 쓰는 표현. It's a shame 다음에는 S+V의 절이나 to+V가 오며, shame을 강조하려면 a really shame, 혹은 such a shame이라고 해주면 된다.

Point

- **It's a really shame S+V~** …은 정말 안된 일이야
- **It's such a shame that S+V** …은 정말 안타까운 일이야
- **It's a shame to~** …하는 것은 안된 일이야
- **It's a shame because~** …때문에 안된 일이야

A shame you're missing the night life.
밤의 유흥을 놓치다니 안됐다.

It's a shame that Michael has to work so hard.
마이클이 그렇게 열심히 일해야 한다니 안됐네.

Oh, it's a shame you can't stay for dessert.
디저트를 못먹고 가다니 안타까워.

It was a shame what happened that day.
그날 일어났던 것은 정말 안된 일이었어.

It's just a shame he doesn't have a better home life.
걔가 더 나은 가정생활을 누리지 못해 안타까워.

A: It's a shame Mina could not go out with you.

B: She told me she didn't think we were a good match.

A: 미나가 너랑 데이트못하다니 안타까워.
B: 걔는 우리가 잘 맞는 짝이 아니라고 말했어.

A: I see your sister did not win the competition.

B: It's a shame because she was the most talented.

A: 네 누이가 우승을 못했구만.
B: 안된 일이야. 능력은 가장 뛰어났었는데 말야.

002

What a shame Brian wasn't here to witness this

감탄문 형식에 shame을 넣은 경우로 역시 "참 안됐다"라는 의미. 중요한 것은 What a shame 다음에는 S+V절 혹은 if 절이 온다는 것이다.

Point

▶ **What a shame S+V** …가 참 안됐어, 아쉬워   ▶ **What a shame if S+V** …하다니 참 안됐어, 아쉬워

What a shame Brian wasn't here to witness this.
브라이언이 증언을 하러 여기 못오다니 안됐어.

What a shame your grandfather isn't here.
네 할아버지가 못오셔서 안됐어.

What a shame if she doesn't finish the race.
걔가 레이스를 완주하지 못하다니 정말 안됐어.

A: The school picnic is supposed to happen this afternoon.

B: What a shame if it rains the entire day.

A: 오늘 오후에 학교에서 소풍가기로 되어 있는데.
B: 온종일 비가 온다면 얼마나 아쉬울까.

003 It would be a shame to let it end a friendship

It's a shame to~에서 is가 would로 바뀐 경우. to 이하를 하게 된다면 정말 안타까운 일일거야라는 의미. 아직 그렇게 되지 않았기 때문에 would를 쓴 것이다.

> **Point**

> ▸ **It would be a shame to~** ···하다면 참 안된 일일거야
> ▸ **It would be a shame if~** ···하다면 정말 안될 일일거야

It would be a shame to let it end a friendship.
그 때문에 우정이 끝나게 된다면 참 안된 일일거야.

It would be a shame if anything got in your way.
너의 길을 막고 있는 것이 있다면 정말 안타까운 일일거야.

It would be a shame if anything were to happen to your kids.
네 애들한테 무슨 일이라도 일어난다면 정말 안된 일일거야.

A: I may lose the restaurant I started.

B: It'd be a shame to lose all the money you invested.

A: 내가 시작한 식당을 잃게 될지도 몰라.
B: 네가 투자한 돈을 전부 날리면 정말 안타까운 일일거야.

004 Are you ashamed of your mother?!

I'm ashamed of[to]~ 는 자신이 of[to] 이하의 일에 부끄럽다고 하는 말. 자신의 옳지 못한 행실이 나올 수도 있고 상대방의 못된 행동을 부끄러워할 수도 있다.

> **Point**

> ▸ **I'm ashamed of[to]~** ···가 부끄러워   ▸ **Are you ashamed of ~ ?** ···가 창피해?

I'm not ashamed of my past.
난 내 과거가 부끄럽지 않아.

Why not?! Are you ashamed of your mother?!
왜 안되는건데? 너 네 엄마가 창피한거야?!

Are you ashamed of what happened?
일어난 일이 창피해?

A: You were very rude to me when we first met.

B: I'm ashamed of the way I behaved towards you.

A: 우리가 처음 만났을 때 넌 정말이지 내게 무례했어.
B: 너한테 그렇게 행동해서 부끄러워.

005 You guys should be ashamed of yourselves

못나고 수치스러운 짓을 한 상대방을 훈계하고 혼내는 표현법으로 You should be ashamed of yourself는 "스스로를 부끄러워해야 한다"는 따끔한 충고.

> **Point**

> ▸ **You should be ashamed of~** 너는 ···을 부끄러워해야 해
> ▸ **Aren't you ashamed of~ ?** ···가 창피하지도 않아?

You guys should be ashamed of yourselves. Now get back to work.
너희들 스스로 부끄러워해야 돼. 이제 다시 일하기 시작해.

You should be ashamed of yourself for agreeing to it, Ms. Novak.
노박 씨, 그거에 동의를 하다니 부끄러운 줄 아세요.

She should be ashamed of what she's done to me.
걘 내게 한 행동에 대해 부끄러워해야 돼.

A: You should be ashamed of the problems you've caused.

B: Look, I really didn't mean to get arrested.

A: 네가 초래한 문제들에 대해 부끄러워 해야 돼.
B: 난 정말 체포되려고 그랬던 것은 아냐.

Would you care to~ ?

…을 할래?

PATTERN 001

Would you care to join us?(우리랑 같이 할래?)처럼 Would you care to+V?는 상대방에게 to 이하를 하고 싶은지 정중하게 물어보는 표현이다. 여기서 to를 살짝 for로 바꾸어서 Would you care for ~?하게 되면 역시 정중하게 for 이하의 것을 원하느냐고 물어보는 문장이 된다.

Point

- **Would you care to+V~?** …을 할래?
- **Would you care for+N~ ?** …을 들래?, …을 원해?

Jason, **would you care to** join me for a drink?
제이슨, 나랑 같이 술한잔 할래?

Would you care to step outside for a moment, Luke?
루크야, 잠깐 밖에 나가 있을래?

Would you care to be a little more specific?
좀 더 구체적으로 말해줄래?

Would you care to dance with me?
나와 함께 춤을 출래?

Would you care for some wine?
와인 좀 마실래?

A: **Would you care to** dance?
B: Sorry, my shoes are killing me.

A: 나와 춤을 출래?
B: 미안, 신발때문에 발이 아파죽겠어.

A: **Would you care to** have lunch with us?
B: That'd be great. Are we leaving right now?

A: 우리와 함께 점심할래?
B: 그럼 좋지. 지금 나가는거야?

PATTERN 002

You care to back that statement up?

일상생활에서는 캐주얼하게 Would you를 아예 빼고 Care to~?라고 하거나 아니면 You care to~?라고 해도 된다.

Point

▶ **Care to~?** …할래?(Care if~? …해도 돼?)
▶ **You care to…?** …하고 싶어?

Hmm, **care to** make it interesting?
음, 그걸 좀 더 흥미롭게 해볼테야?

You care to test me?
나를 테스트하고 싶어?

You care to back that statement up?
그 말 좀 보강해줄래?

A: **Care to** dance? It might pep you up.
B: I don't think so. But thank you, though.

A: 춤출래? 기운이 나게 할 수도 있어.
B: 그럴 것 같지가 않아. 하지만 고마워.

003 Your grades are terrible. **Care to explain?**

화자가 좀 화가 난 상태에서 뭔가 설명을 해달라고 할 때도 care to가 쓰이는데 이때는 주로 동사가 explain이나 tell이 뒤따른다.

Point

▸ **(Would you) Care to explain~?** …을 설명해볼테야?
▸ **Do you care to tell~?** …을 말해볼테야?(You care to tell~ …을 말해보시지)

Your grades are terrible. **Care to explain?**
너 성적이 엉망이네. 설명해볼래?

Do you care to tell us about that?
우리에게 그것에 관해 말해볼테야?

You care to tell me what you think you're doing?
너 지금 뭐하는 짓인지 내게 말해볼테야?

A: Do you care to tell us what happened last night?
B: Oh, Rudy got drunk and started some trouble.

A: 간밤에 무슨 일이 있었는지 말해볼테야?
B: 어, 루디가 취해서 사고를 좀 쳤어요.

---

 004 I have worked here longer **than I care to say**

좀 특이한 표현으로 "more+(시간명사)+than I care to+V"하게 되면 본인(I)이 아는 시간이상으로 오랫동안(for a long time) 지속되어왔다. 혹은 그 정도가(very much) 심하다라는 것을 말한다. 그래서 V자리에는 보통 say, admit,그리고 mention 등의 동사가 오게 마련이다.

Point

▸ **more+시간명사+than I care to say[admit, mention]** 입이 닳도록 말한 것 이상으로 오래동안
▸ **more than I care to say[admit, mention]** 입이 닳도록 말한 것 이상으로 강하게

I have worked here longer **than I care to say**.
내가 입이 닳도록 말한 것 이상으로 오랫동안 여기서 일하고 있어.

More times **than I care to mention**, Judge.
내가 줄창 언급했던 것 이상으로입니다, 재판장님.

It took more time **than I care to admit**.
인정하는데 시간이 정말 오래 걸렸어.

A: You have been writing for half the night.
B: This report has taken more hours than I care to admit.

A: 밤을 거의 새면서 보고서를 쓰던데.
B: 내가 계속 말했던 것 이상으로 많이 걸리네.

---

 005 **I didn't care for** her behavior, so I asked her to leave

care for는 "사람을 좋아하다," "소중한 것을 보살피다,"라는 의미. 그래서 Would you care for~하게 되면 상대방에게 뭘 원하느냐고 물어보는 문장이 된다.

Point

▸ **I didn't care for~** …을 좋아하지 않았어
▸ **Would you care for~?** …을 할래?

I do this because **I care for** you. You know **I care for** you, right?
널 좋아하기 때문에 이거 하는거야. 내가 너 좋아하는거 알지, 맞아?

I didn't care for her behavior, so I asked her to leave.
난 걔의 행동이 마음에 들지 않아 그만 가달라고 했어.

Would you care for some coffee or dessert?
커피나 디저트 좀 먹을래?

A: And why would I do that?
B: To show her that you care for her and that you love her.

A: 그리고 내가 왜 그렇게 해야 돼?
B: 네가 걔를 좋아하고 사랑한다는 것을 보여주기 위해서.

I can't imagine ~
…가 상상이 안가

imagine할 수 없다는 말은 "상상도 할 수 없다," "짐작도 안간다"라는 의미로 I can't imagine 다음에는 S+V절이나 wh[how] 절 등이 뒤따른다.

Point

- ■ **I can't imagine S+V** …가 상상이 안가
- ■ **I can't imagine what~** …가 짐작이 안가
- ■ **I can't imagine how~** …가 짐작이 안돼

I can't imagine that's true.
그게 사실이라니 상상이 안가.

I can't imagine what you're feeling right now.
지금 네 기분이 어떨지 상상이 안가.

I can't imagine why you like her.
왜 네가 걔를 좋아하는지 이해가 안돼.

I can't imagine what you're going through.
네가 무엇을 겪었는지 믿겨지지 않아.

I can't imagine how she survived that explosion.
걔가 어떻게 그 폭발 속에서 살아남았는지 믿겨지지 않아.

A: Roz had to stay at an old hotel last night.

B: **I can't imagine** she liked her room.

A: 로즈는 지난 밤에 낡은 호텔에 묵어야만 했어.

B: 걔가 자기 방을 좋아했는지 상상이 안돼.

A: **I can't imagine how** Joey got so rich.

B: People say he inherited his money from his dad.

A: 어떻게 조이가 그렇게 부자가 되었는지 짐작이 안돼.

B: 아버지한테서 유산으로 물려받은거라고 하던대.

I can't imagine my life without you

이번에는 imagine의 목적어 형태를 바꾸어서 I can't imagine+N, 혹은 I can't imagine (sb) ~ing 형태를 만들어본다.

Point

- ▶ **I can't imagine +N** …가 상상이 안돼
- ▶ **I can't imagine (sb) ~ing** …가 …한다는 것이 상상이 안돼

I can't imagine my life without you.
너 없는 삶은 상상도 할 수 없어.

I can't imagine doing that in my parent's house.
내 부모님 집에서 그짓을 하다니 상상이 안돼.

I can't imagine being taunted like that in my own house.
내 집에서 그렇게 조롱을 당하다니 믿어지지가 않아.

A: In a few years you'll get married and have kids.

B: **I can't imagine** becoming a father.

A: 몇년이 지나면 넌 결혼을 하고 아이를 가질거야.

B: 내가 아버지가 된다는 것이 상상이 안돼.

003 I can't imagine anyone doing that

누구든지 ~ing하는 것이 상상도 안가고, 누구든지 who~이하를 하는 경우가 짐작이 안간다, 즉 다시 말하면 절대 이런 일을 할 수 없을 것이라는 것을 강조하는 표현법이다.

> ▶ **I can't imagine anyone ~ing** 어느 누구도 …하는 사람은 없을거야
>
> ▶ **I can't imagine anyone who~** 어느 누구도 …하는 사람은 없을거야

I can't imagine anyone doing that.
어느 누구도 그렇게 하는 사람은 없을거야.

I can't imagine any of them having a baby without telling me.
걔네들 중 어느 누구도 내게 말하지 않고 아이를 갖는 사람은 없을거야.

I can't imagine anybody perjuring themselves for an ass like you.
너같은 멍충이를 위해 위증을 하는 사람은 아무도 없을거야.

A: Why don't you lock your car when you park it?

B: I can't imagine anyone stealing a car this old.

A: 주차할 때는 문을 잠가.
B: 어느 누구가 이렇게 낡은 차를 훔치겠어.

004 You can imagine how happy I am

이젠 긍정으로, I can imagine~은 "상상할 수 있다," You can imagine~은 "네가 상상할 수 있다"라는 의미. 또한 As you can imagine은 "네가 상상할 수 있듯이"라는 말.

> ▶ **I can imagine~** …가 짐작이 가
>
> ▶ **You can imagine~** …을 넌 짐작할 수 있어(You can't imagine~ 넌 …을 짐작할 수도 없어)

You can imagine how happy I am.
내가 얼마나 행복한지 짐작할 수 있을거야.

I can imagine the pain the poor boy must be experiencing at the loss.
그 불쌍한 소년이 그 사망으로 해서 겪고 있을 고통이 짐작이 돼.

As you can imagine, I haven't kept up with the boyfriend/girlfriend regulations. 생각해보면 알겠지만 난 남녀 간의 규칙 같은 거에 별로 신경 써본 적이 없거든.

A: It is so lovely to see you again.

B: You can't imagine how much I have missed you.

A: 널 다시 만나 너무 좋아.
B: 내가 널 얼마나 보고 싶어했는지 짐작 못할걸.

005 Can you imagine what that feels like?

imagine 이하를 상상이나 할 수 있냐는 말로 문맥에 따라 좋은 일 나쁜 일 다 나올 수 있다. 뒤따르는 형태는 ~ing, sb ~ing, 또는 의문사절 등이다.

> ▶ **Can you imagine (sb) ~ing?** (…가) …하는 것을 짐작이나 하겠어?
>
> ▶ **Can you imagine what[if]~?** …인지 상상할 수 있어?

Can you imagine what that feels like?
그게 어떤 기분인지 짐작이나 할 수 있겠어?

Can you imagine not being able to make love to your husband?
남편과 사랑을 나눌 수 없다는 것을 상상이나 할 수 있겠어?

Can you imagine failing the bar exam five times?
사법고시에 다섯 번이나 떨어지는 것을 짐작이나 하겠어?

A: I hear they're developing advanced cell phones.

B: Can you imagine what the new technology will be?

A: 최첨단 핸드폰을 개발하고 있다며.
B: 새로운 기술이 어떨지 짐작이나 가?

Why would I~

내가 왜 …하겠어?

001

Why would I~는 "내가 왜…하겠는가?"라는 말로 상대방이 말도 안되게 자신을 오해하거나 중상모략을 할 경우에 반문하면서 던질 수 있는 말?

Point

- **Why would I~?** 내가 왜 …하겠어?
- **Why wouldn't I~?** 내가 왜 …하지 않겠어?

Why would I be nervous?
내가 왜 초조하하겠어?

Why would I be mad at you?
내가 왜 너한테 화를 내겠어?

And why would I want to do that?
그리고 내가 왜 그렇게 하기를 원하겠어?

Why would I kill her? I worshiped her.
내가 왜 걔를 죽이겠어? 난 걔를 흠모하는데.

If I knew, why wouldn't I say?
내가 알고 있다면 왜 내가 말하지 않겠어?

A: How're you doin? Are you nervous?

B: Why would I be nervous?

A: 안녕, 너 초조해?
B: 내가 왜 초조하하겠어?

A: Why would I need a new pair of boots?

B: Look at how old the pair you are wearing looks.

A: 내가 왜 새로운 부츠가 필요하겠어?
B: 네가 신고 있는 부츠가 얼마나 낡게 보이는지 봐봐.

002

Why should I believe you?

should의 성격상 Why should I~하게 되면 "내가 왜 …해야 하느냐?"라는 표현이 된다. 그러고 싶지 않고 또한 그럴 맘도 없는데 "내가 왜 …해야 되냐?"고 따지면서 말할 수 있다.

Point

▸ **Why should I~ ?** 내가 왜 …해야 되는데?
▸ **Why shouldn't I~ ?** 내가 왜 …하지 말아야 되는데?

Why should I trust you? You're jealous of her.
내가 왜 너를 믿어야 하는데? 넌 걔를 질투하잖아.

I mean, why should I let them meet him?
내말은, 왜 걔네들한테 걔를 보여줘야 되냐구?

Why shouldn't I get a piece of the pie?
내가 왜 파이 한조각을 먹으면 안되는데?

A: Why should I believe you?

B: Because I'm afraid you have no other choice.

A: 왜 내가 너를 믿어야 되는데?
B: 그거야 너에게는 달리 선택할게 없으니 말야.

Why would you dream that?

Why would you~?는 "왜 …할거니?" 혹은 "왜 …을 한거야?"라는 뜻으로 문맥에 따라 잘 맞춰서 이해해야 한다.

> **Point**
> ▸ **Why would you~?** 왜 …할거니?, 왜 …을 한거야?
> ▸ **Why would you want to~ ?** 왜 …하려고 하는거야?

Why would you hide something like that?
왜 그런 것을 숨긴거야?

Why would you dream that?
왜 그런 꿈을 꿨어?

A tattoo? Why, why would you want to do that?
문신? 왜, 왜 그런 것을 하고 싶어하는거야?

A: You think it would be okay if I asked out your sister?

B: Why? Why would you wanna do that? Why?

A: 내가 네 언니한테 데이트 신청해도 괜찮을까?

B: 왜? 왜 그러고 싶은데? 왜?

Why wouldn't you try to calm him down?

Why would you~ 의 부정형으로 Why wouldn't you~하게 되면 "왜 …을 하지 않으려는걸까?"라는 의미의 문장이다.

> **Point**
> ▸ **Why wouldn't you~ ?** 왜 …을 하지 않으려는거야?, 왜 …하지 않았어?

Why wouldn't you tell Bree that when she asked?
브리가 물어봤을 때 왜 말해주지 않았어?

Why wouldn't you try to calm him down?
왜 걔를 진정시키려고 하지 않았어?

Why wouldn't you marry me?
왜 나랑 결혼을 하지 않으려는거야?

A: Why wouldn't you marry me?

B: You're just not my type of woman. OK? I prefer…someone taller.

A: 내 나와 결혼을 하지 않으려는거야?

B: 내 타입의 여자가 아냐. 알았어? 난 키가 큰 사람을 더 좋아해.

Why should you give up having a baby?

너는 왜 그렇게 해야 되냐고 묻는 말로 상대방의 이해할 수 없는 행동에 왜 그래야 하는지 이해가 되지 않아서 던지는 질문이다.

> **Point**
> ▸ **Why should you~ ?** 왜 네가 …해야 하는데?

Why should you give up having a baby?
왜 네가 애갖는 걸 포기해야 돼?

Why should you be punished? You were only trying to help me.
왜 네가 벌을 받아야 돼? 넌 단지 날 도울려고 했던거잖아.

I can't depend on you, so why should you be able to depend on me?
난 너를 의지할 수 없는데 왜 너는 나를 의지할 수 있는거야?

A: Zoe wants me to pay for the entire vacation.

B: Why should you pay for everything?

A: 조는 내가 휴가비용전부를 내길 바래.

B: 왜 네가 모든 비용을 내야 하는데?

I am the one~
…한 사람은 바로 나야

PATTERN 001

~ing라는 짓을 한 사람이 누구인지 그 책임소재를 밝히는 문장. "내가 바로 …을 한 사람이야" 정도로 생각하면 된다.

Point

- **I'm the one ~ing** …한 사람은 바로 나야
- **I'm the one with~** …한 사람은 바로 나야
- **I'm the only person with[who]~** …하는 사람은 내가 유일해

Yeah, I'm the one with the problem.
그래, 문제가 있는 사람은 바로 나야.

I'm the one holding the gun.
총을 쥐고 있는 사람은 바로 나야.

I mean, I'm the one dating Chris, not you!
내말은, 크리스랑 데이트하는 사람은 나야, 네가 아니고!

I'm the one trying to help you.
너를 도우려고 하는 사람은 바로 나야.

Right now I'm the only person who can do it.
지금 당장 그것을 할 수 있는 사람은 내가 유일해.

A: Can't you stay home a little more often?
B: I'm the one earning money for both of us.

A: 좀 더 자주 집에 와 지낼 수 없어?
B: 우리 둘을 위해 돈을 버는 사람은 바로 나라고.

A: What have you done to help me lately?
B: I'm the one fixing your car for you.

A: 최근에 날 도와준게 뭐 있어?
B: 네 차를 수리해준 사람은 바로 나야.

PATTERN 002 **I'm the one who kept my promise**

이번에는 어떤 행동을 했는지 좀 더 구체적으로 길게 말하는 표현법으로 I'm the one~ 다음에 who[that]이란 관계사절을 붙여주면 된다.

Point

▸ **I'm the one who[that~]** …한 사람은 바로 나야

I'm the one who doesn't carry a weapon.
무기를 갖고 다니지 않는 사람은 바로 나야.

I'm the one who kept my promise.
약속을 지킨 사람은 바로 나야.

I'm the one that got you out of that place, remember?
그곳에서 너를 구해준 사람은 바로 나야, 기억나?

A: What do you have to do with the criminal case?
B: I'm the one who called the lawyer.

A: 너 형사소송과 무슨 관계가 있어?
B: 변호사를 부른건 바로 나야.

003 **I'm not the one** hiding behind a lawyer

이번에는 "…한 사람은 내가 아니다"라고 발뺌빼거나 진실을 말하는 경우로 먼저 I'm the one~ 다음에 to, with, ~ing가 오는 경우를 본다.

Point
> ▶ **I'm not the one to[with]~** 난 …하는 사람은 아냐, …한 사람은 내가 아냐
> ▶ **I'm not the one ~ing** …한 사람은 내가 아냐

I'm not the one hiding behind a lawyer.
난 변호사 뒤에 숨는 사람은 아냐.

My problem? I'm not the one with the freaky family.
내 문제라고? 난 기이한 집안 출신은 아니라고.

I'm not the one in possession of it.
그걸 갖고 있는 사람은 내가 아냐.

A: Do you think I should go to the hospital?

B: Yes, but I'm not the one with a bleeding hand.

A: 내가 병원에 가야 한다고 생각해?
B: 어, 손에서 피가 나는 사람은 내가 아니잖아.

---

 004 **I'm not the one who**'s in prison

부정을 좀 더 길게 정확히 말하는 방법으로 I'm not the one 다음에 who[that] 관계사절이 오는 경우이다.

Point
> ▶ **I'm not the one who~** 난 …하는 사람이 아냐
> ▶ **I'm not the only one who thinks~** …라고 생각한 사람은 나만이 아냐

I'm not the one who's in prison.
감옥에 있는 사람은 내가 아니잖아.

I'm not the one who just violated someone's constitutional rights.
난 타인의 헌법상 권리를 침해하는 사람은 아냐.

I'm not the one who's sleeping with a teenager.
나는 십대랑 자는 사람은 아냐.

A: Did you eat the cake that was in the kitchen?

B: I'm not the one who took the last piece.

A: 부엌에 있는 케이크 먹었어?
B: 난 마지막 남은 조각을 먹는 사람은 아냐.

---

 005 **You're the one that** said we had to go

이번에는 역으로 "바로 네가 …하는 사람이야"라는 문장으로 You're the one 다음에 ~ing, who, to+V 그리고 기타 one의 상태를 수식하는 어구가 올 수 있다.

Point
> ▶ **You're the one ~ing ~** 바로 네가 …하는 사람이야
> ▶ **You're the one who~** 바로 네가 …하는 사람이야

You're the one who said there isn't anyone out here.
여기에 아무도 없다고 말한 사람은 바로 너야.

You're the one that said we had to go.
우리가 가야 된다고 말한 사람은 바로 너야.

You are the one who took my family away from me.
나로부터 가족을 빼앗아간 사람은 바로 너야.

A: You'd better calm down or you'll get in trouble.

B: You're the one acting crazy today.

A: 너 진정해라 그렇지 않으면 사고치겠다.
B: 오늘 미친놈처럼 행동한 건 바로 너야.

Do I have to remind you ~ ?
내가 …을 기억나게 해줘야 되겠어?

"너에게 …을 생각나게 하다"라는 의미의 remind you 다음에 다양한 형태를 이어주면 된다. of[about], to+V 그리고 that S+V 및 의문사절 등이다. 여기에 Do I have to를 앞장서게 해서 Do I have to remind you~ 라고 하면 철없는 상대방에게 "내가 꼭 …을 상기시켜줘야 하느냐?"라고 질책하는 표현이 된다.

> ■ **Do I need to remind you of[about]~?** …에 대해 상기시켜줘야 돼?
> ■ **Do I need to remind you to+V?** …하라고 내가 기억나게 해줘야 되겠어?
> ■ **Do I have to remind you that[how]~ ?** …을 내가 기억나게 해줘야 돼?

Do I need to remind you of what I'd like when I'm sick?
내가 아플 때 원하는 걸 너한테 꼭 말해줘야겠니?

Do I need to remind you of the potential consequences of perjury?
위증하면 어떤 결과가 올 수 있는지 상기시켜줘야 돼?

Do I need to remind you to stay hands off during this investigation?
넌 이 사건에서 손떼라고 또 상기시켜줘야 해?

Do I have to remind you how serious this situation is?
이 상황이 얼마나 심각한지 상기시켜줘야 되겠어?

Do I need to remind you how I started this conversation?
내가 이 대화를 어떻게 시작했는지 상기시켜 줘야 해?

A: I may go to California to visit Paul.

B: **Do I have to remind you** Paul doesn't live in LA anymore?

A: 폴 만나러 캘리포니아에 갈지도 몰라.
B: 폴은 더이상 LA에서 살지 않는다고 내가 또 말해줘야 돼?

A: I don't think I have any more work to do.

B: **Do I have to remind you of** your responsibilities?

A: 내가 더 해야 할 일이 없는 것 같아.
B: 네가 해야 할 일들을 내가 다시 상기시켜줘야 돼?

Let me remind you of your grand jury testimony

"너에게 …을 내가 상기시켜주다," "기억나게 해주다," 즉 "내가 다시 알려줄게"라는 친절한 표현. 역시 remind you 다음에는 of, (not) to, S+V 등 다양하게 활용할 수 있다.

> ▶ **Let me just remind you of[S+V]~** …에 대해 내가 다시 알려줄게, 내가 …을 상기시켜줄게
> ▶ **Let me just remind you (not) to~** 네가 …하도록(하지 않도록) 기억나게 해줄게

Let me remind you of a little promise you made.
네가 한 작은 약속을 기억나게 해줄게.

Let me remind you of your grand jury testimony.
네가 할 대배심 증언을 내가 다시 알려줄게.

Let me remind you not to discuss it with anyone.
그걸 어느 누구와도 얘기하지 않도록 상기시켜줄게.

A: **Let me just remind** everyone to be here early tomorrow.

B: Yes, we are planning to arrive at 6 am.

A: 다시 말하지만 낼 일찍 이리 오십시오.
B: 네, 오전 6시에 도착할 생각입니다.

May I remind you that I was doing you a favor?

앞의 Let me remind you~와 같은 의미로 "내가 …을 기억나게 해줄까?"라는 표현의 문장이다.

▶ **May I remind you that S+V ?** …을 기억나게 해줄까?, …라는 걸 알지?

May I remind you that I was doing you a favor?
내가 너에게 호의를 베풀고 있다는 걸 기억나게 해줄까?

May I remind you that this is your first real boyfriend?
이 사람이 너의 첫 번째 정식 남친이라는 거 알지?

May I remind you that you used to have a sense of humor?
너도 한때 유머감각이 뛰어났다는 걸 기억해?

A: Do I really have to attend the awards ceremony?
B: May I remind you that you agreed to come.

A: 내가 정말 시상식에 참석해야 돼?
B: 너 가기로 동의했던거 알지?

I just wanted to remind you that Gale needed to be here

상대방이 잊어버렸거나 잊을까봐 걱정되어서 다시 알려준다고 할 때는 I just want to remind you~라고 하면 된다.

▶ **I just want to remind you~** 난 …을 단지 알려주려고, …을 기억하지
▶ **I just wanted to remind you~** 난 …을 단지 알려주고 싶었어

I just wanted to remind you that tonight's our monthly family dinner.
오늘 저녁에 월례가족행사가 있다는 걸 알려주고 싶었어.

I just wanted to remind you that Gale needed to be here.
게일이 여기 꼭 와야 된다는 것을 알려주고 싶었어.

We just want to remind you that you need to collect all your belongings. 넌 네 소지품 다 챙겨야 된다는거 기억하지.

A: What did you need to talk to us about?
B: I just want to remind you tomorrow is a holiday.

A: 우리에게 이야기하려던게 뭐야?
B: 그냥 내일이 휴일이라는 걸 알려주려고.

Just reminds me of someone I don't like very much

단독으로 "That remind me"라고도 쓰이는 이 표현은 '뭔가를 보니'(that), of 이하가 생각이 난다는 표현. 우리말로는 "그러고 보니 …가 기억나네," "…가 떠올려지네" 정도에 해당한다.

▶ **That reminds me of~** 그러고 보니 …가 기억나네

Nice place. **Reminds me of** my parents' house back in New Delhi.
집 멋지다. 뉴델리에 있는 부모님 집이 기억나네.

Just reminds me of someone I don't like very much.
내가 그다지 좋아하지 않는 어떤 사람을 떠올리게 하네.

She **reminds me of** a young me.
걔를 보면 젊었을 때의 내가 기억나.

A: Look at this painting of a city scene.
B: That reminds me of the streets of Paris.

A: 도시 전경을 그린 이 그림을 봐봐.
B: 파리의 거리가 생각나네.

020

I hate it when~
…할 때 난 정말 싫어

PATTERN 001

hate는 '싫다'라는 좀 강한 단어로 I hate sth[sb] (~ing), I hate ~ing, I hate to+V 등 다양하게 쓰이나 여기서는 I hate it when~, 즉 "…할 때 난 정말 싫더라"라는 표현을 익혀본다.

Point

- **I hate it when ~** …할 때 난 정말 싫어
- **You know I hate it when~** …하면 내가 싫어하는거 알잖아

I hate it when that happens.
그럴 때 정말 싫더라.

I hate it when he does that.
걔가 그럴 때 정말 싫어.

I hate it when I'm the only one laughing.
나만 유일하게 웃고 있을 때 정말 싫어.

Sometimes, though, I kinda hate it when she talks.
비록 가끔이긴 하지만, 걔가 말할 때 조금은 싫어.

I hate it when you read the paper when I'm sitting right here next to you!
내가 네 바로 옆에 앉아있는데 네가 신문을 읽으면 정말 싫다고!

A: Why do you always carry an umbrella?
B: I hate it when I get soaked by the rain.

A: 왜 늘상 우산을 갖고 다녀?
B: 비에 젖는게 정말 싫거든.

A: I'm really sorry I wasn't honest with you.
B: You know I hate it when you lie to me.

A: 너한테 솔직하지 못해서 정말 미안해.
B: 네가 내게 거짓말할 때 내가 정말 싫어하는거 알잖아.

PATTERN 002

I know you hate it when people are mad at you

이번에는 상대방이 어떤 때를 싫어한다는 것을 말하는 것으로 "네가 …하는거 싫어하는거 알아"는 I know you hate it when~ 이라고 하면 된다.

Point

- **You hate it when~** 넌 …할 때 싫어하지
- **I know you hate it when~** 네가 …하면 싫어하는거 알고 있어
- **Don't you hate it when~** …하니 싫지 않아?

I know you hate it when people are mad at you.
난 사람들이 너에게 화를 내면 싫어하는거 알고 있어.

Don't you hate it when people aren't there for you?
네가 기댈 수 있는 사람들이 없으니 싫지 않아?

Don't you hate it when that happens?
그런 일이 벌어지면 정말 싫지 않아?

A: The people in this apartment building are too loud.
B: I know you hate it when people make a lot of noise.

A: 이 아파트 사람들은 너무 시끄러워.
B: 사람들이 시끄럽게 구는 걸 네가 싫어한다는거 알고 있어.

I don't like it when you say that

hate보다는 좀 부드럽게 말해서, 좋아하지 않는다라고 할 때의 표현인 I don't like it when~을 알아보는 자리.

▶ **I don't like it when~** …할 때가 싫어

I don't like it when you say that.
네가 그런 말을 할 때 싫어.

I don't like it when people hurt my friends.
사람들이 내 친구들에게 상처를 줄 때 싫어.

I don't like it when a woman's tongue goes in my mouth.
여자의 혀가 내 입속으로 들어올 때 싫더라.

A: Why are you so upset
  with Sam?
B: I don't like it when
  people break promises.

A: 샘한테 왜 그렇게 화가 난거야?
B: 사람들 약속을 지키지 않을 때가 싫어서.

 I like it when you're stressed

반대로 내가 좋아하는 상황을 언급할 때는 I like it when~이라고 하면 되고 상대방에게 어느 때가 좋으냐고 물어보려면 Do you like it when~?이라고 하면 된다.

▶ **I like it when~** …할 때가 좋아
▶ **Do you like it when~?** 넌 …할 때가 좋아?

I actually like it when you interrupt me.
실은 네가 내 말을 가로챌 때 좋아.

I like it when you're stressed.
네가 스트레스를 받을 때가 난 좋아.

I just like it when you're all clean and in your sexy clothes.
네가 깨끗이 목욕을 하고 섹시한 옷을 입고 있을 때 좋아.

A: I like it when we go out
  to dinner.
B: Well, why don't we head
  to a steak restaurant?

A: 우리가 외식하러 나갈 때가 난 좋아.
B: 그래, 우리 스테이크 식당에 가자.

 You don't like it when I yell?

상대방이 무엇을 싫어하는지 서술하거나 혹은 상황에 따라 뒷끝을 올려 물어보는 문장이 될 수도 있다.

▶ **You don't like it when~** 넌 …하는거 싫어하지
▶ **You don't like it when~?** 넌 …하는거 싫어하지?

You don't like it when I yell?
내가 소리칠 때가 너는 싫지?

You don't like it when I come to visit.
내가 들르러 왔을 때가 넌 싫지.

I know you don't like it when I work down here.
내가 여기 내려와서 일할 때를 싫어하는거 알아.

A: I can't believe my boss
  didn't accept my
  proposal.
B: You don't like it when
  your plans fail.

A: 사장이 내 제안을 받아들이지 않다니
  기가 막혀.
B: 네 계획이 실패했을 때 싫어하잖아.

It has something to do with~
…와 관련이 있어

PATTERN
001

have something to do with는 기본 숙어이면서도 미드에서 엄청 많이 나오는 필수표현이다. 주어가 with 이하의 것과 관련이나 연관이 있다고 말하는 문장이다. 특징으로는 주어자리에는 사람이나 사물이 올 수 있으며 마찬가지로 with 다음에도 사람이나 사물이 올 수 있다는 점이다.

Point
- **It has something to do with[~ing]** 그건 …와[하는 것과] 관련이 있어
- **I'm sure it has something to do with[~ing]** ~ …와 관련이 있는게 확실해
- **I think it has something to do with[~ing]** ~ …와 관련이 있다고 생각해
- **I don't know if it has something to do with[~ing]** …와 관련이 있는건지 모르겠어

This does have something to do with the case, right?
이건 그 사건과 관련이 있는거지, 맞아?

I figure Dana has something to do with what Jill was trying to hide.
데이나는 질이 숨기려고 했던 것과 관련이 있는 것 같아.

I think it has something to do with why he had the affair.
그건 걔가 불륜을 저질렀던 이유와 관련이 있는 것 같아.

I just know those two have something to do with that dead body.
저 두명은 저 시신과 관련이 있다는 걸 알겠어.

I don't know if it has something to do with this case.
그게 이 사건과 관련이 있는건지 모르겠어.

A: You are looking very sleepy today.
B: It has something to do with the medicine I took.

A: 너 오늘 되게 졸려 보여.
B: 내가 먹는 약 때문일거야.

A: There has been trouble at the jail.
B: I feel like it's got something to do with your client.

A: 감옥에서 소동이 있었어.
B: 네 의뢰인과 관련이 있는 것 같은데.

PATTERN
002
That got something to do with this?

의미는 동일하나 has something~ 대신에 has got something~을 쓴 것이며, 이는 다시 생략되어 got something~이란 형태로 쓰이기도 한다.

Point
▶ **~ has got something to do with** …와 관련이 있어
▶ **~ got something to do with** …와 관련이 있어

That got something to do with this?
그게 이거와 관련이 있어?

Every time you mention her, it's got something to do with the hospital.
네가 걔를 언급할 때마다, 그건 병원과 관련이 있어.

I feel like it's got something to do with my friend who killed herself.
그건 자살한 내 친구와 관련이 있는 것 같아.

A: The credit card has been rejected at the jewelry store.
B: It's got something to do with the time when my credit card was stolen.

A: 보석상에서 신용카드승인이 거부됐어.
B: 내 신용카드가 도난당한 시간과 관련이 있겠구만.

You think I had something to do with it?

"너는 …가 …와 관련이 있냐고 생각하느냐?"고 물어볼 때는 You think~나 You're thinking~ 으로 문장을 감싸면 된다. 아니면 쉽게 Do you really think that~ ?이라고 해도 된다.

Point

▸ **You think I have something to do with~ ?** 내가 …와 연관이 있는 것 같아?

▸ **You're thinking I have something to do with~ ?** 내가 …와 연관이 있다고 생각하고 있지?

You think I had something to do with it?
내가 그것과 연관된 것 같아?

You're thinking that that guy had something to do with what happened? 저 사람이 발생한 일과 관련이 있다고 생각하고 있지?

Do you really think I had something to do with that missing tape?
넌 내가 정말 분실된 테이프와 연관이 있다고 생각해?

A: Where you anywhere near the money that went missing?

B: You're thinking I had something to do with the theft.

A: 분실한 돈 가까이 어딘가에 있었어?
B: 넌 내가 절도사건과 관련이 있다고 생각하는구나.

It might have something to do with you trying to boss her around

확증은 아니지만 관련가능성이 있을 수도 있다고 생각할 때는 might를 써서 중화시켜주면 된다.

Point

▸ **Sb[Sth] might have something to do with~** …와 연관이 있을 수도 있어

▸ **Sb[Sth] might have something to do with sb ~ing** …가 …하는 것과 연관이 있을 수도 있어

It might have something to do with you trying to boss her around.
그건 네가 걔를 마음대로 좌지우지하려고 하는 것과 연관이 있을 수도 있어.

They thought it might have something to do with the Walter Gordon case. 그들은 그것이 월터 고든 소송건과 연관이 있을 수도 있다고 생각했어.

Vicky thinks that might have something to do with me not being over you. 비키는 그게 너를 완전히 잊지 못하는 나와 관련이 있을 수도 있다고 생각해.

A: Why do the police want to question me?

B: This might have something to do with the fight we saw.

A: 왜 경찰이 나를 심문하려는거야?
B: 우리가 봤던 싸움과 연관이 있을 수도 있어.

This doesn't have anything to do with~

…와 아무 관련이 없어

PATTERN
001

이번에는 반대로 아무런 관련이 없다고 말할 때는 don't have anything to do with라고 하면 된다. 마찬가지로 주어자리에는 사람이나 사물, with 이하에는 사람이나 사물, ~ing 등이 온다.

■ **I don't have anything to do with~** 난 …와 아무 관련이 없어

■ **I don't think ~ have anything to do with** …는 …와 아무 관련이 없는 것 같아

I don't think this woman has anything to do with Karl.
이 여자는 칼과 아무 관련이 없는 것 같아.

I told you, I didn't have anything to do with it!
말했잖아, 난 그거와 아무런 관련도 없었어!

This doesn't have anything to do with that photograph I took this morning. 이건 내가 오늘 아침 찍은 사진과 아무런 관련이 없어.

You can't honestly think I have anything to do with this.
내가 이것과 관련이 있다고 정말로 생각하는 것은 아니겠지.

This doesn't have anything to do with the fact that he is being raised by two women. 이건 걔가 두명의 여성에 의해 양육된 사실과 관련이 없어.

A: Have you been hanging around those hoodlums?

B: I don't have anything to do with gangsters.

A: 너 저 패거리들하고 어울렸어?

B: 난 깡패들하고는 절대 상종하지 않아.

A: Have you been making complaints against my spouse?

B: This doesn't have anything to do with your husband.

A: 내 남편에게 고소장 준비하고 있는거야?

B: 이건 네 남편과는 아무런 상관이 없어.

Did you have something to do with this?

상대방에게 무슨 연관이나 관련이 있는지 물어볼 때는 Do~, 과거일 때는 Did you~라고 하면 된다.

Point

▶ **Does this have something to do with~?** 이게 …와 무슨 관련이 있어?

▶ **Did you have something[anything] to do with~ ?** 너 …와 관련되어 있어?

Does he have something to do with Wendy's death?
걔가 웬디의 죽음과 무슨 연관이 있어?

Does your dad have anything to do with this story?
네 아빠가 이 이야기와 무슨 관련이 있어?

Did you two have something to do with Chris and Serena breaking up? 너희 둘이 크리스와 세레나의 결별과 무슨 관련이 있었던거야?

A: Did you have something to do with the dent in my car?

B: No, I swear I never touched your car.

A: 너 내차 움푹파인 것과 무슨 관련있나?

B: 아니, 맹세코 난 절대로 네 차를 건드리지 않았어.

Did this have something to do with my wife's death?

주어가 it, this인 경우의 의문문 형태일 뿐 의미는 동일하다.

> ▶ **Does this[it] have anything to do with~ ?** 그게 …와 무슨 연관이 있어?
> ▶ **Does this[it] have anything to do with sb ~ing?** 그게 …가 …하는 것과 무슨 연관이 있어?

Does this have something to do with Orson's accident?
이게 올슨의 사고와 무슨 연관이 있는거야?

Does this have anything to do with what happened to you over the summer? 이게 지난 여름동안 네게 일어난 일과 연관이 있는거야?

Did this have something to do with my wife's death?
이게 내 아내의 죽음과 관련이 있었던거야?

A: Does this have anything to do with **our business?**

B: No, it's strictly personal for me.

A: 이게 우리 사업과 무슨 연관이 있어?
B: 아니, 엄밀히 말해서 내 개인적인거야.

If you had anything to do with this, I swear, I will kill you!

조건문으로 네가 "with 이하의 일과 관련이 있다면"이라는 의미.

> ▶ **if you have anything to do with~** 네가 …와 연관이 있다면

If you had anything to do with this, I swear, I will kill you!
네가 이것과 관련이 있다면, 내 맹세하건데, 널 죽일거야!

I'd never ask you directly if you had anything to do with his going away.
네가 걔가 떠난 것과 관련이 있다면 너한테 직접적으로 묻지 않았을거야.

A: The cops want to know if you had anything to do with **the murder.**

B: I'm innocent. They have no reason to suspect me.

A: 경찰은 네가 살인사건과 연관이 있는지 알고 싶어해.
B: 난 죄가 없어. 나를 의심할 만한 아무런 근거도 없어.

This has nothing to do with you

아무런 연관이 없을 때는 have nothing to do with~이다. 그래서 "이건 너와 아무런 관련이 없어"라고 하려면 This has nothing to do with you라고 하면 된다.

> ▶ **This has nothing to do with~** 이건 …와 아무런 관련이 없어
> ▶ **I have nothing to do with~** 난 …와 아무 연관이 없어

Look, this has nothing to do with you, y'know?
이봐, 이건 너와 아무런 연관도 없어, 알아?

It's got nothing to do with age.
나이와는 아무런 관련이 없어.

Wait, Eddie had nothing to do with this.
잠깐, 에디는 이거와 아무런 관련이 없어.

A: Tell me all about the argument you had.

B: Go away. This has nothing to do with **you.**

A: 네가 벌인 말다툼에 대해 말해봐.
B: 꺼져. 너와는 상관없는 일이야.

023

It has to do with~
…와 관련이 있어

PATTERN 001

have to do with~ 는 "어떤 일에 관여하고 있다," "…와 관련이 있다"라는 의미로 좀 허전한 것 같지만 앞서 나온 have something to do with~와 같은 의미. 반대로 "관련이 없다"라고 하려면 앞서 언급했듯이 have nothing to do with~ 라고 하면 된다.

Point
- **It has to do with~** …와 관련이 있어
- **It has to do with sb ~ing** …가 …하는 것과 관련이 있어
- **It has to do with the fact that~** 그건 …라는 사실과 관련이 있어

It has to do with my mom and her many marriages.
엄마의 여러번에 걸친 재혼들 때문에 그래

Everything has to do with sex.
모든게 다 섹스와 관련이 있어.

You wanna tell me what this has to do with his death?
이게 걔의 죽음과 무슨 관련이 있는지 말해볼테야?

Maybe it has to do with the fact that you"re recently divorced.
아마도 네가 최근에 한 이혼사실과 관련이 있을거야.

It has to do with your knowing I am an excellent lawyer.
내가 유능한 변호사라는 것을 네가 알고 있기 때문일거야.

A: I can't believe the teacher punished me.

B: It has to do with your bad attitude.

A: 선생님이 나를 처벌하다니 말도 안돼.
B: 네 불량한 태도 때문이야.

A: Why is everyone upset with Darrel?

B: It has to do with him being late all the time.

A: 왜 다들 대럴에게 화가 나 있는거야?
B: 걔가 항상 늦기 때문이지.

PATTERN 002

I think it has to do with my working late

관련이나 연관이 있다고 단정짓게 되면 자칫 오해를 일으킬 수도 있다. 이럴 때는 I think~ 로 자기의 말을 둘러싸면 된다. 관련이 있는 것 같다고 한걸음 발을 빼면서 하는 표현.

Point
▶ **I think it has to do with~** 그건 …와 관련이 있는 것 같아

I think it has to do with your kids.
그건 네 아이들과 관련이 있는 것 같아.

I think it has to do with what she was selling.
그건 걔가 팔고 있던 거와 연관이 있는 것 같아.

I think it has to do with my working late.
그건 내가 늦게까지 일해서 그런거 같아.

A: I think it has to do with your kids. You don't want to talk about them. Why is that?

B: Probably because I'm ashamed.

A: 그건 네 애들과 관련있는 것 같아. 넌 애들에 대해 얘기하기 싫어하는데 왜그래?
B: 창피해서 그래.

003 I don't know what that has to do with this

I think~ 외에도 I don't know what~ 이나 I'd love to know what~ 등의 문구를 붙여서 무슨 연관이 있는지 잘 모르겠다며 궁금증을 표현할 수 있다.

▸ **I don't know what that has to do with~** 난 그게 …와 무슨 관련이 있는지 모르겠어
▸ **I'd love to know what this has to do with~** 그게 …와 무슨 관련이 있는지 알고 싶어

I'm not sure what any of this has to do with me.
이게 나와 무슨 관련이나 있다고 그러는지 모르겠네.

I don't know what that has to do with this.
그게 이거와 무슨 관련이 있는지 모르겠어.

I'd love to know what this has to do with my client being fired.
그게 내 의뢰인이 해고된 것과 무슨 관련이 있는지 알고 싶어.

A: Tuesday is a holiday, and our salaries will be delayed.

B: I don't know what this has to do with being paid.

A: 화요일은 휴일이어서 우리 급여가 휴일뒤로 미뤄졌어.
B: 이게 급여지급하고 무슨 연관이 있는지 모르겠네.

004 What does it have to do with Christina?

단순히 연관이 있는지 궁금하면 Does it have to do with~?라고 물어보면 되지만 "그게 …와 무슨 상관이냐?"고 따지듯이 물을 때는 What does it have to do with~?라고 해야 한다.

▸ **Does it have to do with~?** …와 무슨 상관이 있어?
▸ **What does it have to do with~?** 그게 …와 무슨 상관이야?

What does it have to do with Christina?
그게 크리스티나와 무슨 상관이 있어?

Does it have to do with drugs?
그게 불법약물과 관련이 있는거야?

Does it have to do with Jack and that sock that he keeps by his bed? 그게 잭과 걔가 침대옆에 보관하는 양말과 관련이 있어?

A: I told my mom and dad that I got a speeding ticket.

B: What does it have to do with your parents?

A: 부모님께 속도위반에 걸렸다고 말했어.
B: 그게 네 부모님과 뭔 상관이 있는거야?

005 I don't see what that has to do with this case

두사실이 연관있다고 하지만 그 이유를 모를 때는 I don't see what~ 또는 I don't understand what~이라고 써주면 된다.

▸ **I don't see[understand] what ~ has to do with~** …가 …와 무슨 연관이 있는지 모르겠어

I don't see what that has to do with this case.
그게 이 사건과 무슨 관련이 있는지 모르겠네.

I still don't understand what this story has to do with me and Tom.
이 이야기가 나와 탐하고 무슨 연관이 있는지 아직 모르겠어.

I don't get what sex has to do with breast cancer.
섹스가 유방암과 무슨 관련이 있는지 모르겠어.

A: I can't come into work because my wife and I had a fight.

B: I don't see what your personal problems have to do with work.

A: 아내와 싸워서 출근을 못하겠어.
B: 너의 개인사와 직장이 무슨 연관이 있는지 모르겠네.

Are you saying that ~?

…라는 말이야?

믿기지 않는 말을 들었을 때나 놀라운 이야기를 듣고서 반문하거나 혹은 상대방의 말을 확인해줄 때 쓰는 구문. Are you saying that S+V?라고 하면 되는데, You mean ~?와 유사한 표현으로 생각하면 된다.

Point

- **Are you saying that~?** …라는 말이야?
- **Are you saying you don't~?** 너는 …하지 않는다는 말이야?
- **Are you saying you think~?** 너는 …라고 생각한단 말이야?

Are you saying he's lying?
걔가 거짓말 하고 있다는 말이야?

Are you saying you think he was going to rape me?
너는 걔가 나를 강간할거라 생각했단 말이야?

Are you saying she'd be asking for it?
걔는 스스로 화를 자초할거라는 말이야?

Are you saying you don't want to go out with me?
넌 나와 데이트하지 않겠다는 말이야?

Are you saying that he was a hit man and not an innocent bystander? 걔가 무고한 구경꾼이 아니라 살인청부업자라는 말이야?

A: The door is broken and I can't get it open.
B: Are you saying that we are stuck here?
A: 문이 망가져서 열 수가 없어.
B: 우리가 여기에 갇혔다는 말이야?

A: The suspect was at the crime scene all night.
B: Are you saying you think she's guilty?
A: 용의자는 밤새 범죄현장에 있었어.
B: 너는 걔가 범인이라고 생각한단 말이야?

You saying the CT was wrong?

바쁘니까 빼는게 습성화된 언어. 영어에서도 Are you~로 도치하지 않고 그냥 평서문의 형태로 끝만 올려주면서 의문문을 만드는 경우가 비일비재하다. 여기서는 일단 도치를 한 후에 조동사 Are를 생략한 경우로 사실 문법적으로는 틀린 문장이 된다.

Point

▶ **You saying~?** …라는 말이지?, …라는 거지

You saying the CT was wrong?
CT가 잘못되었다는 말이야?

You saying you don't want me to quit?
내가 그만두기를 원치 않는다는 말이지?

You're saying it may have been consensual?
서로 합의에 의한 것일 수도 있다는 말이야?

A: Greg has taken money from people before.
B: You saying he can't be trusted?
A: 그렉은 전에 사람들에게서 돈을 빼앗었어.
B: 걔는 믿을 수 없다는 말이야?

You're just saying that because you're my biggest fan

상대방이 립서비스를 하였을 때, 진짜는 그렇게 생각하지 않으면서 "괜히 그렇게 말하는거지"라고 할 때 just를 넣어서 You're just saying that~이라고 해주면 된다.

- ▶ **You're just saying that because~** …때문에 괜히 그렇게 말하는거지
- ▶ **You're just saying that so~** …하도록 괜히 그렇게 말하는거지
- ▶ **You're just saying that to~** 넌 그냥 …라고 하는 말이지

You're just saying that because you lost.
네가 졌기 때문에 그렇게 말하는거지.

You're just saying that so I'll sign your stupid release.
내가 그 말도 안되는 발표문에 사인하도록 괜히 그렇게 말하는거지.

You're just saying that to make me feel better.
나 기분 좋게 하려고 괜히 그렇게 말하는거지.

A: I hate you! I can't stand being around you!

B: You're just saying that because you're angry.

A: 난 네가 싫어! 네 주변에 더 이상 못있겠어!

B: 너 화나서 그냥 그렇게 말하는거지.

 # I'm saying you know nothing about me

Are you saying~?이 상대방의 말에 놀라거나 혹은 재차 확인할 때 쓰는 표현임에 반해 I'm saying~은 자신이 한말을 재차 확인 정리해줄 때 필요한 문장이다. I mean~ 과 비슷하다고 생각하면 된다.

- ▶ **I'm saying~** 내말은 ~

I'm saying I'm not so sure it's our right to judge her sexual choices.
내말은 우리에게 걔의 성적선택을 비판할 권리가 있는지 잘모르겠다는 말이지.

I'm saying you know nothing about me.
내말은 넌 나에 대해서 아무것도 모른다는 말이지.

I'm saying maybe you and I crank it up a notch.
아마 너와 내가 한단계 업그레이드 할 수도 있다는 말이지.

A: When did you see my boyfriend go out?

B: I'm saying he left an hour ago.

A: 내 남친이 나가는 걸 언제 봤어?

B: 내말은 한 시간전에 나갔다는 말야.

 # I'm just saying it's dangerous

just가 들어간 I'm just saying that S+V는 별뜻은 없고 "단지 …을 말하려는 것이야"라는 의미를 갖는 표현이다.

- ▶ **I'm just saying (that)** 내말은 단지 …라는거야

I'm just saying there's two killers out there.
내말은 단지 지금 밖에 두명의 킬러가 있다는거야.

I'm just saying she's not gonna break up with Jim.
내말은 단지 걔가 짐과 헤어지지 않을거란 말이야.

I'm just saying he didn't do this.
내말은 그냥 걔가 이렇게 하지 않았다는 말이야.

A: Are you sure we can't go to a ski resort?

B: I'm just saying we don't have much money.

A: 우리 스키리조트에 못가는게 확실해?

B: 내말은 단지 우리가 돈이 충분하지 않다는 말이야.

Are you telling me ~?

…라고 말하는거야?

Are you saying~과 같은 맥락으로 상대방이 좀 예상못한 말을 하거나 기대에 못미치는 말을 했을 때 급실망하면서 혹은 예상 못한 일에 놀라면서 상대방의 말을 반복하면서 할 수 있는 말이다. Are you telling me that S+V?의 형태로 쓰거나 혹은 Are you telling me to~?라고 쓸 수 있다.

Point

- ■ **Are you telling me that~ ?** …라고 말하는거야?
- ■ **Are you telling me to~ ?** …하라고 말하는거야?

Are you telling me that you're in love?
네가 사랑에 빠졌다고 말하는거야?

So are you telling me you're not done?
그럼 네가 아직 끝내지 못했다고 말하는거야?

Are you telling me those are real?
저것들이 진짜라고 말하는거야?

Are you telling me you don't remember at all.
너 전혀 기억을 못한다고 말하는거야?

Are you telling me that I might inherit $100 million?
내가 100만 달러를 유산으로 받을지도 모른다고 말하는거야?

A: The detective said that Marlene wasn't with her husband.

B: Are you telling me that she was cheating on him?

A: 형사는 마를렌이 남편과 같이 있지 않았다고 말했어.

B: 걔가 바람을 피웠다고 말하는거야?

A: The ice storm has caused many crashes on the highway.

B: Are you telling me to stay at home?

A: 폭풍우 때문에 고속도로에서 많은 충돌사고가 났어.

B: 집에 있으라고 말하는거야?

You're telling me this little girl is now one of our unsubs?

평서문 형태로 You're telling me~? 하게 되면 "…란 말이지?"라는 문장이 된다.

Point

▶ **You're telling me sth~?** …을 말하는거지?
▶ **You're telling me that S+V?** …라고 말하는거야?

You're telling me this on the day I'm put in a men's prison?
내가 감옥에 갇히는 날 이걸 내게 말하는거야?

You're telling me this bastard took pictures of my daughter?
이 망할놈이 내 딸을 사진찍었다고 말하는거야?

So you're telling me this little girl is now one of our unsubs?
그래 이 작은 여자애가 우리가 찾는 미확인범죄자 중 한명이라는거야?

A: Your grandfather was in an accident this morning.

B: You're telling me that he's in the hospital?

A: 네 할아버지가 오늘아침 사고를 당하셨어.

B: 지금 병원에 계시다고 말하는거야?

Now **you're telling me to** get involved

You're telling me to~는 "너 지금 나보고 …하라는 말이야?"라는 말로 약간의 놀라움이 섞여있는 문장이다. 평서문일 경우에는 "나보고 …하라고 한거야"가 된다. 억양에 따라 의미구분을 해야 한다.

Point

▸ **You're telling me to~ ?** 나보고 …하라는 말이야?

▸ **You're telling me not to~?** 나보고 …하지 말라구?, 지금 …안하게 생겼어?

Now you're telling me to get involved.
지금 나보고 개입하라고 말하는거지.

You're telling me to shut up?
나보고 입닥치라는 말이야?

And now you're telling me to back down?
이제와서 나보고 물러서라고 말하는거야?

A: Look, Missy is upset that you keep calling her.

B: You're telling me not to contact her anymore?

A: 저기, 미시는 네가 계속 전화를 해대서 화가 나있어.

B: 나보고 더이상 걔한테 연락하지 말라는거야?

Why are you telling her they're vitamins?

상대방의 말에 불만을 갖고 하는 문장으로 "왜 너는 …에게 …말을 하는거야?"라고 따지고 설명을 요구하는 당돌한 문구이다.

Point

▸ **Why are you telling sb about~?** 왜 …에게 …대해서 말하는거야?

▸ **Why are you telling sb that[wh~] S+V?** 왜 …에게 …라고 말하는거야?

Why are you telling me about my own culture?
왜 내 문화에 대해서 내게 말하는거야?

Why are you telling her they're vitamins?
왜 걔한테 그게 비타민이라고 말하는거야?

Then why are you telling us what can go wrong?
그럼 너는 왜 우리에게 잘못될 수 있는 것을 말하는거야?

A: What are you telling my boss about my personal life?

B: He asked me if you'd ever been married.

A: 왜 내 사장한테 내 개인사에 대해 말을 하는거야?

B: 네가 결혼한 적이 있냐고 내게 물어봤어.

She was just talking about having sex with you

"단지 …에 대해서 얘기하고 있었다"라고 말할 때 사용하는 구문으로 I was just talking about~, We were just talking about~ 등의 형태로 자주 쓰인다.

Point

▸ **I was just talking about +N[~ing, sb ~ing, how]** 난 단지 …얘기를 하고 있었어

▸ **We were just talking about~** 우리는 단지 …에 대해서 얘기하고 있었어

She was just talking about having sex with you.
걔는 단지 너와 섹스하는거에 대해 얘기를 하고 있었어.

We were just talking about what gift to give her.
우리는 걔한테 무슨 선물을 줄건지에 대해 얘기나누고 있었어.

We were just talking about me not going to Mindy's wedding
우리는 내가 민디의 결혼식에 가지 않는거에 대해 얘기하고 있었어.

A: I think your sister looks great today.

B: We were just talking about her new clothing.

A: 네 누이 오늘 좋아보이는 것 같아.

B: 우리는 걔의 새 옷에 대해 얘기를 나누고 있었어.

That's why ~

바로 그 때문에 …해

That's why~와 That's because~는 서로 구분하기 피곤한 표현. 모든 행동에는 원인과 결과가 있게 마련이다. 이때 결과를 말할 때는 That's why~를 이용하면 되고 반대로 원인을 말하려면 That's because를 이용하면 된다. 예를 들어 음주운전을 해서[원인] 면허증을 빼았겼다[결과]의 경우에서 That's why 다음에 결과인 면허증 빼았긴 사실을 써서 "That's why he's lost his driver's license"라고 하면 된다.

> **Point**
>
> ■ **That's why!** 그게 이유야!
> ■ **That's why S +V** 바로 그 때문에 …해
> ■ **That's not why~** 그 때문에 …한 게 아냐

That's why the cops came and broke up the party?
바로 그 때문에 경찰들이 와서 파티를 끝낸거야?

That's why we're going to help.
바로 그 때문에 우리가 도와주려고 해.

That's why she didn't come, she had to run errands.
바로 그 때문에 걔는 오지 않았어, 심부름을 가야 했어.

You were disappointed, and **that's why** you followed her back to the motel. 넌 실망했고 바로 그 때문에 걔를 모텔까지 따라간거야.

That's not why we bought the ticket.
우리는 그 때문에 표를 산게 아냐.

A: It's nice to have a comfortable place to stay.
B: **That's why** I rented an apartment.
A: 지내기 아주 편한 곳이어서 좋으네.
B: 그 때문에 내가 아파트를 렌트했어.

A: People said that a robbery happened here.
B: **That's not why** the police called me.
A: 여기서 강도사건이 일어났다고들 그래.
B: 그 때문에 경찰이 나를 부른건 아냐.

Is that why you became a chef?

That's why S +V에서 앞부분의 That's why를 Is that why~로 바꾼 의문형. 우리말로 하자면 "바로 그래서 …된거야?"라는 의미가 된다.

> **Point**
>
> ▶ **Is that why S +V?** 그래서 …된거야?

Is that why you bought all this stuff?!
그래서 네가 이 모든 것들을 산거야?!

Is that why you came back, to undo your past wrongs?
그래서 네가 다시 돌아온거야, 과거의 잘못들을 원상태로 돌리기 위해?

Is that why you bought him the new clothes?
그래서 네가 걔한테 새옷을 사준거야?

A: I had to run through a rainstorm to get inside.
B: **Is that why** your hair is such a mess?
A: 폭풍우속을 달려 안으로 들어가야 했어.
B: 그래서 네 머리가 그렇게 엉망이야?

This is why we don't do drugs

That 대신에 This를 쓴 거 외에는 달라진게 없는 것 같은 표현으로 "바로 그래서 …하다"라는 표현이다.

▶ **This is why~** 그래서 …해

▶ **This is not why~** 그래서 …한게 아냐

This is why we don't do drugs.
그래서 우리는 마약을 하지 않아.

This is why we need gun control.
그래서 우리는 총기규제가 필요한거야.

This is not why I busted my ass in med school!
그래서 내가 의대에서 열심히 공부한게 아냐!

A: Some jerk stole my car as I was unloading it.

B: This is why I never leave my keys in my car.

A: 어떤 한심한 놈이 내가 차에서 짐을 내릴 때 차를 훔쳐갔어.

B: 바로 그래서 난 차에 열쇠를 두고 절대 내리지 않아.

Is this why you apologized?

역시 This is why~의 의문형으로, "그런 이유로 해서 …한거야?"라는 뜻이 된다.

▶ **Is this why S+V?** 그래서 …하는거야?

Is this why you apologized?
그래서 네가 사과하는거야?

Is this why I don't have a boyfriend?
그래서 내가 남친이 없는건가?

Is this why they don't like me or why you don't like me?
그래서 걔네들이 날 싫어하는거야 아니면 네가 날 싫어하는거야?

A: There is a rumor that you are unkind.

B: Is this why the girls were so unfriendly toward me?

A: 네가 불친절하다는 소문이 있어.

B: 그래서 여자애들이 내게 쌀쌀맞았나?

Is it why you were late?

That과 This가 쓰였으니 It이 빠질 수 있나…. It's why~는 "바로 그래서 …하다"이고 Is it why~?는 "그래서 …하는거야?"라는 문장이 되는 것이다.

▶ **It's why S+V** 바로 그래서 …하는거야(Is it why S+V? 그래서 …하는거야?)

▶ **It's not why S+V** 바로 그래서 …하지 않는거야

Is it why you were late?
바로 그래서 네가 늦었던거야?

It's why some people don't trust us.
바로 그래서 우리를 못믿는 사람들이 좀 있구나.

It's not why I hired her, but do you know what it is?
바로 그래서 걔를 고용한 것은 아냐, 하지만 그게 뭔지 알아?

A: Robert had to stay late at the office.

B: Is that why he couldn't come tonight?

A: 로버트는 사무실에 늦게까지 있어야 돼.

B: 그래서 걔가 오늘 밤에 오지 못하는 거야?

That's because ~

그건 …때문이야

001

앞서 언급한 음주운전의 예를 다시 들어보자. That's why 다음에는 결과(면허증을 빼앗겼다)를 썼지만 이번에는 반대로 That's because~ 다음에는 어떤 결과를 가져온 '사건의 원인'을 말하면 된다. 즉, That's because+음주운전[원인]을 했다는 사실을 써서 "That's because he drove drunk"이라고 하면 된다.

Point

■ **That's because S+V[원인]** 그건 …때문이야

That's because people are afraid to approach you.
그건 사람들이 네게 다가가기 두려워하기 때문이야.

That's because they kidnapped me.
그건 걔네들이 나를 납치했기 때문이야.

That's because it didn't happen.
그건 그런 일이 일어나지 않았기 때문이야.

Well that's because they didn't know where to look.
저기, 그건 걔네들이 너무 당황했기 때문이야.

That's because we don't test blood for type.
그건 우리들이 혈액형을 테스트 하지 않았기 때문이야.

A: I heard you sold the sports car you had.

B: That was because I had so many problems with it.

A: 너 스포츠카 팔았다며.

B: 차에 문제가 하도 많아서 그런거야.

A: I don't understand why you don't want to have lunch.

B: That's because I just ate an hour ago.

A: 왜 점심을 먹지 않으려고 하는지 모르겠어.

B: 그건 내가 한 시간전에 먹었기 때문이야.

002 Is that because you never leave?

That's because S+V에서 That's를 도치시켜서 의문문으로 만든 문장. 우리말로는 "그건 …때문이야?"라는 의미가 된다.

▶ **Is that because S+V?** 그건 …때문이야?

Is that because you never leave?
그건 네가 절대로 떠나지 않아서야?

Is that because she just found out he's dead or because she got caught?
그건 걔가 그의 사망사실을 알았기 때문이야 아니면 그녀 자신이 체포되어서 그런거야?

Is that because you know that rape is wrong?
그건 네가 강간은 잘못이라는 것을 알고 있기 때문이야?

A: The threesome, and the roleplaying… is that because things get boring?

B: No, we just enjoy our fantasies. Are you married?

A: 쓰리섬, 롤플레잉… 권태로와서 그런건가요?

B: 아뇨, 우린 그냥 팬터지를 즐긴거예요. 결혼하셨어요?

This is because I came

That이 This로 바뀌었을 뿐 의미는 동일하다. This is because는 "이건 …때문이다"라는 말.

> ▸ **This is because~** 이건 …때문이야(This is because of~ 이건 …때문이야)
> ▸ **This is not because~** 이건 …때문이 아냐

This is because I came.
이건 내가 왔기 때문이야.

You think this is because of me?
넌 이게 나 때문이라고 생각해?

This is because I hit you, isn't it?
이건 내가 너를 때렸기 때문이지, 그렇지 않아?

A: A huge pool of water flooded the highway.

B: This was because of the big rainstorm this afternoon.

A: 엄청난 양의 물이 고속도로를 범람했어.
B: 이건 오늘 오후에 내린 대형 폭풍우 때문이야.

Is this because I'm gay?

This is because~를 의문문으로 만든 경우. "이건 …때문인거야?"라고 원인을 물어보고 확인하는 문장.

> ▸ **Is this because~ ?** 이건 …때문이야?, 이건 …해서 그러는거야?
> ▸ **Is this because of~ ?** 이건 …때문이야?

Is this because of our condoms?
이건 우리 콘돔 때문인거야?

Is this because I'm gay?
이건 내가 게이이기 때문이야?

Wait, wait, is this because I didn't want to go shopping with mom?
잠깐, 이건 내가 엄마랑 쇼핑을 안간다고 해서 그러는거야?

A: I am furious at Hank. I don't want to see him.

B: Is this because he forgot your birthday?

A: 행크에게 너무 화가 나. 난 걔를 보고 싶지 않아.
B: 걔가 네 생일을 깜박해서 그러는거야?

It's because I trust you

It's why~에서 보듯 That's because~의 경우에도 that이나 this를 대신에 it를 쓴 It's because가 많이 눈에 띈다.

> ▸ **It's because S+V** 그건 …때문이야 (Is it because S+V? 그건 …때문이야?)
> ▸ **It's not because S+V** 그건 …때문이 아냐

It's because I trust you.
그건 내가 널 믿어서지.

If it didn't work it's because you didn't tell it right!
그게 효과가 없었다면 그건 네가 제대로 이야기를 못해서지!

Is it because Chris never threw you a surprise party?
그건 크리스가 너를 위해 깜짝파티를 열어주지 않았기 때문이야?

A: Why didn't you go on a date with Brady?

B: It's because he gave me a creepy feeling.

A: 왜 브래디와 데이트를 하지 않은거야?
B: 그건 걔가 으스스한 느낌을 내게 주었기 때문이야.

That's what~
그게 바로 …야

PATTERN 001

That's what S+V~은 …하는 것이 바로 that이라는 의미로 "바로 그게 내가 …하는 거야"라는 뜻이다. 뭔가 강조할 때 쓰는 구문으로 더 강조하려면 That's exactly what~하면 되고 부정으로 하려면 That's not S+V라 하면 된다. "그게 바로 내가 원하는거야"라고 하려면 That's exactly what I want, 그리고 "그게 바로 내가 하는 말이야"는 That's what I said, 반대로 "내 말은 그런게 아냐"는 That's not what I said라고 하면 된다.

> **Point**
> - **That's what S+V** 그게 바로 …야
> - **That's exactly what S+V** 그게 바로 …야
> - **That's not what S+V** …가 …한 것은 그게 아냐

That's what everyone says.
그게 바로 모든 사람들이 말하는거야.

That's what I'd like to know.
그게 바로 내가 알고 싶은거야.

That's exactly what I was trying to say.
그게 바로 내가 말하려고 했던거야.

And that's exactly what you want, isn't it, to leave town?
그리고 바로 그게 네가 원하는거지, 그지 않아, 마을을 떠나는거?

That's not what she told me a couple of days ago.
걔가 며칠 전에 내게 말했던 것은 그게 아냐.

A: Apparently there was a large apartment fire downtown.

B: That's what the newsman on TV said.

A: 시내에서 대형 아파트 화재사건이 있었나봐.
B: TV에서 기자가 말한게 바로 그거야.

A: People say that the earth's climate isn't changing.

B: That's not what I read in my textbook.

A: 사람들은 지구의 기온이 변하지 않는다고 말해.
B: 내가 책에서 읽은 것은 그렇지 않던데.

PATTERN 002

Is that what you're so afraid to tell me?

위 문형의 의문형으로 우리말로는 "그게 바로 …하는거니?"라는 의미가 된다.

> **Point**
> - **Is that what S+V?** 그게 바로 …하는거야?
> - **Is that what you ~?** 그게 바로 네가 …하는거야?

Oh, please, is that what he told you?
오, 제발, 그게 바로 걔가 너에게 말한거야?

Wow. Is that what it takes to get you into a shower?
와. 그게 바로 네가 샤워하는데 필요한거야?

Is that what you're so afraid to tell me? That you cheated on me?
그게 바로 네가 내게 말하기가 두려운거야? 날두고 바람피운거?

A: It's dangerous to walk alone at night.

B: Is that what your sister told you?

A: 밤에 홀로 걸어다니는 것은 위험해.
B: 그게 바로 네 누이가 말한거야?

This is what I've been waiting for

앞의 구문과 같은 구문으로 That이 This로 바뀐 것만 빼고는 같은 유형이다. "이게 바로 내가 …하는 거야"라는 의미. 많이 쓰이는 구문이기에 따로 연습해본다. 부정은 This is not what~ 으로 하면 된다.

Point

▶ **This is what S+V** 이게 바로 …하는거야(This is not what S+V 이게 바로 내가 …하지 않는거야)

▶ **Are you sure this is what~ ?** 이게 바로 …라고 확신해?

This isn't a date. This is what we always do.
이건 데이트가 아냐. 이게 바로 우리가 늘상 하는거야.

All right. Karen, this is what I've been waiting for.
좋아. 캐런, 이게 바로 내가 기다려왔던거야.

Are you sure this is what you want to do?
이게 네가 하고 싶어하는거라고 확신해?

A: Look how nice this luxury apartment is.

B: This is what I hope to buy some day.

A: 이 고급아파트가 얼마나 멋진지 봐봐.

B: 이게 바로 내가 언젠가 사기를 바라는 거야.

Is this what you're looking for?

This is what~의 의문형으로 Is this what S+V하게 되면 "…하는게 바로 이거야?," "바로 이게 …하는거야?"라는 의미의 문장이 된다.

Point

▶ **Is this what S+V?** 바로 이게 …하는거야?

▶ **Is this what+V?** 바로 이게 …한거야?

Is this what you're looking for?
이게 바로 네가 찾고 있는거야?

Is this what you were talking about, Nick?
닉, 이게 바로 네가 말하던거야?

Is this what caused the tumor?
이게 바로 종양을 유발한거야?

A: Is this what Sally bought us to eat?

B: Yes. You should try it. It's delicious.

A: 이게 바로 샐리가 우리보고 먹으라고 사준거야?

B: 어. 먹어봐. 맛있어.

Is it what we thought it would be?

여기서도 It은 빠지지 않는다. That, This 의 다음 순서인 It을 써서 It's what~의 형태로 연습해본다.

Point

▶ **It's what S+V** 그게 바로 …하는거야(It's not what S+V 그건 …하지 않는거야)

▶ **Is it what S+V?** 바로 이게 …하는거야?

It's what he says he wants.
그게 바로 걔가 원한다고 말하는거야.

It's not what you guys think.
그건 너희들이 생각하는거와는 달라.

Oh, well, is it what we thought it would be?
오, 그래, 이게 바로 우리가 생각했던 대로야?

A: How did you end up being in school for dentistry?

B: It's what my parents wanted me to study.

A: 어떻게 치대에 들어오게 된거야?

B: 그게 바로 부모님이 내가 공부하기를 바라던 거여서.

That's how~

그렇게 해서 …했어

001

That's how S+V는 "바로 그렇게 해서 …했다"라는 미드필수공식패턴이다. That is how it's done하게 되면 "저건 저렇게 하는 거야"라는 뜻이 되고 That's how it works는 "저렇게 돌아가는거야"라는 의미가 된다.

> **Point**
> ■ **That's how S+V** 그렇게 해서 …했어

That's how I raised my kids.
그렇게 해서 난 아이들을 양육했어.

Apparently **that's how** it works.
분명히 저렇게 돌아가는거야.

She cheated on me. **That's how** it ended.
걔가 부정을 저질렀어. 그렇해서 끝나게 됐어.

That's how Sam lost her virginity to Chris.
그렇게 해서 샘이 크리스에게 순결을 잃었어.

That's how she came to start an affair with her teenage gardener.
그렇게 해서 걔는 십대 정원사와 바람을 피우기 시작하게 되었어.

That's how important she is to me.
그게 바로 그녀가 나에게 얼마나 중요한거야.

A: People on Wall Street make tons of money.
B: **That's how** I decided to become a stockbroker.

A: 월가 사람들은 엄청 많은 돈을 벌어.
B: 그래서 내가 주식중개인이 되기로 결심했어.

A: The train system in Europe is very efficient.
B: **That's how** we got to Switzerland.

A: 유럽의 기차시스템은 매우 효율적이야.
B: 그렇게 해서 우리는 스위스에 도착했어.

That's not how it works

002

부정문 That's not how S+V의 경우에는 상대방이 알고 있는 틀린 정보를 바로 잡아주거나 혹은 제대로 된 노하우를 알려줄 때 좋은 표현.

> **Point**
> ▶ **That's not how S+V~** 그렇게 …하는 것이 아니야, 그렇게 하면 안돼
> ▶ **Please tell me that's not how S+V** 그렇게 …한 것은 아니겠지

That's not how she raised us.
그렇게 해서 그녀가 우리를 기른 것은 아니야.

That's not how it works.
그렇게 해서 돌아가는게 아냐.

Please tell me **that's not how** you train your dog.
그렇게 네 개를 훈련시킨 것은 아니라고 말해줘.

A: It's nighttime. Did you just get out of bed?
B: Yes, but **that's not how** I planned to spend the day.

A: 밤이야. 지금 침대에서 일어난거야?
B: 어, 이렇게 하루를 보내려고 한 게 아닌데.

003 **Is that how** you felt when you turned thirty?

이번에는 That's how~의 의문형으로 Is that how S+V?하게 되면 "그렇게 해서 …하는 것이야?"라는 뜻이 된다.

▸ **Is that how S+V?** 그렇게 …하는거야?

Is that how you practice law?
너 그런 식으로 변호사일을 하고 있는거야?

Is that how you felt when you turned thirty?
네가 30이 되었을 때 느낌이 그랬어?

Is that how you kiss your friends?
넌 그런 식으로 친구들에게 키스를 해?

A: Ryan searched the park for hours.

B: **Is that how** he found his lost cell phone?

A: 라이언이 몇시간 동안 공원을 뒤졌어.

B: 그렇게 해서 잃어버린 핸드폰을 찾은 거야?

---

 004 **This is how** I deal with things

how가 that하고만 어울리는 것은 아니다. This하고도 어울려 This is how, This is not how, Is this how~? 등의 문장들을 만들어낸다.

▸ **This is how S+V** 바로 이렇게 …했어(This is not how S+V 바로 이렇게 해서 …하지 않았어)
▸ **Is this how S+V?** 이렇게 …하는거야?

This is how I deal with things.
난 이런 식으로 일들을 처리해.

This is how children distinguish between good and evil.
이런 식으로 아이들은 선과 악을 구분해.

This is how I eliminate you as a suspect.
이런 식으로 너를 용의선상에서 제외하는거야.

A: So you sent cops out to all of the bad neighborhoods?

B: **This is how** we stopped the crime wave.

A: 그래서 넌 안좋은 동네에 모두 경찰을 보낸거야?

B: 이렇게 해서 우리는 범죄의 급증을 막 았어.

---

 005 **It's how** he got into my place to rape me

이번에는 how가 It과 어울린 경우. 역시 마찬가지로 It's how~, It's not how~ 등의 문장형태를 만든다.

▸ **It's how S+V** 바로 그렇게 …했어
▸ **It's not how S+V** 바로 그렇게 해서 …하지 않았어

It's how I'm trying this one. Are you ready ?
바로 그렇게 나는 이것을 하고 있어. 너 준비됐어?

It's how I work out puzzles they give me.
바로 그렇게 해서 네가 준 퍼즐을 풀고 있어.

It's how he got into my place to rape me.
바로 그렇게 해서 걔가 우리집으로 들어와 날 강간했어.

A: Dad, did you go to church when you were young?

B: **It's how** I met your mother.

A: 아빠, 어렸을 때 교회다녔어?

B: 그렇게 해서 네 엄마를 만났지.

That is (not) when ~
바로 그때 …한거야, …한게 바로 그때야

PATTERN
001

That's what~과 This is what~을 배웠지만 This[That] is 다음에 what만 오는 것은 아니다. 장소를 언급하거나 시간 그리고 방법 등을 언급할 때는 This[That] is where[when, how S+V]처럼 의문사를 바꾸어 가면서 다양하게 말을 해볼 수 있다.

Point

- **That's when S+V** 바로 그때 …한 것이야, …한 게 바로 그때야
- **This is when S+V** 지금은 …한 때야
- **It is when S+V** 바로 그때 …한거야

So that's when you called the lawyer?
그래 바로 그때 네가 변호사를 불렀던거야?

That's when Lieutenant Mayne broke his leg.
바로 그때 메인 소위의 다리가 부러졌어.

This is when we're getting married.
지금은 우리가 결혼을 하는 때야.

This is when they really get scared.
지금은 걔네들이 정말 두려워하는 때야.

It's when the music stops and the lights come up
바로 그때 음악이 멈추고 불이 켜지는거야.

A: I heard you called Mindy after your semester ended.
B: That's when she decided to come see me.

A: 넌 학기끝난 후 민디에게 전화했다며.
B: 그때가 민디가 날 와서 보기로 결정했을 때야.

A: No one is walking around on the street outside.
B: This is when people eat dinner.

A: 아무도 밖에 거리를 다니지 않네.
B: 지금은 사람들이 저녁을 먹을 때야.

PATTERN
002

Is that when you gave her the gun?

대명사를 바꿔가면서 when과 결합시켜 의문형으로 만들어보는 시간.

Point

▶ **Is that when S+V?** 바로 그때 …한거야?
▶ **Is it when S+V?** 바로 그때 …한거야?

Is that when you messed with her tire?
바로 그때 네가 걔 타이어에 장난친거야?

Is that when you gave her the gun?
바로 그때 네가 걔한테 총을 준거야?

Or is it when you torture?
아니면 네가 고문을 할 때였나?

A: Carol and Sam spent the whole week fighting.
B: Is that when they decided to divorce?

A: 캐롤과 샘은 한주내내 싸우면서 보냈어.
B: 걔네들이 이혼하기로 한게 바로 그때야?

That's **not where** I was going

이번에는 where과 어울리는 시간인데, 특히 where의 경우는 물리적인 장소를 뜻하기도 하지만, 추상적인 장소까지 언급한다는 점에서 다른 의문사보다 더 상상력이 요구된다.

Point

▶ **That's (not) where** S+V   바로 거기가 …한거야, 바로 거기가 …한게 아니야
▶ **This is (not) where** S+V   여기가 …하는 곳이야, 여기가 …하는 곳이 아니야

That's where you're wrong, my friend.
친구야, 네가 틀린 부분이 바로 거기야.

No, no, that's not where I was going.
아니, 아니, 내가 말하려는 건 그게 아니야.

This is where two men grabbed me from behind and raped me.
두 남자가 뒤에서 나를 움켜잡고 강간을 한 곳이 바로 여기야.

A: I heard the O'Neil's really like Florida.

B: That's not where they decided to have a vacation.

A: 오닐이 정말로 플로리다를 좋아한다며.
B: 걔네들이 휴가가로 한 곳은 거기가 아냐.

Is this where I'm supposed to feel sorry for you?

앞의 문형을 의문문으로 만들어보는 자리. Is that where S+V?와 Is this where S+V?정도만 잘 알아둬도 된다.

Point

▶ **Is that where** S+V?   바로 저기서 …하는거야?
▶ **Is this where** S+V?   바로 여기서 …하는거야?

Miranda, is that where he touched you?
미란다야, 바로 저기서 걔가 널 만진거야?

Is this where Richard takes the pictures of you?
리차드가 너의 사진을 찍는 곳이 바로 여기야?

Is this where I'm supposed to feel sorry for you?
이쯤에서 내가 너한테 미안하다고 해야 되는건가?

A: We visited the zoo many years ago.

B: Is that where we saw the wild animals?

A: 우리는 수년 전에 동물원을 방문했어.
B: 우리가 거기서 우리 야생동물을 봤던가?

Is that who Chris Suh is?

마지막으로 의문사 who를 이용한 표현들. 특히 많이 쓰이는 That's who~, Is that who~? 정도는 익혀두기로 한다.

Point

▶ **That's (not) who~**   그게 바로 …지, 그게 바로 …가 아니지
▶ **Is that who~?**   저 사람이 바로 …하는거야?

That's not who I am, so I want you to know that I'm sorry.
그게 내 진정한 모습이 아냐, 내가 미안하다는 걸 알아줘.

Is that who Chris Suh is?
크리스 서라는 사람 원래 그래요?

Is that who you're protecting?
바로 저 사람이 네가 보호하는 사람야?

A: Mr. Swanson says that Ray is getting promoted.

B: Is that who he chose to be his partner?

A: 스완슨 씨는 레이가 승진할 거라고 하셔.
B: 스완슨 씨가 자기 파트너로 선택한 사람이 바로 그 사람야?

There's no reason to~
…할 이유가 없어

PATTERN 001

"…할 이유가 전혀 없다"라는 말로 상대방의 행동이 비이성적이고 불합리하기 때문에 그렇게 행동하지 말라고 조언하는 문장이다.

Point

- **There's no reason to~** …할 이유가 없어
- **There is no reason for sb to~** …가 …할 이유가 없어
- **There's no reason to believe that~** …을 믿을 이유가 없어
- **There's no reason wh[that]~** …할 이유가 없어

There's no reason to be happy. Things are awful.
기뻐할 이유가 없어. 상황은 끔찍해.

There's no reason to be ashamed. It's normal. Healthy, even.
부끄러워할 필요 없어. 정상이고 건강하다는 증거야.

There's no reason for both of us to risk our careers.
우리 둘다 우리 직업을 위태롭게 할 필요는 없어.

There's no reason I can see for his creeping paralysis.
그가 마비된 원인을 찾을 수 없어.

There's no reason to believe that this woman is dangerous.
이 여자가 위험하다는 걸 믿을 이유가 없어.

A: We might be late getting to the train station.
B: There's no reason to worry about it.

A: 기차역에 늦게 도착할 수도 있겠어.
B: 걱정할 필요 없어.

A: The necklace was missing after Sarah visited.
B: There's no reason to believe that she stole it.

A: 새러가 다녀간 후에 목걸이가 없어졌어.
B: 걔가 훔쳤다고 믿을 이유가 없잖아.

PATTERN 002

And **there's a reason that** I came in

반면 no를 a로 바꿔 there's a reason~하게 되면 "…할 이유가 있다"라는 말로 주로 뒤에는 that S+V절이나 의문사절이 뒤따른다.

Point

▶ **There's a reason that[why]~** …하는 이유가 있어, 왜 …인지 이유가 있어
▶ **Is there a reason that[why] S+V?** [왜] …한 이유가 있어?

There's a reason why a lot of this stuff goes unclaimed.
이 많은 물건들의 주인이 나타나지 않는데는 이유가 있어.

Is there a reason you're here?
네가 여기 온 이유라도 있어?

Is there a reason you're harassing my client?
네가 내 의뢰인을 괴롭히는 이유가 있어?

A: It's a beautiful day to go walking outside.
B: There's a reason why people love summertime.

A: 밖에서 산보하기 참 좋은 날이야.
B: 사람들이 여름을 왜 좋아하는지 이유가 있어.

Is there any reason why Nick would carry a rifle?

Is there a reason~?은 상대방의 행동에 무슨 이유가 있는지 물어보는 것이고, Is there any reason~?은 그럴 필요가 없는 꼭 그래야 하는 특별한 이유가 있는지 확인할 때 쓰는 문장이다.

Point
> **Is there any reason to~ ?** …할 무슨 이유라도 있어?
> **Is there any reason why~ ?** 왜 …하는 무슨 이유라도 있어?

Is there any reason why Nick would carry a rifle?
닉이 왜 소총을 갖고 다니려는지 뭐 특별한 이유가 있어?

Is there any reason why someone would want to hurt you?
누군가 당신을 해치려는 무슨 이유라도 있나요?

Is there any reason why he might have wanted to come after you?
그가 당신을 뒤쫓을 만한 어떤 이유가 있나요?

A: Is there any reason why we can't leave?
B: Yes, I promised we'd stay here until midnight.

A: 우리가 못떠나는 무슨 이유라도 있어?
B: 어, 자정까지 여기 남아있겠다고 약속했거든.

It's one of the reasons I fell in love with her

"내가 걔한테 사랑에 빠진 것은 그런 이유들 중의 하나이다." 즉 좀 더 부드럽게 옮겨보자면 "그런 이유들 중의 하나로 난 사랑에 빠졌어," 혹은 "그런 점들 때문에 …하다"라고 이해해도 된다.

Point
> **That's one of the reasons S+V~** 그런 점들 때문에 …해

That's one of the reasons I fell for her in the first place.
그런 점 때문에 난 첫눈에 그녀와 사랑에 빠졌어.

That's one of the reasons it'll be interesting.
그런 점들 때문에 그게 흥미로울거야.

It was one of the reasons he was in Frankfurt.
그런 점들 때문에 걔는 프랑크푸르트에 있었던거야.

A: Tom said his stomach was feeling sick.
B: That's one of the reasons he stayed home today.

A: 탐은 속이 토할 것 같다고 말했어.
B: 그건 그가 오늘 집에서 지냈던 이유중 하나야.

Mike, **I'm part of the reason** things got so screwed up

이 표현에서 part of는 (원인 중의) 일부를, the reason는 '…의 이유'를 가리킨다. 참고로 Part of the reason for this is that ~은 One of the reasons for this is that ~으로 바꾸어 쓸 수 있다.

Point
> **Part of the reason(for this) is that~** (이에 대한) 이유 중의 하나는 …야
> **I'm part of the reason S+V~** 내가 …한 이유 중의 일부야
> **It's part of the reason S+V~** 그게 …한 이유 중 일부야

Part of the reason for this is they received bad publicity.
이것에 대한 이유 중에는 그 사람들의 평판이 좋지 않았다는 것도 있어.

Part of the reason for this is that we spent too much money.
이에 대한 이유 중에는 우리가 돈을 너무나 많이 썼다는 것도 있어.

It's part of the reason I stepped down.
그게 내가 물러난 이유 중의 하나야.

A: Lillian was not accepted into medical school.
B: Part of the reason is she failed the entrance exam.

A: 릴리안은 의대에 떨어졌어.
B: 입학시험에 떨어지게 그 이유 중의 하나야.

What makes you~?

왜 …라고 생각하는거야?

직역하면 "무엇(What)이 너(you)로 하여금 …하게 만들었니?"로 결국 형식은 What으로 시작했지만 내용은 이유를 묻는 말인 Why do you+V?(왜 …하는 거야?)와 같은 의미가 된다. 같은 형식으로 What brings you to+장소?라는 표현이 자주 쓰이는데 이는 무엇이 너를 …에 오게 했느냐?, 즉 "뭐 때문에 여기에 왔느냐?"라는 말. 두 표현 모두 과거형인 What made you+V~?, What brought you+장소?로도 쓰인다.

Point

- **What makes you think ~?** 왜 …라고 생각하는거야?(Why do you think~?)
- **What made you think~?** 왜 …였다고 생각하는거야?

What makes you think he'll come here?
넌 왜 걔가 여기에 올거라 생각하는거야?

What makes you think it's gonna be any different for us?
넌 왜 그게 우리에게는 다를거라고 생각하는거야?

What makes you think he's gonna listen to you?
넌 왜 걔가 네 얘기를 들을거라 생각하는거야?

What makes you think it's a tumor?
넌 왜 그게 종양이라고 생각하는거야?

What makes you think he wants to be discharged?
넌 왜 저 사람이 퇴원하고 싶어 한다고 생각하는거야?

A: What makes you think we need a new car?

B: This one has broken down twice this year.

A: 넌 왜 우리에게 새 차가 필요하다고 생각하는거야?

B: 이 차는 금년에 두번이나 고장났잖아.

A: What makes you think you can skip class?

B: I do it all the time and the teacher doesn't care.

A: 넌 왜 땡땡이를 칠 수 있다고 생각해?

B: 난 항상 그러는데 선생님은 신경도 안써.

What makes you so sure I don't have talent?

What makes~으로 시작하는 또하나의 인기표현으로는 'make sb adj' 구문을 활용한 What makes you so sure S+V이다. S+V라는 사실을 무슨 근거로 그렇게 확신하는지 물어보는 표현이다.

Point

▶ **What make you so sure S+V?** …을 어떻게 그렇게 확신해?

What makes you so sure I don't have talent?
내가 재능없다고 어떻게 그렇게 확신해?

What makes you sure Katie is still in the building?
케이티가 아직도 건물 안에 있다고 어떻게 확신해?

What made you so sure it was lymphoma?
그게 림프종이라는 것을 어떻게 그렇게 확신했어?

A: I saved all of these foreign stamps for Ted.

B: What makes you so sure Ted collects stamps?

A: 난 테드주려고 이 모든 외국우표를 모았어.

B: 테드가 우표수집한다는 것을 어떻게 확신했어?

003 ## What makes you assume it's me?

다시 What makes you~ 다음에 동사가 오는 구문인데 이번에는 think 외 다른 동사들이 오는 경우를 살펴본다.

> ▸ **What makes you +V ?** 왜 …하는거야?

Oh, yeah? What makes you say that?
어, 그래? 왜 그렇게 말하는거야?

What makes you assume it's me?
왜 그게 나라고 추정하는거야?

When you're talking, what makes you feel like an expert?
네가 얘기할 때, 너는 왜 전문가처럼 느끼는거야?

A: What makes you read so many books?

B: I want to learn about different things.

A: 왜 그렇게 많은 책을 읽는거야?
B: 다양한 것들을 배우고 싶어서.

---

004 ## What made you change your mind?

이번에는 과거형인 What made you +V? 그리고 What made you +adj? 등의 문장들을 만들어본다.

> ▸ **What made you[sb] +V?** 왜 …가 …한거야?, 뭣때문에 …한거야?
> ▸ **What made you[sb] +adj?** 왜 …가 …하는거였어?

What made you change your mind?
뭣 때문에 마음을 바꾼거야?

I want to know what made her so sick.
걔가 왜 그렇게 아픈지 알고 싶어.

The question is, what made him turn violent?
문제는 말야. 걔가 뭣 때문에 폭력적으로 변했냐야.

A: What made that lady jump off the bridge?

B: Her friends say she was very depressed.

A: 뭣 때문에 저 부인이 다리에서 뛰어내렸을까?
B: 친구들이 그러는데 매우 우울했대.

---

005 ## Priya, what brings you back to LA?

What makes~와 비슷한 구문으로 What brings~는 상대방에게 어떤 장소에 온 목적이나 이유를 물어보는 표현이다. "여기는 어떤 일이야?"라는 말로 you 다음에는 장소부사나 to+장소명사를 붙이면 된다.

> ▸ **What brings you to +장소명사?** …에는 어떤 일이야?, …에는 무슨 일이야?
> ▸ **What brings you back to~?** 어떤 일로 …에는 다시 온거야?

What brings you over the bridge at this time of night?
이 야심한 시간에 다리에는 무슨 일로 온거야?

Priya, what brings you back to LA?
프리야, 어떤 일로 LA에 다시 온거야?

So Mindy, what brings you all the way from Texas?
그래 민디야, 어떤 일로 텍사스에서 여기까지 온거야?

A: What brings you to our house?

B: I was in the neighborhood and wanted to see you guys.

A: 우리 집에는 어떤 일이야?
B: 근처왔다가 너희들이 보고 싶어져서.

Don't you know~?
…을 몰라?

001

상대방에게 "…을 모르고 있어?"라고 물어보는 것으로 주로 그것도 모르고 있냐는 놀라움과 핀잔, 비난의 감정이 섞여있는 구문이다.

Point

- **Don't you know sth?** …을 몰라?
- **Don't you know about~?** …에 대해서 모르고 있어?
- **Don't you know that S+V?** …을 몰랐단 말이야?
- **Don't you know what[how]~?** …을 몰라?

Don't you know the difference between a harmless prank and assault?
악의없는 장난과 폭행의 차이점을 모른단말야?

Don't you know it yet? You love me, Penny.
아직도 모르겠어? 페니야, 넌 날 사랑해.

So what? Don't you know what this means?
그래 어쩌라고? 넌 그게 무얼 의미하는지 몰라?

Don't you know how much your mother loves you?
네 엄마가 널 얼마나 사랑하는지 몰라?

Don't you know that gray hair can be very attractive?
하얀 머리가 매력적일 수 있다는 것을 모르고 있었어?

A: What is the best way to treat the cold I caught?
B: Don't you know about using vitamin C?

A: 내가 걸린 감기를 치료하는 가장 좋은 방법이 뭐야?
B: 비타민 C를 이용하는거 몰라?

A: I haven't heard from Blaine since he was arrested.
B: Don't you know that he was sent to jail?

A: 블레인이 체포된 후에 소식을 못들어 봤어.
B: 걔 감방에 들어간거 몰랐어?

---

002 **Don't you see what** just happened?

know 대신에 see를 쓴 표현으로 의미는 마찬가지로 "…가 안보여?," 즉 "…을 모르겠어?"라는 문장이 된다.

Point

▶ **Don't you see sth?** …을 몰라?
▶ **Don't you see that[what, how]~?** …을 모르겠어?

Generous? Don't you see the strings attached?
끝내준다고? 조건들이 붙어있는걸 모르겠어?

Don't you two see what he is doing? He's trying to get you on his side. 너희 둘은 걔가 뭐하는지 모르겠어? 걘 너희들을 자기편으로 만들려고 하고 있어.

Don't you see that I have to do something?
내가 뭔가 해야 된다는 것을 모르겠어?

A: I bought Rachel an expensive diamond necklace.
B: Don't you see that she is just using you?

A: 레이첼에게 비싼 다이아몬드 목걸이를 사줬어.
B: 걔가 널 이용하는 걸 모르겠어?

Don't you want to know why he did it?

좀 낯설어보이는 구문이지만 Do you want to~?(…을 하고 싶어?)를 부정으로 바꾼거 밖에는 없는 문장이다. 우리말로는 "…하고 싶지 않아?"라는 말로 무척 많이 쓰이는 패턴이다.

> **Point**
> ▶ **Don't you want to~?** …하고 싶지 않아?
> ▶ **Don't you want sb to~?** …가 …하기를 원치 않아?

But don't you want to know why he did it?
하지만 왜 걔가 그랬는지 알고 싶지 않아?

Don't you want to discuss your feelings about your marriage?
결혼에 대한 네 감정을 얘기하고 싶지 않아?

Then don't you want us to catch who killed him?
그럼 우리가 걔를 살해한 놈을 잡는 걸 원치 않아?

A: There's no way I'll ever join a gym.

B: Don't you want to lose some extra weight?

A: 내가 헬스클럽에 가입하는 일은 절대 없을거야.

B: 찐 살 좀 빼고 싶지 않아?

 Don't you think it's time you went home?!

Don't으로 시작하는 의문문에서 Don't you think~를 빼면 섭섭…. "…라고 생각되지 않아?"라는 질문같지만 실은 자기 생각을 강조해서 전달할 때 주로 많이 사용된다.

> **Point**
> ▶ **Don't you think it's better if~ ?** …라면 그게 더 낫다고 생각하지 않아?
> ▶ **Don't you think it's time S+V~?** …할 때라고 생각되지 않아?

But don't you think that's a little extreme?
하지만 그거 좀 심하다고 생각하지 않아?

Don't you think that was a little harsh?
그거 좀 가혹했다고 생각하지 않아?

Don't you think the three of us hanging out would be weird?
우리 세명이 어울려다니는게 좀 이상할거라 생각되지 않아?

A: Let's just stop and we'll finish in the morning.

B: Don't you think it's better if this work is finished first?

A: 그만 하자, 내일 아침이면 끝날거야.

B: 이 일을 먼저 끝내는게 더 낫다고 생각하지 않아?

 Don't you think you should go find out?

Don't you think 다음에 you나 I가 오는 경우로, 의미는 마찬가지로 자기 주장을 역설하는 방법이다.

> **Point**
> ▶ **Don't you think you~?** 너 …라 생각하지 않아?
> ▶ **Don't you think I ~?** 너 내가 …라 생각하지 않아?

Don't you think I know why you're here?
네가 여기 왜 왔는지 내가 알거라 생각하지 않아?

Don't you think you may be going a little far with this?
너 이거 좀 너무 지나친것 일 수도 있다고 생각하지 않아?

Sheila, don't you think you should get rid of that?
쉴라야, 너 그걸 없애야 된다고 생각하지 않아?

A: I can arrange the whole project by myself.

B: Don't you think you need some help?

A: 난 혼자서 그 프로젝트 전체를 준비할 수 있어.

B: 네가 도움이 필요하다고 생각하지 않아?

I have to admit that ~

…라는 사실을 인정할 수밖에 없어

001

자신의 생각이나 주장과는 다르거나 굳이 말하고 싶지 않았던 내용이 사실로 들어났을 때 사용하는 표현으로 (하고 싶지는 않으나) "어쩔 수 없이 …을 인정할 수밖에 없다"는 말이다.

Point

- **I have to admit that S+V** …은 인정해야 돼, 인정할 수 밖에 없어
- **(I) Got to admit~ S+V** …을 인정해야 돼

I have to admit you're the best person for the job.
네가 그 일에 가장 적합한 사람이라는 것을 인정할 수 밖에 없어.

We have to admit that we need help.
우리 도움이 필요하다는 것을 인정해야 돼.

I have to admit I've never had this before.
전에 이걸 먹어본 적이 전혀 없다는 걸 인정해야 되겠네.

Got to admit you're better than I thought.
넌 내가 생각했던거보다 더 나은 사람이라는 걸 인정할게.

I'll be the first to admit I prejudged Nelle, she's a decent person.
넬에게 편견을 가지고 있었다는 걸 내가 제일 먼저 인정할게. 걔는 예의바른 사람이야.

A: Didn't I tell you you'd love going to a spa?

B: I have to admit that you were right.

A: 너 스파 좋아할거라고 내가 말하지 않았어?

B: 네 말이 맞았다는 걸 인정할게.

A: I heard you've become a vegetarian.

B: Got to admit that my health has improved.

A: 채식주의자가 되었다며.

B: 내 건강이 좋아졌다는 것을 인정해야 돼.

002 I hate to admit it, but I wish they were all dead

사실로 받아들이거나 인정하기 싫어하는 화자의 마음이 노골적으로 드러난 문장이다.

Point

▶ **I hate to admit it, but~** 인정하기 싫지만,

I hate to admit it, but I wish they were all dead.
인정하기 싫지만, 난 걔네들이 다 죽었으면 좋겠어.

I hate to admit it, your way of sailing is a lot more fun.
인정하기 싫지만, 네 항해술이 훨씬 재미있어.

I hate to admit it … but I like your theory.
인정하기 싫지만, 네 이론이 좋아.

A: How did you like the cream pie we made?

B: I hate to admit it, but this is very delicious.

A: 우리가 만든 크림파이 어땠어?

B: 인정하기 싫지만 정말 맛있네.

003 ## You have to admit that you're depressed

요리조리 빼는 친구에게 사실로 들어났으니 인정할 것은 인정(acknowledge)하라고 하는 표현. I want you to admit~라고 해도 된다.

 Point

▸ **You have to[gotta] admit S+V** 넌 …을 인정해야 돼, …을 알아줘야 해
▸ **I want you to admit~** 너 …을 인정해

You have to admit that you're depressed.
넌 네가 우울하다는 걸 인정해야 돼.

You gotta admit it sounds kinda strange.
넌 그게 좀 이상하게 들린다는 걸 인정해야 돼.

I want you to admit what you did.
너 네가 한 짓을 인정하라고.

A: People favor Anne because she's attractive.

B: You have to admit she is very good looking.

A: 사람들은 앤이 매력적이라 걔를 좋아해.
B: 걔가 정말 잘 생겼다는 건 알아줘야 해.

---

004 ## You just don't want to admit that I'm right

상대방이 사실임이 드러났음에도 인정하지 않을 때 상대방을 비난할 수 있는 표현.

Point

▸ **You just don't want to admit that S+V** 넌 …을 단지 인정하고 싶지 않은거야

You just don't wanna admit that she skunked you.
넌 걔한테 속았다는 걸 단지 인정하고 싶지 않은거야.

You don't have to admit you did anything with the kid.
네가 그 아이에게 했던 어떤 행위에 대해서도 인정할 필요없어.

You just don't want to admit that I'm right.
넌 내가 옳다는 것을 단지 인정하기 싫은거야.

A: You got lucky when you got a higher grade than me.

B: You just don't want to admit I'm smarter than you.

A: 넌 나보다 성적이 잘 나왔으니 운이 좋은거야.
B: 내가 너보다 더 영리하다는 걸 인정하고 싶지 않은거야.

---

 005 ## He doesn't want to admit he's religious

이번에는 You가 아닌 제 3자가 "…하다는 것을 인정하고 싶어하지 않는다"라고 말할 때 사용하는 표현법. 둘이서 다른 사람 씹을 때 요긴한 패턴이다.

 Point

▸ **sb doesn't want to admit~** 걔는 …을 인정하고 싶어하지 않아

She won't have to admit she's got rats in the home.
걔는 자기 집에 쥐가 있다는 것을 인정하지 않을거야.

She didn't want to admit she had a drinking problem.
걘 자기한테 알콜중독이 있다는 것을 인정하지 않으려 했어.

He doesn't want to admit he's religious.
걘 자기가 신앙심이 깊다는 것을 인정하지 않으려 해.

A: I think Jill caused the problems we are having.

B: Jill doesn't want to admit she screwed everything up.

A: 우리가 직면한 문제들은 질이 초래했다고 생각해.
B: 걘 자기가 모든 일을 망쳤다는 것을 인정하지 않으려 해.

You don't want to ~
…해선 안될 것 같은데

001

우리말 사고방식으로는 선뜻 이해가 가지 않는 표현. You don't want to~는 물론 문맥상 상대방의 의지를 단순히 확인할 때도 있지만 대부분은 상대방에게 충고 혹은 금지를 할 때 쓰는 표현이다. 우리말로는 "…하지 마라," "…하지 않는게 낫다"라는 뜻. You wouldn't want to~와 같은 의미.

> ■ **You don't want to~** …하지 않는게 나아, …하지 마라

You don't want to do this.
넌 이걸 하지 않는게 나아.

You don't want to get the job done. What you want is revenge.
그 일을 마치지 않으려고 하는거지. 네가 원하는건 복수야.

You don't want to throw them away. It's all you have left.
그것들 버리지마라. 그게 남은 전부야.

You don't want to go out like this.
이런 식으로 나가지마.

Please, Tommy. You don't want to hurt her son.
제발 토미. 넌 걔아들을 다치게 하지마.

A: I've been sitting here for the past four hours.

B: You don't want to waste the day watching TV.

A: 지난 네시간 동안 여기에 앉아있었어.
B: TV보면서 하루를 낭비하지 않도록 해.

A: Am I strong enough to finish that race?

B: You don't want to run an entire marathon.

A: 레이스를 완주할 정도로 내가 튼튼할까?
B: 마라톤 풀코스를 달리지는마.

---

002 **You don't want to take off my bra?**

이번에는 You don't want to~?라는 의문문으로 "넌 …을 원하지 않는다고?"라는 뜻. 상대방이 원하고, 혹은 하고 싶어하는 줄 알았는데 그렇지 않다는 반응에 놀라서 반문하는 문장이다.

> ▸ **You don't want to~ ?** …을 원하지 않는다고?

You don't want to take off my bra?
내 브라를 벗기고 싶지 않다고?

You don't want to be a Supervisor?
수퍼바이저가 되고 싶지 않다고?

You don't want to have the surgery?
수술을 받고 싶지 않다고?

A: I decided to turn down the promotion.

B: You don't want to have a lot of money?

A: 난 승진을 거절하기로 했어.
B: 돈을 많이 벌고 싶지 않다고?

You don't want to know how I did that trick?

역시 상대방이 당연히 알고 싶어한다고 생각했는데 그렇지 않다는 것을 알고 나서 놀라고 당황해서 던지는 표현이다. "…을 알고 싶지 않아?"에 해당된다.

Point

▶ **You don't want to know~?** …을 알고 싶지 않아?

You don't want to know how I did that trick?
내가 어떻게 그런 술수를 썼는지 궁금하지 않아?

You don't want to know what happened to me?
내게 무슨 일이 있었는지 알고 싶지 않다고?

You don't want to know how bad that hurts?
그게 얼마나 아팠는지 알고 싶지 않다고?

A: Apparently Diane disappeared over a year ago.

B: You don't want to know what happened to her?

A: 다이앤은 일년 전에 사라진게 분명해.
B: 걔에게 무슨 일이 있었는지 알고 싶지 않아?

You might want to take this seriously

You don't want to~ 와 비슷한 표현으로 You may[might] want to~하게 되면 상대방에게 충고하면서 "…하는 게 좋을거야," "…해봐"라는 의미가 된다.

Point

▶ **You might want to~** …하는게 좋아, …을 해봐
▶ **You may want to~** …하는게 좋아, …을 해봐

You might want to see a doctor about that.
그 문제로 병원에 가보는게 좋겠어.

You might want to take this seriously.
이걸 신중히 받아들이는게 좋겠어.

You may want to have a doughnut and some juice first.
먼저 도너츠하고 쥬스 좀 먹어봐.

A: I have been coughing up blood for a while.

B: You might want to go and see a doctor.

A: 내가 한동안 피를 토했어.
B: 병원에 가보는게 좋겠어.

You don't want me to~

내가 …하는게 싫구나

PATTERN 001

"…하지 마라"라는 뜻의 You don't want to~와 의미상 관련성은 없는 구문이다. 이는 "너는 내가 …하는 것을 바라지 않아"라는 의미로 좀 의역해보자면 "내가 …하는게 싫구나" 정도가 된다.

Point

- **You don't want me to~** 내가 …하는게 싫구나
- **You don't need me to~** 내가 …하는게 필요없구나

You don't want me to move back to Vermont, do you?
넌 내가 버몬트로 돌아가길 바라지 않는구나, 그지?

If you don't want me to come tonight, I totally understand.
내가 오늘 밤에 오지 않길 바란다면, 충분히 이해해.

I'm getting the feeling that you don't want me to meet your friends.
내가 네 친구들을 만나는 걸 싫어한다는 느낌을 받았어.

You don't want me to see him, so I'll leave him alone.
넌 내가 걔를 만나는 걸 싫어하니 내가 걔를 만나지 않을게.

You don't need me to tell you which mask had her DNA.
어떤 마스크에 걔의 DNA가 있는지 내가 말할 필요가 없구나.

A: You don't want me to stick around?
B: I didn't say that.

A: 내가 옆에 있는게 싫구나?
B: 난 그렇게 말하지 않았어.

A: Now you don't want me to do it?
B: Just go to work.

A: 이제는 내가 그렇게 하는게 싫구나?
B: 그냥 가서 일이나 해.

PATTERN 002

You sure you don't want me to do this?

내가 …하는 것을 싫어하는지 확인하는 문장으로 맨앞에 Are가 생략된 것으로 보면 된다.

Point

▸ **You sure you don't want me to~?** 내가 …하는게 싫은게 확실해?

You sure you don't want me to do this?
네가 이렇게 하는게 싫은게 확실해?

You sure you don't want me to talk to her?
내가 걔하고 말하는게 싫은게 확실해?

Are you sure you don't want me to call an ambulance?
내가 앰블런스 부르는걸 원치 않는게 확실해?

A: Are you sure you don't want me to walk you home?
B: Yeah, I'd rather just go alone.

A: 내가 너와 함께 집에까지 같이 걸어가는걸 원치 않는게 확실해?
B: 어, 그냥 혼자서 갈래.

I won't go out with him **if you don't want me to**

조건절로 "내가 …하는 걸 싫어한다면"이라는 뜻이다.

> ▶ **if you don't want me to~** 내가 …하는 걸 싫어한다면, 네가 …을 원하지 않으면

I won't go out with him **if you don't want me to**.
네가 원하지 않으면 걔랑 데이트 하지 않을게.

If you want me to name more names, I could, but you don't want me to do your job for you, do you?
나보고 이름을 더 대라고 하면 그럴 수 있지만 내가 당신 일 하는걸 원치 않잖아, 그지?

A: I'll be very lonely if you go home.

B: If you don't want me to leave, just tell me.

A: 네가 집에 가면 내가 매우 외로울거야.

B: 내가 가는 것을 원치 않으면 그냥 말해.

I don't want you to ever contact me again

내가 싫어하는 것을 상대방에게 단호하게 말하는 부분. 나는 "네가 …하는 것을 원치 않아," "다시는 …하지마라" 등의 의미로 문맥과 상황에 따라서 임기응변해야 한다.

> ▶ **I don't want you to~** 난 네가 …하는 것을 원치 않아, 난 네가 …하지 않기를 바래
> ▶ **We don't want you to~** 우리는 네가 …하는 걸 원치 않아

I don't want you to ever contact me again.
다시는 내게 연락하지마.

I don't want you to get involved in my problem.
네가 내 문제에 연루되는걸 원치 않아.

I don't want you to worry about that right now.
지금 네가 그 일에 대해 걱정하는 걸 원치 않아.

A: That neighborhood has gang member in it.

B: I don't want you to go over there again.

A: 저 동네에는 깡패들이 있어.

B: 다시는 그곳에 가지마라.

Susan doesn't want me to bring him back

주어인 제 3자가 "내가 …하기를 원치 않는다," 즉 "…는 나보고 …하지마래"라는 의미의 표현.

> ▶ **She doesn't want me to~** 걔는 내가 …하는 걸 원치 않아
> ▶ **They didn't want me to~** 걔네들은 내가 …하지 않기를 바랬어

Susan doesn't want me to bring him back.
수잔은 내가 걔를 데려가는 걸 바라지 않아.

He didn't want me to see it until tonight.
걔는 내가 오늘밤까지 그것을 보지 않기를 원해.

You didn't want me to marry the old guy with the great apartment.
넌 내가 큰 아파트를 소유한 노인과 결혼하는걸 원치 않았어.

A: Why did the company give you a big raise?

B: They didn't want me to quit my job.

A: 왜 회사가 급여를 많이 올려준거야?

B: 내가 회사그만두는 걸 원치 않아서야.

What's the point of[in] ~ing?

…해봤자 무슨 소용있어?

PATTERN
001

point가 뭐냐고 단순하게 궁금해서 물어보는 문장이 아니다. 반어적인 문장으로 "…의 의미가 무엇이 있나?," "…의 이유가 무엇인가?," 즉 다시 말해 속뜻은 "그럴 필요가 있느냐?," "그래봤자 무슨 소용있나?"라는 의미이다. What's the point of[in]~ing?리고 쓰면 된다.

Point

■ **What's the point of[in] ~ing ?** …하는게 무슨 이유(필요)가 있어?, 그래봤자 무슨 소용있어?

■ **What's the point of sb ~ing?** …가 …한다는게 무슨 필요가 있어?, …가 …해봤자 무슨 소용있어?

What if I can never defeat Chris Suh, then what's the point of my whole life?
내가 크리스 서를 물리칠 수 없다면, 그럼 내 인생 전부가 무슨 소용이 있겠어?

What's the point of hanging on to it? You're never gonna use it.
그거를 고집하는 이유가 뭐야? 사용하지도 않을거면서.

What's the point in living, without curiosity?
호기심이 없다면 무슨 재미로 살아?

What's the point of us going to live with him?
우리가 걔랑 같이 살아봤자 무슨 소용이 있겠어?

Then what's the point of liking her?
그럼 걔를 좋아해봤자 무슨 소용이야?

A: What's the point of studying science?

B: We have to learn about the world we live in.

A: 과학을 공부해서 무슨 소용이 있어?
B: 우리가 살고 있는 세상에 대해 배워야 돼.

A: The president is arriving at 3 this afternoon.

B: What's the point of him coming here?

A: 사장이 오늘 오후 3시에 도착한대.
B: 사장이 여기 온다고 뭐가 달라지나?

PATTERN
002

What's the point if they're not available

in이나 of 대신에 if절이 와서 "…한다면 무슨 소용이 있겠느냐?"라는 역시 회의적이고 부정적인 구문이다. if 대신에 when이 올 수도 있다.

Point

▶ **What's the point if…?** …한다면 무슨 소용이 있겠어?

▶ **What's the point in ~ing if S+V** …라면 …하는게 무슨 소용이 있어?

▶ **What's the point when~ ?** …라면 무슨 소용이 있어?

What's the point if they're not available?
그것들을 이용할 수 없다면 무슨 소용이 있어?

Well, what's the point if we can never be together?
우리가 평생 함께 할 수 없다면 무슨 의미가 있겠어?

What's the point of success if you can't share it with the people you love? 네가 사랑하는 사람들과 공유할 수 없다면 성공해봤자 무슨 소용이 있겠어?

A: There is a lot of work to be done before the meeting.

B: What's the point if no one helps you?

A: 내일 회의 전까지 끝내야 할 일이 많아.
B: 아무도 널 도와주지 않는다면 무슨 의미가 있어?

What's the use of buying all of this stuff?

What's the point of~와 같은 의미로 of 이하를 해봤자 무슨 소용이 있나?라는, 즉 "그래봤자 아무 소용이 없다"라는 문장.

> ▶ **What's the use of ~?** …해봤자 무슨 소용이 있나?

What's the use of buying all of this stuff?
이 모든 물건들을 사는게 무슨 소용이 있겠어?

What's the use of getting up at 5 a.m.?
새벽 5시에 일어나는게 무슨 소용이 있겠어?

What's the use of exercising every day?
매일 운동하는게 무슨 득이 되겠어?

A: I have to discuss this with my worst enemy.

B: **What's the use of** talking to people you hate?

A: 내가 가장 싫어하는 사람과 이걸 얘기해야 돼.

B: 네가 싫어하는 사람과 얘기해봤자 무슨 소용이 있어?

I guess it's no use asking them to wait up

It's no use crying over spilt milk로 유명한 구문으로 It's no use~ 하게 되면 "…하는 건 아무런 소용이 없다," "이미 물 건너 갔다"라는 의미. 뒤에는 ~ing, to+V, S+V 등이 다양하게 올 수 있다.

> ▶ **It's no use ~ing[to~,S+V]** …하는 건 아무런 소용이 없어
> ▶ **There's no use ~ing** …해봤자 아무 소용없어

There's no use to me sticking around 'til the end of the day!
여기서 죽치고 있어봤자 아무런 소용도 없어.

I guess **it's no use** asking them to wait up.
걔네들한테 기다려달라고 해봤자 아무 소용도 없을거야.

It's no use worrying about the future.
미래에 대해 걱정을 해봤자 아무 소용이 없어.

A: When I get old, I may get cancer or some other disease.

B: **It's no use** worrying about those things.

A: 내가 나이들면, 암이나 다른 병에 걸릴 수도 있어.

B: 그런 것들 걱정해봤자 아무 소용없어.

What good is sitting alone in your room?

그밖에 무슨 소용이 있느냐로 쓰이는 표현으로는 What good(여기서 good은 소용이라는 의미)~이나 What price~ 등이 있다.

> ▶ **What good~ ?** …가 무슨 소용일까?
> ▶ **What price~?** …가 무슨 소용일까?

What good is sitting alone in your room?
방에 혼자 앉아 있는게 무슨 소용이어?

What good will have been done?
그래서 좋은 일이 뭐냐고요?

I'll try, but I'm not sure **what good** it would do, y'know?
내가 할게, 하지만 그게 무슨 소용일지 모르겠어, 어?

A: My GPS stops working in different cities.

B: **What good** is a GPS tracker then?

A: 내 GPS가 다른 도시에서는 작동이 안돼.

B: 그럼 GPS 추적기가 무슨 소용이 있어?

038

The odds are~

…할 수도 있어

PATTERN

001

여러 의미를 자랑하는 odd의 복수형 odds는 '가능성,' '승산'이란 의미로 일상생활에서 많이 쓰인다. 먼저 "가능성이 …하다"라고 말하려면 The odds are~ 라고 하면 된다.

Point

- **The odds are~** 가능성은 …야
- **The odds are that S+V** 가능성은 …야, …할 수도 있어
- **The odds are against [favor]~** 승산[가능성]은 …에게 없어[있어]

The odds are, this guy knows something we don't.
이 친구는 우리가 모르는 뭔가를 알고 있을 가능성이 있어.

The odds are that she's in denial.
걔가 부인할 가능성이 있어.

The odds are fifty fifty.
승산은 반반이야.

But the odds are you're gonna need a new one.
하지만 네가 새것을 필요로 할 가능성이 있어.

I know, the odds are against us, but somebody has to win.
알아, 승산이 없다는 것을, 하지만 누군가는 이겨야지.

A: Do you think John will ever work here again?
B: **The odds are** he won't come back.

A: 존이 다시 여기서 일을 할 것 같아?
B: 다시 돌아오지 않을거야.

A: The couple got lost in the forest while camping.
B: **The odds are against** survival in the wilderness.

A: 그 커플은 캠핑하다 숲에서 길을 잃었어.
B: 이런 야생지에서는 생존가능성이 없어.

PATTERN

002

What are the odds that she's an accessory to rape?

단독으로 What're the odds?(가능성이 어때?, 내 알바 아니야)로도 많이 쓰이는 이 표현은 What's the odds of[that~]?의 형태로 "…의 가능성을 물어볼 때" 무척 많이 쓰이는 구문이다.

Point

- ▶ **What's the odds that ~?** …의 가능성은 어때?
- ▶ **What are the odds of sb ~ing** …가 …할 가능성은 어때?
- ▶ **I know what the odds are, but~** 가능성이 어떤지는 알지만,

What are the odds that she's an accessory to rape?
걔가 강간의 종범일 가능성은 어때?

What's the odds that both the father and son turn out to be serial killers? 부자가 모두 연쇄살인범일 가능성은 얼마나 돼?

What are the odds I'd be wrong twice in one week?
내가 일주일에 두번이나 틀릴 가능성이 얼마나 돼?

A: **What are the odds of** Chris winning the lottery?
B: Oh, I don't think he's ever going to win.

A: 크리스가 로또에 당첨될 가능성이 얼마나 돼?
B: 평생 당첨되지 않을거야.

003 The odds of catching this guy **are** not great

가능성이 높고 낮음을 구체적으로 말할 때 요긴한 표현으로 the odds of ~ing란 핵심문구를 연습해보는 자리.

Point

▶ **The odds of ~ing is~** ···하는 가능성은 ···이야
▶ **The odds of sb ~ing ~ is~** ···가 ···할 가능성은 ···이야

The odds of catching this guy **are** not great.
이 자를 잡을 가능성은 크지 않아.

The odds of me remembering this conversation **are** slim.
내가 이 대화를 기억할 가능성은 희박해.

The odds of us picking up girls in a bar **are** practically zero.
우리가 바에서 여자들을 낚을 가능성은 실질적으론 제로야.

A: I just heard that Tina was diagnosed with cancer.
B: The odds of her beating cancer are pretty good.

A: 티나가 암진단 받았다며.
B: 걔 암을 이겨낼 가능성은 꽤 높대.

---

004 There's always the possibility that he's guilty

가능성하면 빠질 수 없는게 chance와 possibility. 여기서는 possibility that S+V에 대해서 알아보기로 한다.

Point

▶ **There's a possibility S+V** ···할 가능성이 있어
▶ **There's a good possibility S+V** ···할 가능성이 많아(There's no possibility~ ···할 가능성이 없어)

There's always the possibility that he's guilty.
걔가 유죄일 가능성은 항상 있어.

There's a teeny tiny possibility that I could be wrong about this.
내가 이거 틀릴 수 있는 가능성이 거의 없지.

There's still a possibility that he's staying in town despite the danger.
위험에도 불구하고 걔가 마을에 머물 가능성은 아직 있어.

A: I'm surprised Miss Warner is so comfortable here.
B: There's a possibility she has been here before.

A: 워너 양이 여기서 그렇게 편안하다니 놀랐네.
B: 전에 여기 와본 적이 있을거야.

---

005 There's a possibility of my sister coming by

이번에는 of ~ing의 형태로 가능성을 설명해주는 형식. 가능성이 있을 것 같다고 하려면 There will be a possibility of~라고 하면 된다.

Point

▶ **There's a possibility of (sb) ~ing** (누가) ···할 가능성이 있어
▶ **I have a possibility of ~** 난 ···할 가능성이 있어

There's a possibility of snow on Thursday.
목요일에 눈이 올 가능성이 있어.

There's a possibility of my sister coming by.
내 누이가 잠깐 들릴 수도 있어.

There's a possibility of being mugged out here.
여기는 강도당할 가능성이 있어.

A: Why are you worried about your job?
B: There's a possibility of Karen quitting.

A: 네 일자리에 대해 왜 걱정을 하는 거야?
B: 캐런이 그만 둘 가능성이 있어.

You never know what~
어떻게 …할지 아무도 몰라

001

절대 알 수 없다는 해석만 보면 참 허무주의적이고 패배주의적 표현같지만, 역으로 앞으로 어떻게 될지 아무도 모르는 일이라 그 때를 대비해서 "열심히 해라"라는 긍정적인 의미로 쓰인다. 물론 "단순히 모른다"라는 의미로도 쓰이기도 하고 또한 그렇기 때문에 "조심해라"라는 충고로도 쓰인다.

Point
■ **You never know what~** 어떻게 …할지 아무도 몰라

I mean, **you never know what** people are doing behind your back.
내말은 사람들이 네 뒤에서 어떻게 행동할지 아무도 모른다는거야.

You never know what's going to happen on your birthday.
네 생일날 무슨 일이 벌어질지 누가 알겠어.

He's still young. **You never know what** he'll wind up doing.
걘 아직 젊어. 걔가 앞으로 어떤 일을 하고 있을지 아무도 모르는거야.

You never know what's going to happen next, right?
다음에 무슨 일이 일어날지 아무도 모르는거야, 그지?

I mean, **you never know what** you need until you find it.
내말은 필요한 것을 찾을 때까지는 무엇이 필요한지는 아무도 모르는거야.

A: I hope I can meet a beautiful woman tonight.

B: You never know what will happen at a club.

A: 오늘밤에 아름다운 여인을 만날 수 있기를 바래.

B: 클럽에서는 무슨 일이 일어날지 아무도 몰라.

A: Let's check out the bargains at the department store.

B: You never know what you'll find on sale.

A: 백화점에서 할인하는 상품들 확인해보자.

B: 뭐가 할인 중일지 누가 알겠어.

002 **You never know when** things will turn around

아무도 모르는 것이 이번에는 시간(when)이다. "언제 …할지 아무도 모른다"라고 생각하면 된다.

Point
▶ **You never know when~** 언제 …할지 아무도 몰라

You never know when your life's going to change.
언제 네 인생이 바뀔 지 아무도 몰라.

Well, you never know when things will turn around.
상황이 언제 돌변할 지 아무도 몰라.

You never know when she's going to come back.
걔가 언제 다시 돌아올지 아무도 모르는거야.

A: The boss is always showing up unexpectedly.

B: You never know when he's going to pop in.

A: 사장님은 항상 갑자기 나타나셔.

B: 그가 언제 들를지 아무도 몰라.

You never know who's listening

불조심, 물조심도 중요하지만 가장 조심해야 할 건 다름아닌 사람. "누가 어떻게 뭘 할지 아무도 모른다"라는 말로 사람조심하라고 할 때 쓰면 좋은 표현.

> **You never know who~** 누가 …할지 아무도 몰라

You never know who your friends are until you're in need.
네가 어려움에 처할 때까지는 누가 네 친구인지 아무도 모르는거야.

It's so sexy. **You never know who's** getting on and getting me off.
(기차는) 참 섹시해. 누가 기차에 타서 나를 즐겁게 해줄지 모르잖아. .

Watch what you say. **You never know who's** listening.
말 조심해. 누가 들을지 모르니까.

A: We saw Brad Pitt while we were on the way to dinner.

B: You never know who you'll see on the street.

A: 저녁먹으러 오는 길에 브래드 피트를 봤어.

B: 거리에서는 누굴 보게 될지 아무도 몰라.

You never know which day is going to be your last

아무도 모르는 대상이 이번에는 방법(how)과 선택(which)이다. 어떻게 하는지 아무도 모르고, 또 어떤 것이 …인지 아무도 모른다라고 하는 표현법을 알아본다.

> **You never know how~** 어떻게 …하는지 아무도 몰라
> **You never know which~** 어떤 것이 …인지 아무도 몰라

You never know how things are going to turn out.
상황이 어떻게 될지는 아무도 몰라.

You never know how you're gonna react in situations like this.
이런 상황에서 네가 어떻게 반응할지는 아무도 몰라.

You never know which day is going to be your last.
언제 죽을지는 아무도 모르는거야.

A: I thought she would like the joke, but Tina got real angry.

B: You never know how people will react.

A: 티나가 농담을 좋아할거라 생각했는데, 걔 정말 화가 났어.

B: 사람들이 어떻게 반응할지 아무도 몰라.

You don't know if we'll get better?

상대방에게 "…인지 아닌지 상황을 물어보는" 표현으로 이때는 You don't know if S+V를 쓰면 된다.

> **You don't know if~?** …인지 아닌지 모른다구?

You don't know if we'll get better?
우리가 나아질지 아닐지 네가 모른다구?

You don't know if he was on the train when you got on?
네가 탔을 때 걔가 열차안에 있었는지 여부를 모르겠다고?

A: I don't believe Sean could afford a Porche.

B: You don't know if he stole that car or not.

A: 션이 포르쉐를 살 여력이 되지 않을텐데.

B: 걔가 그 차를 훔쳤는지 아닌지 모르는 거지.

040

Have you ever been ~ ?
…을 해본 적이 있어?

PATTERN 001

현재완료의 의문형으로 상대방에게 "…한 적이 있는지" 경험을 물어볼 때 유용하게 써먹을 수 있다. 특히 경험지시어인 ever를 삽입한 Have you ever+been~?는 무조건 경험을 물어보는 문장이라고 생각해도 된다.

Point

■ **Have you ever been with sb?** …와 함께 지내본 적 있어?

■ **Have you ever been pp[~ing] ?** …을 해본 적이 있어?

Oh, my God, **have you ever been** so embarrassed?
맙소사, 그렇게 당황해본 적이 있어?

Have you ever been in love, Doctor?
선생님, 사랑해본 적 있어요?

Have you ever been camping before?
전에 캠핑을 해본 적이 있어?

Have you ever been with a real woman, sexually?
실제 여자와 성적으로 사귀어본 적 있어?

Have you ever been hypnotized?
최면에 걸려본 적이 있어?

A: Have you ever been with Miles when he is working?

B: Yes, he can be very unkind to co-workers.

A: 마일즈가 일할 때 걔와 함께 있어본 적이 있어?

B: 어, 걔는 동료들에게 되게 야박하게 대해.

A: Have you ever been kayaking in open water?

B: Yeah, my girlfriend and I go kayaking on the weekends.

A: 강같은 곳에서 카약을 해봤어?

B: 어, 여친과 나는 주말마다 카약하러 가.

PATTERN 002

Have you ever been to prison?

경험을 물을 때 특히 어떤 장소에 가본 적이 있는지를 물을 때가 많은데, 이때 이 표현을 활용하면 깔끔하게 말할 수가 있다. Have you (ever) been 다음에 장소명사나 장소부사를 쓰면 된다.

Point

▸ **Have you ever been to+장소명사 ?** …에 가본 적이 있어?

▸ **Have you (ever) been here~?** 여기에 와 본적 있어?

Have you ever been to prison?
너 감방에 갔다온 적이 있어?

Have you been to Grissom's office?
그리썸의 사무실에 가본 적 있어?

Have you been to the police?
경찰서에 가본 적이 있어?

A: Have you ever been to the Central Park in New York?

B: No I haven't, but I've seen pictures of it.

A: 뉴욕의 센트럴 파크에 가본 적이 있어?

B: 아니 없어, 하지만 사진은 봤어.

Have you been seeing anybody?

이번에는 been 다음에 ~ing을 넣어서 "…을 하고 있냐?"고 물어보는 표현이다.

> Point
> ▶ **Have you been ~ing?** …을 하고 있어?

Have you been feeling stressed out lately?
최근에 스트레스를 받고 있어?

Have you been selling your sperm again?
다시 네 정자를 팔고 있어?

What about you, **have you been seeing** anybody?
넌 어때, 누구 만나고 있어?

A: Have you been taking
   my toilet paper?
B: Yes, I'm sorry. I was all
   out of it.

A: 내 휴지 가져 갔어?
B: 어, 미안. 휴지가 다 떨어져서.

Have you been honest with this court?

Have you ever been~ 다음에 형용사나 동사의 pp가 오는 경우로 "과거부터 지금까지 …했는지," "…해본 적이 있는지"를 물어본다.

> Point
> ▶ **Have you ever been pp[adj]?** …해본 적이 있어?, …했어?

Have you been honest with this court, Mr. Wilkes?
윌크스 씨, 본 법정에서 거짓이 없었습니까?

Have you been approached by any publishers?
어느 출판사의 접촉을 받아본 적이 있어?

Have you been involved with someone where you haven't broken up?
지금까지 헤어지지 않고 사랑한 사람 있어?

A: Have you ever been
   drunk in public?
B: No, I rarely drink any
   kind of alcohol.

A: 사람들 앞에서 취해본 적이 있어?
B: 아니, 알콜이 들어간 건 어떤 종류도
   거의 안마셔.

How long have you been sleeping with Cassidy?

Have you been~과 의문사가 결합하여 다양한 문장을 만들어본다.

> Point
> ▶ **How long have you been~?** 얼마동안 …했어?
> ▶ **Where have you been~?** 어디서 …했어?
> ▶ **Why have you been~?** 왜 …했어?

How long have you been sleeping with Cassidy?
넌 캐시디와 자게 된 얼마나 됐어?

Where have you been staying in New York?
너는 뉴욕의 어디에서 머물렀어?

Why have you been obstructing her murder investigation?
너는 왜 걔의 살인사건수사를 방해한거야?

A: How long have you
   been bald?
B: I started to lose my hair
   in my early twenties.

A: 대머리된지는 얼마나 됐어?
B: 20대 초반부터 머리가 빠지기 시작했어.

041

I have been to~

…에 갔다 온적 있어

PATTERN 001

I have been to~는 "…에 갔다 왔어" 혹은 "…에 가본 적이 있어"라는 말이다. 과거부터 현재까지의 경험이라고 하니까 뭐 거창한 경험을 말할 때 현재완료를 쓴다고 생각하면 오산이다. 잠깐 갔다 오는 bathroom, post office, beauty salon이나 혹은 좀 오래 머무르는 Boston 등의 단어가 모두 다 올 수 있다. 또한 have been in love처럼 추상명사가 와서 "…상태에 있어 본 적이 있다"라는 의미로도 쓰이기도 한다. 그래서 Where have you been?하면 "너 어디 갔다 오는 거야?"라는 의미가 된다.

Point

- **I have been to~** …에 갔다 온적 있어
- **I have been+N** 나는 …였어

Kel and I **have been** friends since we were kids.
켈과 나는 어렸을 때부터 친구사이였어.

I **have been** a good Santa for eight years. A great Santa.
난 8년간 정말 좋은 산타였어. 위대한 산타.

Steven, I **have been to** war. I **have seen** a lot of things my life.
스티븐, 난 전쟁을 경험했어. 난 평생 많은 것들을 봐왔어.

Jill and I **have been** through a lot together. And well…she's my best friend.
질과 나는 많을 걸 함께 했어. 그리고 갠 내 절친이야.

I **have been to** the airport to see my father off.
아버지 배웅하기 위해 공항에 갔다왔어.

A: Did you ever do any traveling in South America?

B: I **have been to** Peru on business.

A: 남아메리카 여행 혹 해본 적이 있어?
B: 출장으로 페루에 가본 적이 있어.

A: We need to know what your relationship with Brian is.

B: I **have been** friends with Brian Hoffer since childhood.

A: 너와 브라이언과의 관계가 어떤건지 알아야겠어.
B: 브라이언 호퍼와는 어린 시절부터 친구로 지내고 있어.

PATTERN 002

I have been working for 30 hours straight

현재완료의 계속적 용법으로 과거부터 지금까지 계속 …하고 있다고 말할 때 I've been ~ing이라고 하면 되고 뒤에 기간을 말할 때는 for+기간명사, since+시점명사를 붙여 쓰면 된다.

Point

▶ **I've been ~ing** 계속 … 하고 있었어

I **have been trying** for a decade to bring him down.
걔를 쓰러뜨리기 위해서 십년간 노력해왔어.

I **have been working** for 30 hours straight.
난 30시간째 내리 일하고 있어.

I **have been sitting** here half the night, Agent Gibbs.
에이전 깁스, 난 거의 밤새 여기 앉아있었어요.

A: Why do you find your job boring?

B: I**'ve been working** in the mail room for a year.

A: 왜 네 일이 지겹다는거야?
B: 난 일년동안 우편실에서 일하고 있거든.

I have been naked on this street

I have been 다음에 형용사나 동사의 pp가 오는 경우로 이 역시 내가 과거부터 지금까지 계속 …하고 있거나, …을 한 적이 있음을 표현하고자 할 때 사용하는 문장이다.

▸ **I have been+pp[adj]** 난 …해왔어, 난 …한 적이 있어

I have been naked on this street.
난 이 거리에서 발가벗은 적이 있어.

I think I have been honest with you. Have I been blunt?
난 너에게 솔직했다고 생각하는데, 내가 직설적이었나?

I have been married twice. And I can tell you, this is a mistake.
난 두번이나 결혼한 적이 있어, 그리고 내말하는데, 이건 실수야.

A: It must be exciting working in the film industry.

B: I've been close to some famous people.

A: 영화산업에서 일하면 재미있을거야.
B: 난 몇몇 유명인과 가까이 지내고 있어.

There has been a lot of suicide talk lately

There is를 현재완료형을 쓴 것일 뿐 다른 내용은 없다. 뒤에 나오는 명사의 수에 따라 There has been~, There have been~을 골라 쓰면 된다.

▸ **There has been~** …가 있었어
▸ **There have been~** …가 있었어

There has been a lot of suicide talk lately.
최근에 자살에 대한 논의가 많아.

There have been some strange happenings in this case.
이번 사건에서는 좀 이상한 일들이 있었어.

There have been a lot of studies of this phenomenon.
이 현상에 대한 연구가 많이 있었어.

A: Why are you bundled up so tight?

B: There has been a lot of cold weather this year.

A: 왜 그렇게 옷을 두텁게 껴입는거야?
B: 금년에 되게 추웠잖아.

How could I have been so stupid?

"내가 어떻게 …일 수가 있을까?"라는 의미로 How와 could have been이 결합된 구문. 주로 자신의 어리석음 등 비난받아 마땅한 형용사를 넣어서 자책해보면 된다.

▸ **How could I have been so+adj?** 어쩌면 내가 그렇게 … 했을까?

How could I have been so stupid?
어쩌면 내가 그렇게 어리석을 수가 있을까?

How could I have been so wrong?
어쩌면 내가 그렇게 틀릴 수가 있을까?

How could I have been so selfish?
어쩌면 내가 그렇게 이기적이었을까?

A: I'm sorry, but the con man stole all your money.

B: How could I have been so stupid as to believe him?

A: 안됐지만 그 사기꾼이 네돈 다 훔쳐갔어.
B: 그를 믿을 정도로 내가 어리석었을 수 있을까?

042

I have never been to~

난 절대 …에 가 본적이 없어

PATTERN
001

이번에는 현재완료 부정형구문으로 먼저 "난 절대 …에 가 본적이 없다"라는 패턴. 이때 가 본적이 있는 장소는 물리적장소, 추상적인 장소가 다 나올 수 있다.

- **I have never been~** 난 절대로 …한 적이 없어
- **I have never been to~** 난 절대로 …에 가본 적이 없어
- **You have never been~** 넌 절대로 …한 적이 없어

We've never been in the same city.
우리가 같은 도시에 있었던 적이 전혀 없네.

I have never been to a bachelor party.
난 총각파티에 가본 적이 없어.

To be honest, I've never been in a situation like this before.
솔직히 말해서, 난 전에 이런 상황에 처해본 적이 없어.

For example, I know you've never been to college.
예를 들어, 난 네가 대학에 다녀본 적이 없다는 것을 알고 있어.

I've never been inside this hospital till now.
난 지금까지 한 번도 이 병원에 들어와본 적이 없어.

A: I want to know if you ever visited Kelly Jones.

B: No, I have never been to her apartment.

A: 네가 켈리 존스의 집에 들른 적이 있는지 알고 싶어.

B: 아니, 난 걔 아파트에 가본 적이 없어.

A: I wish Kim's brothers and sisters didn't hate me.

B: You have never been close to her family.

A: 킴의 형제 자매들이 나를 싫어하지 않으면 좋겠어.

B: 넌 걔네 가족과 가까이 지낸 적이 없잖아.

PATTERN
002

I've never been arrested for anything

"난 절대 어떤 일로도 체포되어본 적이 없다"고 강변하는 문장으로 I have never been 다음에 형용사나 동사의 pp를 넣으면 된다.

▶ **I have never been pp[adj]** 난 절대로 …한 적이 없어

I've never been arrested for anything.
난 어떤 이유로든 체포된 적이 전혀 없어.

I've never been so embarrassed in my whole life.
내 평생 이렇게 당황해본 적이 없어.

I've never been good at getting people not to have sex.
난 사람들이 섹스하는 것을 못하게 하는걸 잘 못해.

A: Doug, you are looking terribly unhealthy.

B: I have never been fatter or nearer to a heart attack.

A: 더그야, 너 건강이 아주 나빠 보여.

B: 난 이렇게 뚱뚱해본 적도 심장마비가 올 뻔한 적도 없었어.

I have never been happier

Couldn't be better(기분 최고야)에서 알 수 있듯이 부정어 never와 비교급이 만난 경우는 최상급을 뜻한다. 따라서 I have never been+비교급하게 되면 지금까지 "이보다 더 …한 적이 없다," 즉 "최고의 …이다"라는 뜻을 갖게 된다.

> **I have never been+비교급** 난 최고로 …해
> **I have never been happier than** …보다 더 행복했던 적은 없었어

I've never been more prepared.
난 지금처럼 만반의 준비를 한 적이 없어.

And speaking for him, I have never been more disappointed.
걔에 대해 말하자면, 난 정말이지 대실망했어.

My life is great. I have never been happier.
내 인생은 너무 좋아. 이처럼 행복했던 적이 없었어.

A: Well, your marriage must be going well.
B: It's great. I have never been happier.

A: 네 결혼생활은 반드시 잘 될거야.
B: 아주 좋아. 이처럼 행복했던 적이 없었어.

You've never been to New York?

주어를 You로 하여 You've never been~하게 되면 "넌 절대로 …한 적이 없어"라는 뜻. 상대방의 진술을 다시 정리하거나 아니면 되물으면서 의문문으로 쓰면 된다.

> **You've never been~** 넌 그런 적이 없어
> **You've never been~?** 넌 그런 적이 없어?

You've never been single.
넌 싱글로 있어본 적이 없잖아.

You said you've never been to her apartment.
넌 걔 아파트에 가본 적이 없다고 말했잖아.

I'm going to kiss you like you've never been kissed before.
네가 전에 해본 적이 없는 황홀한 키스를 해줄게.

A: Our vacation is at a ski chalet in the Alps.
B: But you've never been skiing before.

A: 우리 휴가지는 알프스 산맥의 스키오두막에서야.
B: 하지만 넌 스키를 타본 적이 없잖아.

What do you think ~?

…에 대해 어떻게 생각해?

PATTERN
001

상대방의 의견을 물어볼 때 쓰는 가장 전형적인 표현중의 하나. 물어보고 싶은 내용을 먼저 말하고 나서 (앞에 말한 내용을) "어떻게 생각해?"라는 의미로 What do you think? 혹은 What do you think of that?이라고 하거나 아니면 What do you think 다음에 진치사 of나 about을 써서 그 아래 물어보는 내용을 명사 혹은 ~ing형태로 갖다 붙여도 된다.

Point

- **What do you think of[about] +N[~ing]** …에 대해 어떻게 생각해?
- **What do you think of[about] sb ~ing** …가 …하는 것에 대해 어떻게 생각해?
- **What do you think of sth that~** …한 …에 대해 어떻게 생각해?

This might seem kind of weird, but **what do you think of** my breasts?
이게 좀 이상하게 보일지 모르지만, 내 가슴 어떻게 생각해?

What do you think of your life so far?
지금까지의 네 인생을 어떻게 생각해?

What do you think of adding him to our team?
걔를 우리 팀에 넣는 것에 대해 어떻게 생각해?

What do you think about me staying the night?
내가 밤새 머무는 거에 대해 어떻게 생각해?

What do you think about not seeing anyone else but each other?
다른 사람말고 우리만 서로 만나는 것에 대해 어떻게 생각해?

A: What do you think of the way I decorated?

B: Your house looks very exotic.

A: 내가 장식한 거 어떻게 생각해?
B: 네 집은 매우 이국적으로 보여.

A: What do you think of my friends staying at our house?

B: I don't like it. They should find a hotel.

A: 내 친구들이 우리집에 머무는 거 어떻게 생각해?
B: 싫어. 호텔 찾아도 되잖아.

PATTERN
002

What do you think your dream meant?

원래 Do you think what S+V?에서 'what'이 문장 앞으로 빠진 경우. 예를 들어 What do you think I am?은 Do you think what I am?에서 'what'이 앞으로 가서 What do you think I am?이 된 경우이다. "나를 뭐라고 생각하는거야?," 즉 "날 뭘로 보는거야?"라는 의미가 된다.

Point

▶ **What do you think S+V?** …가 …라고 생각해?

What do you think your dream meant?
네 꿈의 의미가 뭐라고 생각해?

What do you think they are talking about? Their dogs?
걔네들이 무슨 얘기하고 있다고 생각해? 걔네 개들?

What do you think you're doing?
네가 지금 뭐하고 있다고 생각해?(너 이게 무슨 짓이야?)

A: What do you think Neil said to Helen?

B: Whatever it was, it made her really mad.

A: 닐이 헬렌에 뭐라고 얘기했다고 생각해?
B: 그게 무엇이든, 걜 정말 열받게 했어.

Who do you think told me you were here?

do you think는 삽입된 것으로 생각하여 괄호치고 해석하면 쉽게 접근할 수 있다. 다만 Who가 바로 주어로 쓰이는 경우에는 Who do you think 다음에 바로 동사가 이어지는 경우도 있다.

Point
- ▶ **Who do you think S+V?** 넌 …가 …하다고 생각해?
- ▶ **Who do you think V?** 네 생각에 누가 …한 것 같아?

Who do you think you are?
네가 도대체 뭐가 그리도 잘났는데?

Who do you think you're talking to, Jack Lemmon?
잭 레몬, 내가 바보로 보여?

Who do you think told me you were here?
네가 여기 있다고 누가 말해준 거 같아?

A: Who do you think stole the museum's painting?

B: The cops say it was a gang of art thieves.

A: 박물관 그림을 누가 훔쳤다고 생각해?
B: 경찰에 따르면 미술품 절도단이 그랬대.

When do you think she's gonna get here?

이번에는 when이 do you think를 만났다. "네 생각에 언제 …가 …할 것 같아?"라고 묻는 표현이다. 장소라면 Where do you think S+V?라 한다.

Point
- ▶ **When do you think S+V** 언제 …가 …할 것 같아
- ▶ **Where do you think S+V** 어디서 …가 …할 것 같아

When do you think she's gonna get here?
걔가 언제 여기에 올 거 같아?

When do you think I can take Nina home?
내가 언제 니나를 집에 데려갈 수 있을 것 같아?

Where do you think she got that idea?
걔가 그 아이디어를 어디서 얻었을 것 같아?

A: When do you think this funeral will be finished?

B: It will be over in another hour or so.

A: 이 장례식이 언제 끝날 것 같아?
B: 한 시간 정도 있으면 끝날거야.

Why do you think he left his semen behind?

이해할 수 없는 내용인 S+V에 대한 상대방의 의견을 구하는 구문.

Point
- ▶ **Why do you think S+V?** 왜 …가 …한다고 생각해?

Why do you think everybody uses them?
왜 모두들 그것들을 이용한다고 생각해?

Why do you think your sister shot Barry?
네 누이가 왜 배리를 쐈다고 생각해?

So why do you think he left his semen behind?
그럼 걔가 왜 정액을 남겨뒀다고 생각해?

A: Why do you think Lisa has a heart problem?

B: Her husband says she's seeing a heart specialist.

A: 왜 리사가 심장질환이 있다고 생각해?
B: 남편이 그러는데 부인이 심장병 전문의의 진찰을 받고 있다.

What do you want to~ ?
넌 …하기를 원해?

001

앞에서 의문사와 do you think의 결합을 살펴보았다. 이번에는 do you want와 각종 의문사와의 만남에 대해서 알아본다. What do you want 다음에는 to+동사, 혹은 for+명사가 와서 "…을 원하느냐," 혹은 "…을 하고 싶어"라는 의미가 된다. 또한 What do you want me to+동사?하게 되면 "내가 뭘 어떻게 하라고?"라는 뜻. want 다음에 to do의 의미상 주어인 me가 나온 경우로 상대방에게 뭘 원하냐고 물어보는 것이 아니라 내가 뭘하기를 네가 원하냐고 물어보는 표현이다.

Point

- **What do you want to+V?** 넌 …하기를 원해?
- **What do you want me to+V?** 내가 뭘 …했으면 좋겠어?

What do you want to do this year?
올해는 뭘하기를 원해?

What do you want to know about her?
걔에 대해서 뭘 알고 싶어?

What do you want to congratulate me on destroying my future?
내 미래를 망친 것에 대해 축하라도 해주려고?

What do you want me to do with this stuff?
내가 이걸로 뭘 하기를 바라는거야?

What do you want me to do? You want me to cry?
나보고 어쩌라고? 내가 울기를 바래?

A: What do you want to buy in the store?

B: I was planning to pick up some beer and snacks.

A: 가게에서 뭐 살려고?

B: 맥주와 스낵을 좀 살 생각이었어.

A: What do you want me to tell the victim's family?

B: Tell them we're working hard to solve the crime.

A: 내가 그 피살자 가족에게 무슨 말을 하라는거야?

B: 우리가 사건을 해결하기 위해 열심히 일하고 있다고 말해.

002

Where do you want to put the tattoo?

"언제 …을 하고 싶은지" 물어보려면 간단히 When do you want to~를, "어디서 …을 하고 싶은지"를 물으려면 Where do you want to~를 사용한다.

Point

▸ **When do you want to~?** 언제 …을 하고 싶어?(When do you want me to~? 내가 언제 …하기를 바래?)

▸ **Where do you want to~?** 어디서 …을 하고 싶어?(Where do you want me to+V? 어디서 내가 …을 할까?)

So umm, when do you want to meet him?
그럼, 넌 걔를 언제 만나고 싶어?

When do you want me to start?
내가 언제 출발하기를 바래?

Where do you want to put the tattoo?
어디에 문신을 새기고 싶어?

A: Where do you want to hold the ceremony?

B: I hope we can hold it in a park downtown.

A: 그 행사를 어디서 열기를 바래?

B: 시내 공원에서 열었으면 해.

Why do you want to take me upstairs?

"상대방이 …하고 싶어하는 이유"를 물어보는 구문. 또한 Why do you want me to~ 하게 되면 to 이하 행동의 주체는 want, 따라서 Why do you want me to~?는 "넌 왜 내가 …하기를 바래?"라는 표현이 된다.

Point
> ▶ **Why do you want to~?** 왜 …을 하고 싶은거야?
> ▶ **Why do you want me to~?** 넌 왜 내가 …하기를 바래?

Why do you want to take me upstairs?
왜 나를 위층으로 데려가려는거야?

Why do you want me to have sex with other men?
넌 내가 왜 다른 남자들과 섹스하기를 바라는거야?

Why do you want me to stay away from him?
내가 왜 걔를 멀리하기를 바라는거야?

A: Why do you want me to take my clothes off?
B: I think you'll feel more comfortable that way.

A: 왜 넌 내가 옷을 벗기를 바라는거야?
B: 그렇게 하면 네가 더 편할 것 같아서.

Who do you want me to follow?

"누구와 …을 하고 싶냐?"고 물어보는 단순한 패턴. 또한 Why do you want me to~는 want 다음에 me가 들어감으로써 to 이하의 주체는 me가 된다. 따라서 "너는 내가 누구를 …하기를 원해?"라는 문장이 된다.

Point
> ▶ **Who do you want to~?** 누구와 …하기를 바래?, 누구와 …을 하고 싶어?
> ▶ **Who do you want me to~?** 너는 내가 누구를 …하길 바래?

Who do you want to share the news with?
누구와 그 소식을 함께 나누고 싶어?

Who do you want me to follow?
내가 누구를 따라가기를 원해?

This was a big thing, **who do you want me to** talk to about it, Chris?
이건 큰 일인데, 내가 누구에게 그 얘기를 하기를 바래, 크리스?

A: Who do you want me to notify in an emergency?
B: You can just call my mom and dad.

A: 비상시에 내가 누구에게 알리기를 바래?
B: 그냥 부모님께 전화해.

How do you want to be treated?

마지막 의문사 How와 do you want to의 만남. 어떻게 to 이하를 하기를 원하느냐고 묻는 것이고 How do you want me to~하게 되면 내(me)가 to 이하를 어떻게 하기를 바래는지 물어보는 문장. 상대방의 의향을 묻는 문장이 된다.

Point
> ▶ **How do you want to~ ?** 어떻게 …하길 바래?
> ▶ **How do you want me to~?** 내가 어떻게 …하길 바래?

How do you want to be treated?
어떻게 대접받기를 원해?

How do you want to handle the press?
언론을 어떻게 다루고 싶어?

How do you want this to end, Nigel?
이게 어떻게 끝나기를 바래, 니겔?

A: How do you want to spend the day?
B: Let's catch a movie and eat out tonight.

A: 하루를 어떻게 보내고 싶어?
B: 영화보고 저녁에 외식하자.

I think it'd be better~
···한다면 더 좋을거라 생각해

001

It is good → It is better → It would be better로 변화하는 표현이다. 아직 이루어지지 않은 일이지만 그렇게 되면 더 좋겠다라는 생각을 전달할 때 쓰는 표현이다. 따라서 통상 if절이 뒤따르게 마련이다.

Point

- **It'd be better if~** ···한다면 더 좋을텐데
- **I think it'd be better if~** ···한다면 더 좋을거라 생각해
- **I thought it'd be better if~** ···한다면 더 좋을거라 생각했어

It'd be better if you don't have any visitors.
널 찾아오는 사람이 없으면 더 좋을텐데.

I think maybe it'd be better if you guys waited downstairs.
너희들이 아래층에서 기다리면 더 좋을 것 같아.

I think it'd be better if he heard it from you.
그가 그걸 너에게서 직접 듣는다면 더 좋을거라 생각해.

I think it would be better if this was done privately.
이게 은밀히 처리된다면 더 좋을거라 생각해.

I told her it'd be better if she waited for John at home.
난 걔한테 집에서 존을 기다리면 더 좋을거라고 말했어.

A: It's late, so we'll have to go home to study.
B: I think it'd be better if the library were open.

A: 늦었어, 그러니 집에 가서 공부를 해야 될거야.
B: 도서관이 문을 열었으면 더 좋겠는데.

A: Why aren't you staying at the guest house?
B: I thought it'd be better if I moved out.

A: 왜 게스트 하우스에 머물지 않는거야?
B: 내가 나가는게 더 좋을거라 생각했어.

002 **Maybe it would be better if we just had sex**

미래는 단정짓을 수 없기 때문에 it would better if~의 앞에 Maybe를 삽입한 경우이다. "···한다면 더 좋을 수도 있을텐데"라고 말을 좀 더 부드럽게 만드는 경우이다.

Point

▶ **Maybe it would be better if~** ···한다면 더 나을 수도 있을텐데

Maybe it would be better if I spoke to Owen by myself.
내가 스스로 오웬에게 말할 수 있다면 더 나을텐데.

Maybe it would be better if we just had sex.
우리가 섹스를 한다면 더 나을 수도 있을텐데.

Yes perhaps it would be better if you checked in tomorrow night.
어 아마 네가 내일 저녁에 체크인을 하면 더 나을 수도 있을텐데.

A: I'd feel bad if we visit their house without bringing anything.
B: Maybe it would be better if we took them a gift.

A: 우리가 빈손으로 걔네들 집을 찾아가면 기분이 안좋을 거야.
B: 우리가 선물가지고 가면 더 좋을거야.

003 It would be better to leave her

이번에는 if 절 대신 to+V가 대체하는 경우. to 이하를 한다면 더 좋을텐데라는 뜻이다.

Point

▸ **It would be better to+V** …하는 것이 더 나을텐데

▸ **It would be better to+V1 than to+V2** V2하는 것보다 V1하는 게 낫다

It'd be better to wait. Let him chill for a few days.
기다리는게 더 나을거야. 걔가 며칠동안 열 좀 식히도록 놔두자.

It would be better to leave her.
걔를 떠나는게 더 좋을텐데.

It would be better to find another place to live.
다른 곳에 정착하는게 더 좋을텐데.

A: It's tough to decide what to study.

B: It would be better to **talk to your mom about it.**

A: 무엇을 공부할지 결정하는 것은 어려워.
B: 그 문제에 대해 엄마하고 얘기를 해보는게 더 좋을텐데.

004 Wouldn't it be easier for him if I never existed?

It would be easier~ if → It wouldn't be easier~ if → Wouldn't it be easier if~ 과정을 연상하면 쉽게 의미를 떠올릴 수 있다. …한다면 더 편할텐데 → …한다면 더 편하지 않을텐데 → …한다면 더 편하지 않을까?라는 뜻이 된다.

Point

▸ **Would it be better to[if]~ ?** …한다면 더 나을까?

▸ **Wouldn't it be better to[if]~ ?** …하는게 더 낫지 않을까?

Wouldn't it be easier for him if I never existed?
내가 존재하지 않는다면 그가 더 편하지 않을까?

Would it be better if we came back at another time?
우리가 다른 시간에 다시 오는게 더 좋지 않을까?

I was thinking, wouldn't it be better if the staff wore a uniform?
내 생각인데, 직원들은 유니폼을 입으면 더 낫지 않을까?

A: I have to take my computer to be repaired again.

B: Wouldn't it be better to just buy a new one?

A: 내 컴퓨터 또 수리하러 가야 해.
B: 그냥 새거 하나 사는게 더 낫지 않을까?

005 It might be better if you stayed

would 대신에 might이 나온 경우로 It might be better if~ 하게 되면 "…하면 더 좋을 수도 있다"라는 말이 된다.

Point

▸ **It might be better to[if]~** …한다면 더 좋을 수도 있을거야

It might be better if you stayed.
네가 머물면 더 좋을텐데.

It might be better to find out what you know about me.
네가 나에 대해 알고 있는 것을 알게 되면 좋을텐데.

We could, but it might be better if you guys did.
그럴 수도 있지만 너희들이 해주면 더 좋을텐데.

A: I think my eye problem is getting worse.

B: It might be better if you stayed at home.

A: 내 눈병이 점점 악화되고 있는 것 같아.
B: 집에 있는게 더 좋을텐데.

046

I doubt if[that]~

···인지 의심스러워, ···을 모르겠어

PATTERN 001

doubt은 사실이 아닐거라 혹은 존재하지 않는다는 등 나쁜 쪽으로 의심하는 단어이다. 뭔가 사실일거라 의심하는 suspect와는 근본적인 성격이 다르다. I doubt의 경우에는 I doubt that S+V, I doubt if S+V형태를 쓴다.

Point

- ■ **I doubt that S+V** ···아닐거라 의심스러워
- ■ **I doubt if~** ···할지 의심스러워

I doubt people will give it much thought. Don't worry about it.
사람들이 그에 대한 생각을 많이 하지 않을거야. 너무 걱정마.

I doubt that's going to happen.
난 그런 일이 일어나지 않을 것 같아.

I doubt if it's going to change the outcome.
그게 결과를 바꾸게 될지 의심스러워.

I doubt if conjugal visits are permitted in a prison bus.
교도소 부부합방면회가 교도소 버스안에서 허용된다고는 생각하지 않아.

If Karen doesn't tell us where to look, I doubt we'll ever find the body.
캐런이 수색할 장소를 말해주지 않으면 우리는 시신을 찾지 못할거야.

A: This is the filthiest apartment I've seen.
B: I doubt that Rachel has vacuumed the carpet in weeks.

A: 이렇게 더러운 아파트는 처음봐.
B: 레이첼이 수주동안 카펫청소를 안한 것 같아.

A: Orin went to the hospital after his bike accident.
B: I doubt if he ever saw the car that hit him.

A: 오린은 자전거 사고후에 병원에 갔어.
B: 걔는 자기를 친 차를 보지 못한 것 같아.

PATTERN 002

I never doubted it would be anything else

절대 부정적으로 의심한 적이 없다고 주장하는 문장으로 I never doubted~라고 하면 된다.

Point

- ▶ **I don't doubt S+V** ···라 의심하지 않아
- ▶ **I never doubted S+V** ···라고 결코 의심하지 않았어

I don't doubt that it's similar, but it can't possibly be the same one.
유사하다는 것을 의심하지 않지만 동일한 것은 아닐 가능성도 있어.

I don't doubt that you have more experience with angry women.
네가 화난 여자들에 대한 경험이 더 많다는 것을 의심하지 않아.

I never doubted it would be anything else.
그게 다른 것일 수도 있다는 것을 결코 의심한 적이 없었어.

A: I'm glad you enjoyed my cooking.
B: I never doubted that the food would be delicious.

A: 내 요리를 맛있게 먹었다니 기뻐.
B: 음식이 맛날거라는 걸 의심한 적이 없었어.

I have **no doubt** she was having an affair with Chris

부정적 의심인 doubt가 없다고(no) 하니 have no doubt는 "틀림없다," "의심의 여지가 없다"라는 뜻이 된다. 단독으로 I have no doubt 혹은 have no doubt (that) S+V형태로 쓰인다.

Point

▶ **I have no doubt that~** …는 틀림없어

▶ **I had no doubt about~** …는 의심의 여지가 없었어

I have no doubt she was having an affair with Chris.
걔가 크리스와 바람난 건 의심의 여지가 없어.

I had no doubt about my feeling for his mother.
걔의 엄마에 대한 나의 감정은 분명했어.

She has some doubts about Brecker.
걘 브렉커를 좀 의심하고 있어.

A: It's too bad that Simon had to leave.

B: I have no doubt we'll see him again.

A: 사이먼이 떠나야 했다니 안됐어.
B: 우린 꼭 그를 다시 만나게 될거야.

There's **no doubt** in my mind he did it

no doubt를 이용한 또다른 표현. There's no doubt~하면 역시 "의심할 바가 없다," "당연하다"라는 뜻이 된다. 줄여서 No doubt~이라고 쓰기도 한다.

Point

▶ **(There is) No doubt that S+V** …는 의심의 여지가 없어

▶ **(There is) No doubt in my mind S+V** 내 마음 속에 …는 의심의 여지가 없어

There's no doubt in my mind he did it.
걔가 그랬다고 확신해.

There's no doubt in my mind that David is guilty.
데이빗이 유죄라는 것은 의심할 여지가 없어.

No doubt these rules seem crazy.
이 규칙들은 정신나간 것임에 틀림없어.

A: I feel so sad when I see homeless people.

B: There's no doubt that those people need help.

A: 노숙자를 볼 때 슬퍼.
B: 저 사람들은 분명 도움을 필요로 할거야.

I **suspect** you had an ulterior motive

doubt와 달리 긍정적으로, 즉 그게 맞을거라고 의심하고 생각하는 것을 suspect라 한다. 그래서 범죄를 저질렀을 것 같은 사람을 용의자(suspect)라고 하는 것이다.

Point

▶ **I suspect that S+V** …가 맞다고 생각해

▶ **As I suspected** 내가 의심한대로

I suspected you had an ulterior motive.
네게는 숨은 동기가 있다고 생각해.

I suspect someone has continued my research.
누군가가 내 연구를 이어서 계속하고 있다고 생각해.

I suspected that Sam was my father.
샘이 내 아버지가 맞을거라고 생각해.

A: Why aren't you answering Nellie's phone calls?

B: I suspect she wants to borrow some of my money.

A: 넬의 전화를 왜 받지 않는거야?
B: 걘 나한테 돈빌리고 싶어 하는 것 같아.

It can be ~ if it's~

…라면 …일 수도 있어

001

이번에는 It can be+형용사의 경우를 살펴보도록 한다. 보면 쉽게 느껴지지만 막상 네이티브의 얼굴을 바라보면서 말을 할 때는 거의 기억의 바닥에 깔려 있다시피하는 표현이다. 어떤 가능성을 말할 때는 It can be~, It could be~ 를 쓴 다음에 여기에 조건을 뜻하는 if~절을 붙이면 완벽한 문장이 된다.

> **Point**
>
> ■ **It can be~** …일 수도 있어
>
> ■ **It can be~ if it's~** …라면 …일 수도 있어

I know it can be very difficult to admit that you're gay.
네가 게이라는 걸 인정하기가 무척 어려울 수도 있다는 걸 알아.

But once trust is lost, it can be impossible to recover.
하지만 일단 신뢰를 잃고나면, 다시 회복하는 것은 불가능할 수도 있어.

Maybe it can be a lot more dangerous than we think.
우리가 생각하는 것보다 훨씬 더 위험할 수도 있어.

That can be pretty tough on a teenager.
저건 10대에게는 매우 어려운 일일 수도 있어.

It can be really nice just to stay at home sometime.
때로는 그냥 집에 있는게 너무나 좋을 수도 있어.

A: It wasn't easy to deal with my wife's death.

B: I know it can be hard to get over that.

A: 내 아내의 죽음을 받아들이는게 쉽지 않았어.

B: 그걸 이겨내는게 어렵다는 것을 알아.

A: How much does an engagement ring cost?

B: It can be expensive if it's made of gold.

A: 약혼반지 가격이 얼마나 해?

B: 금반지면 비쌀 수도 있어.

002

You know **it can't be** done that quickly

반대로 "그럴 수가, 그럴 리가 없다"고 할 때는 It can't be~ 를 쓰면 된다.

> **Point**
>
> ▶ **It can't be~** …일리가 없어
>
> ▶ **It can't be~ if~** …라면 …일리가 없어

You know it can't be done that quickly.
그게 그렇게 빨리 처리 될 수 없는 거 알잖아.

Go on now, walk. It can't be that bad.
자 계속 걸어봐. 그렇게 나쁘진 않을텐데.

I never did it before but it can't be that hard, right?
전에 그렇게 해본 적이 없지만 그게 그렇게 어렵지는 않을텐데, 그지?

A: Who is going to find the criminal that did this?

B: It can't be done by any of the detectives.

A: 이 짓을 한 범죄자를 누가 찾을거야?

B: 형사들 중 그 누구도 찾지 못할거야.

It could be hazardous to your health

can의 과거형 could를 써서 조심스럽게 말하는 화법. 주어는 it, that, this 등 다양하게 올 수 있다.

▸ **It could be~** …일 수도 있어

▸ **That[This] could be~** …일 수도 있어

I could be the kindest gentlest boss in the world.
내가 세상에 제일 친절하고 젠틀한 사장일 수 있어.

It could be hazardous to your health.
그건 네 건강에 위험할 수도 있어.

That could be the perfect way to get him to talk.
그의 입을 여는 확실한 방법일거야.

A: Why was there a large fireworks display last night?

B: It could be the beginning of the state fair.

A: 지난 밤에 대형 불꽃놀이가 있었던 거야?
B: 주박람회의 시작일거야.

It couldn't be more flattered

It could be의 부정형으로 It couldn't be~ 는 "…일 수가 없어"라는 뜻이다. 다만 It couldn't be+비교급이 되면 최상급표현이 된다는 점을 유의한다.

▸ **It couldn't be~** …일 수가 없어

▸ **It couldn't be+비교급~** …보다 더 …할 수가 없어

Yeah, I couldn't be mad at him for too long.
그래, 난 오랫동안 걔한테 화를 낼 수가 없어.

I'm sorry I couldn't be more help.
더 도움을 드리지 못해 미안합니다.

I gotta tell ya, I couldn't be more flattered.
너한테 말하지만, 더이상 기분이 좋을 수는 없을 것 같아.

A: Do you find it difficult to live in Saudi Arabia?

B: It couldn't be more different from living in L.A.

A: 사우디 아라비아에서 사는게 어렵다고 생각해?
B: LA에서 사는 것과는 전혀 딴판일 거야.

Can it be that it was all so simple then?

이 모든 것의 의문형으로 Can it be~, Could it be~ 등을 스스로 만들어보면서 연습해보도록 한다.

▸ **Can it be~?** …일 수 있을까? (Can it be that S+V? …일 수가 있을까?)

▸ **Could it be~?** …일 수가 있을까?(Could it be that S+V? …일 수가 있을까?)

Can it be that it was all so simple then?
그럼 그게 그렇게 단순했을 수가 있을까?

Could it be possible she's doing this for the publicity?
걔는 홍보를 위해서 이러는 건 아닐까?

Could this be the girl you saw?
이 소녀가 네가 본 소녀일 수가 있을까?

A: I almost never see Sam and Jill together anymore.

B: Can it be that those two have broken up?

A: 샘과 질이 함께 있는걸 더이상 볼수 없네.
B: 걔네들이 헤어졌을 수도 있을까?

048

How dare you~ ?

어떻게 네가 감히 …할 수가 있어?

PATTERN
001

상대방이 말도 안되고 차마 받아들일 수 없는 이야기를 할 때 입을 반쯤 벌리고 하는 말로 하는 How dare you +V?는 "어떻게 네가 감히 …할 수가 있느냐?"라는 뜻의 강한 분노표현이다. 단독으로 How dare you!는 "네가 뭔데!," "네가 감히!"라는 뜻.

Point

■ **How dare sb +V[~ing] ?** …가 감히 어떻게 …할 수가 있어?

■ **How dare you +V ~ ?** 어떻게 네가 감히 …할 수가 있어?

How dare he say that to you?
걔가 어떻게 네게 그런 말을 할 수가 있어?

How dare you throw it back in my face?
어떻게 네가 감히 내 얼굴에 그걸 되던질 수 있어?

How dare you inviting strange men into my home!
어떻게 네가 감히 낯선 사람들을 우리 집에 초대할 수 있어!

How dare you accuse me of abusing my son!
네가 어떻게 감히 내가 내 아들을 학대했다고 할 수 있어!

How dare you talk to my wife behind my back?
어떻게 네가 감히 내 뒤에서 내 아내에게 말을 걸 수가 있어?

A: How dare you talk to my husband behind my back?

B: We don't need your permission.

A: 어떻게 감히 내 뒤에서 남편에게 말을 걸 수 있어?

B: 우리는 당신 허락이 필요없어.

A: I'm sorry, but I had to tell your son to shut up.

B: How dare you speak to him like that!

A: 미안하지만 댁의 아들에게 입닥치라고 해야만 했어.

B: 어떻게 감히 걔한테 그런 식으로 말을 할 수가 있어?

PATTERN
002 **I dare not presume to assert**

I dare +V는 자기가 스스로 용기를 내서 뭔가를 해보는 것을, 그렇지 못하고 무서워서 하지 못할 때는 I dare not +V라고 쓰면 된다. 또한 삽입구로도 쓰이고 절을 받기도 하는 dare I say that S +V는 "굳이 말하자면"이라는 뜻이다.

Point

▶ **I dare +V,** 용기를 내서 …하다,

▶ **I dare not +V** 용기가 없어 감히 …하지 못하다, …할 엄두를 내지 못하다

▶ **dare I say that S +V** 감히[굳이] 말하자면(I dare say 아마도(I suppose))

I dare not presume to assert, for fear I may be in error.
내가 실수할까봐 주제넘게 주장할 엄두를 못내고 있어.

Go deep inside a hidden world that few dare to enter.
가본 사람이 거의 없는 숨겨진 세계안으로 깊숙히 들어가봐.

Especially if Chris was an accomplice. Or, dare I say, the killer.
특히 크리스 공범이라면. 혹은 감히 말하건데, 살인자야.

A: Like what?

B: Dare I say, like a shoplifter.

A: 예를 들면 어떤거?

B: 굳이 말하자면 소매치기 같은.

---

003 I dare you to call her boyfriend

sb에게 용기를 불어넣어 대담하고 용기있게 뭔가를 해보라고 권유하는 문장이고 여기서 변형되어 굳어진 표현인 I dare you!는 "한번 해봐!"라고 격려하는 문구가 된다.

Point
- ▸ **I dare sb to+V** …에게 …하라고 부추기다
- ▸ **I dare you to+V~** 용기내서 …해봐

I dare ya to fill in for him.
용기내서 걔를 대신해봐.

I dare you to call her boyfriend. His name's Randy.
용기내서 걔 남친에게 전화해봐. 걔이름은 랜디야.

I dared them to get married next week.
난 걔네들에게 담주에 결혼하라고 부추겼어.

A: I dare you to steal some candy from the store.

B: You know I don't like to steal things.

A: 용기내서 저 가게에서 캔디 좀 훔쳐봐.
B: 난 도둑질 싫어하는거 알잖아.

004 Don't you dare talk to me as a mother

함부로 시도때도 없이 용기를 내는 상대방에게 경고하는 문장으로 "멋대로 …하지 마라"에 해당된다. 단독으로 Don't you dare! 하게 되면 "그러기만 해봐라!"라는 강경제지발언.

Point
- ▸ **Don't you dare+V** 멋대로 …하지마라

Don't you dare tell me this is for the sake of art.
이게 예술을 위한 것이라고 멋대로 말하지마.

Don't you dare talk to me as a mother.
멋대로 엄마처럼 내게 말하지마.

Don't you dare presume to know what's in my head.
내 머리 속에 무엇이 들어있는지 안다고 주제넘게 굴지마.

A: Maria invited me to be a bridesmaid at her wedding.

B: Don't you dare accept that invitation.

A: 마리아는 나를 자기 결혼식 신부들러리로 초대했어.
B: 멋대로 그 초대를 받아들이지마.

005 You wouldn't dare harm me!

"네가 감히 …을 하지 못하겠지"라는 의미. 설마 네가 그런 짓을 할 수 있겠느냐라는 회의가 깔려있는 표현이다. 반대로 I wouldn't dare not~하면 "나라면 감히 그러지 않을 것이다"라는 의미.

Point
- ▸ **You wouldn't dare~** 설마 …은 못하겠지
- ▸ **I wouldn't dare not ~** 나라면 감히 …는 못지

I wouldn't dare not give Rossi the money.
나라면 감히 로시에게 그 돈을 주지는 못할거야.

You wouldn't dare harm me!
설마 내게 해를 끼치지는 못하겠지!

You wouldn't dare tell her that secret.
설마 걔한테 그 비밀을 말하지는 않겠지.

A: Our company's rival asked me to give them some secret files.

B: You wouldn't dare give them the information!

A: 경쟁사가 내게 비밀파일을 달라고 했어.
B: 네가 설마 걔네들에게 정보를 주지는 못하겠지!

You make me~
넌 나를 …하게 만들어

make+목적어+형용사[pp]하게 되면 "목적어를 …하게 만들다"라는 의미로 특히 기쁘게하다, 화나게하다처럼 감정적인 표현을 할 때 사용된다. 또한 make+사람+동사원형의 형태로 사람을 "강제로 …하게 만들다"라는 표현도 많이 쓰이는데 이는 상대방의 말이나 행동 그리고 어떤 상황이 어쩔 수 없이 그렇게 만든다는 말이다. "너로 해서 기분이 …하다"는 You make me feel+형용사의 형태가 자주 쓰인다.

Point

■ **You make me~** 넌 나를 …하게 만들어

■ **You're making me~** 넌 나를 …하게 만들어

Do you know how stupid **you make me** look.
네가 날 얼마나 바보처럼 보이게 만들었는지 알아?

I'm proud of you all. **You make me** proud
너희 모두 다 자랑스러워. 너희들 때문에 내가 자랑스러워.

You make me sick. This thing between us… It's over for good.
널 보면 구역질 나. 우리 사이는… 아주 끝났어.

Sit down, Gus, **you're making me** nervous.
거스 앉아, 너 때문에 초조해진다.

You make me happier than I ever thought I could be.
넌 내가 상상하는 것 이상으로 날 행복하게 해.

A: If you don't try harder, no one will respect you.

B: You're making me stressed about the situation.

A: 네가 더 열심히 하지 않으면, 아무도 널 존중하지 않을거야.

B: 넌 내가 더 스트레스 받게 해.

A: It looks like you are feeling good today.

B: You make me happy when you smile.

A: 너 오늘 기분 좋아보여.

B: 네가 미소를 지을 때면 난 행복해져.

You make me feel much better

상대방이 "내 기분을 …상태로 만든다"는 표현. 기분좋게 만들어주면 feel better를, 나쁘게 만들어주면 feel bad를 쓰면 된다.

Point

▶ **You make me feel+adj** 네가 내 기분을 …하게 만들어줘

You make me feel much better.
네 덕분에 기분이 한결 나아.

You make me feel beautiful.
네 덕분에 내가 아름답다는 느낌이 들어.

Ma'am. You make me feel old. Stop it.
부인, 부인 때문에 내가 늙었다는 느낌이 드네요. 그만하세요.

A: I'm so sorry I criticized you in front of your friends.

B: You made me feel bad that night.

A: 네 친구들 앞에서 널 비난해서 미안해.

B: 그날 저녁 너 때문에 기분 나빴어.

You made me look ridiculous to him

이번에는 You made me+adj[V]의 형태로 "네가 나를 …하게 했어"라는 의미. made 다음에는 형용사나 동사가 다 올 수 있다는 점을 명심한다.

▶ **You made me+adj[V]** 네가 나를 …하게 했어

You made me so happy. You made me laugh, you made my mother like you. 너때문에 난 기뻤고, 웃었고 그리고 우리 엄마가 널 좋아하게 만들었어.

You made me look ridiculous to him.
너때문에 내가 걔한테 아주 우스꽝스럽게 됐어.

You made me doubt Ellie's honesty.
너 때문에 내가 엘리의 정직함을 의심하게 되었어.

A: You seem to study whenever you have free time.

B: You made me take extra courses.

A: 넌 시간날 때마다 공부하는 것 같아.
B: 너 때문에 내가 추가로 과목을 듣잖아.

You and Jude are making me look like an idiot

make me 다음 동사를 look like로 쓰면 "나를 …처럼 보이게 하다"라는 뜻이 된다. look like 다음에는 명사나 S+V의 절이 올 수 있다

▶ **You make me look like+N[S+V]** 너 때문에 내가 …처럼 보여

You and Jude are making me look like an idiot.
너와 주드 때문에 내가 멍청이처럼 보이잖아.

He says he can make me look like normal.
걔가 날 정상인 것처럼 보이게 해줄 수 있대.

I like it. Makes me look like an authority figure.
좋아. 그 때문에 내가 권위있는 사람처럼 보이네.

A: I'm sorry that I've been dating other girls.

B: You make me look like an idiot when you do that.

A: 다른 여자애들하고 데이트해서 미안해.
B: 네가 그렇게 하면 내가 바보가 되잖아.

Why did you make me put on this dress?

상대방의 얘기대로 했는데 일이 틀어졌을 경우, 이때 화를 내면서 "왜 나보고 …하도록 했냐?"라고 불만을 터트리는 문장이다.

▶ **Why did you make me~?** 왜 나보고 …하도록 했어?

Why did you make me put on this dress?
왜 나한테 이 드레스를 입어보라고 한거야?

Why do you make me do this to you?
왜 나보고 네게 이렇게 하라고 하는거야?

Why did you make me leave her? This is your fault!
왜 내가 걔를 떠나게 한거야? 이건 네 잘못이야!

A: Why did you make me walk home?

B: I just didn't have time to give you a ride.

A: 왜 날 집까지 걸어가게 한거야?
B: 널 차로 데려다 줄 시간이 없었어.

Section 02

050

Don't make me~

내가 …하게 하지마

001

단호하게 그런 짓 또하지 말라고 직설적으로 말할 때는 Don't make me +V라는 표현을 쓴다. 이렇게 거절할 때도 쓰지만 "그만 좀 웃겨"(Don't make me laugh), "또 묻게 하지마"(Don't make me ask you again) 등 다양한 상황에서 쓰일 수 있다.

Point

■ **Don't make me +V** 내가 …하게 하지마

Don't make me laugh!
웃기지 좀 매(웃음 밖에 안 나온다)

Don't make me say it again!
두번 말하게 하지마!

Don't make me Mirandize and cuff you in here.
여기서 미란다권리를 읽어주고 너에게 수갑을 채우게 하지마.

Please don't make me regret inviting you here.
내가 널 여기 초대한 걸 후회하게 하지마.

Don't make me do this again, I don't like my voice like this.
내가 다시는 이렇게 하도록 하지마, 난 이런 내 목소리 싫어.

A: Come on, just help me cheat on the test.
B: **Don't make me do** something I'll regret.
A: 그러지마, 그냥 컨닝하는 것 좀 도와줘.
B: 내가 후회할 일을 하게 하지마.

A: I'm about to fight one of your friends.
B: **Don't make me get the** police out here.
A: 네 친구들 중 한명과 싸울거야.
B: 이리로 내가 경찰을 부르게 하지마.

002

Don't you make me throw him out

좀 특이하게 생겼지만 Don't make me +V와 같은 뜻. 강조하기 위해서 Don't 다음에 you를 삽입한 경우이다.

Point

▶ **Don't you make me +V** 내가 …하도록 하게 하지마

I'm warning you, don't you make me come down there after you.
내가 경고하는데, 내가 그리로 가서 널 뒤쫓게 하지마.

Don't you make me come over there.
내가 거기에 들리도록 하게 하지마.

Don't you make me waste my time.
내가 내 시간을 낭비하게 하지마.

A: Tell Jason that he can't stay with me anymore.
B: **Don't you make me throw him out.**
A: 제이슨에게 더이상 나랑 같이 못지내 겠다고 말해.
B: 내가 걔를 쫓아내게 하지마.

Don't make us do this in front of them

이번에는 make의 목적어가 us가 된 경우로 "우리가 …하도록 하게 하지마"라는 부탁내지는 요청표현.

▶ **Don't make us+V** 우리가 …하게 하지마

Don't make us do this in front of them.
걔네들 앞에서 우리가 이걸하게 하지마.

If you can fix it now then don't make us wait.
지금 수리할 수 있으면 우리를 기다리게 하지마.

You got to keep up your strength. Don't make us look bad.
너 체력 좀 길러야겠어. 우리를 초라해 보이게 하지말라고.

A: I'm ready to drink this whole bottle of whisky.

B: Don't make us regret inviting you.

A: 난 이 위스키를 한 병 다 마실 준비가 됐어.

B: 우리가 널 초대한걸 후회하게 하지마.

Don't make her choose

Don't make~ 다음에 me나 us 외의 제 3자가 오는 경우. 그리 많이 나오지는 않지만 이런 부분까지 알아두면 금상첨화.

▶ **Don't make sb+V** …가 …하게 하지마

Oh, that is so unfair. Don't make her choose.
어, 너무 불공평해. 걔가 선택하게 하지마.

Oh Mom, please, don't make her do this.
제발, 엄마, 걔가 이거 못하게 해.

Don't make him pay for my mistakes.
내 실수의 대가를 걔가 치르지 않게 하도록 해.

A: My wife nags me all day long.

B: Don't make her keep complaining about things.

A: 아내가 온종일 바가지를 긁네.

B: 걔가 매사에 계속 불평하지 못하게 해.

Don't make me feel bad for doing my job

Don't make~ 구문 중에서 가장 잘 알려진 구문은 Don't make me feel+adj이다. "내 기분을 …하게 만들지마라"라는 뜻이 된다.

▶ **Don't make me feel~** 내 기분을 …하게 만들지마

Hey, don't make me feel bad for doing my job.
야, 내 일을 하는데 기분나쁘게 만들지마.

Don't make me feel bad about this.
내가 이거에 낙담하게 만들지마.

Don't make me feel guilty for your drinking and partying.
너희 음주와 파티에 죄책감을 느끼게 만들지마.

A: You know, people don't trust you at all.

B: Don't make me feel worse than I do.

A: 저기, 사람들은 너를 전혀 신뢰하지 않더라.

B: 지금보다 기분 더 나쁘게 만들지마.

She makes you want to~
네가 …하고 싶게끔 해

001

직역해보면 걔는 네가 to 이하를 원하게끔 한다. 의역해보면 "걔때문에 너는 to 이하를 하고 싶어진다"는 것이다. 주어에 무슨 인칭이 오든 주어 때문에 you가 …하고 싶게끔 만든다라는 의미.

Point

■ **She makes you want to~** 걔때문에 너는 …를 하고 싶어져

I made you want to become a lawyer.
나 때문에 넌 변호사가 되고 싶어했어.

I'm going to make you want to pee.
난 네가 소변보고 싶도록 만들거야.

He is really good at explaining things, and he makes you want to learn more.
걘 설명을 정말 잘해, 그래서 걔는 네가 더 배우고 싶게끔 하잖아.

She makes you want to get into an argument.
걔 때문에 넌 논쟁에 휘말렸어.

She makes you want to live a better life.
걔 때문에 너는 더 나은 삶을 살고 싶어지는거야.

A: I think that everyone is in love with Lisa.
B: She makes you want to take her in your arms.
A: 다들 리자를 사랑하는 것 같아.
B: 걔를 보면 네가 걔를 껴안고 싶어져.

A: How will you help us when we're at the gym?
B: I'm going to make you want to get in shape.
A: 우리가 체육관에 있을 때 어떻게 우리를 도울거야?
B: 네가 몸짱이 되고 싶게 해줄게.

002

He makes me want to be a bigger man

이번엔 사람들이 나(me)를 변하게 하는 경우. "주어 때문에 내가 …하고 싶어졌다"라는 구문으로 영화대사인 "You make me want to be a better man"(너 때문에 내가 더 좋은 사람이 되고 싶어졌어)으로 유명하다.

Point

▶ **He makes me want to ~** 걔 때문에 내가 …하고 싶어졌어

He makes me want to be a bigger man.
걔 때문에 나는 좀 더 나은 사람이 되고 싶어졌어.

You know, she is the one who made me want to write.
저기, 걔는 내가 글을 쓰고 싶게 만든 사람 중 한명이야.

He makes me want to punch him.
걔는 내가 걔를 패고 싶은 충동을 일으키게 해.

A: People have a lot of respect for your father.
B: He makes me want to be just like him.
A: 사람들이 네 아버지를 엄청 존경하더라.
B: 아버지 때문에 나도 아버지 같은 사람이 되고 싶어졌어.

003 **It made me want to** be generous to you

이번에는 사람이 아닌 대명사가 오는 경우로 it makes me want to~ 하게 되면 "그 때문에 내가 …하고 싶어진다"라는 말이 된다.

> ▶ **It makes me want to~** 그때문에 내가 …하고 싶어져
> ▶ **That makes me want to~** 저때문에 내가 …하고 싶어져

When I think about it, it makes me want to die.
그 생각을 하면 죽고 싶어져.

It makes me want to go back into a cave and never come out again.
그 때문에 동굴로 다시 돌아가서 다시는 안나오고 싶은 마음이 생겨.

It made me want to be generous to you. I'm just really proud of you.
그 때문에 너한테 관대해지고 싶어져. 난 정말이지 네가 자랑스러워.

A: That damned kid has been causing a lot of trouble.

B: It makes me want to punish him.

A: 저 망할놈의 자식이 엄청 사고치고 있어.

B: 그러고보니 걔를 벌주고 싶은 마음이 생기네.

004 I have an idea that may **make you want to** stay married

사물주어이고 make의 목적어는 you로 바뀐 경우. "그 때문에 너는 …하고 싶어진거야"라는 의미.

> ▶ **It makes you want to~** 그 때문에 너는 …하고 싶어져, 그건 …하고 싶게 만들어

Jeff was HIV positive and Andy might be, too. Makes you want to warn her. 제프는 HIV양성이고 앤디도 그럴거야. 그러니 네가 그녀에게 경고하고 싶지.

I have an idea that may make you want to stay married.
네가 결혼을 유지하고 싶게 만들만한 생각이 하나 있어.

Christmas makes you want to be with people you love.
크리스마스에는 사랑하는 사람들과 함께 보내고 싶어.

A: The traffic and pollution are horrible here.

B: It makes you want to move to the country.

A: 여기 교통과 오염이 끔찍해.

B: 그때문에 네가 시골로 이사하고 싶어지지.

005 What happened to that little boy to **make him want to** take a life?

make의 목적어로 me나 you가 아닌 3인칭 him, her가 나오는 경우. 주어 때문에 "걔는 …가 하고 싶어졌어"라는 의미. 상당히 영어적인 구문으로 감각적으로 받아들여야 한다.

> ▶ **~make him[her] want to~** …때문에 걔가 …하고 싶어졌어

What happened to that little boy to make him want to take a life?
그 소년에게 무슨 일이 났기에 목숨을 끊고 싶게 만들었어?

How much do you think it would cost to make him want to be like me?
걔가 나처럼 되고 싶어하게끔 하는데 비용이 얼마나 들 것 같아?

Not the kind of illness that will make her want to come over and take care of me. 나를 찾아와서 보살펴줄 만한 병은 아니야.

A: Mary has been complaining of a toothache.

B: That makes her want to see a dentist.

A: 메리가 치통을 앓고 있어.

B: 그 때문에 걔는 치과에 가고 싶어졌어.

052

How are we supposed to~?
내가 어떻게 …을 하겠어?

PATTERN 001

be supposed to+동사원형의 형태. 구어적인 표현으로, 우리말로는 "…하기로 되어 있다"로 옮겨진다. 주어가 의무, 책임, 법, 약속 및 평판 등을 근거로 "…하는 것이 강하게 기대되다"라는 것이 이 표현의 출발점. 여기서는 의문사와 be supposed to의 만남을 주제로 정리해보자. 먼저 How와 어울리는 모습을 보자.

Point

- **How am I supposed to +V ?** 내가 어떻게 …을 하겠어?
- **How are we supposed to +V?** 우리가 어떻게 …을 하겠어?

How am I supposed to know? You said the same thing you said.
내가 어찌 알겠어? 넌 같은 말만 되풀이 하고 있잖아.

How're we supposed to do our job if we can't talk to the suspect?
우리가 용의자와 대화를 할 수 없으면, 우리가 어떻게 일을 해?

Well, how am I supposed to get home? I don't have any money.
나보고 집에 어떻게 가라고? 돈이 한푼도 없는데.

I don't cook, how am I supposed to cook for them?
요리를 안하는 내가 어떻게 걔네들에게 요리를 해주겠어?

I mean, how am I supposed to remember something like that?
내말은, 내가 어떻게 그런걸 기억할 수 있겠어?

A: They've been constructing a building next door.
B: How are we supposed to sleep at night?

A: 옆집에 건물을 짓고 있어.
B: 우리보고 밤에 어떻게 자라는거야?

A: I'm sorry, I broke your antique clock.
B: What? How am I supposed to find another one?

A: 미안, 내가 네 골동품 시계를 망가트렸어.
B: 뭐라고? 나보고 어떻게 같은 걸 또 사라고?

PATTERN 002

What am I supposed to do, ignore them?

what은 단독으로 주어처럼 쓰이기도 하고 혹은 supposed to+V의 목적어로도 쓰인다. 목적어로 쓰일 경우 to 이하에 나오는 동사에 따라 달라지겠지만 "내가 어떻게 …해야 하나요?"정도로 해당된다고 생각하면 된다.

Point

▶ **What am I supposed to~?** 내가 어떻게 …해야 해?

What am I supposed to do, eat French toast on a Monday?
내가 어떻게 해야 하나, 월요일인데 프렌치 토스트를 먹어?

These are my guests. What am I supposed to do -- ignore them?
이사람들은 내 손님들이야. 내가 어떻게 해야 돼, 무시해버려?

What is that supposed to mean? My son was a victim here.
그게 무슨 뜻이야? 여기서 내 아들은 피해자라고.

A: What am I supposed to do with these flowers?
B: Why don't you give them to the girls in the office?

A: 이 꽃들 어떻게 해야 되는거야?
B: 사무실에 있는 여자들에게 갖다줘.

Everything's **where it's supposed to** be

이번에는 의문사가 주도하는 문장이 아니라 be supposed to을 안고 있는 의문사절이 전체문장의 한 요소, 특히 보어가 되는 경우를 살펴본다

> **~ be what[when~] S be supposed to ~** …는 …해야 할 …이야

Now is when you're supposed to have a little fun.
지금 넌 즐겨도 돼.

Well, his liver's not where it's supposed to be.
저기, 그의 간이 있어야 할 위치에 있지 않네.

Everything's where it's supposed to be.
모든 것이 제 자리에 있어.

A: What a beautiful day to be on the beach.

B: Now this is what you're supposed to do to relax.

A: 해변으로 오기에 참 좋은 날이야.
B: 이게 네가 긴장 풀기 위해 할 일이지.

I don't **know what I'm supposed to** say

의문사+be supposed to~ 절이 동사 know, tell, show, be sure 등의 목적어로 쓰이는 경우.

> **know[tell, be sure, show]+what[when~] be supposed to** …인지 알다[말하다, 확신하다, 보여주다]

I'm your wife and I think that's what I'm supposed to do.
난 네 아내이고 그게 내가 할 일이라고 생각해.

I don't know what I'm supposed to say.
무슨 말을 해야 할 지 모르겠어.

I'll show you where you're supposed to be.
네가 어디에 있어야 할지 내가 알려줄게.

A: James disappeared and hasn't been heard from.

B: I'm not sure what I'm supposed to tell his wife.

A: 제임스는 사라졌고 아무런 소식도 들려오지 않아.
B: 걔 아내에게 무슨 말을 할지 모르겠어.

That's **what we're supposed to** think

의문사+be supposed to~ 절이 That's나 This is의 보어로 쓰이는 경우.

> **That's[This is]+what[when~] be supposed to** 그게 바로 …가 …해야 하는 것이야

That's what we're supposed to think.
그게 바로 우리가 생각해야 되는거야.

This isn't how it's supposed to be.
이렇게 되면 안되는건데.

This is not how it's supposed to go. I'm supposed to take her out.
상황이 이렇게 되면 안되는데, 내가 걔를 데리고 가야 한다고.

A: Did he say we need to complete these math problems?

B: That's what we're supposed to be doing.

A: 우리가 이 수학문제를 다 끝내야 된다고 그가 말했어?
B: 바로 그게 우리가 할 일이지.

I wonder if~
…인지 모르겠어

I guess는 확실하지는 않아도 대강 그럴 것 같다는 추측이지만 I wonder[was wondering] 주어+동사는 정말 몰라서 궁금한 내용을 말할 때 쓰는 표현이다. I wonder what[how, where, if~] 주어+동사의 형태로 쓰면 된다. 먼저 "…인지 궁금해하다"라는 뜻의 I wonder if~ 및 I wonder whether~를 알아본다.

> **Point**
> - **I wonder if~** …인지 궁금해, …인지 모르겠어
> - **I wonder whether~** …인지 궁금해, …인지 모르겠어

I wonder if this dirt matches the field where we found Ryan.
이 흙이 우리가 라이언을 발견한 마당의 흙과 일치하는지 모르겠네.

I wonder if he's got something that cracks the codes to the locks.
그가 암호를 풀 단서를 가지고 있는지 궁금해.

I wonder if he murdered anyone on campus.
그가 교내에서 누군가를 살해했는지 궁금해.

I wonder if my poor mouth will ever taste pizza again.
내 불쌍한 입이 언제 다시 피자맛을 볼 수 있을런지 모르겠네.

I wonder if you can see my apartment from up here.
네가 여기 위에서 내 아파트를 볼 수 있는지 모르겠어.

A: My keys have been missing since Lauren left.
B: I wonder if she took them with her.
A: 로렌이 나간 이후로 내 열쇠가 보이지 않아.
B: 걔가 열쇠를 가지고 갔는지도 몰라.

A: You look serious today. What's wrong?
B: I wonder whether my wife really loves me.
A: 너 오늘 심각해보여. 무슨 일 있어?
B: 내 아내가 날 정말 사랑하는지 모르겠어.

I wonder why I'm still single

I wonder why~는 어떤 사실의 이유를 궁금해할 때 사용하면 된다.

> **Point**
> ▶ **I wonder why~** 왜 …인지 궁금해, 왜 …하는지 모르겠어

And I wonder why I'm still single.
그리고 내가 왜 아직까지 싱글인지 모르겠어.

I wonder why he might even think that.
난 걔가 왜 그렇게 생각하는지조차 이해가 안돼.

I wondered why you hated us so much, you wanted us dead.
난 네가 우리를 왜 그렇게 싫어하고, 우리가 죽기를 바라는지 모르겠어.

A: I wonder why people go to church.
B: I guess they feel happier when they embrace religion.
A: 왜 사람들이 교회에 가는지 모르겠어.
B: 사람들은 종교를 가지면 더 행복해하는 것 같아.

I wonder when he is gonna ask me

'언제 그랬는지 시기'가 궁금할 때는 I wonder when S+V, '어디서 …하는지' 궁금할 때는 I wonder where S+V라 하면 된다.

Point

▶ **I wonder when S+V** 언제 …인지 궁금해, 언제 …하는지 모르겠어
▶ **I wonder where S+V** 어디서 …인지 궁금해, 어디서 …하는지 모르겠어

I'm so excited! I wonder when he is gonna ask me.
너무 신나! 걔가 언제 내게 물어볼지 모르겠네.

I'm going to have to act surprised. I wonder when it's going to happen? 난 놀란척 해야 되겠구만. 언제 그럴건데?

I wonder where David is. He should have been here by now.
데이빗이 어디에 있는지 모르겠어. 지금쯤이면 여기 왔어야 되는데.

A: I wonder when Pablo will get married.

B: He has been getting serious with his latest girlfriend.

A: 파블로가 언제 결혼할지 모르겠어.

B: 최근 만나는 여친과 심각하던데.

I wonder how that happened

시간이나 이유보다는 그 과정, 방법 등이 궁금할 때는 I wonder how S+V라 한다.

Point

▶ **I wonder how S+V** 어떻게 …인지 궁금해, 어떻게 …하는지 모르겠어

I wonder how that happened.
어떻게 그런 일이 일어났는지 모르겠어.

I wonder how Monna and Jack could do it?
어떻게 모나와 잭이 그렇게 할 수 있는지 모르겠어.

I wonder how many girls leave here with GHB in them?
얼마나 많은 여자들이 GHB(물뽕)를 가지고 여기를 나가는지 모르겠어.

A: That is the largest apartment building I've seen.

B: I wonder how many people live there.

A: 저건 내가 여태까지 본 것중 가장 큰 아파트 건물이야.

B: 저기에 얼마나 많은 사람들이 사는지 모르겠어.

I wonder who it could be from?

이번에는 이유, 시간, 방법도 중요하지 않고 오직 누가 그랬는지를 알고 싶어할 때는 I wonder who~라고 하면 된다.

Point

▶ **I wonder who S+V~** 누가 …인지 궁금해, 누가 …하는지 모르겠어

I wonder who's gonna play you in the movie!
영화에서 누가 네 역을 맡을지 궁금하네!

I wonder who told her that.
누가 걔한테 그 얘기를 해줬는지 모르겠어.

I love presents! I wonder who it could be from?
나 선물 좋아해! 누가 보냈을까 모르겠네.

A: I wonder who left the flowers on my desk.

B: I think it may have been Angela.

A: 누가 내 책상에 꽃을 두고 갔는지 모르겠어.

B: 안젤라이었을 수도 있을거야.

I was wondering if~
…인지 모르겠어

PATTERN 001

I was wondering~하면 무조건 부탁하는 문장으로 알기 쉬운데, 궁금한 문장이냐 부탁하는 문장이냐를 가늠하는 건 if 뒤에 나오는 could[would] 혹은 과거동사를 기준으로 해야 한다. 물론 문맥에 따라 궁금한 내용을 과거로 말할 수도 있지만 말이다. 여기서는 이미 배운 I was wondering[wonder, wondered] if S+could[would]의 경우를 뺀 궁금하다는 문장만을 연습해 본다.

> **Point**
> - **I was wondering if~** …인지 모르겠어
> - **I was wondering why~** 왜 …인지 모르겠어
> - **I was wondering how~** 어떻게 …인지 모르겠어

I was just wondering why you're here.
네가 왜 여기에 있는지 생각해봤어.

I was wondering if you'd like to go to a movie with me sometime.
네가 언제 나랑 영화를 보러 갈지 모르겠어.

I was wondering why we had Saltines and corn muffins for dinner.
우리가 왜 짭짤한 크래커와 옥수수 머핀을 저녁으로 먹었는지 모르겠네.

I was wondering how do you say hello in Russian?
러시아어로 안녕을 어떻게 말하는지 궁금해.

I was wondering if there was a problem with my review.
내 리뷰에 문제점이 있는지 모르겠어.

A: Why did you want to speak to our dietician?

B: I was wondering if it is possible to lose twenty pounds.

A: 왜 너는 우리 영양사와 말하고 싶어했어?
B: 20 파운드를 빼는게 가능한지 궁금했어.

A: I was wondering why you went home.

B: I was really tired and wanted to get some sleep.

A: 넌 왜 집에 간거야?
B: 정말 피곤해서 좀 쉬고 싶었어.

PATTERN 002

I'm **wondering if** she has the same sense of humor

현재진행형인 I'm wondering if[why, how~] S+V의 형태로 궁금한 것을 물어보는 경우.

> **Point**
> ▶ **I'm wondering if~** …인지 모르겠어, …가 궁금해
> ▶ **I'm wondering how~** 어떻게 …인지 모르겠어, 어떻게 …하는지 궁금해

I'm wondering why Tom never told me he had a sister.
왜 탐은 누이가 있다는 걸 내게 말하지 않았는지 궁금해.

I'm wondering if she has the same sense of humor.
걔도 같은 유머감각이 있는지 모르겠어.

I'm wondering how somebody like you would react.
너같은 사람이 어떻게 반응할지 궁금해.

A: I'm wondering if we can have coffee sometime.

B: Sure. Do you like the stuff they serve at Starbucks?

A: 우리 언제 한번 커피마실 수 있을까.
B: 그럼. 스타벅스에서 파는 것들 좋아해?

003 I wonder what's going on over there

이번에는 진행형(I'm wondering)이 아닌 현재형으로 궁금한 것을 물어보는 패턴으로 I wonder if[why, how~] S+V라 쓰면 된다.

> **I wonder if[what, where, how~]** …가 궁금해, …하는지 모르겠어

I wonder what's going on over there.
저기서 무슨 일이 벌어지는지 모르겠어.

I wonder if that camera works
저 카메라가 작동하는지 모르겠어.

I wonder how he'll react.
걔가 어떻게 반응할지 궁금해.

A: I haven't seen April or Andy for about a month.

B: I wonder what's going on in their apartment.

A: 거의 한달동안 에이프릴과 앤디를 못 봤어.

B: 걔네 아파트에 무슨 일이 일어났는지 모르겠네.

004 I wondered if you were dating anyone

과거형인 I wondered if[why, how~] S+V의 형태로 궁금한 것을 물어보는 경우.

> **I wondered if[why~] ~** …가 궁금했어, …하는지 모르겠어

I wondered if you were dating anyone.
혹 누구와 데이트하고 있는지 궁금했어.

I wondered if she actually even knew how to use it.
걔가 그것의 사용법을 정말 알기나 하는건지 궁금했어.

I wondered why they called you guys in.
왜 걔네들이 너희들을 불러들였는지 궁금했어.

A: Our manager was diagnosed with a serious disease.

B: I wondered why she appeared to be unhealthy.

A: 우리 부장이 중병진단을 받았어.

B: 난 부장이 왜 그렇게 건강이 안좋아 보였는지 궁금했었어.

I bet~

분명히 …해

bet은 "(내기에) 돈을 걸다"라는 의미로 종종 비유적으로 자신이 내기에서 돈을 걸 때처럼 '자신의 말에 강한 확신'을 가지고 있을 때 I bet (you) that S+V의 형태로 사용된다. 먼저 bet sth on sth, bet sth S+V, bet S+V 등인데 먼저 I bet S+V 의 형태를 살펴보자.

Point

■ **I bet S+V** 분명히 …해   ■ **I bet sth S+V** 틀림없이 …해

■ **I bet you S+V** 분명히 …한다고   ■ **My bet is that S+V** 분명히 …해

I bet Max would let us keep it.
맥스는 분명히 우리가 그걸 보관하게 해줄거야.

I bet there's a room at the inn you could stay in.
틀림없이 여관에 네가 머물 수 있는 방이 있을거야.

I bet most people didn't see it.
분명히 대부분의 사람들은 그것을 못봤을거야.

I bet his dad ratted him out 'cause he's jealous.
분명히 걔 아버지는 질투심때문에 걔를 밀고했을거야.

My bet is that it's against your lab's policy.
장담하건데, 그건 네 연구실의 정책에 위배돼.

A: Someone broke into this building.
B: I bet that person is still inside.

A: 누군가 건물에 침입했어.
B: 틀림없이 그 놈이 아직 안에 있다구.

A: Larry was just caught taking someone's computer.
B: I bet you he tries to do it again.

A: 래리가 다른 사람의 컴퓨터를 훔치다 걸렸어.
B: 틀림없이 걔는 또 그럴거야.

I'll bet she's totally over me

조동사 will이 들어갔을 뿐 의미는 동일하다. 역시 자기가 하는 말에 강한 확신을 드러내는 표현.

Point

▶ **I'll bet sth on~** 분명히 …할거야

▶ **I'll bet S+V** 분명히 …할거야

▶ **I'll bet you 돈 S+V** 틀림없이 …할거야

I'll bet she's totally over me, I'll bet she's fine.
걘 분명 나를 완전히 잊었을거야. 걔는 괜찮은게 확실해.

I'll bet she never cried like that for you.
걘 분명히 너를 위해 그처럼 울어본 적이 없을거야.

I'll bet your mom was kinda wild back in the day.
네 엄마는 예전에 좀 제멋대로셨던게 분명해.

A: Jason is starting his own computer business.
B: I'll bet a million dollars on him failing.

A: 제이슨이 자기 컴퓨터 사업을 시작했어.
B: 장담하는데 걔 분명 실패할거야.

No, but **I'd bet** somebody here was

이번에는 조동사 would가 들어간 경우로 돈이나 생명을 걸 정도로 분명하다는 의미.

Point

▶ **I'd bet sth on sth** …가 확실해(I'd bet S+V 틀림없이 …일거야)

▶ **I'd bet my last dollar that S+V** 분명히 …일거야

I'd bet my badge on it.
그건 정말이지 틀림없어.

I'd bet a jury'd be willing to break with tradition.
분명 한 배심원이 전통을 깨려할거야.

No, but I'd bet somebody here was.
아니, 하지만 분명 여기 있는 누군가는 그랬을거야.

A: Tom and his wife are coming back from their honeymoon.
B: I'd bet that she will have children soon.

A: 탐과 부인이 신혼여행에서 돌아오고 있어.
B: 걔는 분명 곧 아이들을 갖게 될게 확실해.

You bet that I'd screw up!

이번에는 반대로 자기가 내기에 거는게 아니라 상대방보고 돈을 걸어도 된다고 한다. 그 정도로 자기 말이 확실하다는 걸 강조하는 표현법이다.

Point

▶ **You bet S+V** …가 확실해

▶ **You bet your ass that S+V** 틀림없이 …해

You bet that I'd screw up?
내가 일을 그르칠거라고 확신한다고?

You bet your ass I'm gonna fire you! Get out of my kitchen!
틀림없이 널 해고할거야! 내 부엌에서 꺼지라고!

You bet your ass you can have the job!
네가 여기 취직된 것이 확실해!

A: You bet I want coffee... nice and hot and...
B: Just finish your soup, and we'll get naked.

A: 당연히 맛있고 따뜻한 커피를 마시고 싶고…
B: 언능 수프나 다 먹고 다벗고 놀자고.

You can bet your ass she'll give you something

You can bet~ 역시 상대방에게 "…을 걸어도 된다"는 말로 역시 자기 말의 신뢰성을 강조하기 위해 표현법.

Point

▶ **You can bet S+V** 분명히 …해

▶ **You can bet your ass S+V** 틀림없이 …해

You can bet your ass she's your last.
걔가 너의 마지막이라는 건 확실해.

But you can bet your sweet ass I will find them.
하지만 장담하건데 내가 걔네들을 찾을거야.

You can bet your ass she'll give you something.
틀림없이 걔가 너에게 뭔가를 줄거야.

A: My son just finished his tour with the Marines.
B: You can bet it is the happiest day of his life.

A: 아들이 해병대 견학을 끝냈어.
B: 분명 걔 평생 제일 즐거운 날이었을 거야.

You'd better tell me ~

내게 …을 말하는게 좋을 걸

PATTERN 001

You'd better+동사는 보통 친구나 아랫사람에게 하는 말로 "…해라," "…하는 게 좋을 것이야"라는 뜻으로 충고내지는 문맥에 따라서는 경고로 쓰이기도 한다. 보통 줄여서 You'd better, I'd better, we'd better로 쓰고 아예 had를 빼고 I(We, You) better+V라고 쓰기도 하고 심지어는 인칭도 빼고 Better+V라 쓰기도 한다. 부정형은 You'd better not do this처럼 better 다음에 not을 붙이면 된다.

Point

■ **You'd better tell me about~** …에 대해 말하는게 좋을 걸, …에 대해 내게 말해봐

■ **You'd better tell me that~** 내게 …을 말하는게 좋을 걸, 내게 말해봐

If you know anything, you better tell us.
뭔가 아는게 있으면 우리에게 털어놔.

I think you better tell me what's going on here.
여기서 무슨 일이 있는건지 내게 말하는게 좋을 것 같아.

You want to stay in business, you better tell us about these girls.
업계에서 살아남으려면, 그 여자애들에 대해 털어놓는게 좋을거야.

Missing bullet, eyewitness … we better tell Grissom we got a war.
총알도 없어지고, 목격자도 있고, 그리썸에게 이건 전쟁이라고 말해야 되겠어.

You better tell me that you at least had a decent conversation with Leo.
적어도 레오와 만족스러운 대화를 했다고 내게 말하는게 좋을걸.

A: You'd better tell Liz to go home.
B: She wants to wait until we all leave.
A: 리즈에게 집에 가라고 말하는게 좋을 거야.
B: 우리가 모두 갈 때까지 기다리겠대.

A: I think I witnessed a serious crime.
B: You'd better tell me about what happened.
A: 강력범죄를 내가 목격한 것 같아.
B: 무슨 일이 있었는지 내게 말해봐.

PATTERN 002

Somebody better tell where this came from right now

특정인을 지목하지는 않았지만 "누군가 …라는 말을 해야 한다는 구문.

Point

▶ **Somebody better tell sb~** 누군가 …에게 …을 말해야 돼

Somebody better tell him to stop, or god help me, he's dead.
누가 걔보고 그만하라고 해야 돼, 아니면 맙소사, 걘 이제 죽었다.

Somebody better tell Sarah or Cindy or whatever her name is.
새라였나 신디였나 누군가는 걔한테 말해줘야 돼.

Someone better tell me where this came from right now.
누가 지금 당장 이게 어디서 온 건지 나한테 말해줘야 돼.

A: Sorry, but vacation time has been cancelled for everyone.
B: Somebody better tell Tom the bad news.
A: 미안하지만 모두들 휴가가 취소되었어.
B: 누군가 탐에게 이 나쁜 소식을 말해줘야 돼.

003 **You better believe** he's tired

상대방보고 믿는게 나을거라고 충고내지는 조언하는 표현이다.

> ▶ **You'd better believe sth** …을 믿는게 나을거야, …가 틀림없어, 정말 …야
> ▶ **You'd better believe that S+V** …를 믿는 게 나을 걸, 정말로 …해

You better believe it, lady.
부인, 그거 정말입니다.

You better believe he's tired, after the day we had!
걔 정말로 피곤해, 우리가 오늘 한 걸 생각해보면 말야!

You better believe I'll do everything I can to protect you.
너를 보호하기 위해서 난 정말로 뭐든 할거야.

A: I heard you had a good time with the woman you met.

B: You'd better believe I want to see her again.

A: 너 만난 여자하고 재미좋았다며.
B: 나 정말로 걔를 다시 만나고 싶어.

---

004 **You better not** be lying to me

You'd better의 부정형으로 You'd better not+V 혹은 You better not~ 등으로 쓰면 된다. 아예 다 거두절미하고 Better not+V의 형태로 쓰기도 한다.

> ▶ **You better not~** …하지 않는게 나아
> ▶ **I better not~** 난 …하지 않는게 좋을거야

You better not be lying to me.
너 내게 거짓말하지 않는게 좋아

Better not be using my toothbrush.
내 칫솔 안 쓰는 게 좋을거야.

Better not be alleging malpractice.
의료과실에 대해 입다무는게 좋을걸.

A: I have so much to do before going to bed.

B: You better not stay up late tonight.

A: 자기 전에 해야 할 일이 너무 많아.
B: 오늘 밤에 밤새지 않도록 해.

---

005 **This better not be** my wife

주어가 that, this 그리고 it이 나오는 경우로 잘못하면 That better~를 That's better의 오자로 착오할 수도 있는 표현이다.

> ▶ **That[This, It] better not be ~** 그거 …아니어야 하는데

That better not be porn, and if it is, I want in.
그거 포르노가 아니어야 하는데, 만약 포르노라면 나도 끼워줘.

This better not be my wife.
설마 내 아내는 아니겠지.

This better not be hers.
이게 걔의 것은 아니겠지.

A: I'll start my diet after I finish this food.

B: That better not be a piece of cake you're eating.

A: 이거 다 먹고 난후 다이어트 할거야.
B: 네가 먹던 케이크 조각은 아니겠지.

It's as if~

마치 …인 것 같아

001

as if는 실제는 아니지만 "마치 …인 것처럼" 이란 뜻으로 as though와 같은 의미이다. 이 as if가 동사와 어울려 비슷한 의미의 몇몇 패턴을 만들어내는데 be as if, look as if, seem as if, appear as if 그리고 act as if 등 다양하다. 먼저 be as if를 살펴보기로 한다.

Point

- **It's as if~** 마치 …인 것 같아
- **It's as though~** 마치 …인 것 같아
- **It was as if~** 마치 … 인 것 같았어

It's as if he was talking about me.
걔가 나에 대해서 얘기하는 것 같았어.

It's as if you're not conscious of anything else.
넌 다른걸 아무 것도 기억을 못하는 것 같구나.

It's as if none of this ever happened.
이 어떤 것도 없었던 일 같아.

It's as though I'm getting a raise and getting fired at the same time.
마치 임금인상이 되면서 동시에 잘리는 것 같아.

It was as if he knew my thoughts before I did.
걔는 마치 내가 알기도 전에 이미 내 생각을 알고 있었던 것 같아.

A: Nero took all his stuff when he left.
B: It's as if he was never even here.

A: 네로는 갈 때 자기 물건을 다 가지고 갔어.
B: 마치 걘 여기 없었던 것 같아.

A: Your mom is the most religious person I know.
B: It's as though she is always in church.

A: 네 엄마는 내가 아는 사람 중에 가장 신앙심이 돈독하셔.
B: 엄마는 항상 교회에 계시는 것 같아.

002

It looks as though she and Derek know each other

as if가 look 동사와 어울려 look as if하게 되면 "…인 것처럼 보이다"라는 뜻이 된다.

Point

- **It looks as if~** …하게 보여
- **It looks as though** …하게 보여

It looks as if you're busy. It can wait.
네가 바빠 보이네. 이건 기다려도 돼.

It looks as though he even slept in the parents' bed.
걔는 부모님 침대에서 잤던 것처럼 보여.

It looks as though she and Derek know each other.
걔와 데렉은 서로 아는 사이같아.

A: No one is signing up to join the lunch program.
B: It looks as if the program will fail.

A: 급식프로그램을 하겠다고 사인하는 사람이 아무도 없어.
B: 그 프로그램이 실패할 것처럼 보여.

It seems as though you oppose the war

이번에도 역시 "…처럼 보이다"라는 의미의 동사 seem과 어울려 It seems as if[though]~라는 패턴을 만들어 내는 경우.

Point
- ▸ **It seems as if~** …하는 것처럼 보여
- ▸ **It seems as though~** …하는 것처럼 보여

It seems as though you oppose the war.
너는 전쟁을 반대하는 것처럼 보여.

It just seems as though that maybe you have intimacy issues.
너는 사람들과 친해지는데 문제가 있는 것처럼 보여.

It almost seems as if you had no choice but to batter your fetus to death. 네 태아를 때려 죽일 수밖에 없었던 것처럼 보여.

A: Alice has had her head on the table for hours.

B: It seems as if she has fallen asleep.

A: 앨리스는 몇시간째 테이블에 머리를 올려놓고 있어.
B: 걔가 잠이 든 것같아 보여.

Alan appears as though everything is okay

역시 비슷한 의미의 appear와 합쳐져서 It appears as if[though]~라는 표현을 만든다. 또한 "…처럼 들린다"라는 It sounds as if~도 함께 알아둔다.

Point
- ▸ **It appears as if[though]~** …처럼 보여
- ▸ **It sounds as if~** …처럼 들려

There's a serial killer who is making it appear as though his victims were committing suicide.
희생자가 마치 자살한 것처럼 보이도록 만드는 연쇄살인범이 있어.

Alan appears as though everything is okay.
앨런은 모든 게 다 괜찮은 것처럼 보여.

A: Jessica looks gorgeous tonight.

B: It appears as if she just had her hair styled.

A: 제시카는 오늘 밤에 정말 멋져 보여.
B: 방금전 미장원에서 머리손질을 한 것처럼 보여.

You act as though you don't need anybody

'행동하다'라는 동사 act와도 연결되어 act as if하게 되면 "…인 것처럼 행동하다"라는 의미가 된다.

Point
- ▸ **You act as if S+V** 넌 …처럼 행동해

You act as though you don't need anybody.
넌 아무도 필요하지 않은 것처럼 행동하고 있어.

You act as if you have free will in the matter.
넌 이 문제에서 마치 너에게 선택의 여지가 있는 것처럼 행동하고 있어.

I didn't even have a chance to act as though I'm okay with it!
난 상관없는 것처럼 행동할 기회조차 없었어.

A: It doesn't matter if I get back with my ex-boyfriend.

B: You act as though you don't care about anything.

A: 옛 남친과 다시 사귄다해도 난 상관없어.
B: 넌 어떤 일이든 신경을 안쓰는 것처럼 행동하네.

058 I assume~
난 …라고 생각해

001

assume에는 '…을 맡다,' '…인 척하다'라는 의미도 있으나 미드에서 가장 많이 쓰이는 의미는 "…가 사실일거라, 맞을거라 추정하다, 추측하다, 생각하다"라는 뜻이다.

Point

■ **I always assumed S+V** 난 항상 …라고 생각했었어

I always just assumed they'd get back together.
난 항상 걔네들이 다시 합칠거라 생각했었어.

You look sad. **I assume** you're thinking about your mother.
너 슬퍼보여. 너 엄마 생각하고 있구나.

I assume that that's why you were stopping by.
그래서 네가 들른거라고 생각하고 있어.

I assume you want to pick out your own wedding dress when we get married, right?
우리가 결혼할 때 네가 직접 웨딩드레스를 고르고 싶어할거라고 생각해, 맞지?

I always assumed I would have sex for the first time before you would have it again.
난 항상 네가 다시 섹스하게 될 첫번째 사람일거라 생각하고 있었어.

A: The cops just came to arrest Carlos.
B: **I always assumed** he'd end up in jail.

A: 경찰들이 와서 카를로스를 체포했어.
B: 걔가 감옥에 가게 될 거라 늘 생각했었어.

A: Look at all those Cambridge University students.
B: **I assume** they will be successful.

A: 저 캠브리지 대학생들 좀 봐.
B: 걔네들은 성공할거라 생각해.

002 I just assumed that everything was gonna be OK

"난 그저 …라고 생각해"라는 의미로 미드에 아주 많이 나오는 형태이다.

Point

▶ **I just assumed S+V** 난 그저 …라 생각했어, …라 가정했어

I just assumed that everything was gonna be OK.
난 그저 모든게 다 괜찮을거라 생각했어.

He just assumed that I would call an ambulance.
걘 내가 앰블런스를 부를거라 생각했어.

I just assumed you worked in Ian's publishing house.
난 네가 이안의 출판사에서 근무한다고 생각했었어.

A: Didn't you wonder why your roommate disappeared?
B: **I just assumed** he would come back later.

A: 왜 네 룸메이트가 사라졌는지 궁금하지 않았어?
B: 나중에 돌아올거라 그냥 생각했었어.

003 ## Let's assume **what** you say is true

뭔가 사실이라고 가정하자, 혹은 그렇게 생각해보자라고 하려면 Let's assume~ 이라고 하면 된다.

> ▶ **Let's assume S+V** …라고 생각해보자, 가정해보자
> ▶ **Let's not assume S+V** …가 아니라고 생각해보자, 가정해보자

Let's assume **what** you say is true.
네가 말한 것이 사실이라고 생각해보자.

Let's not assume it's the same problem.
그게 같은 문제가 아니라고 가정해보자.

Let's assume **that** she wasn't faking it.
걔가 꾀병을 뿌리는게 아니라고 가정해보자.

A: Can we really believe what Kathy told us?

B: Let's assume what she said is true.

A: 케이시가 우리에게 말한게 정말 믿을 수 있을까?

B: 걔가 말한게 사실이라고 가정해보자.

 004 ## Why would you assume that?

왜 그렇게 가정, 추정, 혹은 생각하는거야라는 말로 약간 불만이 섞여있는 표현이다.

> ▶ **Why would S assume that~?** 왜 …는 …라고 생각하는거야?
> ▶ **Why do you always assume~?** 왜 너는 항상 …라고 생각하는거야?

Why would you assume that? Just because we're married?
왜 그렇게 생각하는거야? 우리가 결혼했기 때문에?

Why do you always assume that it's my fault?
왜 너는 늘 그게 내 잘못이라고 생각하는거야?

How can they just assume I'm gay?
걔네들은 어떻게 나를 게이라고 생각할 수가 있어?

A: So, you have a romance going with that woman?

B: Why would you assume we were dating?

A: 그럼 너 저 여자하고 연애하고 있는 거야?

B: 넌 왜 우리가 데이트를 하고 있다고 생각하는 거야?

Does it make sense that ~?

…라는게 말이 돼?

make sense는 한마디로 "말이 되다"라는 뜻. 그래서 make sense of는 "…을 이해하다," make sense to sb하면 "…에게 이해가 되다," 그리고 make sense to+V하게 되면 "…하는 것이 이해되다"라는 뜻을 갖는다. 먼저 말도 안되는 이야기를 듣고서 던지게 되는 의문문 유형을 살펴본다.

Point

- **Does it make sense for sb to~?** …가 …한다는게 말이 돼?
- **Does it make sense that S+V?** …라는게 말이 돼?
- **Does that make sense if S+V ?** …한다면 그게 말이나 돼?

Does it make sense that they would say that?
걔네들이 그런 말을 하다니 그게 말이 돼?

Does it make sense for him to dump her like this?
걔가 그녀를 이런 식으로 차버리는게 말이나 돼?

Does that make sense if it was a suicide?
그게 자살이었다는게 말이 돼?

Does it make sense that the killer returned to the crime scene?
살인범이 범죄현장에 돌아왔다는게 말이 돼?

Does it make sense for him to leave his wife and kids?
걔가 아내와 자식을 버렸다는게 말이 돼?

A: Does it make sense that the killer returned to the crime scene?

B: No, but if he did, maybe we can catch him.

A: 살인범이 범죄현장에 돌아왔다는게 말이 돼?

B: 아냐, 하지만 만약 그가 그랬다면 우리가 범인을 잡을 수 있을지도 몰라.

A: Ronald has chosen to get a divorce.

B: Does it make sense for him to leave his wife and kids?

A: 로날드는 이혼하기로 결정했어.

B: 걔가 아내와 아이들을 떠나는게 말이나 돼?

I know **this doesn't make any sense to** you

make sense를 부정하면 "말도 안되다," "이해가 되지 않는다"라는 의미가 된다.

Point

▸ **It doesn't make sense for[to] sb** …에게는 이해가 되지 않아
▸ **It doesn't make sense to+V~** …하는 것은 말도 안돼

I know this doesn't make any sense to you.
이게 너한테는 전혀 말도 안된다는 것을 알아.

It doesn't make sense for a young person. Why refuse CPR?
젊은 사람에게는 이해가 되지 않아. 왜 심폐소생술을 거부하는거야?

That doesn't make any sense because he doesn't feel attraction or love. 걔는 끌리거나 사랑을 못느꼈기 때문에 그건 말도 안돼.

A: The heavy rain will be here in the afternoon.

B: It doesn't make sense to go out without an umbrella.

A: 오후에 여기에 폭우가 내릴거래.

B: 우산없이 나가면 안되겠다.

003 It would make sense for me to wear a helmet

아직 그렇게는 하지 않았지만 그렇게 하면 더 말이 될 것이라는 뉘앙스를 전달하기 위해 would를 쓴 경우.

> ▸ **It would make sense for sb to~** …가 …하는게 더 말이 될거야
> ▸ **That would make sense because~** …때문에 더 말이 될거야

It would make sense for me to want to protect myself.
내가 나 자신을 보호하고 싶어한다는 것이 자연스러울거야.

It would make sense for me to wear a helmet.
내가 헬멧을 쓰고 있어야 될 듯 해서.

That would make sense if we were having this conversation a week ago. 우리가 일주일 전에 이 대화를 했다면 더 적절했을거야.

A: Jill said that he had a lot of fun with Sam.

B: It would make sense for him to meet her again.

A: 질은 샘하고 아주 재미있었다고 그래.
B: 당연히 걔는 질을 다시 만나고 싶어하겠구나.

004 It never made sense until now

이번에는 과거형으로 It made sense~하면 "…는 이해가 되었어," It never made sense~하게 되면 "…는 절대 이해가 안됐어"라는 뜻이 된다.

> ▸ **It made sense to~** …는 이해가 되었어, 맞는 말이었어
> ▸ **It never made sense~** …는 이해가 안됐어, 전혀 말도 안됐어

It never made sense until now.
지금까지 그건 전혀 이해가 안됐어.

Nicole was getting a sore throat so it made sense to go back to my place. 니콜은 인후염이어서 내 집으로 돌아가는게 이해가 되었어.

It never made sense to me to spend a fortune on something that's gonna be viewed for a couple of hours.
두어시간 볼 걸에 거금을 쓰는게 내겐 도저히 이해가 안됐어.

A: Your old car used to break down a lot.

B: It made sense to buy another one.

A: 네 낡은 차는 고장 엄청 나더라.
B: 새 차를 뽑아도 되겠지.

005 She'll make sense of it

make sense of는 of 이하에 나오는 좀 범상치 않고 흔하지 않고 복잡한 사항을 이해한다는 말이다.

> ▸ **I'll make sense of ~** 난 …을 이해할거야

We're all trying to make sense of it.
우리 모두 그걸 이해하려고 하고 있어.

I just tried to help her make sense of it.
걔가 그걸 이해하도록 도우려 했어.

She'll make sense of it.
걔는 그걸 이해할거야.

A: I can't understand anything that is written here.

B: I'll make sense of these diagrams for you.

A: 여기 쓰여 있는 것은 아무 것도 이해할 수가 없어.
B: 내가 널 위해서 이 도표들을 이해하도록 해볼게.

That's the way~
그게 …하는 방식이야

001

That's the way!처럼 감탄문으로 쓰이면 "바로 그거야"라는 말이 되지만 That's the way S+V가 되면 "그게 바로 …하는 방식이다"라는 뜻이 된다. 이 문형으로 유명한 문장은 "That's the way the cookie crumbles"가 있다.

> **Point**
>
> ■ **That's the way S+V** 그게 …하는 방식이야
> ■ **That's not the way S+V** 그건 …하는 방식이 아냐
> ■ **Is that the way S+V?** 그게 …하는 방식이야?

That's the way this business works.
그게 이 사업이 돌아가는 방식이야.

That's the way he accessed his victims.
바로 그런 식으로 그가 희생자들에게 접근했어.

That's not the way it works. I'm the teacher, not you.
그렇게 하면 안돼. 네가 아니라 내가 선생이잖아.

That's not the way it's supposed to happen.
그건 의도했던 대로가 아니야.

Is that the way you see this?
너 이걸 그런 식으로 알고 있는거야?

A: The auto accident claimed several lives.
B: That's the way my uncle was killed.

A: 그 자동차 사고로 몇몇 사람이 죽었대.
B: 내 삼촌도 그렇게 돌아가셨어.

A: Some people like shopping for bargains online.
B: That's not the way I got these items.

A: 어떤 사람들은 온라인으로 싸게 쇼핑하는걸 좋아해.
B: 이 물건들은 그렇게 산 것은 아냐.

002

This is the way the world ends

That이 This로 바뀌었을 뿐이다. "이런 식으로 …하다," "이게 바로 …하는 방식이야" 등 문장에 따라 편하게 우리말 옷을 입히면 된다.

> **Point**
>
> ▶ **This is the way S+V** 이것이 …하는 방식이야(This is not the way S+V 이것은 …하는 방식이 아냐)
> ▶ **Is this the way S+V?** 이게 바로 …하는 방식이야?

This is the way that I find out.
이런 식으로 내가 알아낸거야.

This is the way the world ends.
이런 식으로 세상이 끝나는거야.

Is this the way you get girls to go out with you?
너 이런 식으로 데이트하자고 여자들 꼬셨어?

A: Did you buy all your clothes on the Internet?
B: This is the way people shop these days.

A: 네 옷 전부 인터넷에서 산거야?
B: 요즘에 사람들은 이런 식으로 쇼핑해.

It's the **way** things are done

이번에는 it이 주어로 나오는 경우이다. "그게 …하는 방식이야," "그런 식으로 …해"라는 말이다.

> ▶ **It's the way S+V** 그게 바로 …하는 방식이야
> ▶ **It's not the way S+V** 그건 …하는 방식이 아냐

It's the way you act when she's around.
걔가 옆에 있을 때 넌 바로 그런식으로 행동해.

It's the way he does business.
걔는 사업을 그런 방식으로 해.

Do you see a pattern here, it's the way things are done.
여기 패턴이 보여, 바로 그런 식으로 일이 처리된거야.

A: Pam lived with her parents for years after graduation.
B: It's the way she saved so much money.

A: 샘은 졸업후 수년간 부모와 함께 살았어.
B: 그렇게 해서 걔는 많은 돈을 모았어.

This is the **only way** we find him

여러 갈래 길이 있을 때가 많이 있지만 어떤 목적을 이루기 위해서는 꼭 가야만 하는 한가지 길이 있는 경우도 있는 법. 이럴 때는 the only way를 사용하면 된다.

> ▶ **That's the only way to [that]~** 그게 …하는 유일한 방법이야
> ▶ **It is not the only way to~** 그건 …하기 위해 유일한 방법은 아냐

This is the only way we find him.
이게 걔를 찾는 유일한 방법이야.

It's the only way we're gonna be able to afford a house.
그게 바로 우리가 집을 살 수 있는 유일한 방법이야.

Failing classes is not the only way to get attention from your parents.
낙제가 부모님의 관심을 끄는 유일한 방법은 아냐.

A: Most basketball players practice for hours every day.
B: It's the only way to become the best athlete.

A: 대부분의 농구선수들은 매일 여러시간 연습을 해.
B: 최고의 선수가 되는 유일한 방법이지.

The only way to truly **learn is** from your mistakes

이번에는 The only way를 문장의 맨앞으로 빼고 이를 to+V나 S+V로 수식하는 표현방식. 머리가 무거워지는, 다시말해 주어부분이 좀 길어지는 경우이다.

> ▶ **The only way S+V is~** …하는 유일한 방법은 …이야
> ▶ **The only way to+V is~** …하는 유일한 방법은 …이야

The only way to truly learn is from your mistakes.
진정으로 배울 수 있는 유일한 방법은 자신의 실수에서이다.

Maybe the only way to keep someone you love is by letting them go. 사랑하는 사람을 간직하는 유일한 방법은 그를 보내는 것일 수도 있어.

The only way to have a normal life is without you in it.
정상적인 생활을 할 수 있는 유일한 방법은 너없이 사는거야.

A: Come on, let's go downtown for a while.
B: The only way I can leave is if I skip work.

A: 자, 잠시 시내에 가자.
B: 내가 나갈 수 있는 유일한 길은 일을 땡땡이 치는 것 뿐인데.

Is there any way~ ?

…할 다른 방법이 없을까?

뭔가 막다른 골목길 등에 막혔을 때 다른 방법을 찾으면서 하는 말로, "…할 다른 방법이나 길이 있을까?"라고 머리를 짜내는 표현. Is there any way 다음에는 to+V나 S+V절이 뒤따른다.

Point

■ **Is there any way to +V~ ?** …할 다른 방법이 없을까?

■ **Is there any way S+V?** …할 다른 방법이 없을까?

■ **Isn't there any way to[S+V]~** …할 다른 방법이 없는거야?

Is there any way to do this without Maria and Luis?
마리아와 루이스 없이 이 일을 할 수 있는 방법이 없을까?

Is there any way to find out who she sent these messages to?
걔가 누구에게 이 메시지들을 보냈는지 알아낼 방법이 없을까?

Is there any way you could set up a meeting?
네가 회의를 마련할 수 있는 방법이 뭐 없을까?

Casey, isn't there any way that we can keep this out of court?
케이시, 이걸 법정까지는 안가져갈 방법이 없을까?

Isn't there any way to use the assault charge to force him?
폭행혐의를 이용해서 걔를 밀어부칠 방법이 없는거야?

A: We're planning to go grab a bite to eat.

B: Is there any way to get lunch delivered here?

A: 우리는 좀 간단히 요기할 생각이야.

B: 점심을 이리로 배달시킬 수 있는 방법이 없을까?

A: Marsha says she can pick us up downtown.

B: Is there any way she will meet us at the bus depot?

A: 마샤가 시내에서 우리를 픽업하겠대.

B: 버스터미널에서 우리를 픽업할 방법이 없을까?

There's a way that we can work this out together

Is there any way~의 한 대답으로 "…하는 길이 있다," "…하는 방법이 있다"라는 표현. There's a way~ 다음에 역시 to+ V나 S+V를 붙이면 된다.

Point

▶ **There's a way to[that S+V]~** …할 방법이 있어

▶ **Is there a way to[that S+V]?** …할 방법이 있어?

There's a way to get a refund on this semester's tuition.
이번 학기 수업료를 돌려받을 수 있는 방법이 있어.

Now maybe there's a way that we can work this out together.
우리가 함께 이걸 해결할 수 있는 방법이 있을지 몰라.

Is there a way to possibly monitor his keystrokes while he's online?
걔가 온라인상에 있을 때 걔가 누르는 입력키를 모니터할 방법이 있어?

A: My current cable bill is way too expensive.

B: There's a way to get free cable TV.

A: 현재 내가 내는 유선방송료가 지나치게 너무 비싸.

B: 무료 유선TV를 볼 수 있는 방법이 있어.

Any other way for her to signal her location?

새로 나온 방법도 마음에 안들면 그거 말고 또 다른 방법이 있냐며 머리를 짜내야 한다. 이때는 Is there any other way~?라고 하면 된다. 역시 뒤에는 to+V, S+V가 이어서 온다.

Point

▶ **(Is there) Any other way to[that S+V]?** …하는 다른 방법이 없을까?

Is there any other way out of here besides that door?
저 문 외에 여기서 나갈 수 있는 다른 방법은 없을까?

Any other way for her to signal her location?
걔가 자기 위치를 신호로 보낼 수 있는 다른 방법이 없을까?

Without any physical evidence, is there any other way to bring charges against him? 물리적 증거없이, 걔를 기소할 다른 방법이 없을까?

A: The business refuses to refund your deposit.

B: Is there any other way to get the money back?

A: 회사는 네 보증금을 돌려주지 않는대.
B: 돈을 돌려받을 다른 방법은 없을까?

Is there some way we can assist you?

머리를 탈수기에 집어넣고 돌리고 쥐어짜면 없던 방법도 나오는 법. 이렇게 몇몇 생각이 떠오를 경우에 할 수 있는 표현이 바로 There's some way~이다.

Point

▶ **There's some way~** …할 방법이 좀 있어(Isn't there some way~ ? …할 방법이 좀 없을까?)
▶ **I wish there was some way~** …할 방법이 있으면 좋겠어

Surely there's some way I can make up for the poor service.
형편없는 서비스를 만회할 방법이 분명히 좀 있을거야.

Is there some way we can assist you?
우리가 너를 도울 수 있는 방법이 좀 있을까?

I wish there was some way I could take it back.
내가 그걸 돌려받을 수 있는 방법이 있으면 좋겠어.

A: I just can't figure out who killed the victim.

B: There's some way we can find the answer.

A: 누가 피살자를 죽였는지 모르겠어.
B: 답을 찾을 수 있는 방법이 있어.

There's more than one way to get his prints

more than one way로 방법이 하나 이상, 즉 다시 말해서 여러가지 방법이 있다고 표현하는 문장이다.

Point

▶ **There's more than one way to ~** …할 방법이 하나 이상 있어

There's more than one way to get his prints.
걔의 지문을 채취할 방법이 여러가지 있어.

There's more than one way to be a good mother.
좋은 엄마가 되기 위해선 여러가지 방법이 있어.

There's more than one way to pick up a girl.
여자를 사귀는 방법은 여러가지가 있어.

A: I'm not sure I can find that info on the Internet.

B: There's more than one way to get information.

A: 내가 인터넷에서 그 정보를 찾을 수 있는지 모르겠어.
B: 정보를 얻는데는 여러가지 방법이 있어.

There's no way to~
…할 방법이 없어

뭔가 도저히 가능성이 없거나 불가능하다고 말하는 표현법. There's no way S+V 혹은 There's no way to+동사의 형태로 "…할 방법이 없다," "…할 수 있는 길이 없다"라는 의미로 쓰인다.

Point

- **There's no way to+V~** …할 방법이 없어
- **There's no way that S+V~** …일 리가 없어, 절대 …할 리가 없어

There's no way to trace the payments.
송금내역을 추적할 방법이 없어.

With her and Duke gone, there's no way to track 'em down.
그녀와 듀크가 사라지니, 그들을 추적할 방법이 없네.

There's no way that that's a coincidence.
그게 우연의 일치일 리가 없어.

Well, there's no way there was a kid at that apartment.
저 아파트에 한 아이가 있었을리 만무하지.

There's no way a person can come this close to a live bear.
사람이 살아있는 곰에게 이렇게 가까이 접근할 수는 절대 없어.

A: I really want to have my pet on my vacation.

B: There's no way to take it on the airplane.

A: 휴가 때 내 애완동물을 데리고 가고 싶어.

B: 비행기에 같이 데리고 탈 수 있는 방법이 없어.

A: Are you interested in moving somewhere else?

B: There's no way that I will ever sell this house.

A: 다른 곳으로 이사가고 싶은 생각있어?

B: 난 절대 이 집을 팔지 않을거야.

There's no way to tell he's on the receiving end

비슷한 관용표현으로는 "알 길이 없어"라고 할 때는 There's no way to tell+의문사 S+V의 형태를 쓰면 된다.

Point

▸ **There's no way to tell S+V** …을 알 길이 없어
▸ **There's no way to tell what[if, who~] S+V** …을 알 길이 없어

There's no way to tell who.
누구인지 알 길이 없어.

There's no way to tell he's on the receiving end.
걔가 받는 쪽에 있는지는 알 길이 없어.

There's no way to tell whether it was forcible.
그게 강제였는지 여부는 알 길이 없어.

A: I hope my marriage is going to last forever.

B: There's no way to tell if it will be successful.

A: 내 결혼생활이 영원히 지속되었으면 해.

B: 성공할 지 여부는 알 길이 없는 거야.

There's no telling what you think

이번에는 tell의 진행형을 쓴 There's no telling what[how~]~. 비교적 많이 쓰이는 표현으로 의미는 "…를 알 수가 없어"이다.

Point
▸ **There's no telling what[how~] S+V** …을 알 수가 없어, 몰라

There's no telling what you think.
네가 뭘 생각하는지 알 수가 없어.

There's no telling how long they'll last.
그것들이 얼마나 오래 계속될지 몰라.

There's no telling how many kids they've taken.
그들이 얼마나 많은 아이들을 데려갔는지 알 수가 없어.

A: Mr. Bemis insisted that I meet with him.
B: There's no telling what he wants from you.

A: 베미스 씨는 자기와 만나자고 고집폈어.
B: 그 사람이 너한테 뭘 원하는지는 아무도 몰라.

There's no other way to track her cell phone?

아무리 방법을 찾아도 답이 안 나오는 경우. "…할 다른 방법은 없어"라는 절망적인 표현.

Point
▸ **There's no other way to~** …할 다른 방법은 없어
▸ **There's no other way S+V** …할 다른 방법은 없어

And there's no other way out of the building?
그 빌딩에서 나가는 다른 출구는 없는거야?

There's no other way to track her cell phone?
걔 핸드폰을 추적할 다른 방법은 없어?

There is no other way he could've gotten out.
걔가 빠져 나올 수 있는 다른 방법은 없어?

A: I hate to spend so much money on a taxi.
B: There's no other way to get to Boston tonight.

A: 택시비로 돈 많이 쓰는 건 질색야.
B: 오늘밤에 보스톤에 도착하려면 다른 방법이 없어.

There's only one way to find out

이번에는 "…할 유일한 길이 있다"라는 희망적인 문장. 특히 뭔가를 알아내는 방법이 하나 있다고 할 때 많이 쓰인다.

Point
▸ **There's only one way to~** …할 유일한 길[방법]이 있어

There's only one way to find out.
알아낼 유일한 방법이 있어.

There's only one way to stop it.
그걸 멈추게 할 유일한 방법이 있어.

There's only one way to really send that message.
이 메시지를 보낼 유일한 방법이 있어.

A: I don't think Alan finds me sexy anymore.
B: There's only one way to fix that problem.

A: 앨런이 나를 더이상 섹시하다고 생각하지 않는 것 같아.
B: 그 문제의 해결방법이 딱 하나 있지.

What are you going to ~ ?

…을 …할거야?

001

가까운 미래를 나타내는 데 애용되는 be going to do와 의문사 what이 결합하여 만든 형태인 What are you going to 다음에 원하는 동사를 넣으면 된다. 상대방에게 "뭐할거야?", 혹은 "…을 어떻게 할거야?"라고 물어보는 문장이다. 한편 What are you going to do?는 단독으로 "어떻게 할거야?," "어쩔건데?"라는 의미로 많이 쓰인다.

Point

- **What're you going to do?** 어쩔건데?
- **What're you going to do, V?** 어떻게 할건데, …할거야?
- **What're you going to do with~?** …을 어떻게 할거야?
- **What're you going to+V~ ?** 뭐를 …할거야?

So what are you going to do about it?
그럼 그건 어떻게 할거야?

What are you going to do? Are you going to convict me of murder?
어쩔건데? 날 살인죄로 유죄판결을 내릴거야?

What are you going to do, arrest me?
어쩔거야, 날 체포할거야?

What were you going to tell those mothers and those fathers?
저 어머니들과 아버지들에게 뭐라고 말할거야?

What are you going to do with them?
걔네들 어쩔건데?

A: Our trip to the Bahamas begins next week.

B: What are you going to take with you?

A: 우리 바하마 여행은 다음주에 시작야.

B: 뭐를 가지고 갈거야?

A: I'm tired of these new guys always insulting me.

B: What are you going to do, fight them?

A: 새로운 사람들이 늘 나를 모욕하는데 지쳤어.

B: 어쩔 거야, 걔네하고 싸우기라도 할 거야?

002 When are you going to stop lying?!

시기를 물어보는 표현. "언제 …할거냐?"라는 뜻으로 When are you going to~?라고 쓰면 된다. 이런 구문은 부지기수로 나오니 여기까지는 달달 외워야 한다.

Point

▶ **When are you going to~?** 언제 …할거야?

When were you going to tell us?
넌 언제 우리에게 말을 하려고 했어?

When are you going to stop lying?!
언제 거짓말을 그만둘거야?!

When are you going to learn to have a little faith?
언제 조금이라도 믿음을 갖는 걸 배울 거야?

A: When are you going to pay those bills?

B: Oh, I keep forgetting to take care of them.

A: 그 청구서 비용 언제 낼 거야?

B: 그거 처리한다는걸 계속 깜박했어.

Where are you gonna be around noon?

이번에는 where과 are you going to의 만남. "어디서 …할거야"라고 장소를 물어보는 구문이다.

▶ **Where are you going to~?** 어디서 …할거야?

Where are you going to take her first, the hospital or the morgue?
걔를 어디로 데려갈거야, 병원 아니면 시체안치소?

Where are you gonna be around noon?
정오쯤 어디에 있을거야?

Where are you gonna find a jury pool that doesn't think the guy deserved to die? 그놈이 죽어마땅하다고 생각하지 않는 배심원후보군을 어디서 찾을거야?

A: Where are you going to find another roommate?

B: I guess I'll advertise on the Internet.

A: 다른 룸메이트를 어디서 구할거야?
B: 인터넷에 광고를 내볼까 해.

Why are you gonna disrespect me?

상대방의 행동에 이해가 되지 않아 "왜 …하려고 하는거야?"라고 이유를 물어볼 때 쓰는 패턴.

▶ **Why are you going to+V~?** 왜 …할거야?
▶ **Why are you going to+장소명사?** 왜 …에 가는거야?

Why are you gonna disrespect me?
왜 나를 무시하는거야?

Why are you gonna kill him?
왜 걔를 죽일거야?

Then why are you going to the concert with him?
그럼 왜 개랑 콘서트에 가려는거야?

A: Why are you going to travel to Raleigh?

B: I have a meeting at the IBM facility.

A: 왜 롤리에 가는거야?
B: IBM 단지에서 미팅이 있어.

How are you going to prove it?

역시 궁금하지만 이번에는 방법이다. How are you going to~ 다음에 궁금한 내용을 넣으면 된다.

▶ **How are you going to~?** 어떻게 …할거야?

How are you going to prove it?
어떻게 그걸 증명할거야?

How many more kids are you going to kill!?
얼마나 더 많은 아이들을 죽일거야!?

Great. Now how are you going to settle it, hmm?
좋아. 이제 그럼 그걸 어떻게 해결할거야, 응?

A: How are you going to pay for the broken window?

B: Looks like I'll have to borrow money from my friends.

A: 깨진 유리창 어떻게 변상할거야?
B: 친구에게 돈을 빌려야 될 것 같아.

Section 02
064 I'll have sb~
…에게 …하도록 시킬게

001

"…을 하도록 시키다," "…에게 …을 시키다"라는 의미의 사역동사. 교과서에서만 쓰이는 게 아니라 실제 미드에서도 참 많이 쓰인다. 먼저 have+사람+V의 형태를 알아본다.

Point

■ **I'll have sb ~V** …에게 …하도록 시킬게
■ **Have sb V** …에게 …하도록 해

We'll have him meet us at the precinct.
걔가 관할경찰서에서 우리를 만나도록 할게.

Okay. Have him give us a call when he comes in.
좋아. 걔가 들어오면 우리에게 전화하도록 해.

Have her meet you at the morgue.
걔가 시체안치소에 널 만나도록 해라.

I had him give me a taped statement about how he didn't kill anybody.
그가 아무도 살해하지 않았다는 진술이 녹음된 것을 그가 나에게 제출하도록 했어.

Give me a moment to call my lawyer. I'll have him meet me there.
내가 잠깐 내 변호사에게 전화할게. 거기서 나를 보자고 할게.

A: Tell Brian I need to schedule an appointment with him.
B: I'll have him give you a call tomorrow.

A: 브라이언에게 내가 만날 약속일정을 잡아야 된다고 얘기해.
B: 내일 브라이언이 전화하도록 할게요.

A: Can you have the waitress bring me a drink?
B: Sure, I'll send her over to your table.

A: 웨이트리스보고 마실 것 좀 갖고 오라고 해줘요.
B: 예, 테이블로 보내드리겠습니다.

002 **I can't have you working** this case

이번에는 have+sb[sth]+~ing 형태로 V 자리에 ~ing가 온게 다르다. "sb[sth]가 ~ing하게 하였다"라는 의미로 가장 잘 알려진 표현으로는 You had it coming!(네가 자초한거야)이 있다.

Point

▶ **I have sb[sth] ~ing** …가 …하도록 하게 하다
▶ **I can't have you ~ing** 네가 …하도록 할 수 없어

You have him raping me on the tape. What more do you need?
넌 걔를 시켜 나를 강간하고 녹화했어. 더이상 뭘 바라는거야?

I can't have you working this case.
네가 이 사건을 맡아 일하게 할 수 없어.

Call McGee and have him bring David Wong in here.
매기한테 전화해서 데이빗 웡을 이리로 데려오라고 해.

A: Why is Jesse spending the day with you?
B: I have her helping me sort through the clothes.

A: 제시는 왜 너와 하루를 보내는 거야?
B: 제시한테 나 옷정리하는거 도와 달라고 했어.

003 I'll get him to tell us where Jimmy is

have의 영역을 야금야금 잠식하고 있는 get이 사역동사도 아니면서 have의 사역동사 기능까지 하려고 하는 부분이다. 사역동사가 아니다보니 get sb 다음에 동사원형이 아니라 to +V를 붙여야 한다.

Point
▸ **I'll get sb to~** …에게 …하도록 시킬게
▸ **I got sb to~** …에게 …하도록 했어

I'll get him to tell us where Jimmy is.
지미가 어디있는지 걔가 우리에게 말하도록 할게.

If they don't get him to confess, we got no reason to hold him.
그들이 그를 자백시키지 못하면 그를 잡아둘 근거가 없어.

I had to threaten to take him to court to get him to pay child support.
그가 양육비를 내도록 하기 위해서 고소할거라고 협박해야 했어.

A: Your faucet has a large water leak.
B: I'll get my dad to give me a hand with it.

A: 수도꼭지에서 물이 많이 새는데.
B: 아버지에게 이거 고치는거 도와달라고 해야지.

004 Oh my God! You got her to stop crying!

사역동사라고 해서 너무 거창하게 생각하면 안된다. 위 예문에서 보듯 사소한 일상생활의 단면들을 사역동사를 써서 표현하곤 하기 때문이다.

Point
▸ **You got sb to~** 네가 …에게 …하도록 해

Oh my God! You got her to stop crying!
어머나! 네가 걔울음을 그치게 했네!

You got her to say exactly what I needed.
내가 원하는 것이 무엇인지 정확히 걔가 말하도록 해.

You got her to have sex with you. Obviously, your superpower is brainwashing.
걔가 너와 섹스하게끔 했네. 분명 너의 초능력은 세뇌구만.

A: You got Albert to go out drinking with you?
B: Yeah, and I think he had a really good time.

A: 앨버트가 너와 함께 나가서 술마시게 한거야?
B: 어, 걔가 아주 즐거웠던 것 같아.

005 It got me thinking that I need to go to graduate school

It got me thinking ~은 "나로 하여금 …을 생각하게 하다"라는 뜻으로, It이 나를 생각하도록 강요한 것은 아니지만 생각하지 않을 수 없게 되었다는 뜻. It은 앞에서 언급한 내용이며 thinking 다음에는 that S +V 혹은 of ~ing 형태를 사용하면 된다.

Point
▸ **It got sb thinking of[about] ~ing** …가 …을 생각하게 해, …할 생각이 들어
▸ **It got sb thinking that S +V** …가 …을 생각하게 해, …할 생각이 들어

It got me thinking that I need to go to graduate school.
그것 때문에 난 대학원을 진학할 필요가 있다는 생각이 들었어.

It got me thinking that maybe I should go back to school.
그것 때문에 난 아마도 학업을 다시 시작해야만 한다는 생각이 들었어.

It got me thinking of moving to a different neighborhood.
그것 때문에 난 다른 동네로 이사갈 생각이 들었어.

A: The ending of that movie was so romantic.
B: It got me thinking about my own relationships.

A: 저 영화의 끝은 정말 로맨틱해.
B: 그건 나의 관계를 떠올리게 했어.

065

I had sth pp

…가 …되도록 했어

'have＋목적어' 다음에 pp가 오면 제 3자가 목적어를 pp하였다라는 말이 된다. 따라서 직역하면 제 3자에 의해 목적어가 …당하였다, 즉 "내가 …을 시켜 …하게 하였다"라는 말이 된다 그럼 왜 이렇게 어렵게 말할까? 미국인들은 고지식한 건지 분명한 걸 좋아하는지 자기가 한 게 아니라 다른 사람이 했다는 것을 굳이 말하려는 습성이 있기 때문이다.

Point

■ **have sth＋pp** …가 …되도록 하다

I had my hair done this morning. Did you notice, huh?
오늘 아침에 머리를 깎았어. 알기나 해?

You shouldn't listen to a woman who's just had her heart broken.
마음에 상처를 입은 여인의 말에 귀기울이면 안돼.

I had the room filled with lilies, her favorite flower.
난 걔가 가장 좋아하는 꽃들로 방을 가득 채우게 했어.

So you must have had your vasectomy reversed.
그럼 당신은 정관수술로 묶었던 걸 풀었음에 틀림없네요.

I just had the floors polished. Will you at least take your shoes off, please?
바닥에 광을 냈어요. 최소한 신발은 벗어줄래요?

A: My key won't work.

B: That's probably because I had the locks changed.

A: 내 열쇠가 안돼.

B: 아마도 내가 자물쇠를 바꿨기 때문일거야.

A: We had Anne's IQ tested when she was eight. It's 187.

B: She really is one in a million.

A: 우린 앤이 여덟살 때 IQ를 재봤어. 187야.

B: 정말 드문 케이스이지.

I'll have her removed from this courtroom

역시 마찬가지로 sb를 제 3자에 의하여 pp하게 만들겠다라는 말이 된다.

Point

▶ **have sb＋pp** (다른 사람에 의해) sb가 pp하도록 하다

Counselor, you control your client, or I'll have her removed from this courtroom. 변호사, 의뢰인을 통제하세요, 아니면 법정 밖으로 쫓아내겠습니다.

I also noticed that you had him chained in the basement.
네가 걔를 지하실에 쇠사슬로 묶어놓은 것도 봤어.

So call the cops, have him locked up.
경찰을 부르고, 걔를 가둬봐.

A: You had her examined by a psychiatrist that night?

B: Yes.

A: 그날 밤 걔를 정신과 의사에게 진찰을 받게 했죠?

B: 예.

I never meant for it to **get this messed up**

get이 have sb+V를 따라할 때는 get sb to+V처럼 to의 도움을 받았으나, 여기서는 have와 동일하게 쓰인다. get sth pp하게 되면 "…을 …하게 하다"라는 뜻이 된다.

> ▶ **get sth+pp** …을 …하게 하다

Then, we need to know where he gets his car washed.
그럼 걔가 차를 어디서 세차하는지 알아야 돼.

I never meant for it to get this messed up.
난 절대로 일을 망치려고 그런건 아니었어.

The mall's got cameras installed at every entrance and exit.
쇼핑몰의 모든 입출입구에는 카메라가 설치되어 있어.

A: Get your prostate checked?
B: What did you say to me?

A: 전립선 검사받았어?
B: 뭐라고 했어?

Let's not talk and just **get this done**

get sth pp 중에서 가장 많이 쓰이고 가장 유명한 표현은 get it done일 것이다. 상대방에게 일을 끝내라고 지시할 때 많이 쓰이는 표현이다. 좀 늦었으니 서두르라는 느낌이 나는 표현이다.

> ▶ **I have to get ~ done** 난 …을 끝내야 해

If I don't get it done, I'll be fired.
내가 그걸 끝내지 못하면, 난 해고될거야.

Let's not talk and just get this done.
얘기하지말고 어서 이거 끝내자.

How did you get everything done so quickly?
이 모든 걸 어떻게 넌 그렇게 빨리 끝낸거야?

A: This work is going to take a long time.
B: You'll get it done if you keep working.

A: 이 일은 시간이 많이 걸릴거야.
B: 쉬지 않고 계속 일하면 넌 끝낼거야.

Don't get me started on rebound sex

이번에는 get 다음에 사람이 오고 다음에 pp가 오는 표현. 마찬가지로 다른 사람에 의해서 sb가 pp하도록 하다라는 의미.

> ▶ **get sb+pp** sb를 …하게 하다
> ▶ **Don't get me started on~** …은 이야기는 꺼내지도마

I was trying to help all of us. I was trying to get us rescued.
난 우리 모두를 도우려고 했어. 난 우리가 구조되도록 노력했어.

Get me transferred to County Hospital, or something.
주립병원 같은 데로 좀 옮겨달란 말이야.

Don't get me started on rebound sex.
실연을 극복하기 위한 섹스 얘기는 꺼내지도 마

A: You seem like you are always full of energy.
B: Coffee helps get me started every morning.

A: 넌 항상 에너지가 넘치는 것 같아.
B: 매일 아침 커피가 나를 시동거는데 도움을 줘.

066

I want sth pp
…가 …하기를 바래

PATTERN 001

사역동사는 아니지만 V+sth+pp의 구문으로 쓰이는 동사들이 있다. 그중에서도 주어의 바람이 담긴 동사 want나 need가 구어체에서 want[need]+sth+pp의 형태가 많이 쓰인다.

Point

■ **I want sth ~pp** …가 …하기를 바래, …하도록 해

I want it **removed** now.
난 그게 제거되기를 바래.

I want them **transported** separately.
난 그것들이 따로따로 이동되길 바래.

I don't want it **repeated**. I need friendship.
반복하고 싶지 않아. 난 우정이 필요해.

I never want this **mentioned** again.
난 절대로 다시 이 이야기를 하고 싶지 않아.

I want them **released** within the next 24 hours.
향후 24시간 내에 그것들을 발표하도록 해.

A: What's your issue with bail in this case?
B: We want bail **denied**, your honor.

A: 이 소송의 보석에 무슨 문제 있습니까?
B: 재판장님, 보석을 취하해주십시오.

A: Can I help you take items out of the fridge?
B: I want the wine and snacks **put** near the rice maker.

A: 냉장고에 있는 것들 꺼내는거 도와줄까?
B: 와인하고 스낵은 전기밥솥옆에 놔줘.

 PATTERN 002

I want him arrested for contempt

want 다음에 사물 대신 사람이 온 경우. 내용은 동일하다.

 Point

▶ **I want sb ~pp[~ing]** 난 …가 …하게 되기를 바래, …가 …하게 해

I told you I didn't want him **involved**!
걔를 끼워주지 말자고 내가 말했잖아!

I want him **arrested** for contempt.
난 걔가 법정모독죄로 체포되기를 바래.

Let's just see how tonight goes Jim, I want you **focused**.
오늘밤 어떻게 되나 보자고, 짐. 집중하라고.

A: Where should we seat Penny at the dinner?
B: I want her **sitting** near her parents.

A: 저녁식사에 페니를 어디에 앉게 하지?
B: 걔 부모님 옆에 앉게 해.

003

We'll need that fixed before she moves in

이번에는 동사 need가 쓰인 경우로 need sth ~pp의 경우 먼저 살펴본다.

Point
▶ **I need sth ~pp** 나는 …을 …해야 돼

Okay, now we just need something borrowed!
좋아, 이제 우리는 뭔가를 좀 빌려야 돼!

I'm leaving for London in the morning. I need this signed.
아침에 런던으로 떠나. 이거 사인받아야 돼.

We'll need that fixed before she moves in.
걔가 이사들어오기 전에 저걸 고쳐놔야 돼.

A: We need some butts rushed to the lab for DNA analysis.

B: Oh, Reid, I love it when you say butts.

A: DNA검사하러 연구실로 누가 좀 서둘러 가야 돼.

B: 리드, 네가 butts란 말을 쓸 때 좋더라.

 004

I need two agents posted outside agent Scott's room now

끝으로 need 다음에 사람이 오는 경우. need sb ~pp하게 되면 "…를 …하게 하다"가 된다.

Point
▶ **I need sb ~pp** 난 …을 …하게 해야 돼, …을 …하도록 해

We need Jesse Blyer transferred to the prison ward at Bellevue.
제시 블라이어를 벨뷰에 있는 감옥으로 이송시켜.

I need two agents posted outside agent Scott's room now.
두명의 요원을 스캇요원 방 밖에 바로 배치시키도록 해.

I need Jack Bass escorted from my penthouse immediately.
당장 잭 배스가 내 펜트하우스에서부터 에스코트를 받게 해줘.

A: I need you up on stage right now.

B: Alright, give me a minute to get there.

A: 너 지금 당장 무대에 올라가야 돼.

B: 알았어, 잠시만.

I need ~ back
…을 돌려줘

001

돌려달라, 돌려주다고 할 때 return이라는 단어를 써도 좋지만 영어에서는 그보다 더 쉬운 동사구로 처리하는 경우가 많다. give sth back은 '돌려주다,' get sth back은 '돌려받다' 가 된다. 이처럼 V~back의 형태로 많이 쓰이는 경우를 살펴보도록 한다.

Point

■ **I need ~ back** …을 돌려줘

■ **I want ~ back** …을 돌려줘

We need you back in Boston more than in D.C.
워싱턴보다는 보스톤으로 네가 돌아오기를 우리는 원해.

Hey, **I'm going to need this back** by morning.
야, 난 내일 아침까지 이거 돌려받았으면 해.

I let her borrow it, but now **I want it back.** When can I get it?
그걸 걔한테 빌려줬는데 지금은 돌려줘. 언제 받을 수 있어?

I miss my wife. **I want her back.** I don't want my marriage to be over.
내 아내가 보고 싶어. 그녀가 돌아왔음 좋겠어. 내 결혼생활을 끝내고 싶지 않아.

They just want Kyle back safe and sound.
걔네들은 카일이 무사히 돌아오기를 바래.

A: Why are you calling me at three in the morning?

B: I'm sorry, but I really need my car back.

A: 왜 새벽 세시에 전화하고 그래?
B: 미안해, 하지만 정말이지 내 차를 돌려줘.

A: I want the money you borrowed back.

B: Sorry, but I just don't have it right now.

A: 네가 빌려간 돈 돌려줘.
B: 미안하지만 지금 당장 돈이 없어서.

002 NCIS is lucky to **have Gibbs back**

have 동사가 빠질 수는 없는 노릇. have ~ back은 '돌려받았다' 라는 뜻이지만 한가지 have your back은 have one's back(…의 도움을 받다)이라는 숙어이니까 착각하지 말 것.

Point

▶ **have ~ back** …을 돌려받다, 다시 함께 하다
▶ **have one's back** …의 도움을 받다

Hey, really, it's good to **have you back,** man.
야, 정말이지 너랑 다시 함께 하게 돼 좋다.

NCIS is lucky to have Gibbs back.
NCIS는 깁스와 다시 함께 하게 돼 운이 좋은거야.

Clearly, **I have your back.** Talk to me.
분명하게 네 뒤에는 내가 있잖아. 내게 말해봐.

A: I heard your brother just got out of the army.

B: It's so nice to have him back in the house.

A: 네 형이 얼마전 제대하셨다며.
B: 집에 형이 다시 오게 되니 너무 좋아.

003 I want to **get Laurie back** in school

have가는데 get이 빠질 수는 없는 노릇. get ~ back하면 '돌려받다' 라는 행위를 말한다.

Point
- ▸ **get ~ back** 돌려받다, 다시 함께 하다
- ▸ **I need to get ~ back** 난 …을 돌려받아야 돼, 다시 데려와야 돼

I want to get Laurie back in school.
난 로리를 학교로 다시 돌려보내고 싶어.

I'll get him back in here.
난 걔를 다시 여기로 데려올거야.

Yeah, we got him back. Everything's fine.
어, 걔가 돌아왔어. 만사 오케이야.

A: My ex-fiancee wants to keep her engagement ring.
B: I don't think you'll ever get the ring back from her.

A: 전 약혼녀가 약혼반지를 갖고 싶어해.
B: 넌 걔한테서 반지를 다시는 돌려받지 못할 거야.

---

 004 Well just ask Mona to **give it back**!

반대로 give ~ back하면 '돌려주다'return)라는 뜻이 된다.

Point
- ▸ **give ~ back** …을 돌려주다

Well just ask Mona to give it back!
모나에게 그걸 돌려달라고 해!

You gotta give me back my fire department T-shirt.
내게 소방서 티셔츠를 돌려줘야 돼.

He told me to give it back. He came after me.
걘 내게 그걸 돌려달라고 했어. 나를 쫓아왔어.

A: Kevin is going to need the textbooks to study with.
B: Tomorrow I'll give the books back to him.

A: 케빈은 공부할 교과서가 필요할 거야.
B: 내일 걔한테 책들을 돌려줄게.

---

 005 I gotta **take him back** to the Center

take ~ back은 '다시 데려가다,' bring ~ back은 '다시 가져오다' 가 된다.

Point
- ▸ **take ~ back** 다시 데려가다, 다시 가져가다, 다시 받아들이다
- ▸ **bring~ back** 다시 데려오다, 다시 가져오다, 원래 있던 자리로 돌려주다, 데려다주다

You have to take me back as your partner.
넌 날 네 파트너로 다시 받아들여야 돼.

I gotta take him back to the Center.
걔를 센터에 다시 데려가야 돼.

We're going to bring everything back.
우리는 모든 것을 다시 가져올거야.

A: I think this new coffee maker is broken.
B: Yes, I'll take it back to the store.

A: 이 새 커피메이커가 망가진 것 같아.
B: 어, 내가 가게로 다시 가져갈게.

I don't want anything to~

아무런 일도 …하지 않기를 바래

PATTERN 001

앞서 학습한 don't want sth to~의 활용구문으로 sth 자리에 anything이 온 경우이다. 그래서 I don't want anything to~하게 되면 "난 아무 일도 to~이하 하기를 원치 않는다"라는 말이 된다.

Point

■ **I don't want anything to + V** 아무런 일도 …하지 않기를 바래

I don't want anything to happen to my baby.
내 아기에게 아무런 일도 일어나지 않기를 바래.

I don't want anything to mess that up.
난 아무 일도 그것을 망치지 않기를 바래.

I don't want anything like this to ever happen again.
난 이와 같은 어떤 일도 다시 일어나지 않기를 바래.

I didn't want anything to get in the way of you inviting me to this stupid party.
네가 날 이 바보 같은 파티에 초대하는데 방해되는 게 싫었어.

We didn't want anything to jeopardize our friendship.
우리의 우정을 위험하게 하는 어떤 일도 바라지 않아.

A: I can introduce you to some gangsters.

B: I don't want anything to do with criminals.

A: 너한테 깡패들 좀 소개시켜줄 수 있는데.
B: 범죄자들은 상종하기도 싫어.

A: You are very protective of your girlfriend.

B: I don't want anything to hurt her.

A: 너 네 애인 엄청 보호하더라.
B: 걔가 어떻게든 다치지 않기를 바래.

PATTERN 002

They don't want anything getting in their way

이번에는 don't want anything to + V에서 to + V를 ~ing로 살짝 바꾼 경우. 의미는 동일하여 "아무런 일도 …하지 않기를 바란다"가 된다.

Point

▶ **I don't want anything ~ing[that]~** 아무런 일도 …하지 않기를 바래

They don't want anything getting in their way.
걔네들은 어떤 일도 자기들에게 방해되기를 바라지 않아.

Now I don't want anything going on while I'm gone.
내가 없는 사이에 어떤 일도 일어나지 않기를 바래.

We don't want anything that resembles sexual harassment here.
우리는 이곳에서 성추행과 비슷한 그 어떤 것도 일어나지 않기를 바래.

A: How about we just stand on top of the van to reach it?

B: I don't want anything happening to the van.

A: 밴 위에 올라가서 그것을 집으면 어떨까?
B: 차에 무슨 일이 생기는 걸 원치 않아.

I don't want anything to do with you!

앞의 구문과 비슷한 형태로 여기서 포인트는 to do with이다. '…와 관련이 있는'(being connected)이라는 뜻으로 이 문장은 "너하고는 아무런 관련이 없기를 바란다," 즉 "너와는 상종하기 싫다," "꼴보기가 싫다"라는 뜻이 된다.

Point

▶ **I don't want anything to do with~** …는 꼴보기도 싫어

I don't want anything to do with you!.
난 너하고는 상종하기 싫어!

He doesn't want anything to do with me.
걘 나하고는 상종하기를 원치 않아.

I don't want anything to do with that red-nosed freak.
난 빨간코의 사이코같은 놈은 꼴보기도 싫어.

A: Leon and Kenny belong to a gang.
B: I don't want anything to do with **those guys**.

A: 레온하고 케니는 갱단 소속이야.
B: 걔네들하고는 상종하기도 싫어.

I want nothing to do with him

앞의 I don't want anything to do with~의 변형으로 don't~ anything을 nothing으로 바꾼 경우. "…에 관여하고 싶지 않다," "…와 다시 보기 싫다"라는 의미.

▶ **I want nothing to do with ~** …와 관련되고 싶지 않아

I want nothing to do with **you in either world**.
난 죽어서도 너와 상종하기 싫어.

You'll understand perfectly when I say I want nothing else to do with you, Blair.
블레어, 너랑 관여하고 싶지 않다는 말 잘 알아듣겠지?

I want nothing else to do with **you, Chris**. It's over.
크리스, 너랑 엮이고 싶지 않아. 끝이야.

A: Are you still in contact with your ex-girlfriend?
B: I want nothing to do with **her from now on**.

A: 너 아직 옛 여친과 연락하고 지내?
B: 지금부터는 걔와 엮이고 싶지 않아.

Who could ~?
누가 …할 수 있을까?

PATTERN
001

"누가 …할 수 있을까?" 단순히 궁금해서 물어보는 문장일 수도 있고 아니면 "누가 …할 수 있겠느냐?", 즉 "아무도 …하지 못한다"라는 말을 역설적으로 하는 경우일 수도 있다.

Point

- **Who could +V?** 누가 …할 수 있을까?
- **Who could possibly +V?** 누가 과연 …을 할 수 있을까?
- **Who could not +V?** 누가 …을 하지 않을 수 있을까?

Who could eat all that food?
누가 저 음식을 다 먹어치울 수 있을까?

Who could resist such divine company?
누가 저런 신성한 직장을 마다할 수 있을까?

Why? Who could possibly know you here?
왜? 누가 과연 네가 여기있는 걸 알 수 있겠어?

Who could possibly believe he would be innocent?
누가 과연 걔가 무고하다는 것을 믿을까?

Who could not like the service?
누가 저 서비스를 좋아하지 않을 수 있을까?

A: Our math homework is too difficult for me.

B: Yeah. Who could solve these problems?

A: 수학숙제가 나한테는 너무 어려워.
B: 그래. 누가 이 문제들을 풀 수 있을까?

A: We found someone murdered here.

B: Who could have done this?

A: 여기서 살해된 사람을 발견했어.
B: 누가 이런 짓을 했을까?

PATTERN
002

What could I possibly be looking for?

what하고 could의 결합은 what이 주어로 쓰일 때와 목적어로 쓰일 때 형식이 달라지는 점에 주의하면 되고, where의 경우는 주어로 쓰이지 않기 때문에 Where could +S~하나의 형식만 알고 있으면 된다.

Point

▸ **What could +V?** 무엇이 …할 수 있을까?
▸ **What could you +V?** 너는 무엇을 …할 수 있을까?
▸ **Where could S+V?** …는 어디서 …를 할 수 있을까?

What could possibly go wrong with this plan?
이 계획에 과연 무엇이 잘못될 수 있겠어?

What could I possibly be looking for?
내가 과연 무엇을 찾을 수 있을까?

Where could we find Ryan right now?
지금 당장 라이언을 어디서 찾을 수 있을까?

A: You look like you are getting hungry.

B: What could you give me to eat?

A: 너 배고픈 것 같이 보여.
B: 너는 나에게 먹을거 뭐를 줄 수 있어?

003 ## This **would** be a beautiful place to get married

이번에는 this와 조동사 would의 만남을 살펴본다. 기본적으로 would의 용법은 종속절에서 will 대신 would가 쓰이는, 즉 단순한 시제의 일치가 하나 있고 또 다른 하나는 무늬만 과거형일 뿐 현재로 앞으로 그렇게 된다면 …할 것이다라고 아직 실현되지 않은 상상의 이야기를 전달할 때 사용한다.

▶ **This would~** …일거야, …하겠어   ▶ **I thought this would~** 난 …일거라 생각했어

I thought this would help you so I made it for you.
이게 너한테 도움이 될거라 생각해서 널 위해 만들었어.

This would be a beautiful place to get married.
여기는 결혼하기에 아주 아름다운 장소일거야.

This would be a very good time to offer me a bribe.
지금이 내게 뇌물을 주기에 아주 적절한 시간이야.

A: Why did you give me this gold necklace?
B: I thought this would make you happy.

A: 너는 왜 내게 이 금목걸이를 준거야?
B: 너를 행복하게 해줄 수 있을거라 생각했어.

 004 ## This **could** help identify the firearm

This could~는 "…할 수도 있다"라는 가능성을 말하는 것이고 This should는 일반적으로 약한 의무나 예상이나 추측을 말할 때 사용한다.

▶ **This could~** …할 수도 있어(This couldn't …하지 않을 수도 있어)
▶ **This should~** 이거면 …할거야

This could help identify the firearm.
그 총기가 무엇인지 밝혀내는데 도움이 될거야.

But **this could** buy us enough time to save her.
하지만 이것이 우리가 걔를 구할 충분한 시간을 벌어줄 수 있을거야.

This should get us a warrant.
이거면 우리가 영장을 발부 받을 수 있을거야.

A: Randy has been trying to pick fights.
B: This could cause a lot of problems.

A: 랜디는 싸움을 걸려고 하고 있어.
B: 많은 문제들이 생길 수도 있는데.

 005 ## Boss, **this may** take awhile

may는 가능성을 말하는 단어로 "…일 수도 있다," "…일지도 모른다," 그리고 might는 may의 과거형이지만 가능성의 조동사로써 시제를 넘나들면서, 현재와 과거의 가능성을 말한다.

▶ **This may~** …일지도 몰라(This may not~ …가 아닐 수도 있어)
▶ **This might~** 이건 …할지도 몰래(This might not~ 이건 …안할지도 몰라)

Boss, **this may** take awhile.
보스, 이거 시간이 좀 걸릴 지도 몰라요.

This may explain the widow's good mood.
이게 미망인이 기분 좋은 이유를 설명해줄 수도 있을거야.

This might have something to do with my brothers.
이게 내 형제들과 관련이 있을지도 몰라.

A: It looks like the killer left his fingerprints.
B: This might help us solve the case.

A: 살인범이 지문을 남겼을 것 같아.
B: 우리가 사건을 해결하는데 이게 도움이 될지도 몰라.

Section 02

070

How do I know~?

내가 …을 어떻게 알아?

PATTERN
001

"내가 그걸 어떻게 알아?"라는 표현으로 유명한 How do I know?를 응용하여 How do I know S+V로 쓰는 경우. 문맥에 따라 단순히 내가 모른다는걸 강조하거나 혹은 불신과 회의가 깔린 상태에서 짜증을 내며 "내가 그걸 어떻게 알아"라고 퉁명스럽게 던지는 말일 수도 있다.

Point

- **How do I know S+V?** 내가 …을 어떻게 알아?
- **How do we know S+V?** 우리가 …을 어떻게 알아?

How do I know you won't lie to me?
네가 나한테 거짓말을 하지 않으리라는 걸 내가 어찌 알겠니?

How do I know you haven't killed them already?
네가 걔네들을 이미 죽였는지 내가 어떻게 알아?

How do I know it's not a forgery?
그게 위조품이 아니라는 것을 내가 어떻게 알아?

How do I not know this?
내가 어떻게 이걸 모를까?

How do we know the video was made that night?
그 비디오가 그날 밤에 만들어졌다는 걸 우리가 어떻게 알아?

A: Just invest your savings in my new business.

B: How do I know you won't run away with my money?

A: 저축한거 내 새로운 사업에 투자해.

B: 내 돈 갖고 튀지 않는다는걸 내가 어찌 알겠어?

A: The book we wrote is going to be published next year.

B: How do we know it will be successful?

A: 우리가 쓴 책이 내년에 발간될거야.

B: 그게 잘 팔릴지 우리가 어떻게 알아?

PATTERN
002

How did I know this was coming?

과거형으로 How did I know~ 하게 되면 내가 과거에 "…을 알았겠어?," "나도 몰랐었지"라는 의미의 표현이 된다.

Point

▶ **How did I know that S+V?** 내가 …을 어떻게 알았겠어?
▶ **How did I not know~?** 내가 어떻게 …을 몰랐지?

How did I know this was coming?
내가 이렇게 될 줄 어떻게 알았겠어?

How did I know he felt comfortable here?
걔가 여기서 편안한지 내가 어떻게 알았겠어?

How did I not know about this place?
내가 어떻게 이곳에 대해 몰랐을까?

A: How did I know the movie would suck?

B: Yeah, you told me it would be pretty bad.

A: 그 영화가 엉망이라는 걸 내가 어떻게 알았겠어?

B: 그래, 아주 형편없을거라고 네가 내게 말하긴 했어.

PATTERN 003

How do you know this guy's right for you?

이번에는 상대방에게 묻는 것으로 know~이하를 어떻게 알았냐고 물어보는 문장. 단순히 궁금해서 혹은 감탄하면서 물어볼 수도 있다.

Point

▶ **How do you know S + V ?** ···을 어떻게 알아?

▶ **How do you not know S + V ?** 어떻게 ···을 모르고 있어?

How do you know this guy's right for you?
이 남자가 네게 맞는 짝이라는 것을 어떻게 알아?

How do you know he's not being polite?
걔가 불친절하다는 것을 어떻게 알고 있어?

How do you not know your kid's pregnant?
어떻게 네 아이가 임신한 걸 모르고 있어?

A: I did not kill those kids. I did not!

B: Kids? How do you know there's more than one?

A: 난 그 아이들을 죽이지 않았어. 않았다고!
B: 아이들? 아이들이 한명 이상이라는 걸 어떻게 알고 있어?

 PATTERN 004

How did you know it was him?

과거형으로 How did you know~하게 되면 "···를 어떻게 알고 있었냐?"고 물어보는 문장.

Point

▶ **How did you know~ ?** ···을 어떻게 알았어?

▶ **How did you not know~ ?** 어떻게 ···을 모르고 있었어?

How did you know it was him?
그게 걔라는 것을 어떻게 알았어?

How'd you know I was coming?
내가 올꺼라는 걸 어떻게 알았어?

How'd you know there was another body at that motel?
저 모텔에 시신이 하나 더 있다는 것을 어떻게 알았어?

A: My father screamed at me when he saw my exam.

B: How did you not know he would get angry?

A: 아버지는 내 시험지를 보시고 소리를 지르셨어.
B: 어떻게 아버지가 화낼 걸 모르고 있었어?

 PATTERN 005

How does she know you're here?

이번에는 인칭을 바꿔서 연습해보자. How does he[she] know~?로 "걔가 어떻게 ···알고 있어?"라는 구문.

Point

▶ **How does she know~?** 걔가 어떻게 ···을 알고 있어?

How does she know you're here?
걔는 네가 여기 있다는 걸 어떻게 알고 있는거야?

How does Fin know the victim's family?
핀은 어떻게 희생자의 가족을 알고 있어?

How does he know all of the details?
걔는 어떻게 모든 상세한 사항을 다 알고 있어?

A: Teresa said that I'm going to have a lot of money in the future.

B: How does she know what is going to happen?

A: 테레사가 그러는데 내가 앞으로 돈을 많이 벌거래.
B: 앞으로 일어날 일을 걔가 어떻게 알고 있대?

How would you know~ ?
네가 …을 어떻게 알아?

PATTERN 001

이번에는 조동사를 do에서 would로 바꿔서 쓴 문장으로 상대방에 "네가 그것을 어떻게 알겠어?"라는 의미로 다소 부정적인 뉘앙스를 갖는다.

Point

- **How would you know (that)?** 네가 어떻게 알아?
- **How would you know that[if]~?** …을 네가 어떻게 알겠어?
- **How would you know how to~?** …하는 법을 어떻게 알겠어?

Well how would you know, were you here?
네가 어떻게 알아, 여기 있었어?

But how would you know that? It hasn't aired yet.
하지만 네가 그걸 어떻게 알아? 아직 방송도 안되었는데.

How would you know if he's fine?
걔가 괜찮은지 네가 어떻게 알아?

How would you know how to ruin it?
그걸 망가트리는 방법을 네가 어떻게 알아?

How would you know if he's a bodybuilder?
걔가 보디빌더인지 네가 어떻게 알아?

A: Peter is going to have to repeat his English course.

B: How would you know that he failed the class?

A: 피터는 영어과목을 다시 들어야 될 거야.
B: 걔가 영어낙제했는지 네가 어떻게 알아?

A: I can get into the apartment without a key.

B: How would you know how to open a locked door?

A: 열쇠없이 아파트에 들어갈 수 있어.
B: 잠긴 문을 어떻게 여는지 네가 어떻게 알아?

PATTERN 002 How would I know about a party?

인칭을 살짝 바꿔 How would I know~하게 되면 "내가 …을 어떻게 알아," "전혀 알 수가 없지"라는 의미의 표현이 된다.

Point

▸ **How would I know?** 낸들 어떻게 알아?(How would I know that? 내가 어떻게 그걸 알아?)
▸ **How would I know about[how to +V] ~ ?** …에 대해서[…하는 방법을] 내가 어떻게 알아?
▸ **How would I know what[where~] S +V~ ?** …을 내가 어떻게 알아?

How would I know that? I've never seen you play.
내가 그걸 어떻게 알아? 난 네가 플레이하는거 본 적이 없어.

How would I know about a party?
내가 파티에 대해 어떻게 알겠어?

How would I know where she is or how she is?
걔가 어디 있고 어떤지 내가 어떻게 알아?

A: Do you believe the rumors that Brandon is gay?

B: How would I know about his personal life?

A: 브랜든이 게이라는 소문을 믿어?
B: 걔 개인사를 내가 어떻게 알겠어?

How should I know? It was a prank call

도저히 알 수 없는 일인데 상대방이 물었을 때 "내가 어떻게 알아?," "낸들 어찌 알 수가 있어?"라고 조금은 짜증을 섞어서 내는 말. How should I know?의 단독형이 주로 많이 쓰인다.

> **Point**
> ▶ How should I know~? 내가 …을 어떻게 알겠어?
> ▶ How should I know? 낸들 어찌 알아?

How should I know? It was a prank call.
내가 어떻게 알아? 장난전화였는데.

She didn't know, how should I know?
걔도 모르는데 낸들 어찌 알겠어?

How should I know? We were at the movies.
내가 어찌 알아? 우린 영화관에 있었어.

A: You have to tell me what my responsibilities are.

B: How should I know what work you need to do?

A: 내가 할 일이 뭔지 내게 말해줘야 돼.
B: 내가 무슨 일을 해야되는지 내가 어찌 알아?

How could you not know he worked for the CIA?

상대방이 모르고 있다는 사실에 조금 놀라면서 "어떻게 …을 모를 수 있어?"라 하려면 How could you know~?라 하면 된다.

> **Point**
> ▶ How could you know S+V? …을 어떻게 알아?
> ▶ How could you not know S+V? …을 어떻게 모를 수 있어?

How could you know my Dad? He left when I was a baby.
내 아버지를 어떻게 알아? 내가 애기였을 때 떠나셨는데.

How could you not know he worked for the CIA?
걔가 CIA요원이라는 걸 어떻게 모를 수 있어?

Steven, how could you not know your friend was a gay?
스티븐, 네 친구가 게이라는 걸 어떻게 모를 수 있어?

A: I feel guilty that I never apologized to my boyfriend.

B: How could you know that he would die?

A: 내남친에게 사과하지않아 죄책감이 들어.
B: 걔가 죽을 줄 누가 알았겠어?

How could I know he'd use it against you?

주어를 바꿔 How could I know~?라고 하면 내가 신도 아닌데 "어찌 …을 알 수 있겠어?"라는 의미가 된다.

> **Point**
> ▶ How could I know S+V? 내가 …을 어찌 알겠어?

How could I know April was gonna have a tragic accident?
에이프릴이 비극적인 사고를 당할거라는 걸 내가 어찌 알 수 있겠어?

How could I know he'd use it against you?
걔가 그걸 네게 불리하게 이용하리라는 걸 내가 어찌 알겠어?

A: I was surprised that you didn't serve your guests alcohol.

B: How could I know they would get angry?

A: 손님들에게 술을 대접않다니 놀라워.
B: 걔네들이 화낼 줄 내가 알았겠어?

072

I'm allowed to~
나는 …해도 돼

allow+사람+to+V(…가 …하도록 하다)를 수동태형으로 바꾼 것으로 be allowed to+동사하면 "…하는 것이 허락되다"이고 반대로 be not allowed to+V하면 "…하면 안된다"라는 뜻이다.

Point

- **I'm allowed to+V~** 나는 …해도 돼
- **I have been allowed to+V~** 나는 …하는 것이 허용되어왔어
- **Am I allowed to+V~?** …하는게 허용돼?, …해도 돼?

I'm allowed to go into any apartment in which I suspect a gas leak.
난 가스누출이 의심되는 아파트는 어디라도 들어가도 돼.

I'm young. I'm allowed to have fun.
난 젊어. 난 즐겨도 돼.

It's my boss. I'm allowed to sexually harass my boss.
내 사장이야. 난 내 사장을 성희롱해도 된다고.

Come on, nobody should have been allowed to leave.
그러지마, 아무도 떠나는게 허락되지 않았어.

So, am I allowed to drink in your presence now?
그럼 네가 있는데서 술을 마셔도 돼?

A: So am I allowed to ask what happened?
B: You could ask, but I won't tell.

A: 그럼 무슨 일인지 내가 물어봐도 돼?
B: 물어볼 수는 있지만 내가 말을 하지 않을 거야.

A: Am I allowed to take my suit coat off?
B: Sure. I hope you will make yourself at home here.

A: 내가 양복 상의를 벗어도 돼?
B: 물론. 집처럼 편안하게 있도록 해.

I'm not allowed to talk to him

부정어 not을 첨가하면 금지의 표현이 된다. I'm not allowed to~하게 되면 "난…하는 것이 금지되어 있다"라는 뜻.

Point

▸ **I'm not allowed to~** 난 …하면 안돼
▸ **I won't be allowed to~** 난 …하는 게 금지될거야

It doesn't mean I'm not allowed to talk to him.
그게 내가 걔하고 얘기를 하면 안된다는 뜻은 아냐.

So you're saying I'm not allowed to have oral sex with an intern either? 그럼 당신 말은 내가 인턴하고도 오럴섹스를 하면 안된다는 말이야?

She won't be allowed to date ex-boyfriends.
걘 옛 남친들과 데이트를 하지 못하게 될거야.

A: Can you come out with us on New Year's Eve?
B: I'm not allowed to stay out past midnight.

A: 12월 31일에 우리와 함께 나갈 수 있어?
B: 난 자정까지는 집에 들어와야 돼.

You're not allowed to talk to me

상대방에게 …하지 말라고 금지할 때 쓰는 문장으로 "너는 …하면 안된다," "…하는 것이 금지되다"라는 의미.

 Point

▶ **You're not allowed to +V~** 넌 …하면 안돼, …하는 것은 금지야

You are not allowed to give him my blood.
걔에게 내 피를 주면 안돼.

You are not allowed on the jetway unless you have a boarding pass.
탑승권이 없으면 승강통로로 들어갈 수 없어요.

You're not allowed to smoke in this office.
이 사무실에서 흡연하면 안돼.

A: I prefer to smoke in the building's corridor.
B: You're not allowed to smoke cigarettes here.

A: 난 빌딩복도에서 담배피는게 더 좋더라.
B: 여기서 담배를 피우면 안돼.

Please allow me to introduce myself

상대방에게 금지된 것을 허락을 구하는 것이지만 현실에서는 **Let me**~보다 좀 무겁지만 **Let me**와 같이 자원봉사정신이 가득찬 표현으로 쓰인다.

Point

▶ **Please allow me to +V** …을 할게
▶ **Allow me** 나한테 맡겨, 내가 할게

Allow me to get right to the point.
본론으로 바로 들어갈게.

Hyde, allow me to introduce you to a special lady.
하이드, 내가 특별한 부인을 소개시켜줄게.

Allow me to order for you girls.
여성분들을 위해 내가 주문할게.

A: I think we should sit down here.
B: Please allow me to hang your coat up.

A: 우리 여기 앉아야 될 것 같아.
B: 내가 코트 걸어줄게.

I will not allow myself to be in this for you

"스스로에게 허락하다," "…하도록 내버려두다" 등의 기본의미를 기억하고 있다가 이 표현이 쓰인 문장의 문맥을 보고 그에 맞게 해석해야 한다.

 Point

▶ **I'll not allow myself to +V** 난 …하도록 내버려두지 않을거야

I will not allow myself to be in this for you.
너를 위해 거짓을 꾸며대지는 않을거야.

Would she allow herself to get caught up in this?
걔가 여기에 휘말리려고 할까?

Some people are victims because they allow themselves to be.
일부 사람들은 스스로를 방치하기 때문에 희생자가 된다.

A: You look so much better now that you lost weight.
B: I'll not allow myself to get fat again.

A: 너 살 빠지니까 훨씬 나아 보인다.
B: 다시는 살찌지 않도록 할거야.

It's a good thing that ~
…하는 것은 잘한 일이야

It's a good thing (that~)은 "…하는 것은 좋은 일이다," "…하는 것은 잘하는 일이다"라는 말로 간단히 Good thing that~ 이라고 쓰기도 한다.

Point

■ (It's a) Good thing that S+V …하는 것은 좋은 일이야, …잘한 일이야

Well, **it's a good thing** the judge disagreed with you.
저기, 판사가 너의 말에 동의하지 않은 것은 좋은 일이야.

It's a good thing you got him before he could shoot anyone else.
그가 다른 사람을 쏘기 전에 그를 잡은 것은 잘한 일이야.

It's a good thing we didn't tell her why we let her husband walk.
우리가 걔 남편을 내보낸 이유를 걔한테 말하지 않은 것은 잘한 일이야.

Hey, I'm not worried. **It's a good thing** I didn't unpack.
난 걱정 안 해. 짐을 안 풀길 잘했네.

Yeah. **It's a good thing** I have the gun.
어. 내가 총갖고 있기를 잘했어.

A: It looks like we'll have to spend the night here.

B: Good thing that I brought my sleeping bag.

A: 밤을 여기서 보내야 될 것 같아.
B: 침낭을 가져와서 다행이네.

A: I worry about crime increasing in this neighborhood.

B: It's a good thing that there is a police station here.

A: 이 동네에 범죄가 증가해서 걱정이야.
B: 파출소가 여기에 있어서 다행이야.

The good thing is that we spent the whole day together

"유일하게 좋은 점은 …이다"라는 표현. 어디에 대한 좋은 점인지를 밝히려면 The only good thing about sth is~라고 한다. only를 빼고 The good thing is~ 이라고 써도 된다.

Point

▶ The only good thing (about sth) is ~ (…에 관한) 유일하게 좋은 점은 …야
▶ The good thing is ~ 좋은 점은 …야

The only good thing about it is that you can check out *Playboys*.
그것(도서관)의 유일한 좋은 점은 우리가 플레이보이를 빌려볼 수 있다는거야.

The only good thing is, there's a rumor going around that he's gay.
유일하게 좋은 점은 걔가 게이라는 소문이 돈다는거야.

The good thing is that we spent the whole day together.
좋은 점은 우리가 하루종일 같이 있었다는거야.

A: Jill's the only good thing that I've ever done in my whole life. I need you to take good care of her.

B: Yeah. I will love her like she is my own.

A: 질은 내 한평생 유일하게 잘한 일이야. 걜 잘 보살펴줘.
B: 그래. 내 딸처럼 사랑할게.

This is the **worst thing that**'s ever happened!

"이건 지금까지 일어난 일 중에서 최악이야"라는 문장. 구조는 S+be the worst thing that S+V이다. "…는 …한 것 중에서 최악의 것이다"라는 말.

Point

▶ **~ be the worst thing that S+V** …한 것 중에서 최악의 것이야

▶ **What's the worst thing that could happen if~ ?** …한다고 무슨 최악의 일이 벌어지겠어?

The rape was the worst thing that ever happened to me.
강간은 내가 겪은 일 중에서 최악의 것이야.

This is the worst thing that you have ever done!
이건 네가 한 것 중에서 가장 최악이다!

What's the worst thing that could happen if we told them?
우리가 걔네들한테 말한다고 무슨 최악의 일이 벌어지겠어?

A: Your clothes are too tight on you.
B: This is the worst thing that's ever happened!

A: 네 옷이 너무 꽉 끼인다.
B: 여태까지 일 중에서 가장 최악이야!

The **worst thing that I did was** threaten to fire him

"내가 저지른 제일 안좋은 일은 걔를 해고하겠다고 협박한거야"라는 뜻으로 구조는 the worst thing that S+V was~이다.

Point

▶ **The worst thing S+V was+V~** …한 최악의 짓은 …하는 것이었어

▶ **The worst thing S+V was+N ~ing~** …한 최악의 짓은 …가 …하는 것이었어

The worst thing that I did was threaten to fire him.
내가 한 최악의 일은 걔를 해고하겠다고 협박한 것이었어.

The worst thing she ever did was tie me to the porch.
걔가 한 최악의 짓은 나를 현관에 묶어놓은 것이었어.

The worst thing I ever saw her do was jaywalk.
내가 본 걔가 한 최악의 일은 무단횡단이었어.

A: Jack gets violent when he's angry.
B: The worst thing he did was break a mirror.

A: 잭은 화가 나면 폭력적으로 변해.
B: 걔가 한 최악의 짓은 거울을 깬 것이었어.

The **worst thing about** growing older, Ernie?

about ~ing 이하의 일에서 "제일 나쁜 점은 …하는 것이다"라는 의미.

▶ **The worst thing about~ is~** …에서 가장 안좋은 점은 …하는거야

▶ **~ is the worst thing ever** …하는 것은 정말 가장 안좋은거야

The worst thing about growing older, Ernie? You begin to slip.
어니야, 나이가 들면서 가장 안좋은 일은 힘이 약해지기 시작한다는거야.

The worst thing about our divorce was that I couldn't hire him to represent me.
우리가 이혼해서 가장 나빴던 점은 나를 대변하는데 그를 쓸 수 없다는거였어.

Working with someone you have had sex with is the worst thing ever. 네가 섹스를 했던 사람과 같이 일하는 것은 가장 끔찍한 일이야.

A: I think today is the hottest day of the year.
B: The worst thing about summer is sweating.

A: 오늘이 금년 중 가장 더운 날 같아.
B: 여름이 제일 나쁜 점은 땀을 흘려야 한다는거야.

You're not gonna believe~

넌 …가 믿어지지 않을거야

PATTERN 001

엄청 충격적인 소식을 듣고 상대방에게 전달할 때 뜸들이면서 하는 말. 단독으로 써도 되고, 아니면 You're not gonna believe what S+V의 형태로 한 문장으로 만들 수도 있다. 단 발음은 성실하게 [유아낫고잉투빌리브~]라고 하지 말고 원어민처럼 [유나고너빌리브~]라고 빨리 발음해보면서 통으로 암기한다.

Point

- **You're not going to believe +N** 넌 …가 믿어지지 않을거야
- **You're not going to believe this, but~** 믿어지지 않겠지만 말야,
- **You're not gonna believe what~** …가 넌 믿어지지 않을거야

You're not gonna believe this. Check this out.
너 이거 믿어지지 않을거야. 자 봐봐.

He's not gonna believe we want to be his friend.
우리가 자기와 친구가 되고 싶어하는 걸 갠 믿지 못할거야.

You're not gonna believe this, but, uh, Vanessa is back in town.
믿어지지 않겠지만 말야, 바네사가 마을로 돌아왔어.

Oh you guys are not gonna believe what happened.
너희들 무슨 일이 있었는지 믿어지지 않을거야.

You're not gonna believe what my agent just told me!
내 에이전트가 뭐라고 했는지 믿어지지 않을거야!

A: I'm tired of Leonard following me around.

B: You're not going to believe this, but he's in love with you.

A: 레너드가 날 따라다니는데 지쳤어.

B: 믿기지 않겠지만 걔 널 사랑해.

A: You're not going to believe what I ate for dinner.

B: What was it? Was it something like squid?

A: 저녁으로 내가 뭘 먹었는지 믿어지지 않을거야.

B: 뭐였는데? 오징어 같은 거였어?

You won't believe who moved back to town

PATTERN 002

be going to 대신에 will을 써서 You won't believe~?라고 한 말. won't의 발음이 [wount]라는 사실을 유념해둔다.

Point

▶ **You won't believe what[where, how] S+V~** …을 못믿을거야

You won't believe how funny these pictures are.
이 사진들이 얼마나 재미있는지 넌 못믿을거야.

You won't believe who moved back to town.
누가 마을로 다시 이사왔는지 못믿을걸.

You won't believe where I found our little princess.
우리 공주님을 어디서 찾았는지 믿지 못할걸?

A: I haven't seen your baby daughter in a while.

B: You won't believe how big she has gotten.

A: 네 딸 아이를 한동안 못봤어.

B: 얼마나 컸는지 믿기지 않을거야.

003 ## You wouldn't believe what he told me

역시 놀라운 소식을 전할 때 쓰는 방식으로 won't 대신 wouldn't을 쓴 경우.

> ▶ **You wouldn't believe what[if~]~** …을 믿을 수가 없을거야

You wouldn't believe what he told me.
걔가 내게 무슨 말을 했는지 믿을 수 없을거야.

You wouldn't believe what goes on in elevators.
엘리베이터 안으로 무엇이 들어가는지 믿을 수 없을거야.

I thought you wouldn't believe me.
난 네가 날 믿으려 하지 않는다고 생각했어.

A: You won't believe what I saw at the shopping mall.

B: Was it a special exhibit for the science expo?

A: 쇼핑몰에서 내가 뭘 봤는지 믿기지 않을거야.

B: 과학전람회 특별전이었어?

---

 004 ## You can't believe how mad Chris was

다시 조동사만 바꾸어 can't을 써서 You can't believe~하면 역시 "…을 믿지 못할거야"라는 의미가 된다.

> ▶ **You can't believe+N** …을 믿지 못할거야
> ▶ **You can't believe how[what, that]~** …한지 모를거야, 믿지 못할거야

You can't believe how mad Chris was.
크리스가 얼마나 화를 냈는지 믿지 못할거야.

You can't believe how blind you were this whole time.
이번 기간내내 네가 얼마나 맹목적이었는지 모를거야.

You can't believe the beating that she took.
걔가 얼마나 타격을 받았는지 모를거야.

A: I haven't been to Seoul in quite a while.

B: You can't believe how much the city changed in five years.

A: 한동안 서울에 못갔어.

B: 5년만에 얼마나 변했는지 믿기지 않을 거야.

---

 005 ## I won't believe it unless you say it

하도 지쳐서 이제 내가 못믿을거라고 할 때의 표현.

> ▶ **I won't believe~** …을 믿지 않을거야
> ▶ **I wouldn't believe~** …을 믿지 않을거야

I won't believe it unless you say it.
네가 말하지 않으면 난 믿지 않을거야.

Don't bother saying anything. I wouldn't believe you anyway.
말 꺼내지도 마. 어차피 안 믿으니까.

I wouldn't believe anything he says.
걔가 말하는 건 뭐든지 난 믿지 않을거야.

A: They say Jeremy has gotten quite muscular.

B: I won't believe it until I see it.

A: 제레미가 근육질 몸매로 변했다고들 해.

B: 내가 볼 때까지는 믿지 않을 거야.

I (just) found out~
난 …을 알아냈어

PATTERN 001

find가 물리적인 물건을 찾는 것임에 반해, find out은 어떤 추상적인 사실을 알아내는 것을 뜻한다. 수사물이 많은 미드에서 자연 많이 쓰이는데, find out 다음에는 명사나 that[if]절 등이 다양하게 온다.

Point

- **I found about S+V** 난 …을 알아냈어
- **When I found out~** 내가 …을 알아냈을 때
- **I found about what~** 난 …을 알아냈어
- **~ before I found out~** 내가 …을 알아내기 전에

I found out that she ran away with a boy and the boy is a murderer.
난 걔가 한 소년과 달아났다는 것을 알았는데 그 소년은 살인자야.

I found out within one hour who killed her.
난 한시간 이내에 누가 걜 죽였는지 알아냈어.

I found out about what she did on the weekends.
난 걔가 주말마다 뭐하는지를 알아냈어.

I broke my heart when I found out he was dirty.
걔가 깨끗하지 못하다는 걸 알았을 때 가슴이 아팠어.

Actually, I was in Paris when I found out he was ill.
실은 걔가 아프다는 것을 알았을 때 난 파리에 있었어.

A: I found out about the gifts we will be given.
B: I hope mine will be a new jacket.

A: 우리가 받을 선물에 대해 알아냈어.
B: 내건 새 자켓이면 좋겠다.

A: I found out about what Shirley was doing last night.
B: Oh yeah? Was she sneaking around with Perry?

A: 지난밤에 쉘리가 뭘 했는지 알아냈어.
B: 그래? 페리 주변을 몰래 맴돌았어?

PATTERN 002

Did you find out where Zach is?

상대방에게 사실을 알아냈냐고 물어볼 때는 Did you find out~가 맞지만 보통 평서문 과거형인 You found out~의 형태를 자주 쓴다.

Point

- **You found out what ~(?)** …을 알아냈구나, …을 알아냈어?
- **You found out what happened at~?** …에서 무슨 일이 일어났는지 알아냈어?
- **Did you find about any~ ?** 뭐라도 좀 알아냈어?

You found out where she eats. You showed up. That's stalking.
걔가 어디서 식사하는지 알고서 네가 나타났어. 그건 스토킹이야.

Did you find out anything about the house?
그 집에 대해서 뭐 좀 알아냈어?

Did you find out where Zach is?
잭이 어디 있는지 알아냈어?

A: We met with the people who organized the spelling contest.
B: You found out what the secret prize is?

A: 철자콘테스트를 조직한 사람들과 만났어.
B: 비밀 상품이 뭔지 알아냈어?

How did you find out where I live?

상대가 사실을 어떻게 알아냈냐고 물어볼 때는 How did you find out~?, 언제 알아냈냐고 물어보려면 When did you find out~?이라고 하면 된다.

> **Point**
> ▶ **When did you find out~?** 언제 …을 알아냈어[알았어]?
> ▶ **How did you find out~ ?** 어떻게 …을 알아냈어[알았어]?

How did you find out where I live?
내가 어디 사는지 어떻게 알아냈어?

When did you find out that your mother murdered him?
네 엄마가 걔를 죽였다는 걸 언제 알았어?

How did you find out about Kendall?
켄달에 대해서 어떻게 알아냈어?

A: How did you find out school was cancelled?
B: It was announced on the morning radio program.

A: 휴교인지 어떻게 알아어?
B: 아침 라디오 프로에서 발표했어.

We got to find out who did this to her

우리가 사실을 알아내야 한다고 할 때는 의무조동사를 써서 I have to find out, I've got to find out, I need to find out 을 쓰면 된다.

> **Point**
> ▶ **I'm going to find out ~** 난 …을 알아낼거야(I need to find out~ 난 …알아내야 돼)
> ▶ **I have to find out~** 난 …을 알아내야 돼(I've got to find out~ 난 …을 알아내야 돼)

We got to find out who did this to her.
누가 걔한테 이랬는지 알아내야 돼.

I just wanted to find out what would give the baby the happiest life.
어떻게 해야 아기를 가장 행복하게 해줄 수 있는지 알고 싶었을 뿐이야.

I'm trying to find out what they did to us.
걔네들이 우리에게 무슨 짓을 했는지 알아내려고 하고 있어.

A: I need to use a hammer and nails.
B: I'm going to find out if we can borrow some.

A: 망치와 못을 써야 돼.
B: 좀 빌려올 수 있는지 알아볼게.

Find out what the hell's going on

보기 드물게 find out을 명령문으로 쓴 경우로 사실을 빨리 알아내라고 명령할 때 쓰는 표현이다. 뒤에 각종 의문사절을 붙여서 하고 싶은 말을 하면 된다.

> **Point**
> ▶ **Find out what[where, when, why, how~] ~** …을 알아내라

Find out what the hell's going on.
도대체 어떻게 돼가고 있는지 알아내.

Find out where she's been the last few days.
지난 며칠간 걔가 어디에 있었는지 알아내.

Find out the last place she used her credit card.
걔가 마지막으로 신용카드를 사용했던 장소를 알아내.

A: How am I going to impress my new boss?
B: Find out what his favorite hobbies are.

A: 신임사장에게 어떻게 깊은 인상을 줄까?
B: 사장이 좋아하는 취미가 뭔지 알아내.

We need to figure out~

우리는 …을 알아내야 돼

PATTERN 001

이번에는 미드 빈출동사구인 figure out을 활용한 문형들을 살펴보자. 먼저 figure out은 '이해하다,' '머리를 굴려 생각해내다' 라는 의미. 앞서 나온 find out이 사실이나 어떤 정보를 찾아내는 것임에 반해 figure out은 뭔가를 이해하고 해답을 찾는 것을 뜻한다.

Point
- **We need to figure out~** 우리는 …을 알아내야 돼
- **I have to figure out~** 난 …을 알아내야 돼
- **I want to figure out~** 난 …을 알아내고 싶어

We need to figure out who this dog belongs to.
이 개의 주인이 누군지 알아내야 돼.

We need to figure out which way we came in.
우리 어느 길로 들어왔는지 생각해야 돼.

We need to figure out how we're gonna survive here.
우리가 여기서 어떻게 생존할 것인가 생각해야 돼.

We need to figure out what you all have in common.
너희들이 공통적으로 가지고 있는게 뭔지 알아내야겠어.

I have to figure out whether or not your condition has improved.
네 상황이 나아졌는지 여부를 내가 알아야 돼.

A: I can't believe that we got lost hiking.
B: We need to figure out where we are.

A: 하이킹하다 길을 잃다니 믿기지 않는구만.
B: 우리가 지금 어디 있는지 알아내야 돼.

A: The university raised its tuition prices again.
B: I have to figure out how to pay for it.

A: 대학교 등록금을 또 올렸어.
B: 어떻게 등록금을 내야 하는지 알아봐야겠어.

PATTERN 002 I think **they're trying to figure out what** to do with us

figure out은 알아내려는 속성상 노력이 들어간다. be trying to figure out~은 바로 이 점을 강조하기 위한 표현법이다.

Point
▶ **I'm trying to figure out~** …을 알아내려고 노력하고 있어

I've been trying to figure out why you beat up your wife.
네가 아내를 때린 이유를 이해하려고 했어.

I think they're trying to figure out what to do with us.
걔네들은 우리를 어떻게 할 것인가 궁리하고 있는 것 같아.

I'm just trying to figure out why someone with so much talent would want to do that. 왜 재능도 많은 사람이 그런 짓을 했나 궁금할 뿐이야.

A: Frank, what are you looking around for?
B: I'm trying to figure out where I left my briefcase.

A: 프랭크, 뭘 찾고 있는거야?
B: 내가 가방을 어디에 두었는지 생각해 내려고 하고 있어.

I can't figure out why we're not friends

노력한다고 다 되면 얼마나 좋을까…. 안되는 것도 있는게 세상사. 머리를 굴릴대로 굴려봤는데도 모르겠다고 할 때, 혹은 이해가 안되는 일을 말할 때는 I can't figure out~ 을 쓰면 된다.

Point

▸ **I can't figure out why[which, how]~** …을 이해하지 못하겠어, …을 잘 모르겠어

I can't figure out **why** we're not friends.
왜 우리가 친구가 되지 못했는지 이해하지 못하겠어.

I can't figure out **which** side of the turkey is up and which is the bottom. 칠면조는 어느 쪽이 위고 아래인지도 모르겠어요.

I can't figure out **how** you did it four times.
네가 어떻게 그걸 네번씩이나 했는지 알 수가 없네.

A: Jeff took all the food in our fridge.

B: I can't figure out why he did that.

A: 제프가 냉장고에 있는 음식을 다 먹었어.
B: 걔가 왜 그랬는지 모르겠네.

I think I figured out what's in the forbidden room

알아내기는 했지만 아직 확신이 없어서 좀 조심스럽게 말하는 방법으로 I think를 문장 앞에 두른 경우이다.

Point

▸ **I think I can figure out~** 내가 알아낼 수 있을 것 같아
▸ **I think I figured out~** 내가 알아낸 것 같아
▸ **I (just, finally) figured out~** (방금, 마침내) 내가 알아냈어

I think I figured out **what's** in the forbidden room.
사용하지 않는 방에 무엇이 있는지 알아낸 것 같아.

I think I figured out **when** all this happened.
이 모든 일들이 언제 일어났는지 알아낸 것 같아.

I think I can figure out **the recipe** from this cookie!
내가 이 쿠키에서 레시피를 알아낼 수 있을 것 같아!

A: A lot of ads keep popping up on my computer.

B: I think I can figure out the problem with it.

A: 많은 팝업 광고창들이 컴퓨터에 떠.
B: 그 문제를 알아낼 수 있을 것 같아.

I just gotta figure out a way to make him do it

figure out과 잘 어울리는 어구로는 figure out a way to가 있는데 이는 "…로 향하는 길이나 방법을 알아내다"라는 뜻이다.

Point

▸ **I'm going to figure out a way to+V~** …하는 방법을 찾아낼거야
▸ **I've gotta figure out a way to+V~** …하는 방법을 알아내야 돼

I just gotta figure out a way to **make him do it.**
난 걔가 그걸 하게끔 하는 방법을 찾아내야 돼.

We've gotta figure out a different way of **setting the dynamite off.**
다이나마이트를 폭발시킬 다른 방법을 알아내야 돼.

I'm going to figure out a way to **make my own money.**
내 스스로 돈을 벌 방법을 알아볼거야.

A: Sheldon is coming home, and he's really drunk.

B: I'm going to figure out a way to avoid him.

A: 쉘던이 집에 오고 있는데 많이 취했어.
B: 난 걔 피하는 방법을 찾아볼 거야.

I got to know~

…을 알아야겠어

know에 대해서는 여러번 언급이 되었지만 다시한번 know가 들어가는 표현들을 한번 더 알아보자. 먼저 '…을 알아야 한다' 라는 의미의 I gotta know는 원래 I've got to know~ 였는데 이것이 I got to know로 축약되고 이는 다시 축약되어 I gotta know로 변형된 것이다.

Point
- **I've got to know~** …을 알아야겠어
- **I gotta know~** …을 알아야겠어
- **I get to know sth[sb]** …을 알아가다

Liz, **I gotta know why** you're here.
리즈야, 네가 여기 왜 왔는지 알아야겠어.

I gotta know how they do this!
걔네들이 어떻게 하는지 알아야겠어!

I know, but read the back, there. **I've got to know what** it says.
알아, 하지만 거기 뒤를 읽어봐. 뭐라고 써있는지 알아야겠어.

But, honey, **I've got to know what** happens next.
하지만, 자기야, 다음에 무슨 일이 일어날지 알아야겠어.

You got to know you're looking at two counts of murder.
넌 두 건의 살인죄로 기소될거라는걸 알아야지.

A: **I've got to know** where to get a job.
B: Check the Internet and see who's hiring.

A: 어디에서 일자리를 구할 수 있는지 알아봐야겠어.
B: 인터넷 확인해서 어디서 채용하는지 봐봐.

A: You really like my clothes today?
B: **I gotta know** where you bought that shirt.

A: 오늘 내옷 정말 맘에 들어?
B: 그 셔츠 어디에서 샀는지 알아야겠어.

You've got to know when to stop

You've got to know~ 하면 "넌 …을 알아야 돼"라는 충고내지는 조언하는 표현.

Point
▶ **You've got to know about~** 넌 …에 대해서 알아야 돼
▶ **You've got to know that[who,where ~]** 넌 …을 알아야 돼

You've got to know when to stop.
언제 멈춰야 하는지 알아야 돼.

You've got to know about the affair. Check his bank account.
그 정사에 대해 알아야 돼. 걔 은행계좌를 확인해봐.

You gotta know there is nothing between me and Mark.
나하고 마크는 아무런 사이도 아니라는 걸 넌 알아야 돼.

A: How do I develop my character?
B: **You've got to know** your weaknesses.

A: 내 인격을 어떻게 함양하지?
B: 네 약점을 알아야 돼.

003 You really want to get to know me?

원래 의미의 get to know를 연습해보는 차례. get to know sb는 "시간을 두고 서서히 알게 되다"라는 뜻이 있다.

> **I'd like to get to know +sb** …을 알아가고 싶어

You really want to get to know me?
넌 정말 나랑 친해지고 싶어?

If you got to know him, you'd understand.
네가 걔를 알게 된다면 넌 이해하게 될거야.

I would really, I would like to get to know you.
난 정말이지 너하고 친해지고 싶어.

A: I'd like to get to know the new girl.
B: Come over here and I'll introduce you.

A: 새로운 여자애와 친해지고 싶어.
B: 이리와, 내가 소개시켜줄게.

004 Then it's good to know how to bluff

"to 이하를 알게 돼서 다행이다, 좋다"라는 말로, know 다음에는 how to +V, that절, 의문사절 등 다양하게 올 수 있다.

> **It's good to know how to~** …하는 방법을 알게 되서 다행이야
> **It's good to know that[what~]~** …을 알게 되서 다행이야, …여서 기뻐

Then it's good to know how to bluff.
그럼 어떻게 뻥치는지 알게 되서 다행이야.

It's always good to know what you don't know.
네가 모르는 것을 알고 있는건 언제나 기분좋아.

It's good to know that you enjoy hitting people.
네가 사람때리는 걸 즐긴다는 것을 알게 돼 다행이야.

A: I can get your computer working again.
B: It's good to know how to fix things.

A: 네 컴퓨터를 다시 작동시킬 수 있어.
B: 고치는 방법을 안다는 건 좋은 일이야.

005 That's comforting to know there's a silver lining

comfortable만 많이 쓰이는 줄 알고 있지만 의외로 comforting(위로가 되는)도 많이 사용된다. It's comforting to know~ 하게 되면 "…을 알게 되어서 위로가 된다"라는 뜻.

> **It's comforting to know that~** …을 아는 것은 위로가 돼, 안심이 돼

It's comforting to know the ones you love are always in your heart.
네가 사랑하는 사람들은 언제나 네 마음 속에 있다는 것을 알고 있는건 위로가 돼.

That's comforting to know there's a silver lining.
어려운 상황에서도 한가닥 희망이 있다는 것을 아는 것은 위로가 돼.

But in case of fire or flood, it's comforting to know that the door is unlocked. 화재나 홍수를 대비해 문을 잠그지 않는다는 사실을 알게 되니 안심이 되는군.

A: Justin went on a week-long crime spree.
B: It's comforting to know that he's in jail.

A: 저스틴은 일주일에 걸쳐 범죄를 마구 저질렀어.
B: 걔가 감옥에 있는게 위로가 되네.

078

It bothers me that~

…가 마음에 걸려

PATTERN 001

bother sb는 "…의 신경을 쓰게 하다," "마음에 걸리게 하다"라는 뜻으로 It bothers me that~하게 되면 "that 이하의 사실이 마음에 걸리다"라는 뜻이 된다.

Point

- **It bothers me that S+V~** …가 마음에 걸려, …해서 고민이야
- **It bothered me when S+V~** …할 때가 마음에 걸려

It bothers me that they bathe in the town water tank.
걔네들이 마을 물탱크에서 목욕하는게 마음에 걸려.

It bothers me there's a bullet in there.
거기에 총알이 있는게 마음에 걸려.

It bothers me that I'm never gonna have that feeling.
난 절대로 그런 감정을 느끼지 못할거라는게 고민이야.

It bothered me when she slept with other men.
걔가 다른 남자들과 잘 때 난 마음이 쓰이네.

It bothered me that no one helped her.
아무도 걔를 도와주지 않은게 난 마음에 걸려.

A: Bernie was not truthful to anyone.
B: It bothers me that I've been lied to.

A: 버니는 누구에게도 진실하지 않았어.
B: 나한테 거짓말을 해왔다는 것이 마음에 걸려.

A: What made you dislike your job?
B: It bothered me when my salary was reduced.

A: 뭣 때문에 네 일을 싫어하게 되었어?
B: 급여가 삭감되었을 때 고민이 됐어.

PATTERN 002

It doesn't bother you that I'm an pervert?

마음에 걸리지 않는다(It doesn't bother sb)이므로 위 문장은 that 이하의 사실, 즉 "내가 변태라는 사실이 신경쓰이지 않냐?"고 물어보는 문장이 된다.

Point

▶ **It doesn't bother you that~ ?** …라는 사실이 신경거슬리지 않아?
▶ **It doesn't bother me that~** …라는 사실이 신경쓰이지 않아, 신경안써

It doesn't bother you that I'm an pervert?
내가 변태라는게 신경쓰이지 않아?

It doesn't bother me, but it's a little weird.
난 신경쓰이지 않지만 조금은 섬뜩하다.

Fake tears don't bother me.
거짓 눈물에 신경안써.

A: Don't you want to get a job and support yourself?
B: It doesn't bother me that I have no money.

A: 일자리를 구해서 스스로 생계를 유지하고 싶지 않아?
B: 돈없다는 사실이 별로 신경쓰이지 않아.

Does it bother you if I smoke?

상대방에게 "…한 게 신경에 쓰이는지, 마음에 걸리는지" 물어보는 표현.

> ▶ **Does it bother you that[if~]?** …가 신경에 거슬려?, …하는게 신경쓰여?
> ▶ **Does it bother you not ~ing?** …하지 않는게 신경에 거슬려?
> ▶ **Why does it bother you that ~** …하는걸 왜 언짢아하는거야?

Does it bother you that we suborned perjury?
우리가 위증하도록 매수한게 신경에 쓰이니?

Why? **Does it bother you** not knowing?
왜, 모르는게 신경에 거슬려?

Why does it bother you that I'm trying to help?
내가 도와주겠다는데 왜 그렇게 언짢아해?

A: The neighbors have parties every weekend.

B: **Does it bother you if** they make a lot of noise?

A: 이웃들이 매주말마다 파티를 해.

B: 걔네들이 시끄럽게 해서 신경쓰이니?

Don't bother making up a story

"귀찮게 몸을 이끌고(bother) to 이하를 할 필요가 없다"는 표현으로 뒤에는 ~ing 혹은 to+V가 이어진다.

> ▶ **Don't bother to+V** 굳이 …할 필요없어, 그냥 …해
> ▶ **Don't bother ~ing** 굳이 …할 필요없어, 그냥 …해

Rule number one, **don't bother** sucking up.
규칙 1. 아첨하려 들지 말 것.

You trade kiddie porn with him. **Don't bother to** deny it.
너 걔하고 아동포르노를 거래하지. 그냥 인정해.

No, listen, **don't bother** making up a story, Peter.
아니, 들어봐, 피터야 굳이 이야기를 지어내지마.

A: I am going out with another woman tonight.

B: **Don't bother to** come back here.

A: 오늘밤에 다른 여자랑 데이트해.

B: 굳이 이리로 돌아오지마.

Why bother explaining it to me?

"왜 귀찮게(bother) …을 하려고 하느냐?"라는 뉘앙스로 Why bother 다음에 ~ing 혹은 when 절 등이 뒤따른다. 단독으로 Why bother?하면 "무슨 상관이람?"이란 뜻이다.

> ▶ **Why bother ~ing?** 왜 귀찮게 …하려는거야?
> ▶ **Why bother ~ when~?** …한데 왜 귀찮게 …을 하는거야?

Why bother with that when they've got access to guns.
걔네들이 총을 사용할 수 있는데 왜 그렇게 신경쓰는거야?

Why bother explaining it to me? It's not like I have any choice in the matter. 왜 귀찮게 그걸 내게 설명하려해? 이 문제에서 난 선택권도 없는 것 같은데.

Why bother learning math if you don't get to apply it in real-life situations. 실생활에서 써먹지 못하게 된다면 뭐하러 수학을 배우는거야?

A: I'll have another beer then I'll drive home.

B: **Why bother** driving when you drink?

A: 맥주 한병 더 마시고 나서 운전해서 집에 갈게.

B: 술마셨는데 왜 운전을 하려고 하는 거야?

079

I have a mind to~

...할 생각이 있어

PATTERN 001

have a mind to~는 "...할 생각이 있다," 반대로 "...할 마음이 전혀 없을" 때는 have no mind to~라고 한다. 한편 have half a mind to~는 말그대로 할까말까 망설일 때 쓰이기도 하지만 진짜는 하지 않을 거면서 상대방을 협박하기 위해서 "...해야 될 것 같으네"라는 의미로도 쓰인다. 이때는 have a good mind to~와 같은 의미가 된다.

Point

- **I have a mind to~** ...할 생각이 있어
- **I have half a mind to~** ...을 할까말까 생각중야, ...해야 하지 않을까 생각중야
- **I have a good mind to~** ...을 해야하지 않을까 생각중야
- **I have no mind to~** ...할 마음이 전혀없어

I have half a mind to call her father.
걔 아버지에게 전화해야 되지 않을까 생각줘야

I have half a mind to take this public.
이걸 사람들에게 공개해야 되지 않을까 생각중야.

I have half a mind to call him and tell him.
걔한테 전화해서 말해야 되지 않을까 생각중야.

I have half a mind to throw this martini right in your face!
네 낯짝에 이 마티니를 끼얹을까 생각중이야.

I gotta good mind to slash you open right now.
지금 당장 널 확 베어버릴까 하는 생각이 드네.

A: Ron has been parking in your spot every day.
B: I have half a mind to tell him to go to hell.

A: 론은 매일 네 자리에 주차를 해.
B: 뭐지라고 얘기해줄까 보다.

A: Some people saw Tom steal the notebook.
B: I have a mind to call the cops on him.

A: 탐이 노트북을 훔치는 걸 본 사람들이 있대.
B: 걔를 경찰에 신고할 생각이야.

PATTERN 002

You can do it if **you set your mind to** it

...을 하기로 마음을 먹고 그래서 죽어라 열심히 노력하는 모습을 떠올리면 된다.

Point

▸ **set one's mind to** ...하기로 굳게 마음먹다
▸ **put one's mind to** ...하기로 굳게 마음먹다

You can do anything you set your mind to!
네가 굳게 마음먹은 것은 무엇이든 할 수 있어!

When you put your mind to it, you can really hurt someone.
네가 그걸 하기로 굳게 마음먹으면 진짜 사람들을 해칠 수도 있어.

I set my mind to becoming a millionaire.
난 백만장자가 되기로 마음 먹었어.

A: Do you think I'll be able to finish my PhD?
B: You can do it if you set your mind to it.

A: 내가 박사학위를 마칠 수 있을 것 같아?
B: 네가 마음을 굳게 먹으면 할 수 있어.

003 | I didn't intend to kill him

intend는 "작정하다," "…하려고 생각하다," 따라서 I intend to+V는 "…하려고 작정하다," I didn't intend to+V는 "…을 의도하지 않았다"가 된다.

Point

▶ **I intend to+V~** 난 …을 할 생각이야, …을 하려고 해 ▶ **I never intended to+V** 전혀 …을 의도하지 않았어

I truly never intended to kill her.
절대로 걔를 죽일 의도는 없었어.

I didn't intend to do it. Does that make you feel any better?
난 전혀 그럴 의도가 없었어. 들으니 기분이 좀 나아져?

What do you intend to do with that paper clip?
종이집게로 뭘 하려는거야?

A: You injured several people in the accident.

B: I never intended to hurt anybody.

A: 넌 사고로 여러 사람을 다치게 했어.
B: 난 누구도 다치게 할 의도는 없었어.

004 | I have every intention of delivering on that promise

have intention of는 "…할 생각이 있다," 반대로 have no intention of~하면 "…할 의향이 전혀 없다," 그리고 have every intention of는 "기꺼이 …하겠다"는 적극적인 표현이다.

Point

▶ **I have intention of~** …할 생각이 있어(I have no intention of~ …할 생각이 없어)
▶ **I have every intention of~** 기꺼이 …할 생각이야

I have every intention of delivering on that promise.
나는 그 약속을 기꺼이 지킬 생각이야.

He has no intention of fleeing this jurisdiction and is willing to turn over his passport. 그는 이 관할구역에서 도주할 의향이 없으며, 여권을 제출할 용의가 있습니다.

I have no intention of going out with you, having sex with you.
난 너와 데이트하고 섹스할 생각이 전혀 없어.

A: Kathleen says you owe her three thousand dollars.

B: I have every intention of paying her back.

A: 캐서린은 너한테 3000 달러를 받게 있다고 하던데.
B: 난 걔한테 돈을 갚고 말거야.

005 | But still had the presence of mind to get rid of his DNA

좀 어려운 표현. have the presence of mind to~는 테러나 사고 등의 급박한 상황하에서도 "침착하게 …행동을 하다"라는 표현이 된다.

Point

▶ **have the presence of mind to+V~** 비상시에 침착하게 행동하다
▶ **pay no mind to+V~** 무시하다

He's getting a lot more enthusiastic. But still had the presence of mind to get rid of his DNA. 걘 점점 더 심취했지만, 그래도 침착하게 DNA를 지웠어.

How to explain insanity, yet have presence of mind to wear gloves? 정신이상을 어떻게 설명할 수 있죠? 장갑을 낄 정도의 정신이 있는데.

My therapist told me to pay no mind to those who don't matter.
내 상담의는 중요하지 않은 사람들은 무시하라고 했어.

A: How did Maria keep the machine from exploding?

B: She had the presence of mind to shut it off.

A: 마리아는 어떻게 그 기계가 폭파하는 걸 막았어?
B: 걔는 침착하게 기계를 정지시켰어.

It's no wonder ~

…하는 것은 당연해

PATTERN
001

놀랍지(wonder) 않다고 하니 "…하는게 당연하다"는 말씀. It's no wonder S+V로 써도 되고 그냥 No wonder S+V라 써도 된다. 반대로 놀랍다고 할 때는 It's a wonder S+V이다.

Point

- **It's no wonder S+V** …하는 것은 당연해
- **No wonder S+V** …하는 것은 놀랍지 않아
- **It's a wonder S+V** …하는 것은 놀라워

It's no wonder suicide rates skyrocket this time of year.
연중 이맘 때에 자살율이 치솟는 것은 당연해.

Reid, **no wonder** you can't get a date.
리드, 네가 데이트를 못하는 건 놀랍지 않아.

No wonder it takes days to find the bodies.
시신들을 찾는데 수일이 걸리는 것은 당연해

It's no wonder my parents didn't touch me.
당연히 내 부모님은 내게 손대지 않으셨어.

I'm the girl who farts. **No wonder** we're not having sex.
난 방귀를 뀐 여자야. 우리가 섹스를 하지 않은건 당연하지.

A: Russell was just promoted to company president.
B: **No wonder** he is so confident.

A: 러셀은 회사 사장으로 승진되었어.
B: 그 사람이 자신감 넘치는건 당연해.

A: Meg rented an apartment near a nightclub.
B: **No wonder** she can't get to sleep.

A: 멕은 나이트클럽 근처에 아파트를 임대했어.
B: 걔가 잠이 들지 못하는 것도 당연하네.

PATTERN
002

I wouldn't be surprised if she knew exactly what went on

가정법의 would를 쓴 경우로 if 이하나 to 이하의 일이 벌어져도 "난 놀라지 않을 것이다"라는 의미. 전과(priors)가 18범인 사람이 한번 더 절도한다해도 별로 놀랄 일이 아닌 것처럼 말이다.

Point

▶ **I wouldn't be surprised to+V~** …해도 놀라지 않을거야, 아마 …일거야
▶ **I wouldn't be surprised that[if~] S+V~** …해도 놀라지 않을거야, 아마 …일거야

I wouldn't be surprised that's why you failed the last time.
그게 지난번에 떨어진 이유라 해도 놀라울 게 없겠는걸.

I wouldn't be surprised if she knew exactly what went on.
일이 어떻게 돌아가는지 걔가 정확히 알고 있다해도 놀라지 않을거야.

He can't be surprised that we know what he's driving and that he has a hostage.
걔가 무슨 차를 몰고 또한 인질을 데리고 있다는 것을 우리가 알고 있다는 사실에 놀라지 않을거야.

A: **I wouldn't be surprised** to find a killer or two up in it.
B: There's a lot of places to drink, why go there?

A: 그 안에 살인범이 한 두명 있다해도 놀라지 않을 거야.
B: 술집이 여럿있는데 왜 거길 가는 거야?

It goes without saying that we'll be there

친숙한 숙어로 that 이하의 내용은 말할 것도 없다는 말씀.

[Point]

▶ **It goes without saying that ~** …라는 건 말할 것도 없어

▶ **It goes without saying, but~** …라는 건 말할 것도 없지만

I know it goes without saying, but the law shouldn't require it to go unsaid.
말할 필요도 없다는 건 알지만 법은 그걸 말하지 않아도 된다고 요구해서는 안돼.

Alright, this goes without saying, but I'm just going to say it anyway. Hands off my sister.
좋아, 말할 필요도 없지만 어찌됐건 말을 할게. 내 누이에게서 손떼.

A: I'm having a wine party on the 3rd.

B: It goes without saying that we'll be there.

A: 3층에서 와인파티를 할거야.

B: 당근 우리도 갈거야.

It's natural to want to blame someone

It's adj~ to+V 구문 중의 하나. "to 이하 하는 것은 당연하다"라는 의미.

[Point]

▶ **It's natural (for sb) to+V** (…가) …하는 것은 당연해

▶ **It's natural that~** …는 당연해

It's natural to want to blame someone.
다른 사람 탓하고 싶은 것은 자연스러운거야.

It's natural to freak out when a loved one is missing.
사랑하는 사람이 행방불명되었을 때 정신없는거 당연해.

It is natural and easy for you to recall anything.
네가 뭔가를 기억해내는 것은 자연스럽고 쉬운거야.

A: Brian and Vicky worked together before they dated.

B: It's natural that they were attracted to each other.

A: 브라이언과 비키는 데이트하기 전에 함께 일을 했었어.

B: 걔네들이 서로에게 끌리는 것은 당연하네.

081

~ than I imagined
내가 생각했던 것보다 …

001

뭔가 예상하고 상상했던거와 다를 경우 ~than I imagined을 붙이면 된다. "내가 생각했던 것보다"라는 뜻. 비슷한 표현으로 "당초 예상했던 것 이상으로"라는 뜻의 ~than I[we] bargained for도 함께 알아둔다.

> **Point**
> - **~than I imagined** 내가 생각했던 것보다
> - **~than you've ever imagined** 네가 생각했던 것보다
> - **~than we bargained for** 우리가 예상했던 것보다

Oh, you're even more handsome than I imagined.
야, 넌 내가 상상했던 것보다 훨씬 핸섬하다.

My mom's crazier than I ever imagined.
우리 엄마는 상상이상으로 미치셨어.

This is way more than he bargained for.
이건 예상했던 것보다 훨씬 더 그래.

We got more than we bargained for when Walt joined us.
우리는 월트가 합류했을때 예상보다 더 많은 걸 얻었어.

Sometimes you get more than you bargained for.
종종 네가 예상했던 것이상을 얻을 때가 있어.

A: Did you enjoy the comedy program?
B: It was better than I imagined.

A: 그 코메디 프로그램 재미있게 봤어?
B: 내가 생각했던 것보다 괜찮았어.

A: Why didn't you buy the apartment?
B: The price was more than we bargained for.

A: 그 아파트를 왜 사지 않았어?
B: 가격이 내가 예상했던 것보다 높아서.

002 ## Chuck's smarter than you think he is

"척은 네가 생각하는 것보다 더 스마트해"라는 문장. 상대방의 생각이 틀렸음을 알려주는 문장으로 "네가 생각하는 그것보다 더 … 하다"라는 구문이다.

> **Point**
> ▸ **~than you think S+V ~** 네가 그렇다고 생각하는 것보다 더 …해
> ▸ **~than I think S+V** 내가 그렇다고 생각하는 것보다 더 …해

I know a lot more than you think I do.
난 네가 생각하는 것보다 훨씬 많은 걸 알고 있어.

I think you're better than you think you are.
너는 네 자신이 그렇다고 생각하는 것이상으로 더 나은 것 같아.

He says he understands English better than I think he does.
걔는 내가 생각하는 것보다 훨씬 더 자신이 영어를 잘 이해한다고 말하던데.

A: I don't believe in ghosts or spirits.
B: Ghosts are more real than you think they are.

A: 유령이나 혼령이 있다고 생각하지 않아.
B: 유령은 네가 생각하는 것보다 더 현실적이야.

Is it worse **than you thought**?

~than you thought는 "네가 생각했던 것 이상"임을 말할 때, 그리고 "내가 생각했던 것 이상"으로라고 하려면 ~than I thought를 쓰면 된다.

> **Point**
> ▸ **~than you thought** 네가 생각했던 것 이상으로
> ▸ **~than I thought** 내가 생각했던 것보다

Is it worse than you thought?
그게 내가 생각했던 것보다 더 안좋아?

You are even more pathetic than I thought!
넌 내가 생각했던 것 이상으로 한심해!

I think there's more to her than I thought.
내가 생각했던 것보다 뭔가가 걔한테 더 있는 것 같아.

A: Can you believe Ralph beat me in a fight?

B: He was stronger than you thought.

A: 랠프가 싸움에서 나를 이길 것 같아?
B: 걘 네가 생각하는 것보다 더 강해.

 ## So things are **worse than we thought**

"우리가 생각했던 것보다 상황이 안좋다"라는 문장으로 ~than we thought나 혹은 ~than she thought, ~than he thought 등의 표현을 연습해본다.

> **Point**
> ▸ **~than we thought** 우리가 생각했던 것보다
> ▸ **~than (s)he thought** 걔가 생각했던거 이상으로(~than they thought 개네들이 생각했던거 이상으로)

He's more focused than we thought.
걘 우리가 생각했던거 이상으로 집중하고 있어.

Clearly, family means more to him than we thought.
분명히, 가족은 우리가 생각했던 것 이상으로 걔에게 중요해.

The exhibit is taking much more time than he thought.
그 전시회는 걔가 예상했던 것보다 시간이 많이 걸리고 있어.

A: What do you think of your hotel room?

B: It's much nicer than we thought.

A: 네 호텔방 어때?
B: 우리가 생각했던 것보다 훨씬 더 좋아.

 ## Took longer **than I expected**

"내 예상보다 시간이 더 오래걸렸어"라는 문장에서보듯 자기 예상보다 더 …할 경우에는 ~than I expected 혹은 ~than expected라고 하면 된다.

> **Point**
> ▸ **~than I expected** 내 예상보다
> ▸ **~than expected** 예상보다

My problem is that your investigation has gone further than I expected.
내 문제는 네 조사가 내 예상보다 훨씬 더 나아갔다는거야.

It's been a harder adjustment than I expected.
내가 생각했던 것보다 적응하기 어려웠어.

You were more ruthless than I expected.
넌 내 예상보다 훨씬 무자비했어.

A: How is your first year in law school?

B: The courses are tougher than I expected.

A: 법대 일학년 생활 어때?
B: 내가 예상했던 것보다 더 힘들어.

082

~ I've ever heard
내가 들어본 것 중에서 …

001

최상급 문장을 만들 때는 뒤에 I've ever heard(내가 지금까지 들어본) 등의 어구를 넣어 강조하는 경우가 있다. 그중 가장 많이 쓰이는 대표적인 것들 몇 개를 살펴보도록 한다.

Point

- **~I've ever heard** 내가 들어본 것 중에서
- **~I've ever heard of** 내가 들어본 것 중에서

That is the best fake speech I think I've ever heard.
내가 여태껏 들어본 것중에서 가장 멋진 가짜 연설이야.

That's the creepiest thing I've ever heard.
내가 들어본 것 중에서 가장 기이한거야.

That is the most idiotic plan I've ever heard of.
그건 내가 들어본 것 중에서 가장 멍청한 계획이야.

I think this is the dumbest thing we've ever heard.
이건 우리가 들어본 것 중에서 가장 멍청한 짓일 것 같아.

That is the craziest thing I've ever heard.
이건 내가 들어본 것 중에서 가장 미친 짓이야.

A: What did you think when Katie said she's getting married?

B: It was the most surprising statement I've ever heard.

A: 케이티가 결혼한다고 했을 때 어떤 생각이 들었어?

B: 내가 이제껏 들어본 말 중에서 가장 놀라운 것이었어.

A: Smart people don't attend universities.

B: That's the dumbest thing I've ever heard.

A: 똑똑한 사람들은 대학교에 다니지 않아.

B: 내가 이제껏 들어본 말 중에서 가장 멍청한 말이다.

002

He was the meanest guy I've ever known

이번에는 heard 대신에 직접 만나 알고 지낸다는 의미의 known을 쓴 경우이다.

▶ **~I've ever known** 내가 아는 사람 중에서 가장~

He was the meanest guy I've ever known.
걘 내가 알고 지내던 사람 중에서 가장 비열한 인간이었어.

She says Jane treated her with more kindness than she's ever known. 걘 제인이 자기가 아는 사람 중에서 가장 친절하게 자기를 대해줬다고 해.

Lisa, you're the best woman I've ever known.
리사, 넌 내가 알고 지내는 여자 중에서 가장 최고야.

A: I see you met my friend Michael.

B: He's the only Australian I've ever known.

A: 네가 내 친구 마이클을 만났다며.

B: 걘 내가 아는 유일한 호주인이야.

You're the sexiest girl **I've ever seen**

heard, known에 이어서 이번에는 see의 과거분사형인 seen을 써보자.

 Point

▸ **~ I've ever seen** 내가 지금까지 보아온, 내가 지금까지 본 것 중에서

You're the sexiest girl I've ever seen.
넌 내가 지금까기 본 여자들 중 가장 섹시해.

It might be the most adorable thing I've ever seen.
그건 지금까지 내가 본 것 중에서 가장 사랑스러운 것일거야.

This is the greatest thing I've ever seen.
이건 내가 지금까지 본 것 중에서 가장 멋져.

A: What did Andrea's room look like?

B: It's the biggest mess I've ever seen.

A: 앤드리아의 방이 어때 보여?
B: 이렇게 지저분한 방은 처음 봐.

 ## You're the longest relationship that **I've ever had** with a man

이번에는 동사 have를 쓴 경우로 I've ever had로 최상급을 연출하는 모습을 확인해보자.

 Point

▸ **~I've ever had** 내가 지금까지 해본 것 중에서, 내가 지금까지 먹어본 것 중에서
▸ **~I've ever had in my life** 내평생 내가 해본 것 중에서, 내평생 지금까지 먹어본 것중에서

You're the longest relationship that I've ever had with a man.
내가 남자와 관계를 이렇게 오래 해본 적은 없었어.

Breaking up with Chris was the hardest thing I ever had to do.
크리스와 헤어지는 것은 내가 여태껏 해야 했던 일 중에서 가장 힘든 것이었어.

This might be the most interesting conversation I've ever had with an insurance man.
이건 보험회사 직원하고 내가 나누었던 대화 중 가장 흥미로운 것일게야.

A: Did you enjoy going to Thailand?

B: It was the best time I've ever had.

A: 태국 여행 즐거웠어?
B: 이렇게 좋았던 적은 처음이야.

 ## I'm the best **you've ever had**

반대로 상대방이 지금까지 경험한 것 중에서 최고라고 할 때 사용하는 문장.

 Point

▸ **~you've ever had** 네가 지금까지 해본 것 중에서

I'm the best you've ever had.
네가 만났던 사람 중에서 내가 최고야.

Tell me I'm a man. The best man you've ever had.
나한테 내가 진정한 남자라고 말해줘. 네가 경험했던 사람 중에서 최고라고.

Isn't that the greatest tomato you've ever eaten?
그게 네가 지금것 먹어봤던 토마토 중에서 최고아냐?

A: What will it be like when I get divorced?

B: It will be the saddest moment you've ever had.

A: 내가 이혼하면 어떨 것 같아?
B: 네가 경험했던 순간중에서 가장 슬플거야.

How do you feel about ~?

…을 어떻게 생각해?

001

How do you feel about~ 하게 되면 about 이하의 것에 대해 상대방에게 어떤 느낌인지 어떤 생각인지 그 의견을 물어보는 표현이다. about 다음에는 사물이나 사람 등이 올 수 있다.

Point

■ **How do you feel about sb[sth]?** …을 어떻게 생각해?

■ **How do you feel about ~ing?** …하는 거에 대해 어떻게 생각해?

■ **How do you feel about sb ~ing?** …가 …하는 거에 대해 어떻게 생각해?

How do you feel about your life choices this time?
이번에 네가 한 삶의 선택에 대해 어떻게 생각해?

How do you feel about bringing Chris into this discussion?
크리스를 토론에 끌어들이는걸 어떻게 생각해?

How do you feel about going to see a little comedy?
코메디 보러 가는걸 어떻게 생각해?

How do you feel about teaching math to 7-year-olds?
7세 아이들에게 수학을 가르치는걸 어떻게 생각해?

How's your husband feel about you working here?
네 남편은 네가 여기서 일하는걸 어떻게 생각해?

A: How do you feel about Joan living in Miami?

B: I wish she lived closer to Austin.

A: 조앤이 마이애미에서 사는거에 대해 어떻게 생각해?

B: 걔가 오스틴과 더 가까운 곳에서 살았으면 좋겠어.

A: How do you feel about this?

B: It doesn't matter how I feel. The evidence only knows one thing: The truth.

A: 이거 어떻게 생각해?

B: 내 생각은 중요하지 않아. 증거만이 진실을 알고 있어.

002

How did you feel when she died?

이번에는 과거시제로 과거에 "…에 대해서 어떤 느낌이었는지"를 물어보는 문장이다.

Point

▶ **How did you feel about~?** …에 대해서 어떤 느낌이었어?

▶ **How did you feel when~?** …할 때 어떤 느낌이었어?

How did you feel when she died?
걔가 죽었을 때 어떤 느낌이었어?

How did you feel when you were beating him with the club?
네가 걔를 골프채로 팰 때 어떤 느낌이었어?

How did you feel when your mom's boyfriend touched you like that?
네 엄마의 남친이 너를 이런 식으로 만질 때 어떤 느낌이었어?

A: How did you feel when she agreed to marry you?

B: It was great, the best feeling in my life.

A: 걔가 너와 결혼하겠다고 했을 때 넌 어떤 느낌이었어?

B: 아주 좋았어, 내 평생 최고의 느낌이었어.

How do you think he'd feel about mom?

do you think가 삽입된 경우. "주어가 …에 대해 어떻게 느낄거라 생각하는지" 상대방의 의견을 물어보는 문장이다.

▶ **How do you think S feel about~?** S가 …에 대해 어떤 느낌일거라 생각해?

How do you think he'd feel about mom?
걔가 엄마에 대해서 어떤 느낌일거라 생각해?

How do you think I feel? I haven't slept. I feel sick.
난 어떻겠어? 잠도 못 자고 병에 걸린 것 같아

How do you think your husband would feel about you sitting here
with me? 네 남편이 네가 여기 나와 함께 앉아있는거에 대해 어떻게 느낄거라고 생각해?

A: How do you think Larry feels about having a child?

B: He says he's looking forward to being a dad.

A: 래리는 아이갖는거에 대해 어떻게 느 낄거라고 생각해?

B: 걘 아버지가 되기를 학수고대한대.

You know how I feel about Lynette and Tom

서로를 이해하는데 꼭 필요한 표현. 상대방이 자기 감정을 이해하고 있을거라는 가정하에 "…에 대해 내 느낌이 어떤지 알지"라고 던져보는 문장.

▶ **You know how I feel about~** …에 대한 내 느낌[기분]이 어떤지 알지
▶ **I know how you feel about~** …에 대한 네 느낌[기분]이 어떤지 알아

I don't know how I feel about this whole situation.
이 모든 상황에 대해 내가 어떻게 생각해야 할지 모르겠어.

You know how I feel about Lynette and Tom.
넌 리넷하고 탐에 대한 내 기분이 어떤지 알지.

Can ya imagine how I feel about the brother?
네 형에 대한 나의 생각이 어떤지 상상할 수 있어?

A: There is no way we can afford this.

B: I know how you feel about high prices.

A: 우린 이걸 살 여력이 전혀 없어.

B: 가격이 비싼거에 대해 네가 어떻게 생 각하는지 알겠어.

How would they feel about me joining in?

아직 현실에서 이루어진 것은 아니나 그렇게 한다면 당신 기분은 어떨거냐고 떠보는 표현.

▶ **How would you feel about (sb) ~ing?** (…가) …하는 건 어떻겠어?
▶ **How would you feel if S+V?** …한다면 넌 (기분이) 어떻겠어?

How would they feel about me joining in?
내가 끼면 걔네들 기분이 어떨까?

How would you feel if I was hanging out with my ex-boyfriend?
내가 전 남친과 어울린다면 네 기분이 어떻겠어?

How would you feel if I interfered in your personal life?
내가 네 사생활을 훼방놓는다면 네 기분이 어떻겠어?

A: How do you feel about my friends staying with us?

B: I think they should go home after a few days.

A: 내 친구들이 우리와 함께 머무르는거 어 떻겠어?

B: 걔네들은 며칠 후에 집에 가야 될 것 같아.

084

I know better than to ~

난 …할 정도로 어리석지는 않아

PATTERN 001

학창시절부터 많이 알려진 표현. know better than은 특이하게도 부정어의 도움없이 부정으로 해석되는 어구이다. "…할 정도로 어리석지 않다"라는 의미로 먼저 I know better than to~ 패턴을 살펴본다.

Point

■ **I know better than +N[to+V]** 난…할 정도로 어리석지 않아

I know better than to look for my son in the newsroom. I came to talk to you.
뉴스룸에서 아들을 찾을 정도로 어리석지는 않아. 너랑 얘기하러 왔어.

I think I know better than to reason with you.
내가 너를 설득할 정도로 어리석지는 않다고 생각해.

No, he was sweet. I just know better than to rely on that.
아냐, 개는 친절했어. 난 그거에 의존할 정도로 어리석지는 않아.

I know better than to upset him.
난 개를 화나게 할 정도로 어리석지는 않아.

I know better than to waste my time.
난 내 시간을 낭비할 정도로 어리석지는 않아.

A: You never seem to lie about anything.
B: I know better than anyone else to be honest.

A: 넌 어떤 일에도 전혀 거짓말을 하지 않는 것 같아.
B: 정직해야 한다는 것을 누구보다도 잘 알고 있어.

A: Why don't you just take out a loan?
B: I know better than to borrow money.

A: 대출을 받지 그래?
B: 돈을 빌릴 정도로 어리석지는 않아.

PATTERN 002

You know better than to ask me that

상대방이 상식밖의 언행을 할 때 You know better than to~라고 따끔하게 한마디 해줄 수 있다.

Point

▶ **You know better than +N[to+V]** 넌 …할 정도로 어리석지 않잖아, 왜 이런 짓을 하는거야

You know better than to ask me that.
그걸 내게 물을 정도로 어리석지는 않잖아.

You know better than to bother me here.
왜 여기와서 날 귀찮게 하는거야.

You know better than to interrupt the boss.
왜 사장님을 방해하고 그러는거야.

A: My co-worker is continually late.
B: You know better than him to be on time.

A: 내 동료는 계속 지각을 해.
B: 넌 시간을 지켜야 된다는 걸 개보다 더 잘알고 있지.

I should know better than to be late to work

know better than 앞에 I should가 들어간 경우. "…할 정도로 어리석지 않다"의 내용에 의무가 추가된 경우. 문장의 의미가 강조되었다고 보면 된다.

Point

▶ **I should know better than to+V~** …하면 안되는 걸 알아야지

I should know better than to keep a beautiful woman waiting.
난 아름다운 여인을 기다리게 할 정도로 어리석지 말아야지.

I should know better than to be late to work.
난 직장에 지각할 정도로 어리석지 말아야 돼.

I should know better than to play computer games so much.
컴퓨터 게임을 그렇게 많이 할 정도로 어리석지 말아야 돼.

A: So, how is the murder investigation going?

B: I should know better than to ask questions.

A: 그래, 살인사건 조사가 어떻게 돼가?

B: 난 심문을 할 정도로 어리석지 말아야지

You should know better than to stereotype lesbians

You should가 know better than to 앞에 오게 되면 알만한 사람이 그러면 안되지라는 내용을 강조하는 것으로 "너는 …하지 않는게 좋겠어"라는 뜻이 된다.

Point

▶ **You should know better than +N~** …가 아니란걸 알아야지, …하지 않는게 좋을거야
▶ **You should know better than to+V~** …하면 안되는 걸 알아야지, …하지 않는게 좋을거야

You should know better than this, Logan!
로건 알만한 사람이 왜 그래!

You should know better than to stereotype lesbians.
레즈비언에 대한 고정관념을 갖지 않을 정도는 되야지.

You should know better than to let him know.
너 걔한테 알리면 안되는 줄은 알았을 것 아냐.

A: Do you think I should give Andy advice?

B: You should know better than to interfere.

A: 내가 앤디에게 조언을 해야 될 것 같아?

B: 간섭하지 않는게 좋을 거야.

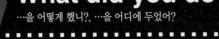

Section 02
085

What did you do with ~ ?
···을 어떻게 했니?, ···을 어디에 두었어?

PATTERN 001

여기서 do with는 '처리하다,' '사용하다' 등의 의미로 What did you do with sth?하게 되면 "···을 어떻게 했니?," "어디놔 뒀니?"라는 물음이다.

Point

- **What did you do with sb[sth]?** ···을 어떻게 했어?
- **What'd you do with N+S+V?** ···한 ···을 어떻게 했어?

Claire, what did you do with the aspirin?
클레어, 아스피린 어디에다 뒀어?

What did you do with my gun?
내 총 어떻게 했어?

What did you do with the condom you used?
네가 사용한 콘돔 어떻게 했어?

What did you do with your baby, Janis?
재니스, 네 아기 어떻게 했어?

What'd you do with her clothing?
걔 옷을 어떻게 했어?

A: What did you do with the remote control?

B: I think I put it on the coffee table.

A: 리모콘 어디에다 뒀어?
B: 커피테이블위에 놓은 것 같아.

A: What'd you do with the USB I lent you?

B: It's still in my bedroom, in my apartment.

A: 내가 빌려준 USB 어떻게 했어?
B: 내 아파트 침실에 아직 있어.

PATTERN 002

What have you done with my girlfriend?

What did you do with~의 현재완료형인 What have you done with~?는 What did you do with~와 동일한 의미이다.

Point

▶ **What have you done with~?** ···를 어떻게 했어?

What have you done with my girlfriend?
내 여친 어떻게 했어?

What have you done with Jesse?
너 제시를 어떻게 한거야?

What have you done with my shoes?!
내 신발 어떻게 한거야?!

A: What have you done with my umbrella?

B: I'm sorry, I think I lost it.

A: 내 우산 어떻게 한거야?
B: 미안, 잃어버린 것 같아.

What do you do with your money now?

이젠 현재형으로 넘어와보자. What do you do with~?는 with 이하를 갖고서 무엇을 하느냐, …을 어떻게 하느냐 등 상대방의 의견을 물어본다.

Point
> **What do you do with~?** …로 무엇을 해?(What do you do if~ …하면 어떻게 해?)
> **What do you do with sth that S+V?** …한 …으로 무엇을 해?

What do you do with your money now?
요즘 돈은 주로 어디에다 써?

You only get it for 24 hours, and then it disappears. What do you do with that penis for 24 hours?
네 페니스가 하루만 서있게 되는데 그 24시간 동안 페니스로 뭘 할거야?

What do you do with all the money that he gives you?
걔가 준 그 돈 다 어디에 쓸거야?

A: What do you do with someone who acts crazy?
B: Generally we commit them to the mental ward.

A: 미친사람처럼 행동하는 사람은 어떻게 해?
B: 일반적으로 정신병원에 수용해.

What should we do with the stuff we got?

어떤 일을 어떻게 처리해야 할지 몰라서 물어보는 표현. 내가 어떻게 해야 할지 모를 때는 What should I do with~?, 우리가 어떻게 처리할 지 모를 때는 What should we do with~?라고 하면 된다.

Point
> **What should I do with ~?** ~를 어떻게 (처리)해야 해?
> **What should we do with~?** 우리 …을 어떻게 처리해야 돼?

What should we do with all of this?
이 모든 것을 어떻게 해야 돼?

I'm planning on that, but what should I do with the car?
그걸 계획하고 있는데 차는 어떻게 처리해야 해?

What should we do with the stuff we got?
우리가 갖고 있는 물건들 처리를 어떻게 해야 돼?

A: What should I do with these old clothes?
B: You can donate them to a charity.

A: 이 헌 옷들 어떻게 해야 돼?
B: 자선단체에 기부해.

Now **what are you going to do with** me?

be going to와 do with의 만남. with 이하의 것을 가지고 무엇을 할건지, 어떻게 할건지 상대방에게 물어보는 표현이다.

Point
> **What're you going to do with~ ?** …을 어떻게 할거야?

I don't know what I'm gonna do with my life.
내 인생을 어떻게 해야할지 모르겠네.

You got me. Now what are you going to do with me?
들켰네. 이제 나를 어떻게 할거야?

It's smashed beyond repair, what are you going to do with it?
수리못할 정도로 망가졌어, 이거 어떻게 할거야?

A: What're you going to do with your photos?
B: I plan to post them on my Facebook page.

A: 네 사진 어떻게 할거야?
B: 페이스 북에 올릴 생각이야.

What did I say about ~?

...에 대해 내가 뭐라고 했어?

001

자기가 한 말 혹은 자기가 충고한 말들이 맞아 떨어졌을 때 "What did I say?"라고 할 수 있다. 자기가 무슨 말을 했는지 몰라서 물어보는게 아니라, 반자랑질톤으로 "거봐, 내가 뭐라고 했어?," "그거 보라니까?라는 의미를 갖게 된다. 여기 쓰이는 What did I say about~은 about~한거에 대해서 내가 뭐라고 했어?라고 되묻는 표현법이다.

Point

- **What did I say about ~ing?** ...하는거에 대해 내가 뭐라고 했어?, 그거 보라니까?
- **What did I say about sb ~ing?** ...가 ...하는거에 대해 내가 뭐라고 했어?
- **What did I say about not ~ing?** ...하지 않는거에 대해 내가 뭐라고 했어?

What did I say about being boring?
내가 지겹다는거에 대해 뭐라고 했니?

What did I say about talking to me?
내게 얘기하는거에 대해 내가 뭐라고 했어?

What did I say about Clarice being in here?
클라리스가 여기 있는 거에 대해 내가 뭐라고 했어?

Jeffrey, what did I say about not coming on too strongly?
제프리, 내가 너무 강하게 드러내지 않는거에 대해 내가 뭐라고 했니?

What did I say about making so much noise?
그렇게 시끄럽게 하는거에 대해 내가 뭐라고 했니?

A: Teacher, are you angry with me?
B: What did I say about texting in class?

A: 선생님 저한테 화나셨어요?
B: 수업중에 문자보내는거에 대해 내가 뭐라고 했니?

A: Miranda got very angry when I phoned.
B: What did I say about not calling after midnight?

A: 내가 전화했을 때 미란다는 화를 엄청 냈어?
B: 밤 12시 지나서 전화하지 말라고 내가 그랬잖아.

002 **What did I say that** you should do?

역시 같은 맥락으로 이번에는 about 대신에 that 절이 이어져 What did I say that S+V?의 형태로 쓰는 경우이다. "...을 내가 뭐라고 했니"," "...는 내 말이 맞잖아" 정도로 이해하면 된다.

Point

▶**What did I say that S+V?** ...을 내가 뭐라고 했니?, ...는 내 말이 맞잖아?

What did I say that you should do?
네가 그래야 한다고 내가 말했잖아?

What did I say that the stock market does?
내가 주식시장이 어떻다고 했니?

What did I say that the house would look like?
그 집이 어떻게 보일지 내가 뭐라고 했어.

A: Farah took the money and went shopping.
B: What did I say that she would do?

A: 패러는 돈을 가지고 쇼핑하러 갔어.
B: 걔가 그렇게 할거라고 내가 말했잖아?

What do I say if I need to stop?

What do I say to sb는 글자 그대로 "내가 …에게 뭐라고 말하지?"라는 문장이다. 어떻게 말해야 할지 몰라서 알려달라고 던지는 질문.

Point

▶ **What do I say to~ ?** …에게 뭐라고 말하지?

▶ **What do I say if S+V?** …하면 내가 뭐라고 하지?

How do I tell them? What do I say to them?
걔네들에게 어떻게 말하지? 걔네들에게 뭐라고 말하지?

Wait, what do I say if I need to stop?
잠깐, 내가 멈춰야 할 때 뭐라고 말해?

Very comforting. Okay, so what do I say to her?
크게 위안이 됐어. 좋아, 그럼 내가 걔한테 뭐라고 말하지?

A: What do I say if he invites me to his house?

B: Tell him you don't have time to come over.

A: 걔가 자기 집에 초대하면 내가 뭐라고 하지?

B: 그럴 시간이 없다고 그래.

What should I say if he asks why?

이번에는 조동사 should를 써서 if 이하라면 내가 무슨 말을 해야 되는지 고민스럽게 물어보는 문장.

Point

▶ **What should I say?** 내가 뭐라고 말해야 하나?

▶ **What should I say if~?** …라면 내가 뭐라고 말해야 해?

What should I say if he asks why?
걔가 이유를 물어보면 뭐라고 말해야 하나?

What should I say? Should I talk to him like it's going to be okay?
내가 뭐라고 말해야 돼? 괜찮아질 것 같다고 걔한테 말해야 하나?

What should I say if she insults me?
걔가 나를 모욕하면 뭐라고 말해야 되나?

A: What should I say if he asks me on a date?

B: Tell him you already have a boyfriend.

A: 걔가 내게 데이트를 신청하면 내가 뭐라고 말해야 하나?

B: 사귀는 남자친구가 있다고 말해.

What can I say I've fallen for you

What can I say~는 상대방의 비난에 '할 말이 없네,' 그리고 자신도 어쩔 수 없는 상황에서 상대방이 원하는 대답이 뭐냐고 물을 때는 '나더러 어쩌라는거야?,' 마지막으로 어떤 말을 해야 할지 모를 때 '뭐랄까?' 라는 의미로 쓰이는 표현이다. 이 의미들을 기억해두었다가 문맥에 맞게 해석하면 된다.

Point

▶ **What can I say about[that S+V]~?** 할 말이 없네, …는 나도 어쩔 수가 없어, 뭐라고 해야 할까?

What can I say about you two beautiful kids?
너희 이쁜 두 아이들에게 내가 뭐라고 할까?

Well what can I say it's my true passion.
음, 뭐랄까, 내 진정어린 열정이지.

What can I say I've fallen for you.
나도 어쩔 수 없이 너 사랑하게 됐어.

A: The prisoners have been complaining about the jail.

B: What can I say about people that break the law?

A: 죄수들이 감방 불평을 하고 있어.

B: 법을 어기는 사람들에 대해서 내가 뭐라고 해야 될까?

There's no need to~
…할 필요가 없어

"…할 필요가 없다"고 상대방에게 말하는 것으로 There's no need 다음에는 for+N, to+V 등이 이어진다. 특히 There's를 생략하여 No need to~라고 간단히 쓰기도 한다.

Point

- ■ **There's a need for~** …는 필요없어
- ■ **There's no need to~** …할 필요가 없어
- ■ **There's no need for sb to~** …가 …할 필요가 없어

There's no need to turn a mistake into a bigger mistake.
작은 실수를 더 큰 실수로 만들 필요는 없어.

There's no need for your squad to take any further action.
네 대원이 추가 조치를 취할 필요는 없어.

There's no need to call the cops. I wasn't stealing anything.
경찰을 부를 필요는 없어, 난 아무것도 훔치지 않았어.

I'm her attorney, we'll waive Miranda, there's no need to take her into custody.
저사람 변호인입니다, 우리는 피의자권리를 포기하니 감금할 필요는 없습니다.

Please let Dr. Tabb know that there's no need to wait.
타웁 박사에게 기다릴 필요없다고 알려드려.

A: I can put on a nicer suit and tie.

B: There's no need to change your clothes.

A: 더 좋은 정장과 타이를 입을 수 있어.
B: 네 옷을 갈아입을 필요는 없어.

A: Do you want to schedule a meeting with Fred?

B: There's no need for him to come tomorrow.

A: 프레드와의 미팅 스케줄을 잡고 싶어?
B: 걔가 내일 올 필요는 없어.

You have no need to know, Special Agent Gibbs

비슷한 표현으로 have no need to~하게 되면 "…할 필요가 없다"라는 뜻이 된다.

Point

▸ **I have no need to+V** 난 …할 필요가 없어
▸ **You have no need to+V** 년 …할 필요가 없어

You have no need to know, Special Agent Gibbs.
에이전트 깁스, 자네는 알 필요가 없네.

You have no need to show me around.
넌 날 구경시켜줄 필요가 없어.

She had no need to steal.
걘 훔칠 필요가 없었어.

A: I can give you a tour of the campus.

B: You have no need to show me around.

A: 학교 교정 한바퀴 구경시켜줄게.
B: 나 구경시켜줄 필요없어.

I didn't have a need for it at the time

부정관사를 넣어 have a need for하게 되면 for 이하에 대한 필요성이 있다, 필요성을 느끼다라는 의미가 된다.

> ▶ **I have a need for~** 난 …에 대한 필요성을 느껴
> ▶ **I have a desperate need for~** …에 대한 필요성이 절박해

I didn't have a need for it at the time.
난 그때 그거에 대한 필요성이 없었어.

They have a need for people like us.
걔네들에게는 우리와 같은 사람들이 필요해.

He has a need for power and control, so he probably has a job with some type of authority.
걘 힘과 통제에 대한 필요성을 느끼고 있기 때문에 권한이 부여되는 종류의 일을 하고 있을지 몰라.

A: I have a desperate need for a washer and dryer.

B: Let me see if I can find a nice set for you.

A: 건조가되는 세탁기가 꼭 필요해.
B: 내가 좋은 제품을 구해줄 수 있는지 알아볼게.

I'm sorry that you felt the need to come down here

feel the need 역시 "…을 필요로 하다"라는 의미. 필요한 것은 뒤에 for+N, to+V로 이어주면 된다.

> ▶ **I felt the need for+N[to+V]** …의 필요성을 느꼈어

I'm sorry that you felt the need to come down here.
네가 이리로 내려올 필요성을 느꼈다니 미안해.

So I felt the need to call someone… older.
그래서 난 다른 사람을, 좀 나이든 사람을 부를 필요성을 느꼈어.

We have all felt the need for revenge at some point in our lives.
우리는 모두 인생의 어느 시점에서 복수할 필요를 느낀다.

A: Did you hear the Richardsons bought a beach house?

B: They felt the need for a vacation home.

A: 리차드슨네가 비치하우스를 샀다며?
B: 걔네들은 별장이 필요하다고 생각했나봐.

It was necessary to keep your blood flowing

It's necessary to~ 는 "…하는데 필요하다"라는 가장 기본적인 구문.

> ▶ **I don't see why it was necessary~** 왜 그게 필요했는지 모르겠어
> ▶ **It's necessary (for sb) to~** (…가) …하는게 필요해

It was necessary to keep your blood flowing.
네 혈관의 피가 계속 잘 흐르도록 하는게 필요했어.

I just don't see why it was necessary to humiliate me at the Alamo desk. 알라모 데스크에서 왜 나를 모욕했는지 그 이유를 모르겠어.

That is why it's necessary to learn how to defend yourself.
바로 그래서 자신자신을 보호하는 법을 배우는 것이 필요해.

A: There have been a few small problems here.

B: I don't think it's necessary to contact the boss.

A: 여기 몇몇 자그마한 문제들이 있었어.
B: 사장에게 연락할 필요는 없을 것 같아.

Section 02
088

~ like I was saying
내가 말했듯이 …

PATTERN 001

"내가 말했듯이"라는 말로 자기가 이미 얘기한 적이 있음을 상기시키는 문구이다. as I was saying과 같은 의미이나 더 가까운 사이에 사용된다.

Point
- **like I was saying** 내가 말했듯이
- **as I mentioned** 내가 말했듯이
- **as I mentioned on the phone** 전화로 내가 말했듯이

So, **like I was saying**, I'm sorry.
그럼 내가 말했듯이, 미안하다고.

Like I was saying, I hate putting people out of work.
내가 말했듯이, 난 사람들을 자르는게 싫어.

Like I was saying it's important to tailor your resumes to your potential employers.
내가 말했듯이, 넌 이력서를 잠재 고용주에 맞도록 작성하는 것이 중요해.

As I mentioned on the phone I don't need a service to get a date.
내가 전화로 말했듯이 난 중개회사를 통해 데이트를 하지 않아.

As I mentioned yesterday, we will be holding a debate next month.
내가 어제 말했듯이, 다음 달에 토론회를 개최할거야.

A: You spend way too much time on the Internet.

B: **Like I was saying**, I need a new hobby.

A: 너 너무 많은 시간을 인터넷하는데 쓰고 있어.

B: 내가 말했잖아, 난 새로운 취가 필요하다고.

A: Why haven't you paid these bills?

B: **As I mentioned**, we are out of money.

A: 넌 왜 이 청구서 비용을 지불하지 않았어?

B: 내가 말했듯이, 우린 돈이 떨어졌어.

PATTERN 002

As I was saying, take as much time as you want!

like I was saying의 오리지널 판으로 "내가 말했듯이"라는 의미. 그래서 위 문장은 "내가 말했듯이, 원하는 만큼 가져가"라는 의미의 문장이 된다.

Point
▶ **as I was saying** 내가 말한 것처럼

As I was saying, I think the surrogacy idea could work.
내가 말했듯이, 대리모 생각은 효과가 있을거라 생각해.

As I was saying, we were both painting and tired.
내가 말했듯이, 우리는 둘 다 그림을 그리다가 지쳤어.

As I was saying, you and Leonard had a disappointing sexual encounter. 내가 말했듯이 너와 레너드는 실망스런 성적경험을 했어.

A: Did Bill accept my invitation to the party?

B: **As I was saying**, he isn't coming.

A: 빌이 내가 보낸 파티 초청장을 승낙했어?

B: 내가 말한 것처럼 개는 오지 않을거야.

Tell him you're going to kill him **like you said**

"네가 말한 것처럼 걔를 죽일거라고 걔한테 말해"라는 문장. like you said는 "내가 말한 것처럼"이란 뜻.

▸ **like you said** 네가 말한 것처럼

▸ **as you said** 네가 말한 것처럼

I tried to be friends with Zack, like you said, which believe me, was difficult.
난 잭하고 친구가 되려고 했는데, 네말처럼 그건 정말이지 어려웠어.

Tell him you're going to kill him like you said.
네가 말한 것처럼 걔를 죽일거라고 걔한테 말해.

Dr. Esterman wound up dead, just like you said she would.
에스터맨 박사는 네가 그렇게 되리라고 말했던 대로 결국 죽고 말았어.

A: What do you wanna talk about?

B: Anything at all. As you said, I have a lot of issues.

A: 무슨 이야기를 나누고 싶어요?

B: 뭐든지요. 말씀하셨다시피, 난 여러가지 문제가 있잖아요.

 ## Like I said… it was just casual

"내가 말했던 것처럼 그건 그저 우연한 거였어"라는 의미. like I said는 "내가 전에 말한 것처럼," 이를 좀 더 분명히 표현하려면 like I said before라고 한다.

▸ **like I said** 내가 말했듯이(as I said 내가 말했듯이)

▸ **like I said before** 내가 전에 말했듯이(as I said before 내가 전에 말했듯이)

Like I said, not my department.
내가 말했듯이, 내 아파트에서는 안돼.

Like I said, it was an unusual scent, so I followed it.
내가 전에 말했듯이, 그건 특이한 향이 나서 나는 따라갔어.

As I said, I was wrong. That's all. You can go.
내가 말했듯이, 내가 틀렸어. 그게 다야. 넌 가도 돼.

A: As I said, I analyzed the clothes with my 30 years …

B: Thirty years in the lab?

A: 내가 말했듯이, 30년 경험으로 옷들을 분석했어.

B: 실험실에서 30년이라고?

089

What do you have to~ ?

…을 해야 하는데?

PATTERN 001

do you have to~는 "…을 해야 하느냐"이고 이 어구와 What, Why 의문사와의 만남, 그리고 인칭의 변화에 따른 문장들을 만들어보자. 먼저 What과 do you have to~와의 만남을 살펴본다.

Point

- **What do you have to~?** …을 해야 하는데?
- **What did you have to~ ?** …을 했어야 했는데?
- **What do you have to say~?** …라고 말해야 하는데?

What do you have to pick up?
너는 뭘 사야 하는데?

What do you have to be sorry about?
뭐 때문에 미안하다고 해야 하는데?

Whoa. What do you have to do exactly for five grand?
와. 5천 달러 받고 뭘 해줘야 하나?

What do you have to say for yourself, Nate?
네이트, 변명을 해보시지 그래?

What do you have to work on? He's the one that has to forgive you.
네가 노력할 게 뭐가 있어? 걔가 널 용서해줘야지.

A: **What did you have to drink tonight?**

B: **It was mostly beer with a little whisky.**

A: 오늘 밤에 무슨 술을 마셔야 했어?
B: 거의 맥주이고 위스키를 약간 마셨어.

A: **What do you have to say about your actions?**

B: **I'm really sorry that I hurt your feelings.**

A: 네 행동에 대해 뭐라고 말을 할건데?
B: 네 감정을 상하게 해서 정말 미안해.

002

Why do you have to go to the funeral?

do you have to 앞에 Why가 왔다. 왜 그렇게 해야 하는지 이해가 되지 않아 이유를 물어보는 경우.

Point

▶ **Why do you have to ~?** 왜 …해야만 하는데?

Why do you have to make things so complicated?
너는 왜 일을 더 복잡하게 만들어야 하는데?

Why do you have to go to the funeral?
너는 왜 장례식에 가야 하는데?

Why do you have to believe I have an ulterior motive?
너는 나한테 왜 숨은 속셈이 있다고 믿는거야?

A: **Why do you have to be such an ass?**

B: **I'm sorry, I'm just having fun.**

A: 너는 왜 그렇게 머저리처럼 행동해야 되는 거야?
B: 미안, 그냥 흥겹게 노느라고.

Why did you have to wear something so revealing?

Why do you have to ~에서 시제만 바뀌어 Why did you have to~?가 된 경우. 왜 그래야만 했는지 그 이유를 물어보는 문장이다.

> **Point**
> ▶ **Why did you have to~?** 왜 …을 해야만 했어?

So, uh, why did you have to turn it down?
그래, 너는 왜 그걸 거절해야만 했어?

Why did you have to get engaged now?
왜 너는 약혼을 해야만 했어?

Why did you have to wear something so revealing?
넌 왜 그렇게 노출이 심한 옷을 입어야만 했어?

A: Why did you have to eat the whole cake?

B: I was hungry and it was the only food in the house.

A: 왜 케익 한판을 다 먹어야 했는데?
B: 배가 고팠는데 집에 케익밖에 먹을게 없었어.

What do I have to do, kill somebody?

이번에는 주어가 'I'로 바뀌어서 What do I have to do to~하게 되면 내가 두번째 to 이하를 하기 위해 내가 무엇을 해야 하느냐, 즉 "내가 …하려면 어떻게 해야 하는지" 자문하는 표현이다.

> **Point**
> ▶ **What do I have to do to~ ?** …하려면 내가 어떻게 해야 돼?

What do I have to do, kill somebody?
내가 사람을 죽이려면 내가 어떻게 해야 돼?

What do I have to do? Get pregnant?
내가 무엇을 해야 돼? 임신이라도 할까?

What do I have to do to get to know her better?
걔를 더 잘 알려면 내가 어떻게 해야 돼?

A: I prefer going out drinking to staying home.

B: What do I have to do to change you?

A: 난 집에 있는거보다 나가서 술마시고 싶어.
B: 널 바뀌게 하려면 내가 어떻게 해야 돼?

But why do I have to apologize?

내가 왜 to 이하를 해야 되는지 그 이유를 묻는 문장.

> **Point**
> ▶ **Why do I have to ~?** 내가 왜 …를 해야 돼?
> ▶ **Why did I have to ~?** 내가 왜 …을 해야 되는 거였어?

Why do I have to wear this?
내가 왜 이걸 입어야 돼?

Why do I have to study all of this and you don't?
왜 나는 이 모든 것을 공부해야 하고, 너는 안해도 되는데?

Why did I have to start working out again?
왜 다시 운동을 시작해야 되는거야?

A: Why did I have to attend the meeting?

B: We needed to hear your ideas on the project.

A: 왜 내가 회의에 참석해야 돼?
B: 우리는 그 프로젝트에 대한 너의 생각을 들어야 했어.

We've been through ~
우리는 …을 겪었어

be through의 현재분사형 have been through는 "이것저것 다 겪는 것"을 말한다. 내가 겪은 것을 말할 때는 I've been through~, 우리가 겪은 걸 말할 때는 We've been through~라고 하면 된다. 또한 문장의 한 요소로 쓰이는 what I've been through하게 되면 "내가 겪은 것," "일" 등을 말한다

Point

- **I've been through~** …을 겪었어
- **after everything I've been through** 산전수전 다 겪은후에
- **~what I've been through** 내가 겪은 것, 일

I've been through the footage throughout the entire day.
하루 종일 난 그 자료영상을 훑어봤어.

I've been through it too many times to not understand the risks.
너무 많이 겪어봐서 내가 위험을 이해못 할리가 없어.

Grace, we've been through this already.
그레이스, 우리는 이걸 이미 다 끝낸거야.

You have no idea what I've been through.
내가 무슨 일을 겪었는지 넌 모를거야.

Do you have any idea what I've been through?
내가 무슨 일을 겪었는지 알기나 해?

A: Someone told me you are in the military.

B: I've been through basic military training.

A: 너 입대했다고 누가 그러더라.
B: 기초군사훈련을 받고 있어.

A: I really can't understand your personality.

B: You'll never know what I've been through as a kid.

A: 난 정말이지 네 성격을 이해할 수가 없어.
B: 내가 어렸을 때 겪은 일을 넌 모를거야.

He's been through so much these past five years

이번에는 반대로 상대방이 "…을 경험했다," "겪다"라는 내용을 전달하는 표현. 또한 주어를 3인칭으로 바꾸어서도 연습해본다.

Point

▶ **You've been through~** 넌 …을 겪었어
▶ **after everything you've been through** 네가 산전수전 다 겪은 후에
▶ **She's been through~** 걔는 …을 겪었어

I know you've been through a lot of painful and very unsuccessful surgeries. 네가 아주 고통스럽고 성공적이지 못했던 수술들을 겪었다는 걸 알아.

I'm sure she'll understand, given all you've been through.
네가 겪은 모든 일을 감안할 때, 확실히 걔는 너를 이해할거야.

He's been through so much these past five years.
걔는 지난 5년간 참 많은 일을 겪었어.

A: I think I need another notebook computer.

B: You've been through three computers this year already.

A: 노트북이 하나 더 필요할 것 같아.
B: 넌 금년에 이미 컴퓨터 3대를 썼잖아.

003 I've gone through this whole thing recently

go through는 "거쳐 지나가다," 즉 거쳐오면서 어떤 일을 겪는 일을 말하는데 특히 뭔가 어렵고 불쾌하고 힘든 일을 경험하는 것을 말한다.

> ▸ **I've gone through~** 나는 …을 경험했어(I went through~ 나는 …을 겪었어)
> ▸ **I know you've gone through~** 네가 힘든 …을 겪었다는 걸 알아

I've gone through this whole thing recently.
난 최근에 이 모든 일을 다 겪었어.

You've gone through a terrible situation the other night.
넌 요전날 밤 끔찍한 상황을 겪었지.

She's gone through more than most people do in a lifetime.
걘 평생 사람들이 겪는 거 이상으로 겪었어.

A: Have you tried to find a girlfriend?

B: I've gone through several dating services.

A: 여자친구를 찾으려고 노력해봤어?
B: 여러 데이트 서비스업체를 시도해봤어.

004 He has put me through hell this year!

put me through는 "강제적으로 힘들고 어려운 일을 …겪게 하다"라는 뜻. 이 외에 put sb through는 전화를 연결해주다 등의 의미가 있다.

> ▸ **You put me through~** 너 때문에 내가 …을 겪었어

You put me through a lot, too, Orson, but I forgave you.
올슨, 너 때문에 내가 많은 일을 겪었지만 내가 용서했어.

He has put me through hell this year!
걔 때문에 금년에 내가 지옥같았어!

Do you have any idea what you put me through? You almost ruined my life. 너 때문에 내가 무슨 일을 겪었는지 알기나해? 넌 거의 내 삶을 망가트렸어.

A: Was I difficult to be around?

B: You put me through hell this year.

A: 같이 있기에 내가 너무 어려웠어?
B: 금년은 너 때문에 지옥같았어.

005 I never wanted to put you through this

"난 결코 네가 …을 경험하기를 원치 않았어"라는 문구로 본의 아니게 자기 때문에 상대방이 힘든 경험을 하게 되었을 때 본의가 아니었음을 역설하는 문장.

> ▸ **I never wanted to put you through~** 난 결코 …을 겪게 하려고 한게 아녔어

I know I've put you through the wringer lately, and I'm sorry.
최근에 나때문에 네가 쓰라린 경험을 했다는 것 알아, 미안해.

I'm so sorry. I never wanted to put you through this.
미안, 네가 이걸 겪게 하려고 했던건 아냐.

I'm just so sorry I put you through it.
네가 그걸 겪게해서 미안해.

A: I can't believe you had an affair with someone else.

B: I never wanted to put you through all of that.

A: 네가 다른 사람과 불륜을 저지르다니 믿을 수가 없어.
B: 난 절대로 네가 이 모든 것을 겪게 하려고 했던게 아냐.

091

I am scared that ~

...에 놀랐어

PATTERN 001

scare는 타동사로 scare sb하게 되면 "...을 놀라게 하다," "무섭게 하다"가 된다. 그래서 상대방이 나를 놀래켰을 때는 You scared me라고 하고, 또한 내가 놀랐다고 말할 때는 수동형으로 I'm scared~라 한다. be scared to death하면 강조표현으로 무서워 죽을지경이다가 된다.

Point

- **I'm scared of+N[~ing]** ...에 놀랐어, 두려워, 겁나
- **I'm scared that S+V~** ...에 놀랐어, 무서웠어
- **I was scared that S+V~** ...에 놀랐었어

I was scared that you were sleeping with Mike.
난 네가 마이크와 잔다는데 좀 놀랐어.

She wasn't scared of having sex with people that she didn't know?
걘 모르는 사람과 섹스하는 것을 두려워하지 않았어?

I think everyone's just really scared of getting hurt.
다들 다칠까봐 정말 겁나하는 것 같아.

I'm just a man who's scared of life and even more scared of dying.
난 삶을 무서워하고 죽음은 더 두려워하는 한 사람에 불과해.

Everyone was scared of getting in trouble.
다들 곤경에 빠지는 것을 두려워하고 있어.

A: I heard you called the police on a robber.

B: I'm scared of him coming back.

A: 너 경찰에 강도들었다고 신고했다며.
B: 그 자식이 다시 올까봐 두려워.

A: I'm scared that a ghost haunts this house.

B: Me too. Let's get the hell out of here.

A: 이 집은 귀신들린 집이라 두려워.
B: 나도 그래. 어서 여기서 나가자.

PATTERN 002 **I'm really scared to do this alone**

I'm scared to+V처럼 동사가 뒤따르게 되면 "to 이하 하는 것을 두려워하다," "무서워하다"라는 뜻이 된다.

Point

▶ **I'm really scared to+V** 난 정말 ...하는게 두려워
▶ **Do you have any idea how scared~ ?** ...가 얼마나 무서웠는지 넌 모를거야

Don't take it personally. He's scared to climb down.
기분나쁘게 듣지마. 걘 잘못을 시인하는걸 두려워하지.

I'm kinda scared to read it. What happened on October 9th, 2012?
읽기 두려운걸. 2012년 10월 9일에 무슨 일이 있었어?

Do you know how scared I am every time we go into surgery?
내가 수술할 때마다 얼마나 무서워하는지 알아?

A: Let's go into the dark area.

B: No way. I'm too scared to move.

A: 어두운 곳으로 들어가자.
B: 안돼. 난 너무 무서워 안 갈래.

You're scared to tell your mom

상대방이 뭔가 무서워한다고 말하는 것으로 시작은 You're scared, 무서워하는 대상은 of~, to+V, 그리고 that S+V 등을 이어서 말하면 된다.

Point

▶ **You're scared to+V** 넌 …하는게 무섭지

You're scared S+V …가 무섭겠지(You're not scared S+V 넌 …가 무섭지 않지)

You're not scared to drive with me, are you?
나와 드라이브하는거 무섭지 않지, 그지?

You're scared that he could be hurting these women, aren't you?
걔가 저 여자들을 다치게 할 까봐 무섭지, 그치 않아?

You're scared to death of losing anyone that matters.
중요한 누군가를 잃을까봐 무서워 죽을 것 같지.

A: I can't ask my girlfriend to marry me.
B: You're scared she won't love you.

A: 내 여친에게 결혼하자고 말을 못하겠어.
B: 걔가 널 사랑하지 않을까봐 두려운거지.

Are you scared I might be right? Huh?

이번에는 상대방에게 무섭냐고 혹은 두렵냐고 물어보는 문장.

Point

▶ **Are you scared to[of]~ ?** …하는게[가] 무서워?
▶ **Are you scared S+V?** …가 무서워?

Are you scared of something, Nicole?
니콜 뭐 무서운게 있어?

Are you scared I might be right? Huh?
내가 맞을까봐 무서워, 어?

Are you scared our old bed will bring back the same problems?
우리의 낡은 침대로 똑같은 문제가 재발될까 걱정돼?

A: It's important I talk to Professor Hawking.
B: Are you scared you'll never meet him again?

A: 난 꼭 호킹교수에게 말씀을 드려야 돼.
B: 그를 다시 못날까봐 걱정되니?

Scared to lose your job?

미드에서 많이 볼 수 있는 생략어법을 보자. 내가 무섭다고 하는 I'm scared, 상대방보고 무섭냐고 물어보는 Are you scared~에서 I'm과 Are you를 생략하면 바로 Scare to[that~]이라는 문장들이 나온다.

Point

▶ **Scared to~ [S+V]** …가 무서워
▶ **Scared to~ [S+V]** …가 무서워?

Scared to lose your job? Your five-figure bonus?
네 일자리를 잃을까봐 무서워? 네가 받는 다섯자리 숫자의 보너스를?

Scared enough to stop having sex with prostitutes?
매춘부와의 섹스를 그만둘 정도로 무서웠어?

I don't sleep in hospitals. Scared I'll never wake up.
다시는 못 일어날까봐 병원에선 안 자.

A: I'm afraid I'll lose my job and my money.
B: Really? You're scared? Scared to become poor?

A: 내 일자리와 돈을 잃을 까봐 걱정돼.
B: 정말? 겁나? 가난해질까봐 무서워?

I did a lot of thinking about~
…에 관한 생각을 많이 해봤어

PATTERN 001

do some thinking은 "생각을 좀 해보다," do a lot of thinking은 "생각을 많이 해보다"라는 뜻이 된다. 많이 들을 수 있는 표현으로 과거형을 쓴 I did a lot of thinking, 또는 과거부터 생각을 한다는 점에서 현재완료형인 I've been doing a lot of thinking이라는 형태가 많이 쓰인다.

Point

- **I did a lot of thinking about~** …에 관한 생각을 많이 해봤어
- **I've been doing a lot of thinking about~** …에 관해 생각을 많이 해봤어
- **I've been doing a lot of thinking about what~** …에 대해서 많이 생각을 해봤어

I did a lot of thinking about it this morning, and I, I think I understand.
오늘 아침 그에 대해 많이 생각해봤어, 그리고 난 이해할 것 같아.

I've been doing a lot of thinking, since we talked in the hospital.
병원에서 우리가 대화한 이후에 난 많이 생각해봤어.

I've been doing a lot of thinking, and I know how to fix this.
난 생각을 많이 해봐서 이걸 고치는 방법을 알아.

I've been doing a lot of thinking about us.
난 우리에 대해 많이 생각해봤어.

I've been doing a lot of thinking about what you said.
네가 한 말에 대해 많이 생각해봤어.

A: I did a lot of thinking about our relationship.

B: Do you think we should continue it?

A: 난 우리 관계에 대해 많이 생각해봤어.
B: 우리가 관계를 지속할 수 있다고 생각해?

A: You've looked serious all day.

B: I've been doing a lot of thinking about my future.

A: 넌 하루종일 심각해보였어.
B: 내 미래에 대해 많은 생각을 했어.

PATTERN 002

I did some thinking about us and our sex life

앞서 얘기했듯이 do some thinking은 "생각을 좀 하다"이다. 따라서 I did some thinking about~하거나 I've been doing some thinking about~하게 되면 "…에 대해서 좀 생각을 해봤어"라는 뜻이 된다.

Point

▶ **I did some thinking about~** …에 대해 생각을 좀 해봤어
▶ **I have been doing some thinking about~** …에 대해 생각을 좀 해봤어

I did some thinking about us and our sex life.
우리와 우리의 성생활에 대해서 생각을 좀 해봤어.

I have been doing some thinking about who should be my maid of honor. 누가 신부들러리를 서야 하나 생각을 좀 해봤어.

Look, I was doing some thinking about your situation.
저기, 네 상황에 대해 생각을 좀 해봤어.

A: I did some thinking about the crime.

B: Any idea who would have committed it?

A: 난 그 범죄에 대해 생각을 좀 해봤어.
B: 누가 저질렀을지 짐작가는 사람있어?

PATTERN 003 You might want to **give that some thought**

이번에는 think의 명사복수형을 활용해보자. give it some thoughts는 "…을 좀 생각해보다," get some thoughts to sb 는 "…에게 생각을 알려주다"라는 뜻이 된다.

▸ **I've given some thought, and I think~** 생각을 좀 해봤는데 내 생각에
▸ **I'll get some thoughts on~** …에 대해 생각을 좀 해볼게

As the only single lawyer working at her law firm, Miranda had given this topic some thought.
다니는 법률회사에서 유일한 독신 변호사로서 미란다는 이 문제에 대해 좀 생각을 해봤어.

I did some preparation for my audition this afternoon. I'd like to get some thoughts. 오늘 오후 오디션 준비를 했어. 나 생각 좀 해봐야겠어.

You might want to give that some thought.
넌 그거에 대해 생각 좀 해보는게 나아.

A: Did you consider the proposal I made?

B: I've given it some thought, and I don't like it.

A: 내가 제안한 거 생각해봤어?
B: 생각을 좀 해봤는데 마음에 안들어.

PATTERN 004 **Did you give any thought to** your kids?

상대방에게 뭔가에 대해 생각을 해봤냐고 할 때는 give any thought to~를 사용하면 된다.

▸ **Did you give any thought to ~ ?** …에 대해 생각해봤어?
▸ **Have you given any thought to~?** …할 생각해봤어?

Did you give any thought to your kids?
네 아이들에 대해 생각해봤어?

Have you given any thought to how you're gonna support your family? 네가 가족을 어떻게 부양할지 생각을 해봤어?

Have you given any thought to what department you'll request?
네가 어느 부서에 요청할 건지 생각해봤어?

A: Did you give any thought to retiring?

B: No, I really enjoy doing this work.

A: 퇴직할 생각을 해봤어?
B: 아니, 난 이 일이 정말 즐거운데.

PATTERN 005 **I wasn't thinking about** killing him

이번에는 반대로 과거에 "…에 대해 생각을 하지 않았다," "…하게 생각하지 않았다"라고 말할 때는 I wasn't thinking about~ing 혹은 I wan't thinking S+V의 형태를 쓰면 된다.

I wasn't thinking about ~ing …에 대해 생각을 하지 않았어
I wasn't thinking S+V …를 생각하지 않았어, …라 생각하지 않았어

I wasn't thinking the ceremony should be today or anything.
기념식이 오늘이건 뭐 그런 것을 전혀 생각안하고 있었어.

I wasn't thinking we had to talk like mom and kid.
난 우리가 엄마와 아이처럼 말해야 된다고 생각하지 않았어.

I wasn't thinking about killing him.
걜 죽일 생각은 전혀 하지 않았어.

A: It was surprising to see Angela and Ernie.

B: I wasn't thinking they would come over.

A: 안젤라와 어니를 보니 놀라웠어.
B: 걔네들이 올거라고 생각하지 않았는데.

I realize now that~
…을 깨달았어

001

realize는 '…을 알다,' '이해하다,' '서서히 알아차리다' 라는 의미. I realized that S+V, 혹은 I realize now that S+V 하게 되면 "서서히 알아차려서 이제 깨달았다"라는 의미가 된다.

Point

■ **I realize(d) that S+V** …을 깨달았어, 알아차렸어

I realize now that I have a problem.
난 내게 문제가 있다는 걸 이제 깨달았어.

I realize that everything that's happened is completely my fault.
일어난 모든 일은 전적으로 내 잘못이라는 것을 알았어.

I realize now that this is the last chance I'm gonna have to say goodbye. 지금이 내가 작별인사를 할 수 있는 마지막 기회라는 것을 알아차렸어.

I realize that this whole process must be troubling for you.
이 모든 절차로 인해서 네가 힘들거라는 것을 깨달았어.

I realize now that that was a very bad idea.
난 그게 나쁜 생각이었다는 것을 이제 깨달았어.

A: What made you leave your husband?

B: I realized that he never loved me.

A: 뭐 때문에 남편을 떠난거야?
B: 걘 날 사랑한 적이 없다는 것을 깨달아서.

A: I'll always remember that summer because that's when I realized that we're related.

B: It took you that long to figure it out, huh?

A: 난 늘 그 여름을 기억해. 바로 그때 우리가 가깝다는 것을 깨달았거든.
B: 너 그걸 알아내는데 그렇게 오래걸린 거야, 응?

002 **I didn't realize** it was a big secret

과거에 내가 알아차리지 못했던 것을 말하려면 I didn't realize~, 혹은 I never realized~을 쓰면 된다.

Point

▶ **I didn't realize** …을 깨닫지 못했어
▶ **I didn't realize how~** 얼마나 …한지 알지 못했어
▶ **I never realized~** 전혀 알아차리지 못했어

I'm sorry. **I didn't realize** it was a big secret.
미안하지만 난 그게 비밀이었는지 몰랐어.

I didn't realize how much it would affect me.
그게 내게 얼마나 영향을 미칠지 몰랐어.

I never realized your job was so difficult.
내 일이 그렇게 어렵다는 걸 전혀 몰랐어.

A: I didn't realize this place had a pool.

B: Yeah, it's a lot of fun to go swimming here.

A: 이 집에 풀장이 있는 걸 몰랐네.
B: 어, 여기서 수영하면 되게 재미있어.

003 **You do realize** this is a trap?

평서문 형태로 상대방에게 …을 인지하고 이해했는지 확인하는 문장. '?' 하나 갖다 붙이고 끝을 올려 발음하면 상대방에게 이해했냐고 물어보는 표현이 된다.

Point

▶ **You do realize that S+V** …을 이해하겠지, …을 알고 있지
▶ **You do realize that S+V?** …을 이해하겠지?, …을 알고 있겠지?

In that case, you're hired. **You do, of course, realize** you have to sleep with the boss. 그런 경우라면 넌 합격야. 물론 넌 사장과 자야된다는 건 알고 있겠지.

You do realize the whole reason Rachel and I broke up.
레이첼과 내가 헤어진 진짜 이유를 넌 알고 있지.

You do realize this is a trap?
이게 함정이라는 것을 알아 차렸어?

A: It's time to reorganize the closet.

B: You do realize we already did that.

A: 옷장을 정리해야 될 때야.
B: 우리가 이미 다 정리했잖아.

004 **Do you realize what**'s gonna happen?

상대방이 알고 있는지 여부를 묻는 것을 Do you realize that[what~]~이라고 쓰면 된다.

Point

▶ **Do you realize that ~ ?** …을 깨달았어?
▶ **Do you realize what~ ?** …을 알아차렸어?

Do you realize what's gonna happen?
무슨 일이 일어날지 알고 있어?

Don't you realize that sex is not fun and games? It's dangerous.
섹스는 재미난 놀이가 아니라는 걸 깨닫지 못했어? 섹스는 위험한거야.

Do you realize how much we've been fighting since she came?
걔가 온 이후로 우리가 얼마나 싸웠는지 알고 있어?

A: Do you realize tomorrow is Sunday?

B: Is it? I've been so busy I haven't kept track.

A: 내일이 일요일이라는거 알고 있어?
B: 그래? 너무 바빠서 날짜가는 줄 몰랐어.

005 **You made me realize** I don't wanna move either

뭔가를 이해하고 깨달은 사람이 깨닫게 해준 사람이나 상황을 고마운 마음에 주어로 내세워 ~made me realize that~이라고 쓰는 형태.

Point

▶ **You made me realize that S+V** 너 때문에 …깨닫게 됐어
▶ **It made me realize that S+V** 그때문에 …을 알게 됐어

You made me realize I don't wanna move either.
네 덕분에 나도 이사를 원치 않는다는 걸 깨닫게 됐지.

You made me realize that I shouldn't need someone else to help me control myself.
네 덕분에 난 나 자신에 대한 컨트롤을 도와줄 다른 사람이 필요없다는 것을 알게 됐어.

It really made me realize that my mom is gone. Like, gone.
그것은 내 엄마가 떠나셨다는 걸 절실히 깨닫게 해줬어. 가버리셨다고.

A: You know, you seem so familiar to me.

B: You made me realize that we've met before.

A: 저기, 넌 정말 아주 친숙하게 느껴져.
B: 너 때문에 우리가 전에 만난 적이 있다는 걸 깨달았어.

094

I found her ~

걔가 …하다고 생각해

001

find는 find out으로 앞서 출연했으나 여기서는 5형식으로 쓰이는 find를 다시 한번 재조명해보자. find+A 다음에 adj나 pp, ~ing가 오는 형태인데, 이는 물리적으로는 미드 수사물에서 많이 나오는 "…을 …한 상태로 발견하다"라는 뜻이고 추상적으로는 "…을 …하다고 생각하다"라는 의미로 쓰인다.

Point

- **find sb[sth]+adj[pp,~ing]** …한 상태로 발견하다, …가 …하다고 생각하다
- **I found sb ~ing** …가 …하고 있는 것을 발견하다

She stripped which is why we found her naked.
걔는 옷을 벗었고 그래서 걔는 나체인 상태로 발견된거야.

I found her lying on the grass.
난 걔가 풀밭에 누워있는 것을 발견했어.

I found her passed out on her front lawn, drunk as a skunk.
난 걔가 만취상태로 앞마당에서 쓰러져 있는 것을 발견했어.

She found him unconscious, couldn't wake him up.
걘 그가 의식을 잃은 상태에서 발견했고 걔를 깨울 수가 없었어.

Found her suffocated with a plastic bag.
걔가 비닐봉지로 질식되어 있는 것을 발견했어.

A: Where was your grandfather last night?
B: I found him walking near the bus station.

A: 지난 밤에 네 할아버지 어디 계셨어?
B: 버스 정거장 근처에서 걸어가고 계신 걸 봤어.

A: So you met up with Lena during the hike?
B: I found her on the top of the mountain.

A: 그래 넌 등산하다가 레나를 만났어?
B: 산 정상에서 만났어.

002

I find it a little curious that you're here

I find it+adj의 기본형을 토대로 I find it+adj that S+V, 혹은 I find it+adj to+V로 응용해서 활용해보도록 한다.

Point

- **I find it+adj to+V** …하는게 …하다고 생각해
- **I find it+adj that S+V** …하는 게 …하다고 생각해
- **I find it easy[hard] to+V** …하는 것이 어렵[쉽]다고 생각해

I find it a little curious that you're here.
네가 여기 있는게 조금은 궁금해.

I find it awfully odd that you didn't report her missing.
네가 걔의 행방불명을 신고를 하지 않는게 정말 이상해.

I find it difficult to maintain grudges against all those who wanna kill me. 난 날 죽이려는 모든 사람들한테 계속 앙심을 품고 있기가 힘드네.

A: Why don't you stay at home on your days off?
B: I find it stupid to watch TV.

A: 왜 쉬는 날에 집에서 보내지 않아?
B: TV를 보는건 한심하다고 생각하거든.

PATTERN 003 **Do you find it odd** Jenna had a stalker?

앞 구문의 의문형으로 상대방의 의견내지는 감정을 물어볼 때 사용하면 좋다.

Point
- ▶ **Do you find it adj to+V~?** 그게 …하다고 생각해?
- ▶ **Do you find it odd S+V?** …하는게 이상하다고 생각해?

Do you find it useful to put criminals in jail?
범죄자를 감옥에 넣는게 도움이 된다고 생각해?

Which version do you find more reliable?
어느 쪽이 더 믿을만 하다고 생각해?

Do you find it odd Jenna had a stalker?
제나에게 스토커가 있다는게 이상하지 않아?

A: Do you find it interesting to garden?

B: Yes, I love being outdoors and growing things.

A: 정원을 가꾸는게 재미있다고 생각해?
B: 어, 난 밖에 있는 것도 좋아하고 뭔가 기르는 것도 좋아해.

PATTERN 004 But **don't you find it** degrading?

부정의문문으로 자기 주장이 맞지 않냐, 그렇지 않냐고 강조하기 위해서 쓰는 표현법.

Point
- ▶ **Don't you find it ~?** 그게 …하다고 생각하지 않아?

But **don't you find it** degrading?
하지만 넌 그게 모욕적이라고 생각하지 않아?

Don't you find him misogynistic and degrading and kind of....?
그가 여성 혐오적이고 저질이라는 생각은 안했어?

Pretending your father's dead? **Don't you find that** a little morbid?
네 아버지가 죽은 척 한다고? 좀 으시시하지 않아?

A: Don't you find it boring in a small town?

B: Yeah, the people here are so petty.

A: 자그마한 마을에 있는게 지겹다고 생각하지 않아?
B: 맞아, 여기 사람들 되게 사소한 일에 목숨걸어.

PATTERN 005 **Why do you find it** so threatening?

이번에는 상대방이 왜 그렇게 생각하는지 물어보는 것으로 Why do you find it~까지는 달달 입에 외워두면 된다.

Point
- ▶ **Why do you find it ~?** 왜 그게 …하다고 생각해?

Why do you find it so threatening?
왜 그게 그렇게 위협적이라고 생각해?

Why do you find it so hard to believe?
왜 그게 그렇게 믿기 어려운거라고 생각해?

Why do you find it so hard to believe I could hack that sucker out?
내가 그 머저리를 쫓아낼 수 있다는 걸 넌 왜 그렇게 믿기 어려운거야?

A: The movie really made me angry.

B: Why do you find it so offensive?

A: 영화때문에 정말 화가 났어.
B: 넌 왜 그게 그렇게 불쾌하다고 생각해?

I wish I was~

내가 …라면 좋겠어

PATTERN 001

I wish to go나 I wish you a merry Christmas에서 wish는 단순히 희망한다, 바란다라는 의미의 평범한 동사이지만 뒤에 절을 받아서는 돌변하여 현실과 반대되는 소망을 말한다. I wish 주어+과거동사는 '현재와 반대되는 사실'을, I wish 주어+과거완료(had+pp)는 '과거와 반대되는 사실'을 각각 말하는 표현법이다. 실상 우리가 많이 듣게 되고 많이 쓸 가능성이 있는 표현은 당연히 I wish 주어+과거동사로, I wish I had+명사는 "내게 …가 있으면 좋겠어," I wish I was~는 "내가 …라면 좋겠어," 그리고 I wish I could+동사는 "내가 …을 할 수 있다면 좋겠어"라는 3가지 구문이다.

Point

- **I wish I was~** 내가 …라면 좋겠어
- **I wish I could+V** 내가 …을 할 수 있다면 좋겠어
- **I wish I had+N** 내게 …가 있으면 좋겠어
- **I wish there was** …가 있더라면 좋겠어

I wish there was something we could do.
우리가 할 수 있는 뭔가가 있다면 좋겠어.

Oh, I love San Francisco. I wish I was going with you.
오, 나 샌프란시스코 좋아해. 내가 너와 함께 갈 수 있다면 좋겠어.

I wish I was brave enough to stand up to him.
걔에 맞설 정도로 내가 용감하면 좋겠어.

I wish I was as good a cook as Chris.
내가 크리스처럼 요리를 잘했으면 좋겠어.

I wish there was something I can do to make you feel better.
네 기분이 더 좋아지도록 내가 뭘 해줬으면 좋겠어.

A: I wish I was living in the Netherlands.

B: Me too. Amsterdam is a beautiful city.

A: 네덜란드에 살면 좋겠어.
B: 나도 그래. 암스테르담은 아름다운 도시잖아.

A: I wish there was a park close by.

B: Maybe you should move to a different neighborhood.

A: 근처에 공원이 있으면 좋겠어.
B: 너 그럼 다른 동네로 이사가야 되겠다.

PATTERN 002

I wish you had told me that

현재 내가 갖고 있지 못한 것을 탄식하면서 쓸 수 있는 표현. "내게 …가 있으면 좋을텐데"라는 안타까운 마음을 표현한다.

Point

- **I wish I had~** 내게 …가 있으면 좋을텐데
- **I wish I had+pp** …가 …했었더라면 좋을텐데
- **I wish you had~** 네게 …가 있으면 좋을텐데

I wish you had told me that.
네가 그걸 내게 말해주면 좋을텐데.

I wish Derek had told me you were visiting.
네가 찾아올거라고 데렉이 말해줬더라면 좋을텐데.

I wish New York still had the death penalty.
뉴욕에 아직 사형죄가 있으면 좋을텐데.

A: I wish I had a really nice sports car.

B: You don't make enough to buy one.

A: 정말 멋진 스포츠카가 있으면 좋겠어.
B: 그런 거 살 정도로 많이 벌지 못하잖아.

I wish I could help you

현재 내가 할 수 없는 것을 역시 안타까운 마음으로 표현하는 문장으로 "…할 수 있으면 좋을텐데"라는 말.

▶ **I wish I could ~** 내가 …할 수 있으면 좋을텐데

▶ **I wish I could, but ~** 그러고 싶긴 하지만…

I'm so sorry. **I wish I could** help you.
미안하지만 내가 너를 도와줄 수 있으면 좋을텐데.

I wish I could help you, but I don't know where she is.
너를 도울 수 있으면 좋겠지만 난 걔가 어디있는지 모르겠어.

I wish you **could** stay in LA a while longer.
난 네가 LA에 더 오래 머무르면 좋겠어.

A: I wish I could score high on every exam.

B: Then you'd better get busy studying.

A: 모든 시험에서 고득점을 받으면 좋겠어.
B: 그럼 공부하느라 바빠져야지.

I wish you would just get some rest

I wish S would는 S가 앞으로 "…했으면 좋겠다"라는 희망사항을 말하는 표현법.

▶ **I wish sb would~** …가 했으면 좋겠어

I wish you would inform me what exactly I'm being charged with.
내가 정확히 무슨 죄로 기소되는건지 내게 알려주면 좋겠어.

I wish you would just get some rest.
네가 좀 휴식을 취했으면 좋겠어.

I wish she **wouldn't** do that.
걔가 그러지 않으면 좋겠어.

A: I want to tell all the office gossip.

B: I wish you would just shut up.

A: 사무실에 떠도는 모든 소문을 말하고 싶어.
B: 네가 입 좀 다물었으면 좋겠어.

I wish I didn't have to waste my time making fun of you

I wish I didn't have to~는 현재사실에 대한 반대이야기이므로 "…을 안해도 된다면 좋을텐데"라는 의미.

▶ **I wish I didn't have to+V~** …을 안해도 된다면 좋겠는데

I wish I didn't have to, but I travel a lot.
안해도 된다면 좋겠지만 난 여행을 많이 해.

I wish I didn't have to waste my time making fun of you.
내가 널 놀리는데 시간을 낭비하지 안해도 된다면 좋겠어.

Okay, **I wish** it **didn't** happen.
좋아, 그 일이 일어나지 않기를 바래.

A: I wish I didn't have to go to work tomorrow.

B: You know you'd be fired if you stayed home.

A: 내일 일하러 안가도 되면 좋겠다.
B: 만약 집에 있으면 해고라는걸 알잖아.

It says (here) that ~
…라고 씌여 있어

001

say를 '말하다'로만 이해하고 있다면 선뜻 이해하기 어려운 부분일 수도 있다. 주로 병이나 서류나 신호판 등에 "…라고 씌여져 있다"고 말할 때 쓰는 표현이다. 영어를 외국어로 배우는 우리로서는 쉽지 않은 부분이다. 실제 쓰려면 말이다.

Point

- **It says that~** …라고 씌여 있어
- **It says here that~** 여기에 …라고 씌여 있어
- **It's like it says in the Bible~** 성경에서 …라고 말씀하시는 것과 같아

It says you used to be a nurse here.
여기 당신이 간호사였다고 써 있는데요.

It says right here, "He talks to dead people, his family thinks he's dangerous."
바로 여기 적혀 있잖아, "그 사람은 죽은 사람과 대화하고, 그의 가족은 그가 위험하다고 생각한다"고.

It says, "For Grace." How could I have never found this?
"그레이스께"라고 되어 있네. 어떻게 내가 이걸 못찾았을까?

It says that you were a ballet dancer who enjoys long walks on the beach.
너는 해변에서 오래 걷는 걸 좋아하는 발레무용수라고 씌여 있어.

It says here that we don't have to work weekends.
우리가 주말에는 일을 하지 않아도 된다고 여기 씌여 있어.

A: This electric razor won't turn on.

B: **It says here that** you need to plug it in.

A: 이 전기면도기가 안켜져.

B: 플러그에 꽂아야 된다고 써있잖아.

A: Do you think we need to be nice to everyone?

B: **It's like it says** in the Bible, love is important.

A: 우리가 모든 사람들에게 친절하게 대해야 한다고 생각해?

B: 성경에서 사랑이 중요하다고 말씀하시는 것과 같아.

002

The evidence tells us that Bobby suffocated Chris

tell 역시 say처럼 글이나 게시판에 "…라 적혀있다"라는 의미로 많이 쓰인다. 특히 수사물 미드에서 많이 들을 수 있는데 Evidence나 Victim 등이 주어로 오게 된다.

Point

▶ **Evidence tells us~** 증거는 우리에게 …을 말해주고 있어

▶ **Victim tells us~** 피살자는 우리에게 …을 말해주고 있어

Elliot, every **victim told us** the same story.
엘리엇, 모든 피살자는 우리에게 같은 이야기를 해주고 있어.

The evidence tells us that Bobby suffocated Chris.
증거는 바비가 크리스를 질식사시켰다고 말해주고 있어.

Evidence tells us that the crime was committed elsewhere.
증거는 그 범죄가 다른 장소에 일어났다고 말해주고 있어.

A: The victim was found in his own apartment.

B: **Evidence tells us** he was killed in the bedroom.

A: 희생자는 자신의 아파트에서 발견됐어.

B: 증거에 의하면 희생자는 침실에서 살해당했어.

Your brain tells you what you want

Evidence나 victim 외에 다른 사물들이 주어로 와서 만드는 표현법.

> ▸ **Society tells you~** 사회는 …라고 이야기해
> ▸ **Your brain tells you~** 네 뇌는 …라고 이야기해

Your brain tells you what you want.
네 뇌는 네가 무엇을 원하는지 너에게 이야기해줘.

That tells you how ridiculous this whole thing is.
그것은 그 모든 것이 얼마나 터무니없는 것인지를 네게 이야기해주고 있어.

Society tells you you have to be thin to be attractive.
사회는 매력적이려면 날씬해야 된다는 것을 네게 이야기해주고 있어.

A: How come everyone asks me what I do?

B: Society tells you your job is the most important thing.

A: 왜 다들 내직업이 뭔지 물어보는거야?

B: 사회는 직업이 가장 중요한거라고 이야기해주고 있어서그래.

So **did that tell you** anything?

이번에는 어떤 사건이나 현상이 일어났는데 그 점이 시사하는 바가 무엇인지, 무슨 의미인지라고 물어볼 때 What does that tell you?라는 문장을 주로 쓴다.

> ▸ **Did that tell you ~?** 그게 …을 말한거야?
> ▸ **What does sth tell~?** …가 뭘 뜻하는 것 같아?, …을 어떻게 생각해?

So did that tell you anything?
그럼 저게 뭘 뜻하는 것 같아?

She's committing crimes. What does that tell you?
걔는 범죄를 저지르고 있는데 이걸 어떻게 생각해?

You just listen to your heart. What does it tell you?
넌 네 마음의 소리에 귀 기울여봐. 뭐라고 하는 것 같아?

A: What does this blood tell you?

B: It tells me a major crime may have been committed.

A: 이 혈액이 뭘 뜻하는 것 같아?

B: 중죄가 일어났을 수도 있음을 이야기해주고 있어.

It doesn't sound like~

…인 것 같지 않아

PATTERN 001

It sounds like~의 부정문으로 It doesn't sound like하면 "…한 것 같지 않아"라는 의미. It은 생략하고 Doesn't sound like~라 쓰기도 한다.

Point

■ **It doesn't sound like~** …인 것 같지 않아

■ **Doesn't sound like~** …인 것 같지 않아

I don't know. It doesn't sound like a scam to me.
모르겠어. 내게는 사기인 것 같지는 않아.

That doesn't sound like your mom.
너희 엄마답지 않은 일인 걸?

Doesn't sound like her, either. She was all work, just like me.
그것도 그녀답지 않구만. 나처럼 모든 게 일뿐이었는데.

Yeah, it doesn't sound like you're on a train.
어, 네가 기차를 타고 있는 것 같지 않아.

That doesn't even sound like English.
저건 영어처럼 들리지도 않아.

A: Sunny often complains about her family.
B: It doesn't sound like she is happy.
A: 서니는 자기 가족에 대해 자주 불평해.
B: 걔가 행복하지 않은 것 같아.

A: The flood washed away the road to the beach.
B: Doesn't sound like we can go there.
A: 홍수가 도로를 휩쓸며 해안가로 밀려갔어.
B: 거기는 가면 안될 것 같구나.

PATTERN 002 **It sounds like our theory about the partners was right**

(It) Sounds like +N 혹은 S+V의 형태로 "…인 것 같아"라는 의미. 거의 굳어진 표현으로 외워두면 좋다. It 대신 This, That을 쓰기도 한다.

Point

▶ **It sounds like N** …인 것 같아

▶ **It sounds like S+V** …인 것 같아

This sounds like a hernia.
이건 탈장 같아.

It sounds like our theory about the partners was right.
파트너에 대한 우리의 이론이 맞았던 것 같아.

You might want to tell him it sounds like his wife is gay.
걔한테 걔 부인이 게이같다고 말해줘라.

A: Honestly, what do you think about my piano playing?
B: It sounds like you have no talent.
A: 솔직히 내 피아노연주실력 어떤 것 같아?
B: 넌 재능이 없는 것 같아.

It's starting to sound like I need a lawyer

목소리일 수도 있고 분위기일 수도 있고 "뭔가 …처럼 들리기 시작한다"라는 의미의 표현. 주어는 사람이나 사물 다 올 수가 있다.

Point
- ▶ **It's starting to sound like S+V** …처럼 들리기 시작해
- ▶ **You're starting to sound like~** …처럼 들리기 시작해

Olivia, you're starting to sound like Walter.
올리비아, 너 월터같이 말하기 시작하네.

Starting to sound like this may have something to do with me.
이게 나와 관련이 있는 것처럼 들리기 시작하는데.

It's starting to sound like I need a lawyer.
내게 변호사가 필요한 것처럼 들리기 시작해.

A: Jason hasn't returned any of my phone calls.

B: It's starting to sound like he's lazy.

A: 제이슨은 내전화에 전혀 답을 하지 않았어.

B: 걔가 게으르다는 것처럼 들리기 시작해.

Does that sound like a marriage to you?

It sounds like~의 의문형으로 Does it sound like~?하면 "…처럼 들리냐?"고 물어보는 문장이 된다.

Point
- ▶ **Does it sound like~?** …처럼 들려?, …같아?
- ▶ **Doesn't that sound like~?** …처럼 들리지 않아?, …같지 않아?

Does that sound like a marriage to you?
그게 네게는 결혼인 것처럼 들려?

Does it sound like she's in love with this guy?
걔가 이 친구를 사랑하는 것 같아?

Doesn't that sound like heaven?
천국인 것처럼 들리지 않아?

A: My brother didn't sign up for the bowling league.

B: Does it sound like he's lost interest?

A: 내 형은 볼링리그에 참가를 하지 않았어.

B: 걔가 흥미를 잃은 것 같아?

I don't want to sound like a busybody

sound의 주어는 꼭 it만 나오는 것은 아니다. 사람이 주어로 나와서 "…처럼 들린다"라는 의미로도 쓰인다.

Point
- ▶ **I don't want to sound like~** 난 …처럼 들리기 싫어

I don't want to sound like a busybody.
참견하기 좋아하는 사람처럼 들리기는 싫어.

You don't even sound like you feel bad.
네 기분이 나쁜 것처럼 들리지조차 않아.

I don't want to sound like an uneducated bigot.
난 무식한 고집쟁이처럼 들리기 싫어.

A: Why didn't you criticize Miss Paxton?

B: I don't want to sound like a bad person.

A: 팩스톤 양을 왜 비난하지 않았어?

B: 나쁜 사람처럼 들리기 싫어서.

Key Patterns
of American Drama English

결코 놓쳐서는 안되는
미드패턴 공부해보기

section
03 미드확장패턴

다양한 미드에 강해지는 막강 미드족이 되려면
결코 놓쳐서는 안되는 패턴들.

OOI

He's one of the ~
걔는 …중의 하나야

PATTERN 001

one of the+복수명사는 "여러명들 중의 하나"라는 의미로 미드에 수시로 나오는 표현이다. 특히 발음을 단어 하나씩 또박또박 읽지 말고 거의 [워너브더] 정도로 연음해서 발음해보록 한다. 그래야 들리고 나중에 발음도 할 수 있다.

Point

■ **one of the+Ns** …중의 하나

You see, this would be **one of the** stupid fights.
있잖아, 이건 한심한 싸움질 중의 하나가 될거야.

It's easy to be passionate when you're **one of the** victims.
네가 희생자 중의 하나일 때 격정적으로 되는 건 쉬워.

This receipt's **one of the** few we found intact.
이 영수증은 훼손되지 않은 채로 발견한 몇개 중의 하나야.

We thought you'd be sleeping with **one of the** Doctors.
우리는 네가 의사들 중 한 명과 잔다고 생각했어.

I'm just saying that it's **one of the** possibilities.
그것도 하나의 가능성일 수 있다고 말하는거야.

A: Am I going to meet your brother today?

B: He's **one of the** guys over there.

A: 오늘 네 형을 만날까?
B: 내 형은 저쪽에 있는 사람들 중에 있어.

A: I heard you are very important to your team.

B: I'm **one of the** best baseball players.

A: 네가 네 팀에서 매우 중요한 사람이라고 들었어.
B: 난 최고의 농구 선수들 중 하나야.

PATTERN 002

You're **one of the best** surgeons I know

"넌 내가 아는 최고 외과의 중 하나야"라는 문장. 단순한 **one of~**가 아니라 최상급을 써서, "가장 …한 사람들 중의 하나"라는 말. 상대방을 극찬하는 표현법이다.

Point

▶ **one of the+최상급+Ns** 가장 …한 것 중 하나
▶ **one of the most~** 가장 …한 (one of the best~ 가장 …한)

You're **one of the best** surgeons I know.
넌 내가 아는 최고 외과의 중 하나야.

She's **one of the great** artists of all time.
걔는 시대를 통틀어 위대한 예술가 중의 한명이다.

How dare you make a remark to **one of the most** senior partners of this firm. 어떻게 감히 이 회사의 최고 고위파트너에게 그런 말을 할 수 있지?

A: This report says many students aren't studying.

B: It's **one of the most** serious problems we have.

A: 이 보고서에 의하면 많은 학생들이 공부를 하지 않는데.
B: 그게 우리가 직면한 가장 심각한 문제들 중 하나지.

One of the best things about Kara is her generosity

응용된 표현으로 "…에서 가장 최고의 것중의 하나는 …이다"라는 의미. about~ 이하에서 가장 좋은 이유 중의 하나를 댈 때 사용하면 된다.

▶ **One of the best things about~ is~** …하는데 있어 가장 최고의 것중의 하나는 …야

One of the best things about living in a city like New York is leaving it. 뉴욕같은 도시의 삶에 최선의 하나는 그곳을 떠나는 것이야.

One of the best things about New York is that on any night there are a million things to do.
뉴욕에서 가장 좋은 것 중의 하나는 어느날 밤이라도 할 수 있는 일이 엄청 많다는거야.

One of the best things about France is the food.
프랑스에 대해 가장 최고 중의 하나는 음식이야.

A: Kara gave me a sweater for my birthday.

B: One of the best things about Kara is her generosity.

A: 카라는 내 생일에 스웨터를 줬어
B: 카라에게서 최고의 것 중의 하나는 걔의 너그러움이야.

How about you fill in **some of the** details?

some of the~는 "…중 일부"라는 의미로 발음은 [썸오브더]가 아니라 [써머더]로 재빨리 읽어야 한다.

▶ **some of the~** …중의 일부

I was thinking you should read some of the mail we get.
우리가 받은 메일 중에 일부는 네가 읽어봐야 한다고 생각했어.

Some of the greatest ideas in history started out as jokes.
역사상 가장 위대한 생각중 일부는 농담으로 시작되었어.

I went through some of the biggest changes of my life with those shows. 난 그 쇼들과 함께 내 평생 가장 큰 변화를 겪었어.

A: Would you like me to get you a snack?

B: Yeah, get me some of the cocktail wieners.

A: 내가 스낵 좀 사다줄까?
B: 어, 칵테일 비엔나도 좀 사줘.

But **none of the** evidence goes to motive

"어떤 증거도 살해동기가 되지 못하였어"라는 문장. none of the~는 부정으로 "아무도 …하지 않았다"라는 표현. 이 때 역시 발음은 [너너브더]로 연음해서 발음해야 한다.

▶ **none of the~** …들 중 누구도[아무도]

None of the staff had any interaction with her.
직원들 중 아무도 걔와 교류가 없어.

None of the other victims looked alike.
다른 희생자들중 아무도 서로 비슷하지 않았어.

Medical Examiner confirmed that none of the women had been raped vaginally -- all sodomized.
검시관은 여자들중에 질강간을 당한 사람은 아무도 없었으며 모두 항문성교를 당했다는 걸 확인했어.

A: I thought you were going to the theater tonight.

B: None of the movies were very interesting.

A: 난 네가 오늘밤에 극장에 가는 줄 알았는데.
B: 영화들 중 어떤 것도 그렇게 재미있는 게 없었어.

I'm one of those people who~
난 …하는 사람들 중 하나야

PATTERN
001

"난 …하는 사람들 중의 한 사람이다"라는 의미. 다시 말하면 내 스타일이 특별하지 않고 그냥 …하는 흔한 사람 중의 한 명이다, 혹은 그런 부류의 사람이다라는 말씀.

> **Point**
>
> ■ **I am one of those people~** 난 …하는 사람들 중 하나야
>
> ■ **I was one of those people~** 난 …하는 사람들 중 하나였어

I'm one of those people that's just better off alone.
나는 혼자 있는걸 더 좋아하는 사람들 중의 한 사람이야.

I'm just one of those people who believe you can have both.
난 둘 다 가질 수 있다고 믿는 사람들 중 한사람일 뿐이야.

Vanessa was one of those people who was so alive, so much fun.
바네사는 생동적이고 아주 재미있는 사람들 중의 하나였어.

He became a rescuer, one of those people who are more concerned with other people's welfare than their own.
걔는 자신의 안위보다 다른 사람들의 안위를 더 염려하는 사람들 중의 하나인 재난구조사가 됐어.

I'm one of those people who is very honest.
난 매우 솔직한 사람들 중 한사람일 뿐이야.

A: You always buy expensive items for your house,

B: I am one of those people who wants the best.

A: 넌 항상 집에 둘 비싼 물품들을 사더라.
B: 난 최고를 원하는 사람들 중의 하나야.

A: Tell me why you were sent to prison.

B: I was one of those people who did bad things.

A: 네가 왜 감옥에 갔는지 말해봐.
B: 난 나쁜 짓을 한 사람들 중의 하나였어.

PATTERN
002

I'm going to be one of those people who you see on TV

난 …하는 사람들 중 한 사람이 될 것이다, 즉 "나는 앞으로 …일을 할거야"라는 말로 생각하면 된다.

> **Point**
>
> ▸ **I'm going to be one of those people who~** 난 앞으로 …을 할거야
>
> ▸ **I'm going to be one of those people with~** 난 앞으로 …을 할거야

I'm going to be one of those people who you see on TV.
난 앞으로 네가 TV에서 보는 사람이 될거야.

I'm going to be one of those people who everyone loves.
난 앞으로 모든 사람들이 사랑하는 사람이 될거야.

I'm going to be one of those people who makes a ton of money.
난 앞으로 돈을 엄청 많이 버는 사람이 될거야.

A: What are your plans for the future?

B: I'm going to be one of those people with a nice house and car.

A: 앞으로 미래의 계획이 어때?
B: 멋진 집과 차를 소유한 사람이 될거야.

003 **I don't want to be one of those people who** screws up

이번에는 부정으로 …하는 사람들 중의 한 명이 되지 않겠다, 즉 "난 그런 사람들이 되지 않을 것이다"라는 의미.

▶ **I don't want to be one of those people who~** 난 …하는 사람이 되지 않을거야

I don't want to be one of those people that always talks about their boyfriend. 난 늘상 남친이야기는 하는 사람은 되지 않을거야.

I don't wanna be one of those people who tells their boyfriend they wanna spend 24 hours a day with them.
난 남친에게 24시간 같이 지내자고 말하는 사람은 되지 않을거야.

A: I don't want to be one of those people who screws up.

B: Look, just do your best and work hard.

A: 난 일을 망치기나 하는 사람은 되지 않을거야.

B: 야, 그냥 최선을 다해서 열심히 일해.

---

004 **Are you one of those people who** never goes below the fold?

의문문으로 …하는 사람들 중의 한 사람이냐고 물어보는 것으로 "너 그런 사람들하고 같은 부류냐?"라고 물어보는 문장이다.

▶ **Are you one of those people who~?** 너 그런 사람들하고 같은 부류야?

Are you one of those people who lies a lot?
너 거짓말을 밥먹듯이 하는 그런 사람이야?

Are you one of those people who is always nervous?
넌 늘상 신경질이나 내는 그런 사람이야?

Are you one of those people who loves to sleep?
넌 자는 걸 좋아하는 그런 사람이야?

A: I've been to several continents this year.

B: Are you one of those people who always travels?

A: 금년에 몇개의 대륙에 다녀왔어.

B: 항상 여행을 하는 그런 사람이야?

---

005 **Roger was one of those guys** everybody instantly liked

people이 guys로 바뀌었지만 의미는 같아서 "…하는 부류의 사람"이라는 뜻이 된다.

▶ **I'm one of those guys who~** 난 …하는 사람이야
▶ **I'm not one of those guys who~** 난 …하는 사람이 아냐

You're not one of those guys who really believe that, are you?
넌 저걸 정말 믿는 사람이 아니지, 그지?

Roger was one of those guys everybody instantly liked.
로저는 다들 보자마자 좋아하는 그런 사람이었어.

I'm not one of those guys who gets up and leaves right after.
난 일어나서 바로 나가버리는 그런 사람은 아냐.

A: Sal has a different girlfriend every time I meet him.

B: He's one of those guys who is with many women.

A: 살은 내가 만날 때마다 여친이 달라.

B: 걘 많은 여자들과 어울리는 그런 애중의 하나.

Section 03

003

I say ~
···하라는 말이야

PATTERN 001

I say~는 "나는 ···을 말해"라는 것으로 조금 우리말답게 옮기면 "···하라는 말이야," "···하라고" 정도에 해당된다. I say we~ 하면 "우리 ···하자고"가 된다.

Point

- **I say S+V** ···하라는 말이야, ···하라고
- **I say you show~** ···에게 ···을 보여주라고
- **I say we~** 우리 ···하자고

You know, **I say** we blow off the dates.
저 말이야, 우리 이 데이트 상대들을 바람맞히자고.

I say you show this guy what you're made of.
너의 진면목을 이 친구에게 보여줘.

You're an actor, **I say** you just suck it up and do it.
넌 배우야, 그냥 참고서 하라고.

I say we just all be adult about it and accept her.
우리 그 문제에 성숙하게 대처해서 걔를 받아들이자고.

I say we need to find this person.
우리는 이 사람을 찾아야 한다고.

A: They completely rejected our financial plan.

B: I say we ignore what they say.

A: 걔네들이 우리의 재정계획을 거절했어.
B: 우리 걔네들이 말하는 것을 무시하자고.

A: How can I prove that I am a policeman?

B: I say you show them your badge.

A: 내가 경찰관이라는 것을 어떻게 증명할 수 있을까?
B: 걔네들에게 배지를 보여줘.

PATTERN 002

I'll say I want a big wedding

···을 말할거라는 것으로 의역하자면 "···라고 해야지," "···라고 말할게" 정도로 이해하면 된다. 물론 단독으로 I'll say!하면 상대방의 말에 동감하면서 "맞아"라고 하는 문장이 된다.

Point

- **I'll say +N** ···라고 해야지, ···라고 말할게
- **I'll say S+V** ···라고 해야지, ···라고 말할게

I'll say I want a big wedding.
나는 성대한 결혼식을 원한다고 말할거야.

I mean, **I'll say** I'll cover the desk, but how will you know if I'm actually doing it?
내말은 내가 내 자리를 커버해준다고 말하겠지만 내가 진짜 그러는지는 네가 어떻게 알거야?

I'll say a quick hello and tell him I'll call him tomorrow.
난 간단히 인사를 하고 내일 전화하겠다고 걔한데 말할거야.

A: What if they ask advice on where to go?

B: I'll say the mountains are beautiful this time of year.

A: 걔네들이 어디로 가야 되는지에 대해 조언을 구하면 어쩔까?
B: 년중 이맘때 산이 참 아름답지.

416 **Key Patterns of American Drama English**

003 I have to say I find this very strange

별로 내키지 않지만 사실이 그러하거나 상대방에게 조금 미안한 이야기를 할 때 쓰면 효과적인 표현이다. 어쩔 수 없이 말할 수 밖에 없는 사정임을 암시하고 있다.

▸ **I have to say that S+V** …라고 해야겠네

I have to say she's old enough to be your mother.
걔는 엄마가 되기에는 너무 늙었다고 말해야겠어.

I have to say that I really appreciate all the effort that you're putting into this. 네가 여기에 쏟아부은 모든 노력에 진심으로 감사하다고 말하고 싶어.

I have to say I find this very strange.
이거 정말 이상한 기분이 드네.

A: Do you like the dress I'm wearing?

B: I have to say you look wonderful tonight.

A: 내가 입고 있는 드레스 마음에 들어?
B: 너 오늘밤 아주 멋지다고 말해야겠어.

---

004 I should say that we weren't together

I have to say와 같은 맥락의 표현. 뭔가 조심스럽거나 원치 않지만 말을 해야 한다는 뉘앙스를 풍기고 싶을 때 쓰면 딱이다. 특히 헤어질 때처럼 말이다.

▸ **I should say+N[S+V]** …이겠지, …라고 말해야 되겠지
▸ **I think I should say~** …라고 말해야 될 것 같아

I should say something to him.
난 걔한데 뭔가 말해야 돼.

I should say that we weren't together.
우리는 함께 있지 않았다고 말해야 되겠어.

I think I should say it now.
이제 그걸 말해야 될 것 같아.

A: Do we really need to hurry home?

B: I should say the taxi is waiting for us.

A: 우리 정말 서둘러 집에 가야해?
B: 택시가 우릴 기다리고 있다고.

---

005 I would have to say that it's tragic love story

100% 확신이 서지 않았을 때, 혹은 뭔가 잘못된 상황을 표면적으로 얘기를 꺼낼 때 등 조심스럽게 말을 꺼내야 하는 분위기에서 시작하는 말.

▸ **I would have to say that~** …라고 말할 수밖에 없겠네, …라고 말해야겠네

I would have to say that is an 'L'-shaped bracket.
'L'-자형 받침대 같아 보이는데.

I would have to say that it's tragic love story.
그건 비극적인 사랑이야기라고 말할 수 밖에 없네.

I'd have to say she was hogtied consistent with our killer.
걔가 킬러에게 계속적으로 묶여있었다고 말할 수 밖에 없어.

A: What kind of desert do you prefer to eat?

B: I would have to say that chocolate is my favorite.

A: 어떤 디저트를 먹고 싶어?
B: 초콜릿을 가장 좋아한다고 말해야겠네.

I can't say any of us were surprised

I can't say~는 "…라고는 할 수는 없지"라는 뜻으로 상대방의 질문이나 말에 확실한 답을 주지 않고 줄타기할 때 사용하면 좋은 표현.

▸ **I can say S+V** …라고 말할 수는 있어

▸ **I can't say S+V** …라고는 할 수 없지, 그렇다고 …라 할 수는 없지

Judging by your looks I can say I've misspoken.
네 얼굴로 보건데, 내가 말실수를 한거구만.

I can't say any of us were surprised.
우리들 중 놀란 사람이 있다고는 할 수 없지.

I can't say I love you. I just can't. It's not in my DNA.
널 사랑한다고 말할 수 없어. 안돼. 그건 내가 아냐.

A: How did Sean do during his job interview?

B: I can't say he impressed us.

A: 션이 취업면접에서 어떻게 했어?
B: 인상적이라고는 할 수가 없어.

I could say I love spending time with you

I can say~를 더 부드럽게 말한 표현. 이를 응용한 I wish I could say~라는 표현이 자주 쓰인다.

▸ **I could say~** …라 할 수 있지

▸ **I wish I could say~** …라 말할 수 있으면 좋을텐데

I could say I love spending time with you.
난 너와 함께 시간보내는 걸 좋아한다고 할 수 있지.

I wish I could say that I was sorry for the trouble I've put you through.
나 때문에 겪은 소란에 대해 미안하다고 말할 수 있으면 좋을텐데.

I wish I could say there's been improvement.
발전이 있었다고 말할 수 있으면 좋을텐데.

A: You'll have to choose which one you want.

B: I could say this one is my favorite.

A: 네가 원하는 것을 골라야 돼.
B: 이게 내가 좋아하는거라고 할 수 있어.

I won't say it's been a pleasure

won't는 will not의 축약형으로 I won't say~는 I will not say라는 말이다. "…에 대해서는 아무 말도 하지 않겠다," "입도 뻥긋하지 않겠다"는 의미의 표현이다.

▸ **I won't say~** …라고 말하지 않을게

I won't say it's been a pleasure.
즐거웠다고 말하지 않을게.

I won't say a word. I swear.
맹세코 한마디도 하지 않을게.

Fine, I won't say anything.
좋아, 난 아무말도 하지 않을게.

A: How did it go at your mother-in-law's house?

B: I won't say I enjoyed the visit.

A: 장모님집에서 어땠어?
B: 가서 즐거웠다고는 말하지 않을게.

I promised I wouldn't say anything, but I can't help it!

내게 물어본다면 나는 …하게 말하지 않을텐데라는게 이 표현의 기본으로 "…라고 말하지 않을 것이다"라고 생각하면 된다.

> ‣ **I wouldn't say no~** …라면 아주 좋지, 마다하지 않지
> ‣ **I wouldn't exactly say S+V** …라고 꼭집어 말하지는 않을게
> ‣ **I wouldn't say that ~, but~** …라고 할 수는 없지만,

I wouldn't say a word until the official announcement.
공식발표가 나기 전까지는 한마디도 하지 않을거야.

You vowed to me that **you wouldn't say** that.
넌 그말을 하지 않을거라고 내게 서약했어.

I promised I wouldn't say anything, but I can't help it!
난 아무말도 하지 않겠다고 약속했는데 나도 어쩔 수가 없었어!

A: Did you get a chance to meet the new guy?

B: I wouldn't say that he's smart, but he's nice.

A: 새로운 친구를 만날 기회가 있었어?
B: 걔가 똑똑하다고는 말못하겠지만 착하긴 해.

I would say that dream represents your fear of dentists

I would say that~ 은 조심스럽게 말하는 표현법으로 확신은 없으나 that 이하를 말해야 될 것 같다는 뉘앙스를 띈다. "아마 …일 것 같아," "…로 보고 있다" 등으로 조금 의역해볼 수 있다.

> ‣ **I would say that S+V** 아마 …일 것 같아

I would say that dream represents your fear of dentists.
그 꿈은 치과의사에 대한 너의 공포를 나타내는 걸거야.

He did falsely accuse me of child abuse. **I would say** we're even, wouldn't you?
걔는 나를 아동학대로 허위 고소를 한 적이 있으니 우리 이제 비겼다고 할 수 있겠지, 그렇지 않아?

I would say that you were more than somewhat successful.
네가 더 성공적이었다고 말할 수 있겠지.

A: Care to guess where our main suspect is?

B: I would say that he left town.

A: 우리의 유력한 용의자가 어디 있는지 알아맞춰볼 테야?
B: 마을을 아마 떠났을 거야.

You say~
네 말은 …하다는거지

아주 간단한 표현으로 You say S+V하면 글자 그대로 "네 말은 …하다는거지," "…하다는거야" 등의 의미이다.

Point

■ **You say +N** …라는 거지
■ **You say you~** 너는 …하다는 거지
■ **You say that like S+V** 넌 …인 것처럼 말하네[그러네]

You say you love this man, yet you're about to ruin the happiest day of his life.
넌 이 남자를 사랑한다고 말하면서 넌 걔 일생일대의 행복한 날을 망치려고 해.

You say you got a case of hives for no reason.
아무런 이유없이 두드러기가 생겼단 말이지.

You say I dated Susan for a long time. Do you think I was in love with her?
네가 오랫동안 수잔과 데이트를 했다는거지. 내가 걔를 사랑하는 것 같아?

You say you went out with him for, like, a year.
넌 걔와 일년정도 데이트를 했다는거지.

You say that like I'm the anti-Christ or something.
내가 적그리스도나 되는 것처럼 그러네.

A: **You say that** you saw the murder take place?
B: Yeah, I was looking out the window when it happened.

A: 살인사건이 벌어지는 것을 봤다는거지.
B: 어, 내가 창문밖을 보고 있는데 사건이 벌어졌어.

A: **You say that** you like girls lying on the beach?
B: Of course, they look great in their bikinis.

A: 해변에 누워있는 여자들이 좋다는거지.
B: 물론, 비키니 걸들이 너무 멋져 보여.

You have to say that it was very scary

글자 그대로 "너는 …라고 말해야 한다"이다. 좀 더 부드럽게 하려면 have to를 should로 바꾸어서 You should say~라고 하면 된다.

Point

▸ **You have to say that S+V** …를 말해야 되겠어, 정말 …했겠어
▸ **Anything you have to say to sb, you can say to~** …에게 할 수있는 말은 내게 해도 돼
▸ **You should say~** …라고 해야지

You have to stand up for me. **You have to say** I washed my hands.
넌 내편이 되어줘야겠어. 내가 손을 씻었다고 말해줘야겠어.

Anything you have to say to her, **you can** now **say to** me.
걔한테 말해야 되는 건 다 나한테 말해도 돼.

Anything you have to say to me, **you can say** in front of my boyfriend. 내게 말해야 되는 것은 내 남친 앞에서 말해도 돼.

A: I was lucky to have survived the car crash.
B: **You have to say that** it was very scary.

A: 난 자동차사고에서 운좋게도 살아남았어.
B: 엄청 무서워했겠다.

003 **I can't believe you would say that!**

단순히 종속절 속에서는 과거에서 미래를 말하는 단어로 쓰이지만 You would say~가 되면 "넌 …라고 말할거야"라는 의미.

▸ **You would say~** …라고 말할거야
▸ **I can't believe you would say~** 네가 …라고 말할거라 생각도 못했어

I can't believe you would say that!
네가 그런 말을 하리라고 꿈에도 생각못했어!

You would say it's cute!
넌 그게 예쁘다고 하겠지!

I thought you'd say I was crazy and there was no way to stop it.
난 네가 내가 미쳤고 그걸 막을 방법이 없다고 말할거라 생각했어.

A: Did you get a look at the new apartment building?
B: You would say it was the biggest you've seen.

A: 새로운 아파트 빌딩건물 봤어?
B: 넌 저렇게 큰 건 처음봤다고 말하겠지.

---

 004 **You can say anything in front of me**

You can say~를 직역하면 너는 …라 말할 수 있다, 즉 "…라 할 수 있다"라는 의미이고 반대로 You can't say~가 되면 너는 …라 말할 수 없다, 즉 "…라 말하지마라"는 금지의 표현이 된다.

▸ **You can say S+V** …라 할 수 있어
▸ **You can't say S+V** …라 말하지마

You can say that because she's not your mom.
너희 엄마가 아니니까 그런 말을 할 수 있는거야.

You can say you didn't know how lame it would be.
그게 얼마나 설득력이 없는건지 몰랐다고 말할 수 있어.

You can't say it's fine. He doesn't perceive sarcasm or irony.
괜찮다고 말하지마. 걘 비꼬거나 역설적인 건 못알아들어.

A: I was wearing my jacket during the storm.
B: You can say that it's really soaked.

A: 난 폭풍부는 동안 자켓을 입고 있었어.
B: 흠뻑 젖어 있다고 할 수 있겠네.

---

 005 **You could say I learned the error of my ways**

You might say~ 와 같은 의미로 역시 상대방의 말에 공감하면서 던지는 표현. "그렇게 말할 수 있어," "그렇다고 볼 수도 있지"에 해당되는 구문이다.

▸ **You could say~** …라고 말할 수 있지(You couldn't say~ …라고는 말할 수 없지)
▸ **You might say~** 그렇게 말할 수도 있어

You could say I learned the error of my ways.
내가 틀린 점을 통해 배웠다고 할 수 있지.

And you couldn't say that in front of Foreman?
그런데 넌 그걸 포맨 앞에서는 말못하는거야?

So tonight you might say I'm extra suspicious.
그럼 오늘밤에 넌 내가 특히 의심스럽다고 말할 수 있어.

A: Can you tell me what you did overseas?
B: You might say I worked as a spy.

A: 해외에서 뭐를 했는지 말해줄래?
B: 스파이로 일했다고 말할 수 있지.

005

Did you let~

…하도록 했어?

상대방에게 let 다음에 나오는 사람이 V동사를 하게 했냐고 단순히 물어보거나 혹은 불만을 표시할 때 사용하는 표현이다.

Point

- **Did you let sb+V?** …가 …하도록 했어?
- **Didn't you let sb+V?** …가 …하도록 하지 않았어?

Did you let him know you were recording him?
네가 걔를 녹음하고 있다는 걸 걔에게 알려줬어?

Did you let me hire a pervert?
내가 변태를 고용하도록 했어?

Did you let them in here?
걔네가 여기 들어오게 했어?

Did you let Wil Wheaton get in your head?
윌 휘튼이 네 머리속에 들어가게 했어?

Did you let her smoke in here?
걔가 여기서 담배피도록 했어?

A: Did you let Herb borrow the car?

B: Yeah, he had a dental appointment to go to.

A: 허브가 자동차를 빌려가도록 했어?
B: 어, 치과 예약이 있어 가야 된다고 해서.

A: Sarah claims that I don't share things with her.

B: Didn't you let her use the computer?

A: 새라는 내가 자기와 물건들을 공유하지 않는다고 그래.
B: 걔가 네 컴퓨터 쓰도록 하지 않았어?

Why do you let him talk to you like that?

왜, 또는 어떻게 너는 sb가 …하도록 하느냐는 질문으로 그렇게 한 상대방의 의도나 진의를 캐묻는 문장.

Point

▸ **Why do you let sb+V?** 왜 …가 …하도록 하는거야?
▸ **How do you let sb+V?** 어떻게 …가 …하도록 하는거야?

Why do you let him talk to you like that?
왜 걔가 너한테 그딴 식으로 말하도록 내버려두는거야?

Why do you let her go to a chiropractor for?
왜 걔를 척추지압사에 가도록 하게 하는거야?

How do you let them know that you're available?
네가 시간이 있다는 걸 어떻게 걔네한테 알릴거야?

A: My brother suffered a broken leg mountain climbing.

B: How did you let him get hurt?

A: 내 형은 산을 오르다가 다리가 부러졌어.
B: 어떻게 걔가 다치도록 한거야?

Why did you let me come?

이번에는 과거형으로 상대방에게 왜 sb가 …하도록 했냐고 물어보는 표현. let을 썼다는 점에서 뉘앙스는 왜 그러도록 허락했느냐, 왜 놔두었느냐 등의 의미를 내포한다.

▸ **Why did you let sb[sth] +V?** 왜 …가 …하도록 놔뒀어?

Why did you let her leave?
왜 걔가 떠나도록 놔뒀어?

Why did you let an unstable patient wander the hallways?
심리가 불안한 환자를 왜 복도에서 돌아다니게 한거야?

Why did you let it get this bad?
왜 이 정도로 악화될 때까지 놔둔거야?

A: Why did you let Lena
   into the bedroom?

B: She was wearing a sexy
   nightgown.

A: 왜 레나를 침실로 들여보낸거야?

B: 걔가 섹시한 나이트가운을 입고 있었
   거든.

Why didn't you let me handle it?

반대로 "왜 …가 …하지 못하게 했냐"고 불만이나 항의를 하는 표현.

▸ **Why didn't you let sb +V?** 왜 …가 …하지 못하게 한거야?

Why didn't you let me handle it?
왜 내가 그걸 처리하지 못하게 한거야?

Why didn't you let me die?
왜 내가 죽도록 놔두지 않은거야?

Why didn't you let him in?
왜 걔가 들어오도록 하지 않은거야?

A: Jeff was confused by
   the class assignment.

B: Why didn't you let him
   see your homework?

A: 제프는 반 숙제 때문에 혼란스러웠어.

B: 왜 네 숙제를 걔에게 보여주지 않은
   거야?

How did you let her do that?

놀람과 의외의 표현으로 상대방에게 "어떻게 …가 …하도록 했냐[놔두었냐]?"라고 물어보는 문장이다.

▸ **How did you let sb[sth] +V?** 어떻게 …가 …하도록 놔둔거야?
▸ **Who did you let sb[sth] +V?** 누가 …가 …하게끔 놔둔거야?

How did you let this happen?
어떻게 이런 일이 생기도록 한거야?

How did you let her do that?
어떻게 걔가 그런 일을 하게 한거야?

How did you let that piece of garbage con you, Chris?
크리스, 어떻게 저런 쓰레기 같은 놈이 너한테 사기치게끔 놔둔거야?

A: A burglar stole most of
   the valuable things here.

B: How did you let a burglar
   into the apartment?

A: 절도범이 여기 귀중품의 대부분을 훔
   쳐갔어.

B: 어떻게 절도범이 아파트에 들어오게
   한 거야?

It'd be nice if~
…한다면 좋을텐데

It's nice~의 기초구문을 응용한 표현으로 "if절 이하만 된다면 참좋겠는데"라는 표현. 조건으로 아직 실현되지 않았기 때문에 It would~가 쓰인 것이다.

Point

- **It would be nice to~** …라면 좋을텐데
- **It would be nice if~** …한다면 좋을텐데

It'd be nice if you hurry up and hire someone to fill her spot.
서둘러 사람을 채용해서 걔 자리를 채우면 좋을텐데.

It sure would be nice if you could help me out with Edie.
에디와 네가 나를 좀 도와준다면 정말 좋을텐데.

It would be nice to have something to take care of.
뭔가 돌볼게 있으면 좋을텐데.

It would be nice for you not to have to work so hard.
네가 그렇게 열심히 일하지 않아도 되면 좋을텐데.

It would be nice if you have them come by here tomorrow.
걔네들이 내일 여기에 들르도록 네가 한다면 좋을텐데.

A: Can I get you something to drink?

B: It'd be nice if you got me some coffee.

A: 뭐 좀 마실거 갖다줄까?
B: 커피 좀 갖다주면 좋지.

A: Your school reunion is scheduled for June.

B: It would be nice to see all of my friends again.

A: 학교 동창회가 6월에 한대.
B: 내 친구들을 다 또 보면 좋을거야.

I thought it would be nice to get to know him

it would be nice 앞에서 I thought를 써서 아쉬움을 더한 문장표현법. 앞서 여러번 이야기했지만 I thought[I think]로 감싸면 좀 더 부드럽게 이야기를 전달할 수있다.

Point

▸ **I thought it would be nice if~** …하면 좋을거라 생각했어

I thought it would be nice to get to know her.
걔를 알게 되면 좋을거라 생각했어.

I thought it would be nice to share this special occasion with some dear friends.
소중한 친구들과 특별한 모임을 함께 하면 좋을거라 생각했어.

Andrew thought it would be nice to have a formal dinner tomorrow night. 앤드류는 내일 저녁에 정식으로 저녁을 하면 좋을거라 생각했어.

A: Why did you decide to cook all day?

B: I thought it would be nice if I made a big dinner.

A: 왜 온종일 요리를 하기로 한거야?
B: 다양하고 풍족한 저녁식사를 준비하면 좋을거라 생각했어.

003　It'd be great if you could come home

nice 대신에 great를 쓴 경우 외에는 앞의 표현들과 동일한 경우.

Point

▸ **It'd be great if[to+V]~** …한다면 멋지겠는데, …한다면 정말 좋겠는데

▸ **I think it'd be great if~** …한다면 정말 좋을 것 같아

It'd be great if you could come home.
네가 집에 올 수 있으면 정말 좋겠는데.

I think it'd be great if you could do me a favor.
네가 내 부탁을 들어주면 정말 좋을 것 같아.

It would be great if you guys could pitch in.
너희들이 십시일반 돈을 낼 수 있으면 정말 좋겠는데.

A: I think our business will be successful.
B: It'd be great if we made a big profit.

A: 우리 사업은 성공할거라 생각해.
B: 수익을 많이 내면 정말 좋겠다.

004　I think it would be good for you to take some time off

먼저 I think가 감싸고 있고 또다른 점은 뒤에 for sb to~가 씌였다는 점이다.

Point

▸ **I think it would be good for sb to+V~** …가 …한다면 좋을 것 같은데

I think it would be good for you to take some time off.
네가 좀 쉬면 좋을 것 같아.

I think it would be good for me to know, so… so, please, tell me.
내가 알면 좋을 것 같아, 그러니 제발 내게 말해줘.

Don't you think it'd be good for you to get out?
네가 나가면 좋을 것같지 않아?

A: Do you mind if I go to another nightclub?
B: I think it would be good for you to come home.

A: 다른 나이트클럽에 가도 돼?
B: 네가 집에 오는게 좋을 것 같아.

005　We'd both be happier if we just went back to being friends

"…라면[였다면] 더 좋겠는데"라는 의미. if 절 이하에는 과거나 과거완료시제가 나와야 한다. 위의 표현들과는 주어가 'It'이 아닌 'I'로 씌였다는 점 외에는 동일한 가정법 문장이다.

Point

▸ **I'd be happier if+과거** …라면 더 좋겠는데(I'd be happier if+과거완료 …였다면 더 좋겠는데)

▸ **I'll be happier if+현재** …하면 내가 더 행복할거야

I think we'd both be happier if we just went back to being friends.
우리가 다시 친구사이로 돌아간다면 우리 둘다 더 행복할거야.

Everybody will be happier if House and I aren't dating.
하우스 박사와 내가 데이트를 하지 않으면 다들 더 행복할거야.

I'd be happier if we kept the money.
우리가 그 돈을 갖고 있다면 더 좋았을텐데.

A: Bill accepted a low grade in his English class.
B: I'd be happier if he had talked to his teacher.

A: 빌은 영어과목에서 낮은 점수를 받았어.
B: 걔가 선생님과 얘기했다면 더 좋았을텐데.

Would it be okay if~ ?
…한다면 괜찮을까?

이번에는 앞의 희망사항을 의문문 형태로 만들어보는 연습을 해보자. 주로 상대방의 의견을 물어볼 때 많이 사용한다. Would it be까지는 적어도 원어민처럼 빠른 발음[우드 잇 비]가 아니라 [우듯비]으로 기계적으로 외우는 것을 권장한다.

Point

- **Would it be okay if~?** …한다면 괜찮을까?
- **Wouldn't it be nice to ~?** …한다면 좋지 않을까?

Would it be okay with you if I set Chris up on a date?
내가 크리스를 소개팅해줘도 괜찮겠어?

Would it be okay if I gave the toast to mom and dad this year?
금년에 내가 부모님에게 건배를 해도 괜찮을까?

Excuse me, I'm sorry. **Would it be okay if** I smoked this?
저기, 미안합니다. 이거 피워도 괜찮을까요?

Would it be okay if we took your prints now?
이제 당신 지문을 떠도 괜찮을까요?

Wouldn't it be nice to have some place to take her before you want to strangle her?
걔를 목졸라죽이고 싶기 전에 걜 데리고 갈 장소가 좀 있는게 낫지 않겠어?

A: Would it be okay if I left early?

B: No, we're going to need you to stay here.

A: 내가 일찍 가도 괜찮겠어?
B: 안돼, 우리는 네가 여기 더 남아있기를 바래.

A: Wouldn't it be nice to go on a picnic today?

B: Yeah, let's go enjoy the weather outside.

A: 오늘 피크닉을 간다면 좋지 않을까?
B: 그래, 밖의 좋은 날씨를 가서 즐기자.

 Would it be totally weird if I used it?

"…한다면 너무 이상하지 않을까?"라고 상대방의 의견을 물어보는 문장.

Point

▶ **Would it be too weird if~?** …한다면 너무 이상할까?
▶ **Would it be weird for sb +V~?** …가 …하는게 너무 이상할까?

Would it be too weird if I invited Carol over to join us?
캐롤을 초대해서 우리와 함께 하자고 하면 너무 이상할까?

Really? **Would it be totally weird if** I used it?
정말? 내가 그걸 사용하면 정말 이상할까?

Would it be weird for you to come?
네가 오는게 이상할까?

A: I really enjoyed going on a date with you.

B: Would it be too weird if I kissed you?

A: 난 정말 너와의 데이트 즐거웠어.
B: 내가 너한테 키스하면 좀 이상할까?

Would it be possible for us to look around?

"…가 …하는 것이 가능할까?"라는 뜻으로 상대방에게 정중하게 요청하거나 부탁할 때 사용하면 된다.

Point

▶ **Would it be possible to~?** …해도 될까?

▶ **Would it be possible for sb to~?** …가 …해도 될까?

Would it be possible to move to another table?
다른 테이블로 옮겨도 될까?

Would it be possible for us to work in private for a while?
우리가 잠시 다른 사람없는데서 일을 해도 될까?

Would it be possible for you to do this a little more quietly?
네가 이걸 좀 더 조용히 할 수 있을까?

A: Would it be possible for my boss to meet you?

B: Sure, bring her by during my lunch hour.

A: 우리 사장님이 너를 만날 수 있을까?
B: 물론, 내 점심시간때 모셔와.

 Sammy, **would it be all right if** I sat here?

역시 상대방에게 부탁하거나 허락을 구하는 예의 바른 표현.

Point

▶ **Would it be all right to~?** …해도 괜찮을까?

▶ **Would it be all right if~?** …해도 괜찮을까?

Grandma, would it be all right if I speak to Jack for a second?
할머니, 내가 잭하고 잠시 얘기해도 돼?

Would it be all right if I talked to a couple of her friends?
내가 걔 친구 두어명에게 얘기해도 괜찮을까?

Would it be all right to murder the tobacco CEOs?
담배회사 회장들을 살해해도 괜찮을까?

A: This invitation is for a house warming party.

B: Would it be all right if my girlfriend came?

A: 이 초대장은 집들이한다는거야.
B: 내 여친이 와도 괜찮을까?

 Would it be crazy if we kissed right now?

지금까지 나온 okay, weird, possible, all right 외의 다른 형용사를 써서 Would it be adj to[if]~ ?의 구문을 마스터해 보자.

Point

▶ **Would it be cool to[if]~?** …해도 괜찮을까?

▶ **Would it be helpful to[if]~?** …하면 도움이 될까?

Would it be too intimate if I fed you?
내가 너한테 밥을 먹여주면 너무 친밀한걸까?

Would it be crazy if we kissed right now?
우리가 지금 키스하면 미친 짓일까?

Would it be helpful to you if I told you about my dreams?
내가 너에게 내 꿈에 대해 말해주면 도움이 될까?

A: Would it be offensive if I smoke a cigar?

B: I'd prefer it if you did that outside.

A: 내가 시가를 피우면 불쾌할까?
B: 밖에 나가서 피우면 좋겠어.

001

It is~ that의 강조구문을 떠올리면 된다. 대신 It's와 that 사이에는 you나 me 등의 인칭이 와서 "…한 사람은 바로 …야"라고 어떤 행위를 한 사람을 강조하는 구문이다. It 대신에 That이 쓰여도 되는 것은 물론이다.

Point

- **It's you ~ing** …하는 것은 바로 너야
- **It's you that[who]~** …하는 것은 바로 너야

That's you talking to the cops.
경찰에 말한건 바로 너야.

It's you that has the problem!
문제가 있는건 바로 너야!

It's you that has the trouble with monogamy.
일부일처제로 고생하는건 바로 너야.

In fact, it's you two that give me hope.
사실, 내게 희망을 주는 건 바로 너희 둘이야.

Maybe it's you who should evolve with technology, Alex.
아마도 기술과 더불어 진화하는건 바로 너야, 알렉스.

A: What did you record on this DVD?

B: It's you giving a speech to the assembly.

A: 이 DVD에는 뭘 녹화했어?

B: 국회에 연설하는 너의 모습이야.

A: I don't like the way you talk to me.

B: It's you that is causing problems.

A: 네가 내게 말하는 투가 마음에 안들어.

B: 문제를 만들어내는건 바로 너야.

Then **it was you who** killed him?

이번에는 과거형으로 "…한 것은 바로 너였어"라는 뜻.

Point

▶ **It was you that~** …한 것은 바로 너였어
▶ **I think it was you that~** …한 것은 바로 너였다고 생각해
▶ **We know it was you who~** …한 것은 바로 너였다는 걸 알아

It was you who supplied the defendant with the morphine.
피고에게 모르핀을 제공한건 바로 너였어.

I think it was you who never went out with me.
나랑 절대 데이트하지 않은 사람은 바로 너였던 것 같아.

Then it was you who killed him?
그럼 걔를 죽인게 바로 너였어?

A: How did you realize Sam was cheating on you?

B: I think it was you that told me that.

A: 샘이 바람피는 줄 어떻게 알았어?

B: 그걸 말해준건 바로 너였던 것 같은데.

003 **That's me** serving her last night

이번에는 인칭을 바꿔 It's me~하게 되면 "자기가 …했다"는 사실을 인정하는 표현. 문맥에 따라 자인하거나 혹은 자랑질할 때 쓰인다.

> ▶ **It's me ~ing** …하는 것은 바로 나야
> ▶ **It's me that~** …하는 것은 바로 나야

'Cause usually it's me calling her to do things.
보통 걔한테 전화해서 일을 시키는건 바로 나이기 때문야.

It's my fault. It's me he wanted.
내 잘못이야. 걔가 원했던건 바로 나야.

That's me serving her last night.
지난밤에 걔를 서빙한건 바로 나야.

A: Who was using the computer last night?

B: It was me playing video games.

A: 지난밤에 누가 컴퓨터를 썼어?'
B: 내가 컴퓨터 게임을 했어.

004 **It was me** investigating her

It's me~의 과거형으로 "…한 것은 바로 나였어"라는 의미. It was me~다음에는 마찬가지로 ~ing, 또는 that[who]~절이 이어진다.

> ▶ **It was me~ing** …한 것은 바로 나였어
> ▶ **It was me that[who]~** …한 것은 바로 나였어

So you do remember it was me who shot you.
그럼 너를 쏜 사람이 바로 나였다는걸 기억하는구나.

I couldn't believe when they told me it was me who had done that.
걔네가 그렇게 한게 바로 나였다고 말했을 때 믿지 않았어.

It was me your father saw leave the apartment building.
네 아버지가 그 아파트에서 나가는 것을 본 사람은 바로 나였어.

A: I don't know who called the cops here.

B: It was me that summoned the police.

A: 누가 경찰을 불렀는지 모르겠네.
B: 경찰을 호출한 사람은 바로 나였어.

005 **It's him that** killed John and the woman

사람이 you과 me만 있는 것은 아니어서, 이번에는 It's 다음에 him, her, them이 나오는 문장들을 살펴보자.

> ▶ **It's her[him] ~ing** …하는 것은 바로 걔야
> ▶ **It's her[him] who[that]~** …하는 것은 바로 걔야

It's him that killed John and the woman.
존과 그 여자를 죽인 사람은 바로 걔야.

I told her it was Bob that sent the IMs.
그 메신저를 보낸건 바로 밥이었다고 내가 걔한테 말했어.

And at first I thought it was him helping me.
그리고 처음에는 나를 돕는게 걔였다고 생각했어.

A: You've met Penny before?

B: It was her who I brought to the dance.

A: 전에 페니 본 적 있어?
B: 내가 댄스파티에 데려온 애가 바로 페니였어.

Which is why~

그것이 바로 …이유야

특이한 형태이지마 실제 미드에서는 무척 많이 쓰이는 패턴이다. 미드는 문장을 가능한 짧게 해서 말을 하려고 한다. 따라서 각종 수식어구와 관계사절을 더덕더덕 붙여서 3~4줄 정도로 길게 문장만드는 것을 가능한 한 피하게 된다. 이럴 때 요긴하게 쓰이는 것이 Which is+의문사 시리즈이다. Which is why~를 시작으로 하나씩 차근차근 알아본다.

Point

■ **Which is why~** 이[그]것이 바로 …이유야, 그런 이유로 해서 …한거야

Which is why I took all the money that you gave me.
그런 이유로 해서 네가 내게 준 모든 돈을 내가 가져갔어.

Which is why I know you're gonna take care of them when I'm gone.
그래서 내가 없을 때 네가 걔네를 보살필거라는 것을 알았어.

She loved you. **Which is why** she didn't react when you walked into the bathroom that night.
걘 널 사랑했어. 그래서 네가 그날밤 화장실에 들어갈 때 아무런 반응도 하지 않았던거야.

Which is why he rents a car when he's in town. It's cheaper than leasing. 그런 이유로 해서 걘 마을에 있을 때는 차를 렌트해. 리스하는 것보다 더 싸거든

Which is why I don't think he killed Vicky.
이게 바로 걔가 비키를 죽이지 않았다고 생각하는 이유야.

A: There aren't any suspects in the crime investigation.
B: **Which is why** we don't know who did it.

A: 범죄수사하는데 어떤 용의자도 없어.
B: 그래서 우리는 누가 그랬는지 몰라.

A: Our company continues to do well.
B: **Which is why** we still work here.

A: 우리 회사는 계속 잘나가고 있어.
B: 그래서 우리가 아직도 여기서 일하는 거지.

Which is how I found this

Which is how~는 "그렇게 해서 …하다," "그런식으로 …하다"라는 의미.

Point

▶ **Which is how~** 그렇게 해서 …하게 되다

Which is how I found this.
그렇게 하다 이걸 발견했어.

She was also hopelessly naive. **Which is how** she came to be married four times. 걘 정말 너무나도 순진했어. 그렇게 해서 걘 네번이나 결혼하게 되었어.

Which is how he came to write a letter begging Peter for forgiveness.
그렇게 해서 걔는 피터에게 용서를 구하는 편지를 쓰게 된거야.

A: You have been very careful about your diet.
B: **Which is how** I lost all that weight.

A: 너는 다이어트하는데 매우 신중했어.
B: 그렇게 해서 그 모든 살을 뺀거야.

Which is what you need in your expert

Which is what~은 "그게 바로 …하는 것이다"라는 표현.

> ▶ **which is what~** 그게 바로 …하는 것이야

Which is what happened with Olivia.
그게 바로 올리비아에게 일어난 일이야.

Which is what you need in your expert.
전문가라면 그래야 하는거야.

He still had room to move, **which is what** got my attention.
걘 아직 움직일 공간이 있었고, 내 관심을 끈건 바로 그거야.

A: I decided to attend the concert.

B: **Which is what** I told you to do.

A: 난 콘서트에 가기로 결정했어.
B: 내가 그렇게 하라고 말했잖아.

Which is where the husband joined the show

Which is where은 장소를 말하는 것으로 "바로 그곳에서 …하다"라는 패턴.

> ▶ **which is where~** 바로 그곳에서 …하다

Which is where the husband joined the show.
바로 그곳에서 남편은 쇼에 참가했어.

I went home, took a nap, went to the gym. **Which is where** I met Mike. 난 집에 가서 낮잠을 자고 헬스클럽에 갔는데 바로 거기서 마이크를 만났어.

Tony had a house near Maple Bay, **which is where** Gail's body was found. 토니는 메이플 베이 근처에 집이 있었는데 바로 그곳에 게일의 시신이 발견됐어.

A: Mostly he stays at the downtown apartment.

B: **Which is where** the most exciting things happen.

A: 주로 걔는 시내 아파트에 머물러.
B: 바로 그곳에서 가장 흥미로운 일들이 벌어지지.

Which is when the trouble started

이번에는 시간을 말하는 것으로 Which is when하게 되면 "바로 그때가 …하다"라는 뜻.

> ▶ **which is when~** 바로 그때 …하다

I'm telling you this is just like my parents divorce, **which is when** I started smoking in the first place.
정말이지 이건 내 부모님 이혼하고 똑같아. 그때 내가 처음으로 담배를 폈지.

Which is when the trouble started.
바로 그때에 문제가 발생했어.

Charges were dropped. Dick got out last week. **Which is when** the murders started. 기소는 취하됐어. 딕은 지난주에 출소했고, 바로 그때 살인이 시작됐어.

A: The electrical power failed at midnight.

B: **Which is when** everyone got scared.

A: 자정에 전력공급이 중단됐어.
B: 바로 그때 다들 겁을 먹었어.

I'd rather~
차라리 …할래

많이 눈에 익숙하지만 직접 듣기도 쓰기도 힘든 표현 중 하나다. 두 개중 선택할 때 쓰는 표현으로 "…하는 게 낫지," "차라리 …할래"라는 뜻. I'd(would) rather 다음에 바로 동사원형을 붙이면 되고 반대로 "차라리 …하지 않을래"라고 하려면 I'd rather not+V를 쓰면 된다.

Point

- **I'd rather+V** 차라리 …할래
- **I'd rather sb+V** …가 …했으면 좋겠어
- **I'd rather not+V** …하지 않는게 낫겠어

I'd rather do it tonight in person.
차라리 내가 오늘밤에 직접 그것을 할래.

Penny, I'd rather not talk about it.
페니, 그건 얘기하지 않는게 낫겠어.

He left his jacket here yesterday, and I'd rather you be gone when he got here.
걘 어제 재킷을 놓고 갔는데 난 네가 걔하고 마주치지 않았으면 좋겠어.

I'd rather see that not happen.
그런 일이 일어나지 않으면 좋겠어.

I would rather Danny think I cheated on him than know what I really did.
내가 진짜 저지른 일을 대니가 알아낼 바엔 바람피웠다고 생각하는 게 나.

A: Would you like to go on a hunting trip?
B: I'd rather remain at home.

A: 사냥여행 갈래?
B: 차라리 집에 있을래.

A: Tell your sister to come join us.
B: I'd rather not bother her right now.

A: 네 누이보고 우리와 함께 하자고 해.
B: 지금은 누이를 귀찮게 하지 않는게 낫겠어.

I think I'd rather vote for the other guy

너무 단도직입적으로 말하는 것을 피하고 싶을 때, 살짝 I think로 문장을 덮어주면 전달내용이 부드러워지는 효과가 있다.

Point

▶ **I think I'd rather~** 차라리 …하는게 나을것 같아

I think I'd rather take the train.
차라리 기차를 타는게 나을 것 같아.

I think I'd rather vote for the other guy.
차라리 다른 사람에게 투표를 하는게 나을 것 같아.

At least I didn't shoot him. I think I'd rather be shot.
적어도 난 걜 쏘지 않았어. 차라리 내가 맞는게 나을 것 같아.

A: It will cost thousands to fix your car.
B: I think I'd rather find a new one.

A: 네 차를 수리하는데 돈이 엄청 들거야.
B: 차라리 새차를 구하는게 낫겠어.

003 I'd rather we didn't discuss this right now

I'd rather~ 다음에는 동사원형 뿐만 아니라 S+V의 절이 올 수도 있는데, 앞의 **would**의 영향을 받아 S+V에서 V는 과거형으로 쓰는 경우가 많다. 의미는 "…했으면 좋겠어."

Point

▶ **I'd rather S+V(과거형)** …했으면 낫겠어[좋겠어]

I'd rather we didn't discuss this right now.
지금은 이거에 대해서 얘기하지 않는게 좋을 것 같아.

I would rather they turn their back on me.
걔네가 내게서 등을 돌리면 좋겠어.

I'd rather he quit the drama club.
걔가 드라마 클럽을 그만뒀으면 좋겠어.

A: Have you made any attempt to e-mail Carla?
B: I'd rather she try to contact me.

A: 칼라에게 이메일 보내보려고 해봤어?
B: 걔가 내게 연락를 하는게 좋겠어.

004 I think Betty would rather die than lose her house

비교대상을 한 문장에 넣어서 말을 만들 수가 있는데 I'd rather A than B라고 쓰기도 하며 또한 I don't think A rather B 라고 쓰기도 한다.

Point

▶ **I'd rather A than B** B하기 보다는 차라리 A하겠어
▶ **I don't think A rather B** 난 A라기보다는 B라고 생각한다

I think Betty would rather die than lose her house.
베티는 집을 잃으니 차라리 죽을거라 난 생각해.

I would rather lose the deal than lose myself.
내 자신을 잃기 보다는 차라리 거래를 놓치겠어.

It just means he would rather sleep with the house-boy than me.
걘 나와 자느니 차라리 사환하고 자겠다는걸 의미해.

A: What do you like to eat after dinner?
B: I'd rather chocolate ice cream than vanilla.

A: 저녁식사후에 뭘 먹고 싶어?
B: 바닐라보다는 초콜릿 아이스크림을 먹고 싶어.

005 You'd rather I serve pork and beans?

이번에는 인칭을 바꿔 You'd rather~하게 되면 "너는 …하는 편이야," 그러나 끝을 올려서 물어보는 문장이 되면 "…하는 게 더 좋겠어?"라는 의미가 된다.

Point

▶ **You'd rather ~** 넌 …하는걸 더 좋아해, …하는 편야(You'd rather ~? …하는게 더 좋겠어?)
▶ **Wouldn't you rather~ ?** …하는게 더 좋지 않을까?

I thought you'd rather do it yourself.
난 네가 스스로 그렇게 하는 걸 더 좋아한다고 생각했어.

You'd rather see your husband behind bars than with another woman. 넌 네 남편이 다른 여자와 있는 걸 보느니 감방에 있는게 더 나을거야.

You'd rather go with your boyfriend than your Dad? What is wrong with you? 넌 아버지보다 남친하고 나가는걸 더 좋아해? 너 왜그러는거야?

A: I won't apologize to anyone here.
B: You'd rather just ruin everything?

A: 난 여기 누구에게도 사과하지 않을 거야.
B: 넌 모든 것을 망치고 싶은 게야?

I'd give the world to ~

기필코 꼭 …할거야

PATTERN 001

10개월 뱃속에서 고생하며 키워봤자 무슨 소용있나, 커서 애인을 위해서라면 세상도 주겠다는데. 그 정도로 to 이하를 꼭 기필코 하겠다고 강한 의지를 피력하는게 바로 이 I'd give the world to~이다. the world 대신 my right arm을 쓰기도 한다. 또한 I'd give anything~, I'd do anything to~도 같은 맥락의 표현.

Point

■ **I'd give the world to~** 기필코 꼭 …할거야
■ **I'd give my right arm to~** 기필코 꼭 …할거야

I'd give the world to go out with Jane.
난 기필코 제인과 데이트를 할거야.

I'd give the world to be an astronaut.
난 기필코 우주 비행사가 될거야.

I'd give the world to have a date with Chris.
난 기필코 크리스와 데이트를 할거야.

I'd give my right arm to be as rich as him.
난 꼭 걔처럼 부자가 될거야.

I'd give my right arm to own a BMW.
난 기필코 꼭 BMW를 살거야.

A: You really seem to miss your ex-girlfriend.
B: I'd give the world just to see her again.

A: 너 정말 옛여친을 그리워하나보다.
B: 난 기필코 걔를 다시 만날거야.

A: You've been in the hospital for several weeks.
B: I'd give the world to be rid of this sickness.

A: 너는 수주동안 병원에 입원해있었어.
B: 이 병에서 벗어나기 위해서라면 뭐라도 할거야.

PATTERN 002

I'd give anything to be with you again

to 이하를 하기 위해서는 주지못할 것이 없다, 즉 다시 말해 목적을 이루기 위해서는 "뭐든 다 내놓겠다"는 강한 의지를 나타내는 표현.

Point

▶ **I'd give anything to~** …하기 위해서는 뭐라도 하겠어
▶ **I'd give anything not to~** …하지 않기 위해서는 뭐든지 할거야

I'd give anything to have Chris back.
크리스를 되찾기 위해서는 뭐라도 하겠어.

I'd give anything to be with you again.
너랑 함께 하기 위해서는 뭐든지 할거야.

I'd give anything to take that back.
그걸 돌려받기 위해서는 뭐든지 할거야.

A: Isn't Sydney an amazing city to be in?
B: I'd give anything to live here.

A: 시드니는 살기에 정말 멋진 도시아냐?
B: 난 어떻게 해서든 여기서 살거야.

003 I would do anything to keep you here

to 이하를 하기 위해서는 못할 짓이 없을 것이다, 역시 "무슨 일이라도 하겠다"는 필살의 각오를 밝히는 문장.

> ▶ I would do anything to +V~ …하기 위해서는 뭐라도 하겠어

I told you that I would do anything to make you happy.
난 널 기쁘게 하기 위해서는 뭐든지 하겠다고 말했어.

I love you so much, I would do anything to keep you here.
난 널 너무 사랑해, 어떻게 해서든 너를 여기에 데리고 있을거야.

I believe a father would do anything for his son.
아버지라면 아들을 위해서 못할 짓이 없을거라 생각해.

A: Jay has a beautiful wife and tons of money.

B: I would do anything to have that lifestyle.

A: 제이는 아내도 미인인데다가 돈도 엄청 많아.

B: 그렇게 살 수 있다면 뭐든 할 수 있어.

004 You would do anything to get Mike to love you

인칭을 바꿔 You~라고 쓰면 상대방의 강한 의지를 표현하는 것으로 칭찬하거나 혹은 비난할 때 곧잘 쓰인다.

> ▶ You'd do anything to +V~ 넌 …하기 위해서 뭐라도 할거야

Admit it, you'd do anything to destroy my happiness.
인정해, 넌 내 행복을 파괴하기 위해서는 못할 짓이 없을거야.

You would do anything to get Mike Delfino to love you.
마이크 델피노가 널 사랑하게끔 하기 위해서는 넌 뭐라도 할거야.

You could do anything to keep your family safe.
넌 가족의 안전을 위해서라면 뭐든 할 수 있을거야.

A: I'm selling some of my old clothing.

B: You'd do anything for money.

A: 난 내 낡은 옷을 일부 팔고 있어.

B: 넌 돈을 위해서라면 뭐든 다 할거야.

005 I'd kill for your breasts

그밖의 강한 의지를 표현하는 문장으로는 I'd kill for~, I'd be the first to~ 등이 있다.

> ▶ I'd be the first to +V~ 정말 …하고 싶어
> ▶ I'd kill for +N~ …를 얻을 수 있다면 뭐든지 하겠어

Believe me, I'd be the first to know if that website went dark.
정말이지, 그 싸이트가 먹통이 되면 내가 제일 먼저 알고 싶어.

I mean I would kill for this job.
내말은 이 일자리를 정말이지 꼭 잡고 싶어.

I'd kill for your breasts.
네 가슴을 정말이지 만지고 싶어.

A: What if Kevin hits your sister?

B: I'd be the first to kick his ass.

A: 케빈이 네 누이를 때리면 어쩌지?

B: 내가 당장 가서 혼찌검을 내줄거야.

I want to make it clear~

난 …을 분명히 하고 싶어

PATTERN 001

make it clear는 "…을 분명하게 설명하다," "확실하게 해두다"라는 의미로 make it clear to~, make it clear that S + V 의 형태로 주로 쓰인다.

Point

- **I want to make it clear about[that]~** 난 …을 분명히 하고 싶어
- **I'd like to make it clear about[that]~** 난 …을 확실하게 해두고 싶어
- **I thought I made it clear about[that]~** 내가 확실하게 설명한 것 같은데

I want to make it clear. I had no knowledge of this ex parte communication.
내 분명히 하고 싶은데. 난 일방적 의사소통에 대해서는 아는게 없었어.

I'd just like to make it clear: she was wearing them.
단지 분명히 하고 싶어서인데, 걘 그것들을 입고 있었어.

I thought I made it clear that we need to find Chuck the perfect date.
내가 확실하게 설명한 것 같은데, 우리는 척에게 완벽한 데이트 상대를 찾아줘야 돼.

I thought I made it clear about all the extra work and everything.
내가 추가작업 등등에 관해 확실하게 설명한 것 같은데.

I want to make it clear that I won't change my mind.
난 마음을 바꾸지 않을거라는 것을 분명히 해두고 싶어.

A: The cops want to ask you about the prisoner.
B: I want to make it clear that we never met.
A: 경찰은 너에게 그 죄수에 대해 물어보고 싶어해.
B: 내 분명히 말하는데 우린 만난 적이 없어.

A: The financial plan caused the plant's bankruptcy.
B: I'd like to make it clear that I opposed the plan.
A: 재정계획이 공장의 파산을 초래했어.
B: 난 그 계획안에 반대했다는 것을 분명히 해두고 싶어.

PATTERN 002

You made it clear that you were angry

인칭을 You로 바꾸면 상대방이 "…이하를 분명하게 해두다," "확실하게 천명했다"는 사실을 정리해주는 문장이 된다.

Point

▸ **You('ve) made it clear that~** 넌 …을 분명하게 해뒀어
▸ **I think you made it clear that~** 넌 …을 분명히 한 것 같아

You've made it clear that you don't exactly wanna hear what I have to say right now. 넌 내가 지금 하는 말을 듣기 싫다는걸 분명히 말했어.

You've made it clear that you were angry.
넌 네가 화났다는 걸 분명히 해뒀어.

I think you made it clear that we were wrong.
우리가 틀렸다는 것을 넌 분명히 한 것 같아.

A: Do you know how I feel about this place?
B: You've made it clear that you're unhappy here.
A: 내가 이곳을 어떻게 생각하는지 알아?
B: 여기선 즐겁지 않다고 분명히 말해잖아.

Did you make it clear that we were finished

이번에는 상대방에게 "…를 분명하게 했는지," "확실하게 설명을 해두었는지" 등을 확인하는 표현.

▶ **Did you make it clear that~?** …을 분명히 했어?

Did you make it clear that we were finished?
우리가 끝냈다는 것을 분명히 해뒀어?

Did you make it clear that the relationship was over?
관계가 끝났다고 분명히 했어?

Did you make it clear that he needs to come here?
걔가 여기 와야 된다는 것을 분명히 했어?

A: Did you make it clear that she'd be arrested?

B: I told her the cops were coming to get her.

A: 걔가 체포될거라고 분명히 했어?

B: 경찰들이 걔를 잡으러 오고 있다고 말했어.

She made it clear that Tom would need me one day

역시 I, You에 비해 차별받고 있는 제 3인칭을 주어로 해서 다양한 문장을 만들어보자.

▶ **S made it clear (to sb) that~** …는 (…에게) …을 분명하게 해두었어

She's made it clear that if I leave she's gonna blow the whistle.
내가 떠나면 밀고하겠다는 것을 분명하게 해두었어.

She made it clear that Tom would need me one day.
톰이 나를 하루동안 필요로 할거라는 걸 걔가 분명히 해두었어.

FBI brass has made it clear to her that if she doesn't bring this case home, she's gonna be reassigned.
FBI간부는 걔가 이 사건을 해결하지 못하면 걔는 재발령될거라는 걸 분명히 해두었어.

A: It's unbelievable how messy this place is.

B: Steve made it clear that he doesn't care anymore.

A: 이곳은 정말 믿을 수 없을 정도로 더럽네.

B: 스티브는 더이상 신경쓰지 않는다고 분명히 했어.

Make it clear that we want this man in custody

뭐든지 분명하고 확실해야 불필요한 오해 등이 없어진다. 함께 분명히 하자고 할 때는 Let's make it clear~, 희미한 상대방보고 분명히 하라고 할 때는 Make it clear that~이라고 명령문 형태로 쓰면 된다.

▶ **Let's make it clear~** …을 분명히 하자
▶ **Make it clear~** …을 분명히 해

Let's make it clear from the start.
시작부터 확실하게 하자고.

Make it clear that we want this man in custody.
이 사람을 구금하고 싶다는 걸 분명히 해.

Let's make it clear that we will attend the event.
우리가 그 행사에 참석할거라는 것을 분명히 하자.

A: How can we get someone to assist us?

B: Let's make it clear that we need some help.

A: 어떻게 다른 사람이 우리를 돕게끔 할 수 있을까?

B: 우리가 도움이 필요하다는 것을 분명히 하자.

Section 03
013
You made it sound like~
넌 …라고 얘기하는 것 같아

001

make와 sound like의 만남. sound like는 '…같이 들리다,' make는 '…하게 만들다.' 즉 "너는 it을 꼭 …처럼 들리게 한다"라는 의미.

Point

- **You make it sound like~** 넌 …을 …한 것처럼 들리게 해, …라고 얘기하는거 같아
- **You made it sound like~** 넌 …을 …한 것처럼 들리게 했어, …라고 얘기하는거 같았어

You make it sound like foreplay.
전희라고 얘기하는 것 같아.

You make it sound like I was making a pass at your husband.
내가 네 남편에게 집적댔다고 얘기하는 것 같으네.

Karl, **you made it sound like** it was an emergency.
칼, 넌 응급상황이라고 얘기하는 것 같았어.

You make it sound like we are criminals.
넌 우리가 범죄자인 것처럼 얘기하는 것 같아.

You make it sound like they hate us.
넌 걔네가 우리를 싫어하는 것처럼 얘기하는 것 같아.

A: You know, this town really sucks.

B: You make it sound like we live in a bad place.

A: 저 말이야, 이 마을 정말 엿같아.

B: 우리가 안좋은 곳에서 사는 것처럼 들리게 하네.

A: You trying to save my soul?

B: You make it sound like a challenge. No, I just wanna understand you.

A: 내 영혼을 구하겠다고?

B: 어렵고 힘든 일인 것처럼 들리게 하는데. 아냐, 난 단지 너를 이해하고 싶을 뿐이야.

002

She made it sound like I have a choice

You가 아닌 제 3인칭 사람들이 "it을 …처럼 들리게 하다"라고 쓰는 경우.

Point

▶ **Sb make[made] it sound like~** …는 마치 …인 것처럼 들리게 해
▶ **He made the whole things sound like S+V** 걘 모든 것을 …처럼 들리게 했어

She made it sound like I have a choice.
걔는 내게 선택권이 있는 것처럼 얘기했어.

He made the whole thing sound like it was your fault.
걘 모든 것이 너의 잘못인 것처럼 들리게 했어.

He didn't make it sound like it was a big thing.
걘 그게 큰 일이 아닌 것처럼 얘기했어.

A: There was a lot of trouble in the marriage.

B: Mindy made it sound like everything was fine.

A: 결혼에는 많은 어려움이 있었어.

B: 민디는 아무 문제가 없는 것처럼 말했어.

Don't make it sound like a punishment!

명령문으로 쓴 Don't make it sound like~는 "···처럼 들리게 말하지 마라," "···처럼 들리게 하지마라"에 해당된다.

Point

▶ **Don't make it sound like~** ···처럼 들리게 하지마

Don't make it sound like a punishment!
그게 처벌인 것처럼 말하지마!

Don't make it sound like we don't care.
우리가 신경안쓰는 것처럼 말하지마.

Don't make it sound like I forgot it.
내가 그걸 잊어버린 것처럼 말하지마.

A: I can't live this way any longer.
B: Don't make it sound like your life is terrible.

A: 난 이런 식으로는 더 이상 못살겠어.
B: 네 인생이 끔찍한 것처럼 말하지마.

How the hell did someone **make it look like** you did?

make가 look like와 놀아나는 경우. 마찬가지로 "너 때문에 ···처럼 보이게 됐어"라는 의미.

Point

▶ **~make it look like~** ···는 ···처럼 보이게 해
▶ **~made it look like~** ···는 ···처럼 보이게 했어

Fed said he was trying to make it look like a robbery.
FBI는 걔가 강도처럼 보이게 하려고 했다고 말했어.

How the hell did someone make it look like you did?
도대체 누가 네가 한 것처럼 보이게 한거야?

Did you kill this girl and try to make it look like a suicide?
네가 이 소녀를 죽이고 자살처럼 보이게 하려고 했지?

A: How come it took so long to discover the murder?
B: The criminal made it look like an accident.

A: 살인사건이라고 밝히는데 왜 그렇게 시간이 많이 걸린거야?
B: 범인이 사고처럼 보이게 했어.

I made it seem like I was just calling to chat

make가 이번에는 짝을 바꿔 seem like와 어울리는 현장. "···인 것처럼 보이게 했다"는 말씀.

Point

▶ **make it seem like S+V** ···인 것처럼 보이게 해

I made it seem like I was just calling to chat.
내가 얘기할려고 전화를 한 것처럼 보이게 했어.

He tries to make it seem like I'm unreasonable.
걘 내가 불합리한 사람인 것처럼 보이게 하려고 해.

You make it seem like an everyday occurrence.
넌 늘상 일어나는 일인 것처럼 보이게 해.

A: Was the food at the banquet good to eat?
B: Yeah. Lisa made it seem like she cooked the whole meal.

A: 연회장 음식 맛있었어?
B: 어. 리사는 자기가 모든 음식을 요리한 것처럼 보이게 했어.

The worst part is~

가장 최악의 부분은 …

001

part는 원래 생기초 단어이지만 미드에서는 best part, worst part, hard part, weird part 등 다양한 표현들을 만들어내며 맹활약하고 있는 단어이다. 먼저 소개하는 The worst part~는 "가장 최악인 부분은 ～이다"라는 의미.

Point
- **The worst part is ~ing[S+V]** …가 가장 최악의 부분이야
- **The worst part of ~ is ~ing[S+V]** …의 가장 최악인 부분은 …야

The worst part was watching her carve that turkey.
최악의 부분은 걔가 칠면조를 자르는 것을 보는 것이었어.

The worst part was they took my backpack which had all the original artwork.
최악의 부분은 걔네들이 모든 오리지널 예술작품이 들어있는 가방을 가지고 갔다는거야.

The worst part was not knowing when it was gonna be over.
최악인 점은 그게 언제 끝날 것인지 모른다는 것이었어.

And the worst part was he refused to be treated.
그리고 최악의 부분은 걔가 대접받는 것을 거절한 거였어.

The worst part of it is that he pretended to be asleep when it happened.
그것의 최악의 부분은 그 일이 일어날 때 걔는 자는 척했다는 것이야.

A: Isn't it hard celebrating?

B: The worst part is finding the right gift.

A: 축하해준다는게 어렵지 않아?
B: 가장 골칫거리는 적합한 선물을 찾는 거야.

A: The boxer is having his injuries treated.

B: The worst part of fighting is getting hurt.

A: 그 권투선수는 상처를 치료받고 있어.
B: 권투대전의 가장 안좋은 점은 다친다는 거야.

002

And **the best part is** I seem to have a single

반대로 가장 좋은 부분, 가장 멋진 부분이라는 말로 좋았던 것을 말할 때는 The best part~ 를 사용하면 된다.

Point
▸ **The best part is ~ing[S+V]** 가장 멋진 부분은 …야
▸ **The best part of it is ~ing[S+V]** …의 가장 멋진 부분은 …야

And the best part is I seem to have a single.
가장 좋은 건, 내가 독방을 쓰게 될 거 같애

The best part is that you already know everything about her!
가장 좋은 점은 네가 걔에 대해서 이미 다 알고 있다는거야!

The best part of being out of a relationship is plenty of time to catch up with your friends.
솔로의 가장 큰 장점은 친구들과 수다를 떨 시간이 많다는거지.

A: It's nice to be returning to our apartment.

B: The best part of traveling is coming home.

A: 우리 집에 돌아오니까 너무 좋아.
B: 여행의 가장 좋은 점은 집에 돌아오는 거야.

The hard part is what comes next

어렵고 힘든 부분을 말하려면 The hard part~ 를 쓰고 그중에서도 가장 힘든 부분임을 강조하려면 The hardest part~ 라고 하면 된다.

Point

▸ **The hard part ~ing[what~]** 힘든 부분은 …하는 것이야

▸ **The hardest part ~ing[what~]** 가장 힘든 부분은 …하는거야

The hard part is interpreting what I'm given.
힘든 부분은 내게 주어진 것을 해석하는 것이야.

The hard part is what comes next, I mean aren't you worried about the results? 힘든 부분은 그 다음이야, 내말은, 결과가 걱정되지 않냐는거야?

The hardest part is going to be convincing him that he's wrong.
가장 힘든 부분은 걔가 틀렸다고 설득하는 것일거야.

A: Have you found jewelry that you can afford?

B: The hard part is finding what I want.

A: 네가 살 여력이 되는 보석을 찾았니?

B: 힘든 부분은 내가 원하는 것을 찾는 거야.

The weird part is that he knew me

이번에는 이해가 안되는 이상한 부분을 말하려면 the weird part, 좀 웃기는 부분을 말하려는 the funny part라고 하면 된다.

Point

▸ **The weird part is~** 이상한 부분은 …야

▸ **The funny part is~** 재미있는 부분은 …야

The weird part is that Chuck wound up being the more human of the two. 이상한 부분은 그 둘중에서 척이 결국 더 인간적으로 보였다는거야.

That was kind of the least weird part of the whole night.
어젯밤을 통틀어 그 순간이 제일 덜 이상한 순간이였어.

The funny part is Wong grew suspicious and contacted you.
재미있는 부분은 웡이 의혹이 커지고 너에게 연락을 했다는거야.

A: I saw a man come up to you in the bus station.

B: The weird part is that he knew me.

A: 버스 정거장에서 한 남자가 네게 다가 가는 것을 봤어.

B: 이상한 점은 그 사람이 나를 알고 있었다는거야.

You know what the weird part is?

상대방에게 힘든 부분, 제일 좋은 부분, 이상한 부분 등이 어디인지 알려주려고 자극하는 문장.

Point

▸ **You know what the ~ part is?** 가장 …한 부분이 어디인지 알아?

You know what the funny part is?
재미있는 부분이 뭔지 알아?

You know what the scariest part is?
제일 끔찍한 게 뭔지 알아?

Do you know what the best part of this whole trip is?
이번 여행을 통틀어서 가장 좋은 부분이 뭔지 알아?

A: You know what the weird part is?

B: What?

A: 이상한 부분이 뭔지 알아?

B: 뭔데?

First thing we have to do here is~

우리가 제일 먼저 해야 되는 일은 …

001

"우리가 제일 먼저 해야 되는 일은 …이야." 긴급하거나 위급한 상황에서 해야 할 일의 우선순위를 정하는 현명한 문장.

Point

- **First thing we have to do here is~** 우리가 제일 먼저 해야 할 일은 …야
- **First thing we gotta do here is ~** 우리는 …을 제일 먼저 해야 돼

First thing we have to do here is call the police
우리가 제일 먼저 해야 되는 일은 경찰을 부르는거야.

First thing we have to do is get inside his head.
우리가 가장 먼저 해야 할 일은 걔가 무슨 생각을 하는지 알아내는거야.

The first thing we're gonna do is get you some clothes, okay?
우리가 가장 먼저 할 일은 네게 옷을 좀 갖다주는거야, 알았어?

All right, first thing we gotta do, damage control.
좋아, 우리가 제일 먼저 해야 할 일은 피해대책을 세우는거야.

The first thing we gotta do is get mother out of there.
우리가 가장 먼저 해야 할 일은 엄마를 저기서 빼내오는거야.

A: Which work should we start with?

B: First thing we have to do here is **clean up.**

A: 무슨 일을 먼저 시작해야 될까?
B: 우리가 제일 먼저 해야 할 일은 청소하는거야.

A: Someone stole the money from my room.

B: First thing we have to do here is **find the thief.**

A: 누가 내 방에서 돈을 훔쳐갔어.
B: 우리가 제일 먼저 해야 할 일은 도둑을 찾는거야.

002 **The first thing we should** talk about is Chris Suh

"제일 먼저 급하게 얘기를 나눠야 하는 사람은 크리스 서야"라는 의미. should가 have to보다는 강제성이 약하기는 하지만 그래도 그 상황에서 "제일 먼저 해야 되는 것은 …이다"라는 뜻의 패턴이다.

Point

The first thing we should+V is~ 우리가 제일 먼저 …해야 하는 것은 …야

The first thing we should talk about is Chris Suh.
우리가 가장 먼저 얘기를 나눠야 하는 사람은 크리스 서야.

The first thing we should do is send some flowers.
우리가 제일 먼저 해야 되는 것은 꽃을 좀 보내는거야.

The first thing we should eat is the appetizer.
우리가 먼저 먹어야 하는 것은 전채요리야.

A: How will I find another apartment?

B: The first thing we should do is **check the Internet.**

A: 다른 아파트를 어떻게 찾지?
B: 우리가 먼저 해야 할 일은 인터넷을 뒤지는거야.

The first thing you need to know is that we are late

"네가 알아두어야 할 첫번째 일은 …이다"라는 말로 상대방에게 꼭 알아두어야 할 내용을 말해줄 때 사용한다.

> ▶ **The first thing you need to know is that~** 먼저 네가 알아둬야 할 것은 …야

The first thing you need to know is that we are late.
먼저 네가 알아둬야 할 것은 우리가 늦었다는거야.

The first thing you need to know is that our boss is here.
먼저 네가 알아둬야 할 것은 우리 사장이 여기 있다는거야.

The first thing you need to know is that school will be tough.
먼저 네가 알아둬야 할 것은 학교는 어려울거라는거야.

A: Can you give me advice about getting a job?

B: The first thing you need to know is that you must work hard.

A: 일자리를 얻는데 조언 좀 해줄래?
B: 먼저 네가 알아둬야 할 것은 열심히 공부를 해야 한다는거야.

 ## The last thing I want to do is to make you feel uncomfortable

"내가 가장 하지 않은 일은 너를 불편하게 하는 것이야"라는 의미의 문장. The last thing은 마지막이라는 뜻도 있지만 잘 알려진대로 "가장 …하지 않을거"라는 의미로도 많이 쓰인다.

> ▶ **The last thing I want to do is+V** 내가 제일 하기 싫은 일은 …하는거야

The last thing I want to do is to make you feel uncomfortable.
내가 제일 하기 싫은 일은 너를 불편하게 하는 것이야.

The last thing I want to do when I go home is read murder books.
내가 집에 가서 가장 하고 싶지 않은 것은 살인관련책자를 읽는거야.

The last thing I want to do is accuse one of them of murder.
내가 가장 하고 싶지 않은 것은 걔네들 중 한명을 살인으로 기소하는거야.

A: Hurry up so we can finish this work.

B: The last thing I want to do is stay here all night.

A: 서둘러서 이 일을 끝내도록 하자.
B: 내가 가장 하고 싶지 않은 일은 여기서 밤새는거야.

 ## The best thing to do is stop digging

"가장 좋은 것은 그만 파헤치는 것이다"라는 뜻. the best thing to do는 '상책,' '최선의 방법'을 뜻하는 것으로, "가장 좋은 것은, 즉 상책 혹은 최선책은 …하는 것이야"라는 뜻을 갖는다.

> ▶ **The best thing to do is~** 가장 좋은 것은 …하는 것이야
> ▶ **I think the best thing to do is~** 가장 좋은 것은 …하는 것 같아

The best thing to do is nothing.
최선책은 아무 것도 하지 않는 것이야.

I think the best thing to do is just smile.
최선책은 그냥 웃는거라고 생각해.

We decided that the best thing to do was for me to leave.
최선책은 내가 떠나는 것이라고 우리는 결정했어.

A: Anne is acting like a total bitch.

B: The best thing to do is ignore her.

A: 앤은 정말 못된 년처럼 굴어.
B: 가장 좋은 방법은 걔를 무시하는거야.

It's the only thing that ~

그건 …하는 유일한 것이야

It's the only thing that+V, 혹은 It's the only thing that S+V의 형태는 "그게 …하는 유일한 것이다"라는 뜻이 된다. 주어가 that 이하한 유일한 것임을 강조하기 위한 문장이다. 물론 It 대신에 that이나 this가 와도 된다.

> **Point**
>
> ■ **It's the only thing that +V** 그건 …하는 유일한 것이야
> ■ **It's the only thing that S+V** 그건 …하는 유일한 것이야

It's the only thing that made sense.
그게 유일하게 말이 되는 것이다.

That note is the only thing I've found.
그 메모는 내가 발견한 유일한 것이야.

That's the only thing the zoo's ever told me.
그게 동물원이 나한테 말해준 유일한 것이야.

It's the only thing that keeps my heart beating.
그게 내 가슴을 뛰게 만드는 유일한 것이야.

No, it's the only thing we can't talk about. What am I gonna do?
아니, 그건 우리가 얘기할 수없는 유일한 거야. 내가 어찌하겠어?

A: Why do you have to drink so much alcohol?

B: It's that only thing that makes me forget.

A: 너는 왜 그렇게 술을 많이 마셔야 되는 거야?

B: 그게 내 기억력을 나빠지게 만드는 유일한 것이야.

A: So all of Joyce's clothes are gone?

B: They are the only things that she took with her.

A: 그럼 조이스의 옷이 모두 없어진 거야?

B: 걔가 가지고 있던 유일한 것들이었는데.

The only thing they have in common is you

이번에는 직설적으로 The only thing을 맨 앞으로 뺀 다음 바로 뒤에 S+V의 관계사절로 수식을 해주는 패턴이다. 그런 다음에 정답은 is+N[S+V]에 넣어주는 형태. "…하는 유일한 것은 …이다"라는 의미.

> **Point**
>
> ▶ **The only thing S+V is N[S+V]** …하는 가장 유일한 것은 …야
> ▶ **The only thing I don't like about sth is~** …에 관해 내가 싫어하는 유일한 것은 …야

The only thing they have in common is you.
걔네들이 유일하게 공통적으로 갖고 있는 건 바로 너야.

The only thing that I do know is that I didn't find this out by accident.
내가 알고 있는 유일한 것은 난 이걸 우연히 알아낸게 아니라는거야.

The only thing I understand is; postponing it is not an option.
내가 이해하고 있는 유일한 것은, 그걸 연기하면 안된다는 것이야.

A: Abe has been moody for the past week.

B: The only thing he needs is some time alone.

A: 에이브는 지난 몇주간 기분이 안좋았어.

B: 걔가 필요한 것은 단지 잠시 홀로 있는거야.

003 That's the last thing that I remember

앞서 나왔듯이 the last thing은 '가장 …하기 싫어하는거'라는 의미로 쓰이고 이럴 때 해석은 S+V부분을 부정으로 해석해주면 우리말에 가까워진다.

Point

▸ **That's the last thing S+V** …는 가장 …하지 않는 것이야
▸ **It was the last thing S+V~** 그건 …가 가장 …하지 않는 것이야

Sleep was the last thing Cindy hoped Tim would do in bed.
신디가 팀이 침대에서 가장 하지 않기를 바라는 것은 잠을 자는거였어.

I know this is the last thing you'd expect to hear from me.
이건 네가 나한테 가장 듣고 싶지 않은 말이었다는걸 알아.

That's the last thing that I remember.
그건 내가 가장 기억하고 싶지 않은거야.

A: Should we go visit Jim and his wife?
B: That's the last thing they want.

A: 우리가 짐 부부네에 방문해야 할까?
B: 걔네가 가장 원하지 않는걸거야.

004 The last thing this guy needed was coffee

주어를 바로 The last thing으로 쓴 경우로 "…가 가장 …하지 않은 것은 …이다"라는 의미. 아래 예문에서도 보다시피 The last thing을 수식하는 절의 동사는 주로 need나 want 등이 나온다.

Point

▸ **The last thing S+V is ~** …가 가장 …하지 않은 것은 …야

The last thing that I wanted was to be partners with Chris.
내가 가장 원하지 않던 것은 크리스와 파트너가 되는거였어.

The last thing we want is for this to turn into a witch hunt.
우리가 가장 원하지 않는 것은 이게 마녀사냥으로 변질되는거야.

The last thing this guy needed was coffee.
이 친구가 가장 필요로 하지 않았던 것은 커피였어.

A: Did Elaine recover any of her jewelry?
B: The last thing she found was her necklace.

A: 일레인이 잃어버린 보석을 좀 찾았어?
B: 가장 최근에 찾은게 목걸이였어.

005 The first thing we do on a Doe is run prints

반대로 가장 먼저 할 일을 말할 때는 The first thing S+V is~라고 하면 된다.

Point

▸ **The first thing S+V is +V** 첫째로 …하는 것은 …하는 것이야

Michael, the first thing you need to do is take care of yourself.
마이클, 네가 첫째로 해야 하는 일은 너 자신을 돌보는거야.

Karen, if I ever see you again, the first thing I will do is yell for help.
카렌, 널 다시 보게 되면 난 제일 먼저 도와달라고 소리지를거야.

The first thing we do on a Doe is run prints.
신원미확인 시신에 첫째로 우리가 할 일은 지문을 돌려보는거야.

A: Susan looks like she's in good shape.
B: The first thing she does in the morning is exercise.

A: 수잔은 몸상태가 좋아 보여.
B: 걔가 아침에 제일 먼저 하는 것은 운동이야.

That's the one thing ~
그건 …하는 것이야

001

the only thing, the last thing에 이어서 이제는 one thing을 알아보도록 한다. 먼저 one thing은 '한가지,' '하나의 일'이라는 뜻이어서, That's the one thing S+V하게 되면 "그게 …하는 것은 한 가지 일이야"라는 뜻이며, 비유적으로는 "…하는 수도 있어"라는 의미로 쓰이기도 한다.

Point

■ **That's the one thing S+V** …한 한 가지 일이야, …하는 것이야

This is the one thing I can't tell you. I can't tell anyone.
이건 유일하게 너한테 말해줄 수 없는 것이야. 누구에게도 말할 수 없어.

This is the one thing she gave me to do, if I messed up, she'll kill me. 이건 걔가 내게 하라고 준 일이야, 내가 망친다면 걔는 날 죽일거야.

You know it's the one thing we have in common.
알겠지만 그게 우리가 갖고 있는 한 가지 공통점이야.

But I tell them the truth. It's the one thing that I've got going for me.
하지만 난 걔네에게 사실을 말해. 그게 내 유일한 장점이야.

That's the one thing about Susan that you must never forget. She is a liar.
그건 네가 수잔에 대해 절대 잊어서는 안되는 한 가지 사실이야. 걘 거짓말쟁이야.

A: Here is your chocolate birthday cake.

B: That's the one thing I wanted.

A: 이거 너의 초콜렛 생일케이크야.
B: 내가 정말 원했던 것인데.

A: Did you talk about the budget during the meeting?

B: That's the one thing we discussed.

A: 회의시간에 예산에 대해 얘기했어?
B: 그게 우리가 의논한 내용이었어.

002 **The one thing** this family always had was honor

The one thing을 주어로 빼내고, 다음에 관계사절이 수식하여 주어부가 아주 길어진 경우. "…한 한 가지"라는 뜻으로 쓰인다.

Point

▶ **The one thing S+V is+N** …한 한 가지 것은 …이야
▶ **The one thing S+V is that[what~]** …한 한 가지 것은 …한다는거야

The one thing this family always had was honor.
이 집안이 가지고 있는 한가지는 명예야.

The one thing I can't figure out is what happened with Nate.
내가 이해할 수 없는 한가지는 네이트에게 일어난 일이야.

The one thing Nick didn't want for his birthday was to feel older.
닉이 자기 생일에 원치 않은 한가지는 나이들었다고 느끼는 것이었어.

A: Tell me about the inside of Weaver's house.

B: The one thing I liked was the decorations.

A: 위버 집의 내부에 대해서 말해봐.
B: 내가 마음에 든 한가지는 인테리어 장식였어.

What's the one thing that no one in our group has?

"…한 한 가지가 뭐야?," "…했던거[하는거]가 뭐냐?"고 물어보는 의문문.

▸ **What's the one thing that~ ?** …한 …것은 뭐야?

What's the one thing that no one in our group has?
우리 그룹에서 아무도 가지고 있지 않은게 뭐지?

What's the one thing you've always dreamed of doing before you die? 죽기 전에 항상 마지막으로 해보고 싶었던 게 뭐야?

What's the one thing you always said about you and Grace?
너와 그레이스에 대해서 네가 늘상 했던 말은 뭐야?

A: What's the one thing that upset Carter?

B: He said he didn't like the obnoxious guests.

A: 카터를 열받게 한 것은 뭐야?
B: 걔 아주 불쾌한 손님들은 싫어한다고 말했어.

One thing that we have to remember is that Grandma is very sick

좀 길지만 우리가 "잊지 않고 꼭 기억해두어야 할 것은 …이다"라는 의미.

▸ **One thing that we have to remember is that S+V** 우리가 기억해두어야 할 것은 …야

The one thing we have to remember is that we are in this together, okay? 우리가 기억해두어야 하는건 우리가 함께 한다는거야, 알아?

One thing that we have to remember is that school starts on Monday. 우리가 기억해두어야 할 것은 학교가 월요일에 시작한다는거야.

One thing that we have to remember is that Grandma is very sick.
우리가 기억해두어야 할 것은 할머니가 아프시다는거야.

A: One thing we have to remember is that the report is due tomorrow.

B: All right, we'd better try to finish it.

A: 우리가 기억해야 하는 한가지는 보고서 마감이 내일까지라는거야.
B: 그래, 끝내도록 해야겠네.

There is one thing that we haven't tried

That이 아니라 There가 쓰였다는 점을 구분한다. "…한게 하나가 있어"라는 의미. 딱 한가지만 있는 것을 강조할 때는 only one thing을 쓰면 된다.

▸ **There's one thing S+V** …한게 하나있어
There's only one things S+V …한게 유일하게 한가지있어

There's only one thing that you guys have got to do.
너희들이 해야 하는 유일한 일이 있어.

Well then, there's only one thing that we can do.
그렇다면, 우리가 할 수 있는 유일한 일이 있어.

Well, there is one thing that we haven't tried.
글쎄, 우리가 아직 시도해보지 않은 한가지가 있어.

A: Have you been completely honest with me?

B: There's one thing I never told you.

A: 너 내게 거짓말한거 없어?
B: 내가 말하지 않은게 하나 있어.

This is the thing about~
그게 바로 …의 다른 점이야

PATTERN 001

'thing' 시리즈 중의 마지막으로 thing 앞에 정관사 the가 붙는 경우. That's the thing!하게 되면 "바로 그거야."라는 의미이지만 여기서처럼 That's the thing about~하게 되면 "…하는 것은 그게 바로 …하는 것의 특징이야"라는 말이 된다.

Point

■ **That's the thing about~N[~ing]** 그게 바로 …의 특징이야, 그게 바로 …의 다른 점이야

That's the thing about patterns.
그게 바로 패턴의 특징이야.

That's the thing about New York. You're always more popular dead.
그게 바로 뉴욕의 다른 점이야. 죽어서 더 유명해진다니까.

That's the thing about getting used to a man. There's always a catch.
그게 바로 한 사람에 익숙해진다는 것의 특징이야. 항상 문제점이 있게 돼.

That's the thing about Andrew. He doesn't take crap from anyone.
그게 바로 앤드류의 특징이야. 걘 누구한테서도 욕을 먹지 않아.

That's the thing that was so weird. He refused to tell her anything about himself.
그게 바로 그렇게 이상한거였어. 걘 자신에 대해 어떤 말도 하려 하지 않았어.

A: This is a great place, but there is no electricity.
B: That's the thing about us camping here.
A: 장소는 좋은데 전기가 없네.
B: 바로 그게 여기서 캠핑하는 것의 묘미이야.

A: It's so exciting to be with a person I love.
B: That's the thing about romance beginning.
A: 내가 사랑하는 사람과 함께 있는 건 정말 신나.
B: 바로 그렇게 사랑은 시작되는거야.

PATTERN 002

That's the great thing about brothers

That's the thing about~에서 thing 앞에 great 또는 best가 와서 thing이 어떤 것인지를 구체적으로 말해주는 문장이다. "…의 가장 좋은 점[이점]은 …이다"라는 뜻이다.

Point

▶ **That's the great thing about~** 그게 바로 …의 대단한 점이야
▶ **That's the best thing about~** 그게 바로 …의 가장 좋은 점이야

That's the great thing about cupcake.
그게 바로 컵케이크의 대단한 점이야.

I mean, that's the great thing about New York.
내말은 그게 바로 뉴욕의 멋진 점이야.

That's the great thing about brothers. You can make mistakes, and they'll still love you.
그게 바로 형제의 멋진 점이야. 네가 어떤 실수를 해도 여전히 널 사랑하잖아.

A: I see you reading every time you ride the subway.
B: That's the great thing about a book.
A: 넌 전철을 탈 때마다 책을 읽더라.
B: 그게 바로 책의 좋은 점이야.

003 **I think it's the thing** he does in the shower with his penis

This is the thing S+V하게 되면 무슨 정보를 건네주거나 어떤 물건을 설명할 때 쓰는 것으로 "…하는 것은 …이다"라는 단순한 의미이고 It's the thing S+V하게 되면 "그건 …하는 것이다," 여기에 I think를 붙이면 "그건 …하는 것 같은데"가 된다.

Point
▶ **This is the thing S+V** 이건 …하는 것이야
▶ **I think it's the thing S+V** 그건 …가 하는 것 같은데

This is the thing you gotta know about Bree. She doesn't like to talk about her feelings.
이건 네가 브리에 대해 알고 있어야 되는거야. 걘 자기 감정에 대해 얘기하는거 싫어해.

This is the thing from the pizza box that keeps the lid from touching the cheese.
이건 피자박스 안에 있는건데 상자뚜껑이 치즈에 닿지 않도록 하는거야.

I think it's the thing he does in the shower with his penis.
그건 걔가 샤워하면서 자기 페니스를 갖고 하는 것 같은데.

A: This city doesn't have any museums.

B: I think it's the thing we miss the most.

A: 이 도시에는 박물관이 하나도 없네.
B: 가장 아쉬운게 바로 그거겠구나.

 004 **It was always the thing that** he worried about

항상 마음 속에 두었던 것을 표현하는 방법.

 Point
▶ **It was always the thing that S+V** 그건 항상 …하는 것이었어

It was always the thing that I was gonna do if I didn't find Mr. Right.
그건 내가 이상형을 찾지 못하면 내가 하려고 했던거였어.

It was always the thing that I was afraid of.
그건 내가 항상 두려워하던 것이었어.

It was always the thing that he promised not to do.
그건 걔가 항상 그렇게 하지 않겠다고 약속한 것이었어.

A: William was not able to stay healthy as he aged.

B: It was always the thing that he worried about.

A: 윌리엄은 늙어가면서 건강을 유지할 수가 없었어.
B: 그건 걔가 항상 걱정하던 것이었는데.

 005 I'll do it, **if that's the thing** she wants

조건절로 "그게 …하는 것이라면"이라는 뜻이 된다.

 Point
▶ **if that's the thing S+V, ~** 그게 …하는 것이라면 …

If this is the thing that gets us off this place, isn't that worth it?
그거 때문에 우리가 이곳을 떠나야 한다면, 그게 그럴 가치가 있을까?

If that's the thing I have to do to save my patient, then I'm damn well gonna do it. 내 환자를 살리기 위한 거라면 당연히 그렇게 하고 말거야.

If that's the thing she told you, it's a lie.
그게 걔가 너에게 한 말이라면, 그건 거짓말이야.

A: Can you arrange a blind date for Olivia?

B: I'll do it, if that's the thing she wants.

A: 올리비아에게 소개팅시켜줄 수 있어?
B: 걔가 원한다면 내가 그렇게 할게.

How can you let ~ ?

어떻게 …하도록 놔뒀어?

PATTERN 001

How can~이 나오면 일단 말하는 사람의 마음이 놀라고 황당하다는 것을 눈치채야 한다. 여기에 방임의 let까지 나왔으니…. 당근 질책성 높은 표현이 된다. "넌 어떻게 …가 …하도록 놔뒀니?"라는 꾸지람 또는 원망의 마음을 담고 있다.

Point

■ **How can you let sb + V?** 넌 어떻게 …가 …하도록 놔뒀어?

How can you let him talk to your coach like that?
넌 어떻게 걔가 네 코치에게 그런 식으로 말하게 놔뒀어?

How can you let her treat you like a footstool?
넌 어떻게 걔가 너를 발판취급하도록 했어?

How can you let that horrible woman take Rory like that?
넌 어떻게 저 끔찍한 여자가 로리를 저렇게 데려가는데 가만 있었어?

How can you let your daughter be with that abominable thug?
넌 어떻게 네 딸을 저렇게 무서운 폭력배와 함께 놔둔거야?

How can you let this happen? He had a black eye. He belongs in jail!
어쩌다 이런 일이 이렇게까지 되도록 놔둔거야? 걔 눈이 멍들었고 감방에 있잖아!

A: My husband won't let me meet my friends.

B: How can you let him tell you what to do?

A: 남편은 내 친구들을 못만나게해.
B: 어떻게 네 남편이 너한테 이래라저래라 하게끔 한거야?

A: She told me she'd kill me if I dated anyone else.

B: How can you let her speak to you like that?

A: 걘 내가 다른 사람과 데이트하면 날 죽이겠다고 말했어.
B: 어떻게 걔가 너한테 그런 식으로 말하도록 내버려둔거야?

PATTERN 002

How could you let her go?

과거형으로 사용하면 "어떻게 …가 …하도록 놔두었니?" 즉, 참 기가 막히다, 어찌 그럴 수가 있냐라는 뉘앙스.

Point

▶ **How could you let sb + V?** 어떻게 …가 …하도록 놔둔거야?

How could you let him do it?
어떻게 걔가 그렇게 하도록 놔둔거야?

How could you let him get so close to you?
어떻게 걔가 너와 그렇게 가까워진거야?

How could you let her go?
어떻게 걔를 떠나 보낼 수 있는거야?

A: The con men totally cleaned out our bank account.

B: How could you let them steal our money?

A: 그 사기꾼들이 우리 은행계좌를 탈탈 다 털어갔어.
B: 어떻게 걔들이 우리 돈을 훔쳐가도록 놔둔 거야?

Can't you just let her off?

Can't you just let sb~?하게 되면 "…가 …하도록 놔두면 안될까?," 반대로 Can you just let sb~?하게 되면 "…가 …하도록 해주라?"라는 의미가 된다.

Point

▸ **Can't you just let sb~?** …가 …하도록 놔두면 안될까?

▸ **Can you just let sb~?** 그냥 …가 …하도록 해주라?

Oh come on. Can't you just let her off?
야 그러지마. 그냥 걔 좀 놔두면 안될까?

Ben, can't you just let me be happy for once?
벤, 한번이라도 내가 좀 행복하게 놔두면 안 돼?

Can you just let us in?
그냥 우리를 들여보내 줄 순 없어?

A: Sir, I stopped you for driving too fast.

B: Can't you just let me go this time?

A: 선생님, 과속하셔서 차를 세우라고 했습니다.

B: 이번은 그냥 봐주시면 안될까요?

Why can't you just let me die in peace?

아무리 복잡해 보여도 하나하나 뜯어보면 다 답이 보인다. Why can't you~는 "너는 왜 …하지 않아?"이고 여기에 let을 붙여서 Why can't you just let sb+V하게 되면 "너는 왜 …가 …하도록 하지 않는거야?"라는 뜻이 된다. 그냥 놔두라는 말씀.

Point

▸ **Why can't you just let sb+V?** 너는 왜 …가 …하도록 하지 않는거야?

Why can't you just let me die in peace?
넌 왜 내가 평안하게 죽도록 내버려두지 않는거야?

Why can't you just let me be a good person?
넌 왜 내가 착하게 살지 못하게 하는거야?

Why can't you just let me have my feelings?
넌 왜 내가 내 감정대로 느끼지 못하게 하는거야?

A: Barry has made my life a living hell.

B: Why can't you just let him leave?

A: 배리는 내 삶을 생지옥으로 만들었어.

B: 왜 걔를 떠나 보내지 않는거야?

020

What could be more ~ than ~ ?

…보다 더 …한게 있을까?

001

비교급(more ~than)을 써서 최상급을 만드는 방법중 하나. "than 이하보다 더(more) adj한게 있을 수 있나?"라는 말로, 다시 말하면 "than 이하가 최고다"라는 말이다.

Point

■ **What could be more adj than N[~ing]?** …보다 더 …한게 있을까?

■ **What could be more adj than sb N[~ing]?** …가 …하는 것보다 더 …한 게 있을까?

What could be more fulfilling than that?
그것보다 더 성취감을 주는게 있을까?

What could be more humiliating than that?
그것보다 더 부끄러운게 뭐가 있어?

What could be more amusing than the public exposure of hypocritical sinners?
위선꾼들을 대중에게 폭로하는 것보다 더 재미있는게 있을까?

What could be more important to you than my wedding?
너한테 내 결혼식보다 더 중요한게 뭐가 있을까?

What could be more important than my son right now?
지금 내 아들보다 더 중요한게 뭐가 있을 수 있겠어?

A: **What could be more stupid than the government?**

B: You'd be sorry if there was no government at all.

A: 정부만큼 멍청한 곳은 있을 수가 없어.

B: 그래도 정부가 아예 없다면 후회할거야.

A: Mom and dad said that they'll stop by tonight.

B: **What could be more special than your parents attending your party?**

A: 부모님이 오늘 저녁에 들리시겠다고 했어.

B: 네 부모님이 네 파티에 참석하는 것만큼 특별한게 뭐가 있겠니?

002

And **what could be more** dangerous?

단순하게 What could be more+adj?로 끝나는 문장. than 이하가 생략되어 있지만 해석할 때는 이보다라는 말을 넣어주면 깔끔하다.

Point

▶ **What could be more+adj?** 이보다 어떻게 …할 수 있어?

So... brandy, a roaring fire, **what could be more** romantic?
그래, 브랜디, 타오르는 불꽃, 이보다 어떻게 더 낭만적일 수 있어?

What could be more timely?
이보다 완벽한 타이밍이 어딨어?

And **what could be more** dangerous?
그리고 이보다 더 위험한게 있을 수 있어?

A: I'm making profits on all my investments.

B: **What could be more** fun than making money?

A: 내가 투자한 모든 부분에서 이익을 내고 있어.

B: 돈버는 것보다 더 재미있는게 있겠어?

What could be better than that?

이번에는 more~ than 대신에 better than을 쓴 것으로 What could be better than~?하게 되면 "than 이하가 최고야"라는 말이 된다.

Point

▶ **What could be better than~?** …보다 더 좋은게 뭐가 있겠어?, …가 최고야?

What could be better than that?
그것보다 더 나은게 뭐가 있겠어?

What could be better than a second love?
두번째 사랑보다 더 좋은게 있을 수 있을까?

What could be better than spending the day at home?
집에서 하루를 보내는 것보다 더 좋은게 있겠어?

A: The medical school coursework concludes this month.

B: What could be better than finishing it?

A: 의대학과수업이 이번달에 종료돼.
B: 그걸 끝내는 것보다 더 좋은게 뭐가 있겠어?

What can be worse than being alone?

반대로 What can be worse than~하게 되면 "…보다 더 나쁜게 무엇이겠는가?," 다시 말해 "than 이하가 최악이다"라는 문장이 된다.

Point

▶ **What can be worse than ~ing?** …보다 더 안좋은게 뭐가 있겠어?, …가 최악이야

What can be worse than being alone ?
외로운 것보다 더 안좋은게 뭐가 있겠어?

What can be worse than living in this filthy apartment?
이 더러운 아파트에서 사는 것보다 더 안좋은게 뭐가 있겠어?

What can be worse than getting cancer?
암에 걸리는 것보다 더 안좋은게 뭐가 있겠어?

A: They went bankrupt and lost their house.

B: What can be worse than losing everything you have?

A: 걔네는 파산했고 집을 잃었어.
B: 네가 갖고 있던 모든 것을 잃는 것보다 더 안좋은게 뭐가 있겠어?

021

Which tells us~
그건 내게 …라고 말하는 것 같아

PATTERN 001

앞서 Which is+의문사 시리즈를 배운 적이 있다. 이번에는 Which+V 시리즈를 파보기로 한다. 먼저 뒤에 **tell** 동사가 와서 Which tell me~라고 하면 "앞의 내용(Which)이 …을 말해준다," "앞의 내용으로 …을 알 수 있다" 등으로 생각하면 된다.

Point

- ■ **Which tells me~** 그건 내게 …라고 말하는 것 같아, 그걸보니 …라는 걸 알 수 있어
- ■ **Which tells us~** 그걸 통해 우리는 …알 수 있어

Which tells us he's growing confident.
그걸보니 걔의 자신감이 커져가고 있다는 것을 알 수 있어.

Which tells me that you might bring your work home with you.
그건 네가 집에 일을 가져올 수도 있다고 하는 것 같아.

Which tells me he knew exactly what he was doing.
그걸보니 걔는 자기가 정확히 뭘 하고 있었는지 아는 것 같아.

Which tells me that he probably belongs to an organization like Mensa or Prometheus.
그걸보니 걔는 아마 멘사나 프로메테우스 같은 단체의 회원인 것 같아.

Which tells me she had not been down there more than 3 hours.
걔가 저 아래에 눕혀진지 3시간도 안되었다는 것을 알 수 있어.

A: He was picked up by the ambulance driver.

B: Which tells me he was rescued.

A: 걘 앰불런스 기사가 픽업을 했어.

B: 그걸보니 걔가 구조되었다는 것을 알 수 있어.

A: The blood trail goes outside the building.

B: Which tells us the victim ran down the street.

A: 핏자국이 빌딩밖으로 나와있어.

B: 그걸보니 희생자가 거리로 달려나갔다는걸 알 수 있네.

PATTERN 002

Which brings us back to square one

Which brings me to~는 나를 to 이하로 데려가다, "…에 다다르다," 즉 의역하면 "결국 난 …에 이르게 되다"라는 뜻이 된다.

Point

▶ **which brings me to~** 그게 바로 …하는거야, 결국 …로 돌아가게 해

Which brings me to the real reason for this visit.
결국 이 방문의 진짜 이유로 돌아가게 해.

There are photos online to prove it. Which brings us back to square one.
그걸 증명하는 사진이 온라인에 있어. 결국 우리는 원점으로 다시 돌아가게 됐어.

She came up with that sexy little chipmunk mouth and spit in my hair. Which brings us to tenth grade.
걘 섹시한 작은 다람쥐 입을 하고 다가와 내머리에 침을 뱉었고 우리를 10학년때로 돌아가게 했어.

A: Each month we've had new experiences.

B: Which brings me to the point I want to make.

A: 매달 우리는 새로운 경험들을 했어.

B: 그게 바로 내가 말하고 싶은 포인트야.

Which leads us to passenger number three, Muslim and missing

lead는 타동사로 '…을 …로 이끌다' 라는 뜻. 그래서 Which leads us to + 명사하게 되면 "결국 …로 이어지게 하다," "결과적으로 …로 되게 하다"라는 문장이 된다.

▸ **which leads me to~** 결과적으로 …에 이르다

Which leads us to Nina Stansfield. 30-year-old female and her toddler son. 결국 우리는 30세 여성인 니나 스탠필드와 그의 갓난아이에게로 이르렀어.

Which leads us to passenger number three, Muslim and missing. 그래서 우리는 무슬림이고 행방불명된 3번 좌석의 승객에 관심을 갖게 되었어.

I know that he stayed at your place last night, **which leads me to** why I'm here. 지난밤에 걔가 네 집에 머물렀다는걸 알기 때문에 난 내가 왜 여기있나를 생각하게 됐어.

A: Apartments are still getting robbed around here.

B: Which leads us to believe the robber wasn't caught.

A: 이 주변 아파트들이 계속 털리고 있어.

B: 그래서 우리는 절도범이 아직 안잡혔구나라고 생각하게 되었어.

Which leads us to believe the robber wasn't caught

Which leads us to + 동사 패턴 중에서 자주 나오는 Which leads us to believe that~을 살펴본다. 같은 논리로 생각해보면 이 표현은 "결국 우리가 …을 믿게끔 (유도)한다"라는 의미가 된다.

▸ **which leads us to believe that ~** 결국[그래서] 우리가 …라고 생각하게 됐어

Which leads us to believe that there's no one at the station. 그 결과 우리는 정거장에는 아무도 없다고 믿게끔 됐어.

Which leads us to believe that she was still alive at the time of her burial. 결국 우리는 걔가 매장당할 때 아직 살아있었다고 믿게끔 됐어.

And yet you went. **Which leads me to believe that** maybe something else has changed. 그럼에도 불구하고 넌 갔어. 결국 나는 뭔가 다른 것이 변했을 수도 있다고 믿게 됐어.

A: The doctors say Scott is still not healthy.

B: Which leads us to believe he hasn't healed.

A: 의사들이 스캇은 여전히 건강하지 못하다고 해.

B: 그래서 우리는 걔가 아직 치료가 안되었구나라고 생각하게 됐어.

Which makes me think he's ready

"그래서 …을 생각하게끔 하다"라는 뜻. "…라는 생각이 들게끔 했다"는 말이다.

▸ **Which makes me think~** 결국[그래서] 내가 …라는 생각을 하게 됐어
▸ **Which made me think~** 결국[그래서] 내가 …라는 생각을 하게 된거야

Which makes me think Mindy didn't kill Dan after all. 그래서 난 민디는 결국 댄을 죽이지 않았다는 생각을 하게 됐어.

Which makes me think this guy wasn't fleeing Las Vegas. 그래서 난 이 친구가 라스베거스를 도망치지 않았다는 생각을 하게 됐어.

Which makes me think Anne doesn't like me. 결국 나는 앤이 나를 싫어한다고 생각하게 됐어.

A: Ken completed his training courses.

B: Which makes me think he's ready.

A: 켄은 훈련과정을 끝마쳤어.

B: 그래서 난 걔가 준비가 되었다고 생각했어.

Don't let sb ~

…가 …하지 못하게 해

001

let은 친절동사이지만 잘못하면 방임동사가 되어 각종 실수나 사고의 원인이 된다. 그래서 Don't let sb +V하면 "…가 …하지 못하도록 해라"는 예방적 차원의 금지표현이다.

> **Point**
>
> ■ **Don't let sb +V** …가 …하지 못하게 해

Hey, careful. **Don't let them** see you talking to me.
야, 조심해. 네가 나하고 얘기하는걸 걔네가 보지 못하게 해.

Don't let me catch you fighting over patients. Got it?
환자들과 싸우다 나한테 걸리기만 해봐. 알았어?

Don't let yourself get manipulated this way!
이런식으로 조종당하지 않도록 해!

Don't let him fool you. Get away from him now while you can.
걔한테 속지말라고. 네가 할 수 있는 한 걔를 가까이 하지마.

Don't let him do this to another family.
걔가 다른 가족에게 이렇게 하지 못하도록 하자.

A: My son damaged my new computer.
B: **Don't let him** use it again.

A: 내 아들이 새로 산 컴퓨터를 망가뜨렸어.
B: 다시는 걔가 그걸 사용하지 못하도록 해.

A: Mike is always so critical of me.
B: **Don't let him** make you sad.

A: 마이크는 늘상 나에 대해 비판적이야.
B: 걔가 널 꿀꿀하게 만들지 못하게 해.

002 Randy, **don't let it** bug you

이번에는 sth이 V하지 못하게끔 해라, 즉 "그런 일이 …을 …하게 하지 못하게 해라"는 충고나 당부의 표현.

> **Point**
>
> ▸ **Don't let sth +V** …가 …하지 못하도록 해
> ▸ **Don't let it +V** 그게 …하지 않도록 해

Don't let it happen again.
다신 그러지마.

Don't let it bother you.
너무 신경쓰지마.

Randy, **don't let it** bug you. I'm sure there's plenty of things you're better at.
랜디야 그것때문에 신경쓰지마. 네가 잘할 수 있는게 분명 더 많을거야.

A: I hate it when it rains for days.
B: **Don't let the weather** depress you.

A: 몇일내내 비가 오면 정말 싫더라.
B: 날씨 때문에 우울해 하지마.

Never let your emotions get the best of you

부정 강조어인 Never를 쓴 것으로 의미는 동일하다. "절대로 …가 …하지 못하도록 해라."

▶ **Never let sb[sth]+V** 절대로 …가 …하지 못하도록 해

Never let your emotions get the best of you.
네 감정에 휘둘리지 않도록 해.

Never let a man do a woman's job.
남자가 여자의 일을 하지 못하게 해.

Never let someone manipulate you like that again.
절대로 다른 사람이 또다시 그렇게 너를 조종하지 못하도록 해.

A: She never listens to me. She always complains.
B: Never let a relationship make you crazy.

A: 걘 절대로 내말을 듣지 않아. 늘상 불평질이야.
B: 관계 때문에 네가 미치지는 않도록 해.

I'm not gonna let her get away with this

앞으로 "…가 …하지 못하도록 하겠다"는 주어의 다짐이 보이는 표현.

▶ **I'm not gonna let sb[sth] V** …가 …하도록 하지 않겠어

I'm not gonna let it happen again.
다시는 그런 일이 없도록 할게.

I'm not gonna let her get away with this. I need to think of a way to get even.
걔한테 이렇게 당하고만 있지는 않을거야. 복수할 방법을 생각해봐야 돼.

I'm not gonna let you treat me this way.
네가 나를 이런 식으로 대하지 못하도록 할거야.

A: Come on, just let Doug borrow it tonight.
B: I'm not going to let him use my car!

A: 그러지말고, 오늘밤 더그에게 그거 빌려줘라.
B: 걔가 내차를 다시 타지 못하게 할거야!

I'm gonna let you drive it

이번에는 반대로 "…가 …하도록 허락하다," "하게 하다"라는 표현.

▶ **I'm gonna let sb +V** …가 …하도록 하게 할거야
▶ **You think I'm gonna let sb +V?** …가 …하도록 내가 할 것 같아?

Anyway, since I know I can trust you, I'm gonna let you drive it.
어쨌든 난 널 믿기 때문에 네가 운전하도록 할게.

You think I'm gonna let you steal my customers?
너한테 내 고객들을 빼앗길 것 같아?

You think I'm gonna let you send them messages?
네가 걔네한테 메시지를 보내도록 할 것 같아?

A: Has your daughter been invited on the field trip?
B: Yeah, and I'm going to let her go on it.

A: 네 딸이 현장학습에 초대를 받았어?
B: 어, 걔를 현장학습에 보낼거야.

023

Who are you to tell me ~ ?

네가 뭔데 나한테 …라고 말하는거야?

001

특이한 표현으로 "네가 뭔데 나한테 …라고 하는거야?"라는 의미의 문장. Who are you to~ 다음에 다양한 동사를 넣어보면서 문장을 만들어보자.

Point

- ■ **Who are you to tell me ~?** 네가 뭔데 나한테 …라고 하는거야?
- ■ **Who are you to say ~?** 네가 뭔데 나보고 …라고 말하는거야?

Who are you to tell me that I am not fine?
네가 뭔데 내가 별로라고 말하는거야?

Who are you to tell me to get real?
네가 뭔데 나보고 정신차리라고 말하는거야?

Who are you to tell him he could stay here?
네가 누군데 걔한테 여기 머물러도 된다고 말하는거야?

Who are you to say something like that?
네가 뭔데 그런 말을 하는거야?

Who are you to talk about dealing with things?
네가 뭔데 물건을 거래하는거에 대해 이야기하는거야?

A: Get out here and clean up this mess.

B: Who are you to tell me what to do?

A: 이리 나와서 이 어지럽혀진거 치워라.
B: 네가 뭔데 나보고 이래라저래라 하는 거야?

A: I think that Tim took the money.

B: Who are you to say he's guilty?

A: 내 생각에 팀이 돈을 가져간 것 같아.
B: 네가 누군데 걔가 범인이라고 말하는 거야?

002

Who are you to judge me?

이번에는 동사로 judge가 온 경우. '판단하다'로 잘 알려져 있는 단어이지만 미드같은 일상생활에서는 '비난하다'라는 뜻으로 많이 쓰인다.

Point

- ▶ **Who are you to judge~?** 네가 뭔데 …을 비난하는거야?
- ▶ **Who are you to decide~?** 네가 뭔데 …을 결정하는거야?

Who are you to judge me?
네가 누군데 날 비난하는거야?

Who are you to decide what messages I should or should not get?
네가 뭔데 내가 메시지를 받고 말고를 결정하는데?

I hate that you know me so well. But who are you to judge, Judy?
네가 날 너무 잘 알아서 싫지만 네가 뭔데 날 비난하는거야, 주디?

A: The people at this church are a bunch of fools.

B: Who are you to judge other church members?

A: 이 교회사람들은 바보같은 사람들이야.
B: 네가 뭔데 다른 교회다니는 사람들을 비난하는거야?

Who am I to say no to a beautiful woman?

주어를 I로 써서 Who am I to~하게 되면 "내가 누구라고 …하겠어?"라는 의미가 된다.

▸ **Who am I to~?** 내가 누구라고…?

If your husband's good with it, who am I to complain?
네 남편이 그걸 잘한다면, 내가 누구라고 불평을 하겠어?

If he's okay with it, who am I to say no?
걔가 괜찮다면, 내가 누구라고 반대를 하겠어?

Who am I to say no to a beautiful woman?
내가 누구라고 아름다운 여자를 마다하겠어?

A: Why don't you tell them to quiet down?

B: Who am I to make new rules?

A: 걔네들에게 좀 조용히 하라고 해.
B: 내가 누구라고 새로운 규칙을 만들겠어?

I know! Who are they to judge?

Who are 다음에 I도 아니고 You도 아닌 제 3자가 나오는 경우.

▸ **Who are he[she, they] to+V?** 걔가 누구라고[뭔데] …하는거야?

I know! Who are they to judge?
알아! 걔네가 뭔데 비난하는거야?

I mean, who is she to judge us? We could not have been nicer to her!
내말은, 걔가 뭔데 우리를 비난하는거야? 걔한테 어떻게 더 잘하라고!

I mean who are they to teach us about history and maths?
내말은 걔네가 뭔데 역사와 수학을 우리에게 가르치겠다는거야?

A: They scolded us for being late.

B: Who are they to yell at us?

A: 걔네는 우리가 늦었다고 혼냈어.
B: 걔네가 누구인데 우리에게 소리를 지르는거야?

Who says I can't handle it?

이번에는 말도 안되는 혹은 틀린 얘기를 한 사람을 찾는 표현. Who says S+V?하게 되면 "누가 …라고 한거야?"가 된다. 이때 "내가 그랬는데!"라고 하려면 Says me!라고 하면 된다.

Who says S+V~? 누가 …라고 한거야?
Who asked you to+V~ 누가 너한테 …해달라고 했나?

Who says I can't handle it?
누가 나보고 그걸 처리할 수 없을거라고 말한거야?

Who says that friendship and business don't mix?
누가 우정과 일은 서로 어울리지 못한다고 한거야?

Who asked you to spend three hours on dinner?
누가 너보고 저녁먹는데 세시간이나 쓰라고 했어?

A: Wouldn't you rather be in another apartment?

B: Who says we need a new home?

A: 다른 아파트에서 사는게 더 낫지 않을까?
B: 누가 우리에게 새로운 집이 필요하다고 그래?

024

I wouldn't do~
난 …하지 않을거야

PATTERN 001

I would not do~는 아직 실제 하는 것은 아니지만, "나라면 …하지 않을 것이다"라는 의미이다. "…하지 않을 것이다"정도로 이해하면 된다. 또한 I wouldn't do anything to +V하게 되면 to~이하를 하게 하는 어떤 일도 하지 않겠다는 강한 주어의 의지를 나타낸다.

Point

- **I wouldn't do~** 난 …하지 않을거야
- **I wouldn't do anything to +V~** …할 일은 그 어떤 것도 하지 않겠어

I wouldn't do that, especially not to a friend.
특히 친구가 아닌 사람에게 그렇게는 하지 않을거야.

I wouldn't do that if I were you.
내가 너라면 안 그럴걸.

You know I wouldn't do this if I didn't have to.
그럴 필요가 없었다면 내가 이렇게 하지 않을거라는걸 넌 알잖아.

I wouldn't do anything to put my girl in danger.
내 여자를 위험에 빠트리는 어떤 일도 하지 않을거야.

I wouldn't do anything to disturb your work.
네 일을 방해하는 어떤 일도 하지 않을거야.

A: Should I ask Rex where he went last night?
B: I wouldn't do anything to invade his privacy.

A: 렉스에게 지난밤에 어디 갔는지 물어봐야 될까?
B: 걔의 사생활을 침해하는 어떤 것도 난 하지 않을거야.

A: I hope you will never start smoking.
B: I wouldn't do anything to become unhealthy.

A: 난 네가 다시 담배를 피지 않길 바래.
B: 건강에 안좋은 일은 어떤 것도 하지 않을거야.

PATTERN 002

There's nothing I wouldn't do for Mike

이중부정으로 강한 긍정의 문장이다. "내가 마이크를 위해서 하지 않을 일은 없다," 즉 "마이크를 위해서는 무슨 일이든지 하겠다"는 말.

Point

▶ **There's nothing I wouldn't do to[for]~** …을 위해 무슨 일이든지 하겠어

There isn't anything I wouldn't do for my family.
가족을 위해서 내가 하지 못할 일은 아무 것도 없어.

There's nothing in this world I wouldn't do to protect our family.
우리 가족을 보호하기 위해선 난 뭐든지 할 거야.

There is nothing that I wouldn't do for her.
내가 걔를 위해선 무슨 일이든지 하겠어.

A: I heard you and Lisa are studying together.
B: There's nothing I wouldn't do to help her.

A: 너와 리사가 함께 공부를 했다며.
B: 걔를 돕기 위해서는 무슨 일이든지 할 거야.

You wouldn't do that, right?

이번에는 주어가 바뀌어서 You wouldn't do~ 하게 되면 "너는 …하지 않을거야"라는 의미. 따라서 이 문장은 "너는 그렇게 하지 않겠지, 어?"라는 말이 된다.

Point

▶ **You wouldn't do~** 너는 …하지 않겠지

You don't do anything in here you wouldn't do in a church.
교회에서 하지 않을 일은 여기서도 하지마라.

Is there anything you wouldn't do for them?
걔네를 위해 하지 못할 일이 뭐 있어?

If you were really his friend, you wouldn't do this.
네가 진정으로 걔 친구라면, 이렇게 할 순 없어.

A: I had to push the old man out of the way.

B: You wouldn't do that to your relatives.

A: 난 그 노인을 밖으로 밀쳐내야만 했었어.
B: 네 친척이라면 그렇게 하지 않겠지.

Billy wouldn't do something like this

같은 의미의 wouldn't do이지만 단지 주어만 3인칭으로 바뀐 경우이다. 평소의 빌리를 생각해보자면, "빌리는 그럴 기회가 있다 하여도 그런 일을 하지 않을 것이다"라는 뜻.

Point

▶ **~ wouldn't do~** …는 …을 하지 않을거야

He wouldn't do that if there was any other choice.
다른 선택의 여지가 있었더라면 걔는 그렇게 하지 않았을거야.

We didn't have sex. Brittany wouldn't do it.
우리는 섹스를 하지 않았어. 브리트니도 그러지 않을거야.

A mother wouldn't do this to any child.
엄마라면 자식에게 이렇게 하지 못할거야.

A: Why do you always get so drunk?

B: I wouldn't do it if we were in a nice bar.

A: 너 왜 늘상 취해다니냐?
B: 좋은 바에 갔더라면 안그랬을 텐데.

It wouldn't do any good

이번에는 주어가 it인 경우로 이 문장은 "그건 아무런 소용이 없을 것이라"는 의미.

▶ **It wouldn't do~** …하지 않을거야
▶ **It wouldn't do any good to +V** …하는건 아무 소용이 없을거야

It wouldn't do us any good to go running around without any information. 아무런 정보없이 뛰어다니는건 우리에게 아무 소용이 없을거야.

I could look at these all day, but it wouldn't do any good.
내가 온종일 이걸 볼 수는 있지만 아무 소용이 없을거야.

It wouldn't do any good to give her money.
걔한테 돈을 주는 것은 아무 소용이 없을거야.

A: I'm worried about Jim's strange behavior.

B: It wouldn't do any good to talk to him about it.

A: 난 짐의 이상한 행동이 걱정돼.
B: 내가 걔한테 그 얘기를 해도 아무 소용이 없을 거야.

025

I wouldn't want to~

난 …하지 않을거야

001

I wouldn't want to~는 별로 좋은 생각이 아니어서 혹은 나쁜 결과가 초래될 수도 있기 때문에 하지 않겠다는 의미의 표현이다. 우리말로는 "…하지 않을거야," "…하고 싶지 않아"에 해당된다.

> **Point**
> ■ **I wouldn't want to +V** …하지 않을거야, …하고 싶지 않아

I wouldn't want to hang out here anymore.
난 더이상 여기서 놀고 싶지 않아.

I wouldn't want to stand in the way of that. We'll talk tomorrow.
난 그걸 방해하고 싶지 않아. 내일 얘기하자.

Don't talk. I wouldn't want to hurt you.
말하지마. 난 너를 해치고 싶지 않아.

I wouldn't want to argue that in court.
난 그걸 법정에서 다투고 싶지 않아.

I wouldn't want to make a baby with you using a donor who's black.
난 흑인 기증자를 이용해 너와 아기를 만들고 싶지 않아.

A: Did you enjoy seeing the firm's lawyers?

B: I wouldn't want to meet them again.

A: 법률회사의 변호사들 만나는 게 괜찮았어?

B: 다시는 그 사람들 만나지 않을거야.

A: It's very difficult to investigate crimes.

B: I wouldn't want to see a murder scene.

A: 범죄를 조사하는건 정말이지 어려워.

B: 난 범죄현장을 보고 싶지 않아.

002

Wouldn't want you to miss that

바람직하지 않은 to 이하를 하는 주체가 내가 아니라 you인 문장으로, "상대방이 …하지 않기를 바란다"라는 뜻이다.

> **Point**
> ▶ **I wouldn't want you to +V~** 난 네가 …을 하지 않기를 바래

Wouldn't want you to miss that.
네가 그걸 놓치지 않기를 바래.

We certainly wouldn't want you to take it for granted.
우리는 분명코 네가 그걸 당연하게 받아들이지 않기를 바래.

I wouldn't want you to do anything you didn't believe.
네가 믿지 않는 것은 그 어느 것도 하지 않기를 바래.

A: This fighting is bad for our relationship.

B: I wouldn't want you to get upset.

A: 이 싸움은 우리 관계에 좋지 않아.

B: 난 네가 속상해하지 않기를 바래.

You wouldn't want to live with a liar

상대방에게 조언하는 경우로 이미 언급한 적이 있는 You don't want to~와 같은 맥락의 표현이다. "넌 …을 하지 않는게 좋겠어"라는 의미.

Point

▶ **You wouldn't want to +V~** 넌 …를 하지 않는게 좋겠어

You wouldn't want to go out with a boy named Trevor.
넌 트레버라는 이름의 소년과 데이트하지 않는게 좋겠어.

You wouldn't want to live with a liar.
넌 거짓말쟁이와 함께 살지 않는게 좋겠어.

You wouldn't want to leave tonight, would you?
넌 오늘밤 떠나는 것을 원치 않겠지, 그지?

A: The tunnels under the city go on for miles.

B: You wouldn't want to get lost there.

A: 도시 밑의 터널들은 길게 펼쳐져 있어.

B: 넌 거기서 길을 잃지 않는게 좋을거야.

He wouldn't want to wind up in prison

주어를 바꿔가면서 "…하지 않을거야"라는 맥락의 문장을 여럿 만들어보자.

Point

▶ **S wouldn't want to +V~** …는 …을 하지 않을거야

I don't understand why she wouldn't want to go.
걔가 왜 가고 싶어하지 않는지 그 이유를 모르겠어.

I'm sure my parents wouldn't want to miss it.
내 부모님은 그걸 놓치고 싶지 않으실게 분명해.

Dad said he wouldn't want to ruin christmas.
아버지는 크리스마스를 망치고 싶지 않다고 했어.

A: Ian is very likely to be convicted.

B: He wouldn't want to wind up in prison.

A: 이안은 기소될 것 같아.

B: 걘 감옥가는 신세를 원치 않을 거야.

I wouldn't want anyone to hurt him

종합 응용구문으로 주어자리와 want 이후의 sb 자리에 다양한 사람을 바꿔가면서 문장을 만드는 자리.

Point

▶ **I wouldn't want sb to +V~** 난 …가 …하는 것을 바라지 않아

I wouldn't want anyone to hurt him.
누구라도 걔를 해치는 걸 원치 않아.

Dad wouldn't want me to miss my first day of classes.
아버지는 내가 내 첫등교일에 빠지는 것을 바라지 않으실거야.

I wouldn't want it to put a weird spin on our friendship.
난 그게 우리의 우정을 이상하게 만드는 걸 바라지 않아.

A: Mr. Madoff has a reputation for dishonesty.

B: I wouldn't want him to invest my money.

A: 매도프 씨는 부정직하기로 유명해.

B: 난 걔가 내 돈으로 투자하는 것을 바라지 않아.

026

I wouldn't know about~

...에 대해 내가 알 도리가 없어

PATTERN 001

I don't know의 또다른 표현. 특히 도저히 내가 알 수 없는 거라는 점을 강조하기 위해서 쓰는 표현으로 "...에 대해서 알 도리가 없지," "그걸 내가 어떻게 알아," "나야 모르지"라는 뜻이 된다. 문맥에 따라 친절한 표현이 될 수도 있고 퉁명스러운 표현이 될 수도 있다.

Point

■ **I wouldn't know about~** ...에 대해서 내가 알 도리가 없어

■ **I wouldn't know that[what S+V]** ...을 내가 알 수가 없지

Well, I wouldn't know about that.
저기, 내가 그거에 대해 알 도리가 없지.

If I didn't know any better, I wouldn't know that this was him.
내가 좀 더 잘 알지 못한다면, 그였다는 걸 내가 알 도리가 없을거야.

I wouldn't know what I'm gonna do without you.
너없이는 내가 어떻게 해야 할지 알 수가 없을거야.

Addison, I wouldn't know where to start.
애디슨, 내가 어디서 출발해야 하는지를 알 방법이 없어.

But I wouldn't know what they are. Because I won!
하지만 걔네가 어떤 사람들인지 알 길이 없어. 내가 이겼으니까!

A: Will you get lost coming to my house?

B: I wouldn't know about the streets of New York.

A: 우리집 제대로 못찾아올 것 같아?
B: 내가 뉴욕의 거리를 알 길이 없지.

A: Is your mom planning to feed us?

B: I wouldn't know what she has planned.

A: 네 어머니가 밥을 주실 생각이야?
B: 엄마가 뭘 계획했는지 내가 알 도리가 없지.

PATTERN 002 I wouldn't know because you never let me in

이번에는 I wouldn't know 다음에 because를 달아줘서 내가 알 길이 없는 이유를 친절하게 설명해주는 표현법.

Point

▶ **I wouldn't know because S+V** ...하기 때문에 내가 알 수가 없지

I wouldn't know because you never let me in.
네가 나를 들어오지 못하게 했기 때문에 내가 알 수가 없지.

I wouldn't know them because I'm just a waitress.
난 그저 종업원에 불과해서 그것들을 통 모르겠는데.

I wouldn't know because I got so freaked out that I hung up the phone. 너무 놀라서 전화를 끊었기 때문에 내가 알 도리가 없어.

A: I need to know what happened in class.

B: I wouldn't know because I was absent.

A: 수업시간에 무슨 일이 있었는지 알아야겠어.
B: 난 결석해서 알 도리가 없어.

PATTERN 003 **You wouldn't know** it from his cell phone log

You wouldn't know~는 "너는 …을 알 리가 없다," "알 도리가 없다"라는 의미.

> ▶ **You wouldn't know~** …을 알리가 없어, 알 도리가 없어
> ▶ **You wouldn't know it to look at~** 겉만 봐서는 잘 모르는거야

Well, **you wouldn't know** it from his cell phone log.
글쎄, 넌 걔의 핸드폰 통화기록을 통해 알 수 없을거야.

You wouldn't know it to look at him but Red's got very nimble fingers. 걔의 겉만 봐서는 잘 모르겠지만 레드는 손놀림이 아주 빠른 것 같아.

Is it possible that **you wouldn't know** if you did?
네가 그래놓고도 네가 알도리가 없다는게 가능해?

A: Anders suffers from serious depression.
B: You wouldn't know it to look at him.

A: 앤드류는 심한 우울증으로 고생하고 있어.
B: 겉으로만 봐서는 알 수 없는 일이야.

PATTERN 004 **You wouldn't know anything about** that either

너는 about 이하에 대해서 알 리가 없다라는 문장.

> ▶ **You wouldn't know anything about~** 너는 …에 대해 알 리가 없지

You wouldn't know anything about that either, would you?
넌 그 어떤 것에 대해서도 알 도리가 없어, 그지?

You wouldn't know anything about writing stories.
소설을 쓰는거에 대해 네가 알 리가 없지.

You wouldn't know anything about your wife's job.
네 아내가 무슨 일을 하는지 네가 알 리가 없지.

A: Can't you detectives solve these crimes?
B: You wouldn't know anything about **criminal science.**

A: 너희 형사들이 이 범죄들을 해결할 수 가 없는 거야?
B: 네가 범죄학에 대해 알 리가 없지.

PATTERN 005 **I wouldn't know anything about** that

이번에는 내가 about 이하에 대해서 알 리가, 알 도리가 없다는 뜻의 문장.

> ▶ **I wouldn't know anything about~** …에 대해 내가 알 도리가 없지

Ladyfriend? Hmm. **Wouldn't know anything about** that.
레이디프렌드? 음, 그거에 대해서는 전혀 모르겠는데.

Frat party, huh? **I wouldn't know anything about** that.
프렛파티, 뭐? 내가 알 리가 없지.

A: Did you read my private e-mails?
B: I wouldn't know anything about **your business.**

A: 내 개인 이메일을 읽었어?
B: 네 일에 대해서는 아는게 없지.

That's like saying~

…라고 말하는 셈이야

It's like~, That's like~는 "…하는 것과 같다"라는 의미. 여기에 saying이 붙어서 만드는 It's like saying~하게 되면 "…라고 말하는 것과 같다"라는 의미가 된다.

Point

■ **That's like saying~** …라고 말하는 셈이야, …와 같은 소리야

That's like saying somebody was wearing black shoes.
누군가 검은 신발을 신었다는 것과 같은 소리야.

That's like saying that psychics are con artists.
그건 물리학은 사기라고 말하는 셈이야.

It's like saying, "hi, I just killed my family."
그건 "안녕, 내가 방금 가족들을 죽였어"라고 말하는 셈이야.

That's like saying there's only one flavor of ice cream for you.
그건 아이스크림이 한 종류밖에 없다는 것과 같은 소리야.

That is like saying there's a second shooter.
그건 또 총을 쏜 사람이 한 명 더 있다는 소리네.

A: I can't stand hearing what he has to say.
B: **That's like saying** you don't like him.

A: 걔가 하는 이야기를 못들어주겠어.
B: 그건 걔를 싫어한다는 것과 같은 소리네.

A: I'm so happy that winter has come.
B: **That's like saying** you like being cold.

A: 겨울이 와서 너무 좋아.
B: 추운 날씨가 좋다는 소리네.

It's like trying to talk to a dolphin

It's like 다음에 saying외에 다른 동사의 ~ing들이 오는 경우를 살펴본다.

Point

▶ **It's[That's] like ~ing** …라고 하는 것과 같은 셈이야

It's like trying to talk to a dolphin.
돌고래와 얘기하려고 하는 것과 같은 셈이야.

To me, **it was like** levying a tax on him for being an idiot.
그건 바보라서 세금을 때리는 것과 같은 셈인거야.

It's like watching Lady Gaga set fire to a piano!
그건 레이디 가가가 피아노에 불을 지르는 것을 보는 것과 같아!

A: Is it fun walking on the bike paths?
B: **It's like** hiking in the mountains.

A: 자전거 도로를 걷는게 재미있어?
B: 산속을 하이킹하는 것 같아.

It's like Rockefeller dying on top of his mistress

이번에는 ~ing 앞에 행동의 주체인 sb가 붙는 경우. "그건 …가 …하는 것과 같은 것이야"라는 의미가 된다.

Point

▸ **That's like sb ~ing** 그건 …가 …하는 것과 같아

▸ **I mean that's like sb ~ing** 내 말은 …가 …하는 것과 같다는거야

It's like Rockefeller dying on top of his mistress.
그건 록펠러가 복상사하는 것과 같아.

That's like me asking you if you rely too much on your hair.
그건 내가 너에게 네가 네 머리카락을 그렇게 필요로 하냐고 물어보는 것과 같아.

That's like Larry saying you are his best friend.
그건 래리가 네가 가장 친한 친구라고 말하는 것과 같아.

A: Paul made a lot of money on the investment.

B: That's like him finding gold.

A: 폴은 투자해서 돈을 많이 벌었어.
B: 걔가 금을 발견한 셈이네.

This is like when my parents got divorced

It's like 다음에 동작이 아니라 때를 나타내는 접속사 when이 온 경우. 그래서 It's like when~하게 되면 "그건 …하는 때와 같은거야"라는 의미가 된다.

Point

▸ **It's like when~** 그건 …하는 때와 같은거야(It was like when~ 그건 …하는 때와 같은거였어)

▸ **It looks like when~** 그건 …하는 때처럼 보여

I mean it was like when we first started living together.
내말은 우리가 처음으로 함께 살기 시작했던 때와 같았다는거야.

This is like when my parents got divorced.
이건 내 부모님이 이혼할 때와 같네.

It's like when women ask whether or not their outfit makes them look fat. 이건 여자들이 옷이 더 뚱뚱하게 보이게 하는지 여부를 물어볼 때와 같은거야.

A: This island is so romantic.

B: It's like when we went on our honeymoon.

A: 이 섬은 정말 낭만적이다.
B: 우리가 신혼여행을 갔을 때와 같네.

It's like every time I walk into a room, people look at me funny

It's like 다음에 every time S+V라는 시간부사절이 붙고, 그 다음에 주절이 따로 나오는 경우.

Point

▸ **It's like every time S+V, ~** 매번 …할 때마다 …하는 것과 같아

It's like every time I get within 10 feet of Sam, I just become this monster. 내가 샘으로부터 10피트내에 있을 때마다, 이렇게 괴물이 되는 것과 같아.

It's like every time I walk into a room, people look at me funny.
내가 방에 들어갈 때마다 사람들이 웃으면서 나를 쳐다보는 것과 같아.

It's like every time there was extra work to do.
그건 매번 할 일이 더 있는 것과 같아.

A: It's such fun to have a fancy dinner.

B: It's like every time we go to a restaurant.

A: 근사한 저녁을 먹는건 정말 즐거워.
B: 우리가 매일 식당에 가서 먹는 것과 같아.

Here's what~

이게 바로 …야

001

자기가 말하는 내용을 강조하는 표현법. what 이하가 말하는 전달 내용이고 Here's는 그 말하는 내용을 돋보이게 하는 보조역할을 하는 장식어이다. 의미는 "이게 바로 …야."

■ **Here's what S+V** 이게 바로 …야

Here's what I don't understand.
이게 바로 내가 이해못하는 것이야.

Here's what we're gonna do.
이게 바로 우리가 해야 할 것이야.

Look, **here's what** we got here.
봐, 이게 우리의 현실이야.

Here's what I want you to do, though.
그래도 이게 네가 하기를 바라는 것이야.

All right, look, **here's what** we're gonna say.
좋아, 보라고, 이게 바로 우리가 할 말이야.

A: The copier stopped working this morning.
B: **Here's what** we can do to fix it.

A: 복사기가 오늘 아침에 멈췄어.
B: 이게 바로 고치기 위해 우리가 할 수 있는거야.

A: Tell me all about your dinner with the Thomas.
B: **Here's what** he said to me.

A: 토마스와 한 저녁에 대해 말해줘.
B: 이게 바로 걔가 내게 말한거야.

002

Okay, **here's where** it gets weird

마찬가지로 여기서는 장소를 강조하는 것으로 "바로 여기서 …가 …할 것이다"라는 의미.

▶ **Here's where~** 바로 여기서 …가 …할[한]거야

Here's where Seth will be staying.
바로 여기서 세스가 머물거야.

Here's where the perps enter the store.
바로 여기서 범인들이 가게로 들어온거야.

There's where Kelly Dalton was abducted.
바로 거기서 켈리 달튼이 유괴되었어.

A: I hear you're in the last semester of school.
B: Yes, and **here's where** it gets really difficult.

A: 너 마지막 학기라며.
B: 바로 지금부터가 정말 힘들어지는 시기래.

Reid, **here's when** Sammy gets to the store

이번에는 때를 강조하는 것으로 "바로 지금 …가 …할 것이다"라는 의미.

▶ **Here's when~** 바로 지금 …가 …할[한]거야

Here's when the classes let out.
바로 지금 수업이 끝날 때야.

Here's when we are allowed to eat.
바로 지금 우리가 먹어도 되는거야.

Here's when the lights are shut off.
바로 지금 소등이 될거야.

A: I want to drink, but I have to get up early.

B: Here's when you have to leave.

A: 술을 마시고 싶지만 내일 일찍 일어나야 돼.

B: 넌 바로 지금 가야 되겠구만.

Here's how she stays awake all night

how가 있으니 방법을 강조하는 것임을 알 수 있다. "바로 이런 방법으로 …가 …한다"는 말.

▶ **Here's how~** 바로 이런 방법으로 …가 …해

Here's how you make fruit salad. First, let me squeeze those melons.
바로 이런 방법으로 과일샐러드를 만드는거야. 우선, 내가 저 멜론에서 액체를 빼낼게.

Here's how testicular cancer would manifest itself.
바로 이런 식으로 고환암의 증상은 나타날거야.

Here's how this is going to end.
바로 이런 식으로 이건 끝이 날거야.

A: People say Tom is trying to find a girlfriend.

B: Here's how he's going to do it.

A: 사람들이 그러는데 탐은 여자친구를 만들려고 한대.

B: 걔는 바로 이런 방법으로 여친을 만들 수 있어.

You're a part of~
넌 …와 관련되다, …의 일원이다

001

hard part, best part에서 봤다시피 part는 미드영어에서의 자리는 확고하다. 가장 중요한 것은 be (a) part of~라는 표현이다. "…의 일원이다, 부분이다, …와 관련되다, 연루되다, 소속되다"는 다양한 의미를 갖는다. 전체중의 부분(part)이기 때문이다.

Point

- ■ **be a part of the family** 가족 구성원이다
- ■ **be a part of this** …에 관련되다

I'm glad you're a part of the family.
네가 가족의 일원이 되어서 좋아.

I will not be a part of this!
나는 여기에 연루되지 않을거야!

Look, all I know is you are not a part of this gang.
이봐, 내가 알 수 있는 거라고는 너는 이 갱단의 일원이 아니라는거야.

You don't have to be a part of this. You can go.
넌 이거에 연루될 필요가 없어. 가도 돼.

That's not part of his MO.
그건 범행수법이 아냐.

A: Why are you attending our meeting?

B: I want to be a part of the club.

A: 왜 우리 모임에 참석한거야?
B: 이 동아리의 일원이 되고 싶어서.

A: This is an invitation for us.

B: It means we can be a part of the association.

A: 이게 우리 초대장이야.
B: 우리가 협회의 일원이 될 수 있다는 거네.

002 I want no part of this

반대로 어디 소속이 되어 있지도 않고 또한 관여하고도 싶지 않을 때는 I want no part of~를 쓰면 된다.

Point

- ▶ **I want no part of ~** …에 관여하고 싶지 않아
- ▶ **I have no part in ~** 난 …에 관여하고 있지 않아
- ▶ **I'll play no part in~** 난 …에 관여하지 않을거야

If I'm Chris, I want no part of this.
내가 크리스라면, 난 여기에 관여하고 싶지 않을거야.

I want no part of your ruthless, money-grubbing schemes.
난 너의 잔인하고 돈만 밝히는 계획에 관여하고 싶지 않아.

The father of the child will play no part in its life, nor yours.
그 아이의 아버지는 아이나 너의 삶에 관여하지 않을거야.

A: Those guys say they like your style.

B: I want no part of that gang.

A: 걔네가 네 스타일이 마음에 든대.
B: 난 저 사람들과 섞이고 싶지 않아.

003 ## There's a part of me that doesn't want to know

영어식 표현으로 "내 마음속의 일부는 …해"라는 의미. 좀 더 세련되게 영어문장을 만들고 싶은 사람은 꼭 외워두어야 하는 문장.

Point

▶ **There's a part of me that~** 내 마음 속의 한구석은 …해, 마음 한구석은 ….해

▶ **There's a little part of me that~** 내 마음 속의 한구석은 …해

But there's a part of you that will never be that guy.
하지만 네 마음 속의 일부는 절대 저 사람이 되고 싶어하지 않아.

But still, there's a part of me that doesn't want to know.
하지만 아직도 내 마음 속의 한구석은 알고 싶어하지 않아 해.

There's a part of the world that we are literally blind to.
세상에는 글자 그대로 우리가 알지 못하는 부분이 있어.

A: Was it difficult to leave Paris?

B: There's a part of me that wanted to stay.

A: 파리를 떠나는게 힘들었어?
B: 내 마음 속의 일부는 머물고 싶어했어.

---

 004 ## Part of me is a little disappointed she's not here

part of sb를 주어로 내세우고 다음에 바로 동사가 이어지는 패턴. 사람의 마음은 항상 여러가지로 복잡다단한 것이어서 part of me, part of you란 표현을 통해 복잡한 심경을 표현하는 것이다.

Point

▶ **Part of me+V~** 내 마음 속의 일부는 …해, 약간은 …해

▶ **No part of you+V** 넌 조금도 …하지 않아

Part of me is a little disappointed she's not here.
내 마음 속의 일부는 걔가 여기 없어서 좀 실망했어.

Part of me thought that you were just complaining to complain.
내 마음 속의 일부는 네가 단지 불평을 위한 불평을 하고 있다고 생각했어.

This is actually killing me. Part of me is dying.
이것 때문에 정말 죽겠어. 내 일부가 죽어가고 있어.

A: How do you feel about the new girl?

B: Part of me really likes her.

A: 새로운 여자애 어떻게 생각해?
B: 약간은 걔를 정말 좋아하고 있어.

---

 005 ## A big part of me believes that love can be forever

"내 마음 속의 많은 부분이 …한다"는 표현. 종합해보면 단순히 마음 속의 일부분(part of me)이라고 해도 되고 그 정도는 a little part of me, a big part of me라고 구분해서 쓰면 된다.

 Point

▶ **A big part of me+V** 난 거의 …라고 …해

But a big part of me believes that love can be forever.
하지만 난 사랑은 영원할 수 있다고 확신하고 있어.

A big part of me died that night.
그날 저녁 난 거의 죽었어.

A big part of me wants to go to medical school.
나는 정말 의대에 가고 싶어.

A: You were so sad when Luke ended the relationship.

B: A big part of me died when he left.

A: 루크가 헤어지자고 해서 너무 슬펐지.
B: 걔가 떠났을 때 난 거의 다 죽었어.

I like the part where~

난 …한 부분이 좋아

PATTERN 001

part가 다시한번 활약하는 모습을 볼 수 있는 자리. 여기서 part는 추상적인 공간을 의미하고 뒤에 where이 와서 part가 어떤 part인지를 추가적으로 설명해줄 수 있다.

Point

- **I like the part where~** …한 부분이 좋아
- **Let's get to the part where~** 한 곳으로 가보자
- **I don't understand the part where~** 난 …한 부분이 이해가 안돼

Did you miss **the part where** the patient lost consciousness?
환자가 의식을 잃는 부분을 놓쳤어?

You left out **the part where** we love each other and we want to grow old together.
넌 우리가 서로 사랑하고 함께 늙어가는 것을 원하는 부분을 빼놓았어.

Oh, my God, **the part where** she's having sex with the gardener, and the husband comes in?
맙소사, 걔가 정원사와 섹스를 하고 있는데 남편이 들어오는거야?

I must have totally blanked on **the part where** I invited you over.
내가 널 초대했던 걸 완전히 잊어버린 모양이야.

Let's just get to **the part where** she threw the ring.
걔가 반지를 집어 던지는 부분으로 바로 가자.

A: What is your favorite part of the movie?
B: I like **the part where** he starts singing.

A: 영화에서 가장 재미있는 부분은 어디야?
B: 걔가 노래부르기 시작하는 부분이 좋아.

A: I think we have discussed all of the issues.
B: Let's get to the part where we take a vote.

A: 모든 문제를 논의했다고 생각해.
B: 투표하는 부분으로 넘어 가자고.

PATTERN 002

This is the part where we dance

"이건 …하는 곳"이라고 딱 찍어서 말하는 표현법으로 It's the part where~, That's the part where~이라고 쓰면 된다.

Point

▸ **This is the part where S +V~** 이곳이 …하는 곳이야, 이쯤에서 …하는 것이야
▸ **It is the part where S +V~** 그곳이 …하는 곳이야, 그쯤에서 …하는 것이야

This is the part where you blame it all on me.
여기가 네가 모든 걸 내 탓으로 돌리는 부분이야.

This is the part where he should leave.
이쯤에서 걔가 떠나야 돼.

This is the part where I may ask her to dance.
이쯤에서 내가 걔한테 춤추자고 할 수 있을 것 같아.

A: Why did they start playing music?
B: This is the part where we dance.

A: 왜 걔네가 음악을 틀기 시작한거야?
B: 이쯤에서 우리가 춤을 추는건가봐.

003 Is this the part where everything finishes?

앞의 의문문형으로 "여기가 …하는 부분인가?"라는 것을 물어보는 문장이다.

> ▸ **Is this the part where~?** 여기가 …하는 곳이야?
> ▸ **Isn't this the part where~?** 여기가 …하는 곳이 아닌가?

Was it the part where he asked us if we had feelings for one another?
걔가 우리가 서로에게 감정이 있는지 물어보던 부분이야?

Is this the part where no one pretend to know?
여기가 아무도 아는 척하지 않았던 부분이야?

Is this the part where the robber came in?
여기가 강도가 들어온 곳이야?

A: Let's start to wrap up our business.
B: Is this the part where everything finishes?

A: 우리 일을 마무리하기 시작하자.
B: 이쯤에서 모든게 다 끝나는건가?

004 Let's just skip the part where I say this is insane

"…을 언급하지 않고 건너뛰거나 넘어갈" 때는 skip the part where~ 라고 하면 된다.

> ▸ **She skipped the part where S+V~** 걔가 …한 부분을 건너뛰었어

You have completely skipped over the part where I was walking through the park. 넌 내가 공원을 가로 질러 걸어오는 것을 완전히 건너 뛰었어.

She's skipping the part where one of the spokes got me in the eye.
걘 바퀴살 중 하나가 내 눈에 박힌 건 건너뛰고 있어.

Let's just skip the part where I say this is insane.
내가 이건 미친 짓이야라고 한 것은 건너 뛰자고.

A: I don't understand what Mrs. Pino said.
B: She skipped the part where she explains everything.

A: 피노부인이 무슨 말 했는지 이해가 안돼.
B: 부인은 모든 설명을 하는 부분을 건너 뛰었어.

005 Except the part where we learn what happened

이번에는 "…한 부분을 제외한다"라고 하는 표현. 이 때는 except for라는 전치사구를 쓰면 된다.

> ▸ **Except for the part where~** …한 부분을 제외하고

Except for the part where you said, "I believe what I want to believe." 네가 "난 내가 믿고 싶어하는 것을 믿는다"라고 말한 부분을 제외하고.

Sounds like a plan. Oh, except for the part where we don't have an LP needle. 좋은 생각이야. 우리에게 요추전자용 바늘이 없다는 것을 제외하면 말야.

Except for the part where they kissed.
걔네들이 키스한 부분을 제외하고.

A: The cops have completed the full investigation.
B: Except the part where we learn what happened.

A: 경찰은 조사 전체를 다 마쳤어.
B: 우리가 무슨 일이 일어났는지 알게 된 부분을 제외하고.

031

Nothing is more ~ than ~

...보다 더 ...한 것은 없는 것 같아

PATTERN 001

비교급을 반죽해서 최상급을 만들어보는 구문들. 먼저 Nothing is more+adj+than~의 구문으로 "than 이하 하는 것보다 더 ...한 것은 없다"라는 최상급 구문을 만드는 경우이다. 즉 다시 말하자면, than 이하가 최고로 adj하다는 말씀. than 다음에는 명사 또는 동사의 ~ing를 써주면 된다.

Point

- **Nothing is more+adj+than ~** ...보다 더 ...한 것은 없어
- **I think that nothing is more+adj+than ~** ...보다 더 ...한 것은 없는 것 같아
- **There's nothing more+adj+than ~** ...보다 더 ...한 것은 없어

Nothing's more important than that.
그것보다 더 중요한 것은 없는 것 같아.

Nothing is more frightening than running into an ex.
옛 아내를 우연히 마주치는 것보다 더 무서운 건 없어.

There is nothing sexier than a beautiful woman with a glass of wine in her hand.
한 손에 와인잔을 들고 있는 아름다운 여성보다 더 섹시한 것은 없어.

There's nothing more valuable than making a good first impression.
좋은 첫인상을 남기는 것보다 더 가치있는 것은 없는 것 같아.

There is nothing more effective than the penis.
남자의 성기보다 더 효과적인 것은 없어.

A: What is the hardest thing you've done?

B: There's nothing more tiring than running a marathon.

A: 네가 한 일 중에서 가장 힘든 것은 뭐야?
B: 마라톤 뛰는거보다 더 힘든 일은 없어.

A: Why do you spend so much time on the phone?

B: I think nothing is more fun than talking with friends.

A: 전화하는데 왜 그렇게 많은 시간을 허비하는 거야?
B: 친구들과 얘기하는 것보다 더 재미있는 것은 없는 것 같아.

PATTERN 002 # There's nothing better than home cooked food

than 이하보다 더 좋은 것은 없다, 즉 "than 이하가 최고다"라는 의미. than 이하에는 명사나 동사의 ~ing를 이어 써주면 된다.

Point

▸ **There's nothing better than+N[~ing]** ...보다 더 좋은 것은 없어, ...하는 것만큼 더 즐거운 것도 없어

Sometimes there's nothing better than being out of a relationship.
종종 사람을 사귀지 않는 것보다 더 좋은 것은 없어.

Sometimes there's nothing better than meeting your single girlfriends for a night at the movies.
때때로 미혼친구들과 심야영화를 보러가는 것보다 더 좋은 것도 없어.

There is nothing better than great conversation with a beautiful woman over a delicious meal.
아름다운 여성과 맛있는 식사를 하면서 멋진 대화를 하는 것만큼 더 좋은 것도 없어.

A: Are you enjoying the meal I made?

B: There's nothing better than home cooked food.

A: 내가 만든 식사 맛있게 먹고 있어?
B: 집에서 요리한 음식보다 더 좋은 것은 없어.

There's nothing worse than a sensitive man

이번에는 반대로 "…보다 더 나쁜 것은 없다," 즉 "than 이하가 최악이다"라는 의미.

▶ **There's nothing worse than +N[~ing]** …보다 더 나쁜 것은 없어, …보다 더 최악인 것은 없어

There's nothing worse than a sensitive man.
민감한 남자보다 더 최악인 것은 없어.

You know there's nothing worse than watching your kids suffer.
네 아이가 고통당하는 것을 보는 것보다 더 최악인 것은 없잖아.

There's nothing worse than taking your kid to the emergency room.
네 아이를 응급실에 데려가는 것보다 더 최악인 것은 없어.

A: It is sure rainy and miserable outside.
B: There's nothing worse than being cold and wet.

A: 밖에 비가 확실히 내리고 아주 을씨년 스러워.
B: 춥고 습기찬 것보다 더 최악은 없어.

 There's nothing like a wedding to screw up a family

There's nothing like~는 "…와 같은 것은 없다," "…만큼 좋은 것은 없다"라는 최상급 표현. 문맥에 따라서는 최악급(?)표현으로도 쓰인다.

▶ **There's nothing like sth** …만한게 없어
▶ **There's nothing like sth to~** …만큼 …만한게 없어

Well, there's nothing like friends.
저기, 친구만한게 없지.

There's nothing like a death threat from an ex-girlfriend to get your dander up. 옛 여친의 살해협박만큼 짜증나게 하는건 없어.

There's nothing like a wedding to screw up a family.
가정을 박살내는데 결혼만한게 없지.

A: I love eating at barbeques.
B: There's nothing like burgers cooked on a grill.

A: 난 바베큐에서 먹는 걸 좋아해.
B: 그릴 위에서 익는 버거만한게 없어.

 There's nothing like seeing a sunrise

같은 맥락의 구문으로 "…하는 데에는 …만한게 없다"라고 주장하는 구문.

▶ **There's nothing like ~ing** …하는 것보다 더 좋은게 없어

There's nothing like being tied to a bed to change a girl's mind.
여자의 마음을 변화시키기 위해 침대에 묶이는 것보다 더 좋은건 없어.

There's nothing like friends. Especially if they're old one.
친구 만한게 없어. 특히 오랜 친구들일 경우에는 말야.

There's nothing like the smell of a brand-new car.
새차에서 나는 냄새만큼 좋은 것도 없어.

A: This is the most beautiful morning I've seen.
B: There's nothing like seeing a sunrise.

A: 이렇게 아름다운 아침을 본 것은 처음 이야.
B: 해돋이를 보는 것만한게 없지.

032

I'll do everything I can to~

…하기 위해 최선을 다할거야

do everything I can do는 내가 할 수 있는 모든 것을 하다, 즉 "최선의 노력을 다하다"라는 뜻으로 목적은 바로 뒤에 to + V 로 이어서 쓰면 된다.

Point

- **I will do everything I can to +V~** …하기 위해 최선을 다할거야
- **I'm going to do everything I can to +V~** …을 위해 최선을 다할거야

I'm going to do everything I can to get you back to her.
걔에게 너를 되찾아주기 위해서 난 최선을 다할거야.

I want to do everything I can to find out what happened.
무슨 일인지 알아내기 위해 난 최선을 다하고 싶어.

I'm gonna do everything I can to put the man that killed your mother in jail.
네 엄마를 죽인 살해범을 감방에 쳐넣기 위해 최선을 다할거야.

I'm going to do everything I can to get you out.
너를 꺼내기 위해 내가 할 수 있는 모든 일을 할거야.

I will do everything I can to insure you will get a fair trial.
네가 공정한 재판을 받게 하기 위해 최선을 다할거야.

A: Please help Greg give up smoking.

B: I will do everything I can to make him quit.

A: 그렉이 금연하는걸 도와줘.
B: 걔가 담배를 끊는데 최선을 다할게.

A: It really sucks to be poor.

B: I'm going to do everything I can to get rich.

A: 정말이지 가난한건 지랄같아.
B: 부자가 되기 위해 최선을 다할거야.

They'll do everything they can to find Susan

"걔네들은 수잔을 찾기 위해 최선을 다할거야"라는 문장. 주어인 제 3자가 최선을 다해서 노력을 한다는 표현이다.

Point

 They'll do everything they can to +V ~ 걔네들은 …하기 위해서 최선을 다할거야

I mean they're trying to do everything they can to make me quit.
내말은 걔네들은 나를 그만두게 하기 위해 갖은 짓을 하고 있다는 말이야.

Do you realize that your husband and your father will do everything they can to find you?
너를 찾기 위해 남편과 아버지가 최선을 다할거라는 것을 알아?

They'll do everything they can to find Susan.
걔네들은 수잔을 찾기 위해 최선을 다할거야.

A: The cops are looking for the man who robbed the bank.

B: They'll do everything they can to catch him.

A: 경찰은 은행강도를 찾고 있어.
B: 그들은 최선을 다해 은행강도를 잡을 거야.

I'm going to do everything in my power, all right? OK?

"있는 힘을 다하다," "역시 최선을 다하다"라는 의미로 이번에는 do everything 다음에 in one's power를 쓴 점이 다르다.

▶ **I'm gonna do everything in my power to +V~** …하기 위해 최선을 다할거야

I'm going to do everything in my power to make sure that you're tried as an adult.
네가 확실히 성인으로 재판받게 하기 위해 난 최선을 다할거야.

I'm going to do everything in my power, all right? OK?
내 모든 힘을 다 쏟아 부을거야, 알았어?

I'm gonna do everything in my power to attend the wedding.
내 최선을 다해서 그 결혼식에 참석할거야.

A: I heard you and Ron are going to fight.

B: I'm gonna do everything in my power to hurt him.

A: 너하고 론하고 싸울거라며.
B: 있는 힘을 다해서 걔에게 상처를 입힐 거야.

I'm gonna do everything I can, OK?

역시 최선을 다하겠다는 말이지만 어디에 최선을 다하겠다는 말은 하지 않는 표현이다.

▶ **I'm gonna do everything I can** 난 최선을 다할거야, 할 수 있는 무엇이든 할거야

I'm gonna do everything I can, OK?
난 최선을 다할거야, 알았어?

I'd want the doctors to do everything they could.
난 의사들이 할 수 있는 최선을 다해주기를 원해.

We're going to do everything we can for you.
우리가 너를 위해 할 수 있는 일은 무엇이든 할거야.

A: Do you plan to ask Cindy out?

B: I'm gonna do everything I can to get a date.

A: 신디에게 데이트신청할 거야?
B: 데이트를 하기 위해 최선을 다할 거야.

Gosh, I do everything you've ever wanted

"맙소사, 난 네가 바랬던 것을 다하자나"라는 의미의 문장. 이처럼 do everything이 문장에서 어떻게 끼어들어가 쓰이는지 살펴본다.

▶ **~do everything~** 최선을 다하다

You do everything else for her.
넌 걔를 위해서 무슨 일이든지 하잖아.

When I hook up with a guy, we'll do everything.
내가 남자하나 낚으면, 우린 갖가지 다 할거야.

You don't have to do everything I say.
넌 내가 말하는 모든 것을 할 필요는 없어.

A: Their kid acts really awful.

B: Yeah, and they do everything to make him behave.

A: 걔네 아이는 정말 끔찍하게 행동하네.
B: 그래, 걔네들은 걔가 똑바로 행동하게 하기 위해 최선을 다하고 있어.

I've done everything ~
…하기 위해 내가 할 수 있는 것은 다했어

001

지금까지 배운 do everything은 "모든 것을 하다"이지만 이제부터는 everything+S+V의 형태로 "…한 모든 것을 하다"라는 뜻의 표현을 알아본다. 이는 S+V의 한정을 받는 만큼 '제한된 목적,' '제한된 부분'에서 할 수 있는 것을 다했다고 말하는 표현법이다.

Point

- **I've done everything I can to +V~** …하기 위해서 내가 할 수 있는 것은 다했어
- **I've done everything you~** 네가 …하는 것은 다했어

I've done everything I can to try to convince him that he's wrong.
난 걔가 틀렸다고 설득하기 위해 내가 할 수 있는 것은 다했어.

I've done everything conceivable to bring her out of the coma.
난 걔를 혼수상태에서 깨어나게 하기 위해 가능한 모든 방법을 해봤어.

I have done everything I can to make you happy and comfortable.
너를 행복하게 그리고 편안하게 하기 위해 난 할 수 있는 모든 것을 했어.

I've done everything you wanted me to do, so why did you do this to me?
난 네가 원했던 일을 다 했는데, 나한테 왜 이러는거야?

I've done everything you've asked me to do.
난 네가 부탁한 일을 다했어.

A: Can't you repair my broken glasses?

B: I've done everything I can to fix them.

A: 깨진 안경을 수리할 수 없어?

B: 난 고치기 위해 할 수 있는 건 다 해봤어.

A: Why aren't you helping me anymore?

B: I've done everything you asked me to.

A: 왜 더이상 나를 도와주지 않는거야?

B: 난 네가 부탁한 일을 다했어.

002 And **we've done everything** they recommended

주어가 We로 된 것일 뿐 의미는 동일하다.

Point

▶ **We've done everything we can to +V~** 우리가 할 수 있는 것은 다했어
▶ **We've done everything in our power to +V~** 우리가 할 수 있는 것은 다했어

We've done everything we can to relieve the pressure on this man.
우리는 이 남자의 스트레스를 경감시키기 위해 할 수 있는 건 다했어.

And we've done everything they recommended.
그리고 우리는 걔네들이 권장했던 모든 것을 다했어.

We know that we've done everything in our power to make sure it's actually his time of death.
이미 우리가 그의 죽음을 인정할 만큼 우리가 할 수 있는 최선을 다했어.

A: Why weren't you able to arrest anyone?

B: We've done everything we can to find the criminal.

A: 왜 너희들은 한 명도 체포할 수 없었던거야?

B: 우리는 범죄자를 찾기 위해 할 수 있는 것은 다했어.

You've done everything the job required

상대방보고 "할 수 있는 최선은 다했다"고 칭찬해주는 표현.

▶ **You've done everything you can~** 넌 …하는 모든 것을 했어

You've done everything you could. She knows that you love her.
넌 네 최선을 다했어. 걔는 네가 걔를 사랑하는 걸 알고 있어.

You've done everything you can to succeed.
넌 성공하기 위해 최선을 다했어.

You've done everything you can for your family.
넌 네 가족을 위해 최선을 다했어.

A: Was my work performance satisfactory?

B: You've done everything the job required.

A: 내 업무평가가 만족스러웠어?
B: 넌 일자리가 필요로 하는 모든 것을 했어.

So I did everything in my power to help Jane

do everything in one's power to~는 바로 앞서 언급되었지만 여기서는 과거시제의 쓰임을 살펴보기로 한다.

▶ **I did everything in my power to+V~** 내 힘닿는 범위내에서 최선을 다해 …했어

I would do everything in my power to catch the people who did it.
저 짓을 한 사람을 체포하기 위해 난 최선을 다할거야.

I will do everything in my power to make sure there aren't any.
아무 것도 없다는 것을 확실히 하기 위해 최선을 다할거야.

So I did everything in my power to help Jane.
난 제인을 돕기 위해서 최선을 다했어.

A: It was a shock to hear Diane died.

B: I did everything in my power to save her.

A: 다이앤이 죽다니 충격이야.
B: 난 걔를 살리기 위해 최선을 다했어.

He did everything he could to remain in the US

제 3자가 할 수 있는 최선을 다했다고 말하는 문장.

▶ **He did everything he could to+V~** 걘 …하기 위해 할 수 있는 최선을 다했어

She's done everything she needs to do except tell her patient that she's dying.
자기 환자가 죽어간다는 걸 말하는 걸 제외하고는 걘 해야 되는 일에 최선을 다했어.

She said she's done everything there is to do in show business.
걘 쇼비즈니스에서 할 수 있는 모든 것을 했다고 말했어.

He kind of feels like he's done everything he can where he is now.
걘 자기가 있는 곳에서 할 수 있는 일은 다해본 것 같았어.

A: Mr. Suh was eventually deported.

B: He did everything he could to remain in the US.

A: 서 씨는 결국 추방당했어.
B: 걘 미국에 잔류하기 위해 할 수 있는 모든 일을 다했어.

It was everything S could do to~

…가 할 수 있는 일이라고는 …하는 것밖에 없었어

001

"S가 할 수 있는 일은 …하는 것이 전부였다," 즉 S는 "고작 할 수 있는 일이라고는 …하는 것밖에 없었다"라는 의미. 난처하고 곤혹스러운 상황을 연상하면 된다.

■ **It was everything S could do to +V~** …가 할 수 있는 일이라고는 …하는 것밖에 없었어

It was everything Susan could do to keep a smile on her face.
수잔이 할 수 있는 일이라고는 고작 얼굴에 미소를 짓는 것뿐이었어.

It was everything he could do to find a job.
걔가 할 수 있는 일이라고는 일자리를 찾는 것이었어.

It was everything she could do to get home.
걔가 할 수 있는 일이라고는 집에 가는 거였어.

It was everything they could do to find a hotel.
걔네들이 할 수 있는 일이라고는 호텔을 찾는거였어.

It was everything we could do to get tickets.
우리가 할 수 있는 일이라고는 표를 구하는 것이었어.

A: The snowstorm made traffic really bad.
B: It was everything we could do to drive home.

A: 폭설로 교통이 정말 안좋아.
B: 우리가 할 수 있는 것이라고는 차로 집에 가는거였어.

A: I heard two people were fighting.
B: It was everything I could do to throw them out.

A: 두 사람이 싸우는 소리를 들었어.
B: 내가 할 수 있는 일이라고는 걔네들을 쫓아내는거였어.

002 It's everything you want it to be

"It's everything you want it to be"을 직역하면 네가 그게 그렇게 되기를 바라는 모든 것이라는 말로 비유적으로 말하면 꿈이 이루어진 것과 같이 뭔가 대단한 것(It's something great, like a dream come true)을 뜻한다.

▶ **It's everything sb want it to be** …가 바라는 대단한 것이야, 바라던 그대로야

It's everything you want it to be.
그건 네가 바라는 그대로야.

I just hope it's everything I've been imagining it to be.
난 내가 상상하던대로 이루어지기를 바래.

He is everything I could possibly want in a boyfriend
걘 남자 친구로서 더 이상 바랄게 없는 사람이야.

A: How do you like being a father?
B: It's great. It's everything I wanted it to be.

A: 아버지가 되는건 어떤거 같아?
B: 멋져. 정말 내가 바랬던 그대로야.

003 I mean you guys, **this is everything** I ever dreamed of

It was everything that ~은 "그건 …하는 전부였다"라는 의미.

▶ **It was everything S+V** …하는 전부였어, …한 그대로였어

I mean you guys, this is everything I ever dreamed of.
내말은 이건 내가 꿈꿔오던 전부였어.

This is everything the unsub knew about the victims.
미확인범죄자가 희생자에 대해 알고 있었던 것은 이게 전부야.

This is everything we recovered from Paul Hayes' hotel room.
이게 폴 헤이스의 호텔방에서 되찾은 전부였어.

A: How was your trip to the Middle East?

B: It was everything they promised us it would be.

A: 중동여행 어땠어?
B: 걔네들이 약속했던 그대로였어.

 004 We have everything we need to eat

have everything you need처럼 have everything you 다음에 need, want 등의 동사가 와서 "원하는 것을 다 얻다," "없는 것이 없다"라는 의미로 쓰이는 표현이다.

▶ **We have everything we need to~** 우리는 …하는데 없는게 없어

We have everything we need right here.
우리는 지금 여기에 우리가 원하는 것을 다 갖고 있어.

No arguments. You have everything you need?
논쟁은 그만. 필요한 것은 모두 다 갖고 있어?

We got everything that we needed!
우리가 필요한 것은 모두 다 갖고 있어.

A: Can I help you buy some extra food?

B: No, we have everything we need to eat.

A: 식품사는거 도와줄까?
B: 아니, 우리가 먹어야 되는건 다 있어.

 005 I've got everything all set up

get sth+pp의 활용구문의 하나. get everything pp는 "모든 것을 …한 상태로 만들어놨다"라는 의미. 여기서는 "모든 설치를 다 했다"라는 뜻이 된다. 참고로 모든 것을 관리하고 있다는 have everything under control도 함께 알아둔다.

▶ **I've got everything+pp** 모든 것을 …하게 해놨어
▶ **I've got everything under control** 모든 것을 관리하고 있어

He said we have everything needed to complete the quest.
걔는 우리가 탐색을 마치는데 필요한 모든 것을 갖췄다고 말했어.

Trust me, we got everything covered.
날 믿어, 우린 만반의 준비를 해놨어.

Listen, I have everything under control.
들어보세요, 전 모든걸 관리하고 있어요.

A: Where is all of your camping gear?

B: I've got everything over at my apartment.

A: 네 캠핑 장비 모두 다 어디 있어?
B: 내 아파트에 다 갖고 있어.

How would you like to ~ ?
…하는게 어때?

PATTERN
001

How would you like to+V?가 되면 역시 상대방의 의사를 물어보는 것으로 How would you like to pay for this?처럼 "어떻게 …할 것이냐?"라고 물어보거나 혹은 How would you like to get together?처럼 상대방에게 "…을 하자"고 제안하는 의미가 되기도 한다.

Point

■ **How would you like to+V?** 어떻게 …할거야?, …을 하자

How would you like to have a spa day with me Monday?
나랑 월요일에 스파하는거 어때?

How would you like to come with me to a fabulous party tonight?
오늘밤 멋진 파티에 나와 함께 가자.

How would you like to see what really happens at a fashion shoot?
패션 촬영장이 어떤지 한 번 볼래?

How would you like to stop taking Vicodin?
바이코딘 좀 그만 먹어라.

How would you like to come over for dinner and seal the deal?
집에 와서 저녁먹고 계약을 마무리하자.

A: How would you like to walk me home?

B: It would be an honor to do that.

A: 나 집까지 걸어서 데려다 줄래?
B: 기꺼이 그렇게 할게.

A: How would you like to eat some fish tonight?

B: I'd actually prefer to have beef.

A: 오늘 저녁 때 생선 좀 먹을래?
B: 실은 고기먹는게 더 좋아.

PATTERN
002

How would you like your old job back?

How would you like+N?는 "N'을 어떻게 해드릴까요?" 혹은 "…는 어때?"라고 상대방의 의사를 물어볼 때 사용하는 표현.

Point

▶ **How would you like+N?** …을 어떻게 해드릴까요?, …은 어때?
▶ **How would you like N+pp?** …을 어떻게 해드릴까요?

Cameron, how would you like your old job back?
카메론, 예전 일을 다시 맡아보는건 어때?

Can I ask you something? How would you like my job?
뭐 좀 물어봐도 돼? 내 직업은 어떤 것 같아?

How would you like two birthday parties this year?
금년에는 생일 파티를 두번 하는게 어때?

A: How would you like a shirt for Christmas?

B: Could you get me pants instead?

A: 크리스마스 선물로 셔츠 어때?
B: 대신에 바지로 해주라.

003 How would you like it if I had dinner with your wife?

가정법 문장으로 "if 이하가 된다면 너는 어떻겠냐?"고 물어보는 문장이다.

▶ **How would you like it if I + 과거 ?** …했다면 어떻겠어?

How would you like it if the person you were seeing kept blowing you off? 네가 만나는 사람이 널 계속 바람 맞혔다면 어떻겠어?

How would you like it if I told everyone that you were a spy? 네가 스파이라고 모두에게 얘기했다면 어떻겠어?

How would you like it if I had dinner with your wife? 내가 네 아내하고 저녁을 했다면 어떻겠어?

A: You shouldn't have told me to shut up.

B: How would you like it if I had hit you?

A: 넌 내게 입닥치라고 말을 하지 말았어야 해.
B: 내가 너를 때렸다면 넌 어떻겠어?

---

 004 How do you like my navel ring?

이번에는 would를 do로 바꿔 How do you like~?의 문장을 알아보자. 먼저 How do you like + 명사?는 상대방에게 명사가 어떤지 느낌을 물어보는 말로 그냥 대명사를 써서 How do you like that?이라고도 한다. 과거의 일을 물을 때는 물론 How did you ~?하고 하면 된다.

▶ **How do you like + N[~ing]?** …하는 건 어때?
▶ **How do you like + N ~ing?** …가 …하는 건 어때?

How do you like that? 저것 좀 봐, 황당하지 않냐?, 어때?

How do you like my navel ring? 내 배꼽링은 어때?

So how do you like being the first lady of Fairview? 페어뷰의 여성 일인자가 되는게 어때?

A: How do you like people staying at your house?

B: It's not easy to have them there every day.

A: 사람들이 네 집에 머무는건 어때?
B: 매일 걔네들과 집에 같이 있는건 쉬운 일이 아니야.

---

 005 How do you like to be our wedding photographer?

How do you like to 다음에 to + V가 오는 경우로 의미는 동일하여 상대방에게 "…하는 건 어때?"라고 제안하는 문장이다.

▶ **How do you like to + V?** …하는 건 어때?

How do you like to go upstairs and let me see it in the dark? 윗층에 올라가서 어둔데서 그걸 보여주는건 어때?

How do you like to be our wedding photographer? 네가 우리 결혼식 사진을 찍어주는 건 어때?

How do you like to go celebrate? 가서 축하하는 건 어때?

A: How do you like to work on the weekends?

B: I hate it. There's no free time.

A: 주말마다 일하는 건 어때?
B: 너무 싫어. 쉴 시간이 없잖아.

036

What can you tell me about~?
…에 대해 내게 뭐 말해줄게 있어?

PATTERN 001

직역하면 "…에 대해 내게 뭐 말해 줄게 있냐?"는 문장으로 간단한 경우에는 "…는 어때?"라는 의미로 이해해도 된다.

> **Point**
>
> ■ **What can you tell me about +N[~ing]?** …에 대해 뭐 해줄 말 있어?, …는 어때?

What can you tell me about these?
이것들은 어때?

What can you tell me about her relationship with Jamie?
걔와 제이미의 관계에 대해 뭐 해줄 말 있어?

What can you tell me about your brother's murder?
네 형의 살인에 대해 뭐 해줄 말 있어?

What can you tell me about him as a person?
인간으로서 걔에 대해 뭐 해줄 말 있어?

What can you tell me about getting a DNA test.
DNA 테스트를 받아보는게 어때?

A: What can you tell me about your education?
B: I have two bachelor's degrees in history and English.

A: 당신의 교육상태는 어떤지요?
B: 역사와 영어학사 학위가 있습니다.

A: What can you tell me about Rachel's personal habits?
B: She is honest and hardworking.

A: 레이첼의 개인적인 습관에 대해 뭐 해줄 말 있어?
B: 걔는 정직하고 일을 열심히 해.

PATTERN 002 **What can you tell me about** the men **who** attacked him?

sb에 대해서 뭐 해줄 말 있냐고 물어본다는 점에서는 앞의 문형과 동일하나, 다만 sb를 추가 설명해주는 who[that] 절이 뒤따르는 다소 긴 문장이다.

> **Point**
>
> ▶ **What can you tell me about sb who[that]~?** …한 …에 대해 뭐 해줄 말 있어?

What can you tell me about the men who attacked her?
걔를 공격한 남자들에 대해 뭐 해줄 말 있어?

What can you tell me about the little boy who was also brought in from the robbery incident?
그 강도사건으로 연행된 꼬마에 대해 뭐 해줄 말 있어?

What can you tell me about the manager who runs this place?
이 곳을 운영하는 매니저에 대해 뭐 해줄 말 있어?

A: What can you tell me about the person who wrote this?
B: It looks like he is not very educated.

A: 이걸 쓴 사람에 대해 뭐 해줄 말 있어?
B: 그는 그렇게 교육을 많이 받지 못한 것 같아.

So **how can you tell** it's not drugs?

How can you tell~?의 의미는 크게 두가지. 말도 안되는 말을 하는 상대방에게 "어떻게 그런 말을…"이라는 의미와 또 하나는 tell이 구분하다라는 뜻이 있어, "어떻게 …을 구분할 수 있느냐?"라는 의미가 있다.

Point

▶ **How can you tell ~?** 어떻게 …말을 할 수 있어?, 어떻게 …을 구분할 수 있어?

How can you tell the difference between custom and regular?
일반고객과 단골사이를 어떻게 구분할 수 있어?

So how can you tell it's not drugs?
어떻게 그게 마약이 아니라고 할 수 있어?

How can you tell the store is closing?
어떻게 가게가 문을 닫았는지 구분할 수 있어?

A: How can you tell she likes me?
B: She keeps looking over at you.

A: 걔가 나를 좋아하는지 어떻게 알아?
B: 걔가 계속해서 너를 쳐다보고 있어.

How can I tell what's real?

이제는 주어를 'I'로 바꾸어서 How can I tell~하게 되면 "내가 어떻게 …라고 말할 수 있겠니?"라는 뜻이 되어 단독으로 How can I tell?하면 "내가 어찌 알 수 있겠어?"라는 문장이 된다.

Point

▶ **How can I tell~?** 어찌 …라고 말할 수 있겠어?
▶ **How could I tell~?** 어떻게 …라고 말할 수 있겠어?

How can I tell what's real and what's not?
뭐가 진짜고 뭐가 가짜인지 내가 어떻가 알 수 있겠어?

How could I tell her about something that didn't even happen!
내가 어떻게 일어나지도 않은 거에 대해 걔에게 말할 수 있겠어!

How can I tell if I need a new phone?
새로운 핸드폰이 필요한지 내가 어떻게 알아?

A: This neighborhood has many poor people.
B: How can I tell if it's dangerous?

A: 이 동네에는 가난한 사람들이 많이 살아.
B: 위험한 지는 어떻게 알지?

What can I tell you, the deal is off!

What can I tell you~는 "내가 무슨 말을 할 수 있을까"라는 뉘앙스. 자신의 행동에 대한 이유를 설명할 수가 없거나 어떤 변명을 댈 수도 없는 상황 등에서 쓰인다.

▶ **What can I tell you~ ?** …에 대해 뭐라고 해야 하나?
What can I tell you? 어찌라고?, 뭐라고 해야 하나?

What can I tell you about the Bellanobla model?
벨라노블라 모델에 대해 내가 뭐라고 해야 하나?

What can I tell you, the deal is off!
뭐라고 해야 하나, 거래는 끝났어!

What can I tell you about my collection?
내가 너한테 내 소장품에 대해 뭐라고 해야 하나?

A: I need to know more about your family.
B: What can I tell you about my parents?

A: 난 네 가족에 대해 좀 더 알아야 해.
B: 내 가족에 대해 뭐라고 해야 하나?

037

She strike you as ~

걔는 네게 …하는 사람으로 생각돼

PATTERN
001

strike하면 '때리다' 그래서 비유적으로 "…한 인상을 남기다"라는 용법도 있다. 그리고 그 남은 인상은 명사나 ~ing으로 말해주면 된다. 보통 "…한 사람으로 보이다," "생각하다" 정도로 이해하면 된다.

Point

■ A strike B as N[~ing]   B에게 A는 …하는 사람으로 생각돼

Chris strikes me as being one of the sanest people I know.
크리스는 내가 알고 싶은 사람 중에서 가장 멀쩡한 사람 중의 하나로 생각돼.

Your father strikes me as somebody who's used to getting what he wants.
네 아버지는 원하는 것은 얻고 마는 사람으로 생각돼.

He doesn't strike me as the type to stand up to a bully.
걘 불량한 사람에게 대항하는 타입의 사람으로 생각되지 않아.

She doesn't strike me as being capable of violence, if that's what you're asking.
내가 보기에 걔는 폭력을 저지를 사람으로 생각되지 않아, 그걸 알고 싶은 거라면 말이야.

This woman does not strike me as a person who will do well in custody.
이 여자는 구금된 상태에서 잘 지낼 것 같은 사람은 아니야.

A: Why is Art in such a hurry to go?

B: Art strikes me as a person who is impatient.

A: 아트가 왜 이렇게 서둘러 가는거야?

B: 아트는 참을성이 없는 사람인 것 같아.

A: This apartment strikes me as a place for having fun.

B: It is. We have a lot of gatherings here.

A: 이 아파트는 재미있게 지낼 수 있는 집인 것같이 보여.

B: 맞아. 우리는 여기서 모임을 많이 가져.

002

Do I strike you as being out of harmony?

자기(I) 인상이 어떤지 물어보는 문장으로 "내가 너에게 …처럼 보이니?"라는 말. as 다음에 어떻게 보이는지를 써넣으면 된다.

Point

▶ Do I strike you as +N[~ing]?   내가 …처럼 보이니?

Do I strike you as being out of harmony?
내가 잘 어울리지 못하는 사람처럼 보여?

Do I strike you as someone who enjoys multitasking?
내가 멀티태스킹을 좋아하는 사람으로 보여?

Do I strike you as a man who is grieving?
내가 비통해하는 사람으로 보여?

A: Have you thought about your future?

B: Do I strike you as a man with a plan?

A: 네 미래에 대해 생각해봤어?

B: 내가 계획성있는 사람으로 보여?

You strike me as an honest woman

앞의 패턴에 대한 답으로 쓸 수도 있는 문장. 직역하면 너는 나를 as 이하라는 인상을 주지 않는다, 즉 "넌 …처럼 보이지 않아"라는 말이 된다.

▶ **You don't strike me as +N[~ing]** 넌 …처럼 보이지 않아

You don't strike me as the kind of woman who'd take no for an answer. 넌 거절해도 끈질기게 달라붙는 유형의 사람으로 보여.

Well, you don't strike me as the assistant type.
저기, 넌 보조하는 사람으로 보이지 않아.

I believe you. You strike me as an honest woman.
네 말을 믿어.넌 정직한 사람으로 생각돼.

A: It doesn't matter what happens to the firm.

B: You don't strike me as someone who cares.

A: 회사에 무슨 일이 일어나든 뭔 상관이야.
B: 넌 신경쓰는 사람으로 보이지 않아.

Doesn't it strike you as slightly irresponsible?

상대방의 느낌을 물어보는 것으로 Doesn't it strike you as~가 핵심으로 "그 상황(it)이 너(you)한테는 as 이하하다고 생각되지 않냐"고 물어보는 문형.

▶ **Didn't it strike you as +adj[N]?** …하다고 생각되지 않아?
▶ **Didn't it strike you as +adj that S+V?** …가 …하다고 생각되지 않아?

Doesn't it strike you as slightly irresponsible?
네가 좀 무책임하다고 생각안돼?

Doesn't it strike you as, just a little bit of coincidence, the timing of everything? 타이밍이 묘하게 들어맞는다는 생각 안 해봤어?

Didn't it strike you as curious that there wasn't any security out there? 그곳에 경비가 한명도 없다는게 이상하다는 생각이 들지 않았어?

A: Ben never showed up to his workplace.

B: Didn't it strike you as weird that he was absent?

A: 벤은 근무지에 끝까지 나타나지 않았어.
B: 걔가 결근한게 좀 이상하다고 생각되지 않아?

038

I've never known sb to ~
…가 …하는 것을 본 적이 없어

PATTERN
001

평소 알고 지내던 사람이 평소와 달리 이상하고 예상밖의 행동을 했을 때 사용할 수 있는 표현. "…가 …하는 것은 여짓껏 본 적이 없다"고 말하는 문장이다.

Point

■ **I've never known sb to+V~** …가 …하는 것을 본 적이 없어

I've never known Chris to lie to me.
난 크리스가 내게 거짓말하는 것을 본 적이 없어.

I've never known my daughter to need someone to speak for her.
내 딸이 다른 사람에게 자기를 대변해달라고 한 적이 없어.

Never known you to hang around the house dressed like that.
네가 그런 옷을 입고 집주변을 거니는 걸 본 적이 없어.

I've never known Any to drink like this.
난 애니가 이렇게 마시는 것을 본 적이 없어.

I've never known Bette to drink alcohol.
난 베티가 술마시는 걸 본 적이 없어.

A: Charlie told me he didn't want dinner.

B: I've never known him to refuse food.

A: 찰리는 저녁식사를 원한게 아니라고 말했어.

B: 난 걔가 음식거절하는 것을 본 적이 없어.

A: Your sister kept us waiting for twenty minutes.

B: I've never known her to be late before.

A: 네 누이가 우리를 20분이나 기다리게 했어.

B: 누이가 늦는 걸 본 적이 없는데.

PATTERN
002

I've never known anyone like you

"너같은 인간은 처음이다"라는 말에 딱 맞는 문장. 뭔가 이미 알고 있는 것과 달리 새로운 모습과 부딪혔을 때, "이런 건 처음이야," "너같은 사람은 처음이야" 등으로 쓸 수 있는 표현법이다.

Point

▸ **I've never known sth (like this)** (이런) …는 처음이야

▸ **I've never known anyone like you** 너같은 사람은 처음이야

I have never known love like this.
이런 사랑은 처음이야.

I've never known such pain.
이런 엄청난 고통은 처음이야.

I've never known anyone as dishonest and manipulative.
너처럼 솔직하지 못하고 교활한 사람은 처음이야.

A: You've been going out with Herb a lot.

B: I've never known a love like this.

A: 너 허브와 데이트 많이 하더라.

B: 이런 사랑은 처음이야.

I've never heard him make that sound

이번에는 알고 지내던 사람이 평소 하지 않던 말을 해서 놀랐을 때, "걔가 그런 말을 하는 걸 들어본 적이 없다"고 할 때 쓰는 패턴.

▶ **I've never heard sb+V** …가 …하는 것을 들어본 적이 없어

▶ **I've never heard sb+say~** …가 …라고 말하는 것을 들어본 적이 없어

I've never heard you use the term boyfriend.
네가 남친이라는 단어를 쓰는 것을 들어본 적이 없어.

I dunno. I've never heard him make that sound.
몰라. 걔가 그런 소리내는 걸 들어본 적이 없어.

I've never heard her raise her voice before.
난 걔가 전에 소리지르는 것을 들어본 적이 없어.

A: Randy complained about Bart's behavior.

B: I've never heard him criticize anyone else.

A: 랜디는 바트의 행동에 불평을 했어.

B: 난 걔가 다른 사람을 비난하는 것을 들어본 적이 없어.

I've never met one who's regretted it

너무 특이해서 살면서 이런 인간 처음이야라는 말이 나올 정도의 경험을 했을 때 사용하면 딱인 표현.

▶ **I've never met sb who~** 난 …한 사람을 만나 본 적이 없어

I've never met that man before in my life.
내 평생 저런 사람은 만나본 적이 없어.

I've never met one who's regretted it.
저걸 후회한 사람을 만나본 적이 없어.

I've never met a woman who could understand why I do what I do.
난 내가 하는 일을 왜 하는지 이해할 수 있는 여자를 만나 본 적이 없어.

A: I ate a small snake while in China.

B: I've never met a person who ate a snake.

A: 난 중국에 있을 때 작은 뱀을 먹었어.

B: 난 뱀을 먹어본 사람을 만나본 적이 없어.

Section 03
039 I've never seen sb~
…가 …하는 것을 본 적이 없어

PATTERN 001

평소 알고 지내던 사람의 평소같지 않은 행동을 보고 만들 수 있는 문장. 단순히 전에 만나 본 적이 없는 사람을 처음 만났다고 할 때는 I've never seen sb before (in my life)라고 하면 된다.

Point

- **I've never seen sb +V[adj, pp]** …가 …하는 것을 본 적이 없어
- **I've never seen sb before (in my life)** 평생 …을 만나본 적이 없어

I don't know, Grace. I've never seen him bluff before.
그레이스, 모르겠어. 난 걔가 전에 허풍떠는 것을 본 적이 없어.

I've never seen him happier than he is with you.
난 걔가 너와 있을 때처럼 행복해하는 것을 본 적이 없어.

I've never seen you so excited to meet anyone before.
난 네가 전에 누굴 만나서 이렇게 들뜬 걸 본 적이 없어.

I've never seen him be mean before.
난 걔가 전에 비열하게 행동하는 것을 본 적이 없어.

I've never seen you before in my life.
내 평생 너를 본 적이 없어.

A: That was an amazing homerun.

B: I've never seen someone hit a ball so far.

A: 저건 멋진 홈런이었어.
B: 저렇게 멀리 홈런볼을 친 사람을 본 적이 없어.

A: Brenda and Al have been seriously fighting.

B: I've never seen them argue with such anger.

A: 브렌다와 알은 심각하게 싸웠어.
B: 난 걔네들이 저렇게 화를 내며 다투는 것을 보지 못했어.

PATTERN 002

I have never seen you lock up a victim

"…가 …하는 것을 처음봤다"라는 말로 seen의 목적어는 사람이나 사물이 다 올 수 있다.

Point

▶ **I've never seen sb +V** …가 …하는 것을 처음봤어
▶ **I've never seen sth +V** …가 …한 것을 처음봤어

Wow. I've never seen you give up so easily.
와. 네가 그렇게 쉽게 포기하는 건 처음 봐.

I have never seen you lock up a victim.
네가 피해자를 가두어두는 건 처음 봐.

Vicky, what did you do to your hair? I've never seen it look so thick and lustrous. 비키, 머리 어떻게 한거야? 네 머리가 그렇게 두텁고 윤기나는건 처음 봐.

A: I don't think that Steve cleans anything.

B: I've never seen him help with house work.

A: 스티브는 절대 치우는 일이 없는 것 같아.
B: 걔가 집안 일 돕는 것을 본 적이 없어.

003 I've never seen anything like that

이번에는 어떤 사물을 여짓껏 본적이 없다고 말하는 것으로 I've never seen sth, 혹은 I've never seen anything like~ 이라고 쓰면 된다.

Point
▸ **I've never seen sth (like that before)** (전에 그와 같은) 것을 본 적이 없어
▸ **I've never seen anything (like that)** (그와 같은) 어떤 것도 본 적이 없어

I've never seen anything like that.
전에 그와 같은 것을 본 적이 없어.

I've never seen anything like it.
그와 같은 것은 본 적이 없어.

I've never seen a love like this.
난 이런 사랑을 본 적이 없어.

A: The house burned completely to the ground.
B: I've never seen a fire like that before.

A: 그 집은 완전히 전소되었어.
B: 난 저런 화재는 본 적이 없어.

---

004 I haven't seen him since that night

현재완료의 부정문 형태로 "…을 본 적이 없다"고 말하는 문장.

Point
▸ **I haven't seen ~** …을 본 적이 없어
▸ **I haven't seen ~ like that before** 전에 저런 …를 본 적이 없어

I haven't seen Patty in eight months. She broke up with me.
8개월 동안 패티를 본 적이 없어. 걘 나와 헤어졌어.

I haven't seen anything and I won't tell anyone.
난 아무 것도 본게 없고 누구에게도 말하지 않을거야.

I haven't seen him since that night.
난 그날 밤 이후로 걔를 본 적이 없어.

A: Have you been to the theater lately?
B: I haven't seen any of the new movies.

A: 최근 극장에 간 적 있어?
B: 신작영화를 하나도 안봤어.

---

005 You've never seen me act this way?

"네가 이런 것을 보는 것은 처음일거야"라는 내용을 말할 때는 You've never seen~ 을 이용하면 된다.

Point
▸ **You've never seen sb+V[pp]** …가 …하고 있는 걸 본 적이 없을거야
▸ **You've never seen ~ like...** …같은 …를 본 적이 없을거야

You've never seen me naked.
넌 내가 나체로 있는 것을 본 적이 없어.

You've never seen me play golf.
넌 내가 골프치는 것을 본 적이 없을거야.

You've never seen me act this way?
넌 내가 이런 식으로 행동하는 것을 본 적이 없겠지.

A: Wow, Susan has an amazing body.
B: You've never seen a pair of legs like hers.

A: 야, 수잔 몸매 끝내준다.
B: 걔만한 각선미는 보지 못했을 거야.

I could use ~
…가 있으면 좋겠어

001

could[can] use + 명사 형태로 쓰이는 이 표현은 "…이 필요하다," "…가 있으면 좋겠다"라는 뜻. 예로 들어 I can use a Coke하면 콜라를 이용할 수 있어라는 말이 아니고 "나 콜라 좀 마셔야겠어"라는 뜻이고 또한 I could use a break하면 "좀 쉬었으면 좋겠어"라는 말이 된다. 다시말해 "…을 얻을 수 있으면 좋겠다," "…가 필요하다"라는 need의 뜻으로 쓰인다고 생각하면 된다.

> **Point**
> - **I could use + N** …가 있으면 좋겠어
> - **We could use + N** …가 있으면 좋겠어

We could use more help.
도와주면 좋지.

I could use a drink. Do you want to stop for a drink?
뭐 좀 마셔야겠어. 잠깐 들러서 뭐 좀 마실까?

I could use some extra hands.
일손이 좀 더 있으면 좋겠어.

I think you could use a little break.
난 좀 쉬었으면 좋을 것 같아.

I really could use your help on all this father stuff.
난 아버지와 관련된 일들에 대해 너의 도움을 받았으면 좋겠어.

A: You look like you are having a hard time.
B: I could use cash to help me out.

A: 너 되게 힘들어보여.
B: 내게 도움이 될 현금이 있었으면 좋겠어.

A: Don't forget the deadline is tomorrow.
B: We could use more time to get this done.

A: 내일이 마감일이라는거 잊지마.
B: 이거 끝내는데 시간이 좀 더 있으면 좋겠어.

---

002 **I think you could** use some air

상대방에게 …가 필요한 것처럼 보일 때는 You could use~라고 하면 된다. 물론 문맥에 따라 너는 …을 이용해도 된다라고 쓰일 수도 있다.

> **Point**
> ▸ **You could use~** 네게 …가 있으면 좋을텐데, 너는 …을 이용해도 돼
> ▸ **You look like you could use~** 네게 …가 있으면 좋을 것같아 보여

I just thought you could use a drink.
난 네게 마실게 있으면 좋겠다고 생각했어.

I think you could use some air.
난 네가 바람 좀 쐬면 좋을 것 같아.

I thought you could use some company.
난 네게 친구가 좀 있었으면 좋겠다고 생각했어.

A: You could use some help.
B: Yes I could. Do you want to assist me?

A: 네게 좀 도움되는게 있으면 좋을텐데.
B: 그럼 좋지. 나 좀 도와줄테야?

I thought **he could use** the job

I도 아니고 You도 아니고 이제 제 3자에게 "…가 있으면 좋겠다"라고 표현하는 방식이다.

▶ **She could use~** 걔한테 …가 있으면 좋겠어

Dad's totally losing, so he could use your help.
아빠가 지고 있으니 네 도움이 필요할거야.

Looks like daddy thinks he could use a night in jail.
아빠는 감방에서 하루를 보냈으면 좋겠다고 생각하시는 것 같아.

I thought he could use the job.
걔에게 그 일자리가 필요할거라고 생각했어.

A: Tara has been working twelve hours a day.

B: She could use more time to relax.

A: 타라는 하루에 12시간을 일해.

B: 걔에게 좀 더 쉴 시간이 있었으면 좋겠어.

What I **could do with** a car like this

What I could do with~ 역시 가정법 구문으로 "…있으면 좋겠다"라는 말. 쉽게 말하면 I wish I had~로 생각하면 된다.

▶ **What I could do with +N** …가 있으면 얼마나 좋을까

What I could do with a car like this.
이런 차가 있으면 얼마나 좋을까.

What I could do with a few thousand dollars.
몇천 달라가 있으면 얼마나 좋을까.

What I could do with a chance at a good job.
좋은 일자리에 일할 기회가 있으면 얼마나 좋을까.

A: This looks like an ancient notebook.

B: What I could do with a faster computer.

A: 이거 아주 오래된 노트북같아.

B: 빠른 컴퓨터가 있으면 얼마나 좋을까.

I **could do with** a hot shower

역시 같은 맥락으로 I could do with~는 지금 없지만 있으면 좋겠다는 희망사항을 말하는 것으로 쉽게 말하면 I'd like~로 생각하면 된다.

▶ **I could do with +N** …가 있으면 좋겠어

I could do with a cold beer right now.
지금 당장 시원한 맥주가 있으면 좋겠어.

I could do with a hot shower.
따뜻한 샤워를 할 수 있으면 좋겠어.

I could do with an extra day off.
하루 더 쉬었으면 좋겠어.

A: You don't have any closets in here?

B: I could do with a place to store extra things

A: 여기 벽장이 하나도 없지?

B: 수납공간이 좀 더 있으면 좋겠어.

I wouldn't ~ if I were you

내가 너라면 …하지 않을거야

PATTERN 001

전형적인 가정법 구문들. 가정법이 좀 어렵다하더라도 실제 생활에서 많이 쓰이는 몇몇 정도는 알아두어야 한다.

Point

■ **I wouldn't +V~ if I were you** 내가 너라면 …하지 않을거야

If I were you I wouldn't leave my brother behind.
내가 너라면 내 동생을 남겨두고 가지 않을텐데.

I wouldn't drive in rush hour if I were you.
내가 너라면 러시아워에 운전하지 않을텐데.

I wouldn't make her angry if I were you.
내가 너라면 걔를 화나게 하지 않았을텐데.

I wouldn't spend that money if I were you.
내가 너라면 그 돈을 쓰지 않을텐데.

I wouldn't talk to the police if I were you.
내가 너라면 경찰에게 말하지 않을텐데.

A: Hey bartender, get me another shot of liquor!

B: I wouldn't drink more if I were you.

A: 바텐더, 술 한잔 더 줘요!
B: 제가 손님이라면 그만 마실텐데요.

A: Bennie says he can double my money.

B: I wouldn't trust him if I were you.

A: 베니는 내 돈을 두배로 불려 줄 수 있다고 그래.
B: 내가 너라면 걔를 믿지 않을텐데.

PATTERN 002 **If I were you I'd walk around naked all the time**

이번에는 반대로 "내가 너라면 …할거야"라는 문형.

Point

▶ **I would +V~ if I were you** 내가 너라면 …할거야

If I were you I'd walk around naked all the time.
내가 너라면, 계속해서 벗고 걸어다닐텐데.

If I were you I'd worry about my fingerprint.
내가 너라면, 내 지문때문에 걱정할텐데.

I would study to be a scientist if I were you.
내가 너라면 공부해서 과학자가 될텐데.

A: I can't find where I put my coins.

B: I would check your drawers if I were you.

A: 내가 동전을 어디에 두었는지 못찾겠어.
B: 내가 너라면 네 서랍을 확인해볼텐데.

That would be a lot more fun if you were here

"네가 …에 있다면 난 …할거야"라는 말로 주로 여기(here)나 저기(there) 그리고 장소명사가 이어지면 상대방이 어디에 있는지를 표시한다.

▶ **If you were+장소, I would~** 네가 …에 있다면 난 …할거야

If you were still in Hudson, I'd be able to go.
엄마가 허드슨에 있었다면 난 갈 수 있었어.

That would be a lot more fun if you were here.
네가 여기에 있다면 더욱 재미있을텐데.

Well, if you were here, I'd probably introduce myself.
저기, 네가 여기에 있다면, 난 아마 내 소개를 할거야.

A: Nobody likes Chuck in the department.

B: If I were him, I would just quit.

A: 아무도 부서에서 척을 좋아하지 않아.

B: 내가 걔라면, 난 그만둘텐데.

If you were straight, you wouldn't marry me

이번에는 장소가 아니라, You의 상태나 행동을 말하는 것으로, "네가 …하다면 너도 …할거야"라는 의미의 문장.

▶ **If you were~, you'd~** 네가 …라면 너는 …할거야(If you were~ you wouldn't~ 네가 …라면 넌 …하지 않을거야)
▶ **If you were..., would you ~?** 네가 …라면 ~하겠니?

If you were straight, you wouldn't marry me.
네가 이성애자라면 , 너는 나랑 결혼하지 않을거야.

You'd do the same, if you were able.
네가 그럴 수 있다면 너도 똑같이 그랬을거야.

If you were gonna have a midlife crisis, you'd just buy a Ferrari, get a new girlfriend.
네가 중년의 위기를 겪는다면, 넌 페라리를 사고 여친을 새로 사귈거야.

A: Just chill out. No need to be uptight.

B: If you were me, you wouldn't feel so relaxed.

A: 그냥 침착해. 긴장할 필요없어.

B: 네가 나라면, 그렇게 긴장을 놓을 수가 없을거야.

042

It's what got me~
바로 그 때문에 내가 …된거야

PATTERN
001

만만치 않은 구문. me에게 …을 준 것(What)은 바로 It이다, 즉 "그 때문에 내가 …된거야"라는 의미가 된다.

> **Point**
>
> ■ **It's what got me~** 바로 그 때문에 내가 …된거야
>
> ■ **What got me through was~** 내가 극복하도록 도와준 것은…

It's what got me interested in traveling.
바로 그 때문에 내가 여행에 관심을 갖게 되었어.

It's what got me to stop drinking and driving.
바로 그 때문에 난 음주운전을 그만두게 되었어.

It's what got me to marry him.
바로 그때문에 난 걔와 결혼하게 되었어.

What got me through were the people closest to me.
내가 어려울 때 도와준 사람은 나와 가장 가까운 사람들이었어.

And you know what got me through it?
그걸 극복할 수 있도록 해준게 뭔지 알아?

A: You must always think about your future.

B: It's what got me through university.

A: 넌 항상 네 미래에 대해 생각을 해야 돼.

B: 바로 그 미래에 대한 생각으로 대학을 마쳤어.

A: How did you stay energetic yesterday?

B: What got me through was some extra food.

A: 어제 어떻게 그렇게 힘이 넘쳐났어?

B: 든든하게 먹어서 그래.

PATTERN
002

That's what got you in trouble

got 다음에 me가 아니라 you가 왔다는 점을 주의한다. you에게 …을 주거나, …을 하게 한 것은 That이다, 즉 "그 때문에 네가 …하게 되었다"라는 표현이 된다.

> **Point**
>
> ▶ **That's what got you~** 바로 그 때문에 네가 …하게 된거야

That's what got you in trouble.
바로 그 때문에 네가 곤경에 처한거야.

That's what got you hired at Google.
바로 그 때문에 네가 구글에 취직된거야.

That's what got you a free night at the hotel.
바로 그 때문에 넌 일일 호텔무료숙박권이 생긴거야.

A: I hit the bouncer then tried to run away.

B: That's what got you thrown into jail.

A: 난 클럽경비를 때리고 도망치려고 했어.

B: 바로 그 때문에 넌 감방에 들어간 거야.

That's what made you get sloppy

sb가 …하도록 하게 한 것(what)은 that이다라는 말로, 결국 "그래서 …가 …했다"라는 강조구문이 된다.

▶ **That's what made sb +V** 그래서 …가 …했다

▶ **That's what made sb +adj** 그래서 …가 …하게 했다

That's what made you get sloppy, isn't it?
그래서 네가 부주의하게 된거야, 그지 않아?

That's what made her sick and... that... was why she got into the accident.
그래서 걔는 아프게 됐고 그런 이유로 해서 결국 사고가 나게 되었다.

It's what made him such a great archeologist.
바로 그래서 그는 위대한 고고학자가 되었다.

A: Carly saw you on the TV program.

B: That's what made her e-mail me.

A: 칼리는 TV에서 너를 봤대.
B: 그래서 걔가 내게 이메일을 보냈어.

That's what caused the hypertension

이번에는 동사를 cause로 바꾸어서 That's what caused~하게 되면 "바로 그 때문에 cause 이하의 결과가 생겼다"라는 의미가 된다.

▶ **That's what caused sth~** 바로 그 때문에 …가 발생했어

▶ **That's what caused sb to +V** 바로 그 때문에 …가 …하게 된거야

That's what caused the hypertension.
바로 그 때문에 고혈압이 생긴거야.

That's what caused her heart to beat too fast for too long.
바로 그 때문에 걔 심장이 너무 오랫동안 너무 빨리 뛰게 된거야.

Do you think that's what caused him to pass out?
넌 바로 그것 때문에 걔가 의식을 잃었다고 생각해?

A: The ice formed on the road late at night.

B: That's what caused the accident.

A: 밤늦게 도로에 얼음이 얼어붙었어.
B: 바로 그 때문에 사고가 일어났어.

043 It's just ~
…라고 해서

"내가 걱정되는 것은 S+V이다"라는 것으로 우리말로 하자면 "…라고 해서" 정도에 해당된다. 말하는 사람의 걱정하는 마음이 내포된 표현이다.

■ **It's just that S+V** …라고 해서, …한 것 같아서, …할 뿐이야

It's just that St. Winifred's is such a competitive school.
성 위니프레드는 정말 경쟁이 치열한 학교일 뿐이야.

It's just that there's a certain protocol you have to follow.
네가 따라야 하는 일정한 프로토콜이 있을 뿐이야.

It's just that she's never been undercover, boss.
보스, 걔는 위장잠입을 해본 적이 없어서요.

It's just that McGee said that you weren't really acting like yourself.
맥기가 네 행동이 오늘 좀 이상하다고 얘기를 해서 말야.

It's just that if Rory got a D she's not feeling too good right now.
로리가 D를 받았다면 지금 기분이 안좋을 것 같아.

A: Did you get angry because Mac got everything dirty?

B: No, it's that he took my favorite shirt.

A: 맥이 다 더럽혀놔서 화가 난거야?
B: 아니, 걔가 내가 제일 좋아하는 셔츠를 가져가서 그래.

A: Gina didn't mean to make everyone upset.

B: **It's just that** she fights with everyone.

A: 지나는 모두를 화나게 하려고 했던거 아니야.
B: 그저 걔가 모두와 싸웠을 뿐이야.

It's not that I don't wanna have sex with men

"…라고 말하는 것은 아니다"라고 자신들의 진의를 제대로 전달하기 위해서 사용하는 구문.

▸ **It's not that ~** …라고 말하는 것은 아니야
▸ **It's not that I don't want to, it's~** 내가 하고 싶지 않아서가 아니라,

It's not that we don't like the comedian.
우리가 코미디언을 좋아하지 않는다는 건 아냐.

It's not that I don't wanna have sex with men.
내가 남자하고 섹스를 하고 싶지 않다는게 아냐.

It's not that we don't appreciate your good will.
우리가 너의 선의를 몰라서가 아냐.

A: What broke up your marriage with Ted?

B: I don't know. **It's not that** I don't love him.

A: 뭐때문에 테드와의 결혼이 깨진거야?
B: 몰라. 내가 걜 사랑하지 않아서는 아닌데

It's not that we were scared, it's just that we wanted to leave

003

It's not that S+V는 상대방에게 자신의 진의가 왜곡되었음을 말하는 표현이지만, 한단계 더 나아가 It's not that~, it's just that~의 형태로 쓰면 "A가 아니라 B다" 식으로 좀 더 확실하게 자신의 진의를 역설하는 문장이 된다.

Point

▸ **It's not that S1+V1, it's just that S2+V2** ⋯한게 아니라 ⋯해
▸ **It's not that S+V ~ but that S+V** ⋯한게 아니라 ⋯해

Jessica, it's not that your friend is bad, it's that she's so bad.
제시카, 네 친구가 엉망이라는게 아니라 그냥 걔가 정말 엉망이라는 말이야.

It's not that it's rude. It's just immaterial. I mean, it's just a number. 그건 무례한게 아니라 의미가 없는거야. 내 말은 그건 단지 숫자에 불과하단말야.

It's not that we were scared, it's just that we wanted to leave.
우리는 무서웠던게 아니라 떠나고 싶었던거야.

A: What is your problem with Jenna?

B: It's not that she lied, it's just that I don't like her.

A: 제나에게 무슨 문제가 있는거야?
B: 걔가 거짓말을 했다는게 아니라 내가 걜 싫어한다는 거야.

Is it that men have an innate aversion to monogamy?

004

It's that~의 의문형으로 Is it that S+V~?의 형태로 쓰이면 S+V때문인지, 아니면 S+V한건지 등을 상대방에게 물어보는 패턴이다.

▸ **Is it that S+V?** ⋯한거야?, ⋯하기 때문이야?

Is it that my bird is dead?
내 새가 죽은거야?

Is it that my mom still sleeps over when I'm sick?
내가 아플 때마다 엄마가 주무시고 가서 그런거야?

Is it that men have an innate aversion to monogamy?
남자들은 일부일처제에 대한 혐오감을 타고난 것일까?

A: I can't attend any of the events.

B: Is it that the festival starts too early?

A: 난 어떤 행사에도 참석할 수가 없어.
B: 축제가 너무 일찍 시작해서 그런 거야?

Not that she committed the murder, but Sue looks guilty

005

Not that S+V, but~은 "⋯은 아니지만 그래도"라는 패턴으로 S+V까지는 아니지만 그래도 but 이하의 내용이 의심스럽거나 어떤 정보를 구하는 문장.

▸ **Not that S+V, but** ⋯은 아니지만 그래도

Not that I will play, but what time is the game?
내가 게임을 할 건 아니지만 몇시에 해?

Not that she committed the murder, but Sue looks guilty.
수는 살인을 저지르지 않았지만 그래도 죄가 있는 것처럼 보여.

Not that we need a TV, but those big screens look great.
TV가 필요한 것은 아니지만 저 대형 TV는 정말 멋져 보여.

A: I have many things to do during the break.

B: Not that I care, but what are your plans?

A: 방학 동안 할 일이 많아.
B: 내 알바는 아니지만 계획이 뭔데?

You wouldn't believe ~

…을 믿지 않을거야

001

"너는 …을 믿지 않을거야," "믿지 못할거야"라는 의미. You wouldn't believe 다음에는 명사나 S+V절이 온다.

Point

- **You wouldn't believe sb[sth]** 넌 …을 믿지 못할거야
- **You wouldn't believe sth that S+V** 넌 …한 …을 믿지 못할거야

You wouldn't believe me.
넌 나를 믿지 못할거야.

I mean, **you wouldn't believe** all the crap that I get.
내말은 넌 내가 얼마나 욕을 먹었는지 믿지 못할거야.

You wouldn't believe the disgusting sexual perversions I had to perform to get that.
내가 그걸 얻기 위해 얼마나 역겨운 변태적인 성관계를 가져야 했는지 넌 믿지 못할거야.

You wouldn't believe the number of hours I put in.
내가 얼마나 많은 시간을 쏟아부었는지 넌 믿지 못할거야.

You wouldn't believe the bikini waxes Lisa's doing at the beauty parlor! 넌 리사가 미용실에서 왁스로 체모를 제거한 것을 넌 믿지 못할거야!

A: You visited the place where Bill Gates lives?

B: You wouldn't believe the size of his house.

A: 너 빌게이츠가 사는 곳에 가봤어?
B: 집의 크기가 어마어마해.

A: How was your trip to Africa?

B: You wouldn't believe the things that I saw.

A: 아프리카 여행 어땠어?
B: 내가 본 것들을 넌 믿지 못할 거야.

002

You wouldn't believe it if I told you

상대방이 이해하기 어려운 이야기를 꺼낼 때 먼저 상대방을 긴장시켜 그래서 자기가 할 이해하기 힘든 이야기의 심각성의 농도를 낮추는 역할을 하는 문구.

Point

▸ **You wouldn't believe it, but~** 넌 믿지 않겠지만…
▸ **You wouldn't believe it if I~** 내가 …해도 넌 그걸 믿지 못할거야

You wouldn't believe it if I told you.
내가 네게 말해도 넌 믿지 못할거야.

You wouldn't believe it, but we stayed up all night.
넌 믿지 못하겠지만 우리는 밤을 샜어.

You wouldn't believe it if I told you the story.
내가 너에게 그 얘기를 해도 넌 믿지 못할거야.

A: The annual dinner was not very good this year.

B: You wouldn't believe it, but they ran out of food.

A: 연례 만찬이 올해는 별로 좋지 않았어.
B: 믿기지 않겠지만 음식이 부족했어.

You wouldn't believe what people put in here!

역시 상대방에게 놀란 소식을 전하면서 하는 말로, "what 이하를 넌 믿지 못할거야"라는 문구.

▸ **You wouldn't believe what ~** …가 뭘 …했는지 믿을 수 없을거야

You wouldn't believe what people put in here! Look!
사람들이 여기에 뭘 갖다놨는지 믿을 수 없을거야! 보라구!

You wouldn't believe the stuff my wife pulled when we split.
우리가 헤어질 때 내 아내가 어떤 물건들을 빼앗아갔는지 믿지 못할거야.

You wouldn't believe what I saw on the beach.
내가 해변가에서 뭘 봤는지 너는 믿지 못할거야.

A: Did you have a nice time shopping?

B: You wouldn't believe what I bought.

A: 쇼핑 잘했어?

B: 내가 뭘 샀는지 너는 믿지 못할 거야.

You wouldn't believe how much he's grown

"얼마나 …했는지 너는 믿지 못할 거야"라는 말로 역시 놀라운 이야기를 전달하는 표현방식.

▸ **You wouldn't believe how~** 얼마나 …한지 너는 믿지 못할거야

You wouldn't believe how many times I'd taken the wrong guy!
내가 얼마나 많이 엉뚱한 놈을 잡아들였는지 넌 믿지 못할거야!

You wouldn't believe how much I weigh.
내 몸무게가 얼마나 나가는지 넌 믿지 못할거야.

You wouldn't believe how big the cake is.
그 케익이 얼마나 큰지 넌 믿지 못할거야.

A: I haven't seen Miles since he was an infant.

B: You wouldn't believe how much he's grown.

A: 어릴 때 이후로 마일즈를 못봤어.

B: 걔가 얼마나 컸는지 넌 믿지 못할거야.

I wouldn't believe anything he said

앞에 한번 언급된 적이 있는 것으로 I wouldn't believe~는 "난 …을 믿지 않을거야"라는 의미.

▸ **I wouldn't believe~** 난 …을 믿지 않을거야

I wouldn't believe everything I read on the 'net.'
난 인터넷에서 읽은 것은 뭐든 믿지 않을거야.

I wouldn't believe all this psychic stuff.
난 이 모든 초자연적인 것들은 믿지 않을거야.

I wouldn't believe anything he said.
난 걔가 무슨 말을 하든 믿지 못할거야.

A: Denise gained 50 pounds.

B: I wouldn't believe it if I saw it.

A: 데니스는 50파운드 나 벌었어.

B: 내가 봤어도 믿기지 않을 정도이네.

What do you say if ~?

···라면 ···에 대해 어떻게 생각해?, ···하는게 어때?

PATTERN 001

"···하는게 어때?"라는 말로 상대방에게 뭔가 제안을 할 때 사용한다. **What do you say** 다음에 주어+동사로 혹은 **to +
~ing[N]** 형태로 제안내용을 말하면 된다. **What do you say**까지는 [와루유세이]라고 기계적으로 빨리 굴려 말하면서 다음에
자기가 제안하는 내용을 말해보는 연습을 많이 해본다.

Point

- **Why do you say?** 어때?
- **What do you say, ~** ···가 어때?
- **What do you say to~ing?** ···하는게 어때?
- **What do you say S+V?** ···하는게 어때?

What do you say to that?
그거 어때?

What do you say I take you to dinner tonight?
오늘밤 저녁먹으러 갈래?

Chris slapped me. What do you say to that?
크리스가 내 뺨을 때렸어. 넌 어떻게 생각해?

What do you say we call it a night and get some sleep?
이제 그만 끝내고 잠을 좀 자는 게 어때?

What do you say we get out of these wet clothes?
우리 이 젖은 옷들은 벗어버리자.

A: What do you say to
replacing your glasses?

B: Do you think they need
to be replaced?

A: 네 안경을 바꿔 보는게 어때?
B: 바꿀 때가 된 것 같아?

A: My cousin would love
to meet your sister.

B: What do you say we
introduce them?

A: 내 사촌이 네 누이를 만나고 싶어해.
B: 우리가 서로 소개시켜주면 어떨까?

PATTERN 002

What would you say to lunch in the park?

동사가 **do**에서 **would**로 바뀐 것으로, 가정을 하면서 상대방의 의견을 물어보는 표현. 조금은 현실성이 희박한 이야기를 물어보
거나 조심스럽게 상대방에게 제안할 때 사용하면 된다.

Point

▶ **What would you say to +N[~ing]?** ···한다면 넌 뭐라고 할래?, ···하는건 어때?

**What would you say to the idea of taking the kids out of school
for a year?** 일년간 아이들을 학교를 쉬게하는건 어때?

What would you say to pizza for breakfast?
아침으로 피자를 먹는건 어때?

What would you say to people that insult you?
너를 모욕한 사람에게 넌 뭐라고 할래?

A: It's beautiful outside
and I have free time.

B: What would you say to
lunch in the park?

A: 바깥이 너무 아름답고 난 시간도 있는데.
B: 공원에서 점심을 먹는건 어때?

What would you say if I told you you didn't have to?

역시 가정으로 상대방의 의견을 물어보는 것으로 가정은 if~이하로 이어져 나온다.

Point
▶ **What would you say if~?** …한다면 어떨까?
▶ **What would you say if I told you that S+V~?** 내가 네게 …라고 말한다면 어떨까?

What would you say if Tom stayed with us at least for a little while?
잠시동안만 톰이 우리와 함께 있는다면 어떻겠어?

What would you say if I told you you didn't have to?
내가 너한테 넌 그럴 필요가 없다고 말한다면 어떻겠어?

Well what would you say if I told you that Chris could beat you up?
크리스가 너를 작살낼 수 있다고 네게 말한다면 어떨까?

A: What would you say if I asked you to help me?
B: I'd love to, but I'm swamped with work.

A: 내가 네게 도와달라고 한다면 어떻겠어?
B: 그러고 싶지만 일이 너무 많아서.

 What would you say is the underlying issue there?

What V+S?의 의문문에서 what하고 V+S사이에 would you say가 삽입된 경우로 생각하면 된다. 우리말로 하자면 "무엇이 …한다고 생각해?"라는 뜻이 된다.

Point
▶ **What would you say S+V?** 무엇이 …라고 생각해?
▶ **What would you say V+S?** 무엇이 …한다고 생각해?

What would you say it was made of?
그게 무엇으로 만들어졌다고 생각해?

What would you say is the underlying issue there?
거기서 근본적인 이유가 뭐라고 생각해?

What would you say are the great challenges facing high school graduates today? 오늘날 고교졸업생들이 당면한 가장 큰 문제는 뭐라고 생각해?

A: What would you say Brenda does at night?
B: I heard she attends yoga classes.

A: 브렌다가 저녁에 뭘한다고 생각해?
B: 요가학원 다닌다고 들었어.

 Why would you say something like that?

마직막으로 의문사 what, what과 do you say, did you say, would you say가 결합된 문장 몇개를 살펴본다.

Point
▶ **Why would you say~?** 왜 …을 얘기하는거야?(Why did you say~? 왜 …라고 말한거야?)
▶ **What did you say~?** 뭐라고 말했어?

Why would you say something like that?
넌 왜 그런 이야기를 하는거야?

Why did you say no one took responsibility?
넌 왜 아무도 책임을 지지 않았다고 말한거야?

What did you say when you thought you were dying?
넌 네가 죽는다고 생각할 때 뭐라고 했어?

A: I told Mona that she needs plastic surgery.
B: Why would you say something like that?

A: 난 모나에게 성형수술 좀 하라고 말했어.
B: 넌 왜 그런 말을 하는거야?

I'd be lying if I said~
…라고 말한다면 그건 거짓말일거야

PATTERN **001**

대부분 어려운 구문은 가정법조동사가 들어가는 경우가 많다. 이번에 배울 구문 역시 **would**를 사용한 패턴으로 그 의미는 "내가 그렇게 말하지는 않겠지만, 만약 내가 …라고 말한다면 그건 거짓말일거야"(I would~)라는 말이다.

> **Point**
> ■ **I'd be lying if I said~**   내가 …라고 말한다면 그건 거짓말일거야

I'd be lying if I said I regret what happened.
내가 그 일에 대해 후회한다고 하면 거짓이겠지.

I'd be lying if I said I wasn't intrigued.
내가 흥미를 느끼지 못했다고 말하면 거짓일거야.

I'd be lying if I said I haven't thought about it myself.
내가 그거에 대해 생각해보지 않았다고 말하면 거짓말이지.

I'd be lying if I said I didn't read celebrity gossip.
내가 유명인의 가십기사를 읽지 않았다고 한다면 거짓말이지.

I'd be lying if I said I enjoyed working.
내가 일하는 걸 즐거워한다고 말하면 거짓말이겠지.

A: Did you enjoy your massage?
B: **I'd be lying if I said** I didn't like it.

A: 마사지 잘 받았어?
B: 아니라고하면 거짓말이겠지.

A: I don't think you like Lyman much.
B: **I'd be lying if I said** we were friends.

A: 네가 리맨을 아주 좋아한다고 생각하지 않아.
B: 우리가 친구라고 말한다면 거짓말일 게야.

PATTERN **002**

Would you believe me if I said I was sorry?

"내가 if 이하를 말한다면 너는 믿겠니?"라고 하는 말로 상대방에게 조심스럽게 의사전달을 하는 문장.

> **Point**
> ▶ **Would you believe me if I said~ ?** 내가 …라고 하면 믿겠어?
> ▶ **Wouldn't you believe me if I said~ ?** 내가 …라고 하면 믿지 않겠지?

Would you believe me if I said "yes"?
내가 '응'이라고 말하면 넌 날 믿겠어?

Would you believe me if I said I was sorry?
내가 미안하다고 하면 믿겠어?

I guess you **wouldn't believe me if I said** I was Kiefer Sutherland, huh? 내가 키퍼 서더랜드라고 말하면 넌 믿지 않겠지, 안그래?

A: I thought you knew Heather well.
B: **Would you believe me if I said** I've never met her?

A: 난 네가 헤더를 잘 안다고 생각했어.
B: 내가 걜 만난 적이 없다고 하면 믿겠어?

If I said I was, **would you** judge me?

"내가 …라고 말한다면, 너는 …라고 할 것이다"라고 자기 생각을 가정법을 통해 확인해보고 있다.

Point
▸ If I said~, you'd say~ 내가 …라고 하면, 너는 …라고 할거야
▸ If I said~, he'd ~ 내가 …라고 말하면 걔는 …할거야

If I said anything, he would kill me.
내가 뭐라고 하면 걘 날 죽일거야.

If I said I was, would you judge me?
내가 그렇다고 말하면 날 비난할거야?

I didn't know what he'd do to me if I said no.
내가 거절하면 걔가 내게 어떻게 할지 몰랐어.

A: I really don't trust what you tell me.
B: If I said something was true, you'd say you didn't believe it.

A: 네가 해주는 말 정말 전혀 못믿겠어.
B: 내가 뭔가 사실을 말하면 넌 믿지 않는다고 말할 거야.

I shouldn't go, **what if** you get sick again?

What would happen if~에서 would happen를 빼고 What if S+V로 줄어든 개량형 가정법. "…하면 어떻게 하지?"라는 문장.

Point
▸ What if ~? 만일 …하면 어쩌지?

Well what if I don't wanna be the leader?
내가 지도자가 되기를 원하지 않으면 어떻게 하지?

I shouldn't go, what if you get sick again?
내가 가면 안되겠어, 네가 다시 아프면 어떻게해?

And what if she's in on this alleged robbery?
그리고 걔가 강도짓이라고들 하는 이 사건에 연루되어 있으면 어쩌지?

A: This whole project was a failure.
B: What if we forget this ever happened?

A: 이 프로젝트는 통째로 실패야.
B: 전혀 일어나지 않은 일처럼 잊어버리면 어떨까?

If only I could put into words how I feel

could 이하를 할 수만 있다면 얼마나 좋을까라는 아쉬움을 드러내는 역시 가정법 Lite버전.

Point
▸ if only I could+V …할 수 있다면 좋을텐데

If only I could control everyone the way I control you.
내가 널 조종하는 방식으로 모두를 조종할 수 있다면 좋을텐데.

If only I could put into words how I feel.
내 느낌을 언어로 표현할 수 있다면 얼마나 좋을까.

If only I could read minds.
내가 사람의 마음을 읽을 수 있다면 얼마나 좋을까.

A: Your mistakes cost you many friendships.
B: If only I could change the past.

A: 네 실수들로 해서 여러 우정을 잃었어.
B: 내가 과거를 바꿀 수 있다면 얼마나 좋을까.

047

Let's get started on~

…을 시작하자

001

get started on은 벌써 시작했어야 했거나 혹은 아직 시작하지 못했지만 빨리 일을 시작하자고 할 때는 쓰는 표현. 뭔가 시작하는 일은 on이나 with 이하에 넣어주면 된다 따라서 Let's get started on~하게 되면 "…을 빨리 시작하자"는 의미의 표현이 된다.

Point

- ■ **Let's get started on~** …을 시작하자
- ■ **I'll get started on~** 난 …을 시작할게

Yeah, so let's get started on the wedding plans!
그래, 그럼 우리 결혼식 계획을 얼른 짜보자!

I'll get started on the blood tests.
난 혈액검사를 시작할게.

Nice to meet you. I'll get started on this.
만나서 반가워. 내가 이거 바로 시작할게.

I'd like to get started on all the files.
이 모든 파일들 작업을 바로 시작하고 싶어.

She just wants to get started on her next project.
걔는 걔의 다음 프로젝트를 시작하고 싶어해.

A: I want to rent this apartment.
B: I'll get started on the paperwork.

A: 난 이 아파트를 임대하고 싶은데요.
B: 서류작업을 바로 시작할게요.

A: I'm gonna go get started on that memo.
B: I'm gonna help you.

A: 가서 메모작업 시작할게.
B: 내가 도와줄게.

002

I gotta get started on my speech!

서둘러 시작해야 한다는 의무감을 표현한 것으로 I gotta~는 I have to~, I'd better~와 동일하다고 보면 된다.

Point

- ▸ **I gotta get started on~** …을 바로 시작해야 돼
- ▸ **I'd better get started on~** 난 …을 시작하는게 나을거야

I'd better get started on my phone calls for the alumni surveys.
졸업생 설문조사하러 전화를 돌리기 시작해야 될 것 같아.

I gotta get started on my speech!
나 연설준비를 빨리 시작해야겠어!

It's the right time. We got to get started on this.
지금이 적기야. 우리는 이걸 빨리 시작해야 돼.

A: What are your plans this afternoon?
B: I gotta get started on this baking.

A: 오늘 오후에 무슨 계획있어?
B: 이거 굽는거 시작해야 돼.

I'll get that started

"내가 그걸 서둘러 시작할게"라는 말. 서둘러 시작해야 일은 앞서 언급했듯이 get started on 다음에 써도 되지만 get sth started처럼 get과 started 사이에 넣을 수도 있다.

> ▶ **I have to get sth started~** …을 바로 시작해야 돼

Just help me **get it started**, okay? This is hard for me, all right?
내가 그거 시작하는 것 좀 도와줘, 응? 나한테는 너무 어려워, 알았지?

I would love to, but I gotta **get dinner started** for Julie.
나도 그러고 싶지만 줄리 저녁 차려줘야 돼.

I have to **get rehearsals started** anyway.
어쨌든 난 리허설을 시작해야 돼.

A: You look like you are making a lot of copies.

B: I have to **get the exam started** in an hour.

A: 너 복사를 엄청 많이 하는 것 같아.
B: 한 시간 후에 시험을 치뤄야 돼.

 Don't get me started on his wacky behavior

get sb started는 "sb를 on 이하 하게 하다"라는 말로 Don't get me started on~하면 "…하게 하지마," "듣고 싶지 않은 이야기 또 꺼내지마" 등의 의미. 짜증을 내면서 상대방의 말을 막아버리는 표현이다.

> ▶ **Don't get me started on[about, with]~** …얘기는 꺼내지도 마

Oh, please, **don't get me started on** sugar.
제발 설탕얘기는 꺼내지도 마.

Don't get me started on the accessibility of handguns to minors.
미성년자에 대한 총기의 접근 용이성에 대한 얘기는 꺼내지도 마.

Don't get me started on the price of food these days.
요즘 음식가격 얘기는 꺼내지도 마.

A: I don't understand why Larry is so weird.

B: **Don't get me started on** his wacky behavior.

A: 왜 래리가 그렇게 이상한지 이해를 못 하겠어.
B: 걔의 이상스런 행동에 대해서는 얘기 꺼내지도 마.

 Look, bitch. **Don't start with** me, right?

start with sb는 "…와 한판 붙다"라는 의미로 Don't start with me하게 되면 "내성질 건들지마," You wanna start with me?는 "나랑 한판붙고싶어?"라는 의미. 단순히 Don't start ~ing하게 되면 "…을 시작하지 말라"는 말이 된다.

> ▶ **Don't start with[~ing]~** …을 시작하지마, 성질 건들지마

Look, bitch. **Don't start with** me, right?
야, 이년아. 내 성질 건들지마, 알았어?

Don't start with breaking the windows.
창문을 깨는건 시작하지마.

Don't start with criticizing the children.
아이들을 욕하는건 하지마.

A: Hey! What the hell are you doing there?

B: **Don't start with** yelling at me.

A: 야! 도대체 너 거기서 뭐하는 짓이야?
B: 내게 소리지르지마.

I would think~

…라고 생각했는데

would think는 가정법 문장으로 사실이 아니지만 사실이기를 기대할 때 사용하면 된다. 그래서 I would think~하면 (실제는 그렇지 않은걸 알지만) "…라고 생각했는데"라는 뜻이 된다.

Point

- **I would think (that) S+V** …라고 생각했는데
- **I wouldn't think (that) S+V** …라 생각되지 않아, …라고 생각하지 않을거야

I would think you, of all people, would be on her side.
다른 사람은 몰라도 넌 걔편이 될거라 생각했는데.

I would think that would be wonderful.
그게 멋질 거라 생각했는데.

I would think she would wanna know the truth as much as I do.
난 걔가 나만큼이나 진실을 알고 싶어할거라 생각했는데.

I would think that would be fairly obvious.
난 그게 아주 뻔할거라 생각했는데.

I would think that he took the train to New York.
난 걔가 뉴욕 행 기차를 탔다고 생각했는데.

A: Trina seems very unhappy these days.
B: I wouldn't think that she needs money.

A: 티나는 요즘 매우 불행해보여.
B: 걔가 돈이 필요하다고는 생각하지 않아.

A: I may go buy some ice cream.
B: I wouldn't think that the store is still open.

A: 나 가서 아이스크림 좀 사러 갈까해.
B: 가게문 닫았을텐데.

You would think the concierge would be polite

역시 현재와 반대되는 이야기를 하는 것으로, You would think that~은 "넌 …라 생각하고 싶을거야"라는 의미의 표현이 된다.

Point

▶ **You would think (that) S+V** 넌 …라고 생각하고 싶을거야, 넌 …라 생각하겠지
▶ **You would think (that) S+V?** 넌 …라고 생각하고 싶지?

I was convinced that you would think it was a dumb idea.
난 네가 그건 어리석은 생각이라 생각할 줄 알았어.

You would think the concierge would be polite.
넌 관리인이 친절할거라 생각하겠지.

You would think that we've pushed him to change what he's doing.
넌 우리가 걔를 강요해서 하고 있는 일을 바꿨다고 생각하겠지.

A: Louie acts like he is in love.
B: You would think that he never dated before.

A: 루이가 사랑에 빠진 것 같이 행동해.
B: 넌 걔가 데이트를 해본 적이 없다고 생각하겠지.

Would you think she was 15?

You would think~의 의문형으로 실제는 그렇지 않다는 걸 알면서도 사실과 다르게 "…라고 생각하고 싶은거야?"라는 의미.

▶ **Would you think S + V?** …라고 생각하고 싶은거야?

I mean, you saw her. **Would you think** she was 15?
내 말은 넌 걔를 봤잖아. 걔가 15살이라고 생각하고 싶은거야?

Would you think she could be a businesswoman?
걔가 비즈니스우먼이 될 수 있다고 생각하고 싶은거야?

Would you think Ted stole the money?
테드가 돈을 훔쳤다고 생각하고 싶은거야?

A: The girls went to change their clothes.

B: Would you think they have finished by now?

A: 여자애들이 옷을 갈아입으러 갔어.
B: 지금쯤은 다 갈아입었을 것 같아?

Why would you think we're getting married?

역시 실제는 안그런데 "왜 너는 …라고 생각하는거야?"라고 묻는 질문으로 약간의 불만이 섞여있을 수 밖에 없는 문장.

▶ **Why would you think S + V?** 왜 …라고 생각하는거야?

I mean, **why would you think** she was sick?
내말은, 넌 왜 걔가 아프다고 생각하는거야?

Why would you think we're getting married?
넌 왜 우리가 결혼할거라고 생각하는거야?

So **why would you think** I'd say yes?
그래 넌 내가 왜 승낙할거라고 생각하는거야?

A: The police may show up at any time.

B: Why would you think the cops are coming?

A: 경찰이 금방 올 거야.
B: 넌 왜 경찰이 오고 있다고 생각하는 거야?

What would you think if we had a baby?

사실이 아니지만 "if 이하라면 어떨 것 같아?"라고 상대방의 의견을 물어보는 패턴. if 절이 오지 않고 단순히 of나 about~을 써서 상대방의 의견을 물어볼 수도 있다.

▶ **What would you think if~?** …라면 어떨 것 같아?
▶ **What would you think of[about]~?** …가 어떨 것 같아?

What would you think about having dinner with her tonight?
넌 오늘밤 걔랑 저녁먹는게 어떨 것 같아?

Then **what would you think of** me?
그럼 나는 어떨 것 같아?

What would you think if I became dancer?
내가 댄서가 된다면 어떨 것 같아?

A: What would you think if we had a baby?

B: It would mean a big change in our lives.

A: 우리가 아이를 낳으면 어떨 것 같아?
B: 우리 인생에 큰 변화를 의미하는 걸 거야.

Who would have thought~ ?
누가 상상이나 했겠어?

PATTERN
001

말하는 사람의 놀람을 나타내는 것으로 "누가 …을 상상이나 했겠어?"라는 표현. 개천에서는 올챙이 대신 용이 나올 때처럼, 전혀 예상못한 놀람만한 일을 당하고서 할 수 있는 말. would 대신에 could를 써도 된다. 뒤에 S+V를 붙여 써도 되지만 그냥 단독 으로도 많이 사용된다.

> Point
> ■ **Who would have thought S+V?** 누가 …을 상상이나 했겠어?, …을 생각했겠어?

Who would have thought it was you?
그게 너라는걸 누가 상상이나 했겠어?

Who would have thought that the idea of dressing up like Princess Leia would be such a turn-on?
리아 공주처럼 옷을 입는다는 생각에 그렇게 흥분할 줄 누가 상상이나 했겠어?

Who would've thought that I would be homeless in one day?
내가 하루만에 노숙자가 될거라고 누가 상상이나 했겠어?

Who would've thought that he'd date both you.
걔가 너희 둘 다하고 데이트하리라고 누가 상상이나 했겠어?

Who'd have thought that you could put clothes on that fast.
네가 그렇게 빨리 옷을 입으리라고 누가 생각이나 했겠어?

A: Mike didn't want the meat we prepared.

B: Who would have thought he didn't like steak?

A: 마이크는 우리가 요리한 고기를 싫다 고 했어.

B: 걔가 고기를 싫어할 줄 누가 생각이나 했겠어?

A: The birthday party was a complete success.

B: Who would have thought it would've gone so well?

A: 생일파티는 대성공이었어.

B: 그렇게 잘 진행되리라고 누가 상상이 나 했겠어?

PATTERN
002

I would have thought that hobby would be unpopular

두번째로 would have thought가 들어가는 패턴. 과거에 사실이라 믿고 했던 말이 나중에 사실이 아닌 것으로 판명났을 경우 에 자신의 실언을 아쉬워하면서 하는 문장.

> Point
> ▶ **I would have thought S+V** …라고 생각했었는데, …라고 생각했(었)을거야

I would have thought Chris would have beaten me up here.
난 이쯤에서 크리스가 날 사정없이 팰거라 생각했었는데.

I would have thought he would have called them right away.
난 걔가 바로 걔네들에게 전화할거라 생각했었는데.

I would have thought you'd try to accomplish two goals at once.
난 네가 동시에 두개의 목표를 달성하려 한다고 생각했었는데.

A: Stamp collecting is growing in popularity.

B: I would have thought that hobby would be unpopular.

A: 우표수집이 인기상승하고 있어.

B: 그 취미는 한물갔다고 생각했었는데.

I wouldn't have thought she could be tricked

반대로 부정으로 해서 I wouldn't have thought~ 하게 되면 "…라고 생각하지 못했었는데"라는 뜻이 된다.

▶ **I wouldn't have thought S+V** …라고 생각하지 않았을거야, …라고 생각하지 못했었는데
▶ **I would never have thought S+V** …라고 생각못했을거야

I wouldn't have thought it could hold much more than those roses.
난 그게 저 장미꽃보다 더 많은 걸 담을 수 있을거라고는 생각하지 못했었는데.

It's really sexy. **I wouldn't have thought** it would be but... wow.
와 정말 섹시하다. 그럴 거라고는 생각하지 못했었는데, 와.

I wouldn't have thought Ken was a Marine.
켄이 해병대라고는 생각하지 못했었는데.

A: Sara was completely fooled by her friend.

B: I wouldn't have thought she could be tricked.

A: 새라는 친구한테 완전히 속아넘어갔어.

B: 난 걔가 속아넘어갈거라고는 생각하지도 못했었는데.

You would have thought this was really funny

"사실은 그렇지 않지만 상대방은 그러리라고 생각하고 싶었겠지"라는 패턴. 가정법 과거완료답게 과거 사실에 대한 반대를 표현하고 있다.

▶ **You would have thought S+V~** …라고 생각하고 싶었겠지, …라고 생각했었겠지
▶ **If you would have thought about~** 네가 …을 생각했었더라면

You would have thought this was really funny.
넌 이게 정말 재미있다고 생각하고 싶었겠지.

If you would have thought about it, you would have come up with same conclusion. 네가 그걸 생각했었더라도 같은 결론에 도달했을거야.

You would have thought the storm would've been worse.
넌 폭풍이 더 심각했을거라고 생각했었겠지.

A: Jim smelled bad when he came out with us.

B: You would have thought he'd shower first.

A: 짐은 우리랑 함께 나왔을 때 냄새가 심하게 나서.

B: 넌 걔가 먼저 샤워했을거라 생각했구나.

You never would have thought Helen was so sick

역시 가정법 과거완료로 "넌 절대로 …을 생각할 수 없었을 것이다"라는 표현.

▶ **You never would have thought S+V~** 넌 절대 …을 생각못했을거야

You never would have thought he could eat so much.
걔가 그렇게 많이 먹을 줄은 넌 생각못했을거야.

You never would have thought it was so late.
그렇게 늦었다고 넌 절대로 생각을 못했었을거야.

You never would have thought Helen was so sick.
헬렌이 그렇게 아픈걸 넌 절대로 생각을 못했을거야.

A: You never would have thought that our shoes would be stolen.

B: I know. I can't believe someone would do that.

A: 우리 신발이 도둑맞았다고 넌 절대로 생각못했을 거야.

B: 알아. 누가 그런 짓을 했다니 안믿겨저.

Section 03

050

What would you have done if~?

…라면 넌 어떻게 했었을 것 같아?

PATTERN 001

"…라면 넌 어떻게 했었을 것 같아?"라는 의미로 실제는 그렇지 않지만 과거에 그랬더라면 넌 어떻게 했을것 같아라고 물어보는 문장으로 상대방의 의견이나 의향을 묻는다.

Point

■ **What would you have done if S+V~?** …라면 넌 어떻게 했었을 것 같아?

What would you have done if you were him?
네가 걔라면 어떻게 했었을 것 같아?

I don't know. What would you have done with it?
몰라. 너라면 그걸 어떻게 했었을 것 같아?

All right. You are the unsub. What would you have done differently?
좋아. 네가 미확인용의자야. 그럼 넌 어떻게 다르게 행동했었을 것 같아?

What would you have done if a fight started?
싸움이 시작됐더라면 넌 어떻게 했었을 것 같아?

What would you have done if she divorced you?
걔가 너와 이혼했더라면 넌 어떻게 했었을 것 같아?

A: What would you have done if we fired you?

B: I would have gone out and found another job.

A: 우리가 널 해고하면 어떻게 했었을 것 같아?

B: 나가서 새로운 직장을 구했겠지.

A: What would you have done if you'd been arrested?

B: I would have called my attorney.

A: 네가 체포된다면 어떻게 했었을 것 같아?

B: 내 변호사에게 전화했겠지.

PATTERN 002

Who could have done such a horrible thing?

누가 done 이하의 일을 할 수 있었을까라고 단순히 궁금하거나 혹은 놀라면서 하는 말.

Point

▶ **Who could have done~ ?** 누가 …을 할 수 있었을까?

I wonder who could have done it.
누가 그런 짓을 할 수 있었을까 궁금해.

Who could have done such a horrible thing?
누가 그렇게 끔찍한 짓을 할 수 있었을까?

Who could have done this to my baby?
누가 내 아이에게 이런 짓을 할 수 있었을까?

A: Who could have done this to my car?

B: It looks like someone crashed into it.

A: 누가 내 차에 이런 짓을 할 수 있었을까?

B: 누가 네 차를 박은 것 같은데.

003 I would have done whatever I thought necessary

실제로 과거에 그렇게 하지는 않았지만 상황변화에 따라 '자기도 그랬을 수도 있었을 것이다' 라고 가정해보는 문장.

▶ **I would have done~** 난 …을 했었을거야

I would have done whatever I thought necessary.
나한테 필요한 것이라고 생각한 것은 뭐든 했었을거야.

I would have done everything in the exact same way I did it now.
내가 지금 했던 것과 똑같은 방식으로 모든 일을 했었을거야.

If he'd told me to stay behind, I'd have done the same damn thing.
걔가 뒤에 남아있으라고 했다면, 나도 똑같이 그랬을거야.

A: He decided to eat only fast foods.

B: I would have done it differently.

A: 난 패스트푸드만 먹기로 했어.

B: 난 그렇게 하지 않을텐데.

004 I would have done anything to avoid a fight

to 하기 위해서라면 난 무슨 일이라도 하였을 것이다. 실제 그렇게는 하지 않았지만 그 상황이었으면 그랬을거라는 말씀.

▶ **I would have done anything to +V~** …을 위해서는 뭐라도 했었을거야

I would have done anything to get my friends out.
내 친구들을 구해내기 위해서는 뭐라도 했었을거야.

I would've done anything to help you.
널 도와주기 위해서는 뭐라도 했었을거야.

I would have done anything to get revenge.
난 복수를 위해서는 뭐라도 했었을거야.

A: The whole bar just broke out into a giant brawl.

B: I would have done anything to avoid a fight.

A: 바 전체에 큰 소동이 일어나기 시작했어.

B: 난 싸움을 피하기 위해서는 뭐라도 했었을거야.

005 Have you done anything to get it back?

"…하기 위해 무슨 일이라도 했느냐?"는 문장으로 여기서는 과거에 실제 무슨 행동을 했는지 물어보는 표현이 된다. 자세히 보면 would가 없는 것을 알 수 있을 것이다. 위 문장들과 비교해볼 것.

▶ **Have you done anything to +V~?** …한 일을 했어?

It almost seemed personal. Have you done anything to upset this guy? 개인적인 감정이 있는 것 같아. 이 사람을 화나게 할 일을 하기라도 한거야?

Have you done anything to make money?
돈을 벌기 위해서 뭐라도 좀 해봤어?

Have you done anything to fix the problem?
그 문제를 해결하기 위해 뭐라도 좀 해봤어?

A: I think George stole my class ring.

B: Have you done anything to get it back?

A: 조지가 내 졸업반지를 훔쳐간 것 같아.

B: 되찾기 위해 뭐라도 좀 해봤어?

051

I know[understand] what it's like to~

…하는 것이 어떤 건지 알아

001

it's like to에 what이 붙어서 what it's like to(to 이하를 하는 것이 뭔지)가 되고 이걸 다시 I know나 I understand로 감싸면 "난 …하는 것이 어떤건지 알아[이해해]"라는 표현이 된다.

Point

- **I know what it's like to +V~** 나는 …하는 것이 뭔지 알아
- **I don't know what it's like to +V~** 나는 …하는 것이 뭔지 몰라
- **I know what it feels like when~** 난 …하는 것이 어떤 느낌인지 알아

I know what it feels like when you lose family.
가족을 잃는다는게 어떤 기분인지 알고 있어.

I guess I know what it's like to have your heart stomped on.
네 가슴이 쿵쿵거린다는게 어떤건지 알 것 같아.

I know what it's like to be a teenager. It's a very confusing time.
십대라는게 어떤건지 알아. 매우 혼란스러운 시기이지.

I know what it's like to lose someone you've worked with closely.
친하게 함께 일하던 동료를 잃는다는게 어떤건지 알아.

Listen, we understand what it's like to be shorthanded.
이봐, 우리는 일손이 부족하다는게 어떤건지 알고 있어.

A: Was your childhood difficult?

B: I know what it's like to be in trouble.

A: 어린 시절이 어려웠어?

B: 어렵게 산다는게 어떤건지 알고 있어.

A: Have you had to work somewhere besides the US?

B: I don't know what it's like to live overseas.

A: 미국이 아닌 다른 곳에서 일해야 했어?

B: 난 해외에서 일하는게 어떤건지 몰라.

You don't know what it's like to lose everything

상대방이 경험부족이나 능력부족으로 …하는 것을 모를 때 조금 자랑질을 하면서 혹은 답답해 하면서 던질 수 있는 표현.

Point

▶ **You don't know what it's like to +V~** 넌 …하는게 어떤건지 몰라

You don't know what it's like raising seven children by myself.
혼자서 자식 7명을 키우는게 어떤건지 넌 몰라.

You don't know what it's like to hold your newborn baby in your arms.
품에 신생아를 안고 있는게 어떤건지 넌 몰라.

You don't know what it's like to turn away somebody who is irresistible! 너무나 유혹적인 사람을 외면하는게 어떤건지 넌 모를거야.

A: I was sorry to hear you went bankrupt.

B: You don't know what it's like to lose everything.

A: 너 파산했다고 들었는데 안됐다야.

B: 모든 걸 잃는다는게 어떤건지 넌 모를 거야.

You have no idea what it's like to care for somebody

같은 맥락이지만 don't know을 have no idea로 바꾼 것이다.

You have no idea what it's like to +V~ …하는 것이 어떤건지 넌 몰라

You have no idea what it's like to care for somebody.
누군가를 좋아한다는게 뭔지 너는 몰라

You have no idea what it's like to provide for a family
한 가정을 부양한다는게 어떤 것인지 넌 모를거야.

You have no idea what it's like to raise six kids.
아이를 여섯 키운다는게 어떤 건지 넌 몰라.

A: I see your leg is in a cast after your accident.

B: You have no idea what it's like to break your leg.

A: 사고로 다리에 깁스를 했구나.
B: 다리가 부러진다는 것이 어떤건지 넌 모를거야.

You can't imagine what it's like to be famous

don't know, have no idea도 모자라 더 강조하기 위해 "상상도 못할 것"이라고 할 때는 can't imagine 쓰면 된다.

▸ **You can't imagine what it's like to +V~** 넌 …하는게 어떤 것인지 상상도 못할거야
▸ **Can you imagine what it's like to +V~?** 넌 …하는게 어떤 것인지 상상이 돼?

You can't imagine what it's like to feel that your own body is a mistake. 네 신체가 하나의 실수라고 느끼는게 어떤건지 넌 상상도 못할거야.

Can you imagine what it's like to know your own kid is a murderer?
네 자식이 살인자라는 걸 알게 되는게 어떤건지 상상할 수 있겠어?

You can't imagine what it's like to be famous.
유명해진다는 것이 어떤 것인지 넌 상상도 못할거야.

A: Do you enjoy being a rock star?

B: You can't imagine what it's like to be famous.

A: 록스타가 되니까 좋아?
B: 유명해진다는게 어떤건지 넌 상상도 못할 거야.

Do you know what it's like to grow old, Detective?

반대로 상대방이 "…하는게 어떤 것인지 아냐?"고 물어볼 때 사용하는 표현들이다.

▸ **Do you know what it's like to +V~?** 넌 …하는게 어떤 것인지 알아?
▸ **Do you have any idea what it's like to +V~?** 넌 …하는게 어떤 것인지 알기나해?

Do you have any idea what it's like to be accused of something that you didn't do? 하지도 않은 일로 기소당하는게 어떤건지 알기나해?

Do you know what it's like to grow old, Detective?
형사님, 늙는다는게 뭔지 알아요?

Do you know what it's like never hearing English?
영어를 전혀 듣지 못한다는게 어떤건지 알아?

A: Do you know what it's like to be accused of stealing?

B: No, I've always been very honest.

A: 절도죄로 기소되는게 어떤건지 알아?
B: 아니, 난 항상 올바르게 살았거든.

052 I got to the point where~
···하는 지경에 이르렀어

다시한번 추상적 공간으로 쓰이는 where의 경우. ~point where~는 '···하는 지점'이라는 말로 전체적으로는 "···하는 지점, ···하는 지경에까지 이르렀다"라는 뜻.

Point

■ **I got to the point where S+V~** ···하는 지경[단계]에 이르렀어
■ **I reached a point where S+V~** ···하는 지경[단계]에 다다랐어
■ **It got to the point where S+V~** ···하는 지경[단계]에 다다랐어

You just reach a point where you can't live a lie anymore.
넌 더이상 거짓말하며 살 수 없는 지경에 다다랐어.

By August, it got to the point where everything was so awkward.
8월까지는 모든게 다 어색한 지경에 이르렀어.

It's come to that point where I can't even look at myself in the mirror.
난 거울 속의 나 자신을 쳐다볼 수 없는 지경에 이르렀어.

I got to the point where I couldn't sleep at night.
난 밤에 잠을 이룰 수 없는 정도에 이르렀어.

I got to the point where I played computer games daily.
난 매일 컴퓨터 게임을 하는 지경에 다다랐어.

A: Why did you decide to quit your job?
B: I got to the point where I hated waking up.
A: 왜 직장을 그만둔거야?
B: 아침에 일어나는게 싫어질 정도까지 됐어.

A: You go to bed a lot earlier these days.
B: I reached a point where I was always sleepy.
A: 요즘 너 아주 일찍 자더라.
B: 이제는 계속 졸리기만 해.

We're at the point where we may break up

역시 같은 의미로 "···한 지경(the point where)에 처해 있다"(be at)라는 패턴.

Point

▶ **be at the point where S+V~** ···한 지경이다, ···한 단계이다
▶ **be beyond the point where S+V ~** ···한 단계를 넘어서다
▶ **up until the point where[that] S+V** ···을 하기 전까지

Mindy was at the point where she was starting to see the real Henry.
민디는 헨리의 진면목을 보기 시작하는 단계에 이르렀어.

His pain was beyond the point where we could even pretend to treat it. 걔의 고통은 우리가 치료하는 척할 수 있는 단계를 넘어섰어.

He was your best friend. For years. Right up until the point where he had sex with my wife.
걘 오랫동안 내 절친였어. 걔가 내 아내와 섹스를 하기 전까지는.

A: You guys don't seem to get along anymore.
B: We're at the point where we may break up.
A: 너희들 잘 지내는 것 같지가 않아.
B: 우리는 헤어질 수도 있는 단계에 와있어.

003 There comes a time when you have to grow up

a time when S +V는 "…하는 때"라는 말이고 그런 때가 comes한다는 의미. 즉 "…하는 때가 오다," "…하는 때가 오게 되어 있어"라는 의미의 표현이 된다. time 대신에 point나 moment를 써도 된다.

▶ **There comes a time when~** …한 때가 올거야, …할 때가 와, …하는 시기가 와
▶ **There comes a point[moment] when~** …한 때가 올거야, …할 때가 와, …하는 시기가 와

There comes a moment when she realizes that her mother might be more messed up than she is.
여자의 인생에서는 자기 엄마가 본인보다 더 형편없다는 걸 깨닫는 순간이 와.

There comes a point when we must stop protecting what we have.
우리는 소유물을 지키려는 것을 멈춰야 하는 때가 오게 되어 있어.

There comes a time when people change.
사람들은 변하는 때가 오게 되어 있어.

A: I see you gave up playing World of Warcraft.
B: There comes a time when you have to grow up.

A: 월드오브워크래프트 게임을 그만뒀네.
B: 사람은 철들 때가 오기 마련이지.

---

004 There is a point where you get fed up

"지겨워지는 때가 있기 마련이야"이란 말로 여기서도 point where은 '…하는 지점'이란 뜻으로 There's point where~하게 되면 "…하는 때가 있기 마련이다"라는 의미로 쓰이게 된다.

▶ **There is a point where S +V** …하는 때가 있기 마련이야

There is a point where a couple can get too comfortable.
커플은 너무 편안해질 수 있는 때가 있기 마련이야.

There is a point where we all get stressed.
우리 모두 스트레스를 받을 때가 있기 마련이야.

There is a point where we must get older.
우리는 늙어가는 때가 있기 마련이야.

A: Why did you get so angry at Raj?
B: There is a point where you get fed up.

A: 너 왜 그렇게 라지한테 화를 낸거야?
B: 지겨워지는 때가 있기 마련이야.

---

005 There were times when we had nothing to eat

There were times when~ 역시 "…할 때가 있었다," "…하는 시절이 있었어"라는 의미. 과거형으로 There was~가 아니라 There were~로 써야 한다.

▶ **There were times when S +V~** …할 때가 있었어, …하는 시절이 있었어

There were times when Sam wanted to quit.
샘이 그만두기를 원했던 때가 있었어.

There were times when I didn't believe you.
내가 너를 믿지 못했던 때가 있었어.

There were times when you were a nuisance.
네가 골칫거리였던 적이 있었어.

A: Was it difficult being poor?
B: There were times when we had nothing to eat.

A: 가난으로 사는게 힘들었어?
B: 먹을게 없던 시절도 있었어.

What I'm saying is ~

내 말은 …거야

What I'm saying is~ 구문은 내가 말하고자 하는 내용을 강조하거나 혹은 한 마디로 정리하고자 할 때 유용한 구문. What I'm trying to say is that~ 역시 자신이 말하고자 하는 핵심을 S+V에 정리하는 구문. 조금 부드럽게 하려면 I guess what I'm trying to say is that~이라고 하면 된다.

Point

- **What I'm saying is S+V** 내 말은 …거야
- **What I'm trying to say is that S+V** 내가 말하려는건 …하다는거야
- **I guess what I'm trying to say is that S+V** 내가 하고 싶은 말은 …하기도 하다는거지

What I'm saying is, I'm not an anthropologist.
내말은 난 인류학자가 아니라는거야.

What I'm saying is we reap what we sow.
내 말은 뿌린 대로 거둔다는 거다.

What I'm saying is Chris likes you.
내말은 크리스가 너를 좋아한다는거야.

What I'm saying is the perp isn't who you think it is.
내 말은 범인은 네가 생각하는 그런 사람이 아냐.

What I'm trying to say is that it's been a while since I've been out on a date.
내가 말하고자하는건 내가 데이트를 안한지가 꽤 되었다는거야.

A: Don't you like my report?

B: What I'm saying is I would write it differently.

A: 내 보고서가 마음에 안들어?

B: 내 말은 나라면 다르게 썼을 거라는 거야.

A: So you feel that I am a total loser?

B: What I'm saying is you need to change your life.

A: 그럼 넌 나를 완전히 멍충이로 생각한다는거지?

B: 내가 말하려는 건 네 인생을 바꿔야 된다는거야.

What I'd like to say is you were right

역시 자기가 말하고 싶은 말을 정리하는 표현. 이번에는 would like to say나 want to say를 써서 "내가 말하고 싶은 것은 …이다"라고 좀 더 분명히 말하는 경우이다. 또한 What I'd like to do is~는 "내가 하고 싶은 것은 …이다"라는 의미.

Point

▸ **What I'd like[want] to say is S+V** 내가 말하고 싶은 건 …야
▸ **What I'd like[want] to do is+V~** 내가 하고 싶은 것은 …이야

What I'd like to say is you were right.
내가 말하고 싶은 건 네말이 맞았다는거야.

What I'd like to say is that I'm pregnant
내가 말하고 싶은 건 내가 임신했다는거야.

What I'd like to say is you owe me a lot.
내가 말하고 싶은 건 넌 내게 빚진게 많다는거야.

A: What did you need to tell me?

B: What I'd like to say is you make me happy.

A: 넌 내게 무슨 말을 하려 한거야?

B: 내가 말하고 싶은 건 너 때문에 내가 행복하다는거야.

003 What I mean to say is we're very sorry for your loss

"내가 말하려는건 애도를 표현한다는 것입니다"라는 의미. 자기 말의 진의를 제대로 전달하기 위해 다시 한번 정리해주는 표현.

Point
▸ **What I mean to say is S+V** 내가 말하려는건 …야
▸ **What I mean to say is know S+V** 내가 말하려는건 …을 알고 있다는거야

What I mean to say is we're very sorry for your loss.
내가 말하려는건 깊은 조의를 표현한다는거야.

What I mean to say is know that it was hard for you.
내가 말하려는건 그게 너한테 힘들었다는 걸 알고 있다는거야.

What I mean to say is, I was thinking of you today -- of all of you.
내가 말하려는건 난 오늘 너희 모두를 생각하고 있었다는거야.

A: Are you sure Arthur was arrested?
B: What I mean to say is the police took him away.

A: 아더가 체포된게 확실해?
B: 내가 말하려는건 경찰이 걔를 연행했다는거야.

---

004 What I can tell you about that is I'm impressed

이 문장은 "내가 그거에 대해 네게 말해줄 수 있는 것은 내가 감동받았다는거야"라는 뜻. what으로 시작하는 주어부가 상당히 길어졌다. 역시 자기가 말하고자 한 내용을 요약, 강조하는 패턴이다.

Point
▸ **What I can you tell is S+V** 내가 말해줄 수 있는 것은 …이야

What I can tell you about that is I'm impressed.
내가 그거에 대해 네게 말해줄 수 있는 것은 내가 감동받았다는거야.

What I can tell you conclusively is that Jack was already on borrowed time.
내가 단정적으로 말해줄 수 있는 것은 잭은 이미 덤으로 주어진 시간을 살고 있다는거야.

What I can tell you is that, you'll see things there that you never imagined. 내가 말해줄 수 있는 것은 네가 상상도 못했던 것들을 거기서 보게 될거라는거야.

A: I need to know what happened in here.
B: What I can you tell is we had a big argument.

A: 여기서 무슨 일이 일어났는지 알고 싶어.
B: 내가 말해줄 수 있는 건 우리가 크게 다투었다는거야.

---

005 What I want to know is, what did it mean?

"내가 알고 싶은 건 그게 무슨 의미였냐는거야"라는 문장. 역시 자기 말의 포인트를 정리해주는 패턴으로 "내가 알고 싶은 것은 …이다"라는 의미이다.

Point
▸ **What I'd like to know is what[how, why] S+V** 내가 알고 싶은 것은 …야
▸ **What I'd like to know is "V+S?"** 내가 알고 싶은 건, …야?

What I'd like to know is how did Jimmy know to get out of town?
내가 알고 싶은건 어떻게 지미가 마을에서 빠져나가는 방법을 알았냐는거야.

What I want to know is, did you fly with Tom the day he died?
내가 알고 싶은건 탐이 죽는 날 걔와 같이 비행을 했냐는거야.

What I'd like to know is why Jill is absent.
내가 알고 싶은건 질이 왜 결석을 했냐는거야.

A: Someone stole my wallet from my pants.
B: What I'd like to know is how they did it.

A: 누가 내 바지에서 지갑을 훔쳐갔어.
B: 내가 알고 싶은건 어떻게 훔쳐갔냐는 거야.

What I would suggest is you wait until morning

"내가 제안하는 것은 …이다"라는 말로 역시 자기가 제안하는 내용을 다시 한번 일목요연하게 정리하는 표현법이다.

▶ **What I would suggest is S+V** 내가 제안하고자 하는 건 …이야, …하면 어떨까

What I would suggest is we send a letter of withdrawal to end-run the conflict. 갈등을 피하기 위한 서신을 우리가 보내면 어떨까.

What I would suggest is you wait until morning.
네가 내일 아침까지 기다리면 어떨까.

What I would suggest is you tell her immediately.
네가 당장 걔한테 말하는게 어떨까.

A: I've been having problems with my girlfriend.

B: What I would suggest is you ask her what is wrong.

A: 내 여친과 문제가 있어.
B: 걔한테 무엇이 잘못된 건지 물어보는 게 어떨까.

What I remember most is about Bree

"내가 가장 기억하는 건 브리에 관한 것이야"라는 문장으로 자기가 기억하는 것을 다시 정리 확인해보는 표현이다.

▶ **What I remember is about[~ing]** 내가 기억하는건 …하는거야
▶ **What I remember most is how~** 내가 가장 기억하는건 어떻게 …했냐는거야

What I remember is sweating like a pig.
내가 기억하는건 땀을 많이 흘린 것이야.

What I remember was you asking me to the movies tonight.
내가 기억나는건 네가 내게 오늘밤에 영화보러가자고 한거였어.

What I remember the most is how afraid I was.
내가 얼마나 무서웠는지가 가장 기억이 나.

A: Tell me all about your trip to France.

B: What I remember is about visiting the museums.

A: 프랑스 여행한 거 얘기 좀 해줘.
B: 내가 기억하는건 박물관에 갔던거야.

What I don't understand is how you can lie to a pastor in church

"내가 이해할 수 없는 건 어떻게 교회에서 목사님께 거짓말을 할 수 있냐는 거야"라는 문장. 자기가 이해할 수 없는 상황이 발생하였을 경우에 그 놀람과 당황을 강조하면서 던지는 표현.

▶ **What I don't understand is how ~** 내가 이해안되는 건 어떻게 …하느냐는거야
▶ **What I understand is~** 내가 이해하는건 …이야

What I don't understand is why Jason wouldn't make this trip.
내가 이해할 수 없는건 제이슨이 왜 이 여행을 하지 않으려는거야.

What I don't understand is how a brilliant young man like Chris could've thrown away everything.
내가 이해할 수 없는건 크리스같이 촉망받는 젊은이가 왜 만사를 다 때려치웠는지 몰라.

What I understand we're just in very different places right now.
내가 이해하는건 우리가 지금 서로 매우 다른 입장에 있다는거야.

A: A friend from elementary school came by yesterday.

B: What I don't understand is how he found your house.

A: 초등학교 친구가 어제 들렀어.
B: 내가 이해안되는 건 어떻게 네 집을 찾았냐는거야.

PATTERN 009 What you did isn't a crime

'네가 한 것' 이라는 어구로 미드에서 많이 볼 수 있다. what you did가 what you did is~, what you did was~처럼 주어로 쓰이는 경우와 what you did가 동사 know의 목적어로 쓰인 경우를 살펴보자.

Point

▸ **What you did is[was]~** 네가 한 것은 …야[였어]   ▸ **I know what you did~** 네가 뭐했는지 알고 있어

What you did isn't a crime.
네가 한 짓은 범죄가 아냐.

I want to say something to you before you go. What you did was wrong. 네가 가기 전에 뭔가 말해주고 싶어. 네가 한 짓은 잘못된 거였어.

I really hate you for what you did to Rachel.
네가 레이첼에게 한 짓 때문에 네가 정말 싫어.

A: I gave my salary to help the homeless.
B: What you did was very kind.

A: 노숙자를 돕기 위해 내 급여를 줬어.
B: 넌 정말 착한 일을 한거야.

PATTERN 010 What I did the other night was juvenile

"요전날 밤에 내가 한 짓은 유치한 짓이었어" 이번에는 what I did가 주어로 쓰인 경우. what I did 혹은 what I did to you~ 등의 형태로 주어로 쓰인다.

Point

▸ **What I did is ~** 내가 한 짓은 …야   ▸ **What I did to you was~** 내가 너에게 한 짓은 …였어

What I did may be the worst thing I ever did.
내가 한 짓은 내가 여짓껏 한 일 중 최악이야.

What I did to you was very untrustworthy of me.
내가 너에게 한 짓은 나에 대한 신뢰를 저버린거였어.

What I did to you was teach an important lesson.
내가 네게 한 짓은 중요한 교훈을 가르치기 위한거였어.

A: I can't believe you let me fail the class.
B: What I did to you was teach you to study more.

A: 내가 시험에 낙제하도록 놔두다니 믿을 수가 없어.
B: 내가 네게 한 짓은 네가 공부를 더 하도록 가르치기 위한거였어.

PATTERN 011 What I'm curious about is whose gun was it?

"내가 궁금한 건 저게 누구의 총이냐는거야?" 이처럼 what을 주어부로 내세우고 자기의 말을 핵심적으로 전달하는 방법은 아래와 같이 여러 방법이 있다.

Point

▸ **What I'm curious about is S+V** 내가 궁금한 건 …야
▸ **What I'm not getting is S+V** 내가 이해못하겠는 건 …야

What I'm not getting is this.
내가 이해못하겠는건 바로 이거야.

What I'm doing down there could be a little dangerous.
내가 거기에 내려가는건 좀 위험할 수도 있어.

What I'm worried about is that you don't seem to have a soul.
내가 걱정하는 것은 네게 영혼이 없는 것처럼 보인다는거야.

A: I have arranged the entire meeting.
B: What I'm not getting is you didn't invite me.

A: 내가 회의 전체를 준비했어.
B: 내가 이해못하겠는건 네가 나를 초대하지 않았다는거야.

What you need ~
네게 필요한 것은 …야

"네게 필요한 것은 …하는거야"라는 문장. What you need is~ 는 상대방이 뭘 필요로 하는지 분명하고 명확하게 그리고 간결하게 전달하는 패턴이다.

> **Point**
>
> ■ **What you need is~** 네게 필요한 것은 …야

What you need is a good divorce lawyer.
네게 필요한 것은 능력있는 이혼변호사야.

What you need is a husband.
네게 필요한 것은 남편이야.

What you need is come clean and cooperate.
네게 필요한 것은 자백하고 협조하는거야.

What you need is a good night's sleep.
네게 필요한 것은 숙면이야.

What you need is a better smart phone.
네게 필요한 것은 더 나은 성능의 스마트 폰이야.

A: I have a massive headache this morning.
B: What you need is a few aspirin.

A: 오늘아침에 두통이 심했어.
B: 네게 필요한 것은 아스피린 몇알이야.

A: It's too difficult to do housework.
B: What you need is someone to help you.

A: 숙제를 하는게 너무 힘들어.
B: 네게 필요한 것은 너를 도와줄 사람이야.

What you need to do is to change the subject

뜻은 "네가 해야 되는 건 화제를 바꾸는거야" 마찬가지로 상대방에게 조언하는 문장으로 You need to~의 내용을 강조전달하는 방법이다.

> **Point**
>
> ▶ **What you need to is S+V** 네가 해야 되는 것은 …야
> ▶ **know what you need to do** 네가 해야 되는 것을 알다

What you need to do is focus on things that make you happy.
네가 해야 되는 것은 널 즐겁게 해주는 일들에 집중하는거야.

I think what you need to do is go sit somewhere in a quiet place.
네가 해야 할 일은 어디 조용한 곳에 가서 앉는거야.

I think you know what you need to do to get his attention.
걔의 관심을 끌기 위해서는 네가 무엇을 해야 하는지 네가 알 것 같은데.

A: Teresa is drunk and insulting all the guests.
B: What you need is her to leave.

A: 테레사는 취해서 모든 손님들을 모욕을 했어.
B: 네가 해야 되는건 걔를 내보내는거야.

What I need is a little information

"내가 필요한 것은 정보를 조금만 달라는거야"라는 의미로, 내가 필요한 게 뭔지 강조하면서 어필하는 구문. What I want is~라고 해도 된다.

▸ **What I need is S+V** 내가 필요로 하는 것은 …야
▸ **What I want is S+V** 내가 원하는 것은 …야

What I want is to get laid. What I need is to get laid.
내가 원하는 것은 섹스를 하는거야. 내가 필요로 하는건 섹스야.

What I need is a lawyer, which means this conversation is over.
내가 필요로 하는건 변호사야, 이 말은 이 대화는 이제 끝이라는거야.

What I need is I need to know if it's okay with you if I go out with him. 내가 필요로 하는건 내가 걔와 데이트를 해도 네가 괜찮은지 알아야 된다는거야.

A: You look more tired than usual.

B: What I need is a week away from the office

A: 너는 보통때보다 훨씬 피곤해보여.
B: 내가 필요한 것은 일주일간 사무실에 나가지 않고 쉬는거야.

What I need to do is find a place to hide

"내가 해야 할 일은 숨을 곳을 찾는거야"라는 문장. 자기가 지금 당장 해야 되는 '최우선순위'가 무엇인지 한마디로 요약정리하는 표현.

▸ **What I need to do is+V[S+V]** 내가 해야 되는 건 …야
▸ **~do what I need to+V** 내가 해야 되는 것을 하다

What I need to know is everything you can find out about my new client.
내가 알아야 되는 건 내 새로운 의뢰인에 대한 모든 사항이야.

I will do what I need to do to find the man responsible.
책임자를 찾기 위해 내가 해야 되는 것을 난 할거야.

Tell me what I need to know about Denny's heart, Dr. Bailey.
닥터 베일리, 대니의 심장에 대해 내가 알아야 할 사항이 있어.

A: It's time for us to finish up for the night.

B: What I need to do is get something to eat.

A: 우리 오늘밤은 이쯤에서 끝내자.
B: 내가 해야 되는건 뭔가 좀 먹는거야.

All I'm asking is ~

내가 바라는 것은 단지 …

PATTERN 001

"내가 묻는 거라고는 …야"라는 말로 "내가 바라는 것은 단지 …일 뿐이다"라는 표현. 다른 것은 바라지 않으니 이것만은 꼭 들어 주라는 의미가 함축적으로 내포되어 있다.

Point

- **All I'm asking is that S+V** 내가 바라는 것은 …야
- **All I'm asking is where S+V** 내가 바라는 것은 어디서 …야

All I'm asking is that you don't judge.
내가 바라는거라고는 네가 비난하지 않는거야.

All I'm asking is that once in a while you check in with me.
내가 바라는거라고는 네가 가끔씩 내게 연락해주는거야.

All I'm asking is please don't say anything horrible about me.
내가 바라는건 나에 관한 어떤 끔찍한 얘기도 하지 말아달라는거야.

All I'm asking is that we wait for a while.
내가 바라는건 우리가 잠시동안 기다리는거야.

All I'm asking is that you talk to the cops.
내가 바라는건 네가 경찰과 얘기하는거야.

A: I really hate going out on blind dates.

B: All I'm asking is that you meet this guy.

A: 난 정말로 소개팅나가는거 싫어.

B: 넌 이 친구를 만나기만 하면 돼.

A: The message he sent me was supposed to be private.

B: All I'm asking is that you forward the e-mail.

A: 걔가 내게 보낸 메시지는 사적인 것이 어야 되는데.

B: 넌 이메일을 전달만 해.

PATTERN 002

All I'm asking is for you to tell me how to find her

이 문장은 "내가 너에게 바라는 건 걔를 찾을 방법을 알려달라는 것 뿐이야"라는 것으로 앞의 패턴과 동일한 의미이나 형태가 S+ V가 아닌 to+V가 이어지거나 for sb to+V를 쓴다는 점이 다를 뿐이다.

Point

▶ **All I'm asking for is~** 내가 부탁하는 건 단지 …야
▶ **All I'm asking is to~** 내가 바라는 건 …하는 거야
▶ **All I'm asking is for you to~** 내가 너한테 바라는 건 …하는 거야

All I'm asking is for a quick visit.
내가 부탁하는건 단지 잠시 들러달라는거야.

All I'm asking you is to go out and play a little bit of ball. Is that such a big deal? 내가 네게 부탁하는건 나가서 공놀이 좀 하라는거야. 그게 그렇게 어렵냐?

All I'm asking is to have a taste of your food.
내가 바라는건 네 음식을 맛 좀 보라는거야.

A: Why do you keep saying this medicine is dangerous?

B: All I'm asking is to stop using it for a while.

A: 왜 계속 이 약이 위험하다고 말하는 거야?

B: 내가 바라는 건 단지 잠시동안 약복용 을 중단하라는거야.

003 All I want is for the bastard to rot in jail

"내가 바라는 건 저 녀석이 감방에서 썩는거야"라는 문장으로 "내가 원하는 건 오로지 …이다"라는 말. 자신이 간절히 원하는 것을 표현하는 방식이다.

Point

▶ **All I want is to~** 내가 원하는 것은 오로지 …이야(All I want is for sb to 내가 원하는 것은 …가 …하는거야)

▶ **All I want is+N (that S+V)** 내가 원하는 것은 …야(All I want is what~ 내가 원하는 것은 …이야)

All I want is 10 minutes of peace and quiet.
내가 바라는건 오직 10분간의 평온함이야.

All I want is the same respect that you gave your dead mother.
내가 바라는건 오직 네가 돌아가신 네 어머니에게 보여줬던 것과 같은 존경심이야.

All I want is what's best for my child, for Tom's child.
내가 바라는 건 오직 내 아이와 탐의 아이에게 가장 최선인 것이야.

A: How do you feel when you get home at night?
B: All I want is to sit down and watch TV.

A: 밤에 집에 오면 기분이 어때?
B: 내가 바라는 건 앉아서 TV를 보는 거야.

004 All I wanted to do was help her

"내가 원했던 것은 오직 걔를 돕는 거였어"라는 문장으로, 내가 과거에 하고 싶었던 것은 오직 …였어라고 과거에 자기가 바랬던 것을 말하는 표현법.

Point

▶ **All I wanted to do is~** 내가 바랬던 것은 오직 …뿐이었어

▶ **All I wanted to know is~** 내가 알고 싶었던 것은 오직 …뿐이었어

So when I got home all I wanted to do was sleep.
그래서 내가 집에 도착했을 때 내가 바랬던 것은 오직 자는 것이었어.

All I want to know is, did two of your detectives harass a diplomatic attache? 내가 알고 싶은 것은 말야, 너희 두 형사가 한 외교관을 괴롭혔다는거야?

All I want to know is if the boy can take the stand.
내가 알고 싶은 것은 그 소년이 증언대에 설 수 있느냐야.

A: You and your wife seem to have a great marriage.
B: All I wanted to do was make her happy

A: 네 부부는 정말 멋진 결혼생활을 하는 것 같아.
B: 내가 바랬던 것은 오직 걔를 행복하게 해주는거였어.

005 All I wanted was for us to start over

All I wanted was~의 형태로 주어부에 to~를 빼고 대신 의미상의 주어를 for sb의 형태로 넣어주고 있다. 과거에 바랬던 것을 was 이하에 이어서 말하면 된다.

Point

▶ **All I wanted was~** 내가 원했던 것은 …하는 거야

▶ **All I wanted was for sb to~** 내가 원했던 것은 …가 …는 것이었어

All I wanted was to see the paramedics helping Pete.
응급요원들이 피트를 돕는 것만 확인하고 싶었어

All I wanted was for us to start over. And you didn't even try.
내가 원했던 것은 우리가 다시 시작하는거였는데 넌 시도조차 하지 않았어.

When I was your age, all I wanted was to be a musician.
내가 너 나이때, 오직 음악가가 되기를 원했어.

A: I heard you went to see your dying friend.
B: All I wanted was a chance to say good bye.

A: 죽어가는 친구를 면회하러 갔다며.
B: 내가 원했던 것은 작별인사할 기회였어.

006 All I need is three weeks

"내가 필요로 하는 것 딱 3주야" 계속해서 **All~** 시리즈를 알아보도록 한다. **All I need~**는 "내가 필요한 것은 오직 …뿐이야"라는 뜻으로 자신이 필요한 것을 강조하는 표현법이다.

Point
▸ **All I need is +N** 내가 필요한 것은 오직 …뿐이야
▸ **All I need is S+V** 내가 필요한 것은 …하는 것이야

All I need is an AIDS test and a morning after pill.
내가 필요한 것은 에이즈 검사와 사후 피임약이야.

All I need is a little time.
내가 필요한 것은 단지 조금의 시간일 뿐이야.

All I need is your guest list.
내가 필요한 것은 네 방문객 명단이야.

A: How are you going to pass the exam?
B: All I need is books to study with.

A: 넌 어떻게 시험을 통과할거야?
B: 내가 필요한 것은 공부할 책들이야.

007 All I need is the bullet you pulled from him

"내가 필요한 것은 걔한테서 나온 총알이야" **All I need is +N**까지는 동일하나 **N** 뒤에 수식어구가 붙어서 길어진 경우.

Point
▸ **All I need is +N to~** 내가 필요한 것은 …한 …야
▸ **All I need is +N S+V~** 내가 필요한 것은 …한 …야

All I needed was the money to pay for the test.
내가 필요로 했던 것은 단지 검사비였어.

But **all I needed was** someone to give me money.
하지만 내가 필요로 했던 것은 내게 돈을 줄 사람이었어.

All I need is Dr. Milton to keep him under.
내가 필요로 하는 것은 밀튼 박사가 걔를 통제하는거야.

A: Do you like living out in the country?
B: All I need is a car to get to work.

A: 너 시골에서 사는거 좋아해?
B: 내가 필요로 하는 것은 출근할 자동차 뿐이야.

008 All I need is for you to authorize these tests

이번에는 **All I need is** 다음에 필요한 것을 **to+V**, 혹은 **for sb to+V**의 형태로 써보는 연습.

Point
▸ **All I need is to+V** 내가 필요한 것은 오직 …하는거야
▸ **All I need is for sb to+V** …가 필요한 것은 …가 …하는거야

All I need is for you to authorize these tests.
내가 필요한 것은 네가 이 실험들을 인가해주는거야

All I need is to pull this off for two more days.
내가 필요한 것은 추가 이틀동안 이것을 해내는거야.

All I need is to tell you what to do and you do it.
내가 필요한 것은 넌 내 지시만 따르면 된다는거야.

A: Are you ready to leave on our trip?
B: All I need is to find my missing cell phone.

A: 우리 여행갈 준비됐어?
B: 내가 필요한 것은 잃어버린 핸드폰을 찾는거야.

All I need to know is you're my brother, Peter

지금까지와는 다르게 All I need 다음 to+V을 넣어 '…해야 되는지'(to do), '알아야 되는지'(to know) 등을 주어부에서 언급하는 경우.

Point

▸ **All I need to do is ~** 내가 해야 되는 건 오직 …야
▸ **All I need to know is~** 내가 알아야 되는 건 오직 …야(All I need to tell is~ 내가 말해야 되는 건 오직 …야)

All I need to know is you're my brother, Peter.
내가 알아야 되는 건 네가 나의 동생이라는거야, 피터야

All I need to do is reach over and put it in my mouth.
내가 해야 되는 것은 손을 뻗어서 그걸 내 입 안에 넣으면 돼.

All I need to know is that the most persuasive and powerful man I've ever met is on my side.
내가 알아야 되는 것은 지금까지 만난 사람중에서 가장 설득력이 있고 강력한 사람이 우리편이라는 것야.

A: Doesn't it get hot in here in the summer?
B: All I need to do is turn on the air conditioner.

A: 여름에 여기 덥지 않아?
B: 난 에어콘을 켜기만 하면 돼.

All you need is a credit card

"네가 필요한 것은 신용카드 뿐이야"라는 문장으로, 이번에는 반대로 상대방에 꼭 필요한 것이 무엇인지 말해주는 문장이다.

Point

▸ **All you need is~** 네가 필요한 것은 …야
▸ **All you need to know is~** 네가 알아야 되는 것은 오직 …야

All you need is to write them a song.
네게 필요한 것은 오직 걔네들에게 노래를 써주는거야.

All you need is a little moisture and enough time.
네가 필요한 것은 약간의 습기와 충분한 시간이야.

All you need to know is your captain signed off on it.
네가 알아야 되는 것은 네 선장이 그걸 승인했느냐이다.

A: Where did the cops take those thugs?
B: All you need to know is that they are in jail.

A: 저 깡패들을 경찰이 어디로 끌고갔어?
B: 네가 알아야 되는건 걔네들이 감방에 있다는거야.

056

All I'm saying is ~

내 말뜻은…

001

자기의 생각이나 의사가 제대로 소통하도록 혹은 강조하기 위해 정리해서 말할 때 사용하는 표현으로 이 패턴은 "내 말의 요지는 …이야"라는 의미의 문장이다.

Point

- **All I'm saying is (that) S+V** 내 말뜻은 …이야, 내 말의 요지는 …야
- **All I'm saying is if S+V, then~** 내 말뜻은 만약 …한다면 …한다는거야

All I'm saying is next time it could be you.
내 말의 요지는 다음번은 네차례가 될 수도 있다는거야.

All I'm saying is that this girl was raped and kidnapped and nobody in her family even noticed.
내 말뜻은 이 소녀는 강간당하고 납치되었는데 가족들은 아무도 이 사실조차 모르고 있다는거야.

All I'm saying is I'm getting sick of being treated like a second-class citizen around here.
내 말뜻은 난 여기서 이류시민으로 취급받는거에 짜증이 난다는거야.

All I'm saying is that if you have money you get a better kind of service.
내 말뜻은 네게 돈이 더 있다면 넌 더 좋은 서비스를 받을 수 있다는거야.

All I'm saying is if we're stuck here, then just surviving's not gonna cut it.
내 말뜻은 우리가 여기에 쳐박혀 있으면 생존가능성은 희박할거라는 말이야.

A: I don't think I want to eat squid.

B: All I'm saying is that it is delicious.

A: 난 오징어를 먹고 싶지 않아.

B: 내 말뜻은 그게 맛있다는거야.

A: I have no free time to start gardening.

B: All I'm saying is that hobbies are relaxing.

A: 가드닝을 시작할 만한 시간이 없어.

B: 내 말뜻은 취미를 가지면 마음이 편안해진다는거야.

002

All I have to say is that she has lied before

"내가 말해야 하는 것은 …이다"라는 의미. have to 대신에 got to → gotta를 써도 된다.

Point

▸ **All I have to say is~** 내가 말해야 하는 모든 것은 …야, 내가 말할 수 있는 전부는 …야
▸ **All I gotta say is~** 내가 말해야 하는 모든 것은 …야, 내가 말할 수 있는 전부는 …야

All I have to say is I hate being around snakes.
내가 말할 수 있는건 난 뱀가까이 가는걸 싫어해.

All I have to say is that she has lied before.
내가 말할 수 있는건 걔가 전에도 거짓말했다는거야.

All I have to say is the deadline is coming.
내가 말할 수 있는건 마감일이 다가오고 있다는거야.

A: Some men were running in your apartment's hall.

B: All I have to say is I hate my neighbors.

A: 몇몇 남자들이 네 아파트 복도를 뛰어다녔어.

B: 내가 말할 수 있는건 난 이웃들이 싫어.

All I can say is that I'm sorry

"미안하다고 하는 말밖에는 할 말이 없어"라는 의미의 문장. 판단이 안서거나 정보부족으로 아직 확신이 없을 때 혹은 실수하거나 잘못을 한 경우 알아서 기면서 조심스럽게 할 수 있는 말이다.

Point

▸ **All I can say is S+V~** 내가 말할 수 있는 건 …밖에 없어, …밖에 달리 할 말이 없어

All I can say is that my Mom would never bail on my Dad like that.
내가 말할 수 있는 건 엄마가 아빠를 저렇게 바람맞힌 적이 없었어.

All I can say is I hope she hasn't contacted him yet.
아직 그 변호사가 걔한테 연락하지 않았길 바랄 뿐이야.

All I can say is that neither one of you is entirely wrong.
내가 할 수 있는 말이라곤 너희들 중 누구도 완전히 틀리지 않았다는거야.

A: I heard your dream is to be a politician.
B: All I can say is I want to be in government.

A: 네 꿈이 정치가가 되는거라며.
B: 내가 말할 수 있는건 난 정부에서 일 하고 싶다는거야.

"Hey"? Is that all you have to say to me?

상대방이 뭔가 말을 더 해줘야 하는데 말을 아주 짧게 했을 경우, 좀 기가 막혀하면서 할 말이 그 말 밖에 없다고 쏘아붙이는 문장.

Point

▸ **All you have to say is~ ?** 너 해야 되는 말이 …밖에 없어?

I have told every woman in this town that we are getting married and all you have to say to me is, "I don't know?"
난 마을의 모든 여자에게 우리가 결혼한다고 말했는데 넌 고작 내게 "몰라"라는 말 밖에 할 말이 없는거야?

Your friend gets busted for dealing drugs at school, and all you have to say is, "I guess"?
네 친구가 학교에서 마약을 팔다 잡혔는데 넌 "그러게요"라는 말외에는 할 말이 없는거야?

"Hey"? Is that all you have to say to me?
"안녕"? 너 나한테 할 말이 그거 밖에 없냐?

A: I'm so sorry that I cheated on you.
B: All you have to say is you're sorry?

A: 바람을 펴서 정말 미안해.
B: 미안하다는 말밖에 할 말이 없어?

All I heard was, "Scream and I'll kill you"

수사관 등의 심문에 답변할 때 많이 쓰이는 표현으로, "나는 단지 …라는 말밖에는 다른 소리는 듣지 못했다"라고 할 때 쓰인다.

Point

▸ **All I hear is~** 들리는 거라고는 …밖에 없어
▸ **All I heard is~** 내가 들은 거라고는 …밖에 없어

Well, all I hear is "I love you, I love you, I love you."
저기, 들리는 거라고는 "사랑해, 사랑해, 사랑해"라는 말밖에 없어.

All I hear from his bedroom is "Oh Fez, you're so hot."
걔 침실에서 들리는 소리로는 "오, 크리스, 너무 섹시해"라는 말밖에 없어.

All I heard was, "Scream and I'll kill you."
내가 들은 거라고는 "소리지르면 널 죽이겠어"라는 말 뿐이야.

A: Is it difficult to work in an office all day?
B: Yes. All I hear is complaints from my co-workers.

A: 온종일 사무실에서 일하는게 힘들어?
B: 어. 들리는 거라고는 동료들 불평뿐이야.

All we have to do is ~
우리가 해야 할 일은 …

001

CSI 요원들에게 딱 어울리는 문장. 우리가 해야 할일의 중요성을 강조하는 문장. "우리가 해야 할 일은 …이다"라고 말하는 것으로 have to 대신에 got to[gotta]를 써서 All we gotta do is~라고 해도 된다.

Point

- **All we have to do is~** 우리가 해야 할 일은 …야
- **All I have to do is~** 내가 해야 할 일은 …야
- **All we got to do is~** 우리가 해야 할 일은 …야
- **All I got to do is~** 내가 해야 할 일은 …야

All we have to do is prove it.
우리가 해야 할 일은 그걸 증명하는거야

All we have to do is find a guy who is willing to marry you.
우리 모두가 해야 할 일은 나랑 결혼할 사람을 찾는 것이야.

All we have to do now is write a prescription and have him pick up the pills.
이제 우리가 해야 할 일은 처방전을 써주고 걔가 약을 사게끔하는거야.

All I gotta do is pick up the phone.
내가 해야 할 일은 수화기를 들어 전화를 받는 것이야.

All I got to do is, uh, heat this thing up.
내가 해야 할 일은 이것의 열기를 뜨겁게 하는 것이야.

A: This car has blocked my parking space.
B: All we have to do is find the owner of it.

A: 이 차가 내 주차공간을 막고 있어.
B: 우리가 해야 할 일은 그 차의 주인을 찾는거야.

A: Has the doctor given you the health tests?
B: All I got to do is wait for a few weeks for the results.

A: 의사가 건강진단 결과를 줬어?
B: 내가 해야 할 일은 몇주 기다렸다 결과를 받는거야.

002

All you have to do is forgive her

"너는 걔를 용서하기만 하면 돼"라는 문장으로, 다시 말해 "네가 해야되는 일의 전부는 …이다," 즉 "너는 …하기만 하면 된다"라는 뜻의 표현이다. 역시 have to 대신에 got to, gotta를 써도 된다.

Point

▶ **All you have to do is~** 너는 …하기만 하면 돼
▶ **All you gotta do is~** 넌 …하기만 하면 돼

God if you want me to leave, all you have to do is say please.
내가 가기를 원한다면 넌 "제발"이라고 얘기하기만 하면 돼.

I'll order everything, and all you have to do is show up.
내가 다 주문할테니, 너는 그저 오기만 하면 돼.

All you gotta do is come up with a good idea.
너는 좋은 아이디어를 생각해내기만 하면 돼.

A: My pants got torn when I got off the subway.
B: All you have to do is buy a new pair.

A: 전철에서 내릴 때 바지가 찢어졌어.
B: 너는 바지를 새로 사기만 하면 돼.

Now **all I can do is** move on

PATTERN 003

"이제 내가 할 수 있는 일은 다음 일로 넘어갈 뿐이야"라는 문장으로 이처럼 나에게 남은 선택권이 얼마 남아 있지 않을 경우에는 All I can do is~ 라고 한다. 반대로 "All you can do is~"하게 되면 "네가 할 수 있는 것은 …하는 것 뿐이야"라고 상대방을 진정시키거나 자제시키는 문장패턴이 된다.

> ▸ **All I can do is+V** 내가 할 수 있는 거라고는 …뿐이야(All he has to do~ 걔는 …하기만 하면 돼)
> ▸ **All you can do is+V** 네가 할 수 있는 것은 …뿐이야

All I can do is take it one day at a time.
내가 할 수 있는거라고는 서두르지 않고 차근차근히 할 뿐이야.

I've already done all I could. Now **all I can do is** move on.
난 이미 할 수 있는 건 다 해봤어. 이제 내가 할 수 있는 일은 다음 일로 넘어가는 것 뿐이야.

If she wants out, all she has to do is tell Fin.
걔가 나가고 싶으면, 걔는 핀에게 말만 하면 돼.

A: People say your ex-boyfriend is stalking you.

B: All I can do is tell him to go home.

A: 사람들이 그러는데 네 옛남친이 널 스토킹하고 있대.
B: 내가 할 수 있는거라고는 걔보고 집에 가라고 말하는 것뿐이야.

All I can think about is cookies and Hawaiian Punch

PATTERN 004

"난 그저 쿠키와 하와이언 펀치 생각뿐이야"라는 뜻으로, All I can think about is~라 하게 되면 "내 머리속에는 온통 … 생각 뿐이야"라는 의미가 된다.

> ▸ **All I can think about is+N[~ing]** 내 머리 속에는 온통 … 생각뿐이야

All I can think about is Chris and his dog and his Jill.
내 머리속에는 온통 크리스와 강아지 그리고 걔의 질뿐이라니.

How come all I can think about is putting that ice in my mouth and licking you all over?
어쩌다가 내가 얼음을 입에 물고서 네 몸을 구석구석 핥고 있는 생각만을 하게 됐을까?

All can think about is sex. And who would want to have sex with me?
내 머리속에는 온통 섹스 생각뿐이야. 누가 나랑 섹스를 하고 싶어할까?

A: I saw the video of when you fell in the mud.

B: All I can think about is people laughing at me.

A: 네가 진흙에 빠지는 비디오를 봤어.
B: 내 머리 속에는 온통 사람들이 나를 비웃는 생각뿐이야.

Look, **all I can tell you is** plan ahead next time

PATTERN 005

"이봐, 내가 말할 수 있는 건 다음에는 미리 계획을 세우라는거야"라는 뜻으로, All I can tell you is~하게 되면 "내가 너에게 할 수 있는 말이라곤 …뿐이다"라는 의미.

> ▸ **All I can tell you is~** 내가 너에게 할 수 있는 말이라곤 …뿐이야

All I can tell you right now is it's a girl.
내가 지금당장 네게 할 수 있는 말이라곤 그게 여자애라는 것 뿐이야.

All I can tell you is I did warn Vicky about the Chris.
내가 너에게 할 수 있는 말이라곤 난 비키에게 크리스에 대해 경고를 했다는거야.

I mean, **all I can tell you is** I've done the same thing with my kids.
내 말은, 내가 너에게 할 수 있는 말이라곤 너의 애들이었어도 난 똑같이 했을거라는거야.

A: The company offered me a very small starting salary.

B: All I can tell you is it sounds like a bad offer.

A: 회사는 내게 초봉을 매우 낮게 제의했어.
B: 내가 네게 할 수 있는 말이라곤 그게 매우 안좋은 제의같다는 거야.

058 I don't mean to be ~

…하려는 것은 아니지만

"무례하고 싶지는 않지만,…"처럼 상대방에게 실례되는 말을 하기 전에 양해를 구하는 말을 먼저 하기 마련인데 이때 가장 쓰이는 표현중의 하나가 I don't mean to~이다. 여기서는 I don't mean to를 토대로 다양한 양해표현들을 살펴보자.

Point

- **I don't mean to be rude, but~** 무례하고 싶지는 않지만,
- **I don't mean to be snippy, but~** 외람되지만,
- **I don't mean to be ungrateful, but~** 배은망덕하려는 것은 아니지만,
- **I don't mean to be disrespectful, but~** 무례하게 굴려는 것은 아니지만,

I don't mean to be rude. What do you want from me?
무례하고 싶지는 않지만, 나더러 어쩌라는거야?

I don't mean to sound rude, but I don't really feel like talking right now. 무례하게 들릴 수도 있지만 난 정말 지금 당장 말하고 싶지 않아.

I don't mean to be rude, but I must go to the men's room.
무례하고 싶지는 않지만 나 남자 화장실에 가야 돼.

I don't mean to be disrespectful, but... what the hell are you talking about?
무례하게 굴려는 것은 아니지만, 도대체 무슨 얘기를 하는거야?

I don't mean to be ungrateful, but why are you going to help me get out of here?
배은망덕하게 들릴 수도 있지만 넌 왜 내가 여기서 탈출하려는 것을 도우려는거야?

A: I don't mean to be rude, but your breath stinks.

B: Gee, I'd better get a mint to make it smell better.

A: 무례하고 싶지는 않지만, 네 입냄새 정말 구리다.

B: 이런, 민트사서 냄새를 좋게 해야겠구만.

A: I'm going to let you use my car for a week.

B: I don't mean to be ungrateful, but I can't drive.

A: 일주일동안 내차를 쓰도록 해줄게.

B: 은혜도 모르는 놈은 아니지만, 내가 운전을 못해서.

I don't mean to interrupt, but you got a minute?

"방해하려는 것은 아니지만, 너 시간있어?"라는 문장으로 상대방이 뭔가 하는 중에 방해를 해야 되는 순간에 먼저 던지는 말이다.

Point

▶ **I don't mean to bother you but,~** 귀찮게 하려는 것은 아니지만,

▶ **I don't mean to interrupt, but,~** 방해하려고 했던 것은 아니지만,

I don't mean to bother you, but I just have to say thank you.
귀찮게 하려는 것은 아니지만 네게 감사하다는 말을 해야 돼서.

I don't mean to interrupt, but is Hannah allowed to cut her own hair? 방해하려는 것은 아니지만, 한나가 머리를 잘라도 된다는 허락을 받았어?

I don't mean to bother you, but the cops are here.
귀찮게 하려는 것은 아니지만 경찰이 와있어.

A: I don't mean to bother you, but we need your report.

B: Okay, I've almost got the report finished.

A: 귀찮게 하려는 것은 아니지만 우린 네 보고서가 필요해.

B: 좋아, 보고서 거의 다 작성했어.

I don't mean to criticize, but it sounds like you're giving up

I don't mean to complain, but~은 뭔가 상대방에게 주의나 조언, 충고 등의 말을 할 때, 그리고 I don't mean to pry, but~은 뭔가 사적인 이야기를 물어보기 전에 하는 문구들이다.

Point

▸ **I don't mean to complain, but...** 불평하려고 하는 것은 아니지만

▸ **I don't mean to pry, but~** 캐물으려던 것은 아니지만,

I don't mean to pry, but you want to talk about what happened with you and Ecklie?
캐물으려는 것은 아니지만, 넌 너와 에클리 사이에 무슨 일이 있었는지 얘기할래?

I don't mean to criticize, but it sounds like you're giving up.
비난하려는 것은 아니지만, 네가 포기한다는 소리로 들리네.

A: I don't mean to complain, but these chairs are uncomfortable.

B: Look, if you don't like the chairs, sit elsewhere.

A: 불평하려고 하는 것은 아니지만 이 의자들 너무 불편하다.

B: 이봐, 의자가 마음에 안들면 다른 데 앉아.

I never thought I'd say this to you again, but please unbutton your pants

I never thought I'd say this, but~은 자신도 놀라울 정도로 평소와는 다른 예상 밖의 말을 하게 될 때 그에 앞서 하는 표현이며, I haven't wanted to admit it, but~은 사실임에도 자기 스스로 인정하고 싶지 않았던 일을 토로할 때 시작하는 문구.

Point

▸ **I never thought I'd say this, but~** 내가 이런 말을 하게 될 줄은 몰랐지만,

▸ **I haven't wanted to admit it, but~** 난 그걸 인정하고 싶어하지 않았지만,

I never thought I'd say this, but I'm actually having a good time.
내가 이런 말을 하게 될 줄은 몰랐지만, 난 정말 좋은 시간을 보내고 있어.

I never thought I'd say this to you again, but please unbutton your pants. 내가 너에게 이런 말을 다시 하게 될 줄 몰랐지만, 바지 좀 벗어라.

A: It looks like you and Amy have a serious relationship.

B: I never thought I'd say this, but I'm ready to get married.

A: 너와 에이미의 관계가 진지한 것 같더라.

B: 내가 이런 말을 하게 될 줄은 몰랐지만, 나 결혼할 준비가 됐어.

I don't know how to tell you this. I'm gay

I don't know how to say this, but~은 상대에게 뭔가 곤란하고 혹은 미안한 말을 하거나 상대가 놀랄 만한 이야기를 하기전에 하는 표현이고 I don't know how to tell you this, but~ 역시 같은 맥락으로 곤란하고 미안한 이야기를 전할 때 사용한다.

Point

▸ **I don't know how to say this, but~** 이걸 어떻게 말해야 할지 모르겠지만,

▸ **I don't know how to tell you this, but** 어떻게 이걸 말해야 할지 모르겠지만,

I don't know how to say this so I'm just going to say it.
이걸 어떻게 말해야 할 지 모르겠어서 그냥 말해버릴거야.

I don't know how to say this... or if it's even the right thing to do but ehm... there's something I need to tell you.
어떻게 말해야 할지도 모르고 옳은 일인지도 모르겠지만… 음… 해줄 말이 있어.

A: I don't know how to say this, but we have to fire you.

B: Why? What did I do to deserve to be fired?

A: 뭐라해야 할지 모르겠지만, 널 해고 해야돼.

B: 왜? 내가 뭐 해고당할 짓을 한게 있어?

006 **I never told you this, but** my mother had a serious gambling problem

I never told you this, but~은 숨기고 있던, 말하기 곤란한 그래서 얘기하지 않았던 이야기들을 꺼내기에 앞서 하는 말이고, I'm sorry I didn't tell you this before~는 뭔가 뒤늦게 말을 하면서 그리고 I don't think I ever told you, but~은 아직 얘기 나누지 못했던 은밀한 이야기를 건네줄 때 시작하는 말이다.

▶ **I never told you this, but~** 네게 이런 말 한 적이 없지만,

▶ **I'm sorry I didn't tell you this before[sooner], but~** 좀 더 일찍 말하지 못해 미안하지만,

▶ **I don't think I've ever told you this, but** 이 얘기를 전에 한 적이 없는 것 같지만,

I never told you this, but my mom had a serious gambling problem.
네게 이런 말을 한 적은 없지만 엄마의 도박문제가 심각했어.

I'm sorry I didn't tell you this before but umm, I, I'm no longer at my job. 좀 더 일찍 말하지 못해 미안하지만, 나 벌써 실직했어.

A: I don't look like my mom or my dad.
B: I never told you this, but I think you're adopted.

A: 난 부모님 누구도 닮지 않았어.
B: 네게 이런 말 한 적 없지만 너 입양된 것 같아.

007 **I haven't told anybody this but** it's about the baby

I haven't told anybody this but~은 뭔가 혼자 마음 속에 담고 있던 비밀이야기를 해줄 때, 그리고 I want to talk about this, but~은 뭔가 얘기를 하고 싶지만 다른 이유로 해서 이야기를 할 수 없을 때 사용하는 문장이다.

▶ **I haven't told anybody this but~** 누구한테도 얘기하지 않은건데,

▶ **I want to talk about this, uh, but~** 이 얘기를 하고 싶지만,

I haven't told anybody this but it's about the baby.
누구한테도 얘기하지 않은건데, 애기에 관한 이야기야.

I want to talk about this, but I just kinda need to take care of my aunt.
이 얘기를 하고 싶지만 내가 좀 이모를 돌봐야해서말야.

I haven't told anybody this, but I'm moving to Canada.
누구한테도 얘기하지 않은건데, 나 캐나다로 이사가.

A: You look like you have a secret.
B: I haven't told anybody this, but I'm pregnant.

A: 너 무슨 비밀이 있는 것같이 보여.
B: 누구한테도 말안했는데 나 임신했어.

008 **I appreciate it, but** I've got it under control

"고맙지만…," 상대방의 호의를 정중히 거절할 때 먼저 감사하다고 하는 문장이다.

▶ **I appreciate this, but~** 고맙지만,   ▶ **I appreciate it, but~** 고맙지만,

I appreciate this, I really do, but there's no need for it. I'm really okay.
정말 고마워, 정말이야 하지만 그럴 필요는 없어. 난 정말 괜찮아.

I appreciate it, but I've got it under control.
고맙지만 내가 그거 통제하고 있어.

I appreciate it, but I just don't like to owe anybody.
고맙지만, 누구에게 신세지고 싶지 않아.

A: Here is a present for your birthday.
B: I appreciate this, but my birthday was last week.

A: 이거 네 생일선물이야.
B: 고맙지만, 내 생일은 지난주였어.

I agree that she is nice, but she's not smart

I agree that~, but~은 상대방과 다른 의견을 제시하는 세련된 방법이고, It seems reasonable but~은 역시 상대방과 다른 의견이나 주장을 펼칠 때 그리고 You have a point, but~ 역시 언뜻 겉보기에는 논리적이고 합리적이어서 맞는 것 같지만 실은 그렇지 않을 때, 반박하는 문장 맨 선두에 서는 문장이다.

Point

▶ **I agree that ~, but...** …에는 동의하지만,　▶ **It seems reasonable, but~** 일리가 있어 보이지만,

▶ **You have a point, but ~** 일리가 있지만,

I agree that she is nice, but she's not smart.
걔가 착하다는데 동의하지만 똑똑하지는 않아.

I agree that it's a big problem, but don't worry.
그게 큰 문제라는데 동의하지만, 걱정은 하지마.

I agree that it's expensive, but it's worth it.
그게 비싸다는데 동의하지만 그럴 가치가 있어.

A: We need to find you a new computer.

B: I agree that I need a computer, but I can't afford one.

A: 우리는 네게 새컴퓨터를 구해줘야겠어.
B: 내가 컴퓨터가 필요한 것은 맞지만 살 형편이 안돼.

Don't take it personally, but you are not a $10,000-a-night girl

Don't take it personally, but~은 상대방이 오해할 만한 상황을 이해시키기 위해 던지는 표현이고, I hope you don't take this the wrong way, but~은 상대방이 기분나빠할 만한 행동이나 말을 하기에 앞서 자신은 충정으로 말하는 것이니 나쁘게 받아들이지 말라고 하는 문장.

Point

▶ **Don't take it personally, but~** 기분나쁘게 받아들이지마,

▶ **I hope you don't take this the wrong way, but~** 오해하지 않기를 바래 하지만,

Don't take it personally, miss. He's kind of married to his job.
기분나쁘게 받아들이지마요. 걘 자기 일과 결혼했다고 할 수 있죠.

Don't take it personally, but you are not a $10,000-a-night girl.
기분나쁘게 받아들이지마, 하지만 넌 하룻밤에 만달러하는 애는 아냐.

Sheldon, don't take this the wrong way, but, you're insane.
쉘든 오해하지 않기를 바래, 하지만 넌 제 정신이 아냐.

A: Do you like the new shirt I bought?

B: Don't take it personally, but it looks terrible.

A: 내가 산 새로운 셔츠 마음에 들어?
B: 기분나쁘게 받아들이지마, 끔찍해.

Don't get me wrong, I'm completely pro nudity

Don't get me wrong, ~ 은 오해할 만한 이야기를 할 때 사전예방용으로 쓰는 어구이고, No offense, but~ 또한 상대방 기분을 나쁘게 하거나 힘들게 하거나 하여간 상대방 기분이 나빠질 말을 하기에 앞서 선수치는 경우.

Point

▶ **Don't get me wrong, ~** 오해하지마, …　▶ **No offense, but~** 기분나빠하지마, 하지만,

Don't get me wrong, I'm completely pro nudity
오해하지마, 난 알몸 노출에 대 찬성이야.

No offense, Scott, but your sister's a slut.
기분나빠하지마 스캇, 하지만 네 누이는 걸레야.

No offense, but are you coming on to me?
기분나빠하지마, 하지만 너 나를 유혹하는거야?

A: This is the spaghetti that I made.

B: No offense, but it doesn't taste good.

A: 이거 내가 만든 스파게티야.
B: 기분나빠하지마, 하지만 맛이 없네.

059 Who on earth ~
도대체 누가 …

001

단순히 누구냐는 물음에서 on earth가 붙어 '도대체' 누구냐는 느낌의 강조문장으로 바뀐다. on earth는 이처럼 의문사 바로 뒤에서 의문문을 강조하는 어구이다.

Point

■ **What[Why~] on earth~** 도대체…

What on earth is going on?
도대체 무슨 일이야?

Why on earth would you want to counteract that?
도대체 넌 왜 그 일에 대응을 하려는거야?

How on earth did you justify it to yourself?
도대체 넌 어떻게 그걸 스스로에게 합리화시킨거야?

Why on earth did Andy go to the casino?
도대체 왜 앤디는 카지노에 간거야?

What on earth is this gun doing here?
도대체 이 총이 여기서 뭐하는거야?

A: What on earth is going on outside?

B: I think the neighbors are having a block party.

A: 밖에 도대체 무슨 일이야?
B: 이웃들이 거리파티를 하고 있는 것 같아.

A: Why on earth did Ron leave his wife?

B: He said they couldn't get along anymore.

A: 도대체 왜 론은 자기 아내를 떠난 거야?
B: 더이상 잘 지낼 수가 없었다고 그러네.

---

002 **What in the world** are you doing?

"도대체 너 뭐하는거야?"라는 문장. 역시 in the world 또한 on earth와 마찬가지로 의문사 바로 뒤에 위치한 후 의문문을 강조하여 놀람과 화남을 강조하고 있다.

Point

▶ **What[Why~] in the world ~** 도대체…

What in the world inspired you to do this?
도대체 넌 뭐에 영향을 받아서 이걸 하게 된거야?

Why in the world would your mother treat you that way?
도대체 네 엄마는 왜 너를 그런 식으로 대우하려는거야?

How in the world would I know all that?
도대체 내가 어떻게 그 모든 것을 알겠어?

A: My friend left a full suitcase at my apartment.

B: What in the world are you going to do with it?

A: 내 친구가 내 아파트에 속이 가득찬 여행가방을 두고갔어.
B: 도대체 넌 그걸 어떻게 할거야?

What the hell is wrong with you?

"도대체 너 왜그러는거야?," 혹은 "도대체 너 문제가 뭐야?"라는 문장으로 What's wrong with you?의 문장에서 What 다음에 the hell이 붙어서 문장의 강도가 강해졌다.

Point

▶ **What[Why~] the hell~ ?** 도대체 …

Well, what the hell am I supposed to wear?
도대체 내가 뭘 입어야하지?

And why the hell are you at this wedding?
도대체 넌 왜 이 결혼식에 온거야?

Why the hell did you do that?
도대체 넌 왜 그짓을 한거야?

A: I told my boss I thought he was stupid.

B: What the hell did you say that for?

A: 난 사장에게 걔가 멍청하다고 생각한 다고 말했어.

B: 도대체 넌 뭐때문에 그렇게 말한거야?

Well, just what the heck is this?

the heck 역시 the hell과 마찬가지로 의문사 바로 뒤에 위치하여 의문사의 문장을 강조하는 역할을 한다.

Point

▶ **What[Why~] the heck~?** 도대체 …

What the heck were you doing, Sam?
샘, 도대체 너 뭐하고 있었던거야?

What the heck was all that about?
도대체 그 모든게 다 무슨 일이었어?

What the heck is going on here?
도대체 여기서 무슨 일이 벌어지고 있는거야?

A: What the heck are you doing here?

B: I just came out to visit some friends.

A: 도대체 너 여기서 뭐하는거야?
B: 친구만나러 방금왔어.

What the fuck is his problem?

"도대체 걔 문제가 뭐야?"라는 문장으로 역시 what 뒤에 오는 the fuck으로 의문문의 내용이 한층 강조되었다.

Point

▶ **What[Why~] the fuck~?** 도대체[빌어먹을]…

What the fuck is that?
빌어먹을 그게 뭐야?

How the fuck should I know?
젠장, 내가 그걸 어떻게 알아?

Why the fuck would I allow that?
빌어먹을 내가 왜 그걸 허락하겠어?

A: Why the fuck did Mark sleep with Sandra?

B: I don't know. I guess he was drunk.

A: 빌어먹을 마크는 왜 샌드라와 잔거야?
B: 몰라. 취했었나봐.

You scared the shit out of me

동사(scare)와 목적어(me) 사이에 the shit out of가 삽입되어 원래 어구인 scare me의 의미를 강조하는 경우이다. 그래서 You scared me는 "너 때문에 놀랐잖아"인 반면, You scared the shit out of me하게 되면 "너 때문에 간떨어지는 알았어"가 된다.

Point
- ▶ **You scared the shit out of sb** 너 때문에 …가 간떨어지는 줄 알았어
- ▶ **beat the shit out of sb** …을 엄청 패주다

Did your agent scare the shit out of you?
네 에이전트 때문에 간떨어지는 줄 알았어?

I thought I'd come by and scare the shit out of you.
난 잠깐 들러서 널 깜짝 놀래켜줄 생각을 했어.

I'm gonna slap the shit out of you.
네 뺨을 갈겨버릴거야.

A: I guess I had a heart attack last night.
B: You scared the shit out of everyone.

A: 어젯밤에 심장마비가 온 것 같았어.
B: 너 때문에 다들 간떨어지는 줄 알았어.

Somebody **beat the crap out of** him, okay?

"누가 걔를 흠씬 팼어, 알아?" V+O의 사이에 들어가 의미를 강조하는 또 다른 어구 the crap out of이다. 뭐 shit이나 crap이나 그놈이 그놈이니 같은 의미로 쓰이는게 이상하지는 않다.

Point
- ▶ **You scared the crap out of sb** 너 때문에 …간 떨어지는 줄 알았어
- ▶ **beat the crap out of sb** …을 엄청 패주다

I'd like to slap the crap out of him.
저 놈 뺨싸다구를 갈기고 싶어.

The guy scared the crap out of me.
이 사람 때문에 내가 놀라 자빠지는 줄 알았어.

Somebody kicked the crap out of this kid.
누가 이 아이를 엄청 팼어.

A: I only grabbed the knife as a joke.
B: You scared the crap out of Brian.

A: 난 장난으로 칼을 손에 잡았을 뿐이야.
B: 너때문에 브라이언이 놀라 자빠지는 줄 알았잖아.

I worked my ass off cleaning houses

"집을 치우느라 정말 열심히 청소했어"라는 문장. 특이하게도 동사 뒤에서 one's ass off를 붙이면 동사의 행위를 아주 열심히 했다는 말이 된다. 물론 ass 대신에 같은 계열인 butt나 tail을 쓰기도 한다.

Point
- ▶ **work one's ass off ~ing** 열심히 …을 하다
- ▶ **laugh one's ass off** 박장대소하다

My mom worked her ass off to take care of me.
엄마는 날 돌보기 위해서 정말 열심히 일하셨어.

Larry's dead, Melody's dead, and you're laughing your ass off?
래리가 죽고, 멜로디도 죽었는데 넌 박장대소하고 있는거야?

I studied my ass off in law school.
난 법대에서 죽어라고 공부를 했어.

A: I haven't seen Dennis for months.
B: He's been working his ass off building houses.

A: 난 오랫동안 데니스를 보지 못했어.
B: 걘 집을 짓느라 죽어라 일했어.

Hold your **fucking** tongues!

Hold your tongues!은 "말 조심해!"라는 표현으로, tongues 앞에 fucking을 집어 넣으면 "빌어먹을 말 조심하라구!"라는 뜻이 된다. 이처럼 fucking은 그 단어가 주는 그림을 연상하지 않고 단순히 강조하는 단어로 생각하면 된다. 강조하는 fucking 의 위치는 어디든지 자기가 원하는 단어 앞에 놓으면 된다.

Point

▸ **fucking** + 원하는 단어 빌어먹을 …, 젠장헐 …

Go and get some fucking wine.
가서 빌어먹을 와인 좀 가져와.

I thought it was pretty fucking great.
난 그게 존나 대단한 줄 알았어.

Would you just let me buy the fucking suit?
저 빌어먹을 옷을 내가 좀 사게 놔두라.

A: Have you ever been in love?
B: Abso-fucking-lutely.
A: 너 사랑 해본 적이 있어?
B: 당근이지.

And **for the life of me,** I can't figure it out

for the life of me는 부정문 앞에 위치해서 "아무리 노력해도 …을 할 수 없다"는 것을 강조한다. 그밖의 강조어로는 nothing in the world처럼 부정어 뒤에 쓰이는 in the world 등이 있다.

Point

▸ **For the life of me, S+V not** 정말이지 …

And for the life of me, I can't figure it out.
그리고 정말이지, 난 그걸 도저히 못알아내겠어.

I for the life of me cannot decide which one is better.
정말이지 어떤 것이 더 나은지 결정을 할 수가 없어.

There's nothing in the world that would ever change that.
그걸 변하게 할 수 있는 것은 아무 것도 없어.

A: Did you solve the homework problem?
B: For the life of me, I can't find the answer.
A: 너 숙제인 그 문제 풀었어?
B: 정말이지, 답을 찾을 수가 없어.

060

If you ask me,

내 생각을 말하면,

PATTERN 001

"내 생각을 말하자면…"이라는 표현. 여기서 **if you ask me**는 '내 생각을 말하자면'이라는 뜻으로 이처럼 간단한 **if** 절로 문장에서 감초같은 역할을 하는 다양한 빈출표현들을 만들어낼 수 있다. 지금부터는 그런 표현들 중에서 미드에서 무척 많이 나오는 것들을 중심으로 살펴보기로 한다.

Point

■ **if you ask me,** 내 생각은, 내 생각을 말하자면,

If you ask me, he was looking for trouble.
내 생각을 말하자면 걔는 화를 자초하고 있었어

If you ask me, I'd move in with him.
내 생각은 말야, 난 걔와 동거를 할거야.

If you ask me, this is a ridiculous abuse of science.
내 생각을 말하자면, 이건 말도 안되는 과학의 남용이야.

If you ask me, that's the reason why old people don't belong behind the wheel.
내 생각은 말야. 그게 바로 노인들이 운전에 어울리지 않는 이유야.

If you ask me, the agency's better off without him.
내 생각에는 말야, 그 기관은 걔 없이 더 좋아졌어.

A: John and Kara don't seem to be getting along.

B: If you ask me, they aren't a good match.

A: 존과 캐라는 서로 잘 지내는 것 같지가 않아.

B: 내 생각을 말하자면 걔네는 서로 잘 어울리지 않아.

A: We don't have any food in the fridge.

B: If you ask me, we should go out to dinner.

A: 우리 냉장고에 음식이 하나도 없어.

B: 내 생각은 말야, 우리 나가서 저녁먹어야겠어.

PATTERN 002 If you don't mind, I'm kind of tired now

"괜찮다면 말야, 내가 지금 좀 피곤해서"라는 문장. **if you don't mind**는 이처럼 상대방에게 정중히 요청하는 어구로 "(네가) 괜찮다면"이라는 뜻이다.

Point

▶ **If you don't mind,** (네가) 괜찮다면,

If you don't mind, I'd really like to change the subject.
네가 괜찮다면, 난 정말이지 주제를 바꾸고 싶어.

If you don't mind, I'm having coffee.
괜찮다면 커피 마실게.

We're going to take this shirt, if you don't mind.
괜찮다면 이 셔츠를 가지고 갈게

A: If you don't mind, I have some questions for you.

B: Sure, I'd be glad to answer them.

A: 괜찮다면, 너한테 질문이 좀 있어.

B: 그래, 기꺼이 답을 해줄게.

PATTERN 003 If you don't mind my suggesting, you should speak to Chris Suh

"실례되는 말이지만," 혹은 "이런 말드려서 미안하지만" 정도에 해당하는 표현이다. 상대방의 의견과 상충되는 말을 시작할 때 사용하면 된다.

Point

▶ **If you don't mind me[my] saying,** 이런 말해서 미안하지만,
▶ **If you don't mind my suggesting,** 이런 말해서 미안하지만,

If you don't mind my suggesting, you should speak to Chris Suh.
이런 말해서 좀 그렇지만, 크리스 서에게 말해봐.

If you don't mind me asking, why were you so interested in this particular street? 이런 말해서 미안하지만, 넌 왜 이 거리에 관심이 그렇게 있는거야?

If you don't mind my asking, Mrs. Ellis, when did you and John meet?
이런 말해서 그렇지만, 엘리스 부인, 존이랑 언제 만났나요?

A: If you don't mind my saying so, you look great.

B: Well thank you. I've been working out a lot.

A: 이런 말해도 될런지 모르겠지만, 너 아주 먼저 보여.
B: 어 고마워. 요즘 운동을 많이 하거든.

PATTERN 004 If that's the case, why not just admit it?

"그것이 사실이라면 왜 인정을 하지 않는거야?"의 뜻. 여기서 If that's the case는 미드에 무척 많이 나오는 표현으로 "실제 그렇다면," "그것이 사실이라면"이라는 표현이다.

Point

▶ **If that's the case,** 실제 그렇다면, 그것이 사실이라면,

If that's the case there's nothing I can do about it, at least not here.
그게 사실이라면 내가 할 수 있는 일이 아무 것도 없어. 적어도 여기서는 말야.

And if that's the case, why do I want this?
그게 사실이라면, 내가 왜 그걸 원하겠어?

If that's the case, the hot dogs are on me.
그게 사실이라면, 핫도그는 내가 살게.

A: Your computer is vulnerable to cyber attacks.

B: If that's the case, we need to make some changes.

A: 네 컴퓨터는 사이버 공격에 취약해.
B: 그게 사실이면 우린 좀 변화를 줘야겠어.

PATTERN 005 You can leave if you want to

"떠나고 싶으면 떠나도 돼"라는 문장으로 if you want to 다음에는 leave가 생략된 경우. 이처럼 문장내에서 단독으로 if you want, if you want to로 쓰이는 경우를 살펴보자.

▶ **if you want,** 원한다면,   ▶ **if you want to+V,** …하기를 원한다면,

If you want, I can also try to find the father of your baby.
원한다면 네 아이의 아버지를 찾으려고 할 수 있어.

If you want, I can have somebody take your place.
원한다면, 다른 사람이 네 자리를 대신하게끔 할 수 있어.

Well, we can take it to trial if you want.
네가 원한다면 우리는 그걸 재판까지 끌고 갈 수 있어.

A: I need to get a little more exercise.

B: If you want, we can go out for a walk.

A: 난 운동을 좀 더 해야 돼.
B: 원한다면 우리 산보나갈까.

If you want a deal, the answer is no

"거래를 원한다면 대답은 '노'야"라는 문장으로 보다시피, 이번에는 if you want 다음에 원하는 것을 구체적으로 말하는 경우.

▸ **if you want sth** …을 원한다면

If you want anything from me, come back with a warrant.
더 필요한 게 있으면 영장을 가지고 다시 오라고.

If you want a list of my girlfriends, just ask.
내 여친명단을 원한다면 그냥 물어봐.

If you want a kiss for saving my life, you can forget about it.
날 살려줬다고 키스를 바란다면, 꿈깨시라고.

A: My life has been so lonely recently.
B: If you want a girlfriend, you'll have to try harder.

A: 최근에 내 인생이 너무 외로와.
B: 여친을 원한다면 좀 더 열심히 노력해야 돼.

If you want to talk, I'm here to listen

if you want to+V~ 다음에 구체적인 동작을 나타내는 동사가 나오는 경우로 '네가 …을 하고 싶으면'이라는 뜻이고, if you want me to+V는 '내가 …하기를 바란다면'이라는 뜻이 된다.

▸ **if you want to+V,** 네가 …을 하고 싶으면,
▸ **if you want me to+V,** 내가 …하기를 바란다면,

You'll notify me if you want to speak to my client any further.
내 의뢰인과 더 이야기를 나누고 싶으면 내게 알리도록 해.

If you want me to stay, all you have to do is ask.
내가 남기를 원하다면 나한테 물어보기만 하면 돼.

If you want me to be happy, you won't try to find us.
내가 행복하기를 바란다면 우리를 찾으려 하지마.

A: I always get tired at this time of the day.
B: If you want to take a nap, go ahead.

A: 하루 이맘때가 되면 늘 피곤해.
B: 낮잠을 자고 싶으면 그렇게 해.

If you don't want to arrest Chris, we'll do it for you

"네가 크리스를 체포하고 싶지 않으면, 우리가 네 대신 해줄게"라는 문장. 이번에는 부정조건으로 if you don't want (me) to~라고 쓰는 경우이다.

▸ **if you don't want to+V,** 네가 …하고 싶지 않으면,
▸ **If you don't want me to+V,** 내가 …하기를 원치 않으면,

Jeff, you know, you don't have to talk to us if you don't want to.
제프야, 저기 말야, 네가 원하지 않으면 우리에게 말하지 않아도 돼.

If you don't want to tell me what you talked about with Alice, you don't have to. 네가 앨리스와 나눈 이야기를 내게 말하고 싶지 않으면 그렇게 해.

If you don't want me to go on this trip, I'll understand.
내가 이번 여행을 가지 않기를 바란다면 내가 이해할게.

A: My sister wants to live at my apartment.
B: If you don't want to have her there, tell her.

A: 내 누이가 내 아파트에서 살고 싶어해.
B: 같이 사는게 싫다면 걔한테 말해.

Give me a call **if you need me**

"내가 필요하면 전화해"라는 간단한 문장으로 이제부터는 if와 need의 만남으로 생기는 표현들을 알아본다. 먼저 if you need me는 "네가 나를 필요로 하면"이라는 어구.

Point

▶ **If you need me,** 내가 필요하면,

Well, I'm here if you need me.
네가 나를 필요로 하면 난 여기 있을게.

I'll be right here if you need me. I'm not going anywhere.
네가 필요하면 난 여기 있을게. 아무데도 안갈게.

I'll page you if I need you.
내가 널 필요하면 호출할게.

A: I'm here to install your new TV.
B: If you need me, I'll be in the next room.

A: 새로운 TV 설치하러 왔어요.
B: 내가 필요하면 말해요. 난 옆방에 있을 테니까요.

 ## If you need anything else, just give me a call

if you need anything은 "뭐 필요한게 있으면," if you need anything else하게 되면 "뭐 다른게 더 필요한게 있으면"이라는 뜻. 또한 if you need help는 "도움이 필요하면," if you need any help는 "뭐 좀 도움이 필요하면," 그리고 if you need more help는 "더 도움이 필요하면" 이라는 표현들.

Point

▶ **if you need anything** 뭐 필요하면   ▶ **if you need anything else** 뭐 다른게 필요하면
▶ **if you need any help** 뭐 좀 도움이 필요하면   ▶ **if you need more help** 더 도움이 필요하면

So if you need anything else, just let me know.
그럼 뭐 다른게 필요하면, 알려줘.

You know where to contact me if you need anything else.
뭐 다른게 필요하면 내게 어디로 연락해야 하는지 알지.

Yes, but find me if you need help. And get consults.
그래, 도움이 필요하면 날 찾아. 그리고 상담을 받으라고.

A: Thank you for helping me fix the computer.
B: If you need anything else, **call me.**

A: 컴퓨터 수리하는데 도와줘서 고마워.
B: 뭐 다른게 필요하면 전화해.

 ## If you need condoms, I've got some

이번에는 if you need to 다음에 다양한 동사 및 명사를 넣어가면서 조건문을 만들어보는 자리이다.

Point

▶ **if you need to+V** ...해야 한다면   ▶ **If you need me V** 내가 ...하기를 필요로 한다면
▶ **if you need sth** ...가 필요하면

If you need to catch a cab, I think you should do that here.
택시를 잡아야 한다면 여기서 한번 해봐.

If you need to stay late, I want to be supportive of that.
네가 늦게까지 남아야 된다면 내가 도와줄게.

If you need time alone to work, you just have to say so.
혼자 일할 시간이 필요하다면 그렇다면 말해.

A: What if I need to use a bathroom during the trip?
B: If you need to pee, I will stop the car.

A: 여행중에 화장실을 사용하려면 어떻게 해?
B: 오줌을 누어야 된다면 차를 세울게.

He's not all there, **if you know what I mean**

"걔는 제정신이 아냐, 무슨 말인지 알겠지만"이라는 문장. 걔가 제 정신이 아니라고 말할 때는 서로간에 문장에는 나와있지 않은 속사정까지 알고 있다는 전제가 깔린 상황이다. 이처럼, 내가 무슨 말하는지 알지라는 뉘앙스로 말을 할 때는 **if you know what I mean**을 쓴다.

> Point
> ▶ **if you know what I mean** 내가 무슨 말하는지 알지, 무슨 말인지 알지
> ▶ **if you know what's good for you** 뭐가 좋은지 안다면 말야(충고)

Gabrielle has a little bit of a reputation, if you know what I mean.
가브리엘은 좀 유명하지, 내가 무슨 말하는지 안다면 말야.

I prefer to go quietly, if you know what I mean. I don't want a big fuss. 난 조용히 가길 원해, 무슨 말인지 알지. 난 소란떠는거 싫어서.

She's the one who had a little problem, if you know what I mean.
걘 문제가 있는 유일한 사람이야, 내 말뜻을 제대로 이해한다면 말야.

A: Why did Dave's girlfriend break up with him?
B: He liked other ladies, if you know what I mean.

A: 데이브의 여친은 왜 걔와 헤어진거야?
B: 걔가 다른 여자들을 좋아했대, 무슨 말인지 알겠지.

Well uh **if you must know** I'm a widower

if you must know는 글자 그대로 "네가 꼭 알아야겠다면," "꼭 알고 싶다면" 정도로 이해하면 된다. 또한 if you know about this는 "이거에 대해 알고 있으면"이라는 의미.

> Point
> ▶ **if you must know** 꼭 알아야겠다면   ▶ **if you know about~** …에 대해 알고 있으면
> ▶ **if you know about this** 이거 알고 있으면

Well, if you must know, I was there to persuade her to take me back.
글쎄, 꼭 알아야겠다면, 난 거기서 나를 데려다달라고 걔를 설득하고 있었어.

If you must know, i'm late for my chiropractor.
꼭 알아야겠다면, 난 척추지압사 예약시간에 늦었어.

If you know about this, you have to tell him.
이거에 대해 알고 있으면 걔한테 꼭 말해줘.

A: Why were Chris and Tammy put in jail?
B: If you must know, they were arrested for fraud.

A: 왜 크리스와 태미는 감방에 들어간거야?
B: 꼭 알아야겠다면, 사기죄로 체포됐어.

If you know anything, I am begging you to tell me

if you know anything은 상대방에게 뭐가 알려달라고 부탁할 때 사용하는 문구. "…에 대해서 아는게 있다면"이라고 할 때는 if you know anything about~, "아는게 있으면"이라고 할 때는 if you know something이라 한다.

>
> ▶ **if you know anything about~** …에 대해 아는게 있다면   ▶ **if you know something** 아는게 있으면

If you know anything, I am begging you to tell me.
뭐 좀 아는게 있으면 제발이지 내게 말해줘.

If you know something, you must tell them.
아는게 있으면 넌 걔들한테 말해야 돼.

If you know anything about Zach's whereabouts you need to tell me now. 네가 잭이 어디 있는지 안다면 지금 내게 말해줘.

A: Dr. Platner, a child has been murdered. If you know anything at all…
B: I would tell you.

A: 플래터 박사, 한 아이가 살해되었어. 뭐라도 알게 되면…
B: 얘기해줄게.

015 I'll leave you alone if you like

이제부터는 if와 like의 어울림을 보자. 먼저 if you like은 "네가 원한다면," 즉 "괜찮다면"이라는 뜻이고 상대방이 좋아하는 것을 구체적으로 언급할 때는 if you like to+V라 하면 된다. 또한 If you'd like는 상대방이 원하는 것을 물을 때 사용하면 된다.

Point
- ▶ **if you like** 그렇다면, 괜찮다면
- ▶ **if you'd like** 원한다면
- ▶ **if you like to+V** …하고 싶다면
- ▶ **if you'd like+N[to+V]** …을 원한다면, …을 하고 싶으면

Well, I'll reassign the case if you like.
그렇다면 사건을 재배정할게.

If you'd like, I mean, uh, can we get together sometime?
원한다면, 우리 언제 한번 만날까?

I mean, I could get it to Vanessa for you if you'd like.
원한다면 바네사 통해서 주라고 할게

A: This room feels cold to me.
B: I can get you a blanket if you like.

A: 이 방은 춥게 느껴지네.
B: 괜찮다면 담요를 하나 갖다 줄게.

016 If you don't like what I'm doing, speak up

반대로 상대방이 싫어하는 경우를 말할 때는 if you don't like it, if you don't like+N 혹은 if you don't like what~의 형태로 써주면 된다.

Point
- ▶ **if you don't like it** 마음에 들지 않으면
- ▶ **if you don't like the service** 서비스가 마음에 들지 않으면
- ▶ **if you don't like what~** …을 싫어한다면

If you don't like what I'm doing, speak up.
내가 하는게 마음에 들지 않으면 말해.

If you don't like the service, you can go somewhere else.
서비스가 마음에 들지 않으면 다른 곳으로 가도 돼.

If you don't like what he has to say, bring him in.
걔가 말하는게 마음에 들지 않으면 걔를 불러들여.

A: I ordered an expensive sirloin steak.
B: Just tell the chef if you don't like it.

A: 난 비싼 등심고기를 주문했어.
B: 마음에 들지 않으면 주방장에게 말해.

017 If that's the way you wanna play it, that's how we'll play it

상대방의 행동이나 감정 등이 그렇다면 나는 …할 것이라고 말할 때 사용한다. "그런 식으로 네가 …한다면"이라고 이해하면 된다.

Point
- ▶ **if that's the way you feel about it,** 네가 그에 대해 그런 식으로 느낀다면,
- ▶ **If that's the way you want it,** 네가 그런 식으로 그걸 원한다면,
- ▶ **If that's the way you wanna play it,** 네가 그런식으로 놀기를 원한다면,

If that's the way you feel about it, maybe we should never do it again. 네가 그에 대해 그런 식으로 느낀다면, 우린 다시는 그거 하지 않아도 돼.

If that's the way you wanna play it, that's how we'll play it.
네가 그런 식으로 나온다면 나도 가만있진 않겠어.

If that's the way you want it, Jane, back to jail.
네가 그런 식으로 그걸 원한다면, 제인, 감방으로 돌아가.

A: You got that jewelry in a dishonest way.
B: I'll give it back if that's the way you feel about it.

A: 넌 부정직한 방법으로 그 보석을 얻었지.
B: 네가 그렇게 느낀다면 내가 돌려줄게.

061

By the time ~

…할 때쯤에는

001

by the time S+V~은 "by the time S+V할 때에는 이미 벌써 …하였다"라는 의미의 문장을 만들며, every time I~는 "내가 …할 때마다"라는 뜻으로 쓰인다.

Point

- **By the time S1+V1, S2+V2~** …할 때쯤에는 (벌써) …하다
- **Every time I~** 내가 …할 때마다

By the time they found him, he had killed more than 30 people.
그를 발견할 때까지 그는 30명 이상을 살해했어

By the time I got to the car, he would have changed his mind.
내가 차에 갈 때 쯤에는 벌써 걔는 마음을 바꿨을거야.

By the time I'm ready to get married all the men will have been taken by women.
내가 결혼할 준비가 될 때쯤에는 모든 남자들은 임자가 있을거야.

You don't have to say thank you every time we have sex.
섹스할 때마다 고맙다는 말 안해도 돼.

Every time I talk to her about moving out she cries and we have sex.
내가 이사나간다는 얘기를 걔한테 할 때마다, 걔는 울고 우리는 섹스를 하게 돼.

A: I heard the con man got Sara's savings.

B: By the time she found out, he was gone.

A: 그 사기꾼이 새라가 저축한 돈을 훔쳐 갔다며.

B: 걔가 알아챘을 때, 그 놈은 이미 사라 졌어.

A: Has Jerry been following you again?

B: Every time I look around, he is there.

A: 제리가 널 다시 쫓아다니고 있어?

B: 내가 주변을 둘러볼 때마다, 걔가 있더 라고.

---

002 The minute we met, I knew we were meant to be together

the minute은 명사로만 생각하고 그냥 칠 수 있는 함정표현. 여기서는 특이하게도 시간명사가 시간의 부사절을 이끌고 있는 경우로 The minute[second] S+V는 "…하자마자,"라는 뜻이다. 마찬가지로 the moment S+V 역시 "…하자마자," "…하는 순간"이라는 의미의 부사절을 만든다.

Point

▶ **the minute S+V** …하자마자   ▶ **the second S+V** …하자마자

▶ **the moment S+V** …하자마자

The minute we met, I knew we were meant to be together.
우리는 만나자마자, 천생연분이라는 것을 알았어.

I will call you the minute I get to Paris.
내가 파리에 도착하자마자 너에게 전화할게.

She'll be dead the moment you breach that door.
문을 부수고 들어가는 순간 걔는 죽을거야.

A: So you knew you'd marry your wife right away?

B: The minute I saw her, I fell in love.

A: 그래 너는 네가 네 아내와 바로 결혼 할거라는 걸 알았어?

B: 난 아내를 보자마자 바로 사랑에 빠졌어.

003 One minute you're a hero, the next you're a suspect

One minute~ the next[then]~는 "어느 한순간 …하더니 바로 …해버리다"라는 의미. 영웅에서 용의자로 바뀐듯 급작스럽게 상황이 바뀔 때 사용한다.

▸ **One minute~ the next[then]~** 한순간 …하더니 바로 …해버려

One minute you're a hero, the next you're a suspect.
한순간 넌 영웅이었다가, 바로 용의자가 되어버렸어.

One minute he's all over me, and the next minute he's pushing me away. 한순간 걔가 내 온 몸에 달려들더니 다음순간 나를 밀쳐내는거야.

One minute they were interested and then, suddenly they weren't.
그들은 한순간 관심을 갖더니 바로 갑자기 관심을 잃었던거야.

A: Is it difficult dealing with a new baby?

B: One minute he's happy, the next he's crying.

A: 신생아 다루기가 힘들어?

B: 한순간 좋아하더니 다음순간 막 우는 거야.

---

 004 Seeing that they were in Cuba together, I suggest you find out

seeing as S+V는 자기가 말하는 것에 대한 이유를 설명하는 표현으로 'because S+V'와 같다고 생각하면 된다. Seeing that S+V이라고 해도 된다.

▸ **Seeing that S+V** …인걸 보니, …이기 때문에   ▸ **Seeing as (how) S+V** …인걸 보니

Seeing that they were in Cuba together, I suggest you find out.
걔네들 쿠바에 함께 있는 것 같으니, 찾아봐.

I doubt that he enjoyed it, **seeing that** his jaw was broken as well as six of his fingers.
손가락 6개 뿐만 아니라 턱뼈도 부러진걸보니 걔가 즐거운 시간을 보낸 것 같지 않아.

Seeing as how you're facing a murder charge, why don't you just go with the flow? 네가 살인죄로 기소된걸로 보니 순리에 따르도록 해.

A: Would you like to come to the restaurant?

B: Seeing that I already ate, I can't join you.

A: 식당에 올테야?

B: 난 이미 먹었으니, 함께 못하겠네.

---

 005 Given that it is her fault, it seems appropriate

Given that S+V은 "…라는 점에서"라는 좀 낯설지만 미드에서는 엄청 많이 나오는 표현이다. "그게 걔의 잘못이라는 점에는 그건 적절해보인다"라는 문장.

▸ **Given that S+V** …라는 점에서   ▸ **Given everything that's happened** 모든 일을 고려해볼 때
▸ **Given everything you're going through** 네 경험을 모두 고려해볼 때

Given that it is her fault, it seems appropriate.
그게 걔의 잘못이라는 점에서 그건 적절해보여.

Given that Nikki Heat is based on Detective Beckett, maybe he's confusing the two.
니키히트가 베켓 형사를 바탕으로 한 것을 감안할 때, 아마 걔가 그 둘을 혼동하고 있을 수도 있어.

A: Andy may have broken the window.

B: Given that he is gone, we can't ask him.

A: 앤디가 창문을 깼을지도 몰라.

B: 걔가 가버렸으니 물어볼 수도 없잖아.

Speaking of which, Chris called yesterday

speaking of~야 말로 미드보면서 안들릴 수가 없을 정도로 많이 나오는 어구. "…얘기가 나와서 말인데"라는 뜻으로 특히 speaking of which하게 되면 "말이 나와서 하는 말인데"라는 뜻이 된다.

▶ **Speaking of~** …얘기가 나와서 말인데 ▶ **Speaking of which** 말이 나와서 하는 말인데

Speaking of divorce. I heard... because I'm working with your wife.
이혼얘기가 나와서 말인데, 내가 네 아내와 일을 하다보니 들었는데…

Speaking of which, are you ready to go to lunch?
말이 나와서 하는 말인데, 점심먹으러 갈 준비됐어?

Speaking of which, can I run something by you?
말이 나와서 말인데, 내가 너한테 뭐 좀 상의해도 돼?

A: Everyone is waiting in the meeting room.
B: Speaking of which, let's get things started.
A: 다들 회의실에서 기다리고 있어.
B: 말이 나와서 하는 말인데, 이제 시작하자고.

Three, maybe four guys, depending on who you talk to

"3명 혹은 4명, 네가 누구에게 말하느냐에 달렸지"라는 뜻. depending on~은 "…에 따라"라는 의미로, depending on+N 가 올 수도 있으나 depending on what[wh~]의 형태로도 많이 쓰인다.

▶ **depending on +N~** …에 따라 ▶ **depending on what[wh~]** …에 따라

Depending on when she disappeared, those stats might have changed. 걔의 실종 시점에 따라, 저 통계자료는 바뀌었을 수도 있을거야.

Colleen wasn't raped until 2:00 in the morning, depending on how long he stayed in Queens.
걔가 퀸즈에 얼마동안 머물렀는지에 따라 다르겠지만 콜린은 새벽 2시 이후에 강간을 당한거야.

A: The storm has caused large traffic jams.
B: Depending on conditions, you may not be able to go home.
A: 폭풍때문에 교통이 엄청 혼잡해.
B: 상황에 따라, 너 집에 못갈 수도 있어.

Concerning this matter, I must rescue myself

"이 문제에 대해서, 난 스스로 생존해야겠어"라는 뜻의 문장. 동사의 ~ing형이 독자적으로 전치사처럼 쓰이는 경우이다. concerning 외에도 regarding, including 등이 자주 쓰인다.

▶ **Concerning** …에 관해 ▶ **Regarding** …에 대해서

I need to speak with her right now concerning a murder investigation.
난 지금 당장 살인사건에 관련해서 걔하고 얘기를 해야 돼.

I have to make a very important call concerning publishing.
난 출판에 관련된 매우 중요한 전화를 해야 돼.

I have a couple of questions regarding that staged suicide.
난 조작된 자살사건에 관해 몇가지 질문이 있어.

A: My leg was injured in the accident.
B: Concerning the bills, I will pay them.
A: 사고 때문에 다리에 부상을 입었어.
B: 그 청구서말야, 내가 지불할게.

009 When it comes to this relationship, I'm out

When it comes to +N는 굳어진 표현으로 "…에 대해서라면," "…에 관해서라면"이라는 의미이다.

Point

▶ **when it comes to ~** …에 대해서라면
▶ **when it came to ~** …에 대해서라면, …가 됐을 때

When it comes to this relationship, I'm out.
이 관계에 관한 거라면 난 빠질거야.

I even used a rubber when it came to my turn.
내 차례가 되었을 때 난 콘돔까지 썼다고.

Sam didn't believe in monogamy, especially when it came to real estate agents.
샘은 일부일처를 믿지 않았는데, 부동산 중개업자들이라면 특히 그랬어.

A: The clothes your kids are wearing are expensive.
B: When it comes to my kids, I want the best.

A: 네 아이들이 입은 옷은 비싼거야.
B: 내 아이들에 관한거라면, 최고로 해주고 싶어.

010 Could you give me some guidance as to how to proceed?

as to how~는 "어떻게 …했는지에 대해"라는 말로 as to how 다음에는 to+V나 S+V가 이어진다.

Point

▶ **as to how S+V[to~]** 어떻게 …했는지에 대해

Could you give me some guidance as to how to proceed?
어떻게 진행해야 하는지 지도 좀 해줄래요?

Any theories as to how Mr. Beck here passed out?
벡 씨가 어떻게 실신했는지 무슨 의견 뭐 없어?

You're not interested as to how I came upon this?
넌 어떻게 이게 내 수중에 있는지 궁금하지 않아?

A: Several paintings were stolen from the museum.
B: The police are confused as to how the crime was committed.

A: 몇몇 그림이 박물관에서 도난당했어.
B: 경찰은 범죄가 어떻게 이루어졌는지에 대해 혼란스러워하고 있어.

011 That being said, can we please move on?

That being said는 앞의 말과 반대되는 내용을 말하기에 앞서 하는 말로 "그래도," "그렇다고 해도," "그 말이 나왔으니 말이지" 등의 의미로 쓰인다. Having said that과 같은 의미.

Point

▶ **That being said,** 그 말이 나왔으니 말이지, 그렇다고 해도, 따라서

Now that being said, this baby is ours so we get to make all those parenting decisions together.
그 말이 나왔으니, 이 아이는 우리애니까 우리가 함께 모든 양육결정을 할거야.

That being said, you've got the rings, vowed your vows, I now pronounce you husband and wife.
따라서, 반지들을 끼웠고 서약을 했으니 이제 당신들을 부부로 선언합니다.

A: Look, my neighbor is being a total asshole!
B: That being said, you need to calm down.

A: 이봐, 내 이웃은 진짜 완전 멍청이야.
B: 그렇다고 해도, 너 좀 진정해라.

062

I can't bring myself to ~

…할 마음이 내키지 않아…

PATTERN 001

bring oneself는 <u>스스로</u> 자신을 끌어 올리는 걸로 주로 can't bring oneself to~로 쓰인다. "…할 마음이 전혀 내키지 않는 다"라는 의미. allow oneself to~역시 자기 자신을 허락하는 것으로 "스스로 …에 몰두[열중]하다"는 의미가 된다.

Point

- **I can't bring myself to~** …할 마음이 전혀 내키지 않아
- **I allow myself to~** …에 몰두하다, 열중하다, 빠져있다
- **I treat myself to~** (스스로) …을 하다, …을 챙겨먹다, 몸을 쉬게 하다, …을 사다
- **I never imagined myself~** 난 결코 …하는 모습을 상상하지 못했어
- **not let oneself** 내 <u>스스로</u> …하게 하지 못하다
- **let myself out** 알아서 나가다

I can't bring myself to go back in that room.
저 방으로 다시 돌아가고픈 맘이 전혀 생기지 않아.

I couldn't bring myself to leave Tim. Do you remember?
난 팀을 떠날 수 없었어. 기억나?

I really never imagined myself as a divorcee, you know?
난 정말이지 이혼녀가 될거라고는 상상도 못했어, 알아?

I never let myself think about you.
내 자신이 널 생각하게 내버려둘 수가 없었어.

I just couldn't let myself ruin your Valentine's Day.
난 네 발렌타인 날을 망치게 할 수가 없었어.

A: Your old car is always breaking down.
B: I can't bring myself to get rid of it.

A: 네 낡은 차는 늘상 고장나더라.
B: 그걸 없애고 싶은 마음이 전혀 안나.

A: It looks like your book is a bestseller.
B: I never imagined myself being famous.

A: 네 책이 베스트셀러인 것 같아.
B: 내 자신이 유명해지는 것을 상상해본 적이 없어.

PATTERN 002

You got a good thing going here

우리말 사고방식으로는 쉽게 이해가 되지 않는 구문이다. 내게 …일이 앞으로 있다거나 어떤 사람들이 …하고 있다거나 등을 표현 할 때는 I (have) got sb[sth] ~ing의 형태를, 반대로 상대방이 그런 상황이라고 말할 때는 You got sb[sth] ~ing이라고 하면 된다.

Point

▶ **You got sb[sth] ~ing** 넌 …하는게 있어   ▶ **I (have) got sb[sth] ~ing** 내게는 …하는게 있어

You got a good thing going here.
넌 여기서 잘 풀린거야.

You got a maintenance guy waiting outside here.
여기 밖에서 보수하는 사람이 널 기다리고 있어.

We got a big party coming in at ten. So I'll just see you in the morning.
우린 열시에 시작하는 성대한 파티에 가기로 했어. 그럼 내일 아침에 봐.

A: I think I'm in love with two different women.
B: You've got too many dramas going on in your life.

A: 난 두 명의 여자와 사랑에 빠진 것 같아.
B: 네 인생엔 드라마가 같은 일이 많네.

003 I didn't make it to the party tonight

make it은 단독으로 '성공하다,' '해내다' 라는 의미로 특히 힘들고 어려운 일을 해내다라는 뜻으로 쓰이며 또한 스포츠 경기에서 '…까지 진출하다,' 또한 직장내에서 make it to manager하면 부장으로 승진하다 등 성공적으로 하고 있는 모습을 표현할 때 사용한다. 한편 make it to 다음에 파티나 모임 등의 명사가 오면 "제시간에 그 자리에 가다" 라는 뜻으로 쓰인다.

Point

▶ **Sb didn't make it** 치료중 살아남지 못하다   ▶ **I can't make it to~** …에 참석못해

It's true. You show no weakness, you make it to the top.
사실이야. 네가 약점을 보이지 않으면 성공할거야.

He couldn't make it to the funeral because he had a nervous breakdown. 걘 신경쇠약에 걸려서 장례식에 갈 수가 없었어.

You didn't make it back to the room last night. Did you get lucky?
너 어젯밤에 방에 안왔더라. 건수 올렸어?

A: Where's Mr Big?

B: He couldn't make it.

A: 빅 어디있어?

B: 못온대.

004 What kind of cop would I be if I just let you go?

if 이하를 한다면 내가 어떤 종류의 N이 되겠는가? 다시말해 "…하면 내가 어떤 …가 되겠는가?" 결국 if 이하를 하지 못하겠다는 말을 역설적으로 하는 문장이다. kind of 대신에 sort of를 써도 된다.

Point

▶ **What kind[sort] of +N would I be if S+V~** …하면 내가 어떤 …가 되겠어?

What kind of cop would I be if I just let you go?
내가 너를 그냥 보내면 내가 어떤 경찰이 되겠어?

What kind of a man would I be if I turned down such an enticing invitation? 내가 그렇게 유혹적인 초대를 거절한다면 내가 어떤 사람이 되겠어?

What kind of Christian would I be if I denied shelter to a friend in need? 내가 어려움에 처한 친구에게 쉼터를 제공하지 않는다면 난 어떤 기독교인이 되겠어?

A: So you loaned Kelly a thousand dollars?

B: What kind of friend would I be if I didn't help her?

A: 네가 켈리에게 천 달러를 빌려 줬어?

B: 내가 걔를 도와주지 않으면 내가 어떤 친구가 되겠어?

005 What is it gonna take to make you happy?

to 이하를 하는데 필요로 하는게 무엇이겠어라는 말로 의역하면 "뭘 어떻게 하면 …을 하겠어?"라는 의미의 문장이 된다.

Point

▶ **What is it going to take to +V~?** 어떻게 해야 …을 하겠어?
▶ **What is it going to take for you to +V~?** 어떻게 해야 네가 …을 하겠어?

What is it gonna take to get rid of you?
어떻게 해야 너를 제거할 수 있겠어?

What is it gonna take to make you happy?
어떻게 해야 너를 행복하게 할 수 있겠어?

Let's talk turkey. What is it gonna take for you to give up the baby?
솔직해지자고. 어떻게 해야 네가 아이를 포기할 수 있겠어?

A: Robin and Laura are always fighting.

B: What is it going to take to stop the feud?

A: 로빈과 로라는 늘상 싸워.

B: 어떻게 해야 그 오랜 불화를 끝낼 수 있을까?

I don't see **where this is going**

where과 going이 결합하면 비유적인 의미로 쓰이는 경우가 많다. where this is going 또한 이것(this)이 어디로 가는지, 어떻게 돌아가는지, 무슨 말을 하려는 건지를 말할 때 네이티브들이 즐겨 사용하는 표현이다.

▶ **~where this is going** 무슨 말을 하는건지, 어떻게 돌아가는 건지

I don't see where this is going.
이게 어떻게 돌아가는지 모르겠어.

Let me tell you where this is going.
이게 어떻게 돌아가는지 내가 말해줄게.

I honestly don't know where this is going. Just following the clues.
솔직히 이게 어떻게 돌아가는지 모르겠어. 그냥 단서들을 따라갈 뿐이야.

A: So we've been dating for three years now.

B: Honestly, I don't know where this relationship is going.

A: 그럼 이제 우리 데이트한지 3년 됐네.

B: 솔직히말해서, 이 관계가 어떻게 될지 모르겠어.

Where does he stand on the issues?

where you stand on~이 되면 "…에 서있다," 즉 어떤 문제에 대한 입장이나 생각 등을 말하는 표현이 된다.

▶ **~where sb stand on~** …에 대한 입장, 생각
▶ **Where do you stand on~?** …에 대한 네 생각은 어때?

Where does he stand on the issues?
그 문제에 대한 너의 입장은 뭐야?

I mean, you know, where does he stand on the issues?
내 말은, 저기, 그 문제에 대한 걔의 입장이 어때?

I'll tell you where I stand on the election.
선거에 관한 내 입장을 말해줄게.

A: Tammy may not vote during the meeting.

B: Find out where she stands on our policies.

A: 태미는 회의시간에 투표를 하지 않을 수도 있어.

B: 우리 정책에 대한 걔의 입장이 뭔지 알아봐.

I think **it's the least we can do for** her

내가 할 수 있는(I can do) 최소한의 것(the least)이란 뜻으로 적어도 이 정도는 해야 된다 등의 문장을 만들 때 긴요하게 쓰인다. the least we can do, the least you can do 등으로 변형해서 쓰이기도 한다.

▶ **It's the least I[we] can do for[to]~** …하기 위한 최소한의 것이야
▶ **The least we can do is~** 우리가 할 수 있는 최소한의 것은 …야
▶ **The least you can do is~** 넌 최소한 …정도는 해야지

I think it's the least we can do for her.
그게 걔를 위해 우리가 할 수 있는 최소한의 것이라 생각해.

The least you can do is pretend.
최소한 그러는 척이라도 해야지.

Dorota, when I get you a gift, the least you can do is enjoy it
도로타, 내가 선물을 주면 최소한 좋아할 줄은 알아야지

A: I got really drunk and kissed Jen.

B: The least you can do is say you're sorry.

A: 난 정말 취해서 젠에게 키스했어.

B: 최소한 미안하다고는 해야지.

See what happens when you break the code?

"See+의문사절~" 형태로 쓰이는 경우로 see는 what, when, where, how 등과의 만나서 패턴을 만든다. 하나하나 살펴보기로 한다.

Point

▶ **See what~** …을 확인해보다, 이해하다

▶ **See what happens when~?** …일 때 어떤 일이 벌어지는지 알겠어?

▶ **See where~** 어디로 …하는지 보자

See what I mean, it's just stupid.
내가 말했잖아, 어리석은 짓이라고.

See what happens when you break the code?
네가 코드를 어기면 어떻게 되는지 알겠어?

See where it gets you.
어떻게 되나 보자

A: Everyone knows that I'm not really a rich man.

B: See what happens when you lie?

A: 다들 내가 사실 부자가 아니라는 것을 알고 있어.

B: 네가 거짓말하면 어떻게 되는지 볼래?

How she passed the police exam is beyond me

~beyond me는 나를 넘어섰다는 것으로 "내가 이해할 수 없다"는 말이다. 그리고 이해할 수 없는 것은 Why S+V is beyond me처럼 의문사절의 형태로 쓴다. 동사부에 비해서 주어부가 상당히 긴 역삼각형 스타일이다.

Point

▶ **Why S+V is beyond me** 왜 …인지 난 이해할 수가 없어

▶ **How S+V is beyond me** 어떻게 …하는지 나는 이해가 안돼

▶ **What S+V is beyond me** …하는게 나는 이해가 안돼

▶ **The fact S+V is beyond me** …한다는 사실은 내가 이해할 수가 없어

Why anybody would choose to be homeless is beyond me.
왜 노숙자가 되려 하는지 그 이유를 모르겠어.

How she passed the police exam is beyond me.
걔가 경찰시험을 어떻게 합격했는지 이해가 안돼.

The fact she survived is beyond me.
걔가 생존한 사실이 믿기지 않아.

A: Is your wife still angry at you?

B: Sure. Why she has to get upset is beyond me.

A: 네 아내 아직도 화나있어?

B: 그럼. 왜 화를 내는지 그 이유를 모르겠어.

Supplements
미드영어표현
비교체험학습

"이게 무슨 차이예요?"

미드공부를 해본 사람은 아는 사항.

약간의 차이로 의미가 전혀 달라지는 경우,

거의 같은 의미이지만 조금씩 용례가 다른 경우 등을

많이 접하면서 혼란스러운 때가 한 두번이 아니었을 것이다.

여기서는 Here's a deal/Here's the deal, Don't mind me/Do you mind?

그리고 I'm on it/ I'm in on it 등을 모아모아서

비교해 의미파악과 용법의 차이를 세밀하게 정리하였다.

How's it going? vs. How's that going?

'it'와 'that'이 이런 의미차이를 가져오다니...

'it'과 'that'의 한 끗 차이지만 의미는 다르다. How's it going?은 잘 알려진 대로 상대방을 만나서 잘 지내는지 상대방의 근황을 물어보는 것으로 How are things?, How's it with you? 또는 How are you doing?과 같은 맥락의 표현. 반면 How's that going?하게 되면 어떤 특정한 일의 진행과정을 물어보는 "그 일 어떻게 돼가고 있어?"라는 의미이다. How's it going with sb[sth]?하게 되면 How's that going?처럼 with 이하의 일이 어떻게 되어가는 지 그 상황을 물어보는 표현이 된다. 큰 그림으로 보자면 두 표현 모두 상황이 어떻게 되어가는지를 물어보는 것으로 다만 How's it going?은 인사말로 거의 굳어진 것으로 이해하면 된다. What's up?이 "무슨 일이야?" 혹은 단순한 인사말로 "어때," "잘 지내"라고 물어보는 두 가지 의미로 쓰인다는 점을 함께 생각해보면 된다.

KEY POINT

- **How's it going?** 어때?, 어떻게 지내?
- **How's it going with~?** …는 어때?, 어떻게 돌아가?
- **How's that going?** 어떻게 돼가는 거야?

SAMPLES

1. How's it going with Phoebe? Is she still upset?
피비와는 어떻게 돼가고 있어? 아직도 화나있어?

2. I heard you got a new job. How's that going?
너 새로운 직장 잡았다며. 어때?

DIALOGS

A: I quit my job to do something meaningful.
B: And how's that going for ya?
A: 뭔가 의미있는 일을 하기 위해 직장을 관뒀어. B: 그럼 그 일은 어떻게 되어가고 있어?

A: How's it going with the phone records?
B: No outgoing calls from the house after 8:00 P.M. Monday night.
A: 통화기록은 어떻게 돼가고 있어? B: 월요일 저녁 8시 이후에는 집에서 밖으로 건 전화가 없어요.

Don't ask vs. Don't ask me

'me'가 있고 없고의 차이

me가 있느냐 없느냐의 차이. 먼저 Don't ask는 상대방이 자기에게 뭔가 물어보는데 대답할 내용이 별로 좋지 않아 말하기도 싫을 때 사용하는 표현이다. 직장에서 사이코 같은 윗사람에게 실컷 욕먹고 왔는데 아내가 속도 모르고 How was your day at work?라고 한다면, 이 때 "묻지마," "말하기도 싫어," "모르는게 나아"라는 의미로 쓸 수 있는 문장이다. 반면 me가 들어간 Don't ask me는 자기도 답이나 그 이유를 모르는 것을 물어볼 때 혹은 그 답이 뭐든 내 알 바 아니니 신경쓰지 않기 때문에 물어보지 말라며 짜증내며 할 수 있는 표현이다. 참고 Don't ask, Don't tell은 미군내의 동성애자에 대한 정책으로 묻지도 말고 대답하지도 말라는 유명한 표현이다.

KEY POINT

- **Don't ask** 묻지마, 모르는게 나아
- **Don't ask me** 내 알바 아냐
- **Don't ask, Don't tell** 묻지도 말고 대답하지도 말라
- **Don't ask me how[why]** 방법[이유]를 내게 묻지마

SAMPLES

1. Don't ask. He was handsome, sensual, talented.
모르는게 나아. 걘 잘생겼고, 관능적이고, 재능이 출중했어.

2. Grissom wants it packaged in plastic. I don't know. Don't ask.
그리섬은 그걸 비닐봉지에 포장하라고 했어. 몰라. 묻지마.

DIALOGS

A: How does somebody get into your club with a gun?
B: Don't ask me; ask the metal detector. It's supposed to work.
  A: 어떻게 당신 클럽에 총을 갖고 들어갈 수 있습니까?
  B: 나도 몰라요. 금속탐지기에게 물어봐요. 작동하도록 되어 있으니까요.

A: What's he doing borrowing money from you?
B: In my business, you don't ask, you don't tell.
  A: 걔 너한테서 돈빌려서 뭐한다는거야?
  B: 내 업계에서는 묻지도 말고, 말하지도 말라는 규칙이 있어.

Here's a deal vs. Here's the deal

'a'와 'the'만 다른데...

단지 a와 the의 차이일 뿐인데 의미는 전혀 다르다. 먼저 Here's a deal은 쇼핑 등 물건을 사고 팔 때 쓰는 표현으로 물건이 할인가(something has a bargain price)라는 것을 말할 때 사용하는 것으로 "이게 할인가야." "가격이 싸네"라고 하는 말이다. 반면 Here's the deal하면 뭔가 핵심적인 사실이나 뭔가 듣기 싫은 이야기를 꺼내기(be going to tell someone else the basic truth or facts about something) 전에 하는 표현이다. "자 이렇게 된거야," "그게 이런 거야" 정도로 이해하면 된다.

KEY POINT

- **Here's a deal** 이 싼 가격 봐. 이게 할인가야

- **Here's the deal** 자 이렇게 된거야. 그게 이런거야

- **Here's a deal on~** …가격 싼거봐

- **Look, here's the deal** 이봐. 그게 이런거야

SAMPLES

1. Here's a deal on notebook computers.
노트북 컴퓨터 가격이 싸네.

2. Here's the deal, we can't go to the concert.
자 이렇게 된거야, 우리는 콘서트에 갈 수가 없어.

DIALOGS

A: She said that you broke up with her because she refused to have sex.
B: Here's the deal. I said that, but it was just an excuse. The truth is, I wasn't that into her.

A: 걔가 섹스를 거부해서 헤어졌다고 걔가 그러던대.
B: 사실은 말야. 그렇게 말했지만, 변명였어. 실은 그렇게 걔를 좋아하지 않았어.

A: Here's a deal on your favorite cereal.
B: Great! I'll buy two boxes of it.

A: 네가 좋아하는 씨리얼 할인하네. B: 좋아라! 두 박스 사야지.

physical 앞에 'a'하나 때문에...

physical은 형용사로 「물리적인」, 「육체적인」이라는 뜻. 그래서 get+형용사의 형태로 get physical하면 "물리적인 힘을 사용하다"(use the physical power) 혹은 발전해서 "섹스를 하다"(have sex)라는 뜻으로 문맥에 따라 사용된다. Do their fights ever get physical?에서 볼 수 있듯, get physical은 말로만 싸우는게 아니라 진짜 몸으로 부딪히며 싸우는 것을 말한다. 반면 get a physical하게 되면, 즉 physical이 관사와 함께 어울리면 명사로 사용된 것으로 여기서 a physical은 a physical examination의 줄인 말이다. 다시말해 get a physical하게 되면 병원에 가서 「검진을 받다」(When people go to a doctor to get examined, it is called getting a physical)라는 뜻이 된다.

KEY POINT

- **get physical** 물리적인 힘을 쓰다, 섹스하다
- **get a physical** 검진하다

SAMPLES

1. The romance became serious after it got physical.
   그 연애는 섹스를 한 후에 진지해졌어.

2. You should get a physical before going overseas.
   넌 외국가기 전에 건강검진을 받아봐.

DIALOGS

A: Would you say that was the only time that it ever got physical?
B: Last month, she slapped me for taking money out of her wallet.
   A: 폭력적인 것은 그때가 유일한 것인가요? B: 지난달에 자기 지갑에서 돈을 빼갔다고 빰을 때렸어요.

A: Lately I've been feeling quite sick.
B: I think it's time for you to get a physical.
   A: 최근에, 좀 심하게 몸이 아팠어. B: 더 늦기 전에 건강검진을 받아 봐야 될 것 같아.

다 고만고만 한데...

먼저 You're right은 상대방의 말에 맞다고 동의할 때 쓰면 되고, 여기에 on를 붙여서 You're right on하게 되면 상대방이 한 말이 정확히 맞다(to agree with what someone has said or done)고 맞장구칠 때 사용하면 된다. 어떤 부분에서 맞냐고 할 때는 You're right on with sth이라고 하면 된다. 하지만 그렇게 많이 쓰이는 편은 아니다. 또한 여기에다 the money를 붙여서 You're right on the money하게 되면 You're right on과 비슷한 의미로 뭔가 맞다고 맞장구 치면서 "바로 그거야," "그래 맞아"라는 의미이다. money 대신에 button이나 nose 를 써서 You're right on the button[nose]라고 해도 된다. 마지막으로 right를 빼고 You're on하게 되면 상대방이 어떤 시합이나 내기를 하자고 할 때 혹은 제안을 받아들이면서 "그래, 좋아"라는 다른 의미가 된다. 결론적으로 말해보자면 You're right, You're right on, 그리고 You're right on the money는 다 비슷하다고 생각하면 된다.

KEY POINT

- **You're right** 네 말이 맞아

- **You're right on** 네 말이 딱 맞아 You're right on with~

- **You're on** (내기나 제안을 받아들이며) 그래 좋았어, 그래 그렇게 하자

- **You're right on the money[button, nose]** 바로 그거야, 그래 맞아

SAMPLES

1. So if you're right, we just ran out of time.
   그래 네말이 맞다면, 우리 시간이 부족했어.

2. You're right on with what you've been saying.
   네가 했던 말이 맞았어.

DIALOGS

A: I bet I figure out how they're connected before you do.
B: All right. You're on.
   A: 네가 그러기 전에 어떻게 걔네들이 연결됐는지 내가 알아내는데 확실해. B: 좋아. 그렇게 하자.

A: No, you're right. It's ridiculous to worry about you all the time.
B: It's sweet that you worry.
   A: 아냐, 네 말이 맞아. 널 온종일 걱정한다는 것은 말이 안돼. B: 걱정해줘서 고마워.

'the'와 'your'의 차이가...

What's the deal?하면 현재 벌어지고 있는 일의 상황이 어떤 일인지 그리고 왜 그런 일이 벌어졌는지 등을 물어보는 표현이다. "도대체 무슨 일이야.," "어떻게 된거야?"라는 말로 What's the deal with~?의 형태로 궁금한 것을 with 이하에 넣어서 말을 할 수도 있다. What's your deal? 또한 비슷한 맥락의 표현으로 "너 왜 그래?," "너 무슨 일이야?"라고 물어보는 문장이다. 반면 What's the big deal?하면 "그게 무슨 상관이야," "별일 아니네," "그게 어째서"라는 의미로 여기서 big deal은 반어적으로 쓰인 경우이다. 상대방이 별일도 아닌 것 갖고 난리칠 때 사용하면 제격이다. 다시 말해서 다른 사람들이 생각하는 것만큼 중요하지 않다(something is not so important, or that it's not as important as other people think it is)고 면박을 주는 문장이다.

KEY POINT

- **What's the deal?** 도대체 무슨 일이야?, 어떻게 된거야?

- **What's your deal?** 너 왜 그래? 너 무슨 일이야?

- **What's the big deal?** 별일 아니네. 그게 어째서?

SAMPLES

1. What's the deal with these tools? Are you using them?
   이 연장들 어떻게 된거야? 네가 쓰고 있는거야?

2. So I spent a thousand dollars. What's the big deal?
   그래서 난 천 달러를 썼어. 그게 어째서?

DIALOGS

A: Hey, so, I spoke with Danny this morning.
B: Oh, yeah. What's the deal with him?
   A: 야, 그래서 내가 오늘 아침에 대니와 얘기나누었어.   B: 어 그래. 걔 무슨 일이래?

A: What's your deal, yo? You got tough buckets or somethin'?
B: You're a disgrace to your skin, you know that?
   A: 너 왜 그래 어? 뭐 터프가이라고 되는거야?   B: 넌 같은 인종의 수치야. 그거 알아?

'right'과 'all right'의 차이점

핵심은 all의 있고 없음이다. 즉 be right와 be all right의 차이만 구분하면 된다는 말이다. 먼저 가장 쉬운 표현인 That's right는 주로 상대방의 말에 동의할 때 쓰는 것으로 "맞아"라는 뜻이고, 여기에 all을 삽입하여 That's all right하게 되면 "괜찮아"라는 말로 No problem처럼 상대방이 미안 혹은 감사하다고 할 때 "괜찮아," "문제없어," "걱정마"라고 할 때 쓰는 표현이 된다. 마찬가지로 주어가 사람이 되어서 I'm all right하게 되면 내가 괜찮다고 말하는 것으로, 괜찮은 것까지 함께 말하려면 I'm all right with that이라고 하면 된다. 쉽게 생각해서 That's okay (with me)와 같다. 반대로 상대방이 괜찮은지 물어보려면 Are you all right?, 그냥 All right하게 되면 상대방의 제안이나 의견에 "맞아," "그래"라고 동의하거나 상대방의 부탁에 허락(permission)할 때 사용한다. 역시 한 단어로 하자면, Yes, OK와 같다고 생각하면 된다.

KEY POINT

- **I'm all right** 괜찮아
- **That's all right** 괜찮아
- **That's right** 맞아
- **All right** 맞아. 그래

SAMPLES

1. The economy has been bad, but I'm all right.
경기가 너무 나쁘지만 난 괜찮아.

2. If you can't meet tonight, that's all right. We'll meet again later.
오늘밤에 못 만나도 괜찮아. 나중에 다시 만나자.

DIALOGS

A: Call me if you need me.
B: All right.
A: 나 필요하면 전화해.   B: 알았어.

A: Please! Please don't! Don't kill me.
B: It's all right. We're not going to hurt you. We're the police.
A: 제발요! 제발 그러지 마요! 날 죽이지 마요.   B: 괜찮아. 우린 널 다치게 하지 않아. 경찰이야.

What's that[it] about? vs. What's this all about?

'all'의 있고 없음...

상대방에게 무슨 일이 일어난 건지 설명을 요구하는 문장으로 What's that about?, What's it about?, 혹은 강조해서 What's this[it] all about?이라고 쓸 수 있다. 쉽게 다른 문장으로 말해보면 "Tell me why that is going on"이라는 뜻으로 "도대체 무슨 일이야?"라고 자초지종을 물어보는 것이다. 자기가 목격했지만 이해가 가지 않고 혼란스러워 설명을 해달라(they are confused about something they have seen. They want to know more information so they can understand better)고 할 때, 혹은 어떤 상황이 놀라서 왜 그런건지 물어볼 때 사용하면 된다. 둘 다 매우 유사하다고 보면 된다.

> **KEY POINT**
>
> - **What's that about?** 왜 그랬니?, 무슨 일이야?
> - **What's this all about?** 도대체 무슨 일이야?

SAMPLES

1. Angie slapped me. What's that about?
앤지가 내 빰을 쳤어. 왜 그런거야?

2. What's this all about? Why are you yelling at me?
도대체 무슨 일이야? 왜 내게 소리쳐대는거야?

DIALOGS

A: I asked Jude about it. She lied right to my face.
B: What's that about?
A: 난 주드에게 그거에 대해 물어봤어. 대놓고 거짓말했어. B: 무슨 일인데?

A: What's this all about?
B: Mr. Vance, your wife didn't drown. She was poisoned.
A: 도대체 무슨 일이예요? B: 반스 씨, 부인께는 익사가 아니 독살당하셨습니다.

"be there"의 혼란스러운 몇 가지 표현

be there[here]는 구어체 표현. go, come 대용으로 일상회화에서 무척 많이 쓰이는 표현이다. 그래서 I'll be there하면 "정해진 시간에 내가 갈게"라는 뜻이 되고 "I'll be here"라면 "여기에 온다"라는 뜻이 된다. 그런데 I'll be there에 for you가 붙으면 전혀 다른 뜻이 된다. 〈프렌즈〉의 주제곡 제목으로도 유명한 I'll be there for you는 직역하면 "언제나 네 옆에 있겠다"라는 뜻으로 강한 책임감을 느끼고 너를 도와주겠다(I will always help you)는 감동적인 표현이다. 또 하나 형태가 비슷한 것으로 I'm almost there 혹은 We're almost there이란 표현이 있는데 이는 물리적으로 "거의 목표지점에 다 왔다" 혹은 비유적으로 "어떤 목표나 일을 거의 다 마쳤다"고 말할 때 쓰는 표현이다. 퀴즈의 정답을 거의 맞출 때처럼 목표를 거의 달성하기 직전인 상대방을 격려하기 위해 주어를 살짝 바꿔, You're almost there(거의 다됐어)이라고 쓸 수도 있다.

> **KEY POINT**
>
> - **I'll be there.** 가겠다
> - **I'll be there for you** 내가 있잖아
> - **I'm[We're] almost there** 거의 다 왔다. 목표를 거의 달성하다
> - **You're almost there** 거의 다됐어. 거의 다 맞췄어

SAMPLES

1. You're almost there. Just keep going.
   거의 다 됐어. 더 계속해.

2. I'll be there for you if you have any problems.
   너에게 무슨 문제있으면 내가 옆에 있어줄게.

DIALOGS

A: One more push! Come on honey, we're almost there!

B: Oh Chris, I'm so happy things worked out for us that we're having this baby together.

A: 한번 더 밀어! 자, 자기야, 거의 다 됐어! B: 오, 크리스, 이 아이를 함께 낳는데 다 잘돼서 넘 기뻐.

A: I just don't know what to do to make sure it doesn't happen again.

B: All you can do is be there for them.

A: 다시는 그런 일이 없도록 하기 위해 뭘 어떻게 해야 할 지 모르겠어. B: 걔네들 옆에 함께 있기만 하면 돼.

"mind"가 들어간 표현들

Don't mind me는 '나'를 신경쓰지마라(mind)라는 뜻으로 난 관여하지 않을테니 "너하고 싶은대로 해라"(Go ahead and do what you want to)라는 의미가 된다. 'me' 대신 Don't mind Chuck처럼 제 3의 인물을 써도 된다. 의미는 같아, 걔 신경쓰지 말고 하던 일이나 하자라는 말. 한편, Do you mind?는 상대방의 허락을 구하는 문장으로 "(나 그렇게 해도)괜찮겠어?", 혹은 열심히 일하고 있는데 옆에서 계속 노래를 부르는 동료에서 짜증내며 Do you mind!하게 되면 "그만 좀 할래!"라는 뜻이 된다. 또한 I don't mind if I do는 직역해보자면 내가 그렇게 한다고 해도 난 신경쓰지 않는다, 즉 "그럼[그거] 좋지"라는 뜻이다. 상대방의 제안에 Yes라고 대답하는 것으로 "I'm going to do that"이라는 의미가 포함된 표현. 요즘에는 그렇게 많이 쓰이지는 않는다. 마지막으로 mind (you)는 자기가 하는 말에서 좀 중요한 부분을 강조하기(to point out some important detail) 위해 삽입하는 표현으로 우리말로는 "그런데 말야," "하지만" 정도에 해당된다.

> **KEY POINT**
>
> - **Don't mind me** 난 신경쓰지마
> - **Do you mind!** 그만 좀 할래!
> - **Mind you** 그런데 말야, 하지만
>
> - **Do you mind?** 괜찮겠어?
> - **(I) Don't mind if I do** 그럼 좋지

SAMPLES

1. I don't mind if I do have a piece of this pie.
   이 파이 조각을 먹을 수 있다면 좋지.

2. I'm glad Sally is going to perform, mind you, she's a terrible singer.
   샐리가 공연을 해서 기쁜데 말야, 걔 노래 너무 못하잖아.

DIALOGS

A: Why don't you let me take Sam, and, you get some more rest.
B: Yeah, do you mind?
   A: 내가 샘을 데려갈테니 너는 좀 쉬어. B: 그래, 괜찮겠어?

A: It looks like I'm just in time for make up sex. Don't mind me, you'll barely hear me.
B: Tom, get outta here.
   A: 내가 화해섹스를 하기에 딱 맞는 시간에 온 것 같아. 난 신경쓰지마, 내 소리 안들릴거야. B: 탐, 꺼져.

What do you say? vs. What would you say?

"do"와 "would"의 차이가...

What do you say?는 상대방의 동의나 의견을 물어보는 것으로 "어때?"라는 의미. "그거 어때?"라고 하려면 What do you say to that?이라고 한다. 좀 더 구체적으로 제안하는 내용까지 넣어서 말하려면 What do you say to+동사? 혹은 What do you say S+V?, What do you say if S+V를 쓰면 된다. 이 문장으로 상대방에게 제안을 하거나 의견을 물을 때는 상대방의 Yes, 혹은 No라는 대답을 기대하고 던지게 된다. 반대로 do 대신 가정법 동사 would를 써서 What would you say?라고 하면 이 역시 상대방의 의견을 물어보는 것이지만 조금 뉘앙스가 다르다. 가정법동사가 쓰였기 때문에 지금 현재 닥친 문제가 아니라 앞으로 그렇게 된다면 "넌 어떻게 할거야?"(If that happened, how do you react), "넌 뭐라고 할래?"라는 말이 된다. 역시 What would you say if~하면 if 이하의 조건을 달았을 뿐 의미는 똑같아서 "…한다면 어떨까," "뭐라고 할거야"라는 표현.

> **KEY POINT**
>
> - **What do you say?** 어때?
> - **What would you say?** 넌 어떻게 할거야?

SAMPLES

1. Join us for breakfast tomorrow. What do you say?
내일 아침 우리와 함께 먹자. 어때?

2. What would you say if Earl asked you out?
얼이 데이트 신청하면 어떻게 할거야?

DIALOGS

A: What do you say we call it a night?

B: What? No. Let's keep playing.
A: 오늘은 그만 하는게 어때? B: 뭐라고? 안돼. 계속 놀자고.

A: What if I told you the hotel maid told us that you weren't with Tim, what would you say?

B: I'd say she was lying.
A: 내가 너에게 호텔청소부가 네가 팀하고 같이 있지 않았다고 우리에게 말했다고 말한다면, 넌 뭐라 할거야?
B: 걔가 거짓말했다고 하겠지.

How about that? vs. How about that!

"?"와 "!"도 차이가 나네...

How about~은 상대방의 의견을 물어보거나 제안을 할 때 쓰는 대표표현으로 여기서처럼 How about that?(그거 어때?), How about you?(너는 어때?)처럼 단순하게 물어볼 수도 있지만, How about 다음에 다양한 품사나 어구, 그리고 ~ing, 및 S+V의 문장을 넣을 수도 있는 아주 편리한 표현이다. 반면 많이들 오역하기 쉬운 것으로 물음표가 아니라 느낌표가 되어 How about that!이라고 하면 이건 상대방의 의견을 물어보는 것이 아니라 뭔가 예상못한 놀랍거나 멋진 일을 접하고서(to express that something is great or wonderful) "그것 참 멋지네!," "대단하네!"라는 뉘앙스의 표현이다. 하지만 한 세대 전에는 많이 쓰였으나 현대 영어에서는 그다지 많이 쓰이지 않는 표현이다. 한편 What about you? 또한 How about you? 처럼 상대방의 의견을 묻는 것으로 생각하면 된다.

KEY POINT

- **How about that?** 그거 어때?
- **How about that!** 와 멋지네!, 근사하다!

SAMPLES

1. I'll give you $300 for your computer. How about that?
네 컴퓨터 300 달러 줄게. 어때?

2. The Yankees won tonight. How about that!
양키스 팀이 오늘밤 이겼어. 정말 대단해!

DIALOGS

A: Uh, dinner tonight? How about that? Are you free tonight, Julie?
B: Actually, uh, I'm not free tonight.
　A: 어, 오늘 저녁? 이건 어때? 줄리, 내일 저녁은 괜찮아?　B: 실은, 오늘 저녁도 시간이 안돼.

A: It looks like we're moving to a new office.
B: How about that! I hope they give us new computers.
　A: 새로운 사무실로 이사가는 것 같아.　B: 멋지다! 새로운 컴퓨터를 지급하겠지.

You're one to talk vs. You're the one to talk

"the"가 있기도 하고 없기도 하고...

언뜻 보면 똑같은 것으로 착각하기 쉬운 표현들이다. 하지만 자세히 보면 one 앞에 'the'가 있느냐 없느냐의 차이가 있다. 먼저 You're one to talk은 "사돈 남말하네"(Look who's talking)와 같은 표현으로(to express that a person is being hypocritical, possibly by being critical of something that he does himself) 상대방이 투덜거리던 일을 스스로 했을 때 비아냥거리면서 할 수 있는 사용하는 표현이다. 반면 one 앞에 the가 붙어서 You're the one to talk하게 되면 글자 그래도 너는 이야기할 수 있는 사람이다라는 뜻이 된다. 꼭 the만 들어가는 것은 아니어서 I have no one to talk하게 되면 "난 이야기할 사람이 없다"라는 뜻이 된다.

> **KEY POINT**
>
> - **You're one to talk.** 사돈 남 말하네.
> - **You're the one to talk** 얘기할 사람은 너야

SAMPLES

1. **Why did you criticize him for cheating?** You're one to talk.
   왜 바람폈다고 걔를 비난했어? 너도 마찬가지잖아.

2. **You're the one to talk to** our teacher about this matter.
   이 문제에 관해 선생님께 얘기할 사람은 바로 너야.

DIALOGS

A: Don't bother them if they seem busy.

B: You're one to talk.
   A: 걔네들이 바빠 보이면 방해하지마. B: 사돈 남말하네.

A: Well, when you want to talk about it...

B: Yeah, I know, I know you're the one to talk to. Got it.
   A: 저기, 네가 그것에 관해 얘기하고 싶을 때… B: 그래, 알아. 얘기할 사람이 너라는 거. 알았어.

keep sth to oneself vs. keep to oneself

"sth"이 있고 없음에 따라...

이것도 참 겉모습만 봐서도 아리까리하다. 하지만 차분히 단어 하나하나를 뜯어보면서 논리적으로 유추해보면 그리 어렵지 않게 구분할 수 있다. 먼저 keep sth to oneself는 sth를 to oneself에게 지니고 있으라는 뜻으로, 의역하자면 sth을 아무한테도 말하지 말고 비밀로 하다(to keep something secret or private)라는 의미의 표현이 된다. 상대방에게 "이거 아무한테도 말하지마"라고 하려면 I want you to keep this to yourself라고 하면 된다. 반면 여기서 sth을 빼고 keep to oneself하게 되면 다른 사람들과 어울리지 않고 "혼자 지내다"(to not interact much with others. Often shy or timid people keep to themselves)라는 뜻이 된다.

KEY POINT

- **keep sth to oneself** 비밀로 하다
- **keep to oneself** 혼자 지내다

SAMPLES

1. Please keep what I told you to yourself.
   내가 너한테 한 말 비밀로 해줘.

2. Mario keeps to himself and we don't see him much.
   마리오는 혼자 지내서 걔를 많이 보지 못해.

DIALOGS

A: I'm not ready to tell anybody. I wanna keep it to myself for a while.

B: Well, that's not gonna be easy, my dear.
   A: 누구한테 말할 준비가 안됐어. 한동안 비밀로 간직하고 싶어. B: 어, 자기야, 그거 쉽지 않을텐테

A: Do you know where she lives?

B: She didn't say. Wendy pretty much kept to herself.
   A: 걔가 어디 사는지 알아? B: 걔가 말한 적이 없어. 웬디는 정말이지 혼자 지내는 편이야.

kick one's ass vs. kick ass[butt]

"ass"의 소유자가 있고 없음에 따라서...

kick과 ass는 공통으로 들어가는데 단지 ass 앞에 소유자 one's가 있느냐 없느냐의 차이이다. kick one's ass는 직역하면 답이 바로 나온다. 「…의 엉덩이를 차다」라는 뜻에서 일반적으로 「때리다」(beat), 「혼내다」(punish), 혹은 스포츠 경기에서 상대방을 「이기다」라는 의미가 된다. 물론 ass 대신 같은 계열인 butt를 써도 된다. 한편 kick (some) ass 또한 비슷한 의미로 「본때를 보여주다」로 쓰이지만 특히 「자기 실력을 과시하다」, 「강렬한 인상을 주다」, 「잘못된 것을 바로잡다」(to do very well at something, and possibly to take something that is wrong and correct it by force)라는 뜻으로 주로 get out there and kick some ass의 형태로 많이 쓰인다. 여기서 파생한 kick(−)ass는 형용사로 사람이나 사물이 「대단한」(great), 「강렬한」이라는 의미로 쓰인다. kick ass는 단어만 봐도 알 수 있듯이 나이든 사람들보다는 젊은 층이 많이 쓰는 표현이다.

KEY POINT

- kick one's ass 혼내다
- kick some ass = kick ass[butt] 혼내다, 잘하다

SAMPLES

1. I kicked John's ass when we played cards.
   우리가 카드놀이를 할 때 존을 혼냈어.

2. Your brother really kicks ass when he plays tennis.
   네 형은 테니스 칠 때 정말 잘하더라.

DIALOGS

A: I'm going to kick your ass.
B: Honey, you're scaring me a little bit.
   A: 내가 널 혼내줄거야. B: 자기야, 좀 무서워질려고 그래.

A: I kicked ass in that meeting because of this suit.
B: It is a suit. Why are you so obsessed with it?
   A: 이 정장 때문에 회의에서 잘했어. B: 정장일 뿐인데, 왜 거기에 그렇게 집착해?

016 You got me vs. You got me there

"there"이 문제이네...

이 두 표현 역시 한끝 차이다. 뒤에 there가 있느냐 없느냐이다. 먼저 You got me는 네가 나를 잡았다, 캐치했다라는 뜻으로 비유적으로 "나 모르겠어(I don't know)," "잘 모르겠어(I'm not sure), 혹은 "네가 알아차렸네," "내가 졌네" 등의 의미로 사용된다. 예를 들어, 직장 동료 여성 두 명이 이야기를 하다, 그 중 한 명이 boss가 너를 좋아하는 것 같다고 말한다. 이 말을 들은 여성은 "정말, 왜"(He is? Why?)라고 물어볼 수 있는데, 이때 상대가 You got me라고 말한다면 이 뜻은 I don't know이다. 혹은 카드게임에서 상대가 나 Full house야 라고 할 때, 고작 two pair 갖고 버티던 상대가 카드를 까면서 You got me라고 할 수 있는데 이때는 "내가 졌어"(You beat me or I lost)라고 말하는 것이다. 한편 여기에 there이 붙어서 You got me there하게 되면 You got me처럼 "나 잘 모르겠어"(I don't know)라는 뜻으로도 쓰이지만 이 뿐만이 아니라 "네 말이 맞아"(You are right), "잘 말했어"(You've made a good point)라는 뜻으로도 쓰인다는 점을 알아두어야 한다.

> **KEY POINT**
>
> - **You got me** 모르겠어. 네가 알아차렸네
> - **You got me there** 잘 모르겠어. 네 말이 맞아

SAMPLES

1. You got me, I'm not sure when the movie will end.
   모르겠어, 영화가 언제 끝날지 잘 모르겠어.

2. You've got me there, no one seems to know.
   네 말이 맞아, 아무도 모르는 것 같아.

DIALOGS

A: No proof? What have I been arguing for the past 40 minutes?
B: You got me.

A: 증거가 없다고? 내가 뭐 때문에 지금까지 40분동안 말다툼을 한거야? B: 알아차렸네.

A: Every day, you tell me you didn't take my paper. But every day, you take it.
B: You got me there.

A: 매일, 넌 내 신문을 가져가지 않았다고 말했지. 하지만 매일 널 가져가고 있어. B: 네 말이 맞아.

Supplements 미드영어표현 비교체험학습　571

"do"하고 "job"만 공통이네...

do one's job은 「자기가 맡은 일을 하다」, 「당연히 자기가 할 일을 하다」(to perform his duty or his responsibilities)라는 표현이지만, 명령문의 형태로 Do your job하게 되면 "네 일이나 잘해라"라는 뜻이 되고, 또한 Do your job right하게 되면 "일에 차질이 없도록 해"라고 다 그치는(to imply someone is not doing his work adequately, and needs to improve) 표현이 된다. 그리고 sth does the job하게 되면 "효과가 있다"(something will be helpful in successfully completing a task)라는 뜻으로 do the trick과 같은 의미가 같다. 마지막으로 미드를 보다 보면 자주 나오는 I'm just doing my job은 누가 칭찬 혹은 비난을 할 때 "난 내 할 일을 했을 뿐"이라고 말하는 표현. "내 할 일을 한거다"라고 하려면 I did my job이라고 하면 된다.

KEY POINT

- **Do your job** 네 일이나 잘해
- **Do your job right** 일에 차질 없도록 해
- **do the job(= do the trick)** 효과가 있다

SAMPLES

1. Do your job and you won't have any problems.
   네 일이나 잘해, 그럼 넌 아무 문제 없을거야.

2. Do your job right or I'll fire you.
   일에 차질 없도록 해, 아니면 잘릴 줄 알아.

3. This aspirin will do the trick in curing your hangover.
   이 아스피린은 숙취를 치료하는데 효과가 있어.

 DIALOGS

A: I mean it. Jessica can't handle it.
B: You're supposed to help the victims. Do your job.
   A: 정말이야, 제시카는 그걸 감당못해. B: 넌 피해자들을 도와야 돼. 네 일이나 잘해.

A: I'd like to say thank you.
B: You don't have to say anything. I was just doing my job.
   A: 감사하다는 말을 하고 싶어. B: 아무말 하지 않아도 돼. 그냥 내 일을 했을 뿐이야.

구조와 단어가 비슷비슷...

서로 비슷비슷하여 헷갈리는 표현세트이다. 먼저 You never know는 "넌 절대 알 수가 없다," 즉 앞으로의 일이 어떻게 될 지 아무도 모른다, 어떤 일도 일어날 수 있다라는 뜻으로 뭔가 좋든 나쁘든 가능성이 있다고 말할 때 사용한다. 우리말로는 "그야 모르지," "그야 알 수 없지," "누가 알아" 정도로 이해하면 된다. 상대방을 격려할 때나 혹은 불확실성을 말할 때 사용되며 알 수 없는 내용까지 함께 말하려면 You never know 의문사 S+V라 하면 된다. 그래서 누가 들을지도 모르니 조심하라고 할 때는 "You never know who's listening" 그리고 사람들 조심하라고 할 때는 "You never know what people are doing behind your back"라 할 수 있다. 다음으로 You can never tell은 비슷한 의미로, "확실히 알 수 없다," "뭐라 단정할 수 없다"라는 뜻이고 You never learn은 너는 절대 배우지 못한다, 즉 발전할 수 없는 "구제불능이라"고 비난할 때 사용하면 된다.

KEY POINT

- **You never know** 그야 알 수 없지, 누가 알아

- **You can never tell** 뭐라 단정할 수 없어, 알 수 없어

- **You never learn** 넌 안돼, 넌 구제불능이야

SAMPLES

1. You never know what you'll see in LA.
   LA에서 뭘 보게 될지 누가 알아.

2. You can never tell what you'll see in LA.
   네가 LA에서 뭘 보게 될지 알 수 없지.

DIALOGS

A: Yes, the cause of death is pretty obvious.

B: But you never know.
   A: 그래, 사인은 아주 명백해. B: 하지만 누가 알겠어.

A: And then my boyfriend kissed another woman.

B: You never learn. Stop dating losers!
   A: 그럼 내 남친이 다른 여자하고 키스했어. B: 너 참 구제불능이다. 머저리들은 그만 좀 만나!

이성을 유혹하는 표현들...

모두 다 이성에게 집적대거나 유혹하는 것을 말하는 표현들이다. 먼저 make a move하면 단순한 의미로 어떤 방향으로 움직이다, 혹은 뭔가 시작하다라는 뜻이지만 make a move on sb 하게 되면 데이트를 하기 위해 혹은 성적인 행동을 하기 위해 접근하거나 집적대는 것을 뜻한다. 여기서 move 대신 pass를 집어넣어 make a pass at sb라고 하면 make a move on~을 능가하는 표현으로 이성과 언제든 어떻게든 have sex해보겠다고 꼬시거나, 추근되는 것을 말하는 것으로 의미가 좀 다르다. come on to sb 역시 「꼬시다」, 「유혹하다」, hit on도 마찬가지로 「성적으로 끌려서 추근대는」 것을 말하다.

KEY POINT

- **make a move on** 유혹하다. 집적대다

- **make a pass at** 추근해다

- **come on to** 꼬시다. 유혹하다

- **hit on** 유혹하다

SAMPLES

1. Alan always makes moves on the women he works with.
앨런은 늘 자기와 함께 일하는 여자에게 집적대.

2. He thought I was hitting on his girlfriend.
걔는 내가 자기 여친을 유혹하는 줄 알았어.

DIALOGS

A: Yeah she made a pass at me.
B: God. Is she hot?
A: 그래. 걔가 내게 추근댔어. B: 맙소사. 걔가 흥분했어?

A: I know she's coming on to your board of directors.
B: Yeah, she's everywhere. Can't seem to get away from her.
A: 걔가 네 이사회진들을 유혹한다는 걸 알고 있어.
B: 그래, 어딜 가나 걔가 있어. 걔로부터 벗어날 수 없을 것 같아.

be stuck with vs. be stuck up

be stuck 뒤의 오는 단어를 잘 봐야...

be stuck with하게 되면 …에 끼어 꼼짝달싹하지 못하게 되다, 비유적으로 하기 싫은 일을 어쩔 수 없이 하거나, 원치 않는 사람과 억지로 같이 있거나 혹은 데이트를 하는 경우에 많이 쓰인다. 그래서 You're stuck with me하게 넌 어쩔 수 없이 나와 함께 있게 된거야라는 뜻. 그러나 be stuck up하게 되면 자기가 다른 사람들보다 잘났다고 생각해서 거만한 행동(to act arrogant and overly proud. Most people don't like someone who is stuck up)을 나타낼 때 쓰는 표현이다. 그렇다고 고지식하게 I'm stuck up here!를 "나는 콧대가 높아"라고 이해하면 곤란하다. 이는 be stuck with에서 with가 빠진 형태로 "나 여기에 꼼짝없이 갇혔어!"라는 뜻이 된다. 참고로 이런 실수는 하지 않겠지만 S+struck up~은 능동태 문장으로 주어가 「…을 시작했다」라는 뜻이 되는 조심한다. 예로 when I struck up a flirtation는 내가 집적대기 시작했을 때, She struck up a conversation with me는 걔는 나와 이야기를 시작했다가 된다.

> **KEY POINT**
> - **be[get] stuck with** 원치 않는 사람과 사귀거나 하기 싫은 일을 할 수 없이 하거나 그런 불행한 상황
> - **be stuck up** 거만하다(be arrogant)
> - **strike up sth** …을 시작하다(start sth)

SAMPLES

1. Kelly got stuck with an old apartment because she had no money.
   켈리는 돈이 없어서 낡은 아파트에서 벗어나지 못하고 있어.

2. We struck up a friendship the first day we met.
   우리는 만난 첫날부터 친구로 사귀기 시작했어.

DIALOGS

A: Why is your car so ugly?
B: I got stuck with it because I'm broke.
   A: 네 차 왜 그렇게 엉망이야? B: 돈이 거덜나 싫어도 그 차 써야 돼.

A: Don't be so stuck up.
B: But I'm more handsome than other guys.
   A: 너무 건방지게 행동마. B: 하지만 내가 다른 아이들보다 더 잘 생겼잖아.

It's all or nothing vs. It was all for nothing vs. It's now or never

역시 착각하기 쉬운 표현들...

It's all or nothing은 전부(all) 아니면 아무것도 없는 것(nothing)이라는 말로, 즉 결연한 의지로 뭔가 결정하고 선택할 때 모 아니면 도라는 뜻이다. 전부를 갖지 않으면 아무것도 갖지 않겠다는 용맹한 문장. 연하의 남자가 불행한 결혼생활을 하는 유부녀에게 이혼하고 자기하고 살자고(I want all of you. All or nothing) 우유부단 결정못하고 있는 유부녀 애인에게 던질 수 있는 표현이다. 그리고 It's now and never는 지금(now) 아니면 절대없다(never)라는 말로, 천금같은 기회가 왔는데 상대방이 머뭇거릴 때 It's now and never라 할 수 있다. 이번이 아니면 기회가 안올테니 당장 기회를 잡아(take a chance right now)라고 권유할 때 사용한다. 반편 It was all for nothing은 for nothing이 for free(무료로)라는 뜻으로도 사용되지만, It was all for nothing은 뭔가 힘들여 열심히 했는데 아무런 결과도 얻지 못하는 상황, 즉 모든 일이 수포로(useless) 돌아갔다, 우리가 시간을 낭비했다(we wasted out time)이라고 말하는 표현이다.

> **KEY POINT**
>
> ■ **It's all or nothing** 이판사판야   ■ **It's now or never** 기회는 두번다시 오지 않을거야
>
> ■ **It was all for nothing** 모든 일이 수포로 돌아갔어

SAMPLES

1. **When it comes to love, it's all or nothing.**
   사랑에 관한 한, 전부를 걸거나 아니면 다 잃거나야.

2. **You'd better make a choice because it's now or never.**
   지금 아니면 기회가 없으니 선택을 해라.

3. **We failed to win, so it was all for nothing.**
   우리가 승리를 못해서 다 수포로 돌아갔어.

DIALOGS

A: I want all of you. All or nothing.

B: Then it's nothing.

  A: 난 네 모든 것을 원해. 전부 아니면 아무것도 필요없어. B: 그럼 아무것도 없어.

A: Are you sure? He's gonna freak.

B: Well, it's now or never. I mean, I saw what he's asking for the place. It's gonna sell quickly.

  A: 정말야? 그 사람 놀랄텐데. B: 지금아니면 기회가 없어. 내 말은 집값 내놓은 거 봤는데 금방 팔릴거야.

022 be gunning for sth vs. be gunning for sb

총을 겨누기는 하는데 대상에 따라...

gunning은 총을 뜻하는 gun이 동사로 쓰인 경우로 gun for하면 총을 「…을 향하다」라는 의미가 된다. 이 두 표현은 전치사 for의 목적어에 따라 의미가 달라지는 특이한 경우. 즉 be gunning for 다음에 promotion 등의 사물명사(혹은 사람명사)가 오면 「…을 얻기 위해, …을 이루기 위해 무척 노력하다」(to try very hard to achieve or get something)라는 뜻으로 쓰이고 반면 be gunning for 다음에 sb가 오면 말 그대로 죽일 놈을 찾아서 총을 쏘다라는 의미에서 비유적으로 발전하여 「비난하다」, 「상처를 주다」(be trying to cause some kind of harm to someone)라는 뜻으로 쓰인다. 이처럼 gun을 써서 사용한 이 표현들은 상대적으로 같은 의미의 다른 표현들보다 강도가 세다고 생각하면 된다.

> **KEY POINT**
>
> - **be gunning for sth** …의 기회를 잡으려 노력하다
> - **be gunning for sb** …을 비난하다. 해코지하다

SAMPLES

1. I'm gunning to become the top employee in the company.
   난 회사의 임원이 되려고 노력하고 있어.

2. She's been gunning for Pete since he embarrassed her.
   걔는 피트가 자기를 당황하게 한 이래로 피트를 계속 욕하고 있어.

 DIALOGS

A: Why do you work so hard?

B: I'm gunning for a big promotion.
   A: 왜 그렇게 열심히 일하는거야? B: 고속승진을 하려고 노리고 있어.

A: I think my teacher has been gunning for me.

B: Has he given you low grades?
   A: 내 선생님이 나를 겨냥하고 있는 것 같아. B: 성적을 나쁘게 줬어?

'on' 하나 때문에...

hung의 원형은 hang으로 hang up하면 수화기를 벽에 달린 전화기본체에 건다라는 옛모습에서 유래하여 「전화를 끊다」라는 뜻으로 쓰인다. 그리고 하나 더, hang up on sb하면 상대방이 아직 통화중인데 「일방적으로 끊어버리다」, hang up call하게 되면 「전화받으면 끊어지는 전화」를 말한다. 서문이 길어졌는데, get hung up하게 되면 어디에 매달리거나 지체되어 결국 늦어지다(has been unexpectedly stopped or delayed from going somewhere else that he wants to go)라는 평이한 표현이 되는데 뒤에 on이 붙어서 get hung up on sb[sth]하면 「...에 매달리다」, 「집착하다」, 특히 이성이 오는 경우 「헤어진 애인이나 배우자를 아직 못잊고」(be unable to forget it and move on to other important things in life) 있다는 뜻이 된다. 예로 페니가 아직도 날 잊지 못하고 있다라고 말하려면 Penny is completely hung up on me! 결국 그 근본적인 의미는 시간에 늦거나, 집착하고 못잊든 다 hang이 '매달리다'라는 뜻이라는 것을 잘 새겨보면 쉽게 유추할 수 있을 것이다.

> **KEY POINT**
>
> - **get hung up on** 매달리다, 집착하다, 옛 애인을 못잊다
>
> - **hang up on sb** 전화를 도중에 끊어버리다(hang up on the phone)
>
> - **get hung up** 늦어지다(be delayed)

SAMPLES

1. Are you still hung up on **your ex wife?**
　　너 아직도 옛 아내를 잊지 못하고 있는거야?

2. Bennie was hung up in Detroit because of the storm.
　　베니는 폭풍때문에 디트로이트에서 지체됐어.

DIALOGS

A: I think you're still hung up on me.

B: No, I'm not.
　　A: 아직도 너는 내게 집착하는 것 같아.　B: 아냐, 나 안 그래.

A: Please try not to be so late.

B: Sorry, I got hung up at the office.
　　A: 너무 늦지 않도록 해.　B: 미안, 사무실에서 늦어졌어.

What's the story? vs. What's your story? vs. What's her story?

'the'와 '소유격'의 차이...

먼저 story는 가공의 이야기가 아니라 누군가에 일어난, 누군가가 경험한 일에 대한 이야기를 말한다. 지치고 힘든 하루를 보내고 온 남편에게 무슨 일이냐고 물어볼 때, 남편은 얘기할 게 넘 길다라는 의미로 It's a long story라고 할 때의 story이다. 그래서 What's the story?하게 되면 "무슨 일이야?"(to explain something or to make something more clear)라는 말로 What's going on here?과 같은 뜻이 되고 What's your story?하게 되면 너한테 무슨 일이 있었길래 "이렇게 행동하는거냐?"(Why are you acting that way?)라는 뜻으로 상대방의 이 상한 행동에 대해 물어보는(to ask someone to explain their unusual behavior) 표현이 된 다. 제 3자가 이상한 행동을 할 때는 What's her[his] story?(쟤, 왜 저래?)라고 물어볼 수 있 다. 이는 Why did she do that?과 같은 의미. 결국 What's the story?는 What's the deal?, 그리고 What's your story?는 What's your deal?과 같다고 생각하면 된다.

> **KEY POINT**
>
> - **What's the story?** 상황이 어떻게 돼가고 있어?, 무슨 일이야?
> - **What's your story?** 너 왜 그런거야?
> - **What's her story?** 쟤 왜 저래?

SAMPLES

1. What's the story with **Kim and Phil's relationship?**
   킴과 필의 관계가 어떻게 돼가고 있어?

2. What's your story? **Why were you late today?**
   너 왜 그런거야? 오늘 왜 늦은거야?

3. **Vicky was very mean today.** What's her story?
   비키가 오늘 정말 못되게구네. 걔 왜 저래?

DIALOGS

A: What's the story with **these women?**
B: **Eight victims. All prostitutes.**
   A: 이 여자들 어떻게 된거야? B: 8명의 피해자인데 모두 매춘부입니다.

A: **I have no idea what that means.**
B: **Never mind. So,** what's your story, **Jimmy?**
   A: 그게 무슨 말인지 모르겠어. B: 걱정마. 그래, 넌 어떻게 된거야, 지미?

Where are we? vs. Where was I? vs. Where were we?

현재와 과거의 엄청난 차이...

길을 잃어 여기가 어디지?라고 할 때는 Where is it?(그게 어디 있어?)이 아니라 Where am I?라고 해야 된다. 물론 복수형으로 Where are we?라고 할 수도 있지만 미드를 많이 본 사람들은 알겠지만 이는 특히 연인들 사이에서 자신들의 관계가 어느 정도까지 왔는지 물어볼 때, 혹은 어떤 사건에서 어디까지 진척이 되었는지 등, 즉 추상적인 관계나 상황의 위치를 물어볼 때 많이 사용된다. Where are we with this?하면 이거 진척상황이 어디까지 되어 있나?(to ask what the current status of something is, and how well it is progressing)라고 묻는 문장. 그리고 문제는 이 과거형들인데, Where was I?하면 얘기를 나누다가 혹은 선생님이 수업을 하다 잠깐 끊긴 다음 다시 시작할 때 혹은 수업을 시작하면서 지난주에 어디까지 했는지 기억이 나지 않아 "내가 무슨 이야기를 하고 있었지?"(I forgot the place I stopped talking), "내가 어디까지 했지?"라고 물어볼 때 사용하는 전형적인 표현이다. 복수형인 Where were we?도 마찬가지 의미.

> **KEY POINT**
>
> - **Where am I?** 여기에 어디야?(Where are we?)
> - **Where are we with[in]~?** …의 어느 상황까지 왔어?
> - **Where was I?**(Where were we?) 어디까지 했었지?

SAMPLES

1. Where are we? **Did we make a wrong turn somewhere?**
   여기가 어디야? 어디서 잘못 돈 것 아냐?

2. Where are we with **the legal case?**
   이 법정소송사건 어떻게 돼가고 있어?

DIALOGS

A: Okay, baby, where were we?

B: I told you to leave it.

> A: 좋아, 자기야, 어디까지 얘기했지? B: 내가 그만 두라고 했잖아.

A: Where are we with **our sales department, Charlie?**

B: Abundant turnover. We have to start paying more.

> A: 찰리, 우리 영업부 상황은 어때? B: 매출 많이 했습니다. 더 지급하기 시작해야 됩니다.

~go to hell vs. Go to hell

자가냐 전세냐의 차이...

별로 좋지도 않은 단어 주제이면서 우리를 헷갈리게 한다. 명령문 형태로 Go to hell!이라고 하면 상대방이 싫고 화가 난 상태에서 "나 좀 가만히 둬!," "꺼져버려!"(be very unhappy with someone and wants that person to leave right away)라는 말로 상당히 무례한 표현. 거의 말다툼하거나 싸우는 사이에 나오는 표현으로, You go to hell!, Go to hell, whore!의 형태로 쓰인다. 하지만 명령문이 아니라 주어+go to tell의 형태로 쓰이면 주어가 잘못을 해서 지옥에 갈거다, 즉 「망치다」, 「실패하다」, 「상태가 엉망이 되다」(it deteriorates and fails or stops working)라는 뜻이 된다. 뭔가 크게 사고치고 나서 "Swear to god, we're gonna go to hell" 혹은 위기에 사태수습을 못하고 있는 친구에게 "You can go to hell"이라고 말할 수 있는 것이다. 참고로 The[To] hell with that은 상대방의 이야기에 불쾌함과 반대를 피력하는 표현으로 "I won't do that," 그리고 The[To] hell with sth~의 형태가 되면 "알게 뭐야," "맘대로 하라고 해"라는 시니컬한 표현이 된다.

KEY POINT

- **Go to hell (whore)!** 나가 뒈져라!

- **~go to hell** 망치다. 실패하다(fail)

- **To hell with that** 그게 끝이야. 알게 뭐람(The hell with that)

SAMPLES

1. If you don't trust me, you can just go to hell!
   네가 날 믿지 않는다면, 그냥 나가 뒈져라!

2. The company went to hell when the new president took over.
   새로운 사장이 오면서 그 회사는 망했어.

DIALOGS

A: You know what? Pick up the damn can yourself.

B: Well, you just go to hell!

　　A: 저기 말야. 저 빌어먹을 깡통은 직접 주워. B: 그래, 넌 지옥에나 가라!

A: I heard the C.D.C. was working on a cure.

B: I heard that too. Heard a lot of things before the world went to hell.

　　A: 질병관리센터가 치료제 개발을 연구하고 있다며. B: 나도 들었어. 세상이 엄청난 재난을 겪었잖아.

'see'와 'know'의 차이...

유사한 동사로 바뀌면서 의미가 좀 달라진 경우. Don't you see?는 기본적으로 상대방에게 뭔가를 알고 있냐고 물어보는 표현이지만 문맥상 "몰랐어?"라는 뉘앙스로 그것도 몰랐냐라고 약간은 놀라면서 약간은 핀잔을 주면서 사용하는 표현이다. 반면 Don't you know?는 어떤 사실에 대한 정보를 갖고 있는지(if person has information of knowledge of something) 물어보거나 혹은 어떻게 그런 것을 모르고 있었는지 상대방의 무관심에 놀라서 하는 질책성 문장(to express surprise that a person doesn't know some information. It can be scornful, and imply that a person is ignorant)으로 쓰이기도 한다. 우리말로는 "너 알고 있지 않아?," "그것도 몰랐어?"에 해당된다. 뒤에 주어+동사의 절이 와서 Don't you see~?, Don't you know~?하게 되면 「…을 몰라? 」, 「…을 모르겠어? 」, 「…을 모른단 말야? 」라는 뜻의 문장을 만든다.

KEY POINT

- **Don't you see?** 몰랐어?. 모르겠어?

- **Don't you know?** 너 알고 있지?. 무슨 말인지 알지?

- **Don't you know that ~?** …을 몰랐어?

SAMPLES

1. Don't you see? We need more money!
모르겠어? 우리는 더 많은 돈이 필요하다고!

2. Don't you know that you have to wear a suit to a wedding?
결혼식에는 정장을 입어야 한다는 것을 몰랐어?

DIALOGS

A: I don't want to see you anymore. Peter, I don't love you anymore.

B: I do love you. Don't you see? Don't you understand? You're the love of my life.

A: 널 더 이상 보고 싶지 않아. 피터, 난 더 이상 널 사랑하지 않아.

B: 널 사랑해. 모르겠어? 이해안돼? 넌 내 진정한 사랑이란말야.

A: Don't you know that he's using you?

B: You are the one that's using me.

A: 걔가 널 이용하고 있다는 것을 모르겠어? B: 날 이용하는 건 바로 너야.

I can't believe it vs. I don't believe it vs. I don't[can't] believe this

'not believe'의 오묘한 차이...

먼저 I can' believe it은 무슨 소식을 듣고 혹은 일어난 일에 충격과 놀람(shock and surprise) 속에 말하는 것으로 "설마," "그럴리가"에 해당되는 표현이다. 반면, can't을 살짝 don't으로 바꾸어서 I don't believe it하게 되면 퉁명스럽게 혹은 놀라면서 던지는 말로 상대방이 하는 이야기나 소식을 믿을 수 없다고, 뭔가 잘못된 것이라고 말하는 표현이다. "말도 안돼"(Bullshit!) 정도로 이해하면 된다. I can't believe it이나 I don't believe it이나 모두 놀라는 상황에서 쓰일 수는 있으나 I can't believe it은 사실 여부를 떠나 놀람에 초점이 맞춰져 있고, I don't believe it은 "불신(disbelief)"이 바탕에 깔려 있다는 점에 차이가 있다. 또한 미드에 많이 등장하는 I don't believe this!는 "이럴 수가!"라는 말로 상황이 자기 뜻대로 안된 경우에, 그래서 전혀 예상치 못한 이상한 상황에 몰렸을 때 충격과 분노 속에 내뱉을 수 있는 표현으로 I can't believe this와 같은 의미이다.

> **KEY POINT**
>
> - **I can't believe it** 설마, 그럴리가
> - **I don't believe it** 거짓말마, 믿을 수 없어, 사실이 아냐(bullshit)
> - **I don't believe this** 이럴 수가(I can't believe this), 말도 안돼

SAMPLES

1. I can't believe it. You're dating Heather?
   설마, 네가 헤더와 데이트하고 있다고?

2. They told me Sam was killed, but I don't believe it.
   샘이 살해되었다고 하지만 믿을 수가 없어.

3. I don't believe this! Why is she giving me a hard time?
   말도 안돼! 왜 걔는 날 힘들게 하는거야?

DIALOGS

A: He is dating his first wife. I know.
B: I don't believe it.
   A: 걔는 첫번째 아내와 데이트하고 있어. 알아. B: 말도 안돼.

A: Yes. Jack served time for selling drugs and man slaughter.
B: I can't believe it.
   A: 어, 잭은 마약거래와 과실치사로 복역했어. B: 그럴리가.

'again' 하나 더 붙었을 뿐인데...

이 역시 오역하기 쉬운 부분이다. Let's do it은 단순히 뭔가 시작하면서 "자, 하자," 혹은 상대방의 제안에 "그렇게 하자"라는 표현이 된다. 함께 하자는 것을 강조하려면 Let's do it together, 난 준비가 되었으니 자 하자라고 할 때는 Okay I'm ready. Let's do it이라고 하면 된다. 하지만 뒤에 again이 붙으면 물론 글자 그대로 "또 그렇게 하자"라는 의미로도 쓰이지만 반가운 사람과 즐거운 시간을 보낸 다음 헤어지면서 "우리 다음에 또 만나자"(I'd like to get together with you again)라는 의미로 쓰인다. 하지만 글자 그대로 예전에 했던 것을 다시 한번 하자(to want to repeat something that was done in the past)라는 단순한 의미로도 쓰인다는 점도 함께 알아둔다.

KEY POINT

- **Let's do it** 자 하자, 그러자

- **Let's do it again** 또 만나자, 다시 하자

SAMPLES

1. We can vacation in Sydney, so let's do it!
   우리는 시드니로 휴가 갈 수 있어, 그렇게 하자!

2. I enjoyed having coffee with you. Let's do it again sometime.
   너랑 즐겁게 커피 마셨어. 언제 또 만나자.

3. We made a mistake here, so let's do it again.
   우리가 여기서 실수를 했으니, 다시 하자.

DIALOGS

A: I'm goin' over there to yell at her right now!
B: Seriously, let's do it right now.
   A: 난 지금 당장 저기로 가서 걔한테 소리를 질러댈거야! B: 정말이지, 당장 그렇게 하자.

A: We had such a good time today.
B: Let's do it again in a few weeks.
   A: 오늘 우리 정말 좋은 시간 보냈어. B: 몇 주안에 다시 한번 기회를 갖자.

Let's get on with it vs. Get with it
'get' 다음에 'on'이 있느냐 없느냐...

핵심은 get on with냐, 아니면 on이 빠진 get with이냐 라는데 있다. get on with sth은 일이 너무 어려워 다른 사람들은 하기 싫어하는 일을 「시작해서 계속하다」라는 의미이다. Get on with it처럼 명령형으로 쓰이면 (어려운 일을) 계속해라, Let's go on with it하게 되면 우리 힘든 일이지만 계속하자라는 뜻이 된다. 한편 on이 없이 get with it하게 되면 유행에 뒤처지지 않고 「따라오다」, 「정신차리고 더 열심히 하다」(try harder and stop doing dumb things)라는 뜻이 된다. 참고로 get with sb하게 되면 단순히 「…와 만나다」 혹은 「…와 섹스하다」라는 뜻이 된다.

> **KEY POINT**
>
> - **Let's get on with it** 계속하다
> - **Get on with it** 계속해, 남들이 하기 싫은 일을 시작해서 계속해
> - **Get with it** 시대와 유행에 뒤처지지 않기 위해 따라오다, 힘내고 정신차리다
> - **Get with the program** 규칙을 지키고 올바르게 행동하다

SAMPLES

1. Stop complaining about the work and get on with it.
   일에 대한 불평그만하고 어서 계속해.

2. Get with the program if you want to stay here.
   여기에 머물고 싶으면 규칙에 따르고 조신하게 행동해야 돼.

DIALOGS

A: You know what, Bob? You get on with it. I quit.
B: You giving up?
   A: 저 말이야, 밥? 넌 계속 일해, 난 그만둔다. B: 너 포기하는거야?

A: You'd better get with it or you'll be in trouble.
B: I'm having a tough time with my schoolwork.
   A: 잘 따라오라고 그렇지 않으면 곤경에 처할거야. B: 학교 숙제하는데도 고생하고 있어.

과거형이냐 진행형이냐...

거의 차이가 없게 느껴지는 표현. 하지만 What happened?는 "어떻게 된거야"(What caused this?)라는 표현으로 어떤 일이 벌어진 이유를 알고 싶을(to ask for an explanation of an event or incident that occurred recently. The speaker doesn't understand what is going on) 때 쓴다. 그래서 What happened to sb?하게 되면 sb가 어디서 뭐하는지를, What happened to sth?하게 되면 sth이 어디 있냐 혹은 …에게 무슨 일이 일어났냐고 물어보는 표현이 될 수 있다. 물론 What happened to sb?는 단순한 인사성 표현으로 쓰일 수도 있다. 마찬가지로 What's happening? 또한 "무슨 일이야?"라는 뜻이며 이 역시 인사말로도 쓰인다.(to be used as a greeting. It is very similar to asking 'how are you?') 다만 1960~70년대 유행했던 표현으로 물론 지금도 많이 쓰이지만 인사말로는 What's up? How's it going?, What's going on? 등의 표현이 더 많이 쓰인다.

> **KEY POINT**
>
> - **What happened?** 어떻게 된거야?
> - **What's happening?** 무슨 일이야?
> - **What's happening in there?** 거기 무슨 일이야?

SAMPLES

1. What happened to your face? It looks bad.
   네 얼굴 어떻게 된거야? 상태가 안좋아 보이는데.

2. Honey, what's going on? What's happening? What's all this about?
   자기야, 무슨 일이야? 어떻게 되는 거야? 도대체 이게 다 무슨 일이야?

DIALOGS

A: Um, what? Are you here to see Charlie?

B: Charlie? No. What happened to Charlie?
   A: 뭐라고? 찰리를 보러 여기 왔다고? B: 찰리? 아니. 찰리에게 무슨 일이 생긴거야?

A: What's happening? Why's everybody congratulating you guys?

B: Susan's having a baby. They're pregnant!
   A: 무슨 일이야? 왜 다들 너희들에게 축하해주는거야? B: 수잔이 애를 갖었어. 임신했대!

What're you up to? vs. What have you been up to?

현재냐 현재완료냐...

하나는 현재, 다른 하나는 현재완료. 먼저 be up to는 여러 의미로 쓰이는데 「바쁘다」, 「뭔가 나쁜 일을 꾸미다」, 혹은 She's not up to it(걔는 그거 감당못해)처럼 주어의 능력이나 가능성을 뜻하는 표현으로 쓰이기도 한다. 다시 본론으로 들어가서 What're you up to?는 단순히 인사말로 "뭐해?"(What're you doing now?)라는 의미 혹은 그냥 지금 "뭐하냐?"고 물어볼 수도 있다. 또한 문맥에 따라서는 상대방이 뭔가 나쁜 일을 꾸미고 있는지 물어볼 때 사용하기도 한다. 여기서 시제를 좀 바꿔 What have you been up to?이라고 쓰면 오래간 만에 본 사람에게 하는 인사말로 Has anything changed in your life?혹은 Long time, no see, How have you been?과 같은 맥락의 표현으로 생각하면 된다. 예로 들어 상대방이 무조건 도와달라고 할 때 "If you want me to help you, you've got to tell me what you're up to? 이라고 말할 수 있고 오랜만에 만난 친구에게 결혼은 했는지, 아니면 아이까지 있는지 물어볼 때는 What have you been up to? Married? Kids?라고 반가움과 관심을 보여줄 수가 있다.

KEY POINT

- **What're you up to?** 뭐해? 무슨 꿍꿍이야?

- **What have you been up to?** 어떻게 지냈어?

SAMPLES

1. I'll just get to the point. Who are you and what are you up to?
본론으로 들어갑시다. 당신은 누구고 무슨 꿍꿍이를 부리고 있는거요?

2. So fill me in. What have you been up to?
그러니 내게 알려줘. 그간 어떻게 지낸거야?

DIALOGS

A: I was just asking 'cause I need someone to watch Emily tonight.
B: Sure, we'll do that. What are you up to?
A: 오늘밤 에밀리를 지켜봐줄 사람이 필요하기 때문에 그냥 물어본거야. B: 물론, 우리가 할게. 무슨 일인데?

A: What have you been up to?
B: Oh, just a quiet night with the girls.
A: 그간 어떻게 지냈어? B: 어, 딸들하고 조용한 밤을 보냈지.

'made'와 'get'의 차이...

이 두 표현의 차이는 make one's point와 have got a point의 다름에 있다. make one's point는「자기 주장을 잘 설명하다」, 그래서 듣는 사람이 말하는 사람의 입장이나 주장을 잘 알아들었다(to want to say that he has clearly understood the meaning of what someone said)는 말이고 반면 have got a point하면「핵심이나 주장에 일리가 있다」는 표현이다. 따라서 You've made your point는 "네 말을 잘 알아들었다," "네 입장을 잘 설득시켰다"가 되며, You've got a point하면 상대방의 말이 "일리가 있다," "상대방 말이 맞다"(to indicate they agree with something that was said, or that they think what was said was clear and sensible)라는 뜻이 된다. 또한 You've got a point there하면 역시 비슷한 의미로 "네 주장이 일리가 있다," "그 점은 네 말이 맞다"라는 뜻. 참고로 Get to the point는 요점만 말하라고 다그칠 때, 반대로 상대방의 주장이나 입장을 이해했을 때는 We get the point라고 한다.

KEY POINT

- **You've made your point.** 네 말 알아들었어, 네가 이겼어

- **You've got a point (there)** 네 말에 일리가 있다

- **Get to the point** 요점을 말해   ■ **We get the point** 이해했어

SAMPLES

1. You don't need to say anymore. You've made your point.
   너는 더 말할 필요가 없어. 네가 무슨 말하려는지 잘 알아들었어.

2. I think everyone agrees you've got a point there.
   다들 네 말에 일리가 있다고 동의하는 것 같아.

3. Look, get to the point and stop wasting our time.
   이봐, 요점을 말해, 내 시간 낭비하지말고.

DIALOGS

A: So you see what I'm saying about the rich men?

B: Yes, you have made your point, many times!
   A: 그래 내가 부자들에 대해 말한 거 이제 알겠어? B: 어, 네 말, 잘 알아들었어, 여러번말이야!

A: All right, Sam, you made your point. Please, stay here with me.

B: I'm sorry but I got plans.
   A: 좋아, 샘, 네 말 잘 알아들었으니 나와 함께 여기 있게나. B: 미안하지만 약속이 있어서요.

'know'와 'see'의 차이...

쉽게 구분할 수 있는 기본적인 표현. Let me know은 나중에 말해달라(tell me something later) 혹은 자기 질문에 대한 답을 나중에 달라(give me your answer about something later)고 할 때 사용하는 것으로 단독으로 쓰이거나 혹은 Let me know~의 형태로 알려달라는 내용을 함께 쓸 수 있다. 반면 Let me see는 Let's see와 같은 표현으로 뭔가 말을 하기에 앞서 생각할 시간을 확보하는 것으로 "잠깐만"(let me think about something), "뭐랄까," "생각 좀 해보고"(let me try to remember) 정도에 해당되는 표현이다. 그래서 부인이 내 키어디 있냐(Where are my keys?)고 물어볼 때, 잠깐 어디 있는지 생각하고 말할 때, Let me see, they might be in the kitchen이라고 할 수 있다. Let me see 또한 뒤에 의문사절이나 if절이 이어져서 뭔가 알아보다, 확인하다라는 뜻의 표현으로 쓰인다. 물론 Let me see의 경우 단독으로 "내가 좀 보자"라고 할 때도 많이 쓰인다.

> **KEY POINT**
>
> - **Let me know** 나중에 알려줘(You let me know)
> - **Let me see(Let's see)** 뭐랄까, 저기, 내가 좀 보자
> - **Let me know~** 알려줘
> - **Let me see~** 확인하다, 알아보다

SAMPLES

1. If there's anything I can ever do for you, just let me know.
   너를 위해 내가 할 수 있는게 있다면, 내게 알려줘.

2. Let me see. Okay, you're going to be okay.
   내가 좀 보자. 좋아, 넌 괜찮을거야.

DIALOGS

A: What's Serena doing today?
B: Well, let's see. I know that she has a meeting with her lawyer.
   A: 오늘 세레나 뭐해? B: 어, 저기, 변호사와 약속이 있어.

A: Well, have fun this weekend. Let me know how the party goes.
B: Nick, do you want to join us?
   A: 그래, 이번 주말 재밌게 보내. 파티 어땠는지 알려주고. B: 닉, 우리와 함께 할래?

'let'와 어울린 'say'...

이 표현들의 공통분모는 say이다. 먼저 Let's say는 단독으로 자기 생각(I think~)이나 「…에 대한 나의 의견은(my idea about this is~) …이다」라는 뜻이며 뒤에 절이 붙은 Let's say~는 「…라고 치자」, 「…라고 하자」, 「…라고 가정해보자」라는 뜻. 그리고 Let's just say는 just만 더 들어간 경우로 기본적으로 Let's say~와 같은 의미이지만 just의 영향으로 「단지 …라고 만 해두자」라는 뜻으로, 상대방에게 제한된 정보를 주고자 할 때 사용할 수도 있다. 예로, 데이트하면서 이것저것 할 것 다하고 왔는데, 룸메이트가 아침에 "How was your date last night?"라고 물어볼 때 그냥 "Let's just say we had a really good time"이라고 구체적인 묘사는 차단을 할 수가 있다. 다음 Let me just say(~)는 내가 말을 하겠다는 것으로, 단독으로는 "말하자면," 뒤에 어구가 올 때는 "…라고 만 말할 수 있다," "…라고 만 말해둘게"라는 의미. 마지막으로 Say,는 말걸 때 상대방의 관심을 끄는 말로 "야," "저기," "말야," 그리고 I say,는 자기 의견을 피력할 때 쓰는 과장된 표현으로 일상 생활보다는 극적인 장면들이 필요한 드라마에서 더 많이 들을 수 있다.

> **KEY POINT**
>
> - **Let's say** …라고 치자, …라고 가정해보자   - **Let's just say** 단지 …라고만 해두자
> - **Let me just say,** 말하자면 …라고 만 말해둘게(Let me just say S+V)
> - **Say** 야, 저기 말야   - **I say** 말야, 저기,

SAMPLES

1. Okay, well, let's just say something happened to postpone the divorce.
   좋아, 그래, 이혼을 뒤로 미룰 무슨 일이 생겼다고만 해두자.

2. Let me just say this. What you did to me is completely unforgivable.
   이거만 말해둘게. 네가 내게 한 짓은 절대로 용서받을 수 없는 짓이야.

DIALOGS

A: All right, let's say it is the same killer.
B: Does anybody see a pattern?
   A: 좋아, 동일범이라고 치자. B: 누구 패턴이 보이는 사람 있어?

A: Oh, Brian. Let me just say I'm sorry.
B: For what?
   A: 브라이언, 내가 미안하다고만 말해둘게. B: 뭐 때문에?

It happens vs. It happened vs. It could happen

'happen'이 주도한 혼란...

이번에는 happen이 중심이 된 표현들 몇 개를 비교해보자. 먼저 It[That] happens는 "원래 그래"(It's natural), "다 그래"(It's not unusual)라는 의미로 It happens to everybody(다들 겪는 일이야), That happens every day(매일 그래)로 응용해서 쓸 수 있다. happen을 과거형으로 써서 It[That] happened하게 되면 "다 그러는거야"라는 말로 그럴 수도 있다라는 문장이 되지만 It happened!라고 강조를 해서 말하게 되면 "어떤 일이 일어났다"(Something occurred or took place)는 의미가 된다. 한편 안 좋은 일을 당한 상대방에게 위로를 하거나 혹은 경고를 할 때 사용하는 표현인 It could happen은 "그럴 수도 있다"(Something is possible)라는 문장이 된다. 특히 누구에게나 다 그럴 수 있다라고 하려면 It could happen to anyone[anybody]라고 하면 된다. 사소한 실수로 괴로워하는 동료에게 "It was a simple mistake. It could happen to anyone"이라고 위로 할 수 있다.

> **KEY POINT**
>
> - **It[That] happens** 원래 그래. 다 그래
> - **It[That] happened** 다 그러는거야
> - **It could happen** 그럴 수도 있어

SAMPLES

1. **Good people do bad things. I'm just saying, it happens.**
   착한 사람들도 나쁜 짓을 해. 내 말은 단지 원래 그렇다는거야.

2. **It was a simple mistake. It could happen to anyone.**
   그건 단순한 실수였어. 누구나 그럴 수 있는거야.

DIALOGS

A: **You farted in front of Tom? Huge mistake.**
B: **You think? It wasn't a choice! I'm human. It happened.**
   A: 탐 앞에서 방귀를 뀌었다고? 큰 실수했네.
   B: 그렇게 생각해? 선택의 문제가 아녔어! 나도 사람이야. 어쩌다 그렇게 된거야.

A: **It's nothing to be ashamed of. It happens, Chris.**
B: **It's never happened to me.**
   A: 수치스러워할 필요가 전혀없어. 다 그래, 크리스. B: 나한테는 한번도 그런 적이 없었단 말야.

'tell'이 들어간 말꺼내기 표현들

다 비슷비슷하게 생겼고 뭔가 본론을 말하기에 앞서 꺼내는 문구로 그 기능 또한 유사하다. 먼저 Let me tell you something,은 뭔가에 대한 자신의 의견을 말하겠다(I'm going to give you my opinion about something)라는 표현으로 '내 생각은 말야' 정도로 생각하면 된다. 다만 Let me tell you something about~이란 형태가 되면 단순한 문장으로 "…에 대해 내가 얘기해줄게"라는 뜻이 된다는 점을 유의해둔다. 두번째인 I have to tell you는 뭔가 상대방에게 "솔직하게 말하겠다"(I'm going to tell you something honestly)라는 의미가 된다. 문맥에 따라서는 별로 말하고 싶지 않은 내용을 말할 때 사용할 수 있다. 마지막으로 I have to tell you something[this]는 바로 앞의 I have to tell you와 비슷하나 특히 개인적으로 비밀리에 말하고 싶을 때 사용할 수 있다.

> **KEY POINT**
>
> - **Let me tell you something** 내 생각은 말야
>
> - **I have to tell you** 할 말이 있어, 정말이지
>
> - **I have to tell you something[this]** 이거 하나 말해두는데
>
> - **There's something I have to tell you** 너한테 할 말이 있어

SAMPLES

1. Let me tell you something, **people aren't always nice.**
   내 생각은 말야, 사람들은 항상 친절한 것 같지가 않아.

2. I have to tell you, **your dress looks beautiful.**
   할 말이 있는데, 네 옷 정말 아름답다.

3. I have to tell you something, **but it's a secret.**
   이거 하나 말해두지만, 그거 비밀이야.

DIALOGS

A: I don't want you doing anything because you feel obligated.

B: Let me tell you something. Half of life is obligations.

    A: 의무감 때문에 네가 뭔가 하는 것은 원치 않아. B: 내 생각에 말야. 인생의 반은 의무를 행하면서 사는거야.

A: Tina, I have to tell you something.

B: What's wrong?

    A: 티나, 할 말이 있는데. B: 뭐 잘못됐어?

Do you hear? vs. Did you hear me? vs. Did you hear?(Have you heard?) vs. Did you hear that? vs. You heard that?

'hear'도 한몫하겠다네...

너무 비슷한 게 많으니 좀 짜증난다. 그래도 하나하나 잘 헤아려보면 미드를 보면서 많은 도움이 될 것이다. 먼저 (Do) You hear?는 물리적으로 귀로 들을 수 있냐 혹은 좀 화가 난 상태에서 상대방에게 "내가 한 말을 잘 알아들었냐"고 주의를 줄 때 사용한다. Did you hear me?는 내가 한 말을 이해했는지, Did you hear?[Have you heard?]는 "그 얘기 들었어?"라는 문장으로 상대방에게 새로운 소식을 전달할 때 상대방의 주의를 끌기 위한 문구이다. 다음 Did You hear that?[You heard that?]하게 되면 뭔가 이상한 이야기를 듣고 나서 상대방에게 "너도 그 얘기 들었냐?"고 물어볼 때 사용하는 표현이다.

KEY POINT

- **(Do) You hear?** 들려?, 내가 한 말 들었어?
- **Did you hear me?** 내 말 이해했어?
- **Did you hear?[Have you heard?]** (새로운 소식 전하며) 너 얘기 들었어?
- **Did you hear that?[You heard that?]** (이상한 이야기 듣고) 너 그 얘기 들었어?

SAMPLES

1. We're closed. Hey, did you hear me? I said we're closed.
   문닫었어요. 이봐요, 내 말 못들었어요? 문닫았다니까요.

2. Chris and Serena had a little baby girl. Did you hear?
   크리스와 세레나는 어린 딸이 있어. 그 얘기 들었어?

DIALOGS

A: Did you hear me? I said I love him.
B: I heard you. I was swallowing vomit.
   A: 내 말 이해했어? 걔를 사랑한다니까. B: 알았어. 토하려는 삼키고 있었어.

A: We won our case. Did you hear?
B: I did. Andrew must be relieved.
   A: 우리가 승소했어. 그 얘기 들었어? B: 어. 앤드류가 안심하겠구만.

'it'이 있냐 없냐...

먼저 make out sth, 혹은 make it out의 형태로 의미는 뭔가 "명확히 이해할 수 있다"(be able to see something clearly), "알아보다"라는 뜻이다. 밤이 어두워 멀리 떨어져 있는 집을 알아보지 못하겠다고 할 때는 "I can't make out the house in the distance"라고 하면 된다. 그리고 남녀사이에 쓰이는 make out은 성적인 의미를 담고 있다.(to have a sexual meaning) 주로 보통 애인과 kissing, touching의 범위까지를 make out이라고 하지만 일부 사람들은 끝까지 갈데까지 가다, 즉 섹스까지 포함시키는(to involve 'going all the way,' meaning having sex) 경우도 종종 있다. 수잔과 차에서 애무를 했다라고 하려면 "I made out with Susan in her car"라고 하면 된다.

KEY POINT

- **make it out[make out sth]** 이해하다, 알아보다
- **make out (with sb)** 애무하다

SAMPLES

1. I can't really make out his face.
난 정말이지 걔 얼굴을 못알아보겠어.

2. Fin, if you wanna make out with me, the answer's probably no.
핀, 네가 나와 애무하고 싶다면, 답은 "노"일거야.

DIALOGS

A: When you were in high school, you made out with a forty-year-old woman?
B: She didn't look forty!
A: 너 고등학교 다닐 때 40대 여자랑 했다며? B: 40대로 보이지 않았다고!

A: He introduced himself and the next thing I know, we're making out.
B: You do know he's married?
A: 걔가 자기소개를 했는데, 다음 순간 우리는 서로의 몸을 더듬고 있는거야. B: 걔 유부남인 줄 알고 있어?

That's what I'm saying vs. That's what I say

현재와 진행형으로 이런 차이가 있다니...

세심하게 보지 않으면 같은 표현으로 생각하기 쉽다. what 다음에 하나는 진행형, 그리고 다른 하나는 현재형이라는 점이 다르다. 그럼 그 의미의 차이는 무엇일까? 먼저 That's what I'm saying은 상대방이 자기와 같은 의견을 말할 때(Someone has the same idea as the speaker), "내 말이 바로 그거야"라고 맞장구치는 문장이다. 명퇴하고 방콕만 하고 있던 남편이 드디어 맘을 바꿔서 내일부터는 운동이라도 해야겠다고 했을 때, 아내는 반갑게 "That's what I'm saying, you need to change your life"라고 할 수 있다. 반면 That's what I say는 단지 자신의 의견을 표현하는(to express his own opinion) 것으로, 우리말로는 "내 생각이 그래" 정도로 이해하면 된다. 피곤해 지쳐보이는 부하 직원에서 "일주일 쉬고 긴장을 풀어봐, 내 생각이 그래"라고 하려면 "Take a week off and relax, that's what I say"라고 한다.

> **KEY POINT**
>
> - **That's what I'm saying** 내 말이 바로 그거야
> - **That's what I say** 내 생각이 그래

SAMPLES

1. **Just now is not the time to give up on me, OK?** That's what I'm saying.
   나를 포기할 때는 아니야, 알았어? 내 말이 바로 그거야.

2. **Throw her out of school.** That's what I say.
   걔 학교에서 내쫓아버려. 내 생각이 그래.

DIALOGS

A: He's exactly your age.
B: That's what I'm saying, he's a little old for me.
   A: 걔가 정확히 네 또래야. B: 내 말이 바로 그거야. 걔가 나보다 조금 나이들었어.

A: Ken has treated me like crap recently.
B: Just avoid him, that's what I say.
   A: 켄이 최근에 나를 쓰레기처럼 대했어. B: 그냥 피해버려. 내 생각은 그래.

'there'과 'have'과 공통으로 있어 볼 때마다 헷갈려...

좀 어려운 구분을 해야겠다. Now there you have me는 답을 잘 모르겠다(I'm not sure of the answer) 혹은 "네 주장이 나의 깃보다 낫다"(Your argument is better than mine)라는 문장으로 우리말로 옮겨보자면, "잘 모르겠어," "네 말이 더 맞다," "내가 졌다" 정도로 해석하면 된다. 그래서 자신도 잘 모르겠는 걸 상대방이 질문했을 때 "Now there you have me, because I'm not sure"이라고 하면 된다. 반면 There you have it은 "상대방의 말이 맞다," "바로 그렇다," 혹은 뭔가 일을 다 끝내고 나서 상대방에게 "그런 줄 알아"라고 정보를 전달할 때 사용하는 우리가 사용하기에는 좀 험난한 표현. 상대방에게 보고서를 다 끝내놓고 나서 이제 다 됐습니다라는 뉘앙스로 말하려면 "The report is finished, so there you have it"라고 하면 된다.

> **KEY POINT**
>
> - **Now there you have me** 잘 모르겠어, 네 말이 더 맞네, 내가 졌어
>
> - **There you have it** 바로 그래, 자 됐습니다

SAMPLES

1. Now there you have me. I've never heard of that band.
　　잘 모르겠네. 나 그 밴드에 관해 들어본 적이 없어.

2. Well there you have it Eric, Steven's not ready to get married yet.
　　저기, 그런 줄 알아, 에릭, 스티븐은 아직 결혼준비가 안됐어.

DIALOGS

A: Well, there you have it. Mindy, I have to break up with you.

B: Why? And don't say it's because I'm crazy, because I'm not crazy.
　　A: 저기, 그런 줄 알아. 민디야, 나 너와 헤어져야 돼.　B: 왜? 내가 미쳤기 때문이라고 하지마, 난 안미쳤으니까.

A: Do you know how to get to a supermarket?

B: Now there you have me. I just moved to this neighborhood.
　　A: 어떻게 수퍼마켓에 가야 되나요?　B: 저도 모르는데요. 이 동네에 이사온지 얼마 안돼요.

"Tell me"까지는 같고 삐딱한 것도 같고...

먼저 Tell me another (one)은 상대방 말을 못믿겠을 때(someone is skeptical and may think something is untrue) 하는 말로 "말도 안되는 소리마," "헛소리마"에 해당하는 문장이다. 반면 Tell me about it 또한 글자 그대로 해석하면 안되는 것으로 상대방의 말에 강하게 동의하는(to express agreement with something that was said) 표현이 된다. "그러게나 말야," "그렇고 말고" 정도로 이해하면 된다. 특히 Tell me about it은 글자 그대로 '그것에 대해서 얘기해달라(to ask for more information about something)고도 쓰이기 때문에 획일적으로 표현들을 암기하는 것은 피해야 한다.

> **KEY POINT**
>
> - **Tell me another (one)** 말도 안되는 소리마, 헛소리마
> - **Tell me about it** 그러게나 말야, 그렇고 말고

SAMPLES

1. You've got millions of dollars? Yeah, tell me another one.
   네가 돈이 엄청 많다고? 그래, 말되는 소리를 해라.

2. You think taxes are too high? Tell me about it!
   세금이 너무 높다고? 그렇고 말고!

DIALOGS

A: Children shouldn't have to worry about something like that.
B: Tell me about it.
   A: 아이들은 저런 걸로 걱정해서는 안돼. B: 그러게나 말이야.

A: Sally says she wants to date me.
B: Tell me another one. She's not interested in you.
   A: 샐리가 나와 데이트하고 싶어한대. B: 말되는 소리를 해라. 걘 너한테 관심없어.

That's more like it vs. There's more to it than that

비슷하게 생긴 표현 구분해서 이해하기...

That's more like it은 지금 상황(That)이 이전 상황보다 "더 낫다," "더 좋다"라는 의미로 현재의 상황에 만족하고(be satisfied with the way that things are happening) 있다는 것을 표현할 때 사용하면 된다. 반면 There's more to it than that은 그것 외에 그것에 더 있다라는 말로 이미 말이 나온 사항들 외에 더 많은 정보나 이야기가 있다는 것을 나타내는(to indicate there is more information or more of a story than what has already been said) 문장으로 우리말로 하자면 "다른 뭔가가 있어" 정도로 생각하면 된다.

> **KEY POINT**
>
> - **That's more like it** 그게 더 낫네
> - **There's more to it than that** 다른 뭔가가 있어

SAMPLES

1. Finally we can drive out of the traffic jam. That's more like it!
   마침내, 교통체증이 풀리는구만. 훨낫네!

2. They divorced because they fought, but there's more to it than that.
   걔네들 싸워서 이혼했지만 다른 뭔가가 더 있어.

DIALOGS

A: Here is a steak and a glass of beer.
B: That's more like it. I love this food!
   A: 여기 고기와 맥주 한 병이야. B: 훨씬 더 낫네. 난 이 음식이 좋단말야!

A: Kelly went in, murdered her boyfriend, and left.
B: No, I think there's more to it than that.
   A: 켈리가 들어가서 자기 남친을 죽이고 가버렸어. B: 아냐. 뭔가 다른게 더 있을거야.

I'll have it my way vs. I will do it your way vs. do sth one's own way

제멋대로 한다는 표현들...

have it one's way나 do it one's way는 동사만 다를 뿐, 다른 사람이 반대하더라도 자기가 선택한 방식대로 일을 하겠다(to do things the way he chooses, even if other people disapprove)라는 점에서 동일하다. 다만 이 표현들을 실제 문장으로 활용할 때, 주어와 one's가 일치하면 "자기 방식대로 하다," 일치하지 않으면 "…의 식대로 하다"(to do something according to the instructions of someone else)라는 뜻이 된다. 그래서 I'll have it my way 하면 "누가 뭐라던 내 식대로 하겠다," Have it your way는 "너 좋을대로 해라," "맘대로 해라"가 되고, I will do it your way하면 "네 방식대로 하겠다"라는 표현이 되는 것이다. 또한 do sth one's own way도 좀 정상적인 방법과 달라도 자기방식으로 하겠다는 뜻으로, "제멋대로 하다"라는 뜻이 된다.

> **KEY POINT**
>
> - **I'll have it my way** 내 방식대로 할거야
> - **I will do it your way** 네 방식대로 할거야
> - **do sth one's own way** 제멋대로 하다, 자기 방식대로 하다

SAMPLES

1. I don't agree with you, but I will do it your way.
   네 의견에 동의하지는 않지만 네 방식대로 할게.

2. Nothing we have done has worked, so we'll do it my way.
   우리가 한 어떤 것도 제대로 돌아가지 않아 우리는 내 방식대로 할거야.

DIALOGS

A: Well, have it your way, but I'm going tomorrow.
B: Fine. Go. See if I care.
   A: 저기, 네 식대로 해, 하지만 난 내일 갈거야. B: 좋아. 가. 맘대로 해.

A: Why can't you guys just let me do things my own way?
B: Because I know meeting your mom meant a lot to you.
   A: 왜 너희들은 내가 내 방식대로 일을 하지 못하게 하는거야?
   B: 네 엄마를 만나는 것은 네게 아주 중요하기 때문이야.

I'm on it vs. I'll get on it vs. I'm in on it

'in'하나 더 들어갔을 뿐인데...

미드에서 정말 많이 듣는 표현중 하나인 I'm on it. 누가 지시하거나 일을 줬을 때 I'm on it 혹은 줄여서 On it하게 되면 일을 끝마치겠다는 의지로(with the intent to get it completed), "지금 할게," "지금하고 있어"라는 뜻이 된다. 또한 I'll get on it이란 표현도 있는데, 이는 I'm on it과 매우 유사한 표현으로 "뭔가 곧 하겠다"(be going to do something soon)라는 표현이 된다. 마지막으로 I'm on it에 'in'을 하나 추가해서 I'm in on it하게 되면 어떤 일에 "관련되어 있거나" "이미 알고 있다"(be involved or included in something)라는 의미의 좀 다른 표현이 되니 구분을 잘 해야 한다.

> **KEY POINT**
>
> - **I'm on it** 지금 할게, 지금하고 있어
>
> - **I'll get on it** 곧 할게
>
> - **I'm in on it** 난 알고 있어, 난 관련되어 있어

SAMPLES

1. **I know you want this finished, and I'm on it.**
   이거 끝내기를 원하지, 내가 지금 할게.

2. **Sara needs to be picked up at the airport? I'll get on it.**
   새라를 공항에서 픽업해야 된다고? 내가 곧 할게.

3. **I'm in on the surprise party for Dave.**
   난 데이브를 위한 깜짝 파티를 준비하고 있어.

DIALOGS

A: Find out when she checked out.
B: I'm on it.
   A: 걔가 언제 체크아웃했는지 알아봐. B: 알아볼게요.

A: We find the person who moved the bomb, we'll find where it is.
B: Let's get on it.
   A: 우리는 폭탄을 옮긴 사람을 찾고, 그게 어디 있는지 찾아낼거야. B: 어서 시작하자고.

'about'만 차이나는 표현...

about의 있고 없음을 핵심으로 하는 이 두 표현은 생긴 것 만큼 의미도 거의 비슷하다고 생각하면 된다. 먼저 That's it은 많이 쓰이는 유명표현으로 뭔가 특정한 것을 지칭하거나(to indicate a specific thing) 혹은 뭔가 끝나다(something is finished or complete)라는 말로 우리말로 하자면 "바로 그거야," "그게 다야"에 해당된다고 생각하면 된다. 반면 That's about it은 That's it하고 매우 유사한 표현으로 뭔가가 "거의 끝났다"(Something is nearly finished or over)라고 말하는 문장이다. 우리말로는 "그게 다야"(It's finished), "대강 그 정도야"라는 의미이다.

> **KEY POINT**
>
> - **That's it** 바로 그거야
>
> - **That's about it** 그게 다야, 대강 그 정도야, 더 없어

SAMPLES

1. That's it for now. Let's head home.
지금으로써는 그게 다야. 집으로 가자고.

2. That's about it, so I'll conclude my speech.
그게 다야, 그러니 내가 연설을 마무리할게.

DIALOGS

A: I bet you a dollar.
B: That's it? That's all my future's worth, one dollar.
A: 네가 1 달러를 걸게. B: 그게 다야? 내 미래의 가치가 겨우 1 달러구만.

A: Do you have anything more to say?
B: Nope. That's about it.
A: 뭐 더 할 말 있어? B: 아니. 대강 그 정도야.

'happening'이 들어간 두 개의 표현...

I don't see that happening은 뭔가 미심쩍고 그래서 그럴 일이 일어날 가능성이 없을 거 (something is doubtful, that it probably won't happen)라는 의미로 상대방의 희망이나 기대, 혹은 예상이 현실로 될 확률이 없다라고 부정하거나 반대하는 문장. 우리말로는 "그렇게는 안될 걸," "그렇게는 안되지"라는 뜻이다. 반면 This can't be happening은 벌써 어떤 일이 일어났고, 그 일에 놀랐을(to express surprise or shock at something) 때 사용하는 표현이다. "이럴 수가"에 해당된다. 허리띠를 졸라매야 하는 상황인데도 철없는 아내가 결혼기념일에 다이아몬드 반지를 사달라고 암시를 줄 때, "I know you want a diamond ring, but I don't see that happening"라고 할 수 있고, 남친 팔잡고 정신을 놓고 헤롱헤롱 가다가 나중에서야 지갑을 도둑맞은 줄 알고 놀라 "Someone stole my wallet? Oh God, this can't be happening"이라고 말할 수 있다. 좀 비슷하게 생겼지만 의미는 전혀 다르다.

> **KEY POINT**
>
> ■ **I don't see that happening** 그렇게는 안될걸
>
> ■ **This can't be happening** 이럴 수가

SAMPLES

1. **You want to borrow $1,000, but** I don't see that happening.
   천 달러를 빌리고 싶어하지만 그렇게는 안될걸.

2. This can't be happening. **Chris is dead?**
   이럴 수가. 크리스가 죽었어?

DIALOGS

A: Well, I don't see that happening. You see that happening?

B: I am going to make it happen.
   A: 음, 그렇게는 안될걸. 그렇게 될거라 봐? B: 그렇게 되도록 할거야.

A: What if he's not okay?

B: Oh, God. This can't be happening. I don't know what I'll do if I lose him.
   A: 걔가 괜찮지 않으면 어떻지? B: 맙소사. 이럴 수가. 걔를 잃으면 난 어찌해야 될지도 모르는데.

It's over vs. She was all over me

'all'이 있고 없음에 따라...

be over를 쓴 It's over는 "끝났다"라는 의미. 강조하려면 It's all over처럼 all을 넣으면 된다. be over의 또 다른 의미는 be over sb의 형태로 I'm over you하게 되면 연인들이 헤어진 후에 상대를 "완전히 잊었다"라는 뜻이 된다. 두번째 표현인 be all over 역시 두 가지 의미로 쓰인다. 첫째는 be all over+장소[공간]명사로 "…의 도처에 있다," "온통 …뿐이다," 그리고 I'm all over it하면 "잘 알고 있다" 등의 의미로 쓰인다. 두번째 의미는 be all over 뒤에 sb가 오는 경우로 주어가 sb에게 온통 육체적으로 들이대는 것을 뜻한다. Jill was all over me in the car today하면 질이 차에서 나를 어떻게 해보려고 근접밀착행위를 했다는 뜻이다.

KEY POINT

- **It's (all) over** 다 끝났어
- **I'm so over you** 난 널 완전히 잊었어
- **I looked everywhere all over the apartment** 아파트 구석구석을 찾았다
- **I'm all over it** 잘 알고 있다
- **She was all over me!** 걔가 내게 엄청 들이댔어!

SAMPLES

1. Catherine, your prints are all over that box.
   캐서린, 네 지문이 저 박스에 온통 묻어 있어.

2. He was all over me. I just had to get him off me.
   걔가 나한테 마구 들이댔어. 걔를 나한테서 떼어냈어야 했어.

DIALOGS

A: There was a bus crash up the road. About five people died.
B: Yeah, it's all over the news.
   A: 도로에 버스충돌사고가 있었어. 한 5명이 죽었대. B: 어, 뉴스에 계속 나오던데.

A: We're going to evacuate to one block radius. This place can blow.
B: I'm all over it.
   A: 반경 한 블록까지는 사람들 대피시킬거야. 여기는 폭탄으로 날아갈 수도 있어. B: 잘 알겠어.

'의미'가 비슷비슷해...

다 어느 정도 비슷비슷하여 의미가 헷갈리는 표현들이다. 한번에 정리하여 의미를 확실히 구분해보록 해보자. I'm all yours는 내가 너희 것이란 말로 "네가 알아서 해라," "마음대로 해라," 문맥에 따라 "널 무척 사랑해"라는 의미이다. It's all yours하면 "그건 네 책임이다"란 말이다. 다음 That's your call은 네가 판단하는 것이므로 "네 결정에 따를게"라는 뜻이 되고 You're the boss 역시 네가 보스라는 말로 "너의 결정에 따를게," "네 맘대로 할게"라는 뜻이 된다. boss가 주로 call(결정)을 한다고 생각하면 되면 두 개의 표현이 유사하다는 것을 쉽게 짐작 할 수 있을 것이다. 마지막으로 You're the man은 슬랭으로 상대방이 뭔가 어려운 일을 성공적으로 해냈을 경우 축하하는(to congratulate someone for doing something difficult successfully) 표현이다. "멋져," "네가 최고다" 정도로 이해하면 된다.

KEY POINT

- **I'm all yours** 네가 알아서 해, 널 무척 좋아해
- **It's all yours** 네 책임이야
- **That's your call** 네 결정에 따를게
- **You're the man** 너 멋지다, 너 최고야
- **You're the boss** 네 결정에 따를게, 네 맘대로 할게

SAMPLES

1. I'm all yours **until the end of the day.**
　오늘 나는 네 맘대로 해도 돼.

2. I wouldn't leave, but that's your call.
　떠나지 않겠지만 네 결정에 따를게.

3. If you want us to clean up, we will. You're the boss.
　우리가 치우기를 원한다면 그렇게 할게. 네 결정에 따를게.

DIALOGS

A: Do you need to get up early?
B: Nope. I'm all yours.
　A: 일찍 일어나야 돼?　B: 아니. 네 맘대로 해.

A: Do I need a lawyer?
B: I mean, that's your call, that's your right.
　A: 변호사가 필요한가?　B: 내 말은 네가 결정해야 되고, 그게 너의 권리라는거야.

He always has it in for me vs. You're in for it! vs. What are you in for?

모아놓고 비교해야지 아니면...

동사 have를 써서 have it in for sb하면 "sb에게 원한을 품다"(to want to cause harm or problems), 동사를 be로 바꾸고 it이 맨뒤에 위치하여 be in for it하게 되면 스스로 저지른 일로 앞으로 "벌을 받게 될 것이다"(be punished in the future for something that he did)라는 의미가 된다. 그래서 You're in for it!하게 되면 네가 자초한 일이니 벌을 받을게다라는 뜻. 의문문으로 바꿔서 What are you in for?라고 하면 주로 감옥같은데서 "오게 된 이유"를 묻는 표현이 되고, What's in it for sb?하게 되면 "sb가 얻는게 뭔데?"라는 뜻이 되니 꼼꼼히 살펴보고 구분을 해야 한다.

KEY POINT

- **He always has it in for me** 걘 늘 나를 미워해

- **You're in for it!** 네가 자초한 일이니 후회해도 소용없어!

- **What are you in for?** 왜 오게 되었는데?

- **What's in it for sb?** sb가 얻는게 뭔데?

SAMPLES

1. **I hate my teacher.** He always has it in for me.
   우리 선생님이 싫어. 항상 나를 미워해.

2. **You broke Mom's lamp.** You're in for it now!
   네가 엄마의 램프를 망가트렸어. 이제 벌받겠다!

3. **What are you in for?** Theft? Murder?
   여기 왜 들어왔어? 절도? 살인?

DIALOGS

A: He's had it in for me. He's going to run against me in the next election.

B: I think you will beat her handily.

    A: 걘 날 미워해. 걔는 다음 선거에서 내 반대진영에서 출마할거야.　B: 네가 쉽게 이길 것 같은데.

A: Will you just come over and fix it?

B: What's in it for me?

    A: 잠깐 들러서 고쳐줄래요?　B: 내가 얻는 것은요?

'동사'만 달라...

동사가 하나는 feel이고 다른 하나는 be 동사의 차이인데 부정문이어서 일반동사는 don't를 썼고, be 동사는 am not을 써서 실제보다 더 다르게 보인다. I don't feel up to it은 특히 몸이 피곤하거나 아프거나 해서 뭔가 할 수 없다(can't do something, especially if they are feeling sick)고 말하는 것이고 I'm not up to it은 마찬가지로 뭔가 할 기분이나 맘이 아니라 (doesn't feel he can do something) 뜻으로 I don't feel up to it과 거의 같은 뜻으로 보면 된다.

> **KEY POINT**
>
> - **I don't feel up to it** 별로 내키지 않아
>
> - **I'm not up to it** 그럴 마음이 아니야

SAMPLES

1. I'd love to visit you, but I don't feel up to it today.
   널 방문하고 싶지만 오늘 그럴 기분이 아냐.

2. Please don't give me more work, I'm not up to it.
   제발 일을 더 주지마, 그럴 맘이 아냐.

DIALOGS

A: Come in, detectives. Tom told me you'd be stopping by.

B: You feel up to talking?
   A: 들어와요, 형사분들. 탐이 방문할거라 말했어요.   B: 얘기할 수 있겠어요?

A: Want to come hiking with us today?

B: No, I've been sick and I'm not up to it.
   A: 오늘 우리랑 하이킹하러 올래?   B: 아니. 몸이 안좋고 지금 그런 상태가 아냐.

'You'와 'We'의 차이...

주어가 서로 다를 뿐인데, 의미는 전혀 다르다. You'll see하게 되면 "두고 보면 알아"라는 뜻인데, 대부분은 상대방이 자기를 믿지 않지만 앞으로 자기가 맞다는 것이 증명될 것이다(will be proven to be right in the future, even if people doubt him)라는 뉘앙스를 지니고 말하는 표현이다. 반면 We'll see는 뭔가 결정을 나중으로 미룰 때(when putting off making a decision until later) 혹은 앞으로 무슨 일이 일어날 지 기다린다(will wait to see what will happen)고 할 때 사용한다. 비록 지금은 웨이트리스이지만 자기는 스타가 될 거라는 꿈을 갖고 있는 〈빅뱅이론〉의 페니가 "I'll become famous, you'll see!"라 말할 수 있고 또한 뉴욕여행을 왔지만 박물관 갈 시간이 있을지 모르니 어떻게 되는지 좀 지켜보자고 할 때는 "We'll see if there is time to visit the museum"라 하면 된다.

> **KEY POINT**
> - **You'll see** 두고 보면 알아
> - **We'll see** 기다려보자
> - **We'll see you in the court** 법정에서 보자
> - **We'll see if~** 인지 아닌지 보자

SAMPLES

1. You watch, and then you'll see there's nothing to be afraid of.
  지켜봐. 그럼 넌 두려울게 아무것도 없다는 것을 알게 될거야.

2. Well, we'll see. I don't know if I want to get married.
  저기, 기다려보자. 내가 결혼을 원하는지도 모르겠어.

 DIALOGS

A: It's like we're setting a trap for her.
B: It's for her own good. You'll see.
  A: 우리가 걔한테 함정을 놓는 것 같아. B: 걔 자신을 위한거야. 두고 보면 알아.

A: I did not poison him.
B: We'll see.
  A: 난 걔를 독살하지 않았어. B: 기다려보면 되지 뭐.

Get over it vs. I can't get over it vs. Get over yourself vs. Let's get it over with

'get over'의 다양한 활약상...

get over는 필수숙어로 「극복하다」(overcome)라는 뜻. 과거의 안좋았던 기억들을 잊거나 극복하다(to forget or overcome something in the past that caused unhappiness or upset)라는 뜻으로 Get over it!하게 되면 "그만 잊어"라는 문장이 된다. 그런데 I can' get over it하게 되면 글자 그대로 과거의 아픈 기억을 잊을 수가 없다, 혹은 비유적으로 "정말 놀라워"라는 뜻으로도 사용된다. 그리고 get over yourself는 좀 비약해서, 남들보다 잘 낫다고 건방떠는 사람에게 쓸 수 있는 말로 Get over yourself의 형태로 많이 쓰이는데 이는 "건방떨지마"(should not be so arrogant, or not think that he is better than others)라는 뜻이 된다. 끝으로 with를 붙여 Let get it over with하게 되면 보통 불쾌한 일을 빨리 해치워버리자고(to want to do something so that it is finished. It may be an unpleasant task) 하는 말이다.

KEY POINT

- **Get over it** 잊어라, 극복하고 넘어가라

- **I can't get over it** 극복하지 못하다, 정말 놀라워

- **Get over yourself** 건방떨지마, 그만 좀 해

- **Let's get it over with** 빨리 해치워 버리자구

SAMPLES

1. We divorced years ago, but I can't get over it.
우리는 오래 전에 이혼했지만 아직 극복을 못하고 있어.

2. Brad thinks he's so handsome. He needs to get over himself.
브래드는 자기가 잘 생겼다고 생각해. 정신 좀 차려야겠어.

3. Let's start the work and get it over with.
그 일을 시작하고 빨리 해치워버리자.

DIALOGS

A: Why not just go down to city hall and get it over with?
B: You know, I thought about that.
A: 시청에 가서 빨리 해치워버리지? B: 저 말이야, 나도 생각은 해봤어.

A: I'm a cop and you're violating a court order.
B: Oh, get over yourself.
A: 난 경찰이고 넌 법원명령을 위반하고 있어. B: 어, 그만 좀 해라.

I got a crush on you vs. I have a thing for vs. I'm crazy for[about] you

이성에게 반하는 것도 정도가 있어...

crush하면 상대방은 모르는 상태에서 홀딱 반하는(to indicate they have a mild attraction to another person) 것으로 오래 지속되지 않고 빨리 지나가는 성격의 끌림을 말한다. 다음 I have a thing for~하게 되면 역시 끌리는(the person feels attracted) 것으로 for 다음에는 사람이나 사물이 올 수도 있다. 그리고 마지막으로 나오는 I'm crazy for[about] sb는 미쳤 다는게 아니라 a crush,나 a thing보다 훨씬 강력하게 끌린다(to indicate a much stronger attraction than a crush. Often it is said by people who are having a love affair)는 것으 로 주로 연인관계에 있는 사람들의 상태를 말한다.

KEY POINT

- **I got a crush on you** 난 네가 맘에 들어
- **I have a thing for~** …을 좋아하다
- **I'm crazy for[about] you** 난 너한테 빠져있어

SAMPLES

1. I'll admit I have a crush on Kelly.
내 인정하지만 나 켈리에게 빠져있어.

2. I'm crazy about my new boyfriend.
난 내 새 남친을 너무너무 좋아해.

DIALOGS

A: If I didn't know any better, I'd say that you had a little crush on her.
B: No, I just told you. I hate her. She's evil and monstrous.
A: 내가 더 잘 몰랐으면, 네가 걔를 조금 좋아했다고 생각했을거야.
B: 아냐, 내 말했잖아. 걜 증오해. 걘 아주 악랄하고 괴물같아.

A: Well, actually, I have found someone. And I am crazy about her.
B: Well, who is it?
A: 저기, 실은 내가 사람을 찾았는데 걔한테 완전히 푹 빠졌어. B: 그래, 누군데?

'look'과 'so'의 차이...

All right은 같지만 뒤에 look이 붙냐 아니면 so가 오느냐의 차이이다. 먼저 All right, look은 뭔가 중요한 설명을 하기에 앞서 사람들의 관심을 끌기 위한 관심유도형 문구(to begin a sentence, to draw attention to something important that is being explained)이다. 우리말로는 "좋아, 자"라는 뜻으로 실제 많이 쓰인다. 여기 있는 경찰이 너를 찾고 있다고 말할 때 "All right, look, the police where here trying to find you"이라고 하면 된다. 반면 All right, so는 뭔가 확인하고자(to confirm something) 할 때 혹은 뭔가 일어난 일이나 일어날 일에 대해서 얘기를 할 때 쓰는 표현이다.(to use this explanation to start talking about something that happened or that will happen) 우리말로는 "그래 그럼," "좋아 그럼" 정도로 이해하면 된다. 예를 들어, 탐과 앤지가 오늘 저녁먹으러 온다고 확인할 때는 "All right, so Tom and Angie are coming for dinner tonight"이라고 하면 된다.

KEY POINT

- **All right, look** 좋아, 자
- **All right, so** 그래, 그럼

SAMPLES

1. All right, look, if you're not going to say it, I will.
   저기, 자, 네가 그걸 말하지 않으면 내가 말할거야.

2. All right, so think about it, and call me back.
   그래 그럼 그거에 대해 생각해보고 내게 다시 전화해.

DIALOGS

A: Oh my god, what were you thinking?

B: All right, look, I'm not proud of this, OK?
   A: 맙소사, 너 도대체 무슨 생각을 한거야? B: 저기, 나도 이게 자랑스럽지 않아. 알겠어?

A: All right, so..., you're okay with all this?

B: Yeah, it's no big deal.
   A: 그래 그럼, 이 모든거 다 괜찮은거지? B: 그래 별거도 아닌데.

'bet'하면 실제 위험도 있지만 표현도 헷갈려...

bet은 동사로 내기를 한다는 것으로 I'll bet 단독으로 쓰이면 "틀림없어," "확실해"(I'm sure), 혹은 비아냥 거리는 말투로 "그러기도 하겠다"라는 의미로 쓰이고, I('ll) bet S+V 혹은 I'll bet+N S+V의 형태로 자기가 내기를 걸 정도로, 자기가 N을 걸 정도로 확실하다라는 문장을 만들기도 한다. 다음은 주어를 You로 해서 You bet하면 네가 내기를 해도 된다는 말로 상대방의 말이 맞다고 확인하거나 맞장구치는 표현으로, "물론이지"(Sure, or That's right)라고 생각하면 된다. 여기서 파생하여 몇몇 표현들이 생기는데 You can bet S+V, You (can) bet your life S+V의 형태로 뭔가 확실히 내용이니까 상대방이 믿어도 된다고 할 때 사용한다. 예를 들어 어려움에 처한 상대방에게 확실히 도와주겠다고 할 때는 "You can bet your life we'll help you out"라고 한다. 다음으로 You can bet on it이 있는데 이는 상대방보고 믿어도 된다고 확신을 심어줄 때 사용하는 표현으로 우리말로는 "날 믿어봐"에 해당된다.

KEY POINT

- **I'll bet** 틀림없어, 확실해, 왜 안 그랬겠어, 그러기도 하겠다(비아냥)

- **You (can) bet (your life) S+V** …는 확실해

- **You can bet on it** 날 믿어봐
- **You bet** 물론, 당연하지

SAMPLES

1. You are taking a month long vacation? I'll bet.
한달 휴가를 가겠다고? 그러기도 하겠다.

2. You can bet your life I'm in love with her.
내가 걔와 사랑을 하는 것은 확실해.

3. We'll solve this mystery. You can bet on it.
우리는 이 미스테리를 풀거야. 날 믿어봐.

DIALOGS

A: That was a safety net for both of us.
B: I'll bet.
　　A: 그건 우리 모두에게 안전망이었어. B: 왜 안 그랬겠어.

A: What do you think I am, a whore?
B: You bet.
　　A: 내가 누구라고 생각하는거야, 창녀? B: 당연하지.

다양한 말꺼내기 표현들의 차이...

뭔가 본론을 꺼내기에 앞서 상대방의 주의를 끄는 표현들. 먼저 I'll tell you what하면 상대방에게 뭔가 제안할(be usually used to propose something) 때 사용한다. 우리집 청소해주면 100달러 줄게라고 하려면 "I'll tell you what. If you clean my house, I'll give you 100 dollars"라고 하면 된다. "이러면 어떨까," "좋은 생각이 있는데" 정도로 이해한다. 다음 Guess what은 뭔가 새로운 소식을 전해줄(be giving new information) 때 시작하는 어구로 "저 말이야"로 생각하면 되고, You know what은 말하는 사람이 생각하고 있던 것을 꺼낼(to express something the speaker is thinking about)때 사용한다. 그래서 오늘 승진했다는 소식을 전할 때는 "Guess what. Today I got a promotion!" 그리고 잠잘 시간이 되었다고 할 때는 "You know what? It's almost time to go to bed"라고 하면 된다. 미세한 차이이지만 약간의 뉘앙스가 다르니 잘 기억해두어야 한다.

KEY POINT

- **I'll tell you what** 이러면 어떨까, 좋은 생각이 있어

- **Guess what** 그거 알아

- **You know what** 근데 말야

SAMPLES

1. I'll tell you what, let's see what happens tomorrow.
   이러면 어떨까, 내일 어떻게 되는지 보자.

2. Guess what. I joined a new church last Sunday.
   그거 알아. 지난 일요일에 새로운 교회에 갔어.

3. You know what? We should go visit Aaron.
   근데 말야. 우리 애론을 만나러 가야 돼.

DIALOGS

A: I'll tell you what, if you get ready now I'll let you play it at the wedding.

B: Really! Oh that's so exciting!
   A: 이러면 어떨까, 네가 준비되면, 결혼식장에서 그걸 연주하도록 할게. B: 정말? 와 정말 신난다!

A: I'm gonna get some more coffee.

B: Oh, you know what? I'll come with you!
   A: 커피 좀 더 마셔야겠어. B: 저 말이야. 나 너와 함께 갈게!

058 Beats me vs. You got me beat vs. I can't beat that

'beat'이 들어가면 무조건 어려워...

Beats me는 뭔가 확실하지 않거나 모를 때 사용하는 표현으로 잘 모르겠어(I'm not sure, I can' say)라 생각하면 된다. 비슷한 표현으로 Search me, I'll bite 등이 있다. 특히 Beats me 는 답이 뭐든 「난 신경쓰지 않는다」라는 뉘앙스가 담겨져 있다. 다음 You got me beat은 get sb pp의 용법으로 직역하면 네가 나를 물리쳤다(someone else is doing something better than the speaker), 우리말답게 하면 "네가 나보다 낫다"(You did better than me)라는 뜻이 다. 오래 전, You got me beat은 Beats me처럼 '몰라'라는 뜻으로 쓰였으나 현재는 그런 의 미로는 잘 쓰이지 않는다. 마지막으로 I can't beat that은 'that'을 물리칠 수 없다, 즉 'that'보 다 더 훌륭할 수 없다라는 뜻이 된다. 그래서 I can't beat that은 "난 못당하겠어," You can't beat that하면 너는 그것을 이길 수 없다, 즉 의역하면 "그게 완벽하다," "최고다" 혹은 "더 이 상 좋은 것은 없다," 그리고 Nothing beats that하면 "최고야"라는 뜻이 된다.

> **KEY POINT**
>
> - **Beats me** 몰라
> - **You got me beat** 네가 낫다
> - **I can't beat that** 난 못당해내겠어
> - **You can't beat that** 더 이상 좋은 것은 없어, 최고야

SAMPLES

1. **Beats me** if he'll ever get out of prison.
   걔가 출소나 할 수 있을런지 모르겠어.

2. Wow, this is a nice apartment. You sure got me beat.
   와, 이 아파트 정말 멋지다. 네가 나보다 훨 낫다.

DIALOGS

A: Where did Anthony go?
B: Beats me. His car's still in the parking lot.
   A: 앤소니가 어디 갔어? B: 몰라. 걔 차는 아직 주차장에 있던데.

A: I only paid $100 for this new cell phone.
B: Really? You can't beat that!
   A: 이 새 핸드폰 단 100달러에 샀어. B: 정말? 대박이네!

I made it! vs. I did it!

'made'와 'did'의 차이...

둘 다 "해냈어!"라는 말. 단지 동사를 do로 썼느냐, make를 썼느냐만 다르다. 실제 의미나 용법 또한 거의 비슷하다고 보면 된다. I made it!은 여행을 마쳤거나 데드라인 내에 일을 끝냈을 때 등 뭔가 정해진 시간에 마무리했다는 기쁨을 표현하는(to express happiness about completing something in a specific amount of time) 것임에 반해, I did it!은 I made it! 보다 더 많은 상황에서 쓰인다. 뭔가 시도를 했고 성공을 했을 때 언제든지 사용하면 되는 것으로 "해냈어!"(I was successful), "원했던 것을 성취했어"(I accomplished what I wanted to do)라는 의미이다. 그래서 겨우 몇 분전에 결혼식에 도착했다라고 할 때는 "I made it to the wedding with a few minutes to spare," 그리고 마침내 컴퓨터 게임에서 이겼을 때 "I did it! I finally won the computer game!"이라고 하면 된다.

> **KEY POINT**
>
> - **I made it!** 해냈어!. 내가 만들었어!
>
> - **I did it!** 해냈어!

SAMPLES

1. I did it! I found the necklace I was looking for.
내가 해냈어! 내가 찾던 목걸이를 찾았어.

2. Yeah! Yes, I made it! I'm on time!
그래! 응, 내가 해냈어! 제시간에 왔어!

DIALOGS

A: Kate, what, what happened here?
B: I did it! I took care of the babies all by myself!
A: 케이트, 여기 무슨 일이야? B: 내가 해냈어! 오로지 나 혼자서 아이들은 돌봤어!

A: I hear you graduated today.
B: That is right. I made it!
A: 너 오늘 졸업했다며. B: 맞아. 내가 해냈어!

How do you like that! vs. How do you like~ vs. How would you like~

'do'와 'would'의 차이...

How do you like that!은 굳어진 표현으로 단순히 상대방이 맘에 드는지 의견을 물어보는 것으로 "어때?"라는 의미로 쓰이기도 하지만, 뭔가 예상하지 못한 일을 하거나 그런 뜻밖의 일이 벌어졌을 때 놀라면서(I'm really surprised it happened) 하는 말로, "정말야!," "놀랍다!," 문맥에 따라 "황당하다"라는 의미로 쓰인다. 같은 동료였던 찰리가 상사가 된다는 소식에 "How do you like that! Charlie is going to become our boss"라고 할 수 있다. 반면 How do you like+N(~ing/to+V)?하게 되면 뭔가 하자고 하거나 먹을 것 등을 제안할 때 사용한다. 뒤에 명사나, ~ing, to+V 등 다양하게 온다는 점에 주목한다. 끝으로 조동사를 would로 바꿔서 How would you like sth?하게 되면 "…하면 어떻겠어?"라고 상대방의 의견을 묻거나 혹은 How would you like your steak cooked?처럼 어떻게 준비할지 역시 상대방의 의견을 묻는 표현이 된다.

> **KEY POINT**
>
> - **How do you like that!** 어때!, 정말야!, 놀랍네!
> - **How do you like + N[~ing/to+V] ?** …하는게 어때?
> - **How would you like + N[to+V] ?** …하면 어떻겠어?

SAMPLES

1. How do you like that! The Lakers won!
놀랍네! 레이커스가 이겼어!

2. How do you like fishing with your uncle?
네 삼촌하고 낚시가는거 어때?

3. How would you like to buy my sports car?
내 스포츠카를 사는게 어떻겠어?

DIALOGS

A: So how do you like my new car?
B: It's gorgeous!
　A: 그래, 내 새 차 어때?　B: 아주 멋져!

A: How would you like to make a dental impression for us?
B: I'll do whatever you guys want.
　A: 우리를 위해 치과인상을 만들어주면 어떻겠어?　B: 너희들이 뭘 원하는지 내가 할게.

'go nuts'의 변신...

go nuts는 크게 세 가지 의미가 있다고 봐야 한다. 가장 기본적인 의미는 글자 그대로 「미치다」(to act in a crazy or strange way), 「엄청 화내다」(become very angry), 그리고 세번째는 「무척 열광하다」, 혹은 「어서 가서 즐기다」(go ahead and do it)라는 뜻으로 쓰인다. 그래서 파티에 가고 싶어하는 딸에게 가고 싶으면 가서 즐겨라라고 할 때 "If you'd like to go to the party, go ahead, go nuts"라고 하면 된다. 그리고 be nuts about[for]의 형태로 쓰이면 「...을 무척 좋아하다」라는 뜻이 된다. 다시 처음으로 와서 그럼 I'm not going nuts는 무슨 뜻일까? 이는 not이 들어갔기 때문에 직역하면 내가 미치지는 않았는데라는 것으로 "나 제 정신 맞는데," "나 화난 것 아닌데" 등의 의미이다. 그래서 어제 UFO를 봤다고 말하려면 미친 놈 아니라고 사전에 차단하면서 "I'm not going nuts, but I did see a UFO"라고 하면 된다.

KEY POINT

- **I'm not going nuts** 나 제 정신인데, 나 화난거 아닌데
- **Go nuts** 신나게 놀아라
- **I'm nuts about[for]** …을 좋아하다

SAMPLES

1. I showed the road manager a copy of the warrant. He went nuts.
   로드 매니저에서 영장사본을 보여줬는데 엄청 화를 내더라고.

2. Please, just wear what I suggest, and she's gonna go nuts for you.
   부탁인데, 내가 입으라는 거 그냥 입어, 그러면 걔는 너한테 사족을 못쓸거야.

DIALOGS

A: Julie, just cut the cord. Go nuts. Come on. Let's do shots. Come on!
B: I told mom that you were buying a pie.
   A: 줄리, 부모로부터 좀 벗어나. 신나게 놀아. 자, 가서 술을 마시자고, 자 어서!
   B: 엄마에게 네가 파이를 산다고 했는데.

A: Do you mind if I try to solve this puzzle?
B: Not at all. Go nuts.
   A: 내가 이 퍼즐을 풀어봐도 괜찮어? B: 그럼. 어서 해봐.

It's[That's] a deal vs. It's a deal? vs. Deal vs. (It's a) Done deal

'deal'이 들들 볶네...

It's a deal은 "내 약속하지," "그러기로 하자"라는 말로 뭔가 동의할 때 사용하면 되는데 주로 돈에 관련되어 얘기할 때 많이 쓰인다. 여기에 의문부호를 붙여 It's a deal?하면 동의한 거래 약속 등을 확인할 때 사용하는 것으로 "그럴래?," "좋아?"라고 생각하면 된다. 다음 Deal이라고 아주 간단히 말하면 역시 동의한다는 말로, "알았어," "그렇게 하자"라는 표현이 된다. 또한 A deal's a deal이라는 표현도 있는데 이는 "약속은 약속이다"라는 뜻으로 약속이 지켜져야 한다는 것을 강조하는 문장이다. 마지막으로 It's a done deal 혹은 Done deal하게 되면 다 끝난 일이어서 이제는 어떻게 바꿀 수가 없다(to say that something is finished or completed, and is now probably very difficult to change)는 말이 된다.

> **KEY POINT**
>
> - **It's [That's] a deal** 그러기로 한 거야, 그렇게 하자, 내 약속하지
> - **It's a deal?** 그럴래?, 좋아?
> - **Deal** 알았어, 좋아, 그렇게 하자, 약속한 거야
> - **A deal's a deal** 약속은 약속이야
> - **(It's a) Done deal** 다 끝난 일이야

SAMPLES

1. If you want to pay me $500 for my computer, it's a deal.
   내 컴퓨터를 5백 달러에 사고 싶다면, 그렇게 하자.

2. You want $10,000 for this car? Okay, deal.
   이 자동차를 만 달러에 팔라고? 좋아, 그렇게 하자.

3. The rental agreement is a done deal now that you've signed it
   네가 사인했으니 임대계약서는 마무리 됐어.

DIALOGS

A: The best I can do is $70.
B: Alright you give me $70, and it's a deal.
   A: 내가 최대로 쳐줄 수 있는 가격은 70 달러야. B: 좋아 내게 70 달러를 주는 걸로 하자고.

A: Can't we just sit here and behave like normal human being people?
B: Deal.
   A: 그냥 우리 여기 앉아서 정상적인 인간들처럼 행동하면 안될까? B: 그래, 그렇게 하자.

일단 다들 멀리 하라는 것 같은데...

keep out of this하면 사적인 문제이니까 다른 사람이 끼어드는 걸 원치 않는다(to express that something is private and the speaker doesn't want any other person interfering)는 말로, "끼어들지마" 정도로 생각하면 된다. Stay out of this 또한 마찬가지 의미로 사적인 문제에 "간섭하지마"(to tell other people not to interfere in a private matter)라는 뜻의 표현이다. 그래서 중소기업사장이 열씨미 직원들 연봉조정하고 있는데 눈치없이 한 직원이 도와드릴까요라고 하면서 다가올 때 "Keep out of this, I don't need your help"라고 하면 되고 또한 배신자를 처벌하러 가는데 친구가 도와주겠다고 따라 올 경우 "Stay out of this or you'll get in trouble"이라고 하면 된다. 또한 stay away from은 from 이하로부터 멀리 떨어지라고 그렇지 않으면 곤경에 처할 거라고 경고하는 문구이다. 동네에 이사온 한 이웃이 험해 보일 때 "Stay away from that neighborhood. It's dangerous"라고 주의를 줄 수 있다.

> **KEY POINT**
> - **Keep out of this!** 네 일 아니니까 끼어들지마!
> - **Stay out of this!** 넌 빠져!. 간섭하지마!
> - **Stay away from ~** …를 멀리해

SAMPLES

1. Hey, stay out of this, Jennifer! This is between me and Tony!
   야, 제니퍼, 끼어들지마! 이건 나와 토니와의 문제야!

2. Stay away from me! Don't touch me!
   내게서 떨어져! 날 만지지마!

DIALOGS

A: I think what Susan is trying to say.

B: Keep out of this!
   A: 수잔이 무슨 말을 하려는 걸까 생각하고 있어. B: 네 일 아니니까 빠져!

A: What for? She didn't do nothing.

B: Stay out of this, Raura.
   A: 무엇 때문에? 걘 아무것도 하지 않았어. B: 로라, 넌 빠져.

064 We'll (soon) see about that vs. We'll have to see about that

'see about that'만 같은 게 아냐...

비슷한 표현 구분하기의 백미. 눈에 잘 구분도 안가고 의미도 분명히 다가오지도 않고 헷갈리기 아주 좋은 표현들이다. 먼저 We'll see about that하면 뭔가 불쾌한 얘기를 듣고서는 그런 일이 일어나지 못하도록 하겠다(A person hears something he doesn't like, and he plans to try to change whatever is happening)라는 의미가 된다. 반면 We'll have to see about that하면 역시 같은 의미로 '그렇게 못하게 하겠다"라고도 쓰이지만 뭔가 결정을 뒤로 미루고 싶을(want to put off making a decision until later) 때 사용된다. 그래서 시간이 좀 지난 다음에 두고 봐야 한다고 할 때는 "We'll have to see about that when some time has passed," 그리고 애니가 내게서 돈을 빌리려 한다는 말을 들었을 때 그럴 일 없을거라는 맥락으로 "Annie wants to borrow money from me, but we'll see about that"이라고 하면 된다. 참고로 We'll see about it later 또한 결정을 미루는 표현이지만 문맥에 따라서는 We'll see about that과 같은 의미로 쓰이기도 한다.

> **KEY POINT**
>
> - **We'll (soon) see about that** 못하게 하겠다, 과연 그렇게 될까
> - **We'll have to see about that** 두고봐야 안다, 못하게 하겠다
> - **We'll see about it later** 두고봐야 한다, 못하게 하겠다

SAMPLES

1. You'd like to go to Hawaii with me? We'll have to see about that.
   나와 함께 하와이에 가고 싶다고? 그건 두고봐야 알아.

2. He says he is smarter, but we'll see about that.
   걘 자기가 더 똑똑하다고 하는데, 과연 그럴까.

DIALOGS

A: I'm stronger than you.
B: We'll see about that.
A: 내가 너보다 더 강해. B: 과연 그럴까.

A: I hear Betty plans to come to your party.
B: We'll have to see about that. I didn't invite her.
A: 베티가 네 파티가 온다고 들었어. B: 올 수 있을까. 난 초대하지 않았어.

다시 말해줘...

이 표현들은 거의 의미가 같다고 생각하면 된다. 상대방의 말을 못들었거나 혹은 잘못 들었을 경우에 다시 얘기해달라고 할 때 쓰는 표현들이다. 상대방이 못생겼다고 할 때 "How's that? Did you say I was ugly?"라고 하며 귀를 의심해보면 되고, 다시 얘기해 달라고 할 때 "How's that again? I didn't hear you" 그리고 상대방이 뭔가 얘기했는데 자기한테 얘기했는지도 몰랐을 때 "What was that again? Did you say something to me?"라고 하면 된다. 단 How's that?의 경우는 어떻게 그렇게 되었는지, 왜 그런지 물어볼 때도 사용된다.(to be used to ask for the method to do something) 참고로 상대방에게 말을 다시 해달라고 하는 그밖의 표현들로는 What did you say?, Come again?, I'm sorry?, 그리고 Excuse me? 등이 있다.

KEY POINT

- **How's that?** 다시 말해줘, 어떻게 해서?, 어째서?

- ****How's that for~?** …로써 어때?, …로 대단하지 않아?

- **How's that again?** 다시 한번 말해줄래?

- **What was that again?** 뭐라고 했죠?

SAMPLES

1. **How's that?** Speak a little louder.
   뭐라고? 좀 크게 말해줘.

2. **You say it's easy to make money, but** how's that done?
   돈 버는게 쉽다고 했는데 어떻게 그러는거야?

3. **What was that again?** I didn't hear you.
   뭐라고? 듣지 못했어.

DIALOGS

A: I solved the math problem.
B: How's that? Show me the way to do it.
　　A: 난 이 수학문제를 풀었어. B: 어떻게 해서? 어떻게 푸는지 내게 알려줘.

A: Lucas was arrested by the cops today.
B: What was that again? Did you say he was arrested?
　　A: 루카스는 오늘 경찰에 체포됐어. B: 뭐라고 했어? 걔가 체포됐다고?

It is a thought vs. It was just a thought.

'is'와 'was'의 차이일 뿐인데...

단지 시제의 차이일 뿐인데 의미는 전혀 다르다. 현재형으로 쓴 It is a thought하면 뭔가 고려할 만한 가치가 있다(be worth considering)는 것으로 "좋은 생각이다"라는 뜻이고, 과거형인 It was a thought하면 자기가 말한 것이 별로 중요한 것이 아니다(Something they said was not very important), 즉 "그냥 한번 얘기해본 것이다"라는 의미가 된다. 베니가 우리보고 투자를 하라고 했는데, 그거 좋은 생각이야는 "Benny said we should invest our money. It's a thought," 그리고 내가 성대한 파티를 열자고 했었는데, 그냥 해본 말이었어라고 하려면 "I suggested having a big party, but it was just a thought"라고 하면 된다.

KEY POINT

- **It is a thought** 좋은 생각이야
- **It was a thought** 그냥 한번 해본 말이야

SAMPLES

1. We could go out for dinner. It's a thought.
우리 저녁먹으러 갈 수도 있어. 좋은 생각이야.

2. Forget about what I said. It was a thought.
내가 한 말 잊어버려. 그냥 한번 해본 말이야.

DIALOGS

A: You could always take a few days off.
B: It's a thought. I do need some rest.
　　A: 넌 언제든 며칠 좀 휴가를 낼 수 있어. B: 그거 좋은 생각이야. 난 좀 휴식이 필요해.

A: You think I should drop out of college?
B: It was a thought. You don't need to follow my advice.
　　A: 넌 내가 대학을 중퇴해야 된다고 생각해? B: 그냥 해본 말이야. 내 조언을 따를 필요는 없어.

의미도 어렵고 구분하기도 어렵고...

일단 cut out은 공통으로 들어가 있지만 하나는 are not이고 다른 하나는 have이다. 둘 다 길어서 얼핏보면 비슷한 것 같으면서도 많이 다른데, 그 의미 또한 무척 다르다. 먼저 You are not cut out to be~가 되면 "넌 …가 되기에 거리가 멀다," 특히 어떤 "직업이나 일을 갖기에 적합하지 않다"(to indicate someone doesn't have enough ability or dedication to do something well)라는 의미이다. 그래서 피도 제대로 못 보는 사람이 외과의사가 된다고 하면 "You are not cut out to be a physician. You hate blood"라고 하면 된다. 그리고 We have our work cut out for us하게 되면 우리가 "어렵고 힘들 수도 있는 일을 맡게 되었다"(The work or task ahead is very clear, and it may be difficult to do)라는 뜻이 된다.

> **KEY POINT**
>
> - **You are not cut out to be ~** …에 어울리지 않다
> - **We have our work cut out for us** 우리가 힘든 일을 맡게 됐어

SAMPLES

1. **She loved Nina but** she wasn't cut out to be **a mother.**
   걔는 니나를 사랑했지만 엄마가 되기에는 맞지가 않았어.

2. **We have our work cut out for us** in order to set up the festival.
   우리는 페스티벌을 준비하기 위해서 힘든 일을 맡게 됐어.

DIALOGS

A: I feel so stressed studying all the time.
B: You are not cut out to **be a medical student.**
   A: 쉬지 않고 공부하는데 스트레스를 너무 받아.   B: 너 의대생이 되기에는 맞지 않는 것 같아.

A: The crime scene is a big mess.
B: That means we have our work cut out for us.
   A: 이 범죄현장은 아주 엉망이구만.   B: 우리가 할 일이 무척 힘들다는 얘기구만.

just to be clear vs. just so we're clear

아리까리 형태는 다르지만...

양쪽 표현에 다 들어있는 just와 clear 때문에 헷갈리는 경우이다. 먼저 (just) to be clear는 말하는 내용의 의미가 모든 사람에게 명확하게 전달되도록 정확히 말하고 싶을(to want to say something in an exact way to make its meaning clear to everyone) 때 쓰는 말로 "분명히 말하는데," "명확히 말해두는데" 정도로 이해하면 된다. 그래서 선생님이 내일 오전 6시까지 모두 다 이리로 와야 한다고 말하려면 "Just to be clear, everyone must be here tomorrow by 6am"이라고 하면 된다. 반면 just so we're clear는 뭔가 상대방이 듣기에 무례한 말을 하기 직전에 하는 말로 "내 분명히 말해두는데," "오해없기 위해서 말해두는데"라는 뜻이 된다. 그래서 분명히 말해두지만 난 널 좋아하지 않아라고 하려면 "Just so we're clear, I really don't like you"이라고 하면 된다. 미묘한 차이가 있지만 단순히 같은 의미로 생각해도 된다.

KEY POINT

- **just to be clear** 분명히 말하는데
- **just so we're clear** 내 분명히 말해두는데

SAMPLES

1. Just so we're clear, tonight is about sex, not love.
   분명히 말해두지만, 오늘은 단지 섹스하는거야, 사랑은 아냐.

2. Just to be clear, I want you to leave at midnight.
   분명히 말해두는데, 자정에 떠나줘.

DIALOGS

A: You see how easy it is?
B: All right, Just so we're clear. You're insane.
   A: 이게 얼마나 쉬운지 봤지? B: 좋아, 분명히 말해두는데 넌 미쳤어.

A: When are you planning to go to the movies?
B: Just to be clear, I want to go to the movies alone.
   A: 언제 영화보러 가기로 했어? B: 분명히 말해두지만, 난 혼자 영화관에 갈거야.

You tell me vs. So, tell me vs. Do tell vs. Now you tell me vs. Please tell it like it is

'tell me'로 함께 모인 표현들...

You tell me는 "네가 말해봐," "그거야 네가 알지"라는 의미로 상대방이 더 잘 알 것 같은 것을 오히려 내게 물어볼 때 쓸 수 있는 말. So, tell me는 "자, 말해봐"라는 말로 상대방에게 뭔가 정보나 답을 달라(to ask for information about something)고 재촉하는 표현으로 So, you tell me처럼 you를 써도 된다. 또한 Do tell은 동사 두 개로 구성된 좀 오래된(not commonly used these days) 표현으로 '흥미로우니 어서 말해봐'라는 표현이다. Now you tell me는 "자 이제 나한테 말해줘," 혹은 "왜 이제야 말해주는거야"(Someone is telling him something after the point where it would have been helpful)라는 약간 불만의 표현이 된다. 물론 now you tell me what [how~]처럼 뒤에 what~ 등의 절을 써서 붙여도 된다. 그리고 Please tell it like it is는 "과장이나 거짓말하지 말고 있는 그대로 말해줘," "사실대로 말해줘"라는 표현. 마지막으로 Tell me하면 뭔가 질문던지기 전에 하는 말로 "저기, 있잖아"라는 의미.

KEY POINT

- **You tell me** 말해봐. 그거야 네가 알지
- **So, tell me** 자 어서 말해봐
- **Do tell** 어서 말해봐
- **Now you tell me** 왜 이제야 말하는거야
- **Please tell it like it is** 사실대로 말해줘

SAMPLES

1. I don't know where we'll get money. You tell me.
우리가 어디서 돈을 받을지 모르겠어. 네가 말해봐.

2. Rebecca is having an affair? Do tell.
레베카가 바람을 피고 있어? 어서 말해봐.

3. I could have dated Jill? Great, now you tell me.
내가 질하고 데이트를 할 수도 있었다고? 잘한다, 왜 이제서야 말하는거야.

DIALOGS

A: I don't know, you tell me.
B: Never heard of the guy.
A: 난 몰라. 그거야 네가 알지. B: 그 친구 얘기 들어본 적이 없어.

A: Well, you didn't rape them. And I know why.
B: Do tell. A: 저기, 너는 걔네들을 강간하지 않았고 난 그 이유를 알아. B: 어서 말해봐.

What was he thinking? vs. What are you thinking?

시제의 다름이 가져오는 차이...

What was he thinking?은 단순히 그가 무슨 생각을 하고 있었을까 궁금해서 하는 문장이 아니라 상대방의 행동이 도저히 이상해서 이해가 가지 않을(to ask why someone did something strange or unusual. It means the speaker doesn't understand the reasons for it) 때 사용하는 표현으로 "대체 걘 왜 그런 짓을 한거야?," "걘 무슨 생각을 한거야?"라는 뜻이다. 그의 행동이 한심하고 이해가 가지 않는다는 것을 깔고 가는 문장. 반면 이것의 현재형인 What is he thinking?은 단순히 걔는 무슨 생각을 하는 걸까?라는 의미. 한편 What are you thinking?는 글자 그대로 상대방의 의견을 물어보는(to ask this when they want to know the thoughts of someone) 표현이 된다.

KEY POINT

- **What was he thinking?** 걘 도대체 무슨 생각을 한거야?
- **What is he thinking?** 걘 무슨 생각을 하고 있는 걸까?
- **What are you thinking?** 네 생각은 어때?

SAMPLES

1. I heard Ray married a woman he met last week. What was he thinking?
   레이가 지난 주에 만난 여자와 결혼했다며. 걔 무슨 생각으로 그런거야?

2. You are very quiet. What are you thinking?
   너 정말 말이 없네. 네 생각은 어때?

DIALOGS

A: I can't believe Sarah did this. I mean, what was she thinking?
B: I don't know.
   A: 새라가 이것을 했다니 믿기지 않아. 내말은, 걔 무슨 생각으로 그런거지? B: 몰라.

A: Talk to me, Nora. What are you thinking?
B: I think you're bored, Chris.
   A: 나한테 말해봐. 노라. 네 생각은 어때? B: 넌 지겨운 것 같아. 크리스.

말하지 말라고는 하는 건데...

Say no more는 글자 그대로 "더 말하지마라" 그리고 비유적으로는 더 말안해도 알겠다(to understands and doesn't need any more explanation), '무슨 말인지 알겠어"라는 말로 상대방의 의견에 동의할 때 사용한다. 반면 Don't say it은 상대방이 뭔가 안 좋은 소식을 말하려 할 때, 나도 알고 있으니 얘기는 하지 말라(doesn't want to hear them said out loud)는 표현으로 "그만해," "나도 알고 있으니 그만해" 정도로 이해하면 된다. 그리고 Don't say that!은 "그런말마"라는 뜻으로 상대방의 말에 동의하지 못하니 생각을 바꾸기 바란다(to disagree with something, and possibly hoping to change someone's mind about it)는 희망을 담은 문장이다. 그래서 I know what you're thinking, but don't say it은 "네가 무슨 생각하는지 알고 있으니 그만해," You want a divorce? Don't say that!하면 "이혼하려고? 그런말마"라는 뜻이 된다.

> **KEY POINT**
> - **Say no more** 더 말 안해도 알겠어
> - **Don't say it** 그만해, 나도 알고 있느니 그만해, 말하지마
> - **Don't say that** 그런말마

SAMPLES

1. Say no more. I know exactly what you mean.
   더 말 안해도 알겠어. 네가 무슨 말하려는지 알겠어.

2. Don't say it. You just keep doing your job and I'll keep doing mine.
   그만해. 넌 네 일 계속하고 난 내 일 계속하자.

DIALOGS

A: Stop! Don't say it! You cannot say these things.
B: Come on. We both know it's true.
   A: 그만! 말하지마! 이런 것들 말하면 안돼. B: 그러지마. 우리 둘 다 이게 사실인거 알잖아.

A: I'm trying to take it seriously.
B: Hey say no more. I am sorry. No more phone pranks from now on
   A: 난 이걸 심각하게 받아들이려고 해. B: 야, 말 안해도 알겠어. 미안해. 지금부터 더 이상 장난전화 안할게.

What else is new? vs. Tell me something I don't know vs. That's all you got?

뭐 다른 것은 없나...

생김새는 많이 다르지만 의미상 어느 정도 연결될 수 있을 것 같아 묶어 의미를 구분해보기로 한다. 먼저 What else is new?는 상대방에게 더 얘기해보라고 할 때 혹은 이미 들은 거라 놀랍지 않다는 의미로 쓰인다. "계속해봐," "다른 소식은 없구?" 정도로 이해하면 된다. Tell me something I don't know는 직역하면 내가 모르는 것을 얘기하라(He has already heard something or already knows something, and it is not a surprise) 즉 "다른 얘기를 해봐"라는 표현이 된다. 마지막으로 That's all you got?하게 되면 상대방이 말한 내용이 별 영양가가 없을 때 더 나은 정보를 듣고 싶은(Some information is not very useful, and the speaker hopes to hear more) 맘에서 하는 말로 "그게 다야?," "다른 것은 없어?"라는 표현.

KEY POINT

- **What else is new?** 계속 말해봐, 다른 소식은 없고?
- **Tell me something I don't know** 다른 얘기를 말해봐
- **That's all you got?** 그게 다야?

SAMPLES

1. Your classes are boring? What else is new?
   네 수업들 지겹지? 뭐 새로운거 없어?

2. Politicians are corrupt. Tell me something I don't know.
   정치가들이 부패했어. 다른 얘기를 말해봐.

3. The robber has black hair? That's all you got?
   그 강도머리가 검다고? 그게 다야?

DIALOGS

A: Your mother and I were shocked and upset.
B: So what else is new?
   A: 네 엄마와 난 충격을 받고 혼란스러워. B: 그래 다른 소식은 없고?

A: You've got a problem.
B: Tell me something I don't know.
   A: 너 문제가 생겼어. B: 다른 얘기를 해봐.

뭐, 모르면 헷갈리지도 않지만...

Snap to it!은 조바심내며 상대방에게 서두르거나 빨리 움직이라고(to hurry up or move faster) 하는 말. 선생님 몰래 체육관에서 담배와 술을 먹고 있는데 무서운 체육선생님이 오는 걸 본 순간 "Get this place cleaned up. Snap to it!"이라고 할 수 있다. 다만 snap up sth하게 되면 탐욕스럽게 "빨리 채가다"(to take it quickly, and possibly with some greed)라는 의미가 되니 잘 구분해야 한다. 채가는 것을 it으로 해서 Snap it up이란 형태로 자주 쓰이는데 Snap to it과 잘 구분해야 한다. 가게에서 바겐세일제품들이 떨어지기 전에 몸을 던져가며 물건을 채가는(The shoppers snapped up the bargains in the store) 모습을 연상해보면 된다.

> **KEY POINT**
>
> - **Snap to it!** 서둘러!, 빨리 움직여!
>
> - **snap up sth** 빨리 채가다(snap it up)

SAMPLES

1. Well, then snap to it. Don't play hard to get with a man who's hard to get.
   저기, 빨리 서둘러. 잡기 어려운 남자에게 튕기지 말라고.

2. Hurry. I told him to come up in half an hour. Snap it up. Go faster.
   서둘러. 걔한테 30분 내로 올라오라고 했어. 빨리 챙겨. 서둘러.

DIALOGS

A: Clean this place up! Snap to it!

B: Okay, okay, I'll get everything cleaned up.
   A: 여기 깨끗이 치워놔! 서둘러! B: 좋아, 좋아. 다 깨끗이 치워놓을게.

A: Where are the shirts that were on sale?

B: The shoppers snapped them up.
   A: 세일 중인 셔츠는 어디 있어요? B: 쇼핑객들이 다들 채갔어요.

Don't bother vs. Don't bother me vs. ~don't bother me

'bother,' 참 귀찮은 동사...

Don't bother는 상대방에게 뭔가 하려고 시도할 필요도 없다(should not even try doing something) 라는 의미. 상대방에게 "신경쓰지마," "그래봤자 소용없어"라는 말이 된다. 하지 말라는 내용까지 함께 쓰려면 Don't bother to+~ing/V의 형태로 말하면 된다. 그리고 Don't bother 다음에 me를 붙이면 나를 귀찮게 하지 말라(to say he doesn't want to be disturbed)는 것으로 "나 좀 가만히 둬," "저리가"라는 표현이 된다. 게임한창 하고 있는데 엄마가 와서 수박먹고 하라고 할 때, 못된 자식놈은 "Don't bother me. I'm playing League of Legends"라 한다. 이번에는 don't bother me이기는 하지만 명령문이 아니라 Sth don't bother me의 형태로 이때는 sth이 나에게 방해가 되지 않는다, 즉 "…는 괜찮다," "상관하지 않는다"(be not disturbed or troubled by something)라는 뜻이 된다.

> **KEY POINT**
>
> ▪ **Don't bother** 소용없어, 신경쓰지마
>
> ▪ **Don't bother me** 귀찮게 하지마, 나 좀 내버려 둬
>
> ▪ **~don't bother me** 괜찮다

SAMPLES

1. I know you want to help her, but don't bother.
네가 걔를 돕고 싶어하는거 아는데 신경쓰지마.

2. I like going downtown because crowds don't bother me.
사람들 북적대는게 난 괜찮아서 시내에 가는 걸 좋아해.

DIALOGS

A: Get a printout, canvass the neighborhood.
B: Don't bother.
A: 인쇄물 들고 동네주변을 탐문해봐. B: 소용없어.

A: Tim, can I ask you something a little personal?
B: Personal questions don't bother me.
A: 팀, 좀 개인적인 거 물어봐도 돼? B: 사적인 질문, 해도 돼.

I'm telling you. vs. You're telling me

동사는 같고 주어, 목적어만 바뀌었네...

be telling은 맞는데 주어와 목적어가 서로 뒤바뀌어 나오는 경우. 먼저 I'm telling you 의 경우는 자기가 말하는 내용이 중요하다는 것을 강조하면서(to emphasize something important that is being said) 상대방의 관심을 강하게 끌기 위한 표현으로 "정말이야," "진 심이야"라는 뜻이다. 뒤에 절(S+V)을 붙여서 말해도 된다. 반대로 You're telling me하면 상 대방의 말에 강하게 동의할(express strong agreement with something) 때 사용한다. 그래 서 정말이지 짐은 만취해서 화가 나있어라고 하려면 "I'm telling you, Jim is really drunk and he's angry" 그리고 영어배우기가 어렵다고? 정말 그래!라고 하려면 "Learning English is hard? You're telling me!"라고 하면 된다.

KEY POINT

- **I'm telling you** 정말이야, 진심이야
- **You're telling me** 정말 그래, 누가 아니래

SAMPLES

1. I don't think we're supposed to say vibrator over dinner. I'm telling you.
   저녁 먹으면서 바이브레이터 얘기하면 안되지. 정말이야.

2. You're telling me. His laptop and artwork are gone.
   누가 아니래. 걔 노트북하고 미술품들이 사라졌어.

 DIALOGS

A: I'm telling you. Dad didn't come home last night. They had a fight. A bad one.
B: How bad?
   A: 정말이야. 아버지는 어젯밤에 안들어오셨어. 아주 심하게 싸우셨어. B: 얼마나 심하게?

A: I wasn't flirting.
B: You're telling me. There's no need to be embarrassed.
   A: 난 집적대지 않았어. B: 네 말이 맞아. 당황할 필요 없어.

도대체 왜 넌 두 가지 의미로 쓰이니...

이미 알려진 대로 Why not?은 두 가지의 의미가 있다. 먼저 글자 그대로 해석하는 것으로, "왜 안되는거야?"라는 것으로 상대방이 거절하거나 반대했을 때 그 이유를 묻거나 따지는 경우이고, 또 하나는 "안될게 뭐 있나?"라는 의미로 상대방의 제안에 적극적으로 동의, 찬성하는 경우이다. 이때는 I don't see why not과 같은 뜻이 된다. 반면 Why not+V?가 오면 상대방에게 뭔가 하자고 제안하는(be often used as a way of suggesting something to do) 문장이 된다는 점을 구분해서 익혀야 한다. 그래서 이삿날 약속있다고 돕지 않겠다고 하는 딸에게 "I heard you don't want to help. Why not?"이라고 말할 수 있고, 린다가 너랑 같이 영화보러 가고 싶은지 알아봐라고 할 때는 "Why not see if Linda wants to go to the movies with you?"라고 하면 된다.

KEY POINT

- **Why not?** 왜 안돼?, 안될게 뭐있어?

- **Why not+V?** …해봐

SAMPLES

1. Why not? Come on. She needs our help. She's separating from his husband.
   왜 안돼? 그러지마. 걘 우리 도움이 필요해. 남편하고 별거하고 있잖아.

2. Well, if things were that bad, why not just get a divorce?
   저기, 상황이 그렇게 나쁘면, 그냥 이혼하지 그래.

DIALOGS

A: That might work where you grew up, Ziva, not here.
B: Why not?
   A: 네가 자란 곳에서는 그게 통하질 모르지만, 여기서는 안돼, 지바. B: 왜 안돼요?

A: Maybe there's something wrong with me loving her.
B: Then why not just stop loving her?
   A: 내가 걜 사랑하는데 뭔가 잘못된 것 같아. B: 그럼 사랑을 그냥 끝내버려.

신이시여, 혼란스럽나이다...

두 부분에서 차이점을 알아채야 한다. 먼저 첫번째 표현에서는 only가 들어간다는 점이고, 두번째는 God only knows는 단독으로 쓰이거나 God only knows what[where, if]~ 처럼 의문사절이 이어서 오는데 반해 God knows 다음에는 that S+V절이 온다는 점이다. 그럼 이 두 가지 차이점을 지닌 표현들의 의미차이는 무엇일까? 먼저 God only knows(~)는 오직 신만이 안다, 즉 아무도 모른다(they feel uncertain or unsure of something)라는 말이다. 그리고 God knows that S+V는 that 절 이하의 내용이 사실임을 강조할(to strongly emphasizing that something is true) 때 사용하는 표현으로 "정말이지 …하다"라는 뜻이다. 잘 구분해서 해석을 해야 한다.

> **KEY POINT**
>
> ■ **God only knows what[where, if~]** …는 아무도 모른다
>
> ■ **God knows that~** 정말이지 …하다

SAMPLES

1. God only knows if I can pass the law school exam.
   내가 법대입학시험을 통과할지는 아무도 모르지.

2. God knows that a lot of people are having trouble in this economy.
   정말이지 많은 사람들이 지금의 경기상황에서 고통받고 있어.

DIALOGS

A: What are you going to do?
B: God only knows.
   A: 뭐 할거야? B: 누가 알겠어.

A: You want to go out to a bar?
B: Sure. God knows that we could use a few drinks.
   A: 나가서 바에 가려고? B: 응. 정말이지 술 몇 잔 마셨으면 좋겠어.

Don't play games with me vs. He played us

갖고 노는 것은 같은 것 같은데...

games with가 있고 없음의 차이. 먼저 play games with sb하면 솔직하지 않게 행동하거나 고의적으로 오판하게 만들거나 등의 방법으로 sb에게 진지하게 대하지 않는(to not act serious with that person, to possibly be dishonest or intentionally misleading) 것으로 우리말로는 "수작부리다," "갖고 놀다"라는 뜻이 된다. 그래서 Don't play games with me. I don't trust you하면 "내게 수작부리지마, 난 널 믿지 않아"라는 말이 된다. 반면 단순히 play sb하게 되면 「속이다」(to trick or deceive), 「sb를 바보로 만들다」(make sb look foolish), 혹은 「속여서 돈 등을 빼앗다」라는 뜻으로 쓰인다. 멜리사가 댄을 속여서 그가 갖고 있던 돈을 다 빼앗었다라고 하려면 "Melissa played Dan for all of the cash he had"라고 하면 된다.

KEY POINT

- **Don't play games with me** 내게 수작부리지마, 신뢰할 수 없게 행동하다
- **He played us** 걔가 우릴 속였어, 우릴 바보로 만들었어

SAMPLES

1. **You should've said this two days ago.** Do not play games with me.
   이틀 전에 이 얘기를 했었어야지. 날 갖고 놀지 말라고.

2. **I should be impressed, really,** how easily you played me.
   네가 얼마나 쉽게 나를 속여먹었는지 정말 인상적이었어.

DIALOGS

A: A magician never tells his secrets.
B: You played us. You played me.
　　A: 마술가라면 절대 자기 비밀을 털어놓지 않지. B: 네가 우리를 속였구만. 네가 날 속여먹었어.

A: Officer, I swear I didn't commit the crime.
B: Don't play games with me. I know you're lying.
　　A: 경관님, 정말이지 난 범죄를 저지르지 않았어요. B: 수작부리지마. 거짓말인거 알아.

be framed vs. set sb up vs. be trapped vs. plant evidence

함정에 빠지는 다양한 표현들...

범죄수사 미드물에 단골로 나오는 표현들이다. 먼저 be framed는 죄가 없는데 누명을 쓰다 (be made to look guilty of a crime, but was really innocent)라는 의미이고, set sb up 역시 frame sb for처럼 실제로는 죄를 짓지 않았는데도 죄가 있는 것처럼 모함하거나 함정에 빠트리는 것을 말한다. 그리고 be trapped는 함정에 빠지다, 덫에 걸리다라는 뜻이 된다. 끝으로 plant evidence는 무죄인 사람을 유죄로 만들기 위해 불법적인 증거들을 심어놓다(to put illegal things somewhere to make a person appear guilty of a crime)라는 뜻이 된다. 경찰이 걔를 체포하려고 증거를 만들었냐고 따질 때는 "Did the police plant evidence in order to arrest her?"라고 하면 된다.

KEY POINT

- **He was framed** 걔는 누명을 썼어

- **He set me up** 걔가 나를 함정에 빠트렸어

- **I was trapped** 내가 함정에 빠졌어

- **He planted evidence on her** 걔는 그녀에게 불리한 증거를 심어놨어

SAMPLES

1. After Chris was framed, he spent ten years in jail.
   크리스는 누명을 쓰고, 10년간 감방생활을 했어.

2. I'm innocent. The cops set me up for this crime.
   난 무죄야. 경찰들이 날 함정에 빠트려 이 죄를 짓게 했다고.

DIALOGS

A: God, you guys are good. I mean, you set me up perfectly.

B: You think Jack and I planned this so we could sleep together?

   A: 어휴, 너희들 대단하다. 내 말은 완벽하게 날 함정에 빠트렸네.

   B: 넌 우리가 함께 자도록 잭과 내가 계획했다고 생각하는거야?

A: You had a child?

B: Susan miscarried a month after the wedding. I was trapped.

   A: 아이 있어? B: 수잔은 결혼 후 한달있다 유산했어. 내가 속았어.

No offense vs. None taken vs. Point well-taken

악의없고 오해하지 않고...

No offense는 상대방이나 제 3자가 자기 말을 오해할 수도 있는 경우에 이를 빨리 진화하기 위해서(to tell another person that he didn't intend to insult him) 하는 말로 "기분 나빠 하지마," "악의는 아냐"라는 뜻이 된다. 오해가 될 수 있는 말을 무심코 하고 나서 No offense 라 해도 되고, 아니면 오해할 수도 있는 말을 하기에 앞서 미리 정지작업을 할 목적으로 먼 저 말해도 된다. No offense라고 상대방이 했을 때 뭐라고 해야 할까? 물론 그대로 기분 나 쁘면 어쩔 수 없겠지만 "오해하지 않아"(to say he wasn't insulted by something that was said about him)라고 화답할 때는 None taken이라고 한다. 그리고 마지막으로 Point well-taken은 무슨 말인지 잘 알아들었다(to say he understood what was said and considers it worth thinking about)라는 말로 앞의 두 표현과는 거리가 있지만 형태가 유사하니 함께 비 교해서 알아둔다.

KEY POINT

- **No offense** 기분 나빠하지마, 악의는 아냐(No offense to~)
- **None taken** 오해하지 않아
- **Point well-taken** 무슨 말인지 잘 알아들었어

SAMPLES

1. No offense, but I think you need to shower more often.
기분 나빠하지마, 하지만 너 좀 더 자주 샤워해야겠다.

2. I know you meant no offense. None taken.
네가 악의는 아닌거 알아. 오해하지 않아.

DIALOGS

A: We're here for another test. Sorry about that.
B: You don't look sorry. Um, no offense.
　　A: 우리는 다른 테스트를 하러 여기 왔어. 미안해.　B: 미안해하는 표정이 아니네. 악의는 아냐.

A: This is none of your business. No offense.
B: None taken. But...
　　A: 이건 네가 상관할 바는 아니야. 악의는 아냐.　B: 오해하지 않지만…

You don't know the half of it vs. You don't know the first thing about it

모르는 것들이 말이 많아...

You don't know the half of it은 직역하면 그거의 반도 모른다, 즉 현재 일어나는 일의 모든 상황에 대해 모른다라고 말할(to say that someone doesn't understand the full extent of everything that is happening) 때 사용하는 표현으로 "네가 생각하는 것보다 상황이 훨씬 심각하다," "너 참 몰라도 한참 모른다"라고 말할 때 사용한다. 상대방이 알고 있는게 알고 있는게 아니다라고 강조하는 표현. 반면에 You don't know the first thing about ~하게 되면 상대방이 "…에 대해 아무것도 모른다"고 하는, 즉 좀 약간 모욕적인 말투가 될 수도 있다.

> **KEY POINT**
>
> - **You don't know the half of it** 너 몰라도 한참 모른다
> - **You don't know the first thing about~** …에 대해 아무것도 모르네

SAMPLES

1. You still don't even know the half of it, **and you never will.**
   넌 몰라도 정말 한참 모르네, 넌 절대 알 수가 없을거야.

2. You don't know the first thing about **having a business!**
   사업체를 운영하는거에 대해 너 아무것도 모르네!

DIALOGS

A: It looks like you stayed up all night.

B: You don't know the half of it. I've been up for days.

   A: 너 밤샌 것 같아. B: 몰라도 한참 모르네. 며칠째 밤새고 있어.

A: She won't know the first thing about **managing that money.**

B: Yeah, well, I'll help her.

   A: 걘 그 돈을 관리하는 것에 대해 아무것도 몰라. B: 그래, 그럼 내가 걜 도와줄게.

That's funny vs. (That's) Not funny vs. Very funny! vs. What's so funny?

'funny'가 funny가 아냐...

funny가 들어가는 표현들을 모아서 정리해본다. 먼저 That's[It's] funny는 뭔가 상황이 이상한 경우에 하는 말로 "거참 이상하네," 이를 부정문으로 만들어 (That's) Not funny하면 웃기지도 않을 뿐더러 일어난 일에 대해 "불쾌하다," "화나다"라는 뜻이 된다. 또한 Very funny!는 비아냥거리는 표현으로 "참 우습기도 하겠다!," "말도 안돼!"라는 표현이 된다. 그리고 의문문으로 What's so funny?하면 글자 그대로 뭐가 웃기는지 물어볼 수도 있지만, 반어적으로 뭐가 웃기는 일인지 모르겠다며 좀 불쾌하면서 말할 수도 있는 표현이다. 물로 주어로 That 외에도 This, It이 올 수도 있다.

> **KEY POINT**
>
> - **That's funny** 거참 이상하네
> - **(That's) Not funny** 말도 안돼
> - **Very funny!** 우습기도 하겠다!
> - **What's so funny?** 뭐가 그렇게 웃겨?

SAMPLES

1. Not funny. I don't like it at all.
말도 안돼. 난 그거 전혀 좋아하지 않아.

2. Did someone steal my shoes? Very funny. Now give them back.
누가 내 신발 훔쳐갔어? 우습기도 하겠다. 이제 돌려줘.

DIALOGS

A: Hey. Why aren't you at your party?
B: Well that's funny, I was about to ask you the same thing.
　A: 야, 왜 파티에 안왔어?　B: 저기 거 참 이상하네. 나도 같은 질문을 하려고 했는데.

A: Well, well I am married. Even though I haven't spoken to my wife since the wedding.
B: (laughs) I'm sorry, that's not funny.
　A: 저기, 나 유부남이야. 결혼 후로는 아내에게 말을 한 적이 없지만 말야.　B: 미안, 말도 안돼.

'tell them'으로 뭉친 사이...

Why don't you tell them?는 제안이나 권유할 때 쓰는 Why don't you~?를 쓴 표현으로 우리말로 하자면 "네가 걔네들에게 말하지 그래"라는 의미이다. 즉 상대방이 왜 어떤 정보를 말을 하지 않고 있는지 물어볼(to ask why someone is withholding some information) 때, 왜 말하기를 기다리고만 있는지(to ask why someone is waiting to say something), 혹은 정중하게 상대방에게 먼저 말하도록 권유하는 문장이 된다. 반면 You tell them은 자기는 정보를 알고 있지만 말하고 싶지 않으니 상대방보고 말하라(don't want to tell the information he knows, he wants another person to say it)고 할 때 사용하는 표현. 주로 안좋은 소식을 전할 때 사용한다. You tell him 혹은 그냥 You tell이라고 해도 된다.

> **KEY POINT**
>
> - **Why don't you tell them (that)?** 네가 걔네들에게 말하지 그래
>
> - **You tell them** 네가 말해라

SAMPLES

1. I don't want to tell Dad about the damaged car. You tell (him).
   아버지한테 차 파손된거 말하고 싶지 않아. 네가 말해.

2. Why don't you tell them what he did to us, what you let him do?
   걔가 우리한테 한 짓 또 걔가 그러도록 놔둔 것을 걔네들한테 말하지 않는거야?

DIALOGS

A: I haven't told my parents that I failed the exam.
B: Why don't you tell them? They will find out from the school soon.
   A: 시험에 떨어졌다고 부모님께 아직 말 못했어. B: 부모님께 말해. 곧 학교에서 소식들으실텐데.

A: Greg and I have an announcement. Greg, why don't you tell them?
B: OK. We want to announce we will be getting married.
   A: 그렉과 내가 발표할게 있어. 그렉, 말해. B: 좋아. 우리 결혼한다고 알리고 싶어.

084 It's a wonder~ vs. (It's) No wonder~

'wonder'처럼 이상해...

It's a wonder S+V하게 되면 「…한 것이 놀랍다」 혹은 「이상하다」라는 표현으로 I amazed that S+V와 같다고 보면 된다. 뭔가 상황이 좋지 않은데도 불구하고 좋은 결과가 나온 것이 믿기지 않을 정도로 놀랍거나 이상하다는 뜻으로 꽤 많이 쓰이는 표현이다. No wonder~ 는 It's가 생략된 경우로 No wonder S+V하게 되면 「…하는 것이 놀랍지 않다」(I'm not surprised~)는 말로 「…하는 것이 당연하다」(to indicate that there was a reason something happened, so it is logical)라고 의역해서 이해하면 된다. 미드에 뻔질나게 나오는 표현.

> **KEY POINT**
>
> - **It's a wonder~** 놀랍다. 이상하다
> - **(It's) No wonder~** 당연하다

SAMPLES

1. It's a wonder Joe hasn't been beat up.
   조가 얻어터지지 않은게 놀랍네.

2. They used very poor materials to construct that building. No wonder it's falling down.
   걔네들은 저 빌딩지으면서 불량소재를 썼어. 무너지는게 당연하지.

DIALOGS

A: That car was destroyed in the accident.
B: It's a wonder anyone inside survived.
   A: 저 차는 사고로 완전히 망가졌어.   B: 안에 누군가 생존한 것은 정말 놀라워.

A: Her husband left and took all of their money.
B: It's no wonder she is so upset.
   A: 걔 남편은 떠나갔고 모든 돈을 가져갔어.   B: 걔가 열받는 게 당연하네.

'got it'이 공통분모...

get 다음에 명사가 아닌 대명사 it, that 등이 오는 경우가 있다. 간단한 형태지만 인칭에 따라, 시제에 따라, 의미가 다양하게 바뀌어 혼란스럽다. get에는 「이해하다」(understand)라는 의미가 있어 I've got it 혹은 I got it하면 "알았어"라는 말이 되고 반대로 I don't get it하면 "모르겠다"가 된다. 또한 I got it 혹은 시제를 바꿔 I'll get it(that)하면 전화벨이 울릴 때 혹은 노크를 하거나 초인종소리가 났을 때 "내가 (전화) 받을게," "내가 문열어줄게"라는 뜻으로도 쓰인다. 한편 I got it right하게 되면 내가 실수없이 제대로 했어(I did it correctly, without making a mistake)라는 뜻. 그리고 인칭을 바꿔 You got it하면 "맞았어" 혹은 "알았어"라는 의미이고 끝을 올려 You got it(that)?하면 상대방에게 "알았어?," "알아들었어?"라는 의미로 사용된다. 단 주의할 점은 get의 기본적인 의미는 '얻다,' '사다'이므로 I got it from the store하면 "가게에서 산거야"라는 뜻이 되니 항상 문맥을 주의깊게 봐야 한다.

KEY POINT

- **I've got it(I got it)** 알았어, 내가 할게
- **I'll get it** 내가 받을게, 내가 나갈게
- **I got it right** 내가 제대로 했어
- **You got it** 맞아, 알았어
- **You got it?** 알았어?

SAMPLES

1. Okay, I got it, I got it, she's not your girlfriend.
   좋아, 알았어. 알았다고. 걔는 네 여친이 아냐.

2. You want my forgiveness, you got it. My trust, that you're gonna have to earn.
   내 용서를 바랬지, 용서했어. 내 신뢰는 네가 노력해서 얻어야 될거야.

3. You call him once we're done. You got it?
   우리가 끝나면 걔한테 전화해. 알았지?

DIALOGS

A: All right, we're done here. Dr. Sean, you want to wrap her?
B: I got it.
   A: 좋아, 우린 끝났어. 션 박사, 마무리해줄래요? B: 알았어요.

A: Do you want some help with that?
B: No, no, no, I got it.
   A: 그거 좀 도와줄까? B: 아니, 됐어. 내가 할게.

086 Catch you later vs. Want to catch me up?

'catch'를 어떻게 하나...

Catch you later는 헤어지면서 하는 인사말로 "Goodbye"나 "I'll see you later"와 같은 의미. 비슷한 의미로 I'll catch up with you later가 있는데 이는 마찬가지로 'Goodbye'라는 인사 표현이기도 하지만 헤어지지만 정해진 시간에 만나기로 되어있는 경우에 사용된다.(be also used when people are separating, but have plans to meet again later at a certain time) 이렇게 catch up은 따라잡다, 다시 만나다라는 의미로 쓰이는 것 외에도 그동안 못했던 것을 해서 따라잡다, 혹은 잠깐 자리를 비우는 등의 이유로 무슨 일이 있었는지 모르는 사람에게 어떤 일이 있었는지 말해주다(Give me the details of what happened when I wasn't here) 라는 뜻으로도 사용되어, Want to catch me up?하게 되면 "어떻게 된 건지 말해줄래?"라는 뜻이 된다.

> **KEY POINT**
>
> - **Catch up later!** 잘 가!, 나중에 봐!
> - **I'll catch up with you later** 잘 가, 그때 봐
> - **Want to catch me up?** 어떻게 된건지[무슨 일인지] 말해줄래?

SAMPLES

1. I'm just in the city to catch up with some old friends.
오래된 옛 친구들을 만나러 이 도시에 왔어.

2. I think I need to take a little rest. Will you catch me up?
난 좀 쉬어야겠어. 어떻게 된 건지 말해줄래?

DIALOGS

A: You're gonna leave without seeing Jun?
B: Well, she's busy. I'll catch up with her later.
A: 준을 보지도 않고 갈거야? B: 저기, 걔 바쁘니까 나중에 볼게요.

A: We have a suspect in the jail.
B: Want to catch me up? When was he arrested?
A: 구치소에 용의자가 있어. B: 어떻게 된 건지 말해줘. 언제 체포한거야?

What's your game? vs. Look who's got game

'game'이 왜 이런 의미를...

What's your game?은 상대방이 솔직해보이지 않는 상태에서 상대방 행동이나 말의 진의가 무엇인지 물어보는 것으로, "왜 그래?," "어떻게 된거야?"라는 말이다. 인칭을 바꾸어서 What's her game?, What's his game?이라고 말할 수 있다. 반면 Look who's got game에서 got game은 be good at처럼 뭔가 잘한다는 뜻으로 Look who's got game하면 "누가 잘하나 봐"라는 말로 누군가가 뭔가 하는데 능력이 있다(someone has a talent for doing something)라는 뜻이다. 특히 슬랭으로 African-American들 사이에서는 여자들을 유혹하는 능력이 뛰어나다고 말할 때 많이 쓴다

KEY POINT

- **What's your game?** 왜 그래?, 어떻게 된거야?

- **Look who's got game** 누가 능력이 있나 보라고

SAMPLES

1. What's your game? Are you trying to trick me?
   어떻게 된거야? 나를 속이려는거야?

2. Look who's got game! Chris is chatting with the hottest girl here.
   누가 능력 있나 봐봐! 크리스가 가장 섹시한 여자들과 얘기를 나누고 있잖아.

DIALOGS

A: I'm not sure I want to get married.

B: What's your game? Last week you wanted a wedding.

  A: 내가 결혼을 하고 싶은 건지 모르겠어. B: 어떻게 된거야? 지난주에 결혼하고 싶다고 했잖아.

A: Look who's got game.

B: Yeah, I see Henry talking to all the chicks.

  A: 쟤 능력 좀 봐라. B: 그래, 헨리가 여자들하고 얘기하고 있네.

There, there vs. Here, here

말 더듬는게 아니라..

좀 특이한 표현들이다. there과 here를 반복해서 쓰는게 하나의 표현이 된 경우이다. 먼저 There, there는 걱정이나 곤경에 처한 상대방을 위로할 때 사용하는(to be used to comfort someone) 것으로 쉬운 영어로 옮겨보자면 "It's going to be OK"와 같다고 생각하면 된다. 천생연분인 줄 알았던 약혼남이 자기 친구들과 돌아가면서 잠자리를 하는 바람둥인 것을 뒤늦게 알고, 엉엉 울고 있을 때 옆에서 "There, there, stop your crying. You can always find a new boyfriend"라고 위로해 줄 수 있다. 또한 Here, here는 그리 많이 쓰이지는 않는 표현이지만 상대방의 말에 시끄럽게 동의할(a way of expressing loud agreement) 때 사용된다. 또한 건배할 때도 사용되지만 시트콤에서 코믹한 분위기를 연출할 때나 사용될 뿐 일상에서 별로 쓰이지 않는다. 혼자 야근을 필요이상으로 줄창하면서 다른 직원들에게 민폐를 끼치는 직원이 야근을 이제 그만해야겠다고 하자 동료들이 반가워하며 "Here, here! You are completely right"라고 말할 수 있다.

KEY POINT

- **There, there** 걱정마, 괜찮을거야
- **Here, here** 그래 맞아, 맞아 맞아

SAMPLES

1. There, there. I know you feel really sad.
괜찮아질거야. 네가 정말 슬퍼하는거 알아.

2. Here, here! Bring us another round of beer!
맞아, 맞아! 술 한잔씩 더 갖다 줘!

DIALOGS

A: I can't believe she left me for another guy.
B: There, there, everyone goes through heartbreak at some time.
　　A: 날 버리고 다른 놈한테 가다니 말도 안돼.　B: 걱정마, 다들 실연의 상처를 언젠가 겪게 돼.

A: I propose we end this meeting.
B: Here, here! Let's end it now!
　　A: 이 회의 그만 끝내자.　B: 맞아, 맞아! 당장 끝내자고!

fool around vs. goof around vs. mess around vs. screw around vs. sleep around

'**around**'를 공통으로 달고 다니는 표현들...

모두 다 around 시리즈로 미드에서 참 많이 나오는 표현들이다. 특히 일반적인 의미로 쓰일 때도 또 성적인 의미로도 쓰이는 때가 있어 헷갈리는 경우가 많은 경우. 먼저 fool around하면 별로 할 일없이 시간을 보내다, 혹은 평소 섹스를 하는 상대가 아닌 사람과 섹스하다라는 뜻으로 쓰인다. goof around는 섹스에 관한 의미는 없이 단지 fool around의 첫번째 의미로만 쓰이는 경우이고 mess around 역시 그냥 시간을 때우다, 그리고 해서는 안될 사람과 섹스를 하다라는 의미이고 screw around도 하는 일없이 시간을 보내다, 그리고 여러 사람과 많은 섹스를 즐기다라는 뜻으로 쓰인다. 마지막으로 sleep around는 많은 다양한 사람과 두루두루 섹스를 하다라는 뜻으로 쓰이니 대강 구분이라고 해두어야 한다.

KEY POINT

- **fool around** 노닥거리다, 섹스하다
- **goof around** 빈둥거리다
- **mess around** 빈둥거리다, 섹스하다
- **screw around** 빈둥거리다, 섹스하다
- **sleep around** 많은 사람과 섹스하다

SAMPLES

1. Why don't we go fool around in our bedroom?
　　우리 침실에 가서 섹스하자.

2. You'd better not mess around with your secretary.
　　너 비서하고 섹스하지 않도록 해.

DIALOGS

A: I have an important interview tomorrow.

B: Get ready for it. There's no time to mess around.
　　A: 내일 중요한 인터뷰가 있어. B: 빨리 준비해. 노닥거릴 시간없어.

A: What caused Rob and Trish to divorce?

B: I heard that Rob was sleeping around.
　　A: 랍과 트리쉬가 왜 이혼한거야? B: 랍이 바람을 엄청 폈나봐.